Der junge Restaurantfachmann
Die junge Restaurantfachfrau

Lehrbuch für die Berufsausbildung
(Grundstufe und Fachstufe)

von Friedel Dries
und Reinhold Metz

5. Auflage

Fachbuchverlag Dr. Pfanneberg & Co., Gießen · Leipzig

Bildquellennachweis

Achenbach Pastetenmanufaktur, Sulzbach/Ts.: Seite 394 (Tranchieren)
AID, Bonn: Seiten 102 (Getreidearten)
Behogast GmbH + Co. KG, Hofheim/Ts.: Seite 388
CMA, Bonn: Seite 108
Deutsche Weinsiegel GmbH: Seite 363 (Weingütezeichen)
Deutsches Rotes Kreuz, Präsidium, Bonn: Seiten 41 bis 44 (Text und Abbildungen „Erste Hilfe")
Friedrich Dick GmbH, Esslingen: Seite 133 (Messer, Schäler, Ausbohrer)
Gewa-Druck GmbH, Bingen/Rhein: Seiten 361, 362 (Etikettenentwürfe)
Holiday Inn, Hotelgesellschaft mBH, Wiesbaden: Seiten 354 bis 356 (inkl. Checklisten)
Schönwald Porzellanfabrik, Schönwald: Seiten 193, 372, 373, 377
WMF, Geislingen: Seiten 64, 311, 383, 397, ferner alle Besteckteile

Grüner/Metz, Der junge Koch: Seiten 115, 117, 196 (Krusten- und Schalentiere)
Struwe, Arbeitsblätter für das Gastgewerbe, Fachstufe I: Seiten 213 bis 216, 269, 282

Gedruckt auf 100 % Altpapier

ISBN 3-8057-0405-4

Alle Rechte vorbehalten.

Das Werk und seine Teile sind urheberrechtlich geschützt.
Jede Verwertung in anderen als den gesetzlich zugelassenen Fällen bedarf deshalb der vorherigen schriftlichen Einwilligung des Verlages.

© by Fachbuchverlag Dr. Pfanneberg & Co., Gießen · Leipzig, 1995

Druck und buchbinderische Verarbeitung: Brühlsche Universitätsdruckerei, Gießen

Vorwort

Diese neue und fortschrittliche Fachkunde für den Ausbildungsberuf Restaurantfachmann/Restaurantfachfrau wurde komplett neu verfaßt und löst damit das vorhergehende Dries'sche Lehrwerk ab. Als weiterer Autor ist der erfahrene Küchenmeister, Restaurantfachmann und Fachlehrer Reinhold Metz hinzugekommen, der durch sein großes Engagement für die Ausbildung des jugendlichen Berufsnachwuchses weit über „seine" Berufsschule Bad Wörishofen hinaus bekannt ist und vor allem bezüglich der fachpraktischen Lernziele neue Akzente gesetzt hat.

Aber auch das methodisch-didaktische Konzept wurde völlig neu erarbeitet, so daß sich das Werk nun auch in hervorragender Weise zur selbständigen Schülerarbeit eignet. Es versteht sich von selbst, daß dabei die typographische Gestaltung den heutigen Lese- und Lerngewohnheiten der Schüler angepaßt wurde; der moderne zweispaltige Satz und das umfangreiche neue Bildmaterial sind dafür augenfällige Merkmale.

Die neue Fachkunde

- enthält die Lernziele aller Bundesländer, und zwar sowohl die (berufsfeldorientierte) Grundstufe als auch die gesamte Fachstufe;
- ist so aufgebaut, daß Fachgehilfen, Restaurantfachleute und Hotelfachleute auch zusammen in einer Klasse unterrichtet werden können und dabei trotzdem das komplette Fachkundebuch ihres eigenen Berufes in Händen haben; dies wird dadurch ermöglicht, daß der erste Teil der drei Fachkundebücher für die gastgewerblichen Berufe vollständig identisch ist, einschließlich der Seitenzahlen. Das ist eine entscheidende Hilfe für Schulen, die keine getrennten Fachklassen einrichten können;
- ist klar gegliedert und nach methodischen Gesichtspunkten aufgebaut:
    - von Materialien und Arbeitsgeräten ausgehend,
    - fortschreitend über elementare Arbeitsrichtlinien und Arbeitstechniken,
    - bis hin zu komplexen Planungs-, Organisations- und Arbeitsabläufen;
- enthält eine Fülle von Abbildungen, Skizzen und Grafiken; sie unterstützen die textliche Lernaussage, verdeutlichen die schrittweise beschriebenen Arbeitsabläufe und fördern die heute so stark ausgeprägte visuelle Lernkomponente;
- beinhaltet nun auch ausführlich Organisation, Verkaufskunde bzw. Umgang mit dem Gast sowie Werkstoffkunde, Wäsche- und Raumpflege;
- unterstützt durch ein übersichtliches Inhaltsverzeichnis und ein detailliertes Stichwortverzeichnis das leichte Auffinden von bestimmten Fachgebieten oder fachkundlichen Teilbereichen und motiviert damit zum öfteren Gebrauch des Fachbuches.

Das vorliegende, jetzt nochmals überarbeitete Fachkundebuch ist somit ein modernes, zukunftsorientiertes Lehrwerk, das unter dem Stichwort Erlebnisgastronomie auch die ansteigenden Gästeerwartungen berücksichtigt, fachlich kompetent ist und das Lernverhalten des Schülers in jeder Weise bestmöglich unterstützt.

Durch seine Vollständigkeit und klaren Aussagen eignet sich dieses Fachbuch aber auch gleichermaßen als Nachschlagewerk in der Hand des Ausbilders und zur sonstigen beruflichen Weiterbildung.

Wir wünschen Ihnen einen guten Erfolg!

Gießen, 1995   Autoren und Verlag

Inhaltsverzeichnis

Einführung in die Berufe

I. Geschichtliche Entwicklung des Gastgewerbes . . . 1
A. Gastfreundschaft . . . 1
B. Gastgewerbe . . . 1
C. Gastgewerbliche Betriebe heute . . . 1

II. Berufliche Bildung im Gastgewerbe . . . 2
A. Ausbildungsordnung . . . 2
B. Ausbildungsinhalte . . . 3

III. Personal im Gastgewerbe . . . 4
A. Organisation des Hotelbetriebes . . . 4
B. Personalgruppen im Hotel . . . 4
C. Berufsanforderungen und Aufstiegsmöglichkeiten . . . 5

Naturwissenschaftliche Grundkenntnisse

I. Grundkenntnisse aus der Chemie . . . 7
A. Stoffe, Verbindungen, Mischungen . . . 7
B. Chemische Vorgänge . . . 9

II. Grundkenntnisse aus der Physik . . . 10
A. Grundbegriffe der Mechanik . . . 10
B. Grundbegriffe der Wärmelehre . . . 13
C. Grundbegriffe der Elektrizitätslehre . . . 16

III. Grundkenntnisse aus der Biologie . . . 18
A. Aufbau des Organismus . . . 18
B. Stoffumwandlungen im Organismus . . . 19

Hygiene, Umweltschutz und Unfallschutz

I. Ursache für das Verderben von Lebensmitteln . . . 23
A. Tierische Schädlinge . . . 23
B. Mikroorganismen . . . 24

II. Gesetzliche Grundlagen zur Hygiene . . . 31
A. Lebensmittel- und Bedarfsgegenständegesetz . . . 31
B. Bundesseuchengesetz . . . 33
C. Staatliche Kontrollen . . . 33

III. Richtlinien zur Lebensmittelhygiene und zum Umweltschutz . . . 34
A. Lebensmittelhygiene . . . 34
B. Umweltschutz . . . 35
C. Beseitigen von Schmutz und Bakterien . . . 37

IV. Unfallschutz und Erste Hilfe . . . 39
A. Unfallschutz . . . 39
B. Erste Hilfe . . . 41

Werkstoffkunde – Raum- und Wäschepflege

I. Werkstoffe – Gebrauchsgegenstände und ihre Pflege . . . 47
A. Metalle . . . 47
B. Nichtmetalle . . . 49

II. Natur- und Chemiefasern . . . 53
A. Naturfasern . . . 53
B. Chemiefasern . . . 54
C. Textile Flächen . . . 55
D. Ausrüstung von Textilien und Stoffbezeichnungen . . . 56

III. Raumpflege . . . 60
A. Hilfsmittel für Reinigungs- und Pflegemaßnahmen . . . 60
B. Durchführen von Reinigungs- und Pflegemaßnahmen . . . 62
C. Versorgen und Kontrollieren der Gästezimmer . . . 63

IV. Wäschepflege . . . 65
A. Hotelwäsche . . . 65
B. Reinigung und Pflege der Wäsche . . . 66

Ernährungslehre

I. Baustoffe und Brennstoffe . . . 71
A. Kohlenhydrate (Saccharide) . . . 71
1. Aufbau und Arten der Kohlenhydrate . . . 71
2. Technologisch bedeutsame Eigenschaften . . . 72
B. Fette . . . 73
1. Aufbau der Fette . . . 73
2. Arten der Fette . . . 74
3. Technologisch bedeutsame Eigenschaften . . . 74
4. Härten von Fetten . . . 75
5. Emulgieren von Fetten . . . 76
C. Eiweißstoffe (Proteine) . . . 76
1. Aufbau der Eiweißstoffe . . . 76
2. Arten der Eiweißstoffe . . . 77
3. Technologisch bedeutsame Eigenschaften . . . 77
D. Wasser . . . 78
1. Wasser im Kreislauf der Natur . . . 78
2. Technologisch bedeutsame Wirkungen . . . 79
3. Technologisch bedeutsame Zustandsformen . . . 80

II. Wirkstoffe (Reglerstoffe) . . . 81
A. Mineralstoffe und Vitamine . . . 81
B. Enzyme und Hormone . . . 83

III. Ernährung des Menschen . . . 86
A. Ernährungsstoffwechsel . . . 86
1. Verdauung . . . 87
2. Auswertung der Nährstoffe . . . 88
3. Ernährungsphysiologische Bedeutung des Wassers . . . 89
B. Richtige Ernährung . . . 90
1. Ernährungsgewohnheiten . . . 90
2. Richtlinien zur richtigen Ernährung . . . 90
3. Kostformen . . . 91

IV. Bewertung und Werterhaltung bei Lebensmitteln . . . 92
A. Bewertung von Lebensmitteln . . . 92
1. Schlachttier- und Fleischbeschau . . . 93
2. Handels- und Güteklassen . . . 93
3. Qualitätsnormen und Produktbeschreibungen . . . 93
4. Wertigkeit von Nahrungsmitteln . . . 93
B. Werterhaltung bei Lebensmitteln . . . 94
1. Lebensmittelveränderungen . . . 94
2. Haltbarmachen durch Hitzeeinwirkung . . . 95
3. Haltbarmachen durch Entzug von Wärme, Feuchtigkeit und Luft . . . 95
4. Haltbarmachen durch Konservierungsstoffe . . . 96

Nahrungsmittellehre

I. Nahrungsmittelrohprodukte . . . 97
A. Obst . . . 97
1. Bewertung des Obstes . . . 97
2. Arten des Obstes und Obsterzeugnisse . . . 97
3. Vorratshaltung von Obst . . . 98
4. Obst bei der Speisenbereitung . . . 98
B. Gemüse . . . 99
1. Bewertung des Gemüses . . . 99
2. Arten der Gemüse und Gemüseerzeugnisse . . . 99
3. Vorratshaltung von Gemüse . . . 99
4. Gemüse bei der Speisenbereitung . . . 99
C. Kartoffeln . . . 100
1. Bewertung der Kartoffel . . . 100
2. Arten, Eigenschaften und Vorratshaltung . . . 100
3. Kartoffeln bei der Speisenbereitung . . . 101

D. Getreide	102
1. Arten der Getreide	102
2. Bewertung des Getreides	102
3. Getreideprodukte und ihre Verwendung	103
4. Backwaren und Klöße	103
5. Teigwaren	104
6. Reis	105
E. Milch	106
1. Bewertung der Milch	106
2. Handelskennzeichnungen	106
3. Erzeugnisse aus Milch	107
4. Käse aus ungesäuertem Ausgangsprodukt	108
5. Käse aus gesäuertem Ausgangsprodukt	109
6. Fett- und Wassergehalt der Käse	109
7. Vorratshaltung von Käse	109
F. Eier	110
1. Bewertung des Eies	110
2. Kennzeichnungen und Verordnungen	111
3. Eier als Hilfsmittel bei der Speisenbereitung	111
4. Verwendung von Eiern als Speise	112
G. Fisch	112
1. Bewertung des Fisches	112
2. Arten der Fische	113
3. Vorratshaltung von Fischen	114
4. Fischwaren	114
5. Kaviar	114
H. Krusten-, Schalen- und Weichtiere	115
1. Arten der Krustentiere	115
2. Arten der Schalentiere	117
3. Vorratshaltung von Krusten- und Schalentieren	117
4. Weichtiere	118
J. Schlachtfleisch	118
1. Schlachttiere und Schlachtfleisch	118
2. Eigenschaften des Schlachtfleisches	119
3. Bewertung des Schlachtfleisches	120
K. Fleisch- und Wurstwaren	120
1. Fleischwaren	120
2. Wurstwaren	121
L. Schlachtgeflügel	123
1. Eigenschaften und Bewertung des Schlachtgeflügels	123
2. Arten des Schlachtgeflügels	124
3. Handelsklassen, Angebotsformen und Vorratshaltung	125
M. Wild und Wildgeflügel	125
1. Arten des Wildes	125
2. Angebotsformen und Vorratshaltung	126
3. Eigenschaften und Bewertung des Wildbrets	126
N. Convenience Foods und Instant-Produkte	128
1. Instant-Produkte	128
2. Convenience Foods	128
3. Bewertung der Convenience- und Instant-Produkte	128
II. Zubereitung von Speisen	129
A. Vorbereiten von Nahrungsmittelrohstoffen	131
1. Bestimmen von Mengen und Größen	131
2. Behandeln mit Wasser	131
3. Entfernen von Nahrungsmittelteilen	132
4. Zerkleinern und Zuschneiden	132
5. Zerkleinerungstechniken und -geräte	133
B. Garmachen von Nahrungsmitteln	135
1. Bedeutung der Garmachungsarten	135
2. Arten des Garmachens	135
C. Garverfahren und ihre Anwendung	136
1. Pochieren	136
2. Blanchieren	136
3. Kochen	137
4. Dämpfen	137
5. Dünsten	138
6. Braten	138
7. Schmoren	139
8. Grillen	140
9. Backen im Ofen	140
10. Backen im Fettbad	140
11. Besondere Formen des Garens und Erhitzens	141
D. Würzen von Speisen	142

Speisenkunde

I. Suppen, Saucen und Butterzubereitungen	143
A. Grundbrühen	143
1. Helle Grundbrühen	143
2. Dunkle Grundbrühen	143
B. Suppen	144
1. Arten und Bedeutung der Suppen	144
2. Klare Suppen	145
3. Gebundene Suppen	145
4. Spezialsuppen	146
5. Kalte Suppen	147
6. Anrichten und Servieren von Suppen	148
C. Saucen	149
1. Bedeutung und Unterscheidung der Saucen	149
2. Helle Saucen	150
3. Dunkle Sauce, Bratenjus und Tomatensauce	150
4. Aufgeschlagene und gerührte Saucen	151
5. Spezielle Saucen	152
D. Butterzubereitungen und Buttermischungen	152
1. Kalte Buttermischungen	152
2. Heiße Butterzubereitungen	152
II. Speisen aus Gemüse	153
A. Warme Zubereitungen aus Gemüse	153
1. Garmachungsarten für Gemüse	153
2. Speisenbezeichnungen für Gemüse	153
3. Gemüse als Beilage	154
4. Anrichten von Gemüse	156
B. Salate aus Gemüse	156
1. Blattsalate	156
2. Gemüsesalate	156
3. Salatsaucen	156
4. Anrichten von Salaten	158
III. Speisen von Kartoffeln, Reis und Teigwaren	159
A. Zubereitungen aus Kartoffeln	159
1. Zubereitungen aus roh geschälten und durch Schneiden geformte Kartoffeln	159
2. Zubereitungen aus roh geschälten, gekochten und durchgepreßten Kartoffeln	161
3. Zubereitungen aus in der Schale gekochten Kartoffeln	162
4. Anrichten von Kartoffeln	162
B. Zubereitungen aus Reis	162
1. Garmachen und Anrichten von Beilagenreis	162
2. Reisgerichte mit besonderer Geschmacksnote	163
C. Zubereitungen aus Teigwaren	163
1. Garmachen und Anrichten von Teigwaren	163
2. Selbständige Gerichte von Teigwaren	163
IV. Speisen von Eiern, Fischen sowie Schalen- und Krustentieren	164
A. Zubereitungen aus Eiern	164
1. Gekochte Eier	165
2. Pochierte Eier	165
3. Rühreier	165
4. Spiegeleier	165
5. Omeletts	166
6. Besondere Eierzubereitungen	166
B. Zubereitungen aus Fischen	166
1. Vorbereiten von Fischen	166
2. Garmachungsarten für Fisch	167
3. Zubereitungsarten für Seefische	167
4. Zubereitungsarten für Süßwasserfische	168
C. Zubereitungen aus Krustentieren	169
1. Gerichte von Hummer und Languste	169
2. Gerichte von kleineren Krustentieren	169
D. Zubereitungen aus Schalen- und Weichtieren	169
1. Gerichte von Austern	170
2. Gerichte von Muscheln	170
3. Gerichte von Tintenfischen, Meerpolypen, Kalmaren	170
4. Gerichte von Schnecken	170

V. Speisen von Schlachtfleisch ... 172
A. Zubereitungen aus Rindfleisch ... 172
1. Fleischteile des Rindes ... 172
2. Gebratene Gerichte aus Rindfleisch ... 172
3. Gekochte Gerichte aus Rindfleisch ... 174
4. Geschmorte Gerichte aus Rindfleisch ... 174
B. Zubereitungen aus Kalbfleisch ... 174
1. Fleischteile des Kalbes ... 174
2. Gebratene Gerichte aus Kalbfleisch ... 175
3. Geschmorte Gerichte aus Kalbfleisch ... 175
4. Gekochte und gedünstete Gerichte aus Kalbfleisch ... 176
C. Zubereitungen aus Schweinefleisch ... 176
1. Fleischteile des Schweines ... 176
2. Gebratene Gerichte aus Schweinefleisch ... 177
3. Geschmorte Gerichte aus Schweinefleisch ... 177
4. Gekochte Gerichte aus Schweinefleisch ... 177
D. Zubereitungen aus Lamm- und Hammelfleisch ... 178
1. Fleischteile des Lamms bzw. des Hammels ... 178
2. Gebratene und geschmorte Gerichte aus Lamm- und Hammelfleisch ... 178
3. Gekochte Gerichte aus Lamm- und Hammelfleisch ... 178
4. Spezielle Gerichte aus Lamm- und Hammelfleisch ... 178
E. Zubereitungen aus Innereien und Hackfleisch ... 180
1. Gerichte von Innereien ... 180
2. Gerichte aus Hackfleisch ... 181
F. Anrichten von Speisen aus Schlachtfleisch, Fleisch- und Wurstwaren ... 181
1. Anrichten von Schlachtfleischgerichten ... 182
2. Anrichten von Fleisch- und Wurstwaren ... 182

VI. Speisen aus Schlachtgeflügel und Wildbret ... 184
A. Zubereitungen aus Schlachtgeflügel ... 184
1. Gerichte aus hellem Schlachtgeflügel ... 184
2. Gerichte aus dunklem Schlachtgeflügel ... 185
3. Spezielle Garnituren zu Schlachtgeflügel ... 185
4. Anrichten von Speisen aus Schlachtgeflügel ... 185
B. Zubereitungen aus Wildbret ... 186
1. Gerichte aus Haarwild ... 186
2. Gerichte aus Federwild ... 186

VII. Rohstoffübergreifende Garnituren (Zusammenfassung) ... 187

VIII. Vorspeisen ... 189
A. Kalte Vorspeisen ... 189
1. Rohstoffe für kalte Vorspeisen ... 189
2. Arten von kalten Vorspeisen ... 189
3. Herstellen von kalten Vorspeisen ... 189
4. Beispiele für kalte Vorspeisen ... 190
5. Anrichten und Garnieren von kalten Vorspeisen ... 190
6. Servieren von kalten Vorspeisen ... 191
B. Warme Vorspeisen ... 192
1. Warme Vorspeisen der klassischen Küche ... 192
2. Herstellen von warmen Vorspeisen ... 193
3. Anrichten von warmen Vorspeisen ... 193

IX. Nachspeisen ... 194
A. Grundlegendes zu den Nachspeisen ... 194
1. Arten der Nachspeisen ... 194
2. Käsedesserts und Süßspeisen ... 194
B. Kalte und warme Süßspeisen ... 194
1. Kalte Süßspeisen ... 194
2. Warme Süßspeisen ... 196
3. Modernes Anrichten von Süßspeisenkombinationen ... 196

Getränkekunde

I. Alkoholfreie Getränke ... 199
A. Erfrischungsgetränke ... 199
1. Wasser und mineralische Wässer ... 199
2. Getränke aus Früchten und Aromastoffen ... 201
3. Milch und Milchgetränke ... 203
B. Aufgußgetränke ... 204
1. Kaffee ... 204
2. Tee ... 205
3. Kakao und Schokolade ... 207

II. Alkoholhaltige Getränke ... 209
1. Alkoholgewinnung durch Gärung ... 209
2. Wirkungen des Alkohols im menschlichen Organismus ... 210
A. Bier ... 211
1. Herstellung von Bier ... 211
2. Gattungen und Arten der Biere ... 212
3. Sorten der Biere ... 213
4. Pflege des Bieres ... 215
5. Bierschankanlage ... 215
B. Wein ... 218
1. Deutsche Weine ... 218
2. Außerdeutsche europäische Weine ... 227
3. Schaumwein ... 230
4. Weinähnliche und weinhaltige Getränke ... 231
C. Spirituosen ... 232
1. Technologie der Spirituosenherstellung ... 232
2. Die Arten der destillierten und aromatisierten Spirituosen ... 235
3. Liköre ... 236

Menükunde

I. Menü und Menükarte ... 237
A. Geschichte der Speisenfolge ... 237
1. Klassisches Menü ... 237
2. Moderne Menüs ... 239
B. Zusammenstellen von Menüs ... 240
1. Auswahl der Rohstoffe für ein Menü ... 240
2. Wiederholung von Rohstoffen im Menü ... 242
3. Aufeinanderfolge der Speisen im Menü ... 243
4. Schrittfolge beim Zusammenstellen ... 243
5. Beispiele für das Zusammenstellen ... 244
C. Getränke-Zuordnung zum Essen ... 246
1. Getränke vor dem Essen ... 246
2. Getränke zur Speisenfolge ... 246
D. Menüangebot und Menükarte ... 248
1. Arten des Menüangebots ... 248
2. Bedeutung des Menüangebots ... 248
3. Präsentation des Menüangebots ... 249
4. Gestalten von Menükarten ... 250

II. Speisekarten ... 251
A. Arten der Speisekarten ... 251
1. Große Karte ... 251
2. Tageskarten ... 252
3. Spezialkarten ... 252
B. Aufsetzen der Speisekarten ... 252
1. Informationsgehalt der Speisekarte ... 252
2. Sprache der Speisekarte ... 253
3. Rechtschreibung auf der Speisekarte ... 254
4. Zeichensetzung auf der Speisekarte ... 254
5. Gesetzliche Vorschriften zur Speisekarte ... 255

Buffet und Kaffeeküche

I. Buffet ... 257
A. Getränkeangebot des gastgewerblichen Betriebes ... 257
1. Getränkekarten ... 257
2. Alkoholgehalt von Getränken ... 259
B. Bereitstellen von Getränken ... 260
1. Nennvolumen ... 260
2. Serviertemperaturen ... 260
C. Ausschenken von Bier ... 261
1. Druckregulierung beim Zapfen des Bieres ... 261
2. Zapfen des Bieres ... 261

D. Alkoholfreie Mischgetränke	262
1. Einfache Mischgetränke	262
2. Herstellung von alkoholfreien Mischgetränken	262
E. Buffetkontrollen	263
1. Grundlegende Maßnahmen zur Erleichterung der Kontrollen	263
2. Getränkezugang am Buffet	263
3. Getränkeabgabe am Buffet	263
4. Getränkeumlauf- und -bestandskontrollen	263
II. Kaffeeküche	**266**
A. Arten des Frühstücks	266
1. Klassische Angebotsformen des Frühstücks	266
2. Heutige Formen des Frühstücksangebotes	266
3. Nationale Frühstücksbezeichnungen	266
4. Frühstücksbuffet und Brunch	267
B. Bereitstellen von Kaffee	268
1. Zubereiten von Kaffee	268
2. Grundlegende Angebotsformen für Kaffee	268
3. Spezielle Kaffeezubereitungen	269
C. Bereitstellen von Tee, Kakao und Schokolade	269
D. Bereitstellen von Frühstücksspeisen	270
1. Speisen für das einfache Frühstück	270
2. Zubereiten von speziellen Frühstücksgerichten	270
E. Herrichten von Frühstücksplatten	271

Servierkunde

I. Materialkunde des Service	**273**
A. Einzeltische und Festtafeln	273
1. Einzeltische	273
2. Festtafeln	273
B. Tischwäsche	274
1. Material und Eigenschaften der Tischwäsche	274
2. Arten der Tischwäsche	274
3. Pflegliches Behandeln der Tischwäsche	275
4. Auflegen und Abnehmen von Tisch- und Tafeltüchern	275
5. Formen von Mundservietten	277
C. Bestecke	280
1. Materialbezogene Unterscheidung der Bestecke	280
2. Auswahlkriterien für Hotelbesteck	280
3. Reinigung und Pflege der Bestecke	280
4. Arten und Einsatz der Bestecke	281
5. Pflegliches Behandeln von Bestecken	283
6. Handhaben der Bestecke im Service	283
D. Gläser	283
1. Qualitative Unterscheidung der Gläser	283
2. Auswahlkriterien für Gläser	284
3. Formen und Arten der Gläser	284
4. Reinigung und Pflege der Gläser	285
5. Handhaben von Gläsern im Service	286
E. Porzellangeschirr	286
1. Eigenschaften des Porzellans	286
2. Auswahlkriterien für Hotelporzellan	286
3. Arten und Einsatz der Porzellangeschirre	287
4. Reinigung und Pflege des Porzellangeschirrs	288
F. Sonstige Tisch- und Tafelgeräte	288
1. Menagen	288
2. Tischgeräte für ganz spezielle Zwecke	288
G. Tisch- und Tafeldekoration	289
1. Blumen	289
2. Kerzen	289
II. Vorbereitungsarbeiten im Service	**289**
A. Überblick über die Vorbereitungsarbeiten	289
1. Vorbereitungsarbeiten im Office	289
2. Vorbereitungsarbeiten im Restaurant	290
B. Herrichten von Servicetischen	290
1. Funktion des Servicetisches	290
2. Ausstattung des Servicetisches	290
3. Einteilung des Servicetisches	290
C. Herrichten von Tischen und Tafeln	291
1. Arten der Gedecke	291
2. Herrichten von Menügedecken	292
3. Herrichten einer Festtafel	294
D. Servicestation	295
III. Regeln und Richtlinien für das Servieren	**296**
A. Arten und Methoden des Service	296
1. Arten des Service	296
2. Methoden des Service	297
B. Grundlegende Richtlinien für den Service	297
1. Rücksichtnahme gegenüber dem Gast	297
2. Reihenfolge des Bedienens von Gästen	298
3. Störungsfreie und kräftesparende Wege	298
C. Richtlinien und Regeln zum Tellerservice	298
1. Aufnehmen und Tragen von Tellern	298
2. Einsetzen von Tellern	299
3. Ausheben von Tellern	299
4. Tragen, Einsetzen und Ausheben von Gedecken	300
D. Richtlinien und Regeln zum Plattenservice	300
1. Grundlegende Besonderheiten beim Plattenservice	300
2. Anbieten von der Platte am Tisch	301
3. Vorlegen von der Platte am Tisch	301
4. Vorlegen von der Platte am Beistelltisch	302
E. Servieren von Getränken	304
1. Getränke in Gläsern, Karaffen und Portionsflaschen	304
2. Servieren von Weißwein in Flaschen	304
3. Servieren von Rotwein in Flaschen	306
4. Servieren von Schaumwein	306
F. Frühstücksservice	307
1. Merkmale der Frühstückssituation	307
2. Mise en place zum Frühstück	307
3. Servieren des Frühstücks	308
4. Frühstück auf der Etage	309
IV. Abrechnen mit dem Gast und mit dem Betrieb	**312**
A. Arbeiten mit dem Bonbuch	312
1. Ausstattung des Bonbuchs	312
2. Richtlinien für das Bonieren	312
3. Beurteilung des Einsatzes von Bonbüchern	313
4. Abrechnen mit dem Gast	313
5. Abrechnen mit dem Betrieb	314
6. Abrechnungs- und Umsatzkontrollen	314
B. Arbeiten mit Registrierkassen	315
1. Arbeiten mit mechanischen Kassen	315
2. Arbeiten mit elektronischen Kassen	317
C. Kontroll- und Abrechnungsmaßnahmen besonderer Art	318
D. Arten der Bezahlung durch den Gast	318

Verkaufskunde

I. Marketing	**322**
A. Erkunden des Marktes	322
1. Marktanalyse	322
2. Gästebefragung	323
3. Einstieg in eine Marktlücke	324
B. Zurückwirken auf den Markt	325
1. AIDA-Formel	325
2. Grundlegende Zielsetzungen des Unternehmens	326
3. Präsentation des Unternehmens am Markt	326
4. Marktposition des Unternehmens nach drei Jahren	327
II. Verkaufen im Restaurant	**328**
A. Vom Umgang mit den Gästen im à la carte-Service	328
1. Einstellen auf den Gast	328
2. Erste Eindrücke des Gastes	331
3. Umgang mit den Gästen	332
B. Führen von Verkaufsgesprächen	334
1. Grundlagen für ein gutes Verkaufsgespräch	334
2. Empfehlungen beim Übergeben der Karte	334
3. Empfehlungen im Rahmen des Verkaufsgesprächs	334

Organisation

I. Grundbegriffe der Organisation 337
A. Organisation des Betriebsaufbaus 337
   1. Ein Organigramm entsteht 338
   2. Arbeitsbereiche werden organisiert 338
B. Organisation der Betriebsführung 340
   1. Liniensystem 340
   2. Stabliniensystem 340
   3. Mehrliniensystem 340
C. Organisation von Betriebsabläufen 341
   1. Checkliste 341
   2. Organisationspläne 341

II. Organisation im Gastgewerbe 343
A. Aufbauorganisation im Hotel 343
   1. Organisatorischer Aufbau des Managements 343
   2. Organisatorischer Aufbau der Abteilungen 343
   3. Stellenbeschreibungen 344
B. Betriebsführung im Hotel 345
   1. Liniensystem 345
   2. Mehrliniensystem 347
   3. Stabliniensystem 348
C. Ablauforganisation 348
   1. Organisation der Abläufe 349
   2. Erstellen von Organisationsplänen 349
D. Organisation von Sonderveranstaltungen ... 352
   1. Werbung und Verkauf 352
   2. Hilfsmittel des Verkaufs 353
   3. Veranstaltungsauftrag 356
   4. Herrichten von Blumengestecken 357

Getränkekunde (Aufbaukurs)

I. Wein, Schaumwein und Dessertwein 359
A. Wein 359
   1. Bedeutende Weinorte im deutschen Weinbau 359
   2. Etikettierung deutscher Weine 361
   3. Mostgewicht und Anreicherung des Mostes 362
   4. Besondere Auszeichnungen für deutsche Weine ... 363
   5. Probieren und Beurteilen der Weine ... 364
B. Schaumwein 364
   1. Gesetzliche Bestimmungen 364
   2. Champagner 365
   3. Abstimmung und Restzuckergehalt 365
C. Dessertweine 365
   1. Herkunft und Herstellungsmerkmale 365
   2. Geschmacksrichtungen 365

II. Spirituosen und alkoholische Mischgetränke 366
A. Weinbrand und Whisky 366
B. Herstellen von alkoholischen Mischgetränken ... 367
   1. Grundlegendes zu den alkoholischen Mischgetränken 367
   2. Arbeitsgeräte und Arbeitstechniken ... 368
   3. Grundlegende Arten der Mischgetränke . 368
   4. Rezepturen für Mischgetränke 369

Servierkunde (Aufbaukurs)

I. Ausstattung von Gedecken 371
A. Zuordnung von Bestecken zu Speisen 371
   1. Bestecke zu Fischgerichten 371
   2. Bestecke zu Vorspeisen 371
   3. Bestecke zu Eierspeisen und Teigwarengerichten ... 372
   4. Bestecke zu Fondues 372
B. Ausstattung von Spezialgedecken 372
   1. Artischocke, natur 372
   2. Austern auf Eis 373
   3. Avocado in der Schale 373
   4. Bouillabaisse 373
   5. Eintöpfe 374
   6. Grapefruit 374
   7. Hummer, natur 374
   8. Kaviar 375
   9. Krebse im Sud 375
   10. Maiskolben 376
   11. Muscheln, gedünstet 376
   12. Schnecken 377
   13. Spargel 377

II. Vorbereiten und Durchführen eines Banketts ... 379
A. Vereinbaren und Vorbereiten des Banketts 379
   1. Bankettvereinbarung 379
   2. Planungsmaßnahmen 379
   3. Mise en place 382
B. Durchführen des Banketts 382
   1. Arbeitsrichtlinien 382
   2. Ablauf des Banketts 384

III. Buffet-Service 387
A. Grundlegendes zum Buffet-Service 387
   1. Formen der Buffet-Tafel 387
   2. Störungsfreie Abläufe während des Essens ... 387
B. Vorbereiten des Buffets und Durchführen des Buffet-Service 388

IV. Arbeiten am Tisch 390
A. Tranchieren am Tisch 390
   1. Arbeitsgeräte und Arbeitsrichtlinien . 390
   2. Tranchieren von Steaks 391
   3. Tranchieren von Keulen 391
   4. Tranchieren von Rücken 392
   5. Tranchieren von Geflügel 392
   6. Tranchieren von Räucherlachs oder Graved Lachs ... 393
   7. Tranchieren des Hummers 394
B. Filetieren am Tisch 395
   1. Arbeitsgeräte und Arbeitsrichtlinien . 395
   2. Filetieren von Rundfischen 395
   3. Filetieren von Plattfischen 396
C. Flambieren am Tisch 397
   1. Arbeitsgeräte und Arbeitsrichtlinien . 397
   2. Flambieren von Sauerkirschen 397
   3. Flambieren von Bananen 398
   4. Flambieren von Crêpes Suzette 398
D. Speisen am Tisch fertigstellen 399
   1. Zubereiten von Salaten 399
   2. Zubereiten von Tatar 399

Alphabetisches Sachregister 402

Einführung in die Berufe

I. Geschichtliche Entwicklung des Gastgewerbes

Zu allen Zeiten waren Menschen aus unterschiedlichen Gründen unterwegs und in der Fremde darauf angewiesen, Obdach und Nahrung zu erhalten.

A. Gastfreundschaft

Nicht immer hatten „Reisende" die „Taschen voller Geld". Außerdem waren sie als Fremde rechtlos und hatten weder Anspruch auf öffentlichen Schutz noch auf öffentliche Hilfe. Griechen, Römer und Germanen betrachteten es deshalb als sittliche Pflicht, Schutz, Obdach und Speise anzubieten, d. h. Gastfreundschaft zu gewähren. Im Christentum wurde diese Pflicht durch das Gebot der Nächstenliebe noch vertieft. Während es sich jedoch im Urchristentum meistens um Einzelfälle der privaten Gastfreundschaft handelte, hat sich die Kirche des Mittelalters in größerem Rahmen der „Reisenden" angenommen (*Klöster* und *Hospize*).

B. Gastgewerbe

Mit dem immer stärker werdenden Reise- und Geschäftsverkehr im 12. Jahrhundert veränderte sich die Situation. Die ursprünglichen Einrichtungen waren den zunehmenden Anforderungen und Bedürfnissen nicht mehr gewachsen. Aus diesem Grunde entwickelte sich das **Beherbergen** und **Bewirten** immer mehr zu einem Gewerbe. Es entstand das, was wir das *Gastgewerbe* nennen. Zwischen dem *Gasthof* der Anfangszeit mit seinem bescheidenen und begrenzten Angebot und dem modernen *Hotel*, das höchsten Ansprüchen gerecht wird, liegt jedoch ein langer Entwicklungsprozeß. Dieser Prozeß war stets gekennzeichnet durch die enge Beziehung zwischen dem Gewerbe auf der einen und dem Bedürfnis der Menschen auf der anderen Seite. Was einmal nur und in begrenztem Umfang Geschäftsreisenden und wohlhabenden Gesellschaftskreisen vorbehalten war, ist heute für breiteste Schichten fast zur alltäglichen Selbstverständlichkeit geworden.

C. Gastgewerbliche Betriebe heute

Geblieben sind die elementaren Angebote *Beherbergung* und *Bewirtung*, denen die beiden Betriebsarten *Hotel* und *Restaurant* entsprechen. Darüber hinaus gibt es heute eine Vielzahl abgewandelter Betriebsarten, die sich aus den unterschiedlichsten Bedürfnissen der Wohlstandsgesellschaft entwickelt haben. Ausschlaggebend für die Unterschiede sind:
▶ Art der Zweckbestimmung,
▶ Art und Umfang des Angebotes,
▶ Art, Umfang und Komfort der Einrichtung.

Bewirtungsbetriebe
Restaurant
Gaststätte, Wirtshaus, Schnellgaststätte, Autobahnraststätte, Bahnhofsgaststätte, Imbißstube Kaffeehaus, Konditorei – Café, Tanz- oder Konzertcafé Trinkhalle, Stehbierhalle, Eisdiele, Milchbar Bar, Nachtlokal Tanzdiele, Diskothek

Beherbergungsbetriebe
Hotel
Pension, Kurpension, Kurheim, Fremdenheim Gasthof, Motel, Hotel garni

1. Restaurant
Darunter versteht man einen Bewirtungsbetrieb, der seinen Gästen eine größere Auswahl von Speisen und Getränken anbietet und bezüglich der Einrichtung mit einem gewissen Komfort ausgestattet ist.

Die übrigen Bewirtungsbetriebe unterscheiden sich davon im wesentlichen durch ihre jeweilige Zweckbestimmung (siehe Übersicht).

2. Hotel

Es handelt sich dabei um einen Beherbergungsbetrieb, der sich durch eine größere Bettenzahl sowie durch eine anspruchsvollere Ausstattung der Zimmer und der sonstigen Räumlichkeiten auszeichnet. Gleichzeitig ist das Hotel auf die Bewirtung der Gäste eingestellt und besitzt außer dem Restaurant für die Hausgäste meistens ein zusätzliches Restaurant für Passanten. Die übrigen Arten der Beherbergungsbetriebe weichen davon durch ein vermindertes Leistungsangebot ab.

▶ **Gasthöfe** sind vorzugsweise in ländlichen Gegenden angesiedelt, haben eine geringere Anzahl von Betten und sind in ihrem Angebot auf bescheidenere Ansprüche ausgerichtet.

▶ **Pensionen**, auch in Form von Kurheimen, nehmen ausschließlich Hausgäste auf, während sie Passanten nicht bewirten.

▶ **Hotel garni** ist die Bezeichnung für ein Hotel, das zur Bewirtung lediglich Frühstück und u.U. kalte Speisen anbietet.

▶ **Motels** sind Beherbergungsbetriebe, die vor allem auf motorisierte Gäste spezialisiert sind. Sie liegen in der Regel in der Nähe von Fernstraßen und bieten insbesondere ausreichende Parkmöglichkeiten (oft direkt vor der Zimmertür) an.

II. Berufliche Bildung im Gastgewerbe

Die Anforderungen der modernen Arbeitswelt haben in vielen Bereichen zu einer Neuorientierung bezüglich der beruflichen Ausbildung geführt. Seit 1980 gibt es deshalb auch für die Berufe im Gastgewerbe neue Verordnungen.

A. Ausbildungsordnung

Grundlage dafür ist die **„Verordnung über die Berufsausbildung im Gastgewerbe"**. In ihr sind die Berufe festgelegt und ihre Ausbildungsinhalte umschrieben (Berufsbilder).

1. Berufsbezeichnungen

Unberührt von der genannten Verordnung blieben die bestehenden Berufe **Koch/Köchin** sowie **Kaufmannsgehilfe/Kaufmannsgehilfin im Gastgewerbe**.

Die staatlich anerkannten Berufe sind:

- Fachgehilfe/Fachgehilfin im Gastgewerbe
- Restaurantfachmann/Restaurantfachfrau
- Hotelfachmann/Hotelfachfrau
- Koch/Köchin
- Kaufmannsgehilfe/-gehilfin im Gastgewerbe

In der **Grundstufe der Berufsschule** (erstes Ausbildungsjahr) werden die Berufsgruppen (außer den Kaufmannsgehilfen) gemeinsam unterrichtet.

2. Gliederung der Ausbildung

Die Ausbildungsdauer der Fachgehilfen beträgt zwei Jahre, die der beiden anderen Berufe drei Jahre. Erstere können jedoch ihre Ausbildung im dritten Jahr wahlweise in einem der anderen Berufe fortsetzen. Diese Möglichkeit ergibt sich aufgrund der exakten Gliederung der Ausbildung (**Stufenausbildung**).

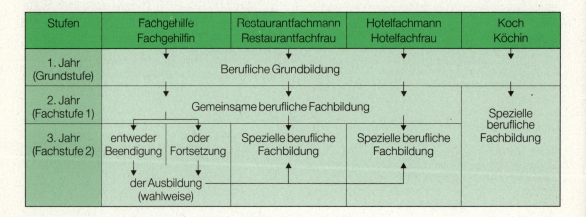

3. Ausbildungsrahmenpläne

Die Ausbildungsinhalte der einzelnen Stufen sind in der Verordnung vorgegeben. Darüber hinaus sind sie in den Ausbildungsplänen inhaltlich detailliert den jeweiligen Ausbildungshalbjahren zugeordnet.

Beispiel:

lfd. Nr.	Teil des Ausbildungsberufsbildes	zu vermittelnde Fertigkeiten und Kenntnisse	zu vermitteln im Ausbildungshalbjahr 3	4	5	6
1	2	3	4			
1 bis 5	die in § 5 Nr.1 bis 5 aufgeführten Teile des Ausbildungsberufsbildes	die in Anlage 1 lfd. Nr.1 bis 5 Spalte 3 aufgeführten Fertigkeiten und Kenntnisse	während des 2. Ausbildungsjahres zu vermitteln			
6	Reinigen u. Pflegen der Räume und ihrer Einrichtungen, Pflegen der Wäsche (§ 5 Nr.7)	a) Wäsche unter Anleitung pflegen und instandhalten b) Gästezimmer und Galerieräume herrichten	X	X		
7	Kenntnisse des Aufbaus der Speise- u. Getränkekarte. Zusammenstellen der Tagesspeisekarte (§ 5 Nr. 9)	a) Tagesspeisekarte unter Anleitung zusammenstellen b) bei der Menübesprechung mitwirken	X	X		
8	Lagern und Kontrollieren von Waren (§ 5 Nr.8)	a) Waren annehmen und auf Gewicht und Menge prüfen b) Waren einlagern c) Lagerbestände kontrollieren d) gesetzliche Bestimmungen für die Lagerung von Waren nennen			X X X X	

B. Ausbildungsinhalte

1. Grundbildung und Gemeinsame Fachbildung

Sie umfassen folgende Themen:
- Arbeitsschutz und Unfallverhütung,
- Umweltbeeinflussung und Umweltschutz,
- Hygiene,
- Bedienen und Instandhalten der Arbeitsgeräte,
- fremdsprachliche Fachausdrücke,
- Kenntnisse des Ausbildungsbetriebes,
- Reinigen und Pflegen der Räume und ihrer Einrichtungen, Pflegen der Wäsche,
- Lagern und Kontrollieren von Waren,
- Kenntnisse des Aufbaus der Speise- und Getränkekarte, Zusammenstellen der Tagesspeisekarte,
- Vor- und Zubereiten einfacher Speisen und Getränke unter Berücksichtigung der Grundlagen der Ernährungslehre,
- Arbeiten am Buffet,
- Servieren und Ausheben im Restaurant einschließlich Arbeitsvorbereitung, Abrechnen im Service,
- Dekorieren von Räumen und Tafeln,
- Arbeiten im Betriebsbüro.

Die entsprechenden Kenntnisse und Fertigkeiten werden laut Ausbildungsrahmenplan im ersten Jahr grundlegend (Grundbildung) und im zweiten Jahr ergänzend bzw. vertiefend (Gemeinsame Fachbildung) vermittelt.

2. Spezielle berufliche Fachbildung

Sie konzentriert sich im dritten Ausbildungsjahr auf vertiefende und ergänzende berufsspezifische Kenntnisse und Fertigkeiten.

Restaurantfachmann/Restaurantfachfrau

- Servieren und Ausheben im Restaurant,
- Ausführen besonderer Arbeiten am Tisch,
- Zusammenstellen der Speise- und Menükarte,
- Zusammenstellen der Getränke- und Weinkarte,
- Behandeln und Ausschenken von Getränken,
- Herstellen von Misch- und Mixgetränken,
- Vorbereiten und Durchführen von Festlichkeiten und Sonderveranstaltungen,
- Führen eines Reviers,
- Rechnungswesen und Zahlungsverkehr,
- Organisation des Ausbildungsbetriebes,
- Werbung.

Hotelfachmann/Hotelfachfrau

- Arbeiten im Büro,
- Arbeiten in der Hotel-Organisation,
- Arbeiten in der Hausverwaltung,
- Arbeiten in der Magazinverwaltung,
- Arbeiten im Empfang,
- Werbung.

3. Betriebliche Ausbildung und Berufsschule

Die bisherigen Ausführungen zur „Verordnung über die Berufsausbildung im Gastgewerbe" sind Richtlinien für die **betriebliche Ausbildung**. Im dualen Ausbildungssystem wird diese durch die berufsbegleitenden Unterweisungen der Berufsschule ergänzt.

Diese haben bezüglich der Lerninhalte besondere Zielsetzungen.

> ▶ Vertiefend erklären,
> ▶ überbetrieblich ergänzen,
> ▶ überschaubar zusammenfassen und darstellen.

Richtungweisend dafür sind die **Rahmenlehrpläne der Kultusministerien** in den einzelnen Bundesländern.

III. Personal im Gastgewerbe

Ausgehend von den Ausbildungsberufen (siehe weiter oben), lassen sich die Personalgruppen am Beispiel des Hotels am besten darstellen.

A. Organisation des Hotelbetriebes

Neben dem grundlegenden Angebot der *Beherbergung* sorgt das Hotel auch für die *Bewirtung* der Gäste. Darüber hinaus ist das umfangreiche Betriebsgeschehen ohne eine angemessene *Verwaltung* nicht denkbar. Die genannten drei Abteilungen bedürfen deshalb einer verantwortlichen Leitung, die ihrerseits für jeweils zugehörige Funktionsbereiche zuständig ist.

Beherbergung
Empfangsdirektor
Empfang
Etage

Bewirtung
Wirtschaftsdirektor
Küche
Service

Verwaltung
Kaufmännischer Direktor
Einkauf
Lagerverwaltung
Kontrolle
Buchhaltung
Personal

B. Personalgruppen im Hotel

Den verantwortlichen Leitern der einzelnen Abteilungen ist für die Bewältigung der vielfältigen Aufgaben entsprechendes Personal unterstellt.

1. Personal der Beherbergungsabteilung/Aufgaben

Empfangschef	Hausdame	Chefportier
Reservierungsbüro Empfangstresen (Journal, Kasse)	Haus und Wäscherei Zimmer (Etage)	Portierloge
Reservierungsdamen, -herren	Hausdamenassistentin	Portiers
Empfangsdamen, -herren Journalführer Kassenführer	Etagenbeschließerin Wäschebeschließerin Hausmädchen, Hausburschen Wäscherinnen, Büglerinnen Zimmermädchen	Hausburschen, Pagen Telefonistinnen Wagenmeister, Kondukteur
▸ Vermieten und Reservieren von Zimmern ▸ Führen der Gästekorrespondenz ▸ Durchführen der Empfangsbuchhaltung ▸ Abrechnen mit dem Gast und Führen der Kasse	▸ Reinigen und Instandhalten der Gästezimmer, Flure, Treppenhäuser, Aufzüge ▸ Reinigen und Pflegen der Hotelhalle, der Restaurants, der Wirtschaftsräume sowie der Sanitärräume im ganzen Haus ▸ Pflege der Grünpflanzen ▸ Pflegen, Lagern und Ausgeben der gesamten Wäsche sowie Reinigungsmaterial und -geräte	▸ Kontrolle und Überwachung von Hoteleingang und -halle ▸ Versorgung des Gepäcks und der Fahrzeuge ▸ Betreuung des Gastes von der Ankunft bis zur Abreise

Während im vorliegenden Beispiel eine weitestgehende Gliederung der Aufgaben vorliegt, kann es je nach Betriebsgröße und Betriebsorganisation Aufgabenzusammenlegungen mit jeweils anderen Zuordnungen geben.

2. Personal der Küche/Aufgaben

Der verantwortliche Leiter der Küche ist der *Küchenchef*. Für die einzelnen Aufgabenbereiche der Küche gibt es die sogenannten *Partiechefs*, denen jeweils *Commis* (Jungköche) zugeordnet sind.

Saucier	▶ Saucen ▶ Fleischvorspeisen ▶ Braten-, Schmor- und Grillgerichte ▶ Fischgerichte jeglicher Art
Gardemanger	▶ Vorbereiten von Fleischteilen (Zerlegen, Auslösen, Portionieren) ▶ Kalte Vorspeisen und Salate ▶ Kalte Platten und Kalte Buffets, Farcen, Pasteten, Terrinen und Galantinen
Entremetier	▶ Gemüse, Sättigungsbeilagen ▶ Suppen ▶ Mehl- und Eierspeisen
Pâtissier	▶ Teige und Massen ▶ Süßspeisen ▶ Torten, Kuchen und Gebäcke

3. Personal der Verwaltung/Aufgaben

Der *Kaufmännische Direktor* ist der verantwortliche Leiter. Das ihm unterstellte Personal ist im einzelnen nicht namentlich benannt.

Einkaufsbüro	▶ Einkaufsentscheidungen ▶ Bestellungen
Magazin	▶ Kontrollieren des Wareneingangs (Lieferanten) ▶ Überwachen des Warenabgangs (Betriebsabteilungen) ▶ Überwachen der Warenbestände ▶ Durchführen von Bestandskontrollen (Inventur)
Buchhaltung	▶ Kontrollen (z. B. Bankkontrolle) ▶ Personalbuchhaltung ▶ Buchhaltung des gesamten Hotels
Personalbüro	▶ Stellenbeschreibung ▶ Personaleinstellung und -entlassung ▶ Lohn- und Gehaltsabrechnung

4. Personal des Service/Aufgaben

Restaurant	Bankett	Bar	Etage
Restaurantleiter (Maître d'Hôtel)	Bankettleiter	Chef de bar	Chef d'etage
Chef de rang Demichef de rang Commis de rang	(rang = Revier)	Demichef de bar Commis de bar	Demichef d'etage Commis d'etage
Chef →	Halbchef	→	Gehilfe
▶ Gäste empfangen und plazieren, ▶ Gäste beraten, ▶ Servieren von Speisen und Getränken, ▶ Abrechnen mit dem Gast und dem Betrieb, ▶ Herstellen und Servieren von Mixgetränken,		▶ Frühstücks- und Etagenservice durchführen, ▶ Tranchieren, Flambieren und Kochen am Tisch des Gastes, ▶ Arrangieren von geschlossenen Veranstaltungen.	

C. Berufsanforderungen und Aufstiegsmöglichkeiten

Die Anforderungen an das Personal im Gastgewerbe leiten sich von der jeweiligen beruflichen Aufgabe her (siehe „Ausbildungsinhalte"). Dabei ist es wichtig, die Wahl des Berufes nach sorgfältiger Prüfung *nicht nur* von der persönlichen Neigung, sondern vor allem von den körperlichen und geistigen Voraussetzungen sowie von den persönlichen Fähigkeiten abhängig zu machen.

1. Berufliche Anforderungen

Sie sind im Gastgewerbe aufgrund der Schnelligkeit und Vielfalt des Betriebsgeschehens, insbesondere aber durch Ballungszeiten (Abreisen, Mahlzeiten) sehr groß. Aus der Verantwortung für den Gast und für den Umgang mit ihm sind zunächst ganz besondere *charakterliche Voraussetzungen* von Bedeutung. Darüber hinaus ist zu unterscheiden zwischen mehr organisatorischen Aufgaben, bei denen *geistige Anforderungen* im Vordergrund stehen, und den mehr handwerklichen Aufgaben, bei denen die *körperlichen Anforderungen* größer sind.

▷ **Charakterliche Anforderungen**

- Höflichkeit, Taktgefühl und Diskretion,
- Hilfsbereitschaft und gute Umgangsformen,
- Ehrlichkeit und Zuverlässigkeit,
- Aufmerksamkeit und Pünktlichkeit,
- Strebsamkeit und Lernbereitschaft.

▷ **Körperliche und geistige Anforderungen**

- Gesundheit und gute Konstitution,
- Ausdauer und Durchhaltevermögen,
- Sauberkeit von Kopf bis Fuß,
- Gutes Gedächtnis und geistige Beweglichkeit,
- Gute Allgemeinbildung,
- Fremdsprachenkenntnisse.

▷ **Besondere Fähigkeiten**

- Einfühlungs- und Reaktionsvermögen,
- Geschick und Organisationstalent,
- Umsicht und Improvisationsvermögen,
- Verständliche und gute Ausdrucksweise.

▷ **Persönliche Pflege und Berufskleidung**

Personal, das in unmittelbarem Kontakt zum Gast steht, muß sich in einem gepflegten persönlichen Erscheinungsbild darstellen. Das setzt *tägliche Körperpflege* voraus:

- Duschen und Wäschewechsel,
- Pflege der Zähne und der Haut,
- Hände und Füße.

Darüber hinaus muß der Berufskleidung unter den Gesichtspunkten der Ästhetik und Zweckmäßigkeit besondere Aufmerksamkeit geschenkt werden. Dabei ist es unbedeutend, ob es sich um individuell ausgewählte Kleidung oder um hausspezifische Berufskleidung in Form von Trachten und Uniformen handelt. Letztere ist von Betrieb zu Betrieb verschieden und soll den Stil und die Atmosphäre des Hauses auf besondere Weise unterstreichen. In jedem Falle aber müssen folgende Anforderungen erfüllt werden:

- Solide Qualität und Ausführung, damit die Kleidung den Belastungen durch das häufige Reinigen standhält,
- angenehmer und bequemer Sitz, damit das Wohlbefinden und die arbeitsspezifische Bewegungsfreiheit nicht beeinträchtigt werden,
- dezent elegante Ausführung, die einerseits ein optisch gutes Bild ergibt, aber andererseits nicht übertrieben wirkt.

2. Berufliche Aufstiegsmöglichkeiten

Die Möglichkeiten, innerhalb des Hotels in eine qualifiziertere berufliche Tätigkeit aufzusteigen, ist vor allem von der eigenen Leistungsfähigkeit und Leistungsbereitschaft abhängig. Die grundlegenden Wege sind zwar zunächst durch den erwählten Beruf vorgegeben, die Praxis zeigt aber, daß durch Strebsamkeit, Fleiß und Ausdauer auch abweichende Übergänge möglich sind. Es gibt die in der Übersicht unten stehenden Zugangsmöglichkeiten.

3. Weiterbildungsmöglichkeiten

▷ **Restaurantfachmann/Restaurantfachfrau**

- Hotelfachmann/-frau (1 Jahr Zusatzausbildung)
- Koch/Köchin (2 Jahre Zusatzausbildung)

▷ **Hotelfachmann/Hotelfachfrau**

- Restaurantfachmann/-fachfrau (1 Jahr Zusatzausbildung)
- Koch/Köchin (2 Jahre Zusatzausbildung)

Für Restaurantfachleute und Hotelfachleute gibt es sodann noch folgende Weiterbildungsabschlüsse:

- Staatlich geprüfter Betriebswirt (Fachrichtung Hotel- und Gaststättengewerbe),
- Staatlich geprüfter Gastronom (2 Jahre Berufspraxis und Hotelfachschule).

Fachgehilfen	Restaurantfachleute	Hotelfachleute	Köche
– Hausverwaltung/ Etage – Service – Kalte Küche – Hotelmeister	– Service in allen Bereichen – Restaurantmeister – Barmeister	– Empfang, Service – Hausverwaltung/ Etage – Kaufmännische Verwaltung – Hotelmeister	– Küche in allen Bereichen – Küchenmeister

Naturwissenschaftliche Grundkenntnisse

Viele technologische Abläufe und Maßnahmen der modernen Arbeitswelt sind erst durch die Entdeckungen der Naturwissenschaft möglich geworden. Um sie zu verstehen und in der praktischen Anwendung sachgerecht zu steuern, sind deshalb entsprechende naturwissenschaftliche Kenntnisse unerläßlich. Auch die gastgewerbliche Fachkunde kann darauf nicht verzichten.

I. Grundkenntnisse aus der Chemie

Chemie ist die Lehre von den Stoffen und deren Veränderungen.

Entsprechend der Unterscheidung „belebte" Natur in den Organismen und „tote" Natur gibt es zwei Bereiche der Chemie.

Organische Chemie, die sich mit den organischen Stoffen befaßt (siehe im Abschnitt „Grundkenntnisse aus der Biologie").

Anorganische Chemie, deren Betrachtung auf die anorganischen Stoffe ausgerichtet ist.

A. Stoffe, Verbindungen, Mischungen

1. Stoffe

▷ **Elemente**

Die Materie ist aus grundlegenden Stoffen aufgebaut. Man nennt sie Elemente und unterteilt sie in Metalle und Nichtmetalle. Für die Bezeichnung verwendet die Chemie die Anfangsbuchstaben ihrer Namen (**Chemische Zeichen**).

Nichtmetalle

▶ Kohlenstoff	–	**C**arboneum	→	**C**
▶ Sauerstoff	–	**O**xigenium	→	**O**
▶ Wasserstoff	–	**H**ydrogenium	→	**H**
▶ Stickstoff	–	**N**itrogenium	→	**N**
▶ Schwefel	–	**S**ulfor	→	**S**

Merkwort:

| ▶ Chlor | – | **Ch**lor | → | **Cl** |

Metalle

▶ Natrium	–	**Na**trium	→	**Na**
▶ Kalium	–	**K**alium	→	**K**
▶ Calcium	–	**Ca**lcium	→	**Ca**
▶ Eisen	–	**Fe**rrum	→	**Fe**

Elemente sind Grundstoffe bzw. reine Stoffe. Das bedeutet, daß es sich beim Zerlegen in kleinere Teile immer um den gleichen Stoff handelt.

▷ **Atome**

Der kleinste Teil eines Elements ist das Atom. Es hat folgenden Aufbau:

Atomkern, bestehend aus den positiv geladenen *Protonen* und den nicht geladenen *Neutronen*,

Atomhülle, auf deren Bahnen die negativ geladenen *Elektronen* kreisen.

Atome sind die kleinsten Teile der Elemente.

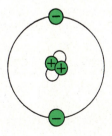

2. Stoffverbindungen

▷ **Ionen**

Die entgegengesetzten Ladungen der Protonen und Elektronen bewirken den Zusammenhalt bzw. das Spannungsgleichgewicht innerhalb des Atoms. Bei der Annäherung von Atomen können jedoch Elektronen von einem auf ein anderes Atom übergehen. Dadurch ergeben sich *Ladungsverschiebungen*. Die veränderten Teilchen heißen Ionen.

▶ Das abgebende Atom hat eine positive Ladung (Übergewicht der Protonen),
▶ das aufnehmende Atom hat eine negative Ladung (Übergewicht der Elektronen).

> Ionen sind elektrisch geladene Teilchen, die bei Atomen durch die Abgabe bzw. Aufnahme von Elektronen entstehen.

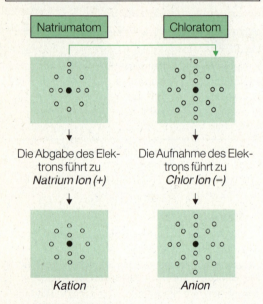

▷ **Verbindungen**

Die unterschiedlich geladenen Ionen ziehen sich an, so daß die ursprünglich getrennten Atome zu einer Verbindung zusammengeschlossen werden.

$$Na^+ + Cl^- \longrightarrow NaCl$$
Natrium + Chlor ⟶ Natriumchlorid (Kochsalz)

> Chemische Verbindungen sind der Zusammenschluß von mindestens zwei Atomen.

▷ **Moleküle**

Da Atome die kleinsten Teile von Elementen darstellen, ist ihr Zusammenschluß der kleinste Teil einer Verbindung. Man nennt diesen Molekül.

> Moleküle sind die kleinsten Teile einer chemischen Verbindung aus Atomen gleicher oder unterschiedlicher Elemente.

3. Stoffmischungen

Bei der Lebensmittelherstellung und Speisenzubereitung werden ständig Stoffe verschiedener Art miteinander vermischt. Je nach der Beschaffenheit der Mischungen haben diese unterschiedliche Bezeichnungen.

▷ **Gemenge**

Das sind lose Verbindungen von Stoffen mit der schwachen Tendenz, sich wieder zu trennen, z. B.:

▶ Milch oder Sahne im Kaffee,
▶ Bestandteile von gemischten Salaten,
▶ Zucker und Fett beim Herstellen von Teigen und Massen.

▷ **Aufschlämmungen**

Sie enthalten Stoffe, die sich aufgrund ihrer Eigenschaften leicht wieder entmischen, z. B.:

▶ Stärke zum Binden von Suppen und Saucen (in Flüssigkeit verrührt) setzt sich nach einiger Zeit auf dem Gefäßboden ab,
▶ Klärfleisch für die Herstellung einer Kraftbrühe (in einer Fleischbrühe verrührt) steigt beim Klärvorgang an die Oberfläche der Flüssigkeit.

▷ **Lösungen**

Es handelt sich um Mischungen, bei denen feste oder gasförmige Stoffe in einer Flüssigkeit gleichmäßig verteilt sind, z. B.:

▶ Zucker im Kaffee oder Tee,
▶ Alkohol in einer Spirituose,
▶ Kohlendioxid in einem Mineralwasser.

▷ **Emulsionen**

Sie enthalten Stoffe, die sich von Natur aus nicht gleichmäßig vermischen lassen, die aber mit Hilfe von stabilisierenden Faktoren (Emulgatoren) zu einer homogenen Masse vereinigt werden können, z. B.:

▶ Wasser und Fett in der Milch oder in der Butter,
▶ Eigelb und Butter in der holländischen Sauce,
▶ Eigelb und Öl in der Mayonnaise.

4. Chemische Formeln

Chemische Verbindungen werden mit Hilfe von Formeln dargestellt. Man unterscheidet dabei Summenformeln und Strukturformeln.

Grundkenntnisse aus der Chemie

▷ **Summenformeln**

Sie geben Auskunft über die Summe der an einer Verbindung beteiligten Atome.

▸ Gleiche Atome:

$$H + H = H_2$$
$$O + O = O_2$$

▸ Unterschiedliche Atome:

$$2H + O \rightarrow H_2O \quad \text{(Wasser)}$$
$$2O + C \rightarrow CO_2 \quad \text{(Kohlendioxid)}$$
$$Na + O + H \rightarrow NaOH \quad \text{(Natronlauge)}$$
$$H + Cl \longrightarrow HCl \quad \text{(Salzsäure)}$$
$$H_2O + CO_2 \longrightarrow H_2CO_3 \quad \text{(Kohlensäure)}$$

▷ **Strukturformeln**

Sie geben Auskunft über die Zuordnung der Atome innerhalb einer Verbindung (Struktur).

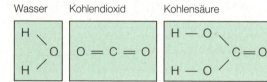

Wasser Kohlendioxid Kohlensäure

— bedeutet einfache Bindung
= bedeutet doppelte Bindung

B. Chemische Vorgänge

Unter dem Stichwort „Stoffverbindungen" wurde dazu bereits Grundlegendes gesagt. An dieser Stelle sollen ergänzend noch einige wichtige Vorgänge erläutert werden.

1. Reduktion, Oxidation, Synthese, Analyse

▷ **Reduktion und Oxidation**

Beide Vorgänge sind Reaktionen in Verbindung mit Sauerstoff.

▸ Eine **Reduktion** liegt vor, wenn Sauerstoff abgegeben wird.
▸ Eine **Oxidation** liegt vor, wenn Sauerstoff aufgenommen wird.

Den sauerstoffabgebenden Stoff nennt man *Reduktionsmittel*, den sauerstoffaufnehmenden Stoff *Oxidationsmittel*. Bei Sauerstoffaufnahme entsteht ein *Oxid*.

$$2H + O_2 \rightarrow 2H_2O \quad \text{(Wasser)}$$
$$2Fe + O_2 \rightarrow 2FeO \quad \text{(Eisenoxid)}$$
$$2Ca + O_2 \rightarrow 2CaO \quad \text{(Calciumoxid)}$$
$$C + O_2 \rightarrow CO_2 \quad \text{(Kohlendioxid)}$$

▷ **Synthese und Analyse**

Beides sind Vorgänge, die z. B. bei chemischen Versuchen im Labor ausgelöst werden.

▸ **Synthese** ist das Zusammenschließen bzw. das Vereinigen von Stoffen.
▸ **Analyse** ist das Trennen bzw. das Zerlegen von Stoffen.

Die Analyse wird unter anderem auch bei der Untersuchung von Lebensmitteln angewendet.

2. Säuren, Basen und Salze

▷ **Säuren**

Das sind chemische Verbindungen aus *Wasserstoff* und dem sogenannten *Säurerest*, der bei den verschiedenen Säuren unterschiedlich ist.

Beispiel: ▸ Salzsäure $\rightarrow$ HCl
▸ Kohlensäure $\rightarrow H_2CO_3$

In Wasser gelöst, werden Säuren in Ionen gespalten:

$$HCl \xrightarrow{\text{Wasser}} H^+ + Cl^-$$

Die wässerige Lösung reagiert *sauer*, eingetauchtes Lackmuspapier verfärbt sich *rot*.

▷ **Basen**

Das sind chemische Verbindungen, die aus der sogenannten *OH-Gruppe* und einem jeweils anderen *Metall* zusammengesetzt sind.

Beispiel: ▸ Natronlauge $\rightarrow$ NaOH
▸ Kalilauge $\rightarrow$ KOH

In Wasser gelöst, werden Basen in Ionen gespalten:

$$NaOH \xrightarrow{\text{Wasser}} Na^+ + OH^-$$

Die wässerige Lösung reagiert *basisch bzw. alkalisch*, Lackmuspapier verfärbt sich *blau*.

▷ **Salze**

Lösungen mit gleichen Mengen H^+ und OH^- reagieren *neutral*, d. h. weder sauer noch alkalisch. *Säuren* und *Basen* neutralisieren sich gegenseitig. Das Ergebnis der chemischen Reaktion ist ein *Salz*.

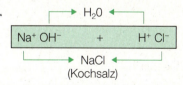

(Kochsalz)

▸ Das (H-Ion)$^+$ und das (OH-Ion)$^-$ verbinden sich zu Wasser.
▸ Das (Na-Ion)$^+$ und das (Cl-Ion)$^-$ verbinden sich zu einem Salz.

II. Grundkenntnisse aus der Physik

Physik ist die Lehre von den Zustandsformen der Körper und deren Veränderungen.

Der Kochtopf *steht* auf dem Tisch.	Er wird vom Koch zum Herd *getragen*.
Die Herdplatte ist *kalt*.	Durch Zufuhr von Strom wird sie *erwärmt*.
Das Wasser im Kochtopf ist *flüssig*.	Durch Zufuhr von Wärme wird es *verdampft*.

Von den aufgezeigten Beispielen lassen sich drei wichtige Gebiete der Physik ableiten:

Mechanik	Elektrizitätslehre	Wärmelehre

A. Grundbegriffe der Mechanik

1. Kraft, Arbeit und Leistung

▷ **Kraft**

Durch die Erdanziehung ist in allen Körpern eine Kraft wirksam, die man *Gewichtskraft* nennt. Auf die Körper können außerdem zwei verschiedene Kraftwirkungen ausgeübt werden.

- *Verformung*, z. B. beim Formen von Teigstücken oder beim Formen von Servietten.
- *Fortbewegung*, z. B. einen Topf zum Herd bringen, eine Platte zum Tisch tragen.

Gewichtskraft	Verformungskraft	Bewegungskraft

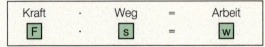

▷ **Arbeit**

Der Koch *hält* einen Kochtopf in seinen Händen.	Die Bedienung *hält* eine Platte auf ihrem Arm.

Die jeweils erforderliche *Muskelkraft* wirkt der *Gewichtskraft* (Erdanziehung) entgegen. Das Halten allein ist jedoch noch *keine Arbeit*. Ein Tisch, auf dem der Kochtopf oder die Platten stehen könnten, würde die gleiche Funktion erfüllen.

Um Arbeit handelt es sich erst dann, wenn zu der *Kraft* ein *Weg* hinzukommt.

- Der Koch *hebt* den Topf *auf* den Herd.
- Die Bedienung *senkt* die Platte zum Zweck des Vorlegens auf Tischhöhe *ab*.

Die Gleichung lautet:

Kraft	·	Weg	=	Arbeit
F	·	s	=	w

Daß das bloße Halten keine Arbeit ist, zeigt folgendes Zahlenbeispiel:

Kraft	·	Weg	=	Arbeit
4	·	0	=	0

▷ **Leistung**

Bei der Leistung kommt zur Arbeit der Faktor Zeit hinzu.

- Das Zimmermädchen A benötigt für das Reinigen eines Zimmers 30 Minuten, das Zimmermädchen B 25 Minuten.
- Die Bedienung A bedient eine bestimmte Anzahl von Frühstücksgästen in 40 Minuten, die Bedienung B in 30 Minuten.

Für die gleiche Arbeit wird in beiden Fällen eine unterschiedlich lange Arbeitszeit aufgewendet, so daß sich eine abweichende Leistung ergibt. Umgekehrt könnte bei gleicher Arbeitszeit eine unterschiedlich umfangreiche Arbeit erledigt werden.

Die Formel lautet:

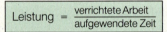

$$\text{Leistung} = \frac{\text{verrichtete Arbeit}}{\text{aufgewendete Zeit}} \qquad P = \frac{w}{t}$$

Aufgrund von Zeitstudien können für bestimmte Arbeiten Leistungsmaßstäbe ermittelt werden.

- Zimmermädchen → Anzahl der Zimmer
- Bedienung → Anzahl der Gäste

2. Verringerung des Kraftaufwands

Beim Heben von schweren Lasten ist die Muskelkraft des Menschen oftmals überfordert. Die Physik zeigt in diesem Zusammenhang Möglichkeiten auf, wie Kraftaufwand verringert werden kann. Sie veranschaulicht dies an folgenden technischen Hilfsmitteln: Schiefe Ebene, Rolle, Flaschenzug und Hebel.

> Der Kraftaufwand wird durch die Verlängerung des Kraftweges verringert. Die Hilfsmittel heißen deshalb *Kraftwandler*.

Grundkenntnisse aus der Physik

▷ Schiefe Ebene

Aus folgendem Zahlenbeispiel ersieht man die Krafteinsparung.

Bewegungsrichtung	Kraft F ·	Weg s	=	Arbeit w
in der Senkrechten	3	1	=	3
auf der schiefen Ebene	1	3	=	3

Weitere Anwendungsgebiete der schiefen Ebene sind: Seilbahnen, Schilifte, Serpentinen.

▷ Rolle

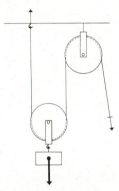

Bei der Rolle steht dem *Lastweg* ein doppelt so langer *Kraftweg* gegenüber. Die zwei Seilstücke verringern die aufzuwendende Kraft auf die Hälfte.

$F = \dfrac{L}{2}$ Kraft $= \dfrac{Last}{2}$

▷ Flaschenzug

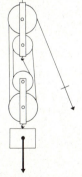

Bei diesem Flaschenzug verringern vier Seilstücke die aufzuwendende Kraft auf ein Viertel der Last.

$F = \dfrac{L}{4}$ Kraft $= \dfrac{Last}{4}$

▷ Hebel

Bekanntestes Beispiel für den Hebel ist die Wippschaukel: Ein Brett liegt auf einer Kante auf.

Lastarm · Last = Kraftarm · Kraft

Auf den einen Hebelarm wirkt die Last (Lastarm), auf den anderen die Kraft (Kraftarm).

Am Hebel herrscht Gleichgewicht, wenn beide Seiten ausgewogen sind.

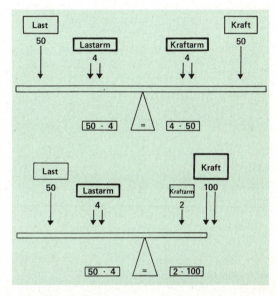

Am Hebel ist das Gleichgewicht gestört, wenn die Last oder die Kraft bzw. der Lastarm oder der Kraftarm einseitig verschoben werden.

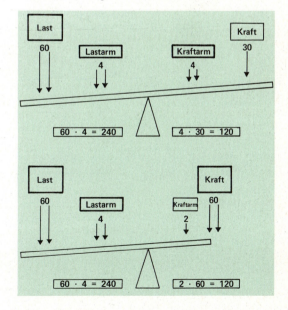

Die Arbeitserleichterung durch die Hebelwirkung beruht auf folgender Erkenntnis:

> Der Kraftaufwand wird durch die Verlängerung des Kraftarms verringert.

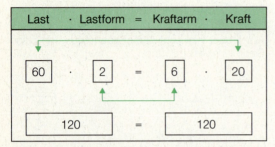

Grundlegendes Beispiel ist das Heben von Lasten.

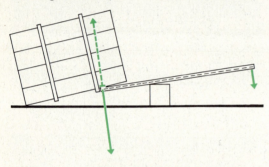

Andere Anwendungsbeispiele für Hebelwirkungen:

Schere	→ Schneiden von Papier
Nußknacker	→ Knacken von Nüssen
Kapselheber	→ Abheben von Kronkorken
Zange	→ Durchtrennen von Nägeln
Hammer	→ Herausziehen von Nägeln
Schraubenschlüssel	→ Drehen von Schrauben

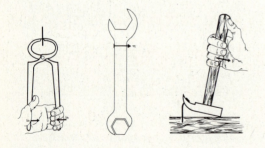

Kellnerbesteck

3. Kraft und Druck

Durch die Einwirkung von Kraft auf eine eingeschlossene Flüssigkeit oder auf ein eingeschlossenes Gas entsteht Druck.

▷ **Druckerzeugung**

Die Physik stellt diesen Vorgang an der *Spritzdose* dar.

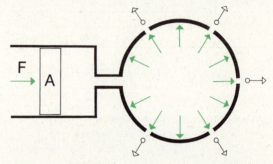

- Über die bewegliche Fläche A wird auf die eingeschlossene Flüssigkeit eine Kraft F ausgeübt.
- In der Flüssigkeit entsteht ein Druckzustand, der als *Stempeldruck*, kurz als Druck bezeichnet wird.
- Der Druck ist nach allen Seiten gleich.

Die Formel für den Druck lautet:

$$\text{Stempeldruck} = \frac{\text{Stempelkraft}}{\text{Stempelfläche}} \qquad p = \frac{F}{A}$$

Wie das einfache Zahlenbeispiel zeigt, wird der Druck mit zunehmender Kraft größer.

$$\frac{F\ (15)}{A\ (5)} = p\ (3) \qquad \frac{F\ (25)}{A\ (5)} = p\ (5)$$

▷ **Druck in Gasen**

Während sich Flüssigkeiten fast nicht zusammenpressen lassen (sie sind *inkompressibel*), ist dies bei Gasen möglich (sie sind *kompressibel*). Der Druck nimmt mit dem Grad der Kompression zu.

▷ **Druckmessung**

Die Maßeinheit für Druck ist nach dem Physiker **Pascal** benannt. Da aber 1 Pascal nur eine sehr kleine Druckeinheit ist, verwendet man in der Praxis die Bezeichnungen **Bar** und **Millibar**.

$$10^5\ \text{Pascal} = 1\ \text{bar} = 1\,000\ \text{mbar}$$

- Der uns umgebende Luftdruck beträgt ungefähr 1 bar. Seine Schwankungen (Hochdruck, Tiefdruck) werden auf der Wetterkarte in Millibar angegeben.
- Bar ist auch die Einheit, mit deren Hilfe der Druck beim Zapfen des Bieres geregelt wird (siehe im Abschnitt „Bierpflege").

Grundkenntnisse aus der Physik

Anwendungsbeispiele für Druck	Bedeutung in der Praxis
Kohlensäure wird in eine Kohlensäureflasche hineingepreßt.	Über die Druckleitung in das Bierfaß geleitet, wird die Förderung des Bieres in der Bierleitung bewirkt.
Kohlensäure wird in ein Mineralwasser oder in Perlwein hineingepreßt.	Durch den Druck in der geschlossenen Flasche bleibt die Kohlensäure in der Flüssigkeit gebunden.
In der Schaumweinflasche wird durch Gärung Kohlensäure gebildet, die nicht entweichen kann.	Die Höhe des Druckes gibt Auskunft über die Menge der Kohlensäure, von der das sachgerechte Moussieren des Schaumweins abhängig ist.
In einem Dampfdruckkochtopf wird Dampf gebildet, der einen größeren Raum als das Wasser einnehmen würde.	Der überhöhte Druck bewirkt die Steigerung der Temperatur, die ihrerseits zu einem rascheren Garwerden des Lebensmittels beiträgt.

Das Gerät, mit dessen Hilfe der Druck gemessen wird, heißt *Manometer* (Druckmeßgerät, z. B. an der Bierschankanlage). In ihm wird der Druck bzw. die Kraft durch eine Membrane, einen Hebel bzw. Federmechanismus auf den messenden Zeiger übertragen.

Beispiele für Druckmessung

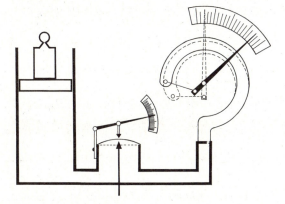

▷ **Druckregulierung**

In Drucksystemen muß der Druck aus zwei Gründen regulierbar sein:
▶ um eine auf den jeweiligen Zweck abgestimmte Druckhöhe einstellen zu können (z. B. beim Ausschenken von Bier je nach Schankbedingungen 1,2; 1,4 oder 1,6 bar.
▶ um zu verhindern, daß der höchstzulässige Druck in einem System überschritten wird (z. B. in der Bierschankanlage 2 bar).

Bei Überschreitung des höchstzulässigen Drucks besteht die Gefahr einer Explosion. Damit dies nicht eintritt, sind am Drucksystem zwei weitere Anlageteile erforderlich:
▶ ein **Druckmesser**, damit die Höhe des Drucks jederzeit überprüft werden kann,
▶ ein **Sicherheitsventil**, durch das jederzeit überhöhter Druck abgelassen wird.

B. Grundbegriffe der Wärmelehre

1. Erzeugung und Übertragung der Wärme

Wärme ist eine bestimmte Form der Energie.

▷ **Wärmeerzeugung**

Wärme wird durch Umwandlung anderer Energieformen erzeugt.

Formen der Energie	Umwandlung in Wärmeenergie
Mechanische Energie	▶ Reiben der Hände oder Frottieren des Rückens ▶ Reibungen im Motor eines Küchengerätes (Erwärmung des Gehäuses)
Elektrische Energie	▶ Zuführen von Strom in Heizspiralen (Kochplatten, Warmhalteplatten, Backöfen, Heizöfen) ▶ Erzeugen von Mikrowellen im Mikrowellengerät, die ihrerseits im Lebensmittel Wärme erzeugen
Chemische Energie	▶ Verbrennen von Kohle im Ofen, von Holzkohle auf dem Grill, von Holzscheiten im Kamin, von Gas in Heizungs- und Warmwasseranlagen ▶ Verbrennen von Traubenzucker im menschlichen Organismus

▷ **Wärmeübertragung**

Wärme ist eine physikalische Erscheinung aufgrund der Bewegung von molekularen oder atomaren Teilchen eines Körpers. Durch die Bewegung der Teilchen ist der Körper in einem bestimmten Wärmezustand, den man auch als Temperatur bezeichnet.

Das Übertragen von Wärme erfolgt durch das Aufeinandertreffen von Körpern mit unterschiedlicher Temperatur. Der wärmere Körper ist die *Wärmequelle*. Beim Garmachen von Nahrungsmitteln haben solche Übertragungsvorgänge eine besondere Bedeutung.

Wärmeübertragung

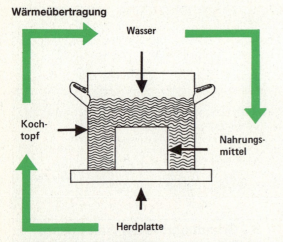

2. Transport der Wärme
Das kann auf unterschiedliche Weise geschehen.

▷ **Wärmeleitung**

Der Transport erfolgt in diesem Falle durch einen *Wärmeleiter*, der sich erwärmt und die Wärme weitergibt.
- **Metalle** sind gute Leiter (Koch- und Warmhalteplatten, Pfannen und Kochtöpfe).
- **Wasser und Fett** sind schlechte Leiter (in Kochtöpfen, in Friteusen).
- **Luft** ist ein sehr schlechter Leiter (Backöfen, Warmhaltekannen).

▷ **Wärmeströmung**

Ein anschauliches Beispiel für die Wärmeübertragung durch Strömung ist die Warmwasserheizung, bei der das erwärmte Wasser vom Heizkessel zum Heizkörper strömt. Man nennt die **Wärmeströmung** auch **Konvektion**. Diese Art der Wärmeübertragung ist auch in der Küche von Bedeutung.

Die schlechten Wärmeleiter Wasser, Fett und Luft sind als Hilfsmittel beim Garen von Nahrungsmitteln an sich unbrauchbar. Da sie aber durch Wärmeeinwirkung umgewälzt werden bzw. in Strömung geraten, wird der Mangel an Leitfähigkeit ausgeglichen.
- Wasser-, Fett- und Luftanteile, die unmittelbar Berührung mit der Wärmequelle haben, werden erwärmt.
- Die erwärmten Anteile steigen auf, so daß die nach unten strömenden kälteren Anteile der Wärmequelle zugeführt werden.
- Durch fortlaufende Umwälzung (auch Konvektion oder Mitführung genannt) wird schließlich die gesamte Wasser-, Fett- bzw. Luftmenge zunehmend erwärmt.

Da die natürliche Umwälzung nur langsam verläuft, wird diese z. B. in Umwälzgeräten (Konvektomaten) durch mechanischen Antrieb beschleunigt.

▷ **Wärmestrahlung**

Strahlen brauchen zur Übertragung von Wärme keinen Wärmeleiter. Diese erfolgt vielmehr in dem Augenblick, in dem die Strahlen auf den jeweiligen Körper treffen. Mit Hilfe des schlechten Leiters Luft z. B. könnten sonst keine ausreichenden Mengen der Sonnenwärme zur Erde gelangen.

Anwendungsbeispiele für Wärmestrahlung sind:
- glühende Heizschlangen in Grill- und Heizöfen sowie in Wärmestrahlern,
- glühende Holzkohle auf dem Grill.

Eine Sonderstellung nehmen die Mikrowellenherde ein. Deren (elektromagnetische) Strahlen erzeugen Wärme erst im Gargut selbst, indem sie dessen Moleküle in rasche Bewegung setzen.

3. Wirkung der Wärme

▷ **Ausdehnung**

Durch Zufuhr von Wärme werden Körper ausgedehnt.

Arten der Körper	Ausdehnungsbeispiele
feste Körper	Überlandleitungen hängen im Sommer stärker durch als im Winter
flüssige Körper	Quecksilber verschiebt sich in der Röhre des Thermometers
gasförmige Körper	Wasserdampf nimmt einen größeren Raum ein als das Wasser

Flüssige und gasförmige Stoffe dehnen sich im Vergleich zu festen Körpern stärker aus. Gase haben die größte Ausdehnung. Dies ist z. B. zugunsten der intensiven Druck- und Temperatursteigerung in Dampfkochgeräten von großer Bedeutung.

▷ **Zustandsänderungen**

Durch Wärmeeinwirkung wird der *Aggregatzustand* von Körpern verändert.
- Feste Körper werden flüssig (z. B. Butter).
- Flüssige Körper werden gasförmig (z. B. Alkohol).

Ein besonders einprägsames Beispiel bietet das Wasser (siehe Skizze auf der folgenden Seite).

4. Messen der Wärme

▷ **Temperatur**

Unter **Temperatur** versteht man den **Wärmezustand** eines Körpers.
- Die Suppe ist lauwarm.
- Die Herdplatte ist heiß.
- Die Hände sind kalt.
- Der Wind ist eisig.

Grundkenntnisse aus der Physik

Aggregatzustände des Wassers

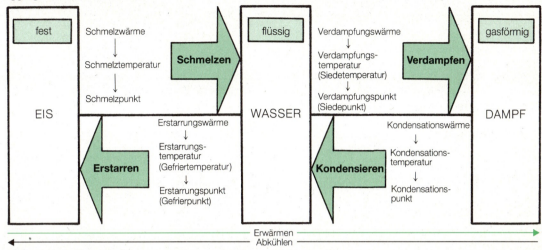

Die Schmelztemperatur und die Erstarrungstemperatur sind gleich.
Die Verdampfungstemperatur und die Kondensationstemperatur sind gleich.
Die zugeführten und die entzogenen Wärmemengen sind ebenfalls gleich.

▷ **Temperaturmessung**

Das Meßinstrument für die Feststellung des Wärmezustandes ist das *Thermometer*. Für seine Entwicklung waren folgende physikalischen Erkenntnisse von Bedeutung:
▶ Flüssigkeiten dehnen sich bei Zufuhr von Wärme aus.
▶ In einer geschlossenen Röhre legen sie dabei eine *Temperaturstrecke* zurück.

Celsius hat als Endpunkte der Temperaturstrecke den **Gefrierpunkt** und den **Siedepunkt** des Wassers gewählt und die Strecke in 100 Abschnitte unterteilt.

| 0 °C | = | Gefrierpunkt des Wassers |
| 100 °C | = | Siedepunkt des Wassers |

Die Abkühlung unter 0 °C wird mit Minusgraden angegeben (z. B. −10 °C, −18 °C).

Kelvin hat für die Temperaturstrecke eine andere Einteilung vorgenommen. Er tat dies, nachdem feststand, daß der absolute **Temperatur-Nullpunkt** bei −273 °C liegt.

Die Meßgrößen 1 °C und 1 K (Kelvin) sind gleich.

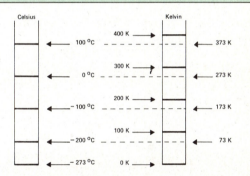

▷ **Wärmemenge**

Die Wärmemenge ist (neben den gleichartigen physikalischen Größen Arbeit und Energie) als SI-Einheit nach dem Physiker **Joule** benannt. Die Messung kann auf die verbrauchte oder auf die freiwerdende Menge ausgerichtet sein.

| 1 000 Joule | = | 1 Kilojoule (kJ) |

▶ *Beispiel für die verbrauchte Wärmemenge*:
Zur Erhöhung der Wassertemperatur um 1 K bzw. um 1 °C (genau von 14,5 °C auf 15,5 °C) sind 4,187 kJ erforderlich.
▶ *Beispiel für die freiwerdende Wärmemenge*:
Die Nährstoffe liefern im Organismus des Menschen folgende Wärmemengen (Energiemengen):

1 g Kohlenhydrate	→	17 kJ
1 g Eiweiß	→	17 kJ
1 g Fett	→	39 kJ

C. Grundbegriffe der Elektrizitätslehre

Elektrizität ist eine bestimmte Form von Energie. Gleichbedeutend mit elektrischer Energie sind die Bezeichnungen elektrische Ladung und elektrischer Strom, kurz *Strom* genannt.

Elektrische Energie (Strom) wird von Kraftwerken aus anderen Energiequellen gewonnen und über das Stromnetz dem Verbraucher zugeführt.

- **Wasserkraftwerke**, die als Energiequelle aufgestautes, über große Höhen herabfallendes Wasser benutzen,
- **Wärmekraftwerke**, die Kohle, Öl oder Gas in Dampfkraft umwandeln,
- **Atomkraftwerke**, die Energie durch Atomspaltung freisetzen,
- **Wind-, Sonnen- und sonstige Kraftwerke**, die zur Entlastung der Umwelt immer mehr an Bedeutung zunehmen.

1. Transport und Nutzung des Stroms

Strom wird in einem Stromkreis mit Hilfe eines Leiters transportiert.

▷ **Stromkreis**

Ausgangs- und Endpunkt des Kreises ist die *Stromquelle* (Steckdose). An der Steckdose angeschlossene Metalldrähte sind die *Stromleiter*. In den Stromkreis sind zwei wichtige Anlageteile eingebaut: Ein *Schalter*, mit dessen Hilfe der Stromkreis geschlossen oder unterbrochen werden kann, ein *Verbraucher*, in dem die elektrische Energie in andere Energieformen umgewandelt wird.

- **Mechanische Energie** bei Elektrogeräten (z. B. Staubsauger, Küchengeräte zum Schneiden u. a),
- **Wärmeenergie** bei Gar- und Heizgeräten (z. B. Koch- und Warmhalteplatten, Heizspiralen in Öfen und Tauchsiedern),
- **Lichtenergie** bei Lichtquellen (z. B. Glühbirnen).

Elektrischer Stromkreis

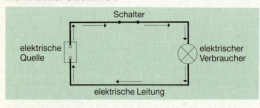

▷ **Stromleiter**

Nicht alle Stoffe leiten den elektrischen Strom. Außerdem sind zu diesem Zweck gute Leiter erforderlich. Aus diesem Grunde unterscheidet man:

- **Gute Leiter:** Metalle, am besten geeignet ist Kupfer.
- **Nichtleiter**, die wegen ihrer abschirmenden Wirkung *Isolatoren* genannt werden (z. B. die Luft zwischen den im Schalter getrennten Leitungsenden, die Umhüllungen, in denen die Leitungsdrähte eingebettet sind).

2. Erzeugung des Stroms

Für die Erzeugung des Stroms und den Stromfluß sind einige Vorgänge von Bedeutung.

▷ **Technische Stromrichtung**

Die auf den äußersten Bahnen der Kupferatome kreisenden Elektronen können aufgrund der schwachen Anziehungskraft des Atomkerns durch mechanische Impulse verschoben werden. Das geschieht durch **Generatoren** des Elektrizitätswerks. Zwischen den beiden Polen (Enden) des Stromkreises wird eine Bewegung ausgelöst, die wir technischen Strom nennen.

- Die von dem einen Pol ausgehende Verschiebung erzeugt am anderen Pol einen *Elektronenüberschuß*. Da die Elektronen negativ geladene Teilchen sind, wird dieser zum **Minuspol**.
- Am ersten Pol entsteht durch die Verschiebung ein *Elektronenmangel*. Es ergibt sich ein Übergewicht an positiver Ladung, und der Pol wird zum **Pluspol**.

Zwischen beiden Polen baut sich eine Spannung auf.

> Die technische Stromrichtung verläuft vom Plus- zum Minuspol.

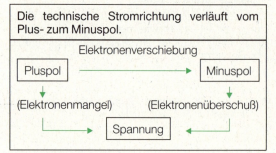

▷ **Richtung des Elektronenstroms**

Die zwischen Plus- und Minuspol erzeugte Spannung drängt zum Ausgleich und führt zu einem Rückfluß der elektrisch aufgeladenen Elektronen. Insofern wird elektrischer Strom als die in einem Leiter bewegte elektrische Ladung angesehen.

> Die Richtung des Elektronenstroms verläuft vom Minus- zum Pluspol.

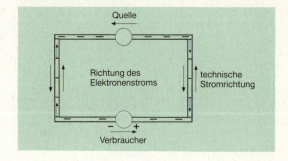

Grundkenntnisse aus der Physik

3. Spannung und Stromstärke

▷ Volt (V)

Das ist die nach dem italienischen Physiker *Volta* benannte Maßeinheit für die im Stromkreis herrschende Spannung. Sie entspricht der Arbeit, die aufgewendet werden muß, um die Elektronen (Ladung) vom Pluspol zum Minuspol zu bewegen (siehe „Technische Stromrichtung"). Die Höhe der Spannung ist verschieden.

▸ Flachbatterien	⟶	4,5 V
▸ Lichtnetz	⟶	110 V
	⟶	230 V
▸ Elektrische Eisenbahnen	⟶	15 000 V
▸ Hochspannungsleitungen	⟶	380 000 V
▸ Gewitter	⟶	bis über 10^8 V

Die Spannungshöhe kann mit Hilfe von Transformatoren (Spannungswandler) in eine höhere bzw. niedrigere Voltzahl umgewandelt werden.

▷ Ampere (A)

Das ist die Maßeinheit für die Stromstärke, benannt nach dem französischen Physiker André-Marie *Ampère*).

Gebräuchliche Stromstärken sind:

▸ Glühbirne	⟶	0,5 A
▸ Heizofen	⟶	10 A
▸ Elektrolokomotive	⟶	500 A
▸ Überlandleitungen	⟶	1 000 A
▸ Blitz	⟶	10 000 A

4. Schutzmaßnahmen gegenüber Strom

Elektrischer Strom fließt normalerweise in einem geschlossenen Stromkreis. Er wird zur Gefahr, wenn er aus diesem Kreis heraus auf andere Körper überfließen kann, z. B.:

> ▸ auf den Menschen (körperlicher Schaden, bis hin zum Tod),
> ▸ auf entzündbare Stoffe (Brandursache).

Um solche Gefahren abzuwenden, gibt es eine ganze Reihe von Schutzmaßnahmen.

▷ Isolierung

Alle Leitungen des Stromkreises sind mit einer nichtleitenden Hülle umgeben. Diese Isolierungen sind an den Polen der Steckdose und den freiliegenden Enden einer Leitung unterbrochen. Es handelt sich dabei um Kontaktstellen, von denen Strom für einen anderen Stromkreis abgenommen werden kann. An solchen Stellen ist besondere Vorsicht geboten.

▷ Polprüfer

Das einem Schraubenzieher ähnliche Gerät ist mit einer Glühvorrichtung ausgestattet. Diese leuchtet auf, wenn der Prüfer mit einer stromführenden Leitung in Kontakt kommt. Bei Leitungen ohne Strom leuchtet sie nicht auf. Die Prüfmethode wird z. B. in folgenden Fällen angewendet:

▸ Bei Arbeiten am Leitungsnetz werden die Sicherungen herausgenommen, damit kein Strom fließen kann. Der Polprüfer zeigt an, ob dieser auch wirklich abgeschaltet ist.

▸ Jeder Stromkreis hat zwei unterschiedliche Leitungen. Der Phasenleiter führt Strom, der **Null- oder Erdleiter** nicht. Mit dem Polprüfer kann festgestellt werden, ob es sich um den einen oder den anderen Leiter handelt.

▸ Beim Ausfall einer Lichtquelle oder eines Elektrogerätes ist die Ursache oft nicht sofort erkennbar. Der Polprüfer zeigt an, ob eine Unterbrechung der Stromzufuhr vorliegt. Ist dies nicht der Fall, muß nach der tatsächlichen Ursache für den Ausfall gesucht werden.

Die genannten Prüfungen können sowohl an der Steckdose als auch an jeder beliebigen Stelle des Stromkreises durchgeführt werden.

▷ Schutzleiter

Durch mechanische Einwirkungen kann die Isolierung einer Leitung beschädigt werden (z. B. durch einen in der Wand vorgetriebenen Bohrer oder durch die Scheuerwirkung in einem Elektrogerät). Auf die metallischen Teile des Gerätes überfließender Strom kann für den Menschen unmittelbar zur Gefahr werden oder die Ursache für einen Brand sein. Um diese Gefahren möglichst auszuschalten, enthält das Stromnetz einen dritten Leiter, den sogenannten *Schutzleiter*. Dieser ist verbunden:

▸ mit den Schutzkontakten der Steckdose (Schutzkontaktsteckdose), die ihrerseits an den Erdleiter angeschlossen ist,

▸ mit den Schutzkontakten des Steckers (Schutzkontaktstecker),

▸ mit dem metallischen Gehäuse des Gerätes. (Siehe Abbildung „Schutzleitungen".)

Tritt eine der oben genannten Störungen ein, fließt der Strom über den Schutzleiter und den Erdleiter in die Erde ab. Es entsteht ein *Kurz-* oder *Erdschluß*.

▷ Sicherungen

Um zu verhindern, daß bei einem Kurzschluß der Strom trotzdem weiterfließt, sind in den Stromkreis Sicherungen eingebaut. Sie springen heraus, so daß der Stromfluß unterbrochen wird. Es gibt zwei Arten von Sicherungen.

Schmelzsicherungen, bei denen ein leitender Spezialdraht schmilzt (verglüht). Die Sicherung ist dann auszuwechseln.

Elektromagnetische Sicherungen, bei denen die Stromunterbrechung durch einen Schaltmechanismus ausgelöst wird. Mit Hilfe eines Knopfes oder Hebels kann der Stromkreis wieder geschlossen werden.

In beiden Fällen muß jedoch die Ursache der Störung behoben sein. Andernfalls kommt es immer wieder zu einem Kurzschluß, durch den der Sicherungsmechanismus erneut ausgelöst wird.

Mechanismus bei einem Kurzschluß

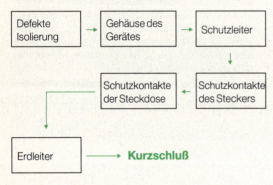

Schutzleitungen

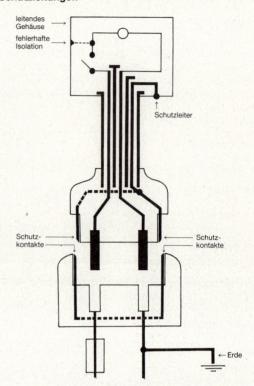

III. Grundkenntnisse aus der Biologie

Biologie ist die Lehre vom lebenden Organismus.

A. Aufbau des Organismus

Der Organismus existiert von Stoffen, die er von außen aufnimmt, zu körpereigenen Stoffen umwandelt und zu Zellen, Geweben und Organen zusammenfügt.

1. Zellen

Die Zelle ist der kleinste Baustein des Organismus. Bei einzelligen Lebewesen ist bereits die einzelne Zelle ein kompletter, in sich funktionsfähiger Organismus, bestehend aus Zellkern, Zellplasma und Zellwand.

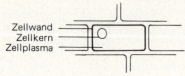

▷ **Zellkern**

Der Zellkern ist Träger der Erbanlagen sowie die Steuerzentrale für die Lebensvorgänge in der Zelle. Durch *Teilung* sind *Wachstum* und *Vermehrung* gewährleistet (mehrzellige Lebewesen).

▷ **Zellplasma**

Es enthält neben Wasser vorwiegend Wirkstoffe. Diese sind für die Stoffumwandlungen zuständig, die zur Erhaltung des Lebens notwendig sind (Stoffwechsel).

▷ **Zellwand**

Sie stabilisiert die äußere Form der Zelle und ist außerdem für den Austausch von Stoffen durchlässig.

▸ **Nährstoffe**, die von außen in die Zelle hineingelangen,

▸ **Stoffwechselprodukte**, die wegen ihrer Unbrauchbarkeit bzw. Giftigkeit aus der Zelle ausgeschieden werden müssen.

Grundkenntnisse aus der Biologie

2. Gewebe und Organe

▷ Gewebe

Im Organismus der höher entwickelten Lebewesen (Mensch und Tier), werden die Zellen zu immer größeren Zellverbänden (zu Geweben) zusammengeschlossen. Es handelt sich um Gebilde von gleichartigen Zellen, die, ihrer jeweiligen Art entsprechend, bestimmte Aufgaben erfüllen:

Gewebearten	Aufgaben
Knochengewebe	Gerüstsubstanz des Organismus
Muskelgewebe	Ausübung von Bewegungen
Fettgewebe	Schutz vor Unterkühlung und Stoßeinwirkungen sowie Nährstoffdepot
Bindegewebe	Zusammenhalt von unterschiedlichen Gewebearten
Nervengewebe	Steuerung der Lebensvorgänge

▷ Organe

Organe sind Zusammenschlüsse aus unterschiedlichen Gewebearten. Sie erfüllen verschiedenartige und differenzierte Aufgaben:

Sinnesorgane	→ Augen (sehen) → Ohren (hören) → Mund (schmecken) → Nerven (fühlen)
Kreislauforgane	→ Herz- und Blutgefäße → Gehirn, Rückenmark → Nervenstränge
Verdauungsorgane	→ Mund, Magen und Darm
Stoffwechselorgane	→ Leber und Nieren
Atmungsorgan	→ Lunge

Organaufbau

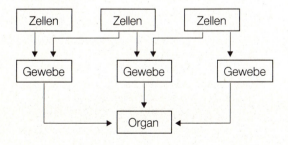

B. Stoffumwandlungen im Organismus

Die lebenerhaltenden Vorgänge sind ein Kreislauf, in dem ständig Stoffe gebildet, aufgebaut und wieder abgebaut werden (Stoffwechsel).

1. Stoffumwandlungen im pflanzlichen Organismus

Anschaulichstes Beispiel sind in diesem Zusammenhang die Bildung, der Aufbau und der Abbau von Zuckerstoffen im Getreide.

▷ Bildung des Traubenzuckers

Dieser wird aus dem durch die Wurzeln zugeführten *Wasser* (H_2O) und dem durch die Blätter aufgenommenen *Kohlendioxid* (CO_2) der Luft gebildet. Mit Hilfe des Wirkstoffes *Chlorophyll* (Blattgrün) entsteht, bei gleichzeitigem Einbinden der *Sonnenenergie*, aus den genannten anorganischen Stoffen der organische Stoff Traubenzucker. Bei dieser Umwandlung wird *Sauerstoff* (O_2) in die Luft abgegeben.

Strukturformel des Traubenzuckers

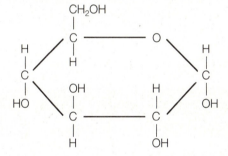

Bildung des Traubenzuckers

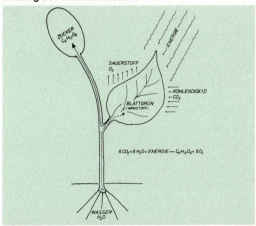

Die Pflanze bildet den Traubenzucker zur Erhaltung ihrer Art und sammelt ihn zu diesem Zweck als Vorrat in den Samenzellen (Getreidekorn). Außerdem bildet sie auch die Nährstoffe Eiweiß und Fett.

Aufbau der Stärke

Da Traubenzucker löslich ist, könnte er bis zur nächsten Wachstumsperiode durch die Einwirkung von Regen aufgelöst und weggespült werden. Um das zu verhindern, wird von der Pflanze aus vielen Traubenzuckerteilen die nicht mehr lösliche Stärke aufgebaut. Sie umgibt diese zusätzlich mit einer schützenden Hülle (Schale des Getreidekorns). Der Aufbau der Stärke dient der Konservierung.

Abbau der Stärke

Stärke ist der Nährstoffvorrat für die erste Wachstumsphase der neuen Pflanze. Die Keimanlage (Wurzel- und Blattkeim) kann den Zucker jedoch nur in gelöster Form aufnehmen und auswerten. Die Natur schafft deshalb auch die Voraussetzung, die Stärke wieder in Traubenzucker abbauen zu können. Bei der Ausbildung des Samenkorns lagert sie zu diesem Zweck in den Randschichten Wirkstoffe ein (*Enzyme*). Diese werden durch die Einwirkung von Feuchtigkeit (Regen) und Wärme (Sonne) aktiviert. Die Enzyme dringen in das Innere des Getreidekornes ein und bauen die Stärke ab. Der lösliche Traubenzucker gelangt in die Keimanlage und bewirkt das Wachsen von Wurzeln und Blättern. Sind diese ausreichend entwickelt, kann die neue Pflanze selber wieder Nährstoffe bilden und aufbauen. Der Kreislauf beginnt von neuem.

Aufbau der Stärke im Getreidekorn

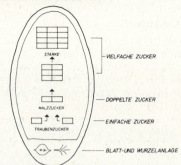

Abbau der Stärke im Getreidekorn

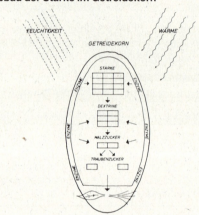

Für den Vorgang der Zuckerbildung in der Pflanze gibt es zwei wissenschaftliche Bezeichnungen:

Assimilation = Angleichung: Vorgänge, bei denen leblose (anorganische) Stoffe in körperähnliche (organische) Stoffe umgewandelt werden.

Photosynthese = Bildung von Zucker unter Mitwirkung des Sonnenlichtes

$$6\,H_2O + 6\,CO_2 + \text{Sonnenenergie} \longrightarrow C_6H_{12}O_6 + 6\,O_2$$

| Wasser | + | Kohlendioxid | + | Energie | ⟶ | Traubenzucker | + | Sauerstoff |

---

2. Stoffumwandlungen im menschlichen Organismus

Dissimilation

Die Pflanze kann aus anorganischen Stoffen organische bilden. Der Mensch kann dies nicht. Er ist zu seiner Lebenserhaltung auf organische Stoffe angewiesen. Pflanzliche und tierische Nahrungsmittel liefern diese. Auch hier ist der Traubenzucker ein anschauliches Beispiel. Die durch die Pflanze eingebundene Energie wird im menschlichen Organismus für Wärme und Bewegung freigesetzt. Die wissenschaftliche Bezeichnung für die Rückverwandlung von organische in anorganische Stoffe heißt *Dissimilation* (siehe das Schaubild zum menschlichen Zuckerstoffwechsel).

Zuckerverbrennung

Bei der Zuckerumwandlung im menschlichen Organismus sind folgende Vorgänge von Bedeutung:

- Zufuhr von Zucker über Mund, Magen und Darm (Nahrungsaufnahme),
- Zufuhr von Sauerstoff über die Lunge (Einatmung),
- Verbrennung des Zuckers mit Hilfe des Sauerstoffs und bestimmter Wirkstoffe (Veratmen des Zuckers → Freiwerden der Energie),
- Ausscheidung der Stoffwechselprodukte: Wasser über die Nieren und die Haut sowie Kohlendioxid über die Lunge (Ausatmung).

Die freigesetzte Energie wird einerseits als Wärmeenergie und andererseits als Bewegungsenergie verbraucht.

Grundkenntnisse aus der Biologie

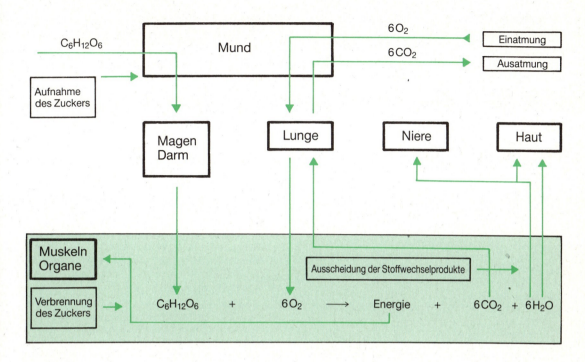

Aufgaben

Chemie:
1. Womit befaßt sich die Chemie?

Stoffe, Verbindungen, Mischungen:
2. Erklären Sie die Bezeichnungen Element und Atom.
3. In welche beiden Stoffgruppen werden die Elemente eingeteilt? Nennen Sie zugehörige Elemente.
4. Beschreiben Sie den Aufbau des Atoms.
5. Erklären Sie die Bezeichnung Ionen sowie ihre unterschiedliche Ladung.
6. Was ist eine chemische Verbindung, und was ist ein Molekül?
7. Nennen Sie Beispiele für chemische Verbindungen.
8. Beschreiben Sie an Beispielen die Eigenschaften folgender Stoffmischungen: Aufschlämmung, Gemenge, Lösung und Emulsion.

Synthese und Analyse, Reduktion und Oxidation:
9. Was ist eine Synthese und was ist eine Analyse?
10. Zu welchem Zweck werden bei Lebensmitteln Analysen durchgeführt?
11. Erklären Sie die beiden Bezeichnungen.
12. Was versteht man unter einem Oxidationsmittel und was unter einem Reduktionsmittel?
13. Was sind Oxide? Nennen Sie Beispiele.

Säuren und Basen (Laugen):
14. Beschreiben Sie an den Beispielen Salzsäure und Natronlauge ihre Veränderung in wässeriger Lösung.
15. Welche Eigenschaften hat die Lösung bei Vorhandensein bzw. Überschuß einer Säure oder einer Base?
16. Erklären Sie am Beispiel der unter 14. genannten Stoffe den Begriff Neutralisation und beschreiben Sie die damit verbundenen Stoffumwandlungen.
17. Aus welchen Elementen sind die Salze zusammengesetzt?

Physik:
18. Womit befaßt sich die Physik?
19. Nennen Sie wichtige Teilgebiete der Physik.

Kraft, Arbeit und Leistung:
20. Erklären Sie die Bezeichnung Gewichtskraft.
21. Beschreiben Sie an Beispielen den Unterschied zwischen Kraft und Arbeit.
22. Was versteht man physikalisch unter Leistung? Wie lautet die Formel?
23. Auf welche Weise kann der Kraftaufwand beim Transportieren und Heben von schweren Lasten verringert werden? Erklären Sie dies an Beispielen.

Hebel:
24. Wie lautet das Hebelgesetz?
25. Wann herrscht am Hebel Gleichgewicht und wodurch wird dieses gestört?
26. Erklären Sie an Beispielen die kraftsparende Wirkung von Hebeln.

Druck:
27. Wodurch entsteht Druck, und wie wirkt er?
28. Welche Maßeinheiten gibt es für das Messen des Drucks?
29. Welche Bedeutung hat Druck in einer Kohlensäureflasche, im Mineralwasser und Schaumwein sowie in Dampfdruckkochtöpfen?
30. Wozu sind in Drucksystemen Druckregler und Sicherheitsventile erforderlich?

Wärme:
31. Was ist Wärme physikalisch?
32. Auf welche Weise kann sie erzeugt werden?
33. Welche Auswirkungen hat sie auf den Körper?

Aggregatzustände:
34. Was sind Aggregatzustände?
35. Beschreiben Sie ihre Veränderung am Beispiel des Wassers einschließlich der naturwissenschaftlichen Bezeichnungen für die Übergänge.
36. Erklären Sie an Beispielen den Transport von Wärme durch Leitung, Strömung und Strahlung.
37. Was ist ein Konvektomat?

Temperatur:
38. Was ist Temperatur physikalisch?
39. Auf welche Weise wird sie gemessen?
40. Wie unterscheidet sich die Temperaturmessung bei Celsius und Kelvin? Erklären Sie die unterschiedliche Maßeinteilung.

Wärmemenge:
41. Mit welcher Maßeinheit wird die Wärmemenge gemessen?
42. Welche Wärmemenge ist erforderlich, um 1 Liter Wasser um 1 Grad zu erwärmen?
43. Welche Energiemenge (Wärmemenge) wird beim Verbrennen (im Organismus) aus einem Gramm Kohlenhydrate, Eiweiß und Fett freigesetzt?

Elektrischer Strom:
44. Beschreiben Sie die Teile eines elektrischen Stromkreises.
45. Auf welche Weise wird Strom erzeugt?
46. Erklären Sie die Bezeichnung elektrische Ladung.
47. Wodurch entsteht elektrische Spannung zwischen dem Plus- und Minuspol einer Steckdose?
48. Was bedeuten die Bezeichnungen Gleich- und Wechselstrom?
49. In welche anderen Energieformen wird Strom umgewandelt?

Elektrische Spannung:
50. Mit welcher Maßeinheit wird die elektrische Spannung gemessen?
51. Welche Spannungswerte haben Flachbatterien, das Lichtnetz, Hochspannungsleitungen?

Stromstärke:
52. Mit welcher Maßeinheit wird die Stromstärke gemessen?
53. Welche Stromstärke haben eine Glühbirne, ein Heizofen, eine Überlandleitung, ein Blitz?

Phasenleiter und Null- bzw. Erdleiter:
54. Was bedeuten diese Bezeichnungen?
55. Mit welchem Gerät kann die Art des Leiters an einer Steckdose festgestellt werden?
56. Was geschieht, wenn Phasen- und Erdleiter unmittelbar miteinander in Berührung kommen?

Erd- bzw. Kurzschluß:
57. Was ist ein Erd- bzw. Kurzschluß, und wann kann er entstehen?
58. Was passiert in einem solchen Fall im Stromkreis?
59. Welche Arten der Sicherungen gibt es in einem Stromkreis?

Elektrische Geräte mit metallischem Gehäuse:
60. Wann können sie für den Menschen zur Gefahr werden?
61. Durch welche technische Einrichtung wird diese Gefahr abgewendet?
62. Was ist ein Schutzleiter?
63. Beschreiben Sie die Funktion der Schukosteckdose in Verbindung mit dem Schukostecker.
64. Beschreiben Sie den Stromfluß bei einem Kurzschluß.

Biologie:
65. Womit befaßt sich die Biologie?

Zellen, Gewebe und Organe:
66. Erklären Sie die Bezeichnungen Zelle, Gewebe, Organ.
67. Aus welchen Teilen sind Zellen aufgebaut?
68. Welche Aufgaben erfüllen diese?
69. Nennen Sie Gewebearten und beschreiben Sie ihre Funktion.
70. Nennen Sie unter dem Gesichtspunkt grundlegender Funktionen **Arten der** menschlichen **Organe** und ordnen Sie diesen Organe zu.

Stoffumwandlungen im pflanzlichen Organismus:
71. Beschreiben Sie die Bildung von Traubenzucker.
72. Beschreiben und begründen Sie den Aufbau und Abbau von Stärke.
73. Erklären Sie die Bezeichnungen Assimilation, Photosynthese und Chlorophyll.

Stoffumwandlungen im menschlichen Organismus:
74. Was versteht man unter Dissimilation?
75. Beschreiben Sie die Umwandlung von Traubenzucker im menschlichen Organismus.

Hygiene, Umweltschutz und Unfallschutz

Das Wort **Hygiene** (Hygieia) kommt aus dem Griechischen. Die Menschen verstanden darunter die **Lehre von der Erhaltung und Förderung der Gesundheit**. Angesichts der Gefahren in der modernen Wohlstandsgesellschaft haben diese Fragen heute eine bedrängende Aktualität.

Die Hygiene ist in diesem Zusammenhang das übergeordnete Thema, wobei der *Lebensmittelhygiene* im Vergleich zu anderen Überlegungen (z. B. Hygiene des Körpers, des Wohnens oder des Sports) eine ganz besondere Bedeutung zukommt.

Darüber hinaus ist der Mensch in hohem Maße durch Rückwirkungen aus der verseuchten Umwelt sowie durch vielfältige Unfallgefahren am Arbeitsplatz und im Straßenverkehr bedroht. Verständlich also, daß auch Umweltschutz und Unfallschutz in den Fragenkomplex „Erhaltung und Förderung der Gesundheit" hineingehören.

Im Vordergrund der Betrachtung steht jedoch zunächst die *Hygiene im Umgang mit Lebensmitteln*. Welche Bedeutung diesem Thema zukommt, das geht z. B. aus folgenden Presseberichten hervor:

- „Genuß von verdorbenem Fleisch führt in 15 Fällen zu lebensgefährlichen Erkrankungen."
- „Gaststätten wegen Verstoß gegen das Lebensmittelgesetz geschlossen."
- „Überprüfung einer Speisegaststätte bringt schwerwiegende hygienische Mißstände an den Tag."

Ganz gewiß spielt in solchen Fällen menschliches Versagen oder sogar menschliches Verschulden eine Rolle. Die eigentliche Ursache liegt jedoch tiefer, und es ist notwendig, zuerst einmal diese zu erforschen.

I. Ursache für das Verderben von Lebensmitteln

Es sind tierische Schädlinge sowie vielfältige Arten von Mikroben und Schmutz, die das Verderben der Lebensmittel herbeiführen. Um solche Schäden wirksam abwehren zu können ist es daher wichtig, die genannten Lebewesen selber sowie ihre Lebensbedingungen und Lebensäußerungen zu kennen.

A. Tierische Schädlinge

1. Arten der Tiere und Schädigungen

Es handelt sich um bestimmte Arten der **Nager, Insekten und Fliegen**. Sie nisten sich immer wieder gerne in lebensmittelverarbeitenden Betrieben ein, weil sie dort in großen Mengen Nahrung vorfinden. Aufgrund ihrer Anwesenheit ergeben sich aber an und in Lebensmittel Veränderungen, die als Verderb anzusehen sind.

- Fraßschäden,
- Verunreinigungen durch Kot und tote Tiere,
- Übertragung von Schmutz, Mikroorganismen, Krankheitserregern und giftigen Stoffen.

2. Vorsorge- und Abwehrmaßnahmen

Das Auftreten der oben genannten Schädlinge ist heute durch die Beachtung entsprechender Hygienevorschriften im allgemeinen stark zurückgegangen. Trotzdem sind immer wieder Maßnahmen zur Vorsorge und Abwehr unerläßlich.

Schädlinge	Bekämpfung, Abwehrmaßnahmen
Nager Mäuse Ratten	▶ Kellerfenster mit Gittern versehen ▶ Fallen aufstellen ▶ Berührungsgifte auslegen
Insekten Milben Motten Schaben Käfer	▶ Brutstätten beseitigen ▶ Ritzen im Mauerwerk verschließen ▶ Bekämpfungsmittel einsetzen ▶ Desinfektionsmaßnahmen durchführen
Fliegen	▶ Fenster mit Fliegengitter versehen ▶ Lebensmittel zudecken ▶ Abfallbehältnisse gut verschlossen halten

3. Schädlingsbekämpfungsmittel

Sie enthalten Gifte, durch deren Wirkung die Schädlinge getötet werden. Da die Gifte aber auch den Menschen gefährden können, ist bei ihrem Einsatz größte Vorsicht geboten.

- Weder der Mensch noch die Lebensmittel dürfen unmittelbar mit Schädlingsbekämpfungsmitteln in Berührung kommen,
- Wände, Arbeitsflächen und Gefäße sind nach dem Einsatz gründlich zu reinigen,
- Anweisungen der Hersteller sind zur Kenntnis zu nehmen und unbedingt zu befolgen.

B. Mikroorganismen

Die meisten Lebewesen dieser Art sind mit bloßem Auge nicht wahrnehmbar, weil ihre Größe nur den Bruchteil eines Millimeters beträgt. Lediglich bei Anhäufungen werden sie in bestimmten Fällen sichtbar, z. B. als Schimmel auf Brot oder auf der Oberfläche von schmierig gewordenem Fleisch.

Mikroorganismen sind überall gegenwärtig: im Wasser, in der Luft, auf Gegenständen und auf Lebensmitteln.

- Durch das Wasser und die Luft werden sie überallhin transportiert,
- durch Menschen und Tiere aufgenommen, werden sie weitergetragen bzw. übertragen.

Ein besonders beliebter Nährboden mit günstigen Wachstums- und Vermehrungsbedingungen sind Lebensmittel sowie Rückstände bei der Lebensmittelverarbeitung.

1. Arten und Vermehrung der Mikroorganismen

Die grundlegenden Arten sind Eubakterien, Hefen und Schimmelpilze.

▷ **Eubakterien**

Es gibt sie in verschiedenen Formen (Kugeln und Stäbchen) sowie in unterschiedlichen Gebilden (Ketten und Anhäufungen).

Kugelförmige Eubakterien

- Mikrokokken → einzelne Bakterien
- Streptokokken → kurze und lange Ketten
- Staphylokokken → unregelmäßige Anlagerungen
- Paketkokken → regelmäßige Anlagerungen

Stäbchenförmige Bakterien

- Bakterien ⟶ einzeln oder in Ketten
- Bazillen ⟶ kurze oder lange Stäbchen

Formen und Zustandsformen von Eubakterien

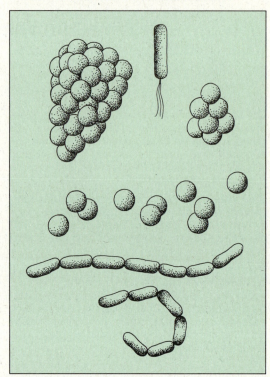

Vermehrung der Eubakterien

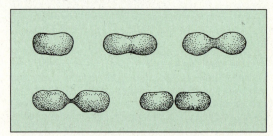

Die Vermehrung der Eubakterien erfolgt durch *Spaltung*. Sie werden deshalb auch *Spaltpilze* genannt. Nachdem die Zelle ausreichend entwickelt ist, sorgt eine Einschnürung über die Mitte der Zelle dafür, daß schließlich zwei neue Zellen entstehen.

Günstige Lebensbedingungen vorausgesetzt, erfolgt bei den meisten Arten der Mikroorganismen innerhalb von 20 bis 30 Minuten eine weitere Spaltung. Für die Werterhaltung von Lebensmitteln haben deshalb die **Anfangskeimzahl** und die **Vermehrungsgeschwindigkeit** eine große Bedeutung.

Je höher die Anfangskeimzahl und je günstiger die Lebensbedingungen der Mikroorganismen, desto kürzer die Haltbarkeitsdauer eines Lebensmittels, um so rascher verdirbt es.

Ursache für das Verderben von Lebensmitteln

Ist im Lebensmittel eine bestimmte Keimzahl erreicht, gilt es als verdorben und darf nicht mehr in den Handel gebracht oder verkauft werden. Unter diesem Gesichtspunkt muß bei der Lagerung und Verarbeitung vieles getan bzw. unterlassen werden, um die Lebensbedingungen möglichst einzuschränken und die Keimzahl so niedrig wie möglich zu halten. Speiseeis z. B. ist ein sehr guter Nährboden für Mikroorganismen und unterliegt deshalb bezüglich der Keimzahl sehr strengen Kontrollen.

Besonders gefürchtet sind die **Clostridien (Bazillen)**. Bei ungünstigen Lebensbedingungen bilden sie nämlich stabile Überlebensformen aus, die selbst gegenüber Hitze, Säuren und Desinfektionsmitteln sehr widerstandsfähig sind. Die innerhalb der Zelle entstehenden **Sporen** nehmen alle zum Überleben notwendigen Substanzen auf. Stellen sich wieder günstigere Lebensbedingungen ein, wachsen die Sporen aus. Die Vermehrung geht weiter (siehe „Botulinus-Clostridien").

▷ **Hefen**

Hefe gibt es in der Natur in vielen „wilden" Formen. Neben anderen Merkmalen unterscheiden sie sich auch dadurch, daß ihre Lebensäußerungen von der unterschiedlichen Menge des vorhandenen Wassers sowie von der Höhe der sie umgebenden Temperatur abhängig ist. Aufgrund dieser Erkenntnis züchtet der Mensch für bestimmte Zwecke sogenannte **Reinzuchthefen**:

▶ Backhefe	▶ Weinhefe
▶ Bierhefe	▶ Milchhefe

Die Vermehrung der Hefen erfolgt durch *Sprossung*, weshalb sie auch **Sproßpilze** genannt werden. Aus der *Mutterzelle* sprießt eine *Tochterzelle* hervor, die sich als Einzelzelle abtrennen oder zusammen mit den anderen „Sprößlingen" einen *Sproßverband* bilden kann.

▷ **Schimmelpilze**

Das sind verschiedene Arten von mehrzelligen Mikroorganismen, die sich nach Form und Farbe unterscheiden.

Formen	→	Köpfchenschimmel
	→	Gießkannenschimmel
	→	Pinselschimmel
Farben	→	grau, gelb, grün und schwarz

Die Vermehrung erfolgt mittels *Sporen*. Sie haben deshalb auch den Namen *Sporenpilze*. Die ausgeworfenen Samen (Sporen) bilden auf dem Lebensmittel zunächst ein *Myzel* (Fadengeflecht), das im weiteren Verlauf in das Lebensmittel hineinwächst. Aus dem Geflecht wachsen dann die sichtbaren schlauchartigen Pilzgebilde heraus, die sich immer mehr zu einem Pilzrasen ausweiten.

Vermehrung der Hefe

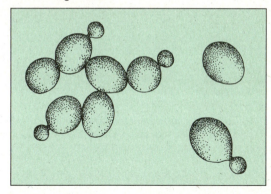

Köpfchenschimmel   **Pinselschimmel**

2. Lebensbedingungen der Mikroorganismen

Das Leben und die Lebensäußerungen sind von bestimmten Bedingungen abhängig. Wenn man diese im einzelnen kennt, dann lassen sich jeweils entsprechende Maßnahmen zur Bekämpfung ableiten.

	Nahrung	Sauerstoff	
Wärme	Feuchtigkeit		Milieu

▷ **Nahrung**

Mikroorganismen befinden sich in konzentrierter Form vor allem in Lebensmitteln sowie in den Abfällen und Verschmutzungen, die sich bei der Verarbeitung zwangsläufig ergeben.

Folgerungen für die Bekämpfung

Da Mikroorganismen immer und überall gegenwärtig sind, gibt es bezüglich ihrer Nahrung lediglich folgende Konsequenzen:

▶ Lebensmittel (auch unter Beachtung der anderen Lebensbedingungen) so lagern, daß Wachstum und Vermehrung möglichst eingeschränkt werden.
▶ Lebensmittelabfälle und Verschmutzungen im Rahmen der täglichen Reinigungsarbeiten sorgfältig entfernen.

▷ Sauerstoff

Aus dem Abschnitt „Stoffumwandlungen im Organismus" ist bekannt, daß Traubenzucker im menschlichen Körper mit Hilfe von Sauerstoff verbrannt und dabei Wärme- und Bewegungsenergie freigesetzt wird. Grundsätzlich sind alle Lebewesen auf diese Art der Energiegewinnung angewiesen. Lediglich einige Arten von Mikroorganismen können die Energie beim Fehlen von Sauerstoff auch auf andere Weise gewinnen.

Nicht unbedingt auf Sauerstoff angewiesen sind Hefen, Milchsäurebakterien und Fäulniserreger. Steht Sauerstoff nicht zur Verfügung, können sie Nährstoffe mit Hilfe von körpereigenen Wirkstoffen „vergären". Im Vergleich zum „Verbrennen" wird dabei zwar weniger Energie frei, für die bloße Erhaltung des Lebens ist sie jedoch ausreichend.

Grundsätzlich ohne Sauerstoff vergären die Botulinus-Bazillen (siehe Abschnitt „Lebensmittelschädigungen durch Mikroorganismen"). Wenn sie z. B. das Erhitzen bei der Herstellung von Dosenkonserven überstehen, bleiben sie in der geschlossenen Dose weiterhin wirksam. Das Lebensmittel verdirbt, die Deckel werden durch die gebildeten Gärgase aufgewölbt (*Bombagen*).

Folgerungen für die Bekämpfung

▸ Durch Umhüllen von Lebensmitteln wird der Sauerstoff abgeschirmt und somit die Aktivität der Mikroorganismen eingeschränkt.
▸ Vakuumverpackte Lebensmittel sind aufgrund des entzogenen Sauerstoffs in erhöhtem Maße geschützt.
▸ Dosenkonserven müssen so stark erhitzt werden, daß auch die Botulinus-Bazillen absterben.

▷ Wärme

Aus dem Kapitel „Grundbegriffe der Wärmelehre" ist bekannt:

Wärme ist eine bestimmte Form der Energie.
Temperatur ist der Wärmezustand eines Körpers.
Wärmezufuhr erhöht die Temperatur.
Wärmeentzug senkt die Temperatur.

Zu ihrer Lebenserhaltung, insbesondere aber für Wachstum und Vermehrung, sind auch die Mikroorganismen auf Wärme angewiesen. Dabei ist von Bedeutung, daß der körpereigene Wärmezustand durch den Wärmezustand ihrer Umgebung beeinflußt und verändert werden kann. Die Art und die Intensität der Auswirkung ist dabei einerseits von der *Höhe der Temperatur* und andererseits von dem unterschiedlichen *Temperaturbedürfnis* der jeweiligen Mikroorganismen abhängig.

▸ Der günstigste Temperaturbereich für die meisten liegt zwischen 10 und 50 °C. Bei Wärmebevorzugenden reicht er bis etwa 65 °C, bei Kältebevorzugenden bis etwa −15 °C. Der höchste Wirkungsgrad liegt bei 35 °C.
▸ Bei niedrigeren Temperaturen werden die Lebensäußerungen zunehmend schwächer. Sie enden im allgemeinen etwa bei 0 °C, bei einigen kälteliebenden Mikroorganismen bei etwa −25 °C.
▸ Bei höheren Temperaturen sterben Mikroorganismen ab: Hefen und Schimmelpilze bereits ab 60 °C, Bakterien ab 80 °C und Sporen erst ab 120 °C.

Folgerungen für die Bekämpfung

▸ Mit zunehmend niedrigeren Temperaturen (kühles Lagern, Kühlschrank, Tiefkühlschrank) wird erreicht, daß Wachstum und Vermehrung der Mikroorganismen zunehmend verlangsamt werden.
▸ Warmhalten von Speisen sollte über 70 °C erfolgen.
▸ Nach Beendigung der Essensausgabezeit sind Speisen rasch bis unter 10 °C abzukühlen.
▸ Kalte Speisen müssen unter 10 °C vorrätig gehalten werden.

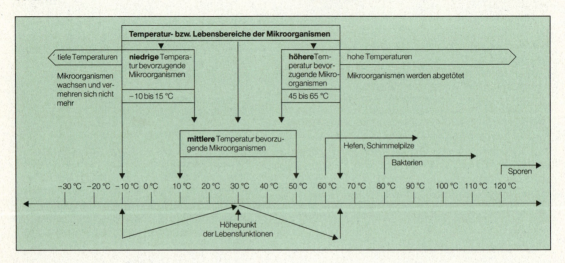

Ursache für das Verderben von Lebensmitteln

▷ Feuchtigkeit

Die Aktivität der Mikroorganismen ist nur in feuchter Umgebung möglich, wenn also Wasser vorhanden ist. Dabei sind jedoch gebundenes Wasser und freies Wasser zu unterscheiden.

Gebundenes Wasser ist solches, das in den Nährstoffen eingebunden, also nicht frei ist.

Freies Wasser ist solches, das als Wasser sichtbar ist bzw. sichtbar werden kann. Man bezeichnet es auch als **aktives Wasser**, weil die Mikroorganismen darüber verfügen können. In diesem Zusammenhang sind unter anderem zu nennen:

- Wasser, das aus Lebensmitteln ausgepreßt werden kann,
- Wasser, das in der Küche und in Kühleinrichtungen durch Kondensation von Wasserdampf entsteht,
- Wasser, das bei der Verarbeitung von Lebensmitteln gebraucht wird.

Die Beachtung des freien Wassers in Lebensmitteln ist wichtig, weil es die Aktivität der Mikroorganismen unmittelbar an oder im Lebensmittel begünstigt.

Je größer die Menge des freien Wassers,
▸ desto größer ist die Wasseraktivität,
▸ desto rascher können sich die Mikroorganismen vermehren und desto intensiver ist ihre lebensmittelverändernde Aktivität,
▸ desto kürzer ist die Lagerfähigkeit eines Lebensmittels und desto rascher verdirbt es.

Zunahme des Wassergehaltes

gering →	mittel →	stark
Linsen	Blumenkohl	Kartoffeln
Mehl	Brot	Obstkuchen
geräucherter Schinken	Rohfleisch	Fisch

Folgerungen für die Bekämpfung

▸ Je wasserhaltiger ein Lebensmittel ist, desto sorgfältiger muß es gelagert, desto rascher muß es verarbeitet werden.
▸ Für längere Lagerzeiten sind angemessene Methoden der Haltbarmachung unerläßlich.
▸ Die Kondenswasserbildung in Kühleinrichtungen muß dadurch eingeschränkt werden, daß man sie nicht öfter als unbedingt nötig öffnet und nicht länger als nötig offenstehen läßt.
▸ Spülwasser muß so rasch wie möglich abgelassen werden.
▸ Feuchte bzw. nasse Arbeitsflächen sind nach Beendigung der Tätigkeit abzuwischen und zu trocknen.

Die **Wasseraktivität** kann gemessen werden. Das Meßinstrument ist der a_w-Messer.

▸ a_w = activity of water
▸ Reines Wasser hat den a_w-Wert 1
▸ Wasserfreie Stoffe haben den a_w-Wert 0

a_w-Wertskala

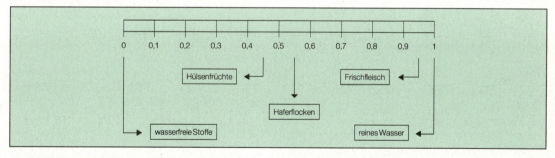

▷ Milieu

Unter Milieu versteht man die feuchte bzw. flüssige Umgebung der Mikroorganismen. Das Milieu kann unterschiedliche Eigenschaften haben. Säuren und Basen spielen dabei eine besondere Rolle. Von den chemischen Grundkenntnissen her ist bekannt:

▸ Wasser ist **neutral**.
▸ Bei Anwesenheit von Säure reagiert die Flüssigkeit **sauer**,
▸ bei Anwesenheit einer Base **alkalisch**.

Die Eigenschaft des Milieus (sauer oder alkalisch) ist abhängig davon, ob der Anteil der Säure oder der der Base überwiegt.

Die *Art* des Milieus kann auf einfache Weise mit Lackmuspapier festgestellt werden:

▸ Bei saurem Milieu verfärbt es sich **rot**,
▸ bei alkalischem Milieu **blau**.

Die *Intensität* des Milieus kann jedoch exakt nur mit Hilfe eines sogenannten pH-Meters ermittelt werden.

- Wasser hat einen pH-Wert von 7 (Neutralpunkt).
- Salzsäure hat den Wert 0.
- Natronlauge hat den Wert 14.
0 und 14 sind Grenzwerte des pH-Meters.

Die Aktivität der Mikroorganismen ist vom pH-Wert des sie umgebenden Milieus abhängig. Im allgemeinen bevorzugen sie Werte zwischen 8,5 (schwach alkalisch) und 4,5 (schwach sauer). Unabhängig von diesen Richtwerten sind aktiv:
- Hefen und Schimmelpilze bis pH 3
- Bakterien bis pH 4

Folgerungen für die Bekämpfung

Wann immer die Säuerung eines Lebensmittels angebracht ist, wird die Dauer seiner Haltbarkeit erhöht, z. B.:
- Gesäuerte Milchprodukte, Sauerkraut und saure Gurken,
- gebeiztes Fleisch und gebeizter Fisch,
- Sauerteigbrot

pH-Wertskala

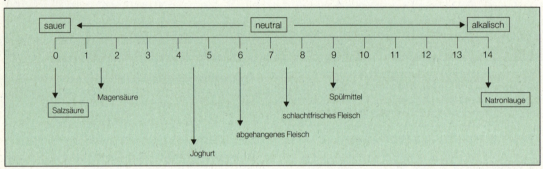

3. Lebensmittelschädigungen durch Mikroorganismen

Während z. B. das Gären bei Wein und das Schimmeln bei Käsen erwünscht sind, gelten solche Veränderungen im allgemeinen als Verderb (gegorener Fruchtsaft, verschimmeltes Brot).

Beispiele für den Lebensmittelverderb

Faulen	– Obst, Gemüse und Kartoffeln – Fleisch, Geflügel, Fisch und Eier
Gären	– Obst, Obstsäfte und andere Obstzubereitungen
Säuern	– Milch und Sahne – Wurst
Schimmeln	– Obst und Obsterzeugnisse – Backwaren, Fleisch und Wurst
Ranzigwerden	– Fette jeglicher Art – fetthaltige Rohstoffe (Speck, Fleisch, Gebäck

- Das in Geruch, Geschmack, Aussehen und Beschaffenheit veränderte Lebensmittel ist in den meisten Fällen für die Gesundheit unbedenklich. Es gilt aber trotzdem als *verdorben* und darf nicht mehr an den Verbraucher abgegeben werden.
- Bedenklich und gefährlich, weil oft nicht erkennbar, sind dagegen Veränderungen durch giftbildende Mikroorganismen. Die durch sie entstehenden Gifte können beim Menschen schwerwiegende Krankheiten auslösen.

Aus diesem Grunde ist es wichtig, die gefährlichen (giftbildenden) Arten unter den Mikroorganismen sowie ihre Standorte zu kennen. Daraus lassen sich schadenverhindernde Maßnahmen ableiten (siehe Übersicht auf der folgenden Seite).

▷ **Fäulniserreger**

Einige Bakterienarten, vor allem die **Streptokokken**, bilden durch Spaltung von Eiweiß ein hitzebeständiges Gift. Sie kommen zwar überall vor, können aber besonders in Verbindung mit eiweißhaltigen Lebensmitteln für den Menschen zur Gefahr werden.

▷ **Eitererreger**

Es handelt sich dabei um **Staphylokokken**, die ebenfalls aus und in eiweißhaltigen Lebensmitteln gefährliche Gift bilden. In starker Konzentration sind sie vor allem in eiternden Wunden und bei Erkältungen in den Schleimhäuten des Hals- und Nasenbereichs anzutreffen.

Ursache für das Verderben von Lebensmitteln

> **Maßnahmen und Richtlinien**

- Wunden mit wasserdichten, festanliegenden Pflastern bedecken,
- Ausspucken in Betriebsräumen sowie Anhusten von Lebensmitteln unbedingt unterlassen,
- erkältete Personen nicht unmittelbar mit Lebensmitteln in Berührung kommen lassen.

▷ **Botulinus-Clostridien**

Es handelt sich um Sporenbildner, die sich ohne Sauerstoff vermehren können und ohne ihn auch sonst aktiv sind. Sie befinden sich im Erdreich (**Bodenbakterien**) und gelangen, insbesondere mit Rohprodukten, überallhin. Stark gefährdet sind die unter Sauerstoffabschluß befindlichen Lebensmittel, die mangelhaft konserviert wurden und in denen sie deshalb ihre Gifte erzeugen können (siehe „Bombagen").

> **Maßnahmen und Richtlinien**

- Rohes Gemüse und Obst sowie Wildbret in der Decke oder im Federkleid getrennt von anderen Lebensmitteln aufbewahren,
- Konserven ausreichend lange und über 120 °C erhitzen
- Inhalte von Bombagen unter gar keinen Umständen zu Speisen verwenden.

▷ **Schimmelpilze**

Neben harmlosen und bei der Lebensmittelherstellung verwendeten Arten (z. B. bei Käse) gibt es viele giftbildende Schimmelpilze. Ihr Gift gelangt über das Myzel in das Lebensmittel hinein. Besonders gefährdet sind zuckerhaltige Lebensmittel (siehe Übersicht).

> **Maßnahmen und Richtlinien**

- Schimmel von der Oberfläche eines Lebensmittels abzuwaschen oder verschimmelte Stellen auszuschneiden, **vermindert nicht die Gefahr** der Vergiftung.
- Gefäße und Einrichtungen, in denen sich verschimmelte Lebensmittel befanden, müssen gründlich gereinigt werden.

▷ **Salmonellen**

Sie befinden sich hauptsächlich an Eiern oder in tierischen Lebensmitteln, ganz besonders im Schlachtgeflügel. In erster Linie sind sie im Darm anzutreffen, können aber auch über den Blutkreislauf in das Fleischgewebe gelangen. Durch mangelhafte Sauberkeit bei der Verarbeitung der Rohprodukte werden sie auf andere Lebensmittel übertragen.

Infizierte Menschen, auch wenn sie eine Salmonellenerkrankung überstanden haben, können die Bakterien weiter im Darm beherbergen und immer wieder ausscheiden (**Dauerausscheider**).

Gefahrbringende Speisen sind vor allem solche, die roh oder halbroh verzehrt werden.

> **Maßnahmen und Richtlinien**

- Bei der Verarbeitung von Schlachtgeflügel (insbesondere von tiefgefrorenem) ist besondere Vorsicht geboten: Verpackungsmaterial sofort beseitigen, Auftauflüssigkeit auffangen und wegschütten, Hände gründlich waschen.
- Arbeitsplätze, Maschinen und Arbeitsgeräte sind sehr sorgfältig zu reinigen.
- An Salmonellen erkrankte Personen und Dauerausscheider dürfen in lebensmittelverarbeitenden Betrieben nicht beschäftigt werden.

giftbildende Kleinlebewesen	gefährdete Lebensmittel	Vergiftungserscheinungen beim Menschen
Fäulniserreger	– Hackfleisch – Fleisch- und Wurstsalat – Fischkonserven – Kartoffelsalat	– Übelkeit und Magenkrämpfe – Schwindel und Kopfschmerzen
Eitererreger		– Übelkeit, Durchfall, Erbrechen – Kräfteverfall, Schwächeanfälle
Botulinus-Bazillen	– Fleisch, Wurst, Fisch und Gemüse (folienverpackt oder in Dosenkonserven) – geräucherter Schinken	– Schluck- u. Atembeschwerden – Sprechbeschwerden – Atemlähmung
Schimmelpilze	– Weizenmehl, Teigwaren und Brot – Saucen und Erdnüsse	– Leberschädigungen bis hin zu Leberkrebs
Salmonellen	– Milch, Eier und Eierzeugnisse – Krems und Speiseeis – rohe Fleisch- und Wurstwaren	– Fieber sowie Kopf- und Gliederschmerzen – Übelkeit, Erbrechen, Durchfall

Aufgaben (Hygiene – Mikroorganismen)

1. Erklären Sie das Wort Hygiene von seinem geschichtlichen Ursprung her, und beschreiben Sie die Bedeutung in der modernen Wohlstandsgesellschaft.

Nager, Kriechtiere und Insekten:
2. Welche Lebensmittelschädigungen gehen von ihnen aus?
3. Nennen Sie solche Tiere sowie geeignete Abwehrmaßnahmen.
4. Worauf ist beim Umgang mit Schädlingsbekämpfungsmitteln zu achten?

Mikroorganismen:
5. Erklären Sie die Bezeichnung.
6. Nennen Sie die grundlegenden Arten.
7. Nennen Sie die Lebensbedingungen der Mikroorganismen.

Eubakterien:
8. In welchen äußeren Formen gibt es Eubakterien und wie heißen die zugehörigen Bezeichnungen?
9. Auf welche Weise und in welcher Zeitspanne vermehren sie sich?
10. Welche Bedeutung hat die sogenannte Anfangskeimzahl?
11. Warum sind Bazillen besonders gefürchtet?
12. Was sind Sporen?

Hefen:
13. Nennen Sie Arten von Zuchthefen.
14. Auf welche Weise vermehren sie sich?
15. Was ist ein Sproßverband?

Schimmelpilze:
16. Nennen Sie Arten und Unterscheidungsmerkmale.
17. Beschreiben Sie Wachstum und Vermehrung.
18. Was ist ein Myzel?

Nahrung der Mikroorganismen:
19. Wo finden Mikroorganismen ihre Nahrung?
20. Beschreiben Sie auf die Nahrung bezogene Abwehrmaßnahmen.

Sauerstoff:
21. Wozu ist Sauerstoff bei Lebewesen im allgemeinen erforderlich?
22. Welche Mikroorganismen sind nicht unbedingt auf Sauerstoff angewiesen, und wodurch ersetzen sie ihn?
23. Welche Mikroorganismen kommen grundsätzlich ohne Sauerstoff aus, und in welchem Zusammenhang sind sie besonders gefürchtet?
24. Was sind Bombagen?
25. Beschreiben Sie auf den Sauerstoff bezogene Abwehrmaßnahmen.

Wärmebedürfnis der Mikroorganismen:
26. Welches ist der günstigste Temperaturbereich für Wachstum und Vermehrung, und welches ist der günstigste Temperaturpunkt?
27. Nennen Sie überschreitende Temperaturbereiche für kälte- bzw. wärmebevorzugende Mikroorganismen.
28. Bei welchen Temperaturen sterben die verschiedenen Arten der Mikroorganismen?
29. Bei welchen Kältetemperaturen enden die Lebensäußerungen?
30. Beschreiben Sie auf die Wärme bzw. Temperatur bezogene Abwehrmaßnahmen.

Feuchtigkeit:
31. Erklären Sie die Bezeichnungen „gebundenes Wasser" und „freies Wasser".
32. Mit welcher Maßeinheit bzw. mit welchem Gerät wird freies Wasser gemessen?
33. Welchen Wert hat reines Wasser und welchen Wert haben wasserfreie Stoffe?
34. Welche Auswirkungen hat die Menge des freien Wassers auf die Mikroorganismen bzw. auf das Lebensmittel?
35. Was versteht man unter Wasseraktivität?
36. Beschreiben Sie Hygienemaßnahmen in bezug auf freies Wasser.
37. Wodurch kann die Kondenswasserbildung in Kühleinrichtungen niedrig gehalten werden?

Milieu:
38. Was versteht man unter Milieu im Zusammenhang mit Mikroorganismen?
39. Welches Milieu ist neutral und durch welche Einwirkungen wird es verändert?
40. Erklären Sie die Bezeichnung pH-Wert, und beschreiben Sie die pH-Wert-Skala.
41. Welche pH-Werte bevorzugen die meisten Mikroorganismen?
42. Bis zu welchem pH-Wert sind Hefen und Schimmelpilze sowie Bakterien aktiv?
43. Nennen Sie Lebensmittel, bei denen sich der pH-Wert auf die Haltbarkeit auswirkt.

Lebensmittelschädigungen durch Mikroorganismen:
44. Nennen Sie Beispiele, bei denen Veränderungen am Lebensmittel **nicht** als Schädigung gelten sowie Beispiele, bei denen es sich um Schädigung handelt.
45. Woran erkennt man Lebensmittelschädigungen?
46. Welche schädigenden Veränderungen sind besonders gefährdet?

Giftbildende Mikroorganismen:
47. Nennen Sie Arten der Organismen und ihr Vorkommen.
48. Nennen Sie jeweils besonders gefährdete Lebensmittel.
49. Beschreiben Sie Auswirkungen der jeweiligen Gifte auf den Menschen.
50. Erläutern Sie spezifische Abwehrmaßnahmen, die gegen die jeweiligen Organismen gerichtet sind.

Salmonellen:
51. Wo kommen Salmonellen vor und wie werden sie übertragen?
52. Was versteht man unter Dauerausscheidern?
53. Welche Lebensmittel sind besonders gefährdet?
54. Beschreiben Sie spezifische Hygienemaßnahmen.

a_w-Wert:
55. Erklären Sie diese Bezeichnung.
56. Beschreiben Sie die Bedeutung dieses Wertes im Rahmen der Lebensmittelhygiene.

II. Gesetzliche Grundlagen zur Hygiene

In der Industriegesellschaft erfolgt die Versorgung des Verbrauchers mit Lebensmitteln über einen vielfältig verflochtenen Markt. Das Einkaufen von Eiern, Obst und Gemüse beim benachbarten Bauern ist selten geworden. Die Wege der Lebensmittel vom Erzeuger über die lebensmittelverarbeitende Industrie bis hin zum Verbraucher sind weit. Darüber hinaus ist das Herstellen von Speisen für andere bzw. das Einnehmen von Mahlzeiten außer Haus heute zu einer alltäglichen Selbstverständlichkeit geworden. Unter diesen Gesichtspunkten ist es verständlich, daß der Lebensmittelhygiene ein großes Maß an Aufmerksamkeit geschenkt werden muß (siehe dazu die Pressemeldungen am Anfang des Kapitels). Es ist darüber hinaus verständlich, daß dem Staat in diesem Zusammenhang die Aufgabe zufällt, für das Wohl seiner Bürger Sorge zu tragen und sie vor möglichen Schäden zu schützen. Dies geschieht in Form von Gesetzen, Verordnungen und Kontrollen.

A. Lebensmittel- und Bedarfsgegenständegesetz (LMBG)

Bei der Vielzahl der Lebensmittel ist es nicht möglich, ausführlich auf alle gesetzlichen Bestimmungen einzugehen. Das LMBG bildet den Rahmen für rund 180 Gesetze, Verordnungen und sonstige Bestimmungen. Das Kernstück des Gesetzes enthält jeweils allgemeine Richtlinien und Verbote. Darüber hinaus gibt es untergeordnete Gesetze, Verordnungen und Leitsätze, die auf ganz spezielle Inhalte ausgerichtet sind, z. B. auf ein bestimmtes Lebensmittel, auf die Bierschankanlage oder auf die Preisauszeichnung.

Im Sinne des LMBG wird auch der Begriff „Verbraucher" exakt definiert. Demnach gilt als Verbraucher derjenige, an den Lebensmittel, Tabakerzeugnisse, kosmetische Mittel und Bedarfsgegenstände zur persönlichen Verwendung oder zur Verwendung im eigenen Haushalt abgegeben werden. Dem „Verbraucher" gleichgestellt sind Gaststätten sowie Einrichtungen zur Gemeinschaftsverpflegung wie Krankenhäuser, Seniorenheime, Betriebskasinos usw.

1. Grundlegende Begriffsbestimmungen

▷ **Lebensmittel**

Laut Gesetz sind dies Stoffe, die vom Menschen in unverändertem, verarbeitetem oder zubereitetem Zustand verzehrt werden.

unverändert	verarbeitet	zubereitet
▶ vor allem Obst	▶ Getreideprodukte ▶ Milchprodukte ▶ Fleischprodukte ▶ usw.	▶ Speisen

▷ **Lebensmittelzusatzstoffe**

Im Sinne des Gesetzes sind dies Stoffe, die dazu bestimmt sind, Lebensmittel zur Beeinflussung ihrer Beschaffenheit oder zur Erzielung bestimmter Eigenschaften oder Wirkungen zugesetzt zu werden. Ausgenommen davon sind natürliche Stoffe (z. B. Würzmittel) sowie Trink- und Tafelwasser. Die Zusatzstoff-Zulassungsverordnung legt genau fest, welcher Zusatzstoff zu welchem Lebensmittel verwendet werden darf. Hierzu einige Beispiele:

- ▶ Künstliche Farbstoffe und künstliche Süßstoffe
- ▶ Künstliche Konservierungsstoffe
- ▶ Schwefeloxid zur Haltbarkeit und Farberhaltung
- ▶ Antioxidationsmittel zur Verhinderung des Ranzigwerdens von Fetten

▷ **Kennzeichnungsverordnung (LMKV)**

Lebensmittel mit Zusatzstoffen sind Ausnahmen und müssen deshalb dem Verbraucher gegenüber entsprechend gekennzeichnet sein, z. B.:

- ▶ ... mit Konservierungsstoff   ▶ ... mit Farbstoff

Eine besondere Bedeutung hat das Kenntlichmachen von Konservierungsstoffen auch auf der Speisekarte. Zur Vereinfachung und des optischen Bildes wegen steht bei der Speise selber lediglich die Kenn-Nummer (1, 2, 3 oder 4). In einer Fußnote ist jedoch zusätzlich der Stoff zu nennen.

- ▶ Kenn-Nr. 1 → Sorbinsäure
- ▶ Kenn-Nr. 2 → Benzoesäure
- ▶ Kenn-Nr. 3 → PHB-Ester
- ▶ Kenn-Nr. 4 → Ameisensäure

Im LMKV ist auch der Begriff der „Fertigpackung" definiert. Im Sinne des Verbrauchers sind dies Erzeugnisse in Verpackungen beliebiger Art, die in Abwesenheit des Käufers abgepackt und verschlossen werden, wobei die Menge des darin enthaltenen Erzeugnisses ohne Öffnen oder merkliche Änderung der Verpackung nicht verändert werden kann.

Außerdem sind Angaben zu machen über:
- die Verkehrsbezeichnung (Produktname),
- den Namen des Herstellers oder Vertreibers,
- das Verzeichnis der Zutaten,
- Mindesthaltbarkeitsdatum,
- die Menge und bei Getränken der vorhandene Alkoholgehalt in % vol bei mehr als 1,2 % vol.

Als Beispiel sei hier Mineralwasser erwähnt, welches ausschließlich in der „Fertigpackung" Portionsflasche zum Verkauf kommen darf.
Lebensmittel in Fertigpackungen, die für industrielle oder gewerbliche Weiterverarbeitung bestimmt sind, unterliegen nicht der LMKV, da die Weiterverarbeiter keine Verbraucher im Sinne § 6 LMBG sind.
Beispiel: Offenes Mineralwasser zum Mischen von Weinschorle.

▷ **Bedarfsgegenstände**

Das Gesetz betrifft hier Gegenstände, die bei der Lagerung und Verarbeitung von Lebensmitteln sowie für Speisen benutzt werden und deshalb den Anforderungen der Hygiene entsprechen müssen. Es handelt sich da z. B. um Koch-, Trink- und Eßgeschirre, Arbeitsflächen, Kessel, Gargeräte, Lagerbehälter, Flaschen, Tuben, Dosen, Verpackungsmaterial, Bettwäsche, Bekleidungsstücke sowie um deren Reinigungs- und Pflegemittel (siehe nachfolgende Ausführungen).

2. Schutz vor gesundheitlichen Schäden

Durch fehlende Einsicht sowie fahrlässiges oder gewinnsüchtiges Handeln können Lebensmittel so von der geforderten Beschaffenheit abweichen, daß sie eine Gefahr für die Gesundheit darstellen.

Beispiele:
- ▶ Unsachgemäß gelagerte und deshalb verdorbene Lebensmittel,
- ▶ Zugabe von minderwertigen oder sogar giftigen Stoffen bei der Lebensmittelherstellung,
- ▶ Nichteinhaltung hygienischer Vorschriften bei der Herstellung von Speisen.

▷ **Allgemeine Verbote**

Sie gelten für Hersteller und Vertreiber von Lebensmitteln und Speisen.
Es ist verboten, Lebensmittel so herzustellen und zu behandeln, daß sie die Gesundheit schädigen können.
Es ist verboten, Stoffe in den Handel zu bringen oder Lebensmitteln zuzusetzen, die sich gesundheitsschädigend auswirken können.
Es ist verboten, zum Verzehr nicht bzw. nicht mehr geeignete Lebensmittel in den Verkehr zu bringen.
Es ist verboten, Bedarfsgegenstände so herzustellen (Material) oder zu verwenden (Gebrauch), daß gesundheitsschädigende Auswirkungen auf Lebensmittel möglich sind.

3. Schutz vor Täuschung und Irreführung

Durch Täuschung, falsche Informationen oder mangelhafte Angaben sowie durch Nichteinhaltung von Qualitätsnormen kann der Verbraucher auf vielfältige Weise materiell geschädigt werden. Der Staat ist deshalb bemüht, ihn durch entsprechende Gesetze und Verordnungen davor zu schützen.

▷ **Allgemeine Verbote**

Sie sind an die Erzeuger, die Hersteller und die Vertreiber von Lebensmitteln gerichtet.
Es ist verboten, Lebensmittel, die hinsichtlich ihrer Beschaffenheit von der Verkehrsauffassung abweichen und dadurch in ihrem Wert nicht unerheblich gemindert sind, in den Verkehr zu bringen, z. B.:
- ▶ Beschädigte, schmutzige oder überlagerte Eier,
- ▶ mit Mängeln behaftetes Schlachtfleisch.

Gesetzliche Grundlagen zur Hygiene

Es ist verboten, Lebensmittel, die geeignet sind, den Anschein einer besseren als der tatsächlichen Beschaffenheit zu erwecken, ohne ausreichende Kenntlichmachung in den Verkehr zu bringen, z. B.:
- Fruchtsaftgetränke im Vergleich zu Fruchtsäften,
- Tafelwein im Vergleich zu Qualitätswein,
- Vollmilch im Vergleich zu entrahmter Milch,
- Landbutter im Vergleich zu Markenbutter.

B. Bundesseuchengesetz

Dieses Gesetz fällt in den Zuständigkeitsbereich der **Gesundheitsämter**.

1. Gegenstand des Gesetzes

Die Bezeichnung sagt bereits, daß sich das Gesetz mit Erkrankungen befaßt, die seuchenartigen Charakter annehmen können sowie mit den Räumlichkeiten, in denen Krankheitserreger vermutet werden.

- Typhus, Salmonellen, Ruhr, Gelbsucht, Scharlach und Cholera
- Tuberkulose und ansteckende Hautkrankheiten

Ziel des Bundesseuchengesetzes ist es, Menschen vor übertragbaren Krankheiten zu schützen. Das Gesetz regelt die Meldepflicht, es beinhaltet Vorschriften zur Verhütung und Bekämpfung übertragbarer Krankheiten sowie Bestimmungen über Beschäftigungsverbote.

2. Maßnahmen im Rahmen des Gesetzes

An einigen Beispielen soll die konkrete Bedeutung des Gesetzes veranschaulicht werden:
- Die hygienisch einwandfreie Beschaffenheit des Trinkwassers, des Wassers für Lebensmittelbetriebe und des Wassers für Schwimm- und Badebecken sowie die Beseitigung von Abwässern unterliegen der ständigen Überwachung.
- Beim Auftreten von tierischen Schädlingen (z. B. Ratten) können Maßnahmen zu ihrer Bekämpfung angeordnet werden.

Das Gesetz gibt der zuständigen Behörde die Möglichkeit, in Zusammenarbeit mit dem Gesundheitsamt Untersuchungen von Personen, die mit der Lebensmittelverarbeitung zu tun haben, anzuordnen. Solche Untersuchungen sind bei Beginn einer beruflichen Tätigkeit in lebensmittelverarbeitenden Betrieben Pflicht. Das Untersuchungsergebnis wird im sog. Gesundheitszeugnis festgehalten. Desweiteren kann kraft des Gesetzes Kranken, Krankheitsverdächtigen oder sogenannten Dauerausscheidern die Ausübung bestimmter beruflicher Tätigkeiten ganz oder teilweise untersagt werden.

C. Staatliche Kontrollen

Die Tatsache, daß Verbote, Richtlinien und Anordnungen im Rahmen des Lebensmittel- und Bedarfsgegenständegesetzes immer wieder umgangen und mißachtet werden, führt zwangsläufig zu mehr staatlichen Kontrollen.

1. Überprüfungen

Die oberste Landesbehörde (Ministerien) organisiert und koordiniert die Lebensmittelüberwachung. Sie erteilt den Bezirksregierungen die Fachaufsicht über deren einzelne Überwachungsbehörden. Diese Behörden der Kreise und kreisfreien Städte führen die Überwachung vor Ort durch. Dabei kommt es darauf an, daß Verbote und Vorschriften eingehalten werden. Um dies zu gewährleisten, werden regelmäßige, jedoch unangemeldete Kontrollen angesetzt. Eigens dafür geschulte Personen (meist Beamte) überprüfen die Betriebe und entnehmen Lebensmittelproben. Dabei sind die Kontrolleure befugt, sämtliche Betriebsräume zu betreten und zu besichtigen. Der Betriebsinhaber sowie sein Personal haben die Maßnahmen zu dulden und die Kontrollierenden bei der Betriebsprüfung zu unterstützen. Dabei werden geprüft:

- Sauberkeit und Zustand der Betriebsräumlichkeiten,
- Sauberkeit der Einrichtung und der Arbeitsgeräte,
- Aufzeichnungen über die regelmäßige Reinigung der Bierleitungen und Schankanlage,
- Zustand und stoffliche Zusammensetzung von Lebensmitteln.

Anmerkung:

Neben den genannten Kontrollmaßnahmen richtet sich die Aufmerksamkeit der Kontrolleure auch auf Haarwuchs, Kopfbedeckungen und Reinheit der Berufskleidung des Betriebspersonals.

Außerdem werden die Einhaltung der Vorschriften zur Preisauszeichnung sowie zum Maß- und Gewichtsgesetz und die Kennzeichnung von Zusatzstoffen in den Speise- und Getränkekarten geprüft. Diese Maßnahmen fallen jedoch nicht mehr unter das LMBG.

2. Probeentnahmen bei Lebensmitteln

Sie werden im Zusammenhang mit der Lebensmittelüberwachung durchgeführt und zur Prüfung an die **staatlichen Lebensmitteluntersuchungsämter** weitergegeben.

- Von dem zu kontrollierenden Lebensmittel wird eine Probe entnommen.
- Zum Schutz des Herstellers bleibt eine verschlossene und versiegelte Probe gleicher Art im Betrieb zurück.

Eine chemische Analyse im Labor gibt Auskunft darüber, ob das Lebensmittel von einwandfreier Beschaffenheit ist (Zusammensetzung, Zusatzstoffe, Fremdstoffe, Qualität). Beim Verdacht auf Erreger von ansteckenden Krankheiten ist darüber hinaus die Gesundheitsbehörde einzuschalten.

In schwerwiegenden Fällen können sich folgende Konsequenzen ergeben:

- Beschlagnahmung des Produkts,
- Vernichtung infizierter Einrichtungsgegenstände,
- Schließung des Betriebes.

III. Richtlinien zur Lebensmittelhygiene und zum Umweltschutz

Hygiene ist eine Aufforderung zur Sauberkeit im weitesten Sinn, denn Schmutz in all seinen Formen ist eine günstige Voraussetzung für das Leben und die Aktivität von Mikroorganismen.

A. Lebensmittelhygiene

Zum Schutz des Verbrauchers sind im Umgang mit Lebensmitteln von seiten des Betriebes wichtige Richtlinien zu beachten. In diesem Zusammenhang werden drei Bereiche der Hygiene angesprochen.

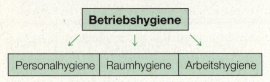

1. Personalhygiene

Nicht selten ist der Mensch mitschuldig an der Übertragung von Krankheitserregern. Aus diesem Grunde sind sowohl der einzelne als auch der Betrieb zu verantwortlichem Verhalten bzw. Handeln aufgerufen.

▷ **Persönliche Verantwortung**

Die Beachtung der folgenden Richtlinien erfordert von jedem einzelnen ganz sicher ein großes Maß an persönlicher Einsicht und Selbstdisziplin. Aber ohne sie geht es nicht.

- Regelmäßig und gründlich von Kopf bis Fuß waschen,
- Hände und Fingernägel sauberhalten,
- Hände, insbesondere nach dem Benutzen der Toilette, sorgfältig reinigen,
- saubere Arbeitskleidung (in der Küche zusätzlich Kopfbedeckung) tragen,
- Essen, Rauchen und Ausspucken in den Betriebsräumen unterlassen.

In diesem Zusammenhang ist hier noch einmal auf die Richtlinien in Verbindung mit eiternden Wunden, Erkältungen und Salmonellen-Erkrankungen hinzuweisen.

▷ **Verantwortung des Betriebes**

Die Einsicht und das Verhalten des Betriebspersonals allein ist nicht ausreichend. Der Betrieb muß im Rahmen seiner Gesamtverantwortung geeignete Voraussetzungen schaffen.

- Umkleideräume und Schränke, damit das Umkleiden und die Kleiderablage außerhalb der Betriebsräume möglich ist,
- Waschgelegenheiten – in den Arbeitsräumen Küche und Office zusätzlich solche, die nur zum Waschen der Hände bestimmt sind,
- Personaltoiletten, u. U. gesonderte für das Küchenpersonal, damit die Übertragung von Krankheitserregern durch betriebsfremde Personen vermieden wird,
- Seifenspender und Einzelhandtücher, die im Vergleich zu Seifenstücken und Sammelhandtüchern hygienischer sind.

2. Raumhygiene

Bezüglich der Räume, die für die Lagerung und Verarbeitung von Lebensmitteln bestimmt sind, müssen Voraussetzungen erfüllt sein, die schädigende Einwirkungen so weit wie irgend möglich ausschalten.

▷ **Zustand der Räume**

Die Lager- und Arbeitsräume müssen geeignet und in einwandfreiem Zustand sein:

- ausreichend große Grundflächen und Höhen, damit die erforderliche Luftzirkulation gewährleistet ist,
- leicht zu reinigende und wasserdichte Wand- und Bodenflächen (ohne Risse und Löcher),
- frei von fremdartigen Gerüchen und von Ungeziefer,
- vorschriftsmäßige und funktionsfähige Be- und Entlüftungen – in der Küche Dunstabzugsanlagen.

▷ **Nutzung der Räume**

Die Lager- und Arbeitsräume dürfen nur ihrem Zweck entsprechend genutzt werden.

- Frei von betriebsfremden Gegenständen, Geräten und Waren (z. B. Reinigungsgeräte oder Reinigungsmittel),
- getrennte Lagerbereiche für unterschiedliche Produkte:

Unbearbeitete Rohprodukte (Obst, Gemüse, Wildbret → Bodenbakterien)
Schlachtgeflügel (Salmonellen)
Empfindliche Lebensmittel (Milch und Milchprodukte, Frischfleisch, Fisch, Schalen- und Krustentiere, Faßbier)
Küchenfertig vorbereitete Lebensmittel (Gemüse, Obst, Fleisch, Fisch usw.)

▶ Getrennte Arbeitsbereiche für unterschiedliche Arbeiten:

> **Vorbereiten von Rohprodukten** (Haar- und Federwild, Obst und Gemüse),
> **Vorbereiten und Anrichten von Speisen, die roh verzehrt werden** (Hackfleisch, Salate, Austern),
> **Spülen von benutztem Geschirr** (Küchengeräte, Tafelgeräte).

▷ **Sauberkeit der Räume**

In Lager- und Arbeitsräumen darf weder Schmutz aufkommen, durch den Lebensmittel und Speisen unmittelbar betroffen werden, noch solcher, der das Leben der Kleinlebewesen begünstigt.

> ▶ In regelmäßigen Abständen gründlich reinigen oder auch desinfizieren,
> ▶ trockene Lagerbereiche nicht trocken fegen (Staub), sondern feucht wischen,
> ▶ Verdorbenes rasch und gründlich entfernen,
> ▶ Haustieren den Zugang verwehren.

3. Arbeitshygiene

Bei der Arbeitshygiene geht es einerseits um alle Gegenstände, die mit Lebensmitteln und Speisen in Berührung kommen, und andererseits um hygienisch einwandfreies Arbeiten.

▷ **Gegenstände**

Küchen- und Serviergeräte müssen so beschaffen sein, daß sie keine gesundheitsgefährdenden Stoffe an Lebensmittel abgeben. Folgende Voraussetzungen sind deshalb zu beachten:

> ▶ Nur aus zugelassenem einwandfreiem Material hergestellt,
> ▶ frei von Rost, Korrosionsrückständen und Reinigungsmittelresten,
> ▶ frei von Beschädigungen.

Arbeitstische und Arbeitsplatten müssen eine glatte und rißfreie sowie leicht abwaschbare Oberfläche haben.

▷ **Sauberkeit**

In Verbindung mit Lebensmitteln und Speisen kommt ihr eine große Bedeutung zu.

Arbeitsplätze müssen saubergehalten werden, wobei Abfälle, wann immer sie anfallen, rasch und sorgfältig zu entfernen sind.

Küchengeräte und Küchenmaschinen sind nach jeder Hauptabsatzzeit (mittags und abends) gründlich zu reinigen.

Servier- und Tafelgeräte müssen nach ihrem Gebrauch ebenfalls gründlich gereinigt werden. Beim Nachpolieren im Rahmen des Mise en place ist folgendes zu beachten:

> ▶ Um den Arbeitsgang zu erleichtern, kann zum Eintauchen der Kleingeräte warmes Wasser verwendet werden. Anhauchen ist nicht erlaubt.
> ▶ Teile der Bestecke und Gläser, die beim Essen bzw. Trinken mit Speisen bzw. mit dem Mund in Berührung kommen, dürfen nach dem Polieren nicht mehr mit bloßen Fingern angefaßt werden.

B. Umweltschutz

Unter **Umwelt** versteht man den **Lebensraum** des Menschen.

> ▶ Er atmet die Luft, und er trinkt das Wasser,
> ▶ er bedient sich der Pflanzen und der Tiere als Nahrung,
> ▶ er gebraucht vielfältige andere Rohstoffe zur Befriedigung seiner sonstigen Bedürfnisse,
> ▶ er findet Ruhe, Erholung und Freude.

Die Natur (Umwelt) ist so gesehen ein kostbares Gut. Die teilweise übertriebene und maßlose Bedürfnisbefriedigung der heutigen Wohlstandsgesellschaft macht jedoch in zunehmendem Maße deutlich, daß dieses Gut verletzlich ist.

1. Belastung der Umwelt

Belastung ist an dieser Stelle gleichbedeutend mit Störung. Sie erfolgt durch Wohlstandsmüll und Lärm.

▷ **Wohlstandsmüll**

Naturwissenschaft und technischer Fortschritt haben einerseits zu einer vielfältigen Bereicherung des Lebens beigetragen. Andererseits fallen bei der Anwendung moderner Technologien viele Stoffe an, die insbesondere in höheren Konzentrationen als „widernatürlich" anzusehen sind.

Umweltbelastende Stoffe sind z. B. enthalten:

> – in Abgasen und Abwässern,
> – in Wasch-, Reinigungs- und Desinfektionsmitteln,
> – in Unkraut- und Schädlingsbekämpfungsmitteln,
> – in Holz- und Metallschutzmitteln,
> – in radioaktiven Abfällen.

Über die Luft und das Wasser in den Kreislauf der Natur zurückgeführt, wirken sie als Gifte. Die besonders gefährlichen radioaktiven Abfälle versucht man zwar durch isolierendes „Verpacken" und durch sorgfältiges „Vergraben" aus dem natürlichen Kreislauf fernzuhalten. Die Erfahrung lehrt jedoch, daß dies aufgrund unsachgemäßer Behandlung und Lagerung sowie durch überraschende Störfälle nicht grundsätzlich verhindert werden kann.

▷ **Lärm**

Neben Wohlstandsmüll belastet der Mensch die Umwelt mit vielfältigem Lärm: In geschlossenen Räumen durch Maschinen und technische Anlagen, in der freien Natur durch Baumaschinen und Verkehrsmittel.

2. Auswirkungen der Umweltbelastungen

▷ **Auswirkungen auf die Natur**

Wohlstandsmüll ist Gift im weitesten Sinn, das in die Gesetzmäßigkeiten der Natur eingreift und zu Störungen führt.

> ▸ Gewässer „kippen um", Luft und Grundwasser werden verseucht,
> ▸ Fische und andere Tiere sowie Wälder sterben,
> ▸ pflanzliche und tierische Organismen weisen eine zunehmende Menge von Schadstoffen auf.

▷ **Auswirkungen auf den Menschen**

Einbezogen in das Gesamtgeschehen der Natur, nimmt auch er mit der Luft, dem Wasser und der Nahrung die Schadstoffe in seinen Organismus auf. Einerseits beschwichtigen wir uns zwar mit Grenzwerten bezüglich der Belastbarkeit, andererseits werden wir jedoch immer häufiger durch das Auftreten gesundheitlicher Schäden aufgeschreckt. Da die Schadstoffe außerdem im Körper gespeichert werden, muß in der Zukunft mit sogenannten Spätschäden gerechnet werden.

Darüber hinaus stellen sich zunehmend auch Schäden ein, die durch Lärm verursacht werden. Nervosität und Schlaflosigkeit sind erste Anzeichen, Lärmschwerhörigkeit und Lärmtaubheit erweisen sich als folgenschwere Schädigungen.

3. Schutz der Umwelt

Angesichts der aufgezeigten Gefahren wird es zu einem immer dringlicher werdenden Gebot, die Natur vor weiteren Belastungen zu schützen. Die Herausforderung gilt gleichermaßen für den Staat, die Wirtschaft und nicht zuletzt für jeden einzelnen. Der Verantwortung zum Schutz unserer Umwelt darf sich niemand entziehen.

▷ **Staatliche Maßnahmen**

Begrenzte Erkenntnisse und mangelhafte Einsicht der Industrie und des einzelnen rufen zunächst den Staat in die Pflicht, für die Gesundheit der Bürger Sorge zu tragen.

> ▸ Entsprechende Gesetze und Verordnungen enthalten allgemeine Richtlinien und Vorschriften.

> ▸ Umweltschutzbehörden, Gewerbeaufsichtsämter und Gesundheitsämter werden mit wichtigen Aufgaben betraut.

> **Überwachung** der Umweltbelastung durch Abgase, Abwässer und Mülldeponien,
> **Erarbeitung von Richtlinien und Maßnahmen** zur Reinhaltung der Luft und der Gewässer, zur sachgerechten Beseitigung von Abfall sowie zur Bekämpfung von Lärm,
> **Information der Verbraucher** über akute Gefahren (z. B. radioaktive Stoffe in Nahrungsmitteln, akute Belastung der Luft und des Grundwassers mit Schadstoffen).

▷ **Verantwortung des einzelnen**

Staatliche Verordnungen und Richtlinien sind zwecklos, wenn sie der einzelne nicht beachtet. Verantwortungsbewußtes Handeln ist deshalb gefordert.

> ▸ Sparsamer Verbrauch von Trinkwasser (Geschirrspülmaschinen, Waschmaschinen, Bäder und Toiletten),
> ▸ keine Belastung des Abwassers durch Müll (z. B. Tee- und Kaffeerückstände, Speisenabfälle, Zigarettenstummel),
> ▸ maßvolle Verwendung von Wasch-, Spül- und Reinigungsmitteln,
> ▸ sachgerechte Behandlung von Müll unter Beachtung der möglichen Vernichtung bzw. der Rückführung von Wiederverwendbarem, wie Altpapier und Altglas (**Recycling**).

▷ **Umweltschutz aus betrieblicher Sicht**

Hierzu ergeben sich für den gastgewerblichen Betrieb ganz spezifische Richtlinien und Maßnahmen.

Beseitigen von Müll

> ▸ Abfälle regelmäßig und kurzfristig beseitigen,
> ▸ Abwässer durch Stärke- und Fettabscheider entlasten,
> ▸ Abfallbehälter gut verschlossen halten und regelmäßig reinigen,
> ▸ Großraumbehälter so plazieren und verschließen, daß Geruch nicht verbreitet und Schädlinge nicht angelockt werden.

Abschwächen von Lärm

> ▸ Lärmerzeugende Geräte (Geschirrspülmaschinen, Lebensmittelverarbeitungsgeräte) in abgeschirmten Bereichen betreiben,
> ▸ das Restaurant gegen Geräusche der Küche und der Service-Vorbereitungen abschirmen.

▷ Müllvermeidung

Dies bedeutet weniger Umweltbelastungen durch die Herstellung und die Entsorgung von unnötigen Produkten sowie Schonung der Rohstoffquellen. Es ist höchste Zeit, die Wegwerfmentalität zu überwinden und beim Einkauf von Produkten verstärkt auf Müllvermeidung bzw. Wiederverwertbarkeit von Verpackungen und Behältnissen zu achten. In der Gastronomie heißt das z. B. weitestgehend auf Portionspackungen bei Butter, Zucker, Kondensmilch, Wurst, Käse, Konfitüre, Honig, Joghurt, Senf, Ketchup, Mayonnaise, Brot usw. zu verzichten. Voraussetzung für offen angebotene Ware ist ein absolut einwandfreier lebensmittelhygienischer Standard.

Wie man an den Beispielen erkennen kann, fällt viel Müll durch die Verpackungen an. Unvermeidbarer Müll muß ordentlich entsorgt werden. Durch eine entsprechende **Sortierung** des anfallenden Mülls können Wertstoffe der Wiederverwertung zugeführt werden. Weitere Möglichkeiten zur Müllvermeidung bzw. Wiederverwertung sind:
- mit Lieferanten und Wartungsfirmen vereinbaren, daß sie Verpackungsmaterial und ersetzte Teile zurücknehmen,
- pflanzliche Abfälle den Kompostieranlagen der Städte und Gemeinden zuführen.

C. Beseitigen von Schmutz und Bakterien

Unter Schmutz versteht man beim Umgang mit Lebensmitteln und Speisen jede Art von Verunreinigung einschließlich der nichtverzehrbaren Abfälle und Reste. Aufgrund der Menge des anfallenden Schmutzes nehmen die täglichen Reinigungsarbeiten einen breiten Raum ein.

1. Beseitigen von Schmutz

Hilfsmittel der Reinigung sind Wasser sowie mechanische und chemische Reinigungsmittel.

▷ Wasser

Als grundlegendes Reinigungsmittel dient es dazu, den Schmutz aus-, ab- und wegzuspülen. Die vorausgehende unmittelbare Einwirkung auf die verschiedenen Schmutzarten ist unterschiedlich.

Auflösen	Aufquellen	Schmelzen
– Zucker – Salz – lösliches Eiweiß	– Stärke – Zellulose – nicht lösliches Eiweiß	– Fette – Öle
löslicher Schmutz	quellfähiger Schmutz	schmelzbarer Schmutz

Warmes bzw. heißes Wasser hat im Vergleich zu kaltem eine intensivere Wirkung. Dies ist besonders beim Schmelzen von Fetten und Ölen wichtig.

▷ Mechanische Reinigungsmittel

Sie dienen vor allem dazu, festhaftenden Schmutz von verunreinigten Flächen abzuheben bzw. stark verdichteten Schmutz zu zerteilen.

- Schaber und Kratzer
- Bürsten und Scheuertücher

▷ Chemische Reinigungsmittel

Mit ihrer Hilfe werden zwei Wirkungen erzielt, die den Reinigungsvorgang erleichtern und intensivieren.

Entspannen des Wassers

Die Grenzflächenspannung an der Oberfläche ist die Ursache dafür, daß die einzelnen Wassertropfen gewölbt sind und nicht „zerfließen". Unter Spannung stehende Tropfen haben deshalb einen weniger spitzen Randwinkel (Abbildung links). Reinigungsmittel heben die Grenzflächenspannung auf, so daß spitze Randwinkel entstehen (Abbildung rechts).

 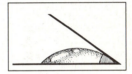

Je entspannter das Wasser,
▶ um so spitzer der Randwinkel der Wassertropfen,
▶ um so besser kann der Schmutz unterspült werden,
▶ um so intensiver ist die Reinigungswirkung.

Emulgieren des Fettes

Selbst in geschmolzenem Zustand ist Fett durch Wasser allein nur schwer zu entfernen. Reinigungsmittel begünstigen das Abheben des Fettes von der schmutzigen Fläche, zerteilen es in kleine Tröpfchen und umschließen diese mit einem isolierenden Film. Emulgiertes Fett läßt sich leichter aus- und wegspülen.

2. Beseitigen von Bakterien

Bakterien sind Krankheitserreger. Wo immer sie sich durch Vermehrung anhäufen, müssen sie in regelmäßigen Abständen beseitigt werden:

- Fußböden und Fußbodenabläufe,
- Toiletten und Badeeinrichtungen,
- Abfallbehältnisse jeglicher Art.

▷ Desinfizieren

Den Befall durch Bakterien bezeichnet man als **Infektion**. Desinfektion ist das Entfernen der Bakterien durch Abtöten. Dabei ist zu beachten, daß sie von vorhandenem Schmutz schützend umgeben werden. Das Entfernen von Schmutz muß deshalb dem Desinfizieren vorausgehen.

▷ Desinfektionsmittel

Sie wirken tödlich auf die Bakterien, weil sie die Eiweißsubstanz der lebenden Zelle zerstören und auflösen. Aufgrund dieser Wirkung sind Desinfektionsmittel auch eine Gefahr für den Menschen. Im Umgang mit ihnen sind deshalb besondere Vorsichtsmaßnahmen unerläßlich.

> ▸ Sie müssen außerhalb von Arbeitsräumen aufbewahrt werden.
> ▸ Sie dürfen nicht mit Lebensmitteln in Berührung kommen.
> ▸ Gegenstände, die behandelt wurden, sind gründlich mit Wasser abzuspülen.

Aufgaben (Lebensmittelhygiene)

Lebensmittel- und Bedarfsgegenständegesetz:
1. Welches sind die beiden grundlegenden Zielsetzungen des Lebensmittelgesetzes?
2. Erklären Sie folgende Begriffe des Lebensmittelgesetzes:
   a) Lebensmittel,
   b) Lebensmittelzusatzstoffe,
   c) Bedarfsgegenstände.
3. Erläutern Sie den Inhalt der Lebensmittelkennzeichnungsverordnung.
4. Nennen Sie die kennzeichnungspflichtigen Konservierungsstoffe.

Schutz vor gesundheitlichen Schäden:
5. Durch welche Ursachen können Lebensmittel der Grund für Gesundheitsschädigungen sein?
6. Welche allgemeinen Verbote haben in diesem Zusammenhang sowohl Hersteller als auch Verteiler von Lebensmitteln zu beachten?
7. Nennen Sie Verordnungen im Rahmen des Lebensmittelgesetzes, die auf den Schutz der Gesundheit ausgerichtet sind.

Schutz vor materieller Schädigung:
8. Wodurch kann der Verbraucher im Zusammenhang mit Lebensmitteln materiell geschädigt werden?
9. Nennen Sie allgemeine Verbote, durch die materielle Schäden verhindert werden sollen.
10. Nennen Sie Gesetze und Verordnungen, die den Verbraucher über den Wert von Lebensmitteln informieren.
11. Welche Bedeutung haben das Eichgesetz, die Schankgefäßverordnung und die Preisauszeichnungsverordnung?

Bundesseuchengesetz:
12. Womit befaßt sich dieses Gesetz?
13. Nennen Sie Maßnahmen, die sich aus dem Gesetz ableiten.

Staatliche Kontrollen:
14. Nennen Sie Kontrollen, die im Rahmen des Lebensmittelgesetzes durchgeführt werden.
15. Welche öffentlichen Einrichtungen sind mit der Durchführung solcher Kontrollen beauftragt?
16. Erläutern Sie den Zweck und die Durchführung von „Probeentnahmen".

Personalhygiene im Rahmen der Lebensmittelhygiene:
17. Nennen Sie Richtlinien zur Personalhygiene beim Umgang mit Lebensmitteln.
18. Welche Beiträge muß der Betrieb zur ordnungsgemäßen Personalhygiene leisten?

Raumhygiene im Rahmen der Lebensmittelhygiene:
19. Nennen Sie Vorschriften über den Zustand von Räumen, in denen Lebensmittel gelagert werden.
20. Erläutern Sie an Beispielen Richtlinien
   a) über die Nutzung der Räume,
   b) über getrennte Lagerbereiche für unterschiedliche Lebensmittel,
   c) über getrennte Arbeitsbereiche in bezug auf die Verarbeitung von Lebensmitteln,
   d) über die Sauberkeit der Räume.

Arbeitshygiene im Rahmen der Lebensmittelhygiene:
21. Welche Vorschriften gibt es bezüglich der Beschaffenheit von Arbeitsgeräten und Arbeitsflächen?
22. Beschreiben Sie Richtlinien in bezug auf die allgemeine Sauberkeit bzw. das Reinigen von Arbeitsplätzen sowie Küchen- und Tafelgeräten.

Umweltschutz:
23. Beschreiben Sie die Umwelt als Lebensraum des Menschen.
24. In welchem Sinne und wodurch wird die Umwelt durch den Menschen belastet? Nennen Sie Beispiele.
25. Erläutern Sie an Beispielen die Auswirkungen der Umweltbelastung
   a) auf die Umwelt selber,   b) auf den Menschen.
26. Nennen Sie staatliche Maßnahmen zum Schutz der Umwelt.
27. Erläutern Sie an Beispielen den notwendigen Beitrag jedes einzelnen zum Umweltschutz.
28. Beschreiben Sie Umweltschutzmaßnahmen aus betrieblicher Sicht.
29. Erklären Sie die Bezeichnungen „Recycling" sowie „Stärke-" und „Fettabscheider".

Beseitigen von Schmutz:
30. Welche Auswirkungen hat Wasser auf unterschiedliche Arten des Schmutzes?
31. Nennen Sie mechanische Hilfsmittel der Reinigung, und beschreiben Sie ihre Wirkung.
32. Was versteht man unter Grenzflächenspannung des Wassers?
33. Beschreiben Sie die Einwirkung von chemischen Reinigungsmitteln auf die Grenzflächenspannung des Wassers sowie auf fetthaltigen Schmutz, und beschreiben Sie die Auswirkungen auf den Reinigungsvorgang.

Beseitigen von Bakterien:
34. Was versteht man unter Desinfizieren?
35. Nennen Sie Anwendungsbeispiele.
36. Warum muß dem Desinfizieren das Reinigen der Fläche vorausgehen?
37. Auf welche Weise wirken Desinfektionsmittel, und worauf ist deshalb im Umgang mit ihnen zu achten?

IV. Unfallschutz und Erste Hilfe

A. Unfallschutz

Die hochtechnisierte Industriegesellschaft stellt an den arbeitenden Menschen hohe Anforderungen und konfrontiert ihn mit einer Vielzahl von *Unfallgefahren*. Unkenntnis, Unaufmerksamkeit und Leichtsinn erhöhen das *Unfallrisiko*. Die Zahl der Unfallopfer ist erschreckend hoch. Es ist deshalb wichtig, die *Unfallquellen* kennenzulernen und Maßnahmen zur *Unfallverhütung* gewissenhaft zu beachten.

1. Unfallursachen und Unfallverhütung

▷ **Elektrischer Strom**

Zu diesem Thema wurde im Kapitel „Schutzmaßnahmen gegenüber elektrischem Strom" bereits Wichtiges gesagt. An dieser Stelle ist nachzutragen:

> ▸ Freibewegliche Kabel müssen mit Schutzkontaktsteckern versehen sein,
> ▸ ihr Anschluß an den Stromkreis darf nur in Schutzkontaktsteckdosen erfolgen,
> ▸ das Herausziehen aus der Steckdose soll am Stecker, nicht aber am Kabel erfolgen (Losreißen der Kabel im Stecker, Kurzschlußgefahr),
> ▸ Defekte und Störungen im Leitungsnetz sollten nur vom Fachmann behoben werden.

Elektrogeräte müssen in einwandfreiem Zustand sein. Zu diesem Zweck hat der *Verband deutscher Elektrotechniker* für die Installationen innerhalb der Geräte Schutzbestimmungen erlassen. Entsprechen die Geräte diesen Vorschriften, tragen sie das nebenstehende Zeichen.

▷ **Gas und Feuer**

Gas ist leicht entflammbar. Bei unkontrolliertem Austritt aus Gasbehältern besteht die Gefahr der Explosion und des Ausbruchs von Feuer. Es gibt in diesem Zusammenhang folgende Verhaltensregeln:

> ▸ Bei Gasgeruch offene Flammen löschen, Fenster öffnen, keine elektrischen Schalter bedienen und keine Stecker aus Steckdosen ziehen (Entzündungsgefahr),
> ▸ bei Gasbehältern das einwandfreie Funktionieren der druckanzeigenden und druckregulierenden Anlageteile beachten, gegen die Einwirkung von Wärme und Sonnenstrahlen abschirmen,
> ▸ Sprays nicht in offene Flammen richten, die Dosen nicht gewaltsam öffnen.

In bezug auf *offenes Feuer* ist ebenfalls größte Vorsicht geboten:

> ▸ Brennbare Materialien vom Feuer fernhalten,
> ▸ keine leicht entflammbare Kleidung tragen,
> ▸ alkoholhaltige Flüssigkeiten beim Flambieren nicht in die offene Flamme gießen!

▷ **Böden, Treppen und Leitern**

Fußböden müssen eine trittsichere und leicht zu reinigende Oberfläche haben. Insbesondere im Küchenbereich besteht durch Nässe, fetthaltigen Schmutz sowie durch Obst- und Gemüseabfälle die Gefahr, auszurutschen und zu stürzen. Solche Gefahren sollte man nach Möglichkeit nicht aufkommen lassen bzw. die Ursachen rasch beseitigen.

Als Gefahrenquellen ähnlicher Art sind anzusehen und dürfen deshalb nicht geduldet werden:

> ▸ Treppen mit glatter Oberfläche oder ausgetretenen Stufen sowie das Fehlen von Handläufen und ausreichender Beleuchtung,
> ▸ Leitern mit mangelhafter Standfestigkeit sowie zu schmalen, defekten oder gar fehlenden Trittstufen.

▷ **Gargeräte**

Beim Umgang mit solchen Geräten ergeben sich immer wieder schwerwiegende Verletzungen:

Verbrennungen durch trockene Hitze (offenes Feuer, erhitzte Metallteile, heiße Luft),

Verbrühungen durch feuchte Hitze (Wasser, Dampf und Fett).

Angesichts solcher Gefahren ist zu beachten:

> ▸ Kochtöpfe nicht zu hoch mit Flüssigkeit füllen (Überschwappen und Überkochen),
> ▸ Töpfe mit heißen Flüssigkeiten nicht ruckartig bewegen (Überschwappen),
> ▸ schwere Töpfe nicht allein von der Heizquelle wegheben (Überforderung),
> ▸ Dampfdruckgeräte erst nach vollständigem Druckausgleich öffnen (Dampfaustritt),
> ▸ Fett in Pfannen und Friteusen nicht überhitzen (Spritzen und Überschäumen).

▷ **Schneidewerkzeuge und Schneidegeräte**

Unachtsamkeit und unsachgemäßes Arbeiten führen zu Schnittverletzungen.

Messer der verschiedensten Art sind Schneidewerkzeuge. Für das Benutzen und Reinigen gilt:

> - Beim Tragen die Spitze nach unten, die Schneide vom Körper weg halten,
> - den Schneidevorgang von der anderen Hand und vom Körper wegführen,
> - am Arbeitsplatz deutlich sichtbar ablegen, nicht unter Lebensmitteln und Abfällen vergraben,
> - beim Spülen nicht „haufenweise" in das Spülbecken legen, sondern einzeln in der Hand haltend reinigen,
> - das Spülen, Abwischen und Trocknen vom Messerrücken her durchführen.

Elektrische Schneidegeräte sind wegen der Schnelligkeit der Bewegung und der Tatsache, daß die Stromzufuhr im entscheidenden Augenblick nicht rasch genug unterbrochen werden kann, besonders gefährlich.

> - Bei in Betrieb befindlichen Geräten niemals in die zu den Messern führende Öffnung greifen,
> - zum Nachführen des zu schneidenden Materials (Fleisch, Gemüse, Brot, Käse, Wurst) die entsprechenden Schutzwerkzeuge benutzen (Stöpsel, Restschneider),
> - beim Reinigen die mögliche Stromzufuhr durch das Herausnehmen des Steckers unterbrechen.

▷ **Fehlverhalten und Verfassung des Menschen**

Fehlverhalten hinsichtlich der Unfallgefahren bedeutet: Ungenügende Einsicht und mangelhafte Aufmerksamkeit. Durch beides wird das *Unfallrisiko* erhöht.

> - Überbewertung der eigenen Kraft und Geschicklichkeit bei gleichzeitiger Unterbewertung der Unfallgefahr,
> - Selbstüberforderung bei der Arbeit und Nichtbeachtung der Sicherheitsvorschriften.

Verfassung des Menschen meint das Befinden bei der Arbeit. Eine *schlechte Verfassung* erhöht das Unfallrisiko. Sie kann durch äußere Umstände, aber auch durch eigenes Verschulden bedingt sein.

> - Unzufriedenheit, Ärger, bedrückende Sorgen,
> - Monotonie, Überbelastung am Arbeitsplatz,
> - Müdigkeit aufgrund der Nichteinhaltung einer angemessenen Nachtruhe oder sonstiger Pausen.

2. Berufsgenossenschaft

Das sind öffentlich-rechtliche Einrichtungen zum Unfallschutz. Für das Gastgewerbe ist zuständig:

> Berufsgenossenschaft Nahrungsmittel und Gaststätten mit Sitz in Mannheim.

▷ **Aufgaben der Berufsgenossenschaft**

Sie klärt über Unfallgefahren auf und gibt in Merkblättern berufsspezifische Unfallverhütungsvorschriften heraus, z. B. über:

> - Brotschneidemaschinen, Fettbackgeräte und Eisgefriermaschinen,
> - Waschzentrifugen, Stehleitern und Ventilatoren.

Sie bietet Versicherungsschutz für alle im Betrieb beschäftigten Arbeitskräfte.

> Dieser Schutz betrifft Unfälle
> - auf dem Weg zu und von der Arbeitsstätte,
> - bei der Ausübung der Arbeit innerhalb des Betriebes,
> - bei Arbeiten und Besorgungen im Auftrag des Betriebes auch außerhalb der Betriebsstätte.

Der Versicherungsschutz der Unfallversicherung ist Teil der gesetzlichen Sozialversicherung. Die Beiträge sind vom Betrieb allein aufzubringen (im Gegensatz zu den übrigen Sozialversicherungen: Krankenversicherung, Rentenversicherung, Arbeitslosenversicherung).

▷ **Sicherheitszeichen**

Wie der Name sagt sind dies Zeichen, die der Sicherheit dienen. Sie beinhalten eine Warnung, ein Verbot oder eine Aufforderung.

Warnzeichen Warnung vor einer Gefahrenquelle

 schwebende Last

 feuergefährliche Stoffe

 Explosionsstoffe

 giftige Stoffe

 ätzende Stoffe

 radioaktive Stoffe

 Warnung vor elektr. Strom

Unfallschutz und Erste Hilfe

B. Erste Hilfe

Unfälle ereignen sich täglich, stündlich. Im Ernstfall geht es immer darum, die Gesundheit oder sogar Leben zu retten.

1. Rettungskette

Nach einem Unfall ergeben sich eine ganze Reihe von Maßnahmen, die mit einer Kette vergleichbar sind und deren Glieder ineinandergreifend auf die Rettung ausgerichtet sind.

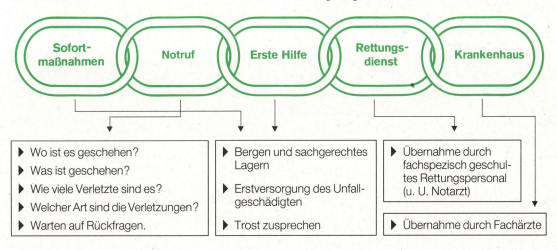

Die Rettungskette hat zwei voneinander zu trennende Schwerpunkte:

▷ **Sofortmaßnahmen, Notruf und Erste Hilfe**
Unfälle ereignen sich im allgemeinen unerwartet. In vielen Fällen entscheiden die Maßnahmen innerhalb der ersten Minuten darüber, ob größere Folgeschäden abgewendet, u. U. sogar darüber, ob das Leben gerettet werden kann. Dabei sind die ersten drei Glieder der Rettungskette gleich wichtig. Für die Reihenfolge der Maßnahmen ist jedoch wichtig, ob im Ernstfall nur ein oder mehrere Helfer zur Verfügung stehen.

Die Vordringlichkeit ist in jedem Falle abzuwägen, z. B.:

- Verkehrsunfall → Retten aus der Gefahrenzone
- Schnittwunde → Versorgung der Wunde
- Bewußtlosigkeit → Richtig lagern, u. U. beatmen

▷ Rettungsdienst und Krankenhaus

Mit diesen beiden Gliedern der Rettungskette beginnt die fachspezifische Betreuung des Unfallgeschädigten. Der Ersthelfer darf nichts unternehmen, was in die Kompetenz des Fachpersonals gehört. Falsche Maßnahmen machen den Schaden nur noch größer.

▷ Ersthelfer

Unter dem Motto „Richtig helfen – im entscheidenden Augenblick das Richtige tun" sollte jeder als Ersthelfer tätig werden können, damit die Rettungskette nicht schon innerhalb der ersten Glieder abreißt. Zu diesem Zweck sind sachgerechte Kenntnisse und Fertigkeiten unerläßlich.

Wichtiger Hinweis:

> **Die folgenden Kurzinformationen können eine gründliche Ausbildung nicht ersetzen.** Die Teilnahme an einem Erste-Hilfe-Lehrgang ist deshalb dringend zu empfehlen. Solche Lehrgänge werden von den ausbildenden Organisationen kostenlos angeboten. Die Teilnahmebescheinigung wird beim Erwerb des Führerscheins anerkannt.

2. Erste-Hilfe-Maßnahmen

▷ Rettung aus der Gefahrenzone

Es gibt Unfälle, bei denen es erforderlich ist, den hilflosen Betroffenen vorerst einmal aus der Gefahrenzone herauszuschaffen, z. B. bei Verkehrsunfällen, bei Bränden, bei Explosionen.

Alle weiteren Maßnahmen des Ersthelfers ergeben sich aus der Art der Verletzung bzw. aus dem Zustand des Unfallopfers.

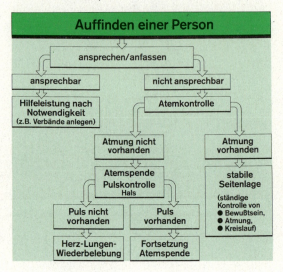

▷ Bewußtlosigkeit

Diesen Zustand erkennt man daran, daß der Betroffene nicht ansprechbar ist. Ursachen können sein:

– Sauerstoffmangel oder Vergiftung,
– Gewalteinwirkung auf den Kopf,
– Einwirkung von Hitze oder Kälte.

Die *Maßnahmen* bei Bewußtlosigkeit können unterschiedlich sein (siehe Schaubild).

Die *Atemkontrolle* ist das wichtigste, denn bei **Atemstillstand** tritt Sauerstoffmangel ein, der zum Tod führen kann. Nur durch sofort eingeleitete Maßnahmen kann das Leben gerettet werden. Oft entscheiden Sekunden!

Erkennungszeichen für Atemstillstand sind: Keine Atemgeräusche, keine Atembewegungen.

- Unter Umständen sind Fremdkörper aus Mund und Rachen zu entfernen.
- Setzt die Atmung nicht ein, ist die **Mund-zu-Nase-Beatmung** und bei ausbleibendem Erfolg die **Mund-zu-Mund-Beatmung** anzuwenden.

Wichtig:
Die Atemspende ist nur wirksam, wenn sich Brustkorb und Oberbauch bei der Beatmung heben und senken.

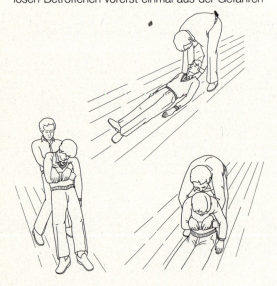

Unfallschutz und Erste Hilfe

Wenn die Atmung vorhanden ist bzw. nach der Beatmung einsetzt, ist der Bewußtlose in die stabile **Seitenlage** zu bringen.

▷ **Schock**

Es gibt unterschiedliche Anzeichen, die auf einen Schock hindeuten, wobei nicht alle gleichzeitig auftreten müssen:

- Abwechselnd schneller und schwächer werdender Puls, der schließlich kaum noch ertastbar ist,
- fahle Blässe, kalte Haut und Frösteln,
- Teilnahmslosigkeit und Schweißausbruch auf der Stirn.

Da der Schock zum Tod führen kann, sind unverzüglich Maßnahmen zu seiner Bekämpfung einzuleiten:

▸ Betroffenen möglichst auf eine Decke legen und u. U. zudecken (Wärmeverlust verhindern, anderseits aber auch nicht überwärmen),
▸ für Ruhe sorgen und Trost zusprechen,
▸ bei Wunden Blutstillung herbeiführen,
▸ Atmung und Puls kontrollieren,
▸ durch Anheben der Beine Schocklage herstellen.

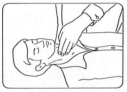
Pulskontrolle am Hals

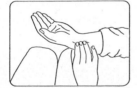
Pulskontrolle am Handgelenk

Schocklage

▷ **Knochenbrüche**

Es gibt geschlossene und offene Knochenbrüche (Hautdecke im Bereich des Bruches verletzt).

▸ Betroffene Körperteile nicht bewegen, sondern in vorgefundener Lage ruhigstellen,
▸ bei Verdacht von Wirbelsäulenverletzungen die Lage des Verletzten nicht verändern.

▷ **Schmerzen im Brust- und Bauchbereich**

Sie treten meistens überraschend auf und sind oft von Atemnot begleitet.

▸ In der Umgebung des Betroffenen für Ruhe sorgen,
▸ eine den Schmerzen entsprechende Lagerung herbeiführen (z. B. Knierolle zur Entspannung der Bauchmuskeln, Sitzhaltung zur Erleichterung der Atmung),
▸ nicht trinken, essen oder rauchen lassen,
▸ keine Medikamente verabreichen.

Knierolle

atemerleichternde Sitzhaltung

▷ **Gelenkverletzungen**

Es kann sich dabei um eine Verstauchung, Verrenkung oder einen Bruch handeln.

▸ Verletztes Gelenk durch entsprechende Lagerung ruhigstellen,
▸ unter keinen Umständen Bewegungs- und Einrenkungsversuche unternehmen.

▷ **Wunden**

Bei Wunden jeglicher Art besteht die Gefahr der *Infektion*. Für die Erstversorgung ist deshalb zu beachten:

▸ Niemals mit den Fingern berühren oder mit irgendwelchen Materialien behandeln (Wasser, Mehl, Salbe, Öl),
▸ lediglich so rasch wie möglich mit keimfreiem Material abdecken.

▷ Blutungen

Die Gefahr des Verblutens kann im allgemeinen bereits durch einen genügend starken Druck von außen abgewendet werden. U. U. ist ein Druckverband anzulegen.

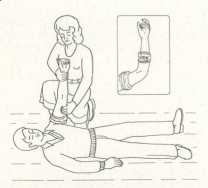

Die jeweils verwundete Körperstelle entscheidet über die Art der Maßnahmen (siehe Übersicht).

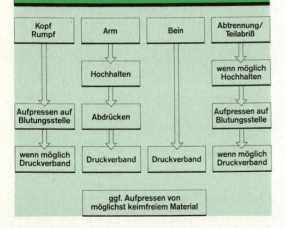

▷ Verbrennungen und Verbrühungen

Die Folgen sind von der Intensität der Temperatureinwirkung abhängig: Rötung der Haut, Bildung von Blasen, Schädigung des Gewebes.

Drohende Gefahren sind: Schock, Infektionen, Atemstörungen.

- Brennende Kleidung löschen,
- Kaltwasseranwendungen,
- Wunden keimfrei abdecken,
- vor Wärmeverlust schützen,
- Bewußtsein, Atmung, Kreislauf kontrollieren, Anzeichen für einen Schock beobachten.

Bei **Verbrühungen** die Kleider entfernen, bei **Verbrennungen im Gesicht** keine Bedeckung auflegen.

▷ Verätzungen

Sie können äußerlich oder innerlich sein.

Verätzungen im Magen und Darm

- Niemals zum Erbrechen reizen,
- in kleinen Schlücken reichlich Wasser reichen (Verdünnungseffekt),
- verursachendes Mittel zur Identifizierung mit ins Krankenhaus geben.

Verätzungen von außen

Es können dabei tiefe Wunden entstehen. Deshalb:

- Mitbetroffene Kleidungsstücke entfernen,
- Körperstellen mit Wasser bespülen und keimfrei bedecken.

▷ Vergiftungen

Sie können durch Einatmen, Einnehmen oder durch Kontakt verursacht werden. Je nachdem sind folgende Maßnahmen anzuwenden:

- Bei Einwirkungen von Gasen den Betroffenen an die frische Luft bringen,
- beim Erbrechen Hilfe leisten,
- Bewußtsein, Atmung, Kreislauf kontrollieren.

3. Verkehrsunfälle

Verkehrsunfälle haben meistens schwere Verletzungen und Schädigungen zur Folge. Außerdem ist die Unfallstelle eine Gefahrenquelle für die anderen Verkehrsteilnehmer. Bei den erforderlichen Maßnahmen ist deshalb in zwei Richtungen zu handeln.

▷ Nachfolgender Verkehr

Vor allem ist rechtzeitig bzw. so rasch wie möglich die Geschwindigkeit zu vermindern: Allmählich, nicht plötzlich bremsen, damit Auffahrunfälle vermieden werden. Darüber hinaus ist der nachfolgende Verkehr zu warnen:

- Warnblinkanlage einschalten,
- wenn möglich, die rechte Wagentür öffnen und den Kofferraumdeckel hochklappen (Blickfang),
- dem Verkehr mit dem Warndreieck entgegenlaufen (aber dicht am Straßenrand),
- Warndreieck bei schnellem Verkehr mindestens 100 m von der Unfallstelle entfernt aufstellen, bei Kurven und Bergkuppen vor dem Sichthindernis.

Unfallschutz und Erste Hilfe

▷ **Maßnahmen bezüglich des Betroffenen**

Das Absichern der Unfallstelle durch die Warnung des nachfolgenden Verkehrs wurde bereits erwähnt. Darüber hinaus gilt:
- Angemessenen Abstand von der Unfallstelle halten,
- andere Verkehrsteilnehmer um Hilfe bitten (z. B. Notruf),
- Verletzte aus der Gefahrenzone retten, bei akuter Gefahr auch aus dem Fahrzeug,
- Gasse für Rettungsfahrzeuge bilden (ganz rechts an den Straßenrand, wenn möglich auf den Gehsteig, in eine Einfahrt oder auf die Standspur fahren).

Das rechtzeitige und ungestörte Eingreifen der Rettungsdienste kann für die Rettung von Menschenleben ausschlaggebend sein. In diesem Zusammenhang sind auch die Teilnehmer im Gegenverkehr anzusprechen. Neugierige, die ihr Tempo unnötig verlangsamen, können Auffahrunfälle verursachen und Rettungsdienste behindern, die aus anderer Richtung zur Unfallstelle kommen.

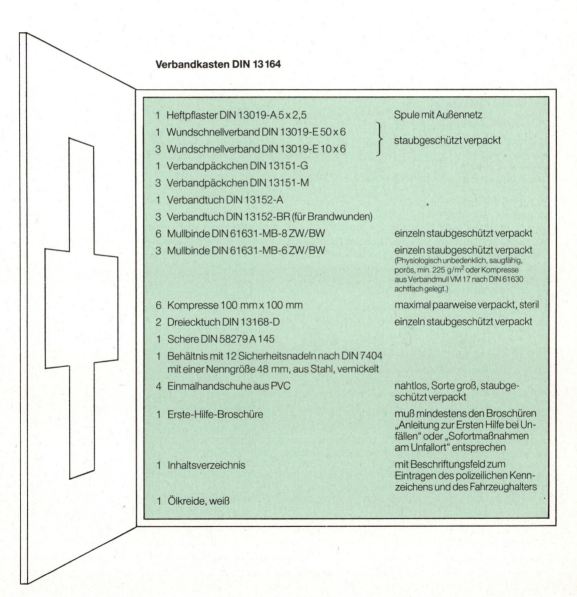

Verbandkasten DIN 13 164

1 Heftpflaster DIN 13019-A 5 x 2,5	Spule mit Außennetz
1 Wundschnellverband DIN 13019-E 50 x 6	staubgeschützt verpackt
3 Wundschnellverband DIN 13019-E 10 x 6	
1 Verbandpäckchen DIN 13151-G	
3 Verbandpäckchen DIN 13151-M	
1 Verbandtuch DIN 13152-A	
3 Verbandtuch DIN 13152-BR (für Brandwunden)	
6 Mullbinde DIN 61631-MB-8 ZW/BW	einzeln staubgeschützt verpackt
3 Mullbinde DIN 61631-MB-6 ZW/BW	einzeln staubgeschützt verpackt (Physiologisch unbedenklich, saugfähig, porös, min. 225 g/m² oder Kompresse aus Verbandmull VM 17 nach DIN 61630 achtfach gelegt.)
6 Kompresse 100 mm x 100 mm	maximal paarweise verpackt, steril
2 Dreiecktuch DIN 13168-D	einzeln staubgeschützt verpackt
1 Schere DIN 58279 A 145	
1 Behältnis mit 12 Sicherheitsnadeln nach DIN 7404 mit einer Nenngröße 48 mm, aus Stahl, vernickelt	
4 Einmalhandschuhe aus PVC	nahtlos, Sorte groß, staubgeschützt verpackt
1 Erste-Hilfe-Broschüre	muß mindestens den Broschüren „Anleitung zur Ersten Hilfe bei Unfällen" oder „Sofortmaßnahmen am Unfallort" entsprechen
1 Inhaltsverzeichnis	mit Beschriftungsfeld zum Eintragen des polizeilichen Kennzeichens und des Fahrzeughalters
1 Ölkreide, weiß	

Aufgaben (Unfallschutz, Erste Hilfe)

1. Nennen Sie Ursachen für das hohe Maß an Unfallgefahren und des Unfallrisikos in der modernen Arbeitswelt.

Elektrischer Strom:
2. Aufgrund welcher Ursachen kann der Mensch durch elektrischen Strom gefährdet werden?
3. Erklären Sie die Bezeichnungen Schutzkontaktstecker und Schutzkontaktsteckdosen sowie deren Bedeutung.
4. Welchem Zweck dient an Elektrogeräten das Zeichen VDE?
5. Beschreiben Sie Vorsichtsmaßnahmen gegenüber der Gefahrenquelle elektrischer Strom.

Gas und Feuer:
6. Welche Gefahren können sich durch Gas ergeben?
7. Was ist bei auftretendem Gasgeruch zu tun?
8. Welche Vorsichtsmaßnahmen sind in Verbindung mit Gasbehältern, z. B. auch Sprühdosen, zu beachten?
9. Nennen Sie Vorsichtsmaßnahmen in bezug auf „offenes" Feuer.

Böden, Treppen und Leitern:
10. Welche Vorschriften gelten zur Vermeidung von Unfällen für die Beschaffenheit von Böden?
11. Nennen Sie Gefahrenquellen in Verbindung mit Treppen und Leitern.

Gargeräte:
12. Beschreiben Sie Unfallgefahren beim Umgang mit Gargeräten.
13. Nennen Sie entsprechende unfallverhütende Maßnahmen und Verhaltensweisen.

Schneidewerkzeuge und Schneidegeräte:
14. Welche Richtlinien gibt es für das Benutzen und Reinigen von Messern?
15. Warum sind elektrische Schneidegeräte besonders gefährlich, und welche Richtlinien zur Verhütung von Unfällen sind deshalb unbedingt zu beachten?

Fehlverhalten und Verfassung des Menschen:
16. Nennen Sie Ursachen für das Fehlverhalten in bezug auf Unfälle und das Unfallrisiko.
17. Nennen Sie Ursachen für eine „schlechte Verfassung", durch die sich das Unfallrisiko erhöht.

Berufsgenossenschaft, Sicherheitszeichen:
18. Erläutern Sie die Aufgaben der Berufsgenossenschaft.
19. Beschreiben Sie in Verbindung mit der Unfallverhütung:
    a) Warnzeichen,
    b) Verbotszeichen,
    c) Aufforderungszeichen.
20. Woran erkennen Sie das Zeichen für Handfeuerlöscher und Hinweis auf Erste Hilfe?

Erste Hilfe:
21. Was versteht man im Rahmen der Ersten Hilfe unter „Rettungskette"?
22. Was ist ein Ersthelfer?
23. Nennen Sie wichtige Fragen, die bei einem Notruf von Bedeutung sind.
24. Welche Maßnahmen gehören zur Ersten Hilfe, und was darf ein Ersthelfer nicht?
25. Beschreiben Sie die ersten Maßnahmen beim Auffinden eines durch Unfall betroffenen Menschen.
26. Welche Hilfsmittel muß ein Verbandskasten für Erste Hilfe enthalten?

Bewußtlosigkeit:
27. Nennen Sie Ursachen und Erkennungszeichen einer Bewußtlosigkeit.
28. Beschreiben Sie Maßnahmen und Abläufe in folgenden Fällen:
    a) Atmung nicht vorhanden,
    b) Atmung vorhanden.

Schock:
29. Welches sind die Anzeichen für einen Schock?
30. Welche Maßnahmen sind bei der Schockbehandlung durchzuführen?
31. Was versteht man unter der Schocklage?

Unfallfolgen verschiedener Art:
32. Erläutern und begründen Sie die Ersthelfermaßnahmen in folgenden Fällen:
    a) Behandlung von Wunden,
    b) Verbrennungen und Verbrühungen,
    c) Verätzungen und Vergiftungen,
    d) Knochenbrüche und Gelenkverletzungen.
33. Welche Maßnahmen sind bei blutenden Wunden anzuwenden:
    a) am Kopf oder Rumpf?
    b) am Arm bzw. am Bein?

Verkehrsunfälle:
34. Welche Erstmaßnahmen sind bei einem Verkehrsunfall in bezug auf den oder die Betroffenen wichtig?
35. Beschreiben Sie Maßnahmen in bezug auf den nachfolgenden Verkehr.

Werkstoffkunde – Raum- und Wäschepflege

Werkstoffe sind Materialien, aus denen sich der Mensch von jeher die Gegenstände des täglichen Gebrauchs hergestellt hat.

Holz	→	Eßgeräte, Schüsseln, Möbel
Eisen	→	Arbeitsgeräte, Gefäße, Kochtöpfe
Wolle	→	Kleidung, Stoffe, Teppiche

Anfangs verwendete man verständlicherweise nur natürliche Rohstoffe (z. B. Holz, Eisen, Wolle), die einerseits aufgrund ihrer groben Beschaffenheit und Bearbeitung sehr robust waren, andererseits aber auch durch äußere Einflüsse in kurzer Zeit nachteiligen Veränderungen unterliegen, z. B.:

- **Holz** ist empfindlich gegenüber Feuchtigkeit und rohstoffspezifischen Schädlingen (z. B. Holzwurm),
- **Eisen** ist anfällig gegen Feuchtigkeit und Sauerstoff (Rost) sowie gegen Säuren und Laugen (Korrosion),
- **Wolle** verfilzt und wird von tierischen Schädlingen zerstört (Motten).

Die zunehmende Erforschung der materiellen Beschaffenheit und Anfälligkeit sowie das Bemühen, wertvollere und beständigere Werkstoffe herzustellen, hat zur Entwicklung immer neuer Technologien geführt. Die angewendeten Verfahren reichen von der Stabilisierung der natürlichen Beschaffenheit über die Veredelung durch Mischen von Stoffen bis hin zur Herstellung von widerstandsfähigen künstlichen Werkstoffen. Richtungsweisend war und ist in all diesen Fällen:

- Stabile Werkstoffe bzw. Gebrauchsgegenstände mit langer Lebensdauer zu gewinnen,
- auf bestimmte Zwecke hin ausgerichtete Eigenschaften zu erzielen (z. B. rostfreie Eßbestecke, nicht einlaufende Textilien, hygienisch einwandfreie Arbeitsflächen in der Küche).

Auch im gastgewerblichen Betrieb gibt es Gebrauchsgegenstände aus Werkstoffen der unterschiedlichsten Art. Werkstoffkunde bzw. die Kunde der aus ihnen hergestellten Gegenstände ist deshalb eine unerläßliche Orientierungshilfe und zielt darauf ab:

- Art und Eigenschaften der Werkstoffe kennenzulernen (z. B. Wolle, Leinen, Chromnickelstahl, Silber),
- Auswahlkriterien im Hinblick auf den zweckentsprechenden Einsatz zu erarbeiten (z. B. Tischwäsche, Eßgeräte, Arbeitsflächen und Geräte der Küche),
- materialgerechtes Reinigen und Pflegen anzuwenden (z. B. Wolle, Leinen, Kupfer, Silber).

I. Werkstoffe – Gebrauchsgegenstände und ihre Pflege

Die grundlegende Unterscheidung der Werkstoffe ist die Einteilung in Metalle und Nichtmetalle.

A. Metalle

Metalle sind sehr stabile Werkstoffe und werden deshalb zu vielerlei Zwecken verwendet. Wegen der Menge seines Vorkommens nimmt das Eisen einen vorrangigen Platz ein.

1. Werkstoffe aus Eisenmetallen

▷ Roheisen, Gußeisen und Stahl

Roheisen ist aufgrund seiner natürlichen Beschaffenheit nicht formbar. Durch die Behandlung mit Hilfe unterschiedlicher Verfahren erhält man die formbaren Werkstoffe *Gußeisen* und *Stahl*. Alle drei Werkstoffe sind empfindlich gegenüber Feuchtigkeit und Sauerstoff sowie gegenüber Säuren und Laugen. Sie rosten und korrodieren.

Überblick über die Werkstoffe

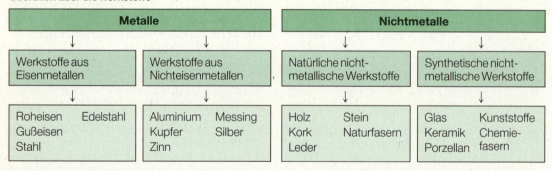

Korrosion ist die Zerstörung des Metalls durch äußere Einwirkungen.

Gußeisen ist schwer und hart und ist deshalb stoßempfindlich (Bruchgefahr). Andererseits ist es aber weniger anfällig gegenüber Rost und Korrosion.

Stahl ist formbares Eisenmetall, wobei für die Herstellung von Gebrauchsgegenständen *Stahlbleche* eine besondere Bedeutung haben. Nicht weniger empfindlich als Roheisen, versucht man durch unterschiedliche Behandlungsverfahren den zerstörenden Einflüssen entgegenzuwirken.

- Oxidieren → Schwarzblech
- Legieren → Edelstahl
- Beschichten mit Emaille oder Kunststoff

▷ Edelstahl

Für Gegenstände, die im Zusammenhang mit Lebensmitteln und Speisen gebraucht werden, gibt es einen Edelstahl, der mit Chrom und Nickel legiert ist. Diese beiden Metalle sind gegenüber Feuchtigkeit, Sauerstoff und Säuren sehr beständig und verleihen dem sogenannten **Chrom-Nickel-Stahl** (CN-Stahl) hochwertige Eigenschaften:

- rostfrei und korrosionsbeständig,
- geruchs- und geschmacksneutral,
- glatte und daher leicht zu reinigende Oberfläche.

Neben den Kennzeichnungen „rostfrei" oder „stainless" geben Einprägungen wie 18/8 oder 18/10 Hinweise auf die Art der Legierung: 18 % Chromanteile sowie 8 bzw. 10 % Nickel.

Die Verwendung von emaillierten Geräten ist nicht unproblematisch. Durch Stoß oder Überhitzung kann die Schutzschicht zerstört werden, so daß schadhafte Stellen entstehen. Daraus ergeben sich negative Auswirkungen:

▶ Gesundheitsgefährdende Emaillesplitter können in die Speisen gelangen,
▶ beschädigte Stellen rosten und sind Schlupfwinkel für Bakterien.

Beschädigte emaillierte Geräte sind aus hygienischen Gründen für die Verwendung im Lebensmittelbereich unbrauchbar geworden.

Gebrauchsgegenstände aus Eisenmetallen

Materialart	Gegenstände	Reinigungs- und Pflegerichtlinien
Gußeisen	– Herdplatten – Bräter, Schmortöpfe – Pfannen	→ feucht reinigen und gut nachtrocknen → vor Bruch schützen
Schwarzblech	– Backbleche – Backformen	→ heiß mit Salz und Papier ausreiben → bei nasser Reinigung rasch und gut trocknen
Emaillierte Stahlbleche	– Kochtöpfe – Seiher – Metallische Gehäuse (z. B. Küchenherde)	→ naß in Verbindung mit milden Reinigungsmitteln oder feinstem Scheuerpulver reinigen → nicht kratzen und anstoßen → extreme Temperaturunterschiede vermeiden
Chrom-Nickel-Stahl	– Gerätegehäuse, Spültische und Tischflächen – Töpfe und Schüsseln – Pfannen und Backformen – Gastro-Norm-Behälter	→ Universalspülmittel und vorgeseifte Stahlwolle → sofort nachreiben, um Streifenbildung zu verhindern → gut trocknen → Tisch- und Möbelflächen u. U. mit Spezialöl oder Spezialglanzmitteln behandeln

Werkstoffe – Gebrauchsgegenstände und ihre Pflege

2. Werkstoffe aus Nichteisenmetallen

▷ Aluminium

Es handelt sich um ein leichtes Metall mit guter Wärmeleitfähigkeit, das aber gegenüber Säuren und Laugen empfindlich ist. Durch Eloxieren wird eine Schutzschicht aufgetragen, die das Metall gegenüber den genannten Einwirkungen widerstandsfähiger macht sowie das Reinigen und Pflegen erleichtert.

▷ Kupfer[1], Zinn und Messing

Diese Metalle zeichnen sich durch eine besondere Oberflächenbeschaffenheit aus.
Messing ist eine Legierung aus Kupfer und Zink und läuft wie Kupfer leicht an.
Zinn ist ein weiches und biegsames Material.

▷ Silber

Reines Silber ist für Gebrauchsgegenstände zu weich und wird deshalb üblicherweise nur als Auflage verwendet. Der Untergrund bzw. der Grundkörper besteht aus einer harten Legierung (z. B. mit Kupfer). Spezielle Bezeichnungen sind in diesem Zusammenhang **Neusilber** oder **Alpaka**.
Alpaka ist eine Legierung aus 60 % Kupfer, 25 % Zink und 15 % Nickel.
Das Auflegen der Silberschicht erfolgt im galvanischen Bad. Um den vorzeitigen Abrieb des Silbers zu vermeiden, wird die Auflage bei Bestecken an stark beanspruchten Stellen verstärkt. Man spricht dann von **Patentsilber**. Die Kennzeichnung 80, 90 oder 100 bedeutet, daß für 24 dm^2 Oberfläche 80, 90 bzw. 100 g Silber verwendet wurden.

Schweflige Verbindungen in der Luft und in Speisen (z. B. bei Eiern) sind die Ursache für einen festhaftenden bräunlichen bis schwarzen Belag, der nur durch entsprechende Reinigungsmaßnahmen auf- und abgelöst werden kann (siehe „Gebrauchsgegenstände"). Aus den genannten Gründen sollten zu Frühstückseiern keine Silberlöffel und für Eiergerichte keine versilberten Platten verwendet werden.

Gebrauchsgegenstände aus Nichteisenmetallen

Materialart	Gegenstände	Reinigungs- und Pflegerichtlinien
Aluminium	– Wannen, Töpfe und Schüsseln – Alufolie	→ wie Edelstahl (siehe vorhergehende Seite) → zur Entfernung von Kalkresten keine konzentrierten Säuren verwenden
Eloxiertes Aluminium	– Pfannen und Dampftöpfe – Fensterrahmen und Türen	→ milde Reinigungsmittel → Eloxierschicht nicht verkratzen
Kupfer	– Kochgeräte und Chafing-dishes – Kannen und Ziergeräte	→ feines Speisesalz und Wasser → spezielle Kupferputzmittel (gründlich nachspülen) → bei längerer Unterbrechung des Gebrauchs mit Klarsichtfolie dicht umhüllen (Anlaufen vermeiden)
Messing	– Lampen und Schilder – Beschläge und Türgriffe	→ spezielle Putz- und Poliermittel
Zinn	– Becher sowie Platz- und Zierteller – Vasen und Leuchter	→ milde Reinigungsmittel → bei Flecken feines Scheuerpulver → gut nachtrocknen
Silber	– Bestecke, Weinkühler Menagen, Anrichtegeschirr – Tabletts und Silberplatten	→ Silberputztuch, Silberputzpaste, Silbertauchbad → Silberputzmaschine → Aluplatte + Reinigungssalz → gründlich nachspülen und polieren

B. Nichtmetalle

Bei den nichtmetallischen Werkstoffen unterscheidet man natürliche und synthetische Stoffe.

1. Natürliche nichtmetallische Werkstoffe

Zu ihnen gehören Holz, Leder, Kork, Stein und Naturfasern.

Anmerkung:
Aus der Übersicht zu Beginn des Kapitels ist zu ersehen, daß Fasern im Vergleich zu den anderen nichtmetallischen Stoffen sowohl den natürlichen als auch den chemischen (synthetischen) Werkstoffgruppierungen zugeordnet werden können. Daraus ergeben sich für die Betrachtung sehr verschiedenartige Gesichtspunkte. Da das Thema „Fasern" außerdem sehr umfangreich ist, erscheint es sinnvoll, es in einem eigenständigen Abschnitt zu behandeln.

---

[1] Gefäße aus Kupfer müssen mit einer Schutzschicht versehen sein; reine Kupfergefäße dürfen nicht verwendet werden.

▷ Holz

Holz ist ein „lebendiges" Material, das auch nach seiner Aufbereitung zu Gebrauchsgegenständen noch „arbeitet". Es kann reißen und sich verziehen.

Rohes, unbehandeltes Holz nimmt leicht Feuchtigkeit, Farbe und Gerüche auf und ist deshalb aus hygienischen Gründen (Geruch, Geschmack, Bakterien) für Arbeitsflächen im Küchenbereich nicht geeignet.

Zum Schutz bzw. zur Verschönerung wird die Oberfläche des rohen Holzes auf unterschiedliche Weise behandelt:

- lasieren, lackieren und wachsen,
- versiegeln und polieren.

Verwendungsmöglichkeiten für Holz

Oberflächenbeschaffenheit	Verwendung	Reinigungs- und Pflegerichtlinien
unbehandelt	– Fußböden – Vesperbrettchen – Holzteller – Kochlöffel	→ kurz mit warmer Reinigungsflüssigkeit behandeln (auch in Verbindung mit Scheuerpulver) → immer beidseitig benetzen, mit klarem Wasser gründlich nachspülen und nicht zu lange im Wasser liegen lassen, inbesondere nicht in der Spülmaschine reinigen (Holz saugt Wasser an und verzieht sich) → immer stehend, aber nicht in der Nähe von intensiven Hitzequellen trocknen lassen
lasiert, lackiert oder gewachst	– Türen – Fensterrahmen – Möbel	→ abstauben → *notfalls* mit milder Reinigungsflüssigkeit feucht abwischen und *rasch* trockenreiben → eventuell mit speziellen Möbelpflegemitteln behandeln
versiegelt	– Fußböden – Treppenstufen	→ feucht wischen → von Zeit zu Zeit mit Glanzemulsion oder Wischwachs behandeln
poliert	– Möbel	→ Möbelpolitur

▷ Kork

Von Natur aus ist Kork ein Oberflächenschutzgewebe der Pflanzen an Zweigen, Stämmen, Wurzeln und Knollen. Die Korkzellen sind luftgefüllt und enthalten einen fettartigen Stoff, der die Durchlässigkeit von Wasser und Gas erschwert.

Die Korkeiche in den Ländern des Mittelmeerraumes liefert Kork, der zu den leichtesten Werkstoffen gehört. Er bietet Schutz gegen Wärme und Kälte und wird zu *Flaschenkorken* sowie zu *Wärme- und Schallisolierungen* verwendet.

▷ Leder

Leder wird aus Häuten und Fellen von Tieren aufbereitet, wobei diese durch Gerben gefestigt und haltbar gemacht werden.

Verwendung von Leder:

- Koffer, Taschen und Schuhe,
- Sitzmöbelbezüge sowie Verkleidungen auf Türfüllungen und Theken,
- spezielle Kellnerschürzen und Reinigungstücher.

Das nebenstehende Gütezeichen weist im Vergleich zu Lederimitationen darauf hin, daß zur ausgezeichneten Ware nur echtes Leder verwendet wurde.

Arten des Leders:

- Rauhleder, Wildleder oder Waschleder,
- Nappaleder, Glacéleder, Saffianleder, Lackleder.

Die Reinigung und Pflege muß der Art des Leders angemessen sein. Beim Einkauf sind deshalb Informationen bezüglich des Produktes sowie der entsprechenden Reinigungs- und Pflegemittel unerläßlich.

▷ Stein

Darunter versteht man natürliche mineralische Körper mit unregelmäßig umrissener Form sowie von fester und harter Beschaffenheit. *Naturbelassen* verwendet man sie zu Dekorationszwecken. Durch Zersägen gewinnt man *Platten* oder in zerkleinerter Form *Fliesen*, die als Boden- und Wandbeläge dienen.

Marmor ist Kalkgestein, das nach dem Schleifen und Polieren besonders dekorative Eigenschaften besitzt.

2. Synthetische nichtmetallische Werkstoffe

Synthese heißt Vereinigung, Zusammenführung. Es handelt sich also um Werkstoffe, die sich durch das Vermischen verschiedener Werkstoffe ergeben.

▷ Glas

Die zur Glasbereitung notwendigen Rohstoffe werden je nach der Zweckbestimmung in unterschiedli-

Werkstoffe – Gebrauchsgegenstände und ihre Pflege

chen Mischungen verwendet und in einem Schmelzprozeß zur Glasmasse verschmolzen:

- Quarzsand, Kalk, Natrium oder Pottasche,
- Bleioxid oder Mennige.

Je nach der Zusammensetzung der Glasmasse sowie deren Verarbeitung unterscheidet man verschiedene Glasarten.

Art des Glases	Verwendung
Natronglas (auch einfaches Gebrauchsglas genannt)	– Fenster, Flaschen, Preßgläser – Leuchter und Pokale – Glasplatten und Glasteller
Kaliglas	– bessere Gebrauchsgläser – Vasen und Leuchter
Blei- und Bleikristallglas	– dekorative Trinkgläser, Vasen und Glasschalen – Glaswaren mit eingeschliffenen oder eingeätzten Verzierungen
Spezialglas	
▶ hitzebeständiges Glas (geringere Ausdehnung)	– Kochgeräte und Backformen – Kaffeemaschinen und Teegläser
▶ Verbundglas (schlechter Wärmeleiter)	– Doppelfenster und Autoscheiben – Thermosbehälter
▶ Sicherheitsglas (bricht im Ernstfall in kleine Stücke ohne scharfe Kanten – keine gefährlichen Splitter)	– Glastüren, Schaufenster und Autoscheiben – Terrassen- und Wintergartenfenster

Das Reinigen von Glas geschieht im allgemeinen mit Universalreinigungsmitteln. Spezielle Besonderheiten sind in den Abschnitten „Raum- und Wäschepflege" sowie „Reinigung und Pflege der Gläser" (Servierkunde) nachzulesen.

▷ **Keramik – Porzellan**

Porzellan ist die Krönung in der Reihe der keramischen Werkstoffe. Die tonmineralhaltigen Ausgangsprodukte sind in Wasser schwer löslich und erhalten bei der Verarbeitung durch Brennen ihre feste Beschaffenheit. Vom einfachen Tonziegel bis hin zu hochwertigem Porzellan gibt es viele qualitative Abstufungen und Bezeichnungen:

- Irdene Waren, Steingut, Steinzeug,
- Feinkeramik: Terrakotta, Fayence, Majolika, Porzellan.

Terrakotta (gebrannte Erde) sind künstlerisch gestaltete Töpferarbeiten, Plastiken und Reliefs.

Fayence (Majolika) sind glasierte Tonwaren mit farbigen Mustern.

Porzellan ist ein Produkt aus Kaolin (Porzellanerde), Quarz und Feldspat. Die durch Mahlen und Mischen hergestellte Rohmasse wird beim Brennen dicht und wasserundurchlässig. Ein Überzug (die Glasur) erhöht die Widerstandsfähigkeit gegenüber Säuren, Laugen und Salzen. Neben rein weißem und buntfarbenem Geschirr gibt es solches mit unterschiedlich aufwendigem Dekor. Je nach der Zusammensetzung der Rohstoffe und dem Herstellungsverfahren gibt es Unterscheidungen:

- weiches und hartes Porzellan,
- weiche und harte Glasuren,
- Auf- und Unterglasurdekor,
- feuerfestes und nicht feuerfestes Geschirr.

Das sind wichtige Auswahlkriterien bei der Beschaffung von Hotelporzellan, das hohen Anforderungen gerecht werden muß.

Porzellan ist ein schlechter Wärmeleiter. Das bedeutet zunächst, daß Wärme nur langsam aufgenommen wird. Sie bleibt jedoch andererseits in gut vorgewärmtem Geschirr lange erhalten, so daß sich auch die auf oder in ihnen befindlichen Speisen bzw. Getränke nur langsam abkühlen.

Reinigung und Pflege des Porzellans:
▶ Wegen der glatten und harten Oberfläche ist die Reinigung ebenso unproblematisch wie bei Glas.
▶ Pflegliches Behandeln ist wegen der Bruchgefahr und der Möglichkeit von Absplitterungen jedoch unerläßlich.

Beschädigtes Porzellangeschirr ist für den Gebrauch im Gastgewerbe nicht mehr geeignet.

▶ Feuerfestes Geschirr darf wegen der Bruchgefahr durch gegensätzliche Spannungen (Ausdehnungen) nicht auf offenes Feuer gestellt und in heißem Zustand nicht zu plötzlich stark abgekühlt werden.

Bei der Verwendung von keramischen Gefäßen zu Buffets (insbesondere Salatbuffets) muß sichergestellt sein, daß zur Herstellung keine bleihaltigen Glasuren oder Farben verwendet wurden. Diese Substanzen können durch Säuren aufgelöst werden und, mit den Speisen aufgenommen, Schäden im Organismus hervorrufen.

▷ **Kunststoffe**

Kunststoffe, auch **Plaste** (englisch plastics) genannt, sind organisch-chemische Stoffe, zu deren Herstellung Grundbausteine aus Erdöl, Erdgas und Steinkohle synthetisiert werden. Anfangs wurden sie als Ersatzmaterialien für Holz, Keramik und Metall angesehen. Heute sind es selbständige Werkstoffe, die in der hochtechnisierten Industriegesellschaft nicht mehr wegzudenken sind. Ihre Verwendung ist sehr vielseitig:

- einfache Bestecke, Kochlöffel, Quirle, Eierlöffel,
- Schüsseln, Schalen, Tassen,
- Tischplatten und Schneidebretter,
- Gehäuse für verschiedenartige Geräte,
- Beschichtungen und Griffe für Möbel,
- Stühle und Sessel.

Die Einteilung der Kunststoffe erfolgt in Thermoplaste, Duroplaste und Elastomere.

Thermoplaste bleiben auch bei wiederholtem Erwärmen verformbar. Aus diesem Grunde sind sie im Küchenbereich nur begrenzt einsetzbar.

Duroplaste sind feste, relativ hitze- sowie säuren- und laugenbeständige Materialien. Das besonders hitzebeständige **Teflon** wird zur Beschichtung von Töpfen und Pfannen verwendet. Andererseits ist es jedoch empfindlich gegenüber Druck und Abrieb.

Elastomere sind Kunststoffe mit gummielastischen Eigenschaften, die zu Autoreifen und Textilfasern verwendet werden.

Im Hinblick auf die Verarbeitung zu Gebrauchsgegenständen haben Kunststoffe viele Vorteile:

- Geringes Gewicht, niedrige Wärmeleitfähigkeit,
- elektrisch isolierende Eigenschaften,
- relative Beständigkeit gegenüber Säuren und Laugen,
- Geruchs- und Geschmacksneutralität.

Reinigung und Pflege von Kunststoffen:
- Als Reinigungsmittel eignen sich milde Spülmittel und Pflegeemulsionen.
- Ungeeignet sind scharfe und aufrauhende Reinigungsmittel. Sie beschädigen die Oberfläche und begünstigen so das Festsetzen von Schmutz, Spülmittelresten und Bakterien.

Aufgaben (Werkstoffe)

Werkstoffe:
1. Erklären Sie die Bezeichnung.
2. Ordnen Sie den Begriffen „Metalle" und „Nichtmetalle" untergeordnete Material- bzw. Werkstoffbezeichnungen zu.

Metalle:
3. Beschreiben Sie die unterschiedlichen Eigenschaften von Roheisen, Gußeisen, Stahl und Edelstahl.
4. Was bedeutet auf Gebrauchsgegenständen aus Edelstahl die Einprägung 18/8 oder 18/10?
5. Nennen Sie Gebrauchsgegenstände aus folgenden Metallen, und beschreiben Sie Richtlinien für deren Reinigung und Pflege:
   a) Gußeisen und Schwarzblech,
   b) emaillierte Stahlbleche und Chrom-Nickel-Stahl,
   c) Aluminium und eloxiertes Aluminium,
   d) Kupfer, Messing und Zinn.
6. Warum und in welchem Sinn ist bei der Verwendung von emaillierten Geräten in Verbindung mit Speisen besondere Vorsicht geboten?
7. Beschreiben Sie die besondere Empfindlichkeit von Gebrauchsgegenständen aus Silber sowie deren Reinigung und Pflege.

Holz:
8. Welche Eigenschaften hat Holz aufgrund seiner natürlichen Eigenschaften, und wodurch ist es in seiner Beschaffenheit gefährdet?
9. Durch welche Behandlungsverfahren wird die Oberfläche von Holz geschützt und verschönert?
10. Nennen Sie zu folgenden Arten der Holzoberfläche Verwendungsbeispiele, und beschreiben Sie Richtlinien für die Reinigung und Pflege:
    a) unbehandelt,
    b) lasiert, lackiert oder gewachst,
    c) versiegelt oder poliert.

Leder und Kork:
11. Woraus werden die beiden Materialien gewonnen?
12. Nennen Sie Verwendungszwecke für Leder und Kork.

Stein:
13. Zu welchen Zwecken wird Stein verwendet und in welchen Zustandsformen wird er verarbeitet?

Glas:
14. Nennen Sie Rohstoffe, die zu Glasmasse geschmolzen werden.
15. Nennen Sie Verwendungsmöglichkeiten für folgende Glasarten:
    a) Natron- und Kaliglas,
    b) Blei- und Bleikristallglas,
    c) hitzebeständiges Glas.
16. Welche Eigenschaften haben Verbundglas und Sicherheitsglas, und zu welchen Zwecken sind sie deshalb besonders geeignet?

Keramik – Porzellan:
17. Aus welchen Rohstoffen werden keramische Werkstoffe hergestellt, und auf welche Weise werden sie zu Gebrauchsgegenständen verarbeitet?
18. Nennen Sie Bezeichnungen für einfache keramische Waren sowie für Waren der Feinkeramik.
19. Erklären Sie die Bezeichnungen Terrakotta, Fayence und Porzellan.

Porzellan:
20. Nennen Sie die Rohstoffe für Porzellan, und beschreiben Sie die Herstellung.
21. Welche unterschiedlichen Eigenschaften bzw. Ausstattungen gibt es bei Porzellan aufgrund verschiedenartiger Herstellungsverfahren?
22. Welche besonderen Eigenschaften sind bei Porzellan in Verbindung mit Speisen von Bedeutung?
23. Erläutern Sie wichtige Richtlinien zur pfleglichen Behandlung von Porzellan.

II. Natur- und Chemiefasern

Fasern sind Rohprodukte für die Herstellung von Textilien. Durch verschiedene Arten der Aufbereitung gewinnt man aus ihnen zunächst Garne bzw. Fäden, die dann auf unterschiedliche Weise zu „textilen Flächen" verarbeitet werden.

Die grundlegende Einteilung der Fasern erfolgt in Natur- und Chemiefasern.

A. Naturfasern

Ursprünglich wurden Textilien nur aus natürlichen Rohprodukten gefertigt. Es handelt sich dabei um tierische und pflanzliche Fasern bzw. Haare.

1. Tierische Fasern

Die Fasersubstanz besteht aus *Eiweiß*. Die grundlegenden Materialbezeichnungen sind Wolle und Seide.

▷ **Wolle**

Wolle im engeren Sinne sind die Haare des Schafes. Im weiteren Sinne gehören zum Begriff Wolle aber auch die Haare anderer Tiere, jedoch muß dann in der Bezeichnung der Tiername mitgenannt werden.

– Schafskamele	– Angorakaninchen
– Alpaka und Lama	– Roßhaar
– Kaschmir- und Mohairziege (Angoraziege)	– Kamelhaar

Schurwolle ist das durch Scheren des lebenden Schafes gewonnene Rohprodukt.

▷ **Seide**

Seide ist eine sehr kostbare Faser, die aus den Hüllen (*Kokons*) seidenspinnender Schmetterlingsraupen gewonnen wird. Man unterscheidet dabei zwischen **Wild-** und **Zuchtseide**.

Übersicht über Textilfasern

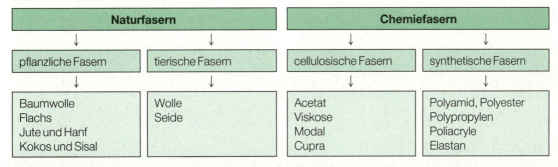

Eigenschaften und Verwendung von Wolle und Seide

Art der Faser	Eigenschaften	Verwendungszwecke
Wolle	▶ hält warm und nimmt gut Feuchtigkeit auf ▶ ist elastisch und dehnbar sowie formbar und filzbar ▶ knittert wenig und ist luftdurchlässig	– Oberbekleidung – Strümpfe, Socken und Schals – Decken und Fußbodenbeläge
Seide	▶ wärmt weniger und nimmt Feuchtigkeit gut auf ▶ ist leicht, reißfest und glänzend ▶ hat einen fließenden Fall	– Oberbekleidung – Schals und Krawatten – Bouretteseide für Kissenbezüge und Dekorstoffe

2. Pflanzliche Fasern

Die Fasersubstanz ist Cellulose. Die grundlegenden Rohprodukte sind Baumwolle und Flachsfasern.

▷ **Baumwolle**

Zur Reifezeit springen die walnußgroßen Fruchtkapseln des Baumwollstrauches auf. Aus ihnen quellen die Samenfasern in Form von Wattebäuschen heraus. Die Gewinnung der Fasern ist relativ einfach, woraus sich der günstige Preis für dieses Rohprodukt ergibt. Aus Ägypten kommt unter der Bezeichnung **Mako-Baumwolle** eine der besten Baumwollsorten.

▷ **Flachsfasern**

Rohprodukt ist die Pflanzengattung **Lein** (siehe Leinen). Aus den Stengeln werden durch ein besonderes Aufbereitungsverfahren die Flachsfasern gewonnen.

Eigenschaften und Verwendung von Baumwolle und Flachsfaser

Art der Faser	Eigenschaften	Verwendungszwecke
Baumwolle	▶ reiß- und naßfest ▶ saugfähig und kochecht ▶ geringfügig wärmend ▶ fusselt, läuft ein und knittert stark	– Arbeitskleidung, Leib- und Babywäsche – Gardinen, Vorhänge, Möbelstoffe und Frotteewaren – Oberbekleidung, Tisch- und Bettwäsche
Flachsfaser	▶ reiß- und naßfest ▶ kochecht ▶ fusselt nicht und knittert stark ▶ hat einen natürlichen Glanz und wirkt kühlend	– Hand- und Geschirrtücher – Gläsertücher – Dekorationsstoffe

▷ **Sonstige Pflanzenfasern**

Neben den feineren Produkten Baumwolle und Flachsfasern gibt es Pflanzenfasern, die aufgrund ihrer natürlichen Beschaffenheit zu robusten Textilien verarbeitet werden:

Faserbezeichnungen	Verwendungszwecke
▶ Kokos (Fasern der Kokosnuß)	– Matten, Teppichfliesen und Auslegware – grobe Polsterauflagen, Bürsten
▶ Sisal (Faser von Agaven)	– Teppichböden, Seilerware – Taue und Bürsten
▶ Jute (Faser einer Stengelpflanze)	– Säcke und Tragetaschen – Unter- und Stützgewebe für Teppichböden und Kunststoffbeläge
▶ Hanf (Faser einer Stengelpflanze)	– Bindfäden sowie grobe Näh- und Bindegarne – Schwergewebe

B. Chemiefasern

Diese künstlichen Fasern werden heute in so großen Mengen hergestellt, daß es möglich ist,
▶ den allgemein hohen Bedarf an Textilien zu decken,
▶ jedermann zu angemessenen Preisen an der Modeentwicklung teilnehmen zu lassen.

Durch den technischen Fortschritt ist es heute möglich, Chemiefasern mit Eigenschaften herzustellen, die denen der natürlichen Fasern nicht nachstehen. Aufgrund entsprechender „Ausrüstungen" sind die Textilien vielfach sogar hochwertiger und wertbeständiger (siehe „Ausrüstung von Textilien").

1. Cellulosische Chemiefasern

Ausgangsmaterial ist die *Cellulose* aus dem Holz von Buchen und Fichten sowie aus Faserresten an den Samenkörnern der Baumwollpflanze, dem sogenannten *Baumwoll-Linters*. Durch chemische Behandlung erhält man eine spinnbare Masse und je nach angewendetem Verfahren unterschiedliche Fasern.

Acetatverfahren	→	Acetat, Triacetat
Viskoseverfahren	→	Viskose, Modal
Kupferverfahren	→	Cupro

Modal ist eine Viskosefaser mit merklich verbesserten Eigenschaften. Die Faser ist *kochecht, knittert weniger, trocknet schneller und ist einfärbbar*.

2. Synthetische Chemiefasern

Ausgangsmaterial sind Erdöl, Erdgas und Steinkohle. Durch gezielte Veränderung der Kettenmoleküle entstehen Stoffe, die chemisch synthetisiert werden.

Synthetische Fasern haben positive Eigenschaften:

▶ Sie sind pflegeleicht, d. h. sie können unter Beachtung der Pflegeanleitung (Pflegekennzeichen) in der Waschmaschine gewaschen werden, sie trocknen schnell,
▶ sie sind widerstandsfähig gegen Verrottung, Mikroorganismen und Mottenfraß und sind deshalb besonders haltbar,
▶ Flecken sind in der Regel leicht zu entfernen.

Synthetische Fasern sind (genau wie die cellulosischen Fasern) **hitzeempfindlich**, weshalb beim Waschen und Bügeln die entsprechenden Pflegekennzeichen zu beachten sind. In vielen Fällen ist aber das Bügeln gar nicht erforderlich.

Übersicht über die synthetischen Fasern

Chemische Bezeichnungen	Sortenbezeichnungen
Polyamid (PA)	– Nylon und Perlon – Dorix und Enkalon
Polyester (PES)	– Trevira, Diolen und Tergal – Dacron und Avitron
Polyacryl (PAC)	– Dralon, Orlon und Dolon – Redon, Dunova und Crilenka – Acrilan und Crylor
Polyprophylen (PP)	– Meraklon und Vestolen
Elastan (PUE)	– Lycra, Elaston und Dorlastan

Natur- und Chemiefasern

C. Textile Flächen

Je nach Art der verwendeten Garne bzw. Fäden sowie je nach Art ihrer Verflechtung bzw. Bindung haben textile Flächen unterschiedliche Bezeichnungen und Eigenschaften.

1. Arten der Verflechtung

Gewebe	Maschenware	Vlies/Filz
Sie entstehen durch regelmäßiges Verkreuzen von Kett- und Schußfäden. (Gewebebindung)	Sie entstehen durch Verstricken der Fäden bzw. das Ineinanderhängen von Schlaufen. (Gewirk oder Gestrick)	Sie entstehen durch Verkleben (Vlies) bzw. Walken (Filz) von wirr bzw. unregelmäßig liegenden Fäden.

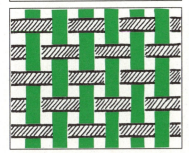 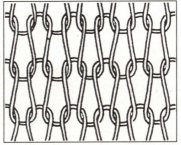 

2. Arten der Gewebebindung

Unter Bindung versteht man das Verkreuzen von Kett- und Schußfäden.
Es gibt drei grundlegende Arten des Verkreuzens.

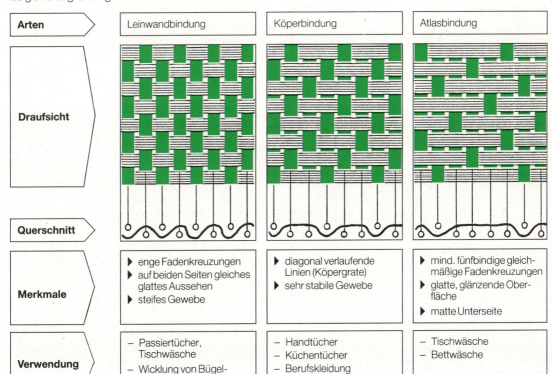

Arten	Leinwandbindung	Köperbindung	Atlasbindung
Merkmale	▸ enge Fadenkreuzungen ▸ auf beiden Seiten gleiches glattes Aussehen ▸ steifes Gewebe	▸ diagonal verlaufende Linien (Köpergrate) ▸ sehr stabile Gewebe	▸ mind. fünfbindige gleichmäßige Fadenkreuzungen ▸ glatte, glänzende Oberfläche ▸ matte Unterseite
Verwendung	– Passiertücher, Tischwäsche – Wicklung von Bügel- und Mangelmaschinen	– Handtücher – Küchentücher – Berufskleidung	– Tischwäsche – Bettwäsche

Vliesstoffe werden im allgemeinen aus Chemiefasern hergestellt. Wegen ihrer besonderen Eigenschaften gewinnen sie im Gastgewerbe immer mehr an Bedeutung.

Eigenschaften	Verwendung
▶ leicht ▶ gut faltbar ▶ saugfähig ▶ kostengünstig ▶ vielseitig verwendbar	– Tischwäsche, Servietten und Sets – Einwegwäsche (Tisch- und Bettwäsche) – Putz- und Poliertücher

3. Arten der Gewebe

Unabhängig von den Gewebebindungen unterscheiden sich die Gewebe hinsichtlich der verwendeten Fäden.

Reine Gewebe bestehen nur aus einem einzigen Rohmaterial.

Mischgewebe erhält man durch das Kombinieren von Fäden aus verschiedenartigen Materialien (natürliche untereinander bzw. natürliche mit chemischen). Das zweckgerichtete Mischen von Fasern mit unterschiedlichen Qualitätsmerkmalen ergibt Textilien mit jeweils beabsichtigten, hochwertigen Eigenschaften.

Nach dem **Textilkennzeichnungsgesetz** müssen textile Flächen mit dem Namen der jeweils verwendeten Rohprodukte ausgezeichnet sein. Die Kennzeichnung erfolgt aus Wäschefähnchen, in Webkanten oder auf Verpackungsetiketten der Textilien, z. B. Wolle, Baumwolle, Reinleinen, Viskose usw. (Einzelheiten siehe in den nachfolgenden Aufzeichnungen sowie im Abschnitt „Wäschepflege").

▷ **Wolle**

Das internationale Wollsiegel darf nur für solche Erzeugnisse verwendet werden, die aus neuer, reiner Schurwolle hergestellt sind. Durch das Beimischen anderer Fasern werden die negativen Eigenschaften der Wolle ausgeglichen. Die Textilien besitzen eine erhöhte Strapazierfähigkeit.

Die Beimischung ist kennzeichnungspflichtig, wobei jedoch der Wollanteil mindestens 60 % betragen muß. Die grundlegenden Eigenschaften der Wolle sind bereits erwähnt worden. Besonders zu beachten ist jedoch die *Empfindlichkeit gegenüber Vollwaschmitteln sowie heißem Wasser.* Nur durch die Anwendung von Feinwaschmitteln und niedrigen Waschtemperaturen kann verhindert werden, daß Wolle verfilzt und unbrauchbar wird.

▷ **Seide**

Die Bezeichnung ist nach dem Textilkennzeichnungsgesetz nur dann erlaubt, wenn die Fasern ausschließlich aus den Kokons seidenspinnender Insekten hergestellt wurden.

Internationales Seidenzeichen

▷ **Baumwolle**

Das internationale Baumwollkennzeichen bürgt dafür, daß zur Herstellung der Ware ausschließlich Baumwollfasern verwendet wurden.

Internationales Baumwollzeichen

Auch die Eigenschaften der Baumwolle sind aus den vorangegangenen Aufzeichnungen bereits bekannt. Besonders hervorzuheben ist die Unempfindlichkeit gegenüber Hitze, die beim Waschen (kochecht) und Bügeln von Bedeutung ist. Angesichts der sonst negativen Eigenschaften muß Baumwolle je nach Verwendungszweck entsprechend veredelt werden (siehe „Ausrüstung von Textilien").

▷ **Leinen**

Bei diesem Gewebe sind zwei Bezeichnungen zu beachten.

Reinleinen heißt, daß das Gewebe nur aus Flachsgarnen besteht (100 %).

Halbleinen ist ein Mischgewebe aus Baumwolle (Kettfäden) und Flachsgarnen (Schußfäden), wobei der Flachsanteil mindestens 40 % vom Gesamtgewicht betragen muß.

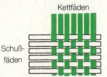

Internationale Verbandszeichen

D. Ausrüstung von Textilien und Stoffbezeichnungen

Unter Ausrüstung versteht man veredelnde Maßnahmen an Textilfasern. Stoffbezeichnungen sind Benennungen, die unterschiedliche Merkmale der Textilien beinhalten und dem Verbraucher als Orientierungshilfe dienen.

1. Ausrüstung von Textilien

Die veredelnden Maßnahmen zielen darauf ab, die Rohstoffe zusätzlich mit zweckgerichteten Eigenschaften auszustatten und dadurch den Gebrauchswert der Textilien zu erhöhen, z. B.:

- ▷ Verbessern der Warendichte, des Griffs und der Oberflächenbeschaffenheit,
- ▷ Reduzieren der Knitterneigung, des Einlaufens und der Schmutzempfindlichkeit,
- ▷ Erhöhen der Luftdurchlässigkeit sowie der Feuchtigkeitsaufnahme bzw. -abgabe,
- ▷ Verbessern der Pflegeeigenschaften in bezug auf das Waschen, Trocknen und Bügeln.

Die angewendeten Verfahren sind unterschiedlicher Art. Die Fasern bzw. Gewebe werden entweder durch mechanische Einwirkung oder durch die Behandlung mit chemischen Mitteln zweckentsprechend verändert.

▷ **Antimikrobielle Ausrüstung**

Durch chemische Behandlung ist das Wachstum von Bakterien gehemmt.

▷ **Antistatische Ausrüstung**

In der Regel bei synthetischen Fasern angewendet, die zu elektrostatischer Aufladung neigen und dadurch am Körper kleben. Beides soll möglichst ausgeschaltet werden.

▷ **Bügelfreie Ausrüstung**

Vorwiegend auf Baumwolle, Leinen und Viskose ausgerichtet, werden die Textilien knitterarm und deshalb bügelfrei.

▷ **Entflammgehemmte Ausrüstung**

Mit Hilfe von chemischen Mitteln werden Textilien, z.B. Vorhänge, schwer entflammbar gemacht.

▷ **Farbechte Ausrüstung**

Durch die entsprechende Wahl der Farbstoffe und Färbeverfahren erzielt man Textilien mit hoher Farbechtheit. Je nach dem Zweck unterscheidet man: kochecht, waschecht, lichtecht oder wetterecht. Das Warenzeichen für farbechte Textilien ist **Indanthren**. Eine absolute Farbechtheit gibt es jedoch nicht.

▷ **Filzfreie Ausrüstung**

Sie wird bei Wolle angewendet. Durch das Behandeln mit Kunstharzen sind Wollwaren waschmaschinenfest, sie schrumpfen und verfilzen nicht.

▷ **Fleckgeschützte Ausrüstung**

Aufgrund dieser Behandlung wird wasserlöslicher und fetthaltiger Schmutz nicht nur abgestoßen, vielmehr kann auch anhaftender Schmutz nicht in das Gewebe eindringen.

▷ **Knitterarme Ausrüstung**

Durch die Behandlung mit Kunstharzen bzw. chemischen Stoffen füllen sich die Hohlräume der Fasern mit einem stabilisierenden Gerüst. Die Textilien sind knitterarm und haben eine höhere Elastizität.

▷ **Mottensichere Ausrüstung**

Das bei Wolle angewendete Verfahren soll **Mottenfraß** verhindern. Durch das Aufbringen von chemischen Mitteln werden die Fasern für Motten ungenießbar.

▷ **Appretieren**

Durch Kunstharze oder Stärkemittel erhalten Stoffe einen fülligeren Griff und ein besseres Aussehen. Außerdem ist die Schmutzabweisung erhöht. Gute Appreturen behalten auch nach dem ersten Waschen oder Reinigen noch ihre Wirkung.

▷ **Fixieren**

Darunter versteht man das dauerhafte Einarbeiten von Falten in Hosen und Faltenröcke sowie in Dekorationstücher.

▷ **Imprägnieren**

Bei diesem Verfahren werden Gewebe so beschichtet, daß die glatte und glänzende Oberfläche wetterfest, wasserdicht und schmutzabweisend ist. Trotzdem bleiben sie luftdurchlässig. Die Behandlung ist typisch für Regen- und Sportausrüstungen sowie für Schirme und Markisen. Gute Imprägnierungen sind auch gegenüber Waschen und Reinigen lange beständig.

▷ **Mercerisieren**

Es handelt sich dabei um die Behandlung von Baumwolle, insbesondere für hochwertige Tischwäsche. Dabei werden unterschiedliche Eigenschaften erzielt: *Glanz*, der waschbeständig ist (durch chemische Behandlung), verminderte *Dehnfähigkeit* bei gleichzeitig erhöhter *Reißfestigkeit* (durch Stretchen der Faser).

▷ **Rauhen**

Mit Hilfe von Maschinen zieht man bei textilen Flächen die Faserenden an die Oberfläche. Die Ware erhält dadurch eine voluminösere, bauschige Oberfläche, einen weicheren Griff und eine besondere Wärmewirkung. Einseitig aufgerauht ist z. B. Flanell, beidseitig Moltons.

▷ **Sanforisieren**

Durch Behandlung mit Wasser und Hitze ist die spätere Formveränderung vorweggenommen. Die Wäsche kann nicht mehr einlaufen, sie ist formbeständig und außerdem knitterarm.

▷ **Texturieren**

Darunter versteht man das dauerhafte Kräuseln von Chemiefasern. Die Gewebe werden auf diese Weise weich und elastisch sowie voluminös, flauschig und füllig. Die Wärmewirkung und die Feuchtigkeitsaufnahme sind gut.

2. Stoffbezeichnungen

Diese Bezeichnungen stehen in enger Beziehung zu unterschiedlichen Merkmalen von textilen Stoffen, z. B. Rohstoff, Gewebebindung, Art der Veredlung bzw. Ausrüstung. Sie dienen als Orientierung und weisen in manchen Fällen auf den Verwendungszweck hin (z. B. Krawattenseide, Matratzendrell).

- **Alcantara**
  Lederimitat, das zu den Vliesstoffen gehört.
- **Batist**
  Feinfädiger, leichter Stoff aus Baumwolle, Leinen oder Viskose in Leinwandbindung. **Seidenbatist** wird aus mercerisierter Baumwolle hergestellt.
- **Biber**
  Beidseitig aufgerauhter Baumwollstoff in Köperbindung.
- **Bouclé**
  Knitterarmer, fester Wollstoff mit genoppter Oberfläche.
- **Brokat**
  Reich gemustertes, schweres Gewebe, in manchen Fällen mit Metallfäden.
- **Chiffon**
  Dünnes, feinfädiges Gewebe aus Seide oder Chemiefasern in Leinwandbindung.
- **Cordsamt**
  Langgerippter Samt auf Baumwolle und Viskose.
- **Damast**
  Feiner Stoff aus Baumwolle in Atlasbindung mit großen Mustern.
- **Drell**
  Sehr dichtes, steifes Gewebe aus Baumwolle oder Leinen für Matratzenbezüge und Markisen.
- **Duchesse**
  Dichter, glänzender Stoff aus Seide oder Chemiefasern in Atlasbindung.
- **Finette**
  Baumwollstoff in Köperbindung mit aufgerauhter Rückseite.
- **Flanell**
  Stoff aus Wolle, Baumwolle oder Viskose in Leinwandbindung, beidseitig aufgerauht.
- **Flausch**
  Weicher, dicker Wollstoff mit aufgerauhter Oberfläche.
- **Frottee**
  Stoff aus noppigen Garnen mit aufgerauhter, gekräuselter Oberfläche.
- **Frottierstoff**
  Gewebe, dessen Oberfläche durch Frottierschlingen vergrößert und sehr saugfähig ist.
- **Gabardine**
  Dicht gewebter, haltbarer Stoff aus Wolle, Baumwolle oder Viskose in Köperbindung.
- **Georgette**
  Weich fallender, anschmiegsamer, dünner Stoff mit Kreppcharakter aus Wolle, Seide oder Chemiefaser.
- **Gore-Tex**
  Wasser- und winddichte sowie atmungsaktive Wärmeisolierschicht aus Chemiefaser zwischen Oberstoff und Futter.
- **Inlett**
  Besonders dicht gewebter (daunendichter) Bezugsstoff für Federbetten und Kopfkissen.
- **Jeans**
  Derber, strapazierfähiger Baumwollstoff in Köperbindung.
- **Jersey**
  Gewirkter, knitterarmer und elastischer Stoff aus Wolle oder Chemiefaser.
- **Kretonne**
  Im allgemeinen bedruckter Stoff aus Baumwolle in Leinwandbindung.
- **Lastex**
  Elastisches Wollgewebe mit eingearbeiteten Gummifäden.
- **Linon**
  Feinfädiger, glatter Baumwollstoff mit leinenähnlichem Aussehen in Leinwandbindung.
- **Loden**
  Beidseitig aufgerauhter, imprägnierter wetterfester Wollgarnstoff.
- **Molton**
  Dicker, beidseitig aufgerauhter Baumwollstoff in Leinwandbindung, die aber nicht mehr erkennbar ist.
- **Mull**
  Lose gewebter, feinfädiger und welcher Baumwollstoff in Leinwandbindung.
- **Musselin**
  Luftiges, weich fallendes Gewebe aus Wolle, Baumwolle oder Chemiefaser in Leinwandbindung.
- **Nessel**
  Sammelbegriff für ungebleichtes Baumwollgewebe in Leinwandbindung.
- **Organdy**
  Dünnes, steifes und durchsichtiges Baumwollgewebe in Leinwandbindung.
- **Organza**
  Wie Organdy, aber aus Seide oder Chemiefaser.
- **Popeline**
  Feingerippter Stoff aus Chemiefaser oder mercerisierter Baumwolle, Rippung entsteht durch die größere Dicke der Schußfäden.
- **Samt**
  Druckempfindliches Gewebe aus Wolle, Seide, Baumwolle oder Chemiefasern, dessen Oberfläche aus aufgeschnittenen, kurzen und senkrecht stehenden Florfasern besteht.
- **Shetland**
  Weicher Wollstoff mit leicht aufgerauter Oberfläche in Köperbindung.

Natur- und Chemiefasern

▶ **Taft**
Dichtgewebter, steifer Stoff aus Seide oder Chemiefasern in Leinwandbindung.
▶ **Tüll**
Lockeres gitterartiges Gewebe aus Chemiefasern.
▶ **Tweed**
Weicher grobfädiger Wollstoff, meist aus verschiedenartigem Material.

▶ **Vlieseline**
Verklebtes Material aus Natur- oder Chemiefasern, dessen Schnittkanten nicht ausfransen.
▶ **Zephir**
Feines Baumwollgewebe mit eingewebten Streifen- oder Karomustern in Leinwandbindung.

Aufgaben (Natur- und Chemiefasern)

1. Ordnen Sie den beiden Oberbegriffen „Naturfasern" und „Chemiefasern" untergeordnete Faserbezeichnungen zu.

Tierische Fasern:
2. Aus welchem grundlegenden Stoff bestehen diese Fasern?
3. Was ist Wolle, und von welchen Tieren wird dieses Rohprodukt gewonnen?
4. Erklären Sie die Bezeichnung Schurwolle.
5. Aus welchen Rohstoffen wird Seide gewonnen?
6. Beschreiben Sie die Eigenschaften von Wolle und Seide, und nennen Sie Verwendungszwecke.

Pflanzliche Fasern:
7. Aus welchem grundlegenden Stoff bestehen diese Fasern?
8. Beschreiben Sie zu den Produkten „Baumwolle" und „Flachsfasern":
   a) das Ausgangsprodukt,
   b) die Fasereigenschaften,
   c) die Verwendungszwecke.
9. Beschreiben Sie zu folgenden Pflanzenfasern das Ausgangsprodukt und die Verwendung:
   a) Kokos und Sisal,
   b) Jute und Hanf.

Chemiefasern:
10. Welche Bedeutung kommt den Chemiefasern heute zu?
    a) unter dem Gesichtspunkt des Textilbedarfs,
    b) unter dem Gesichtspunkt der Textileigenschaften.
11. Nennen Sie die Ausgangsprodukte für Chemiefasern:
    a) natürliche Rohstoffe,
    b) künstliche Rohstoffe.
12. Welche besonderen Eigenschaften haben die Fasern aus künstlichen Rohstoffen (synthetische Fasern)?
13. Nennen Sie Arten der synthetischen Fasern, und ordnen Sie diesen Sortenbezeichnungen zu.

Textile Flächen:
14. Welche Unterscheidung gibt es für textile Flächen nach der Art der Verflechtung von Fasern? Nennen Sie die Unterschiede.
15. Beschreiben Sie die Merkmale folgender Gewebebindungen, und nennen Sie Textilien, bei denen sie angewendet werden:
    a) Leinwandbindung,
    b) Köperbindung,
    c) Atlasbindung.
16. Beschreiben Sie die besonderen Eigenschaften von Vliesstoffen und deren Verwendung.

Arten der Gewebe:
17. Erklären Sie die Bezeichnungen „Reine Gewebe" und „Mischgewebe".
18. Welche Vorschrift enthält das Textilkennzeichnungsgesetz, und auf welche Weise erfolgt die Kennzeichnung der Textilien?
19. Nennen Sie Textilien, für die es aufgrund der verwendeten Fasern ganz bestimmte Siegel bzw. Zeichen gibt.

Ausrüstung von Textilien:
20. Was bedeutet die Bezeichnung Ausrüstung?
21. Beschreiben und erläutern Sie Arten der Ausrüstung.

Stoffbezeichnungen:
22. Welche Merkmale bzw. Eigenschaften sind mit bestimmten Bezeichnungen für Stoffe verbunden?
23. Nennen und beschreiben Sie bekannte Stoffbezeichnungen.
24. Beschreiben Sie Merkmale folgender Stoffbezeichnungen:
    a) Batist, Biber, Bouclé, Brokat,
    b) Chiffon, Cordsamt, Damast, Drell,
    c) Flanell, Frottee, Gabardine, Gore-Tex,
    d) Inlett, Jersey, Lastex, Loden,
    e) Molton, Musselin, Nessel, Popeline.

III. Raumpflege

Für Räume gibt es im Hinblick auf ihre Zweckbestimmung unterschiedliche Bezeichnungen:
- Lager- und Arbeitsräume,
- Wohn-, Schlaf- und Aufenthaltsräume.

Bei Lager- und Arbeitsräumen spricht man anstelle von Pflege eher von Reinigung und meint damit alle Maßnahmen, die auf Sauberkeit und Hygiene ausgerichtet sind. Die zugehörigen Ausführungen können im Kapitel „Hygiene" nachgelesen werden. Das Wort Pflege in Verbindung mit Wohn-, Schlaf- und Aufenthaltsräumen beinhaltet mehr. In ihnen soll sich der Mensch wohlfühlen, und er erwartet sie deshalb in einem **gepflegten** Zustand. Den Reinigungs- und Pflegemaßnahmen, die außerdem auf die Erhaltung dieses Zustandes ausgerichtet sind, kommt deshalb eine besondere Bedeutung zu. Unabhängig von der sorgfältigen Ausführung der Arbeiten ist es jedoch zunächst wichtig, die geeigneten bzw. sachgerechten Hilfsmittel zu kennen, um sie jeweils zweckentsprechend auswählen und einsetzen zu können.

Die Raumpflege gehört zu den Aufgaben der Hausdame und umfaßt folgende Räumlichkeiten:
– Hotelzimmer,
– Gasträume
  (Restaurant, Café, Bar, Bankette und Tagungen),
– Bad- und Sanitärbereich
  (Schwimmbad, Sauna, Solarium und Toiletten),
– Öffentlicher Bereich
  (Hoteleingang und -halle, Treppenhäuser, Flure),
– Administrativer Bereich
  (Direktionsräume, Büroräume und Empfang).

A. Hilfsmittel für Reinigungs- und Pflegemaßnahmen

Reinigen meint vor allem das trockene oder feuchte Entfernen von Schmutz.

Pflegen ist darüber hinaus das Anwenden von Mitteln, durch die bestimmte Oberflächen ein schöneres Aussehen erhalten sowie vor chemischen und mechanischen Einwirkungen geschützt werden.

1. Reinigungs- und Pflegemittel

Es gibt diese Mittel in unterschiedlicher stofflicher Zusammensetzung, die auf jeweils bestimmte Zwecke ausgerichtet ist. Die Wahl ist abhängig
- einerseits von der Art und Beschaffenheit des zu entfernenden Schmutzes,
- andererseits von der Art und Beschaffenheit der zu behandelnden Oberfläche.

▷ **Reinigungsmittel**

Lediglich trockener und locker aufliegender Schmutz kann allein durch trockene mechanische Maßnahmen entfernt werden (z. B. Abstauben oder Absaugen, Weg- und Auffegen). Festhaftender und dichter Schmutz läßt sich dagegen nur mit Hilfe von feuchter bzw. nasser Einwirkung und meistens nur in Verbindung mit ab- und auflösenden Mitteln entfernen. Der Grad der Auflösbarkeit ist dabei ausschlaggebend für die Wahl des Mittels. Auch dazu wurde im Kapitel „Hygiene" bereits Wichtiges ausgesagt.

Arten der Reinigungsmittel	Anwendungshinweise
lösungsmittelfreie ▸ mit Seife oder Tensiden (künstliche Seifen) ▸ mit Scheuermitteln	▸ Entfernen von leichtlöslichem bzw. weniger hartnäckigem Schmutz ▸ Entfernen von schwerlöslicherem und hartnäckigerem Schmutz **feinere** Scheuermittel, z. B. für Bade- und Duschwannen **grobere** Scheuermittel, z. B. für Toiletten und Waschbecken sowie für keramische Fliesen
lösungsmittelhaltige	▸ Entfernen von teerhaltigem und stark fetthaltigem Schmutz ▸ **nicht anwendbar** für Flächen mit Farb- und Lackanstrichen bzw. aus Kunststoffen (auflösende Wirkung)
Spezialreiniger	▸ Entfernen von sehr schwer auflösbarem Schmutz, z. B. Rückstände von Wachs und Selbstglanzemulsionen bei der Grundreinigung der Fußböden ▸ Behandlung von Silber, Kupfer, Messing und Glas (siehe Werkstoffkunde)

Ergänzend zu den aufgeführten Reinigungsmitteln sind noch zu erwähnen:
- Spiritus für das Reinigen von Fensterscheiben und Glastüren sowie andere Gegenstände aus Glas und Kristall (z. B. Lampen),
- Essig für Gegenstände aus Glas oder Kristall.

Raumpflege

▷ **Pflegemittel**

Arten der Pflegemittel	Anwendungshinweise
lösungsmittelhaltige	▶ **Bohnerwachse**, die auf *unversiegelten* und *unlackierten* Holzfußböden einen widerstandsfähigen glänzenden Film bilden
lösungsmittelfreie	▶ **Selbstglanzemulsionen** bzw. **Wischglanzmittel** oder **Wischwachse**, die auf Kunststoffböden sowie auf *versiegelten* und *lackierten* Holzfußböden einen glänzenden Film hinterlassen ▶ **Wischpflegemittel**, die bei gleichzeitig leichter Reinigungswirkung auf Steinfußböden einen schützenden Film bilden ▶ **Möbelwachs** bzw. **Poliermittel** zur Oberflächenbehandlung bei Wänden, Türen und Möbeln aus Holz, Kunststoff oder Leder

2. Arbeitsmittel und Arbeitsgeräte

Auch diese Hilfsmittel sind bezüglich ihrer Beschaffenheit oder Ausstattung auf jeweils bestimmte Reinigungs- und Pflegeabsichten ausgerichtet:

▶ Art und Beschaffenheit des Schmutzes (z. B. Staub, feuchter und fetter Schmutz),
▶ Größe der zu behandelnden Fläche (z. B. Toilette oder Waschraum, Bilder oder ganze Wände),
▶ Art und Beschaffenheit der zu reinigenden Oberfläche (z. B. versiegelter oder unversiegelter Fußboden, Polster- oder Holzmöbel),
▶ Art der Reinigung (trocken oder feucht bzw. naß).

Die unterschiedliche Intensität der mechanischen Einwirkung wird an folgenden Bezeichnungen deutlich:

Wischen → Reiben → Scheuern → Schrubben → Schleifen

▷ **Arbeitsmittel für trockene Reinigungsmaßnahmen**

Arten des Arbeitsmittels	Anwendungsbeispiele
Staubtücher	– Flächen und Gegenstände mit glatter Oberfläche
Poliertücher	– lasierte, gestrichene und lackierte Oberflächen von Möbeln, Wänden und Türen
Besen, Kehrmaschinen	– Fußböden jeglicher Art
Mop	– glatte Fußböden
Bürsten – mit feinem und weichem Material – mit festem und härterem Material	– Heizkörper, Polstermöbel – robuste Textilbespannungen
Bohnermaschinen (mit weichen Bürsten)	– glatte Fußbodenflächen
Staubsauger – Bürsten – schonende Düsen	– Teppiche und Teppichböden – textile Flächen, Gardinen und Heizkörper

▷ **Arbeitsmittel für feuchte bzw. nasse Reinigungsmaßnahmen**

Arten des Arbeitsmittels	Anwendungsbeispiel
Schwämme, Leder	– glatte, empfindliche Flächen im Sanitärbereich sowie Glasflächen
Wischtücher	– Oberflächen jeglicher Art
Scheuertücher	– Oberflächen mit rauher Oberfläche und stärkerer Verschmutzung
Bürsten, Schrubber, Hochdruckreiniger	– robuste, unempfindliche Steinfußböden
Putzmaschinen	– glatte Fußböden aus Stein oder Kunststoff
Aufnehmer	– Fußböden jeglicher Art
Wassersooger	– Fußböden aus Stein oder Kunststoff
Wasserschieber – fein – grob	– Fensterscheiben, Glastüren und Glaswände – glatte Fußböden aus Stein oder Kunststoff
Schamponierer	– Teppiche und Teppichböden

B. Durchführen von Reinigungs- und Pflegemaßnahmen

Der Abschnitt „Werkstoffkunde" enthält in Verbindung mit den verschiedenartigen Werkstoffen und Gebrauchsgegenständen allgemeine und grundlegende Richtlinien für die Reinigung und Pflege. Die folgenden Ausführungen geben zusammenfassend und ergänzend dazu einen Überblick über die Behandlung von Fußböden, Wänden und Möbeln.

1. Fußböden

Abgesehen von Teppichböden bzw. Teppichen geht bei allen anderen Böden das Entfernen von lockerem Schmutz (durch Fegen oder Moppen) als Vorreinigung den anderen Reinigungs- und Pflegemaßnahmen voraus.

Arten des Materials	Hilfsmittel für Reinigung und Pflege	Arbeitshinweise
Holz – allgemein	– Wischpflegemittel (u. U. milde Reinigungsmittellösung)	→ feucht wischen und trockenreiben
– unlackiert, unversiegelt	– Bohnerwachs – Bohner – Spezialreinigungsmittel (von Zeit zu Zeit als Grundreinigung)	→ auftragen → bohnern → Entfernen von altem Wachs
Kunststoff	– Selbstglanzemulsion, Wischglanzmittel oder Wischwachs – Spezialreinigungsmittel	→ feucht wischen und trocknen lassen → wie bei Holz
Natur- und Kunststeinfliesen	– milde Reinigungsmittellösung (Grundreinigung) – Wischpflegemittel	→ feucht wischen
keramische Fliesen	– intensive Reinigungsmittellösung	→ naß wischen oder auch schrubben
Teppiche	– Staubsauger (Bürste, u. U. mit Klopfer) – Schamponierer (Grundreinigung)	→ absaugen → schamponieren und wieder absaugen

2. Möbel

Arten des Materials	Hilfsmittel der Reinigung und Pflege	Arbeitshinweise
Holzmöbel – roh	– Bürste (mit Pflanzenfaser) – handwarme Lauge mit Seife oder fettlöslichem Spülmittel	→ parallel zur Maserung abbürsten → abwischen und trockenreiben
– gebeizt, gewachst	– Staubtuch – Möbelwachs – weiches Tuch	→ abstauben → hauchdünn auftragen → polieren
– lasiert, gestrichen, lackiert	– Staubtuch – milde Reinigungsmittellösung (bei stärkerer Verschmutzung) – Möbelpolitur, Poliertuch	→ abstauben → abwischen, klarwischen (Wasser) und gut trockenreiben → dünn auftragen und polieren
Polstermöbel	– Staubsauger (mit jeweiligen Aufsatzdüsen für Flächen, Falten oder Ritzen) – Schaumreiniger (bei stärkerer Verschmutzung) Holzteile werden entsprechend ihrer Materialbeschaffenheit behandelt.	→ gründlich absaugen → zugehörige Gebrauchsanweisung beachten
Ledermöbel	– Leder (nur leicht angefeuchtet) – Spezialpflegemittel, Poliertuch – Reinigungsmittellösung mit Seife (nur bei stärkerer Verschmutzung)	→ abwischen → einsprühen und polieren → vorsichtig ab-, nach- und trockenwischen
kunststoffbeschichtete Möbel	– Staubtuch – milde Reinigungsmittellösung	→ abstauben → ab-, nach- und trockenwischen

Raumpflege

3. Wände

Arten des Materials	Hilfsmittel der Reinigung bzw. Pflege	Arbeitshinweise
– Leimfarbenanstriche – nicht abwaschbare Tapeten – Stoffbespannungen	– Besen, Staubsauger weder Wasser noch Reinigungsmittel verwenden	→ vorsichtig abstauben bzw. absaugen
– Ölfarbenanstriche – abwaschbare Tapeten	– milde Reinigungsmittellösung keine lösungsmittelhaltigen Mittel verwenden	→ vorsichtig abwaschen
– Natur- und Kunststeinfliesen – keramische Fliesen	– Abgesehen davon, daß bei diesen Wänden Wischpflegemittel **nicht** verwendet werden, gelten die gleichen Richtlinien wie für Böden.	

Hinweis: Unter Beachtung des jeweiligen Materials gelten für Wände, Türen und Fenster die gleichen Reinigungsrichtlinien.

C. Versorgen und Kontrollieren der Gästezimmer

Gäste sollen sich in ihren Zimmern wohlfühlen. Beim Herrichten und Überwachen der Zimmer sind deshalb verschiedene Gesichtspunkte von Bedeutung:
▶ Sauberkeit und Ordnung,
▶ Vollständigkeit der Gebrauchsgegenstände,
▶ Mängel und Defekte an technischen Anlagen und Einrichtungsgegenständen.

1. Versorgen der Gästezimmer

Die damit verbundenen vielfältigen Arbeiten können nicht einfach willkürlich aneinandergereiht werden. Vielmehr sind aus sachlichen bzw. zeitlichen Gründen bestimmte Reihenfolgen zu beachten.

Beispiele:
▶ Das Bett muß nach dem Auslegen lüften. Zwischenzeitlich wird deshalb die Versorgung des Bades eingeschoben.
▶ Das Reinigungsmittel für das WC muß eine bestimmte Zeit einwirken. Nach dem Einstreuen werden zunächst andere Arbeiten im Bad erledigt.
▶ Bilder, Möbel und Böden müssen einwandfrei sauber sein. Staub- und schmutzverbreitende Arbeiten sind deshalb vorher durchzuführen.

Im Hinblick auf voneinander abweichende Maßnahmen unterscheidet man Abreise- und Bleibezimmer.

▷ **Abreisezimmer**

Licht hereinlassen und aufräumen

– Gardinen zurück- und Rolläden hochziehen,
– Lichtquellen kontrollieren, ausschalten,
– Fundsachen sicherstellen und registrieren,
– Einrichtungsgegenstände auf Vollständigkeit hin überprüfen (Diebstahl),
– Gegenstände des Etagenservice hinausbefördern,
– Aschenbecher und Papierkörbe ausleeren.

Luft hereinlassen und Bett auslegen

– Fenster und Balkontüre öffnen,
– Bettwäsche abziehen
  (zum Wäschesack bringen und sofort frische Wäsche mit zurücknehmen),
– Bettzeug zum Lüften auslegen
  (nicht auf den Fußboden).

Anmerkung:
Während der Heizperiode ist zu beachten:
– Vor dem Öffnen der Fenster Heizkörperventile drosseln.
– Nach der Versorgung des Zimmers die Heizung wieder auf angemessene Temperatur einstellen.

Bad reinigen und versorgen

– schmutzige Wäsche hinausbringen,
– Abfalleimer ausleeren und auswischen,
– WC-Reiniger einstreuen (einwirken lassen),
– Kacheln, Wannen und Bidet reinigen und trocknen,
– Spiegel, Ablage und Zahnputzgläser reinigen (Spiegel und Gläser polieren),
– Waschbecken innen und außen reinigen (Überlauf und Stöpsel besonders beachten),
– Toilette innen und außen reinigen (WC-Brille nicht vergessen),
– Metallteile polieren,
– Gebrauchsgegenstände bereitstellen bzw. -legen (Duschvorlage, Hand- und Badetücher, Toiletten-

papier und Hygienebeutel sowie andere Gebrauchsartikel – Seife, Shampoo usw.),
- Fußboden reinigen (Ecken nicht vergessen bzw. nicht vernachlässigen).

Bett machen

- Matratzenschoner glattziehen, ggf. auswechseln,
- Bettlaken auflegen und einschlagen,
- Bettdecke und Kissen beziehen und ordnen,
- Tagesdecke auflegen.

Zimmer reinigen und versorgen

- Lampen, Bilder und Möbel abstauben,
- Schrank, Nachttisch und Minibar auswaschen,
- Gebrauchsartikel aus- bzw. bereitlegen (Informationsmaterial, Briefpapier usw.),
- Fußboden reinigen,
- Fenster und Balkontüre schließen,
- Gardinen sorgfältig richten.

Grundsätzliche Richtlinien zur Reinigungsrichtung:
- von oben nach unten (Schmutz fällt nach unten, bzw. fließt ab, z. B. beim Fensterputzen),
- von der entferntesten Ecke zur Tür hin, damit man bereits gereinigte Flächen nicht überqueren muß.

Unabhängig von den aufgeführten Arbeiten ist stets auf bestimmte Vollständigkeiten und auf mögliche Mängel zu achten:

▶ Vollständigkeit der Wäsche, der Kleiderbügel und der sonstigen Gebrauchsgegenstände,

Etagenwagen

▶ Defekte an technischen Anlagen (Elektro, Sanitär, Heizung),
▶ Defekte oder Mängel an Möbeln.

Festgestellte Mängel sind unverzüglich der Hausdame bzw. dem Hausmeister zu melden.

▷ Bleibezimmer

Die Arbeiten sind im allgemeinen wie in einem Abreisezimmer. Darüber hinaus ist jedoch zu beachten:
- Kleidungsstücke aufräumen bzw. aufhängen,
- beim Abstauben die privaten Gegenstände vorsichtig behandeln, auf den ursprünglichen Platz zurückstellen oder -legen und nichts wegwerfen,
- Kosmetikartikel im Bad sorgfältig von der Ablage wegräumen und wieder zurückstellen oder zurücklegen.

2. Kontrollieren der Zimmer

Das gehört zum Aufgabenbereich der Hausdame, die letztlich für den einwandfreien Zustand der Zimmer verantwortlich ist. Abreisezimmer werden erst nach der Abnahme für die Wiederbelegung freigegeben.

Aufgaben (Raumpflege)

Reinigungs- und Pflegemittel:
1. Nennen Sie im Hinblick auf die unterschiedliche Beschaffenheit des Schmutzes bzw. des zu reinigenden Materials grundlegende Arten der Reinigungsmittel.
2. Nennen Sie unterschiedliche Arten von Pflegemitteln und ordnen Sie diese jeweils den Oberflächen zu, zu deren Pflege sie eingesetzt werden.

Arbeitsmittel und Arbeitsgeräte:
3. Nennen und beschreiben Sie Arbeitsmittel und Arbeitsgeräte, die zur Reinigung und Pflege eingesetzt werden.
4. Ordnen Sie die jeweiligen Reinigungs- und Pflegemaßnahmen zu.

Reinigungs- und Pflegemaßnahmen:
5. Unterscheiden Sie die Maßnahmen in bezug auf Fußböden, Wände und Möbel Oberflächen unterschiedlicher Art bzw. Beschaffenheit.
6. Ordnen Sie den unterschiedlichen Oberflächen die jeweils geeigneten Reinigungs- und Pflegemittel zu und beschreiben Sie die Maßnahmen der Reinigung und Pflege:
   a) Fußböden,   b) Wände,   c) Möbel.

Versorgen von Gästezimmern:
7. Warum können die Arbeiten in Gästezimmern nicht willkürlich aneinandergereiht werden? Begründen Sie dies an Beispielen.
8. Beschreiben Sie den Ablauf der Arbeiten im Abreisezimmer, insbesondere die sachgerechte Reihenfolge im Bad.
9. Welche besonderen bzw. ergänzenden Maßnahmen sind im Bleibezimmer zu beachten?
10. Worauf ist in Gästezimmern unabhängig von Ordnung und Sauberkeit zu achten?

IV. Wäschepflege

Wäsche gehört zu den Textilien, über die im Abschnitt „Natur- und Chemiefasern" bereits Grundlegendes ausgeführt wurde.

Wäsche ist die Sammelbezeichnung für Textilien, deren regelmäßige Reinigung durch *Waschen* erfolgt. Je nach der Betrachtungsweise ergeben sich für Wäsche untergeordnete Bezeichnungen:

Gebrauch	– Leibwäsche (Unterwäsche) – Bett-, Tisch- und Badewäsche – Küchenwäsche
Feinheitsgrad	– Feinwäsche (feine Gewebe: z. B. für Damenwäsche, Pullover, Kleider usw.) – Grobwäsche (grobe Gewebe: z. B. Berufs- und Schutzkleidung)
Farbe	– Weißwäsche – Buntwäsche

A. Hotelwäsche

Die wichtigsten unterscheidenden Bezeichnungen für Hotelwäsche sind: Bettwäsche, Tischwäsche und Frotteewäsche.

1. Bettwäsche

▷ **Zweckbestimmende Bezeichnungen und Maße**

Zur Bett- bzw. Etagenwäsche gehören:

Kissenbezüge	– Kopfkissen allgem.	80 x 80 cm
	– Europakissen	40 x 80 cm
Bettbezüge		140 x 200 cm
Bettlaken		160 x 260 cm
Matratzenschoner		

▷ **Material und Eigenschaften der Bettwäsche**

Material	vorteilhafte Eigenschaften	nachteilige Eigenschaften
Reinleinen Naturfaser als Flachs	– widerstandfähig und dauerhaft – hitze- und kochbeständig – flust nicht	– wärmt nicht Die Anschaffungskosten sind hoch.
Baumwolle Naturfaser aus Baumwolle	– reißfest – saugfähig – kochfest	– knittert und flust – schmutzempfindlich – läuft leicht ein
Mischgewebe – Baumwoll-Polyester	– leicht – gute Aufnahme von Feuchtigkeit – haut- und körperfreundlich	– weiße Wäsche vergilbt mit der Zeit
– Baumwoll-Diolen	– läuft nicht ein – gute Schmutz- und Keimentfernung beim Waschen – farbecht und kochfest – körperfreundlich	– nicht bekannt

2. Tisch- und Frotteewäsche

Zur **Tisch-** bzw. **Restaurantwäsche** gehören:

- Moltons,
- Deck- sowie Tisch- und Tafeltücher,
- Mund- und Handservietten.

Zu ihrer Herstellung werden die gleichen Gewebe wie zur Bettwäsche verwendet (siehe oben).

Zur **Frotteewäsche** gehören:

- Hand- und Badetücher sowie Waschlappen,
- Bademäntel und Bademantten.

Bei der Herstellung von Frotteewäsche wird die Baumwolle in Leinwandbindung verarbeitet, bestehend aus einer straffen Grundkette und einer lockeren Schlingenkette mit ein- oder beidseitigen Schlingen. Aufgrund der vergrößerten und gekräuselten Oberfläche zeichnen sich die Textilien durch eine besonders gute Saugfähigkeit aus. Gekrumpfte Ware, bei der das mögliche Einlaufen industriell vorweggenommen wird, hat einen dichten und festen Flor, der gegenüber ungekrumpfter Ware noch weicher, wolliger und saugfähiger ist.

B. Reinigung und Pflege der Wäsche

Die beim Gebrauch verschmutzte Wäsche muß in regelmäßigen Abständen gereinigt und gepflegt werden. Angesichts unterschiedlicher Materialeigenschaften sowie unterschiedlicher Reinigungs- und Pflegebedingungen gibt es zu diesem Zweck sehr verschiedenartige Hilfsmittel.

1. Reinigungs- und Pflegemittel

▷ **Wasser**

Wasser ist das grundlegende Reinigungsmittel. Viele Vorgänge, die bei der Schmutzbeseitigung von Bedeutung sind, weisen darauf hin: Auflösen, Aufquellen, Zerteilen, In-der-Schwebe-Halten, Ausspülen, Wegspülen.

▷ **Waschmittel**

Durch Waschmittel wird die grundlegende, aber nicht ausreichende Reinigungswirkung des Wassers ergänzt und verstärkt. Neben waschaktiven Bestandteilen enthalten Waschmittel darüber hinaus in unterschiedlicher Zusammensetzung Substanzen, die auf jeweils spezifische Zwecke ausgerichtet sind, z. B. wasserenthärtende Stoffe oder solche, die besondere pflegende Auswirkungen haben.

Waschaktive Substanzen sind Seife und seifenähnliche Stoffe (Tenside). Sie wirken auf zweifache Weise:

- Durch Verringern der Oberflächenspannung im Wasser erhöhen sie dessen Wirksamkeit und begünstigen insbesondere das gründliche Durchnetzen der Wäsche.
- Darüber hinaus heben sie den Schmutz vom Waschgut ab, emulgieren und umhüllen ihn, so daß er mit Hilfe des Wassers leichter ab- und ausgespült werden kann.

Wasserenthärtende Substanzen, auch Builder genannt, sind waschwirksame Alkalien (z. B. Silikate, Phosphate und Carbonate), die den negativen Auswirkungen von kalkbildenden Salzen im Wasser entgegenwirken. Dieses enthält je nach den örtlichen Bedingungen unterschiedliche Mengen dieser Salze. Ihre Menge wird in Härtegraden ausgedrückt.
(1 Grad deutscher Härte = 1 °d)

Unterschiedliche Härtegrade des Wassers		
0 bis 4 °d	→	sehr weiches Wasser
5 bis 8 °d	→	weiches Wasser
9 bis 12 °d	→	mittelhartes Wasser
13 bis 18 °d	→	ziemlich hartes Wasser
19 bis 30 °d	→	hartes Wasser
über 30 °d	→	sehr hartes Wasser

Die kalkbildenden Salze sind beim Waschen für eine ganze Reihe negativer Auswirkungen verantwortlich:

- Sie bilden zusammen mit den Seifen des Waschmittels unlösliche Verbindungen, wodurch die Reinigungswirkung vermindert wird.
- Durch Hitzeeinwirkung beim Waschen entsteht Kalkstein, der sich in den Wäschefasern festsetzt und auf diese Weise die Saugfähigkeit sowie den Geruch und die Haltbarkeit der Wäsche beeinträchtigt (die Fasern werden brüchig).
- Kalkablagerungen in der Waschmaschine vermindern die Leistungsfähigkeit und beschleunigen den Verschleiß

Die wasserenthärtenden Substanzen des Waschmittels verhindern diese Auswirkungen, indem sie die kalkbildenden Salze in die röhrenförmigen Hohlräume ihrer Kristallgitter einbinden und unwirksam machen.

Wäschepflegende Wirkstoffe werden Waschmitteln je nach dem beabsichtigten Zweck in unterschiedlicher Zusammensetzung zugesetzt:

> **Bleichmittel** geben Sauerstoff ab und entfärben organische Farbstoffe, z. B. von Obst, Rotwein und Kaffee.
> **Vergrauungshemmstoffe** binden Schmutzteilchen und halten sie in der Schwebe, so daß sie sich nicht wieder in den Fasern festsetzen können.
> **Enzyme** bauen Fett und Eiweiß in wasserlösliche Formen ab und erleichtern dadurch das Ausspülen.
> **Schaumregulierende Stoffe** sorgen für eine der Waschtemperatur und dem Waschprogramm entsprechende Schaumbildung.
> **Weißtöner** bzw. optische Aufheller überdecken bei weißer Wäsche den möglichen gelben Schimmer.
> **Duftstoffe** überdecken die unangenehmen Gerüche, die aus der Waschlauge stammen, und verleihen der Wäsche eine duftige Frische.

Für Waschmittel gibt es je nach ihrer Zweckbestimmung unterschiedliche Bezeichnungen.

Vollwaschmittel sind besonders waschaktiv und vor allem geeignet für sogenannte Koch- oder Weißwäsche.

Feinwaschmittel sind in ihrer Wirkung auf empfindliche Fein- und Buntwäsche abgestimmt.

Spezialwaschmittel enthalten Bestandteile, durch die bei bestimmten Textilien eine jeweils zweckgerichtete pflegende Wirkung erreicht werden soll (z. B. synthetische Wäsche, Wolle, Gardinen).

▷ **Waschhilfsmittel**

Waschhilfsmittel werden zu unterschiedlichen Zwecken vor bzw. nach dem eigentlichen Waschen eingesetzt.

Vor dem Waschen erfüllen sie vorbereitende Funktionen:

Wäschepflege

Einweichmittel bilden in Wasser Laugen, durch die stark haftender und intensiver Schmutz so aufgelockert wird, daß er beim nachfolgenden Waschen leichter und vollständig ausgespült werden kann.

Enthärtungsmittel dienen dazu, den Kalk in übermäßig hartem Wasser zu neutralisieren, damit seine nachteiligen Auswirkungen beim Waschen von vornherein ausgeschaltet sind (siehe weiter oben).

Nach dem Waschen werden Hilfsmittel verwendet, die bestimmten Textilien eine besondere Eigenschaft verleihen sollen.

Weichspülmittel machen z. B. Frotteewäsche, Moltons und Wollwaren weich und flauschig.

Feinappreturen bzw. **Steifungsmittel** (Stärke) dienen dazu, der Wäsche durch unterschiedlich intensive Aussteifung einen volleren und festen Griff zu verleihen sowie schmutzunempfindlicher zu machen (z. B. Hemden, Blusen, Tisch- und Bettwäsche).

Wichtiger Hinweis:
Von bestimmten Bestandteilen in Waschmitteln sowie von bestimmten Waschhilfsmitteln wissen wir inzwischen, daß sie die Umwelt mehr oder weniger stark belasten und zerstören. Das gleiche gilt auch für viele Reinigungs- und Pflegemittel. Die Mahnungen von verantwortungsbewußten Wissenschaftlern müssen deshalb sehr ernst genommen werden:

- maßvoll mit Waschmitteln sowie Reinigungs- und Pflegemitteln umgehen,
- auf nicht unbedingt notwendige Mittel ganz verzichten,
- umweltgefährdende Bestandteile aus Wasch- sowie Reinigungs- und Pflegemitteln entweder ganz weglassen oder durch umweltfreundliche ersetzen.

▷ **Fleckenentfernungsmittel**

Flecken sind Schmutzeinwirkungen besonderer und intensiver Art, z. B. durch Rotwein, Obst, Kopierstift. Je nach Art des Schmutzes sind zur Enfernung unterschiedliche Mittel erforderlich. Grundlegende Hilfsmittel sind Wasser oder Feinwaschlauge.

Wasser

– Zucker, Ei

Die Wirkung von erwärmtem Wasser ist intensiver.

Essigwasser

zur Reinigung	zur Nachbehandlung
– Rotwein – Urin	– Obst

Zur Entfernung von Rotweinflecken dient auch aufgestreutes Salz und Zitronensaft.

Feinwaschlauge

zur Reinigung	zur Nachbehandlung
– Bier, Blut – Limonaden, Milch – Kaffee, Kakao – Schokolade – Likör, Ei	– Obst – Ruß – Weißwein – Rotwein – Urin

Darüber hinaus gibt es spezielle Fleckentfernungsmittel:

Aceton	→ Nagellack, Schuhcreme
Benzin	→ Fett, Wachs (nach vorherigem Zerdrücken und grobem Ausbürsten)
Benzol	→ Asphalt, Teer, Ruß, Schuhcreme
Salmiak	→ Obst, Weißwein, Tinte, Gras (in Verbindung mit Feinwaschlauge)
Spiritus	→ Fett, Kugelschreiber, Kopierstift, Lippenstift, Parfüm
Terpentin	→ Ölfarbe
Wasserstoffsuperoxid	→ Stockflecken

Außerdem stehen ganz spezielle Mittel für Kaugummi, Tinte und Rost zur Verfügung.

Beim Entfernen von Flecken sind besondere Richtlinien bzw. Hinweise zu beachten:

- Als erstes ist festzustellen, um welches textile Material es sich handelt.
- Je frischer der Fleck, desto leichter läßt er sich entfernen.
- Getrocknete Flecken sind zunächst anzulösen.
- An einer nicht sichtbaren Stelle sollte geprüft werden, ob das Lösungs- oder Fleckentfernungsmittel gegenüber der Faser und der Farbe unschädlich ist.
- Bei Fleckentfernungsmitteln sind die Hinweise des Herstellers zu beachten.
- Der Fleck wird mit dem jeweiligen Mittel betupft; bei Wiederholung ist eine andere, noch saubere Stelle des verwendeten Reinigungstuches zu benutzen.
- Das Abreiben darf nur mit leichtem Druck erfolgen und muß immer zum Fleckzentrum hin durchgeführt werden, um eine Ausweitung der Verschmutzung zu verhindern.
- Für das Aufnehmen der gelösten Fleckensubstanz sollte ausreichend saugfähiges Material zur Verfügung stehen.
- Wäßrige Lösungen sind nach der Behandlung gründlich auszuspülen.
- Benzin, Benzol und Spiritus sind feuergefährliche Reinigungsmittel und dürfen deshalb niemals bei offenem Feuer angewendet werden.

2. Pflege- und Behandlungssymbole für Textilien

Für die Art und Intensität der Reinigungs- und Pflegemaßnahmen sind jeweils die Art und die Beschaffenheit der Textilien ausschlaggebend. Zur Orientierung und Information sind diese deshalb mit jeweils entsprechenden Pflegesymbolen ausgestattet, die sich auf Waschen, Chloren, Bügeln sowie auf das chemische Reinigen beziehen.

Die nebenstehenden und ähnlichen Kennzeichnungen erleichtern die Zuordnung der Textilien zu jeweils artspezifischen Reinigungs- und Pflegeverfahren.

Internationale Pflegekennzeichen

Waschen (Waschbottich)	95	95	60	60	40	40	30	Handwäsche	nicht waschen
	Normalwaschgang	Schonwaschgang	Normalwaschgang	Schonwaschgang	Normalwaschgang	Schonwaschgang	Schonwaschgang	Handwäsche	nicht waschen

▶ Die in den Waschbottichen angegebenen Temperaturen dürfen nicht überschritten werden.
▶ Der Strich unter einem Waschbottich weist darauf hin, daß beim Waschen eine schonendere mechanische Einwirkung anzuwenden ist (Schonwaschgang).

Chloren (Dreieck)	Cl			Chlorbleiche nicht möglich
	Chlorbleiche möglich			Chlorbleiche nicht möglich

Bügeln (Bügeleisen)	•••	••	•	nicht bügeln
	heiß bügeln	mäßig heiß bügeln	nicht heiß bügeln	nicht bügeln

Die Punkte weisen auf die Temperaturbereiche beim Bügeln hin.

Chemisch-Reinigung (Reinigungstrommel)	A	P	P	F	F	keine Chemisch-Reinigung möglich
	Normalreinigung		Spezialreinigung			keine Chemisch-Reinigung möglich

▶ Die Buchstaben sind lediglich zur Information für den Reinigungsbetrieb bestimmt. Sie geben an, welches Reinigungsverfahren bzw. welches Reinigungsmittel anzuwenden ist.
▶ Der Strich unter der Reinigungstrommel deutet auf die Notwendigkeit hin, die mechanische Einwirkung beim Reinigungsvorgang abzuschwächen.

Tumbler-Trocknung (Trockentrommel)	•	••	Trocknen im Tumbler nicht möglich
	Trocknen möglich herabgesetze Temperatureinstellung	Trocknen möglich normale Temperatureinstellung	Trocknen im Tumbler nicht möglich

Wäschepflege

3. Waschen, Trocknen und Glätten

▷ Waschen

Die Wäsche ist vor dem Waschen nach bestimmten Gesichtspunkten zu sortieren (siehe Pflegekennzeichen):
- Temperatureinstellung beim Waschen,
- Normal- oder Schonwaschgang,
- Handwäsche.

Flecke spezieller Art (siehe weiter oben) sollten grundsätzlich vor dem Waschen entfernt werden.

Kochwäsche ⌂95	→	weiße und farbechte Wäschestücke aus Baumwolle, Leinen und Halbleinen
Heißwäsche ⌂60	→	nicht farbechte Buntwäsche aus Baumwolle, Leinen und Halbleinen
	→	weiße Wäschestücke aus Chemiefasern (z. B. Hemden und Blusen)
Feinwäsche ⌂40	→	Wäsche aus Seide und synthetischen Fasern
		Bei Mischgeweben ist das empfindlichste Gewebe ausschlaggebend.
Feinwäsche ⌂30	→	Gardinen, Stores, feine Leibwäsche und andere sehr feine Gewebe aus Natur- und Synthetikfasern
Wolle ⌂30	→	alle Wollwaren aus reiner Schurwolle und mit dem Hinweis „filzt nicht"
		Wollwaren ohne diesen Hinweis sollten lieber mit der Hand gewaschen oder chemisch gereinigt werden.

Der Waschvorgang gliedert sich bei Waschmaschinen in Vorwäsche, Hauptwäsche, Spülen und Schleudern. Dabei sind folgende Richtlinien und Hinweise zu beachten:
- Die Waschmaschine nicht überfüllen, weil dadurch der Reinigungseffekt vermindert wird.
- Die Waschmittelmenge entsprechend der Wäscheart und Wäschemenge sowie dem Verschmutzungsgrad der Wäsche und der Wasserhärte dosieren.
  - Eine zu geringe Dosierung kann zur Vergrauung der Wäsche führen.
  - Überdosierungen haben eine zu starke Schaumbildung zur Folge, die sich hinderlich auf den Reinigungsprozeß auswirkt.
  - Bei sehr weichem Wasser sind schaumbremsende Spezialmittel unerläßlich.
- Bei wenig verschmutzter Wäsche bildet sich mehr Schaum als bei stark verschmutzter Wäsche.
- Bei hartem Wasser ergibt sich ein höherer Waschmittelverbrauch, die Schaumbildung ist geringer.

▷ Trocknen, Glätten und Legen der Wäsche

Beim Schleudern in der Waschmaschine oder in einer gesonderten Wäscheschleuder werden zunächst die größeren Mengen des Wassers abgeschieden. Das anschließende Trocknen erfolgt durch das aufgelockerte Aufhängen der Wäsche oder mit Hilfe von rotierenden Trockenautomaten.

Durch Glätten erhält die Wäsche ein glattes und gepflegtes Aussehen. Dabei sind zu unterscheiden:
– Glattstreichen,
– Bügeln (Bügeleisen),
– Mangeln,
– Pressen (Dampfpreßautomaten).

Ausgenommen davon sind Frotteewäsche, bestimmte Wollwaren und bügelfreie Wäsche. Das Glätten wird durch das Zusammenwirken von Feuchtigkeit, erhöhter Temperatur und Druck erreicht. Sehr stark getrocknete Wäsche muß deshalb vor dem Bügeln eingesprengt werden. Das erübrigt sich bei der Verwendung von Dampfbügelgeräten, durch die beim Bügeln entsprechende Mengen Dampf auf die Wäsche übertragen werden oder bei Wäsche, die vom Waschen her noch feucht ist.

Wie beim Waschen muß die Wäsche auch beim Bügeln entsprechend ihrer Temperaturverträglichkeit sortiert werden. Die Pflegekennzeichen (siehe vorherige Seite) sind unbedingt zu beachten.

🗲	→ hohe Temperatureinstellung für Baumwolle und Leinen
🗲	→ mittlere Temperatureinstellung für Seide und Wolle
🗲	→ niedrige Temperatureinstellung für Chemiefasern
	Bei Mischgeweben ist die temperaturempfindlichste Faser ausschlaggebend.

Der letzte Vorgang der Wäschepflege ist das Zusammenlegen und Einlagern der Wäsche. Durch das Zusammenlegen erreicht man die schrankgerechte und stapelbare Form. Im Hinblick auf die Handhabung beim Gebrauch sind ganz bestimmte Faltungen zu beachten (siehe z. B. „Auflegen und Abnehmen von Tisch- und Tafeltüchern" sowie „Formen von Mundservietten" im Kapitel „Servierkunde"). Wäschepflege heißt auch, sie nach dem Bügeln so zu handhaben und zu lagern, daß sie nicht *zerknittert wird* und auf diese Weise für den eigentlichen Gebrauch ungeeignet ist.

4. Lagern, tauschen und zählen der Wäsche

Die Hotelwäsche gehört vom Neueinkauf bis zum Umfunktionieren verbrauchter Wäschestücke als Staubtücher in den Aufgabenbereich der Hausdame.

▷ **Lagern der Wäsche**

Wäsche wird zugunsten einer guten Durchlüftung in offenen Regalen gelagert. Das Stapeln in Zehnereinheiten erleichtert die Ausgabe beim Wäschetausch. Frischgewaschene Wäsche ist so einzuordnen, daß die bereits lagernde zuerst dem Gebrauch zugeführt wird.

▷ **Tauschen der Wäsche**

Der Wäschetausch gehört zu den täglichen Arbeitsabläufen und muß wegen der Kontrolle mit angemessener Sorgfalt durchgeführt werden:

▸ **Entweder** die Schmutzwäsche im Magazin vorzählen und entsprechende Mengen saubere Wäsche entgegennehmen,
▸ **oder** den Officebestand täglich gegen Anforderungsschein bis zum Sollbestand auffüllen.

▷ **Zählen der Wäsche**

Im Hinblick auf die Bilanz (Warenwert) und auf Neueinkäufe sind die Wäschebestände in regelmäßigen Abständen durch Inventur zu ermitteln. Da sich die Wäsche ständig im Umlauf befindet, ist es erforderlich, das Zählen an allen Stellen gleichzeitig durchzuführen:

- Wäscherei, Hauptmagazin, Etagen- und Kelleroffice,
- Zimmer, Restaurants und Küche.

Aufgaben (Wäschepflege)

Wäsche:
1. Was versteht man unter dieser Bezeichnung?
2. Nennen Sie unterschiedliche Wäschebezeichnungen in bezug auf ihren Gebrauch sowie auf Farbe und Feinheitsgrad.
3. Beschreiben Sie das Lagern, Tauschen und Zählen (Inventur) der Hotelwäsche.

Bettwäsche:
4. Welche Wäschestücke unterscheidet man dabei nach der Zweckbestimmung?
5. Welche Maße haben die unterschiedlichen Wäschestücke?
6. Aus welchen Rohstoffen wird Bettwäsche hergestellt, und welche vorteilhaften bzw. nachteiligen Eigenschaften hat sie je nach dem verwendeten Rohstoff?

Tisch- und Frotteewäsche:
7. Welche Wäschestücke gehören zur Tischwäsche, und aus welchen Rohstoffen werden sie hergestellt?
8. Beschreiben Sie die besondere Beschaffenheit der Frotteewäsche und die sich daraus ergebenden Eigenschaften.

Waschmittel:
9. Beschreiben Sie die Funktionen der waschaktiven und der wasserenthärtenden Substanzen in Waschmitteln.
10. Nennen und beschreiben Sie die Funktion von wäschepflegenden Wirkstoffen, die in Waschmitteln je nach beabsichtigtem Zweck enthalten sind.
11. Erklären Sie an Waschbeispielen die Unterscheidung der Waschmittel in Voll-, Fein- und Spezialwaschmittel.

Härte des Wassers:
12. Was versteht man unter Wasserhärte?
13. Welche Bezeichnungen gibt es für Wasser je nach dem Härtegrad?
14. Welche negativen Auswirkungen hat beim Waschen das Wasser mit hohen Härtegraden
    a) auf den Waschvorgang?
    b) auf die Wäsche?
    c) auf die Waschmaschine?
15. Auf welche Weise lassen sich die negativen Auswirkungen von hartem Wasser verhindern?

Waschhilfsmittel:
16. Was versteht man unter dieser Bezeichnung?
17. Nennen Sie Waschhilfsmittel, die vor bzw. nach dem eigentlichen Waschen eingesetzt werden, und beschreiben Sie ihre Funktion.

Fleckentfernung:
18. Beschreiben Sie an Beispielen die Verwendung von Wasser, Essigwasser und Feinwaschlauge als Mittel der Fleckentfernung.
19. Zu welchen Zwecken werden folgende Fleckentfernungsmittel verwendet:
    a) Aceton   c) Benzol   e) Spiritus
    b) Benzin   d) Salmiak   f) Terpentin
20. Erläutern Sie wichtige Richtlinien, die bei der Fleckentfernung zu beachten sind.

Internationale Pflegekennzeichen für Wäsche:
21. Nennen Sie unterschiedliche Pflegesymbole.
22. Wo befinden sich diese, und welche allgemeine Bedeutung haben sie?
23. Beschreiben und erläutern Sie unterschiedliche detaillierte Pflegehinweise innerhalb der Symbolgruppen.

Waschen der Wäsche:
24. Unter welchen Gesichtspunkten muß Wäsche vor dem Waschen sortiert werden?
25. Unterscheiden Sie in bezug auf die Waschtemperatur und die Materialbeschaffenheit der Wäsche folgende Bezeichnungen:
    a) Kochwäsche   b) Heißwäsche   c) Feinwäsche
26. Beschreiben und erläutern Sie Richtlinien für das Waschen in bezug auf die Füllmenge in der Waschmaschine, die Menge des Waschmittels und die Schaumbildung.

Bügeln und Legen der Wäsche:
27. Unter welchen Gesichtspunkten muß die Wäsche zum Bügeln sortiert werden?
28. Welche Funktionen erfüllt das Bügeln, und welche Faktoren wirken dabei zusammen?
29. Warum muß Tischwäsche nach ganz bestimmten Gesichtspunkten zusammengelegt werden?

Ernährungslehre

Im Rahmen der Ernährung müssen dem menschlichen Organismus täglich alle die Stoffe zugeführt werden, die zur Aufrechterhaltung der Lebensvorgänge erforderlich sind. Man nennt sie deshalb *Nährstoffe*, die je nach ihrer Funktion unterschiedliche Bezeichnungen haben.

Baustoffe	Brennstoffe
Das sind Stoffe, aus denen Zellen, Gewebe und Organe aufgebaut und erneuert werden.	Das sind Stoffe, die den Organismus ständig mit der notwendigen Wärme- und Bewegungsenergie versorgen.
Eiweiß **Mineralstoffe** **Wasser**	**Kohlenhydrate** **Fett** **Eiweiß**

Reglerstoffe	
Sie regulieren wichtige Stoffwechselvorgänge	
Vitamine **Mineralstoffe**	**Aromastoffe** **Ballaststoffe**
Sie schützen vor bestimmten Krankheiten bzw. Mangelerscheinungen (siehe im Abschnitt „Mineralstoffe und Vitamine").	Sie beeinflussen wichtige Vorgänge im Rahmen der Verdauung (siehe im Abschnitt „Ernährungsstoffwechsel").

Anmerkungen:
Das Eiweiß ist in erster Linie **Baustoff**. Beim Abbau von Eiweiß (Proteinen) wird aber auch Energie gewonnen, deshalb kann es auch bei Mangel an Fett und Kohlenhydraten zur Energieversorgung herangezogen werden.
Aromastoffe regen den Appetit und die Absonderung von Verdauungssäften an.
Ballaststoffe (Faserstoffe) sind unverdauliche Nahrungsteile. Als Füllstoffe erhöhen sie das Sättigungsgefühl und sorgen für die erforderliche Darmbewegung, auch **Peristaltik** genannt. Man versteht darunter das rhythmische Zusammenziehen der Ringmuskulatur des Darmes, wodurch der Speisebrei weitergeschoben wird.
Darüber hinaus gibt es zwei Gruppen von Reglerstoffen, die vom menschlichen Organismus selber gebildet werden: **Enzyme** und **Hormone**. (Einzelheiten dazu siehe im Abschnitt „Enzyme und Hormone".)

I. Baustoffe und Brennstoffe

Unabhängig von ihrer Bedeutung für die Ernährung haben die Nährstoffe Eigenschaften, die bei der Verarbeitung von Lebensmitteln technologisch genutzt werden. Es ist deshalb zunächst wichtig, die Nährstoffe unter dem Gesichtspunkt dieser Eigenschaften kennenzulernen. Ihre ernährungsphysiologischen Funktionen siehe im Abschnitt „Ernährung des Menschen".

A. Kohlenhydrate (Saccharide)

1. Aufbau und Arten der Kohlenhydrate
Ihrem Aufbau entsprechend unterscheidet man:
▶ Einfachzucker → Monosaccharide
▶ Zweifachzucker → Disaccharide
▶ Vielfachzucker → Polysaccharide

▷ **Einfachzucker** (Monosaccharide)

Einfachzucker sind die kleinsten Bausteine der Kohlenhydrate. Ihre Bildung aus den Elementen Kohlenstoff, Wasserstoff und Sauerstoff ist im Abschnitt „Stoffumwandlungen im pflanzlichen Organismus" (Naturwissenschaftliche Grundkenntnisse) ausführlich beschrieben worden.

Die Summenformel lautet: $C_6H_{12}O_6$. Der Aufbau des Moleküls entspricht einem Sechseck.

▷ **Zweifachzucker** (Disaccharide)

Zweifachzucker entstehen, wenn sich zwei Einfachzucker miteinander verbinden. Bei diesem Vorgang wird Wasser abgespalten.

Ernährungslehre

Die Ketten der Vielfachzucker können unterschiedlich strukturiert sein:

Verzweigungen

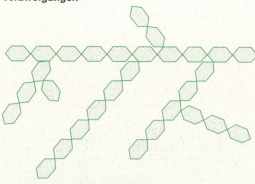

Spiralen

Arten der Einfachzucker

Fruchtzucker **Traubenzucker** **Schleimzucker**
Fructose Glucose Galaktose

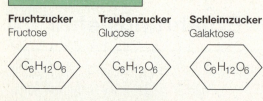

Bildung von Zweifachzucker

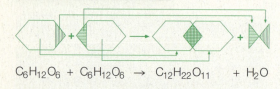

$C_6H_{12}O_6 + C_6H_{12}O_6 \rightarrow C_{12}H_{22}O_{11} + H_2O$

Arten von Zweifachzucker

Frucht- **Traubenzucker** **Schleim-**
zucker **zucker**

Rohr- und **Malzzucker** **Milchzucker**
Rübenzucker
Saccharose Maltose Lactose

▷ **Vielfachzucker** (Polysaccharide)

Vielfachzucker entstehen durch das Aneinanderreihen vieler Einfachzucker in Form einer Kette. Da bei jedem einzelnen Zusammenschluß ein Wassermolekül abgespalten wird, handelt es sich um stark konzentrierte (verdichtete) Stoffe.

Kette

Die bekanntesten Vielfachzucker sind Stärke, Zellulose und Glykogen.

Stärke (Amylose) befindet sich vor allem in den verschiedenen Getreidearten sowie in Hülsenfrüchten und Kartoffeln. An ihrem Aufbau sind 300 bis 600 Einfachzuckermoleküle beteiligt.

Zellulose sind stabile pflanzliche Gerüstsubstanzen mit etwa 9 000 bis 12 000 Einfachzuckerbausteinen.

Glykogen ist ein Vielfachzucker, der im menschlichen und tierischen Organismus gebildet und als Vorratsstoff in der Leber gespeichert wird.

2. Technologisch bedeutsame Eigenschaften

▷ **Einfachzucker und Zweifachzucker**

▸ Sie sind **löslich** und schmecken **süß,**
▸ in gelöstem Zustand sind sie **vergärbar.**

Einfach- und Zweifachzucker können deshalb beim Süßen von Lebensmitteln in diesen gleichmäßig verteilt werden.

Beim *Vergären durch Hefen* entstehen Alkohol und Kohlendioxid.

Alkohol ist artbestimmender Bestandteil von alkoholischen Getränken.

Kohlendioxid wird in folgenden Fällen genutzt:

▸ In Hefeteigen dient es zur Lockerung.
▸ In Flüssigkeiten gelöst entsteht Kohlensäure, die in Mineralwasser und Perlwein das grobere Sprudeln bzw. Perlen, in Bier und Schaumwein das feinere Moussieren verursacht.

CO_2 + H_2O → H_2CO_3
Kohlendioxid + Wasser → Kohlensäure

Beim *Vergären durch Milchsäurebakterien* wird Milchsäure gebildet, mit deren Hilfe z. B. Quark, Joghurt, Sauerteigbrot und Sauerkraut mildaromatisch durchsäuert werden.

Baustoffe und Brennstoffe

Rohr- und Rübenzucker haben darüber hinaus besondere technologische Eigenschaften.

▸ Bei Einwirkung von trockener Hitze **schmelzen** sie, wobei zunächst Karamel und schließlich Zuckercouleur entsteht.
▸ Sie **ziehen Wasser an** und binden es.

Karamel ist eine farb- und geschmackgebende Zutat zu Cremes und Saucen. Er entsteht auch beim Backvorgang an der Oberfläche von Weißgebäck und Brot.

Zuckercouleur wird als natürlicher Farbstoff zu Saucen und Getränken verwendet.

Zuckerhaltige Gebäcke sind „saftiger", behalten länger ihre Frische und sind lagerfähiger als Gebäcke ohne Zucker. Zwei extreme Beispiele sind Weißbrot und Stollen.

Gezuckerte und kandierte Früchte sowie Gelees und Marmeladen sind haltbarer als ungezuckerte Produkte (Verringerung des a_W-Wertes). Wegen der wasseranziehenden Wirkung dürfen Zucker sowie mit Zucker garnierte Speisen nicht in feuchter Umgebung aufbewahrt werden (Aufweichung der Oberfläche).

▷ **Stärke**

Stärke hat die Form von kleinen Körnern, die mit einer geschlossenen Hülle umgeben sind. Aufgrund ihres verdichteten stofflichen Aufbaus unterscheiden sich ihre Eigenschaften von denen der Einfach- und Zweifachzucker.

▸ Stärke ist **nicht löslich** und schmeckt **nicht süß**,
▸ sie ist **nicht vergärbar**,
▸ sie **quillt** bei Anwesenheit von Wasser und **verkleistert** bei gleichzeitig erhöhten Temperaturen (ab etwa 60 °C).

Beim Quellen nimmt die äußere Hülle Wasser auf. Das ist z. B. wichtig bei der Bereitung von Teigen und beim Einweichen von Hülsenfrüchten.

Beim Verkleistern zerspringt die Hülle, so daß große Mengen der umgebenden Flüssigkeit aufgenommen und gebunden werden können. Dieser Vorgang ist noch bedeutsamer als das Quellen.

▸ Suppen und Saucen erhalten ihre Bindung,
▸ Kartoffeln und Hülsenfrüchte werden beim Garen mehlig-trocken,
▸ beim Backen von Teigen und Massen bildet sich die lockere und trockene Krume.

Je nach dem Mengenverhältnis zwischen Stärke und Wasser (Flüssigkeit) entsteht ein mehr oder weniger dickflüssiger „Kleister" (z. B. bei Suppen und Saucen) bzw. eine trockene Substanz (z. B. bei Gebäcken), worin vom Teig her weniger Wasser zur Verfügung steht, als die Stärke binden könnte.

B. Fette (Lipide)

1. Aufbau der Fette

Sie enthalten zwar die gleichen Elemente wie Kohlenhydrate (Kohlenstoff, Wasserstoff und Sauerstoff), unterscheiden sich jedoch von diesen durch einen anders strukturierten konzentrierteren Aufbau (siehe nachfolgende Skizzen).

▷ **Fettsäuren**

Neben Glycerin sind Fettsäuren die wesentlichen Bausteine der Fette. Es gibt gesättigte und ungesättigte Fettsäuren.

Stearinsäure	Ölsäure	Linolensäure
gesättigte Fettsäure	einfach ungesättigte Fettsäure	dreifach ungesättigte Fettsäure

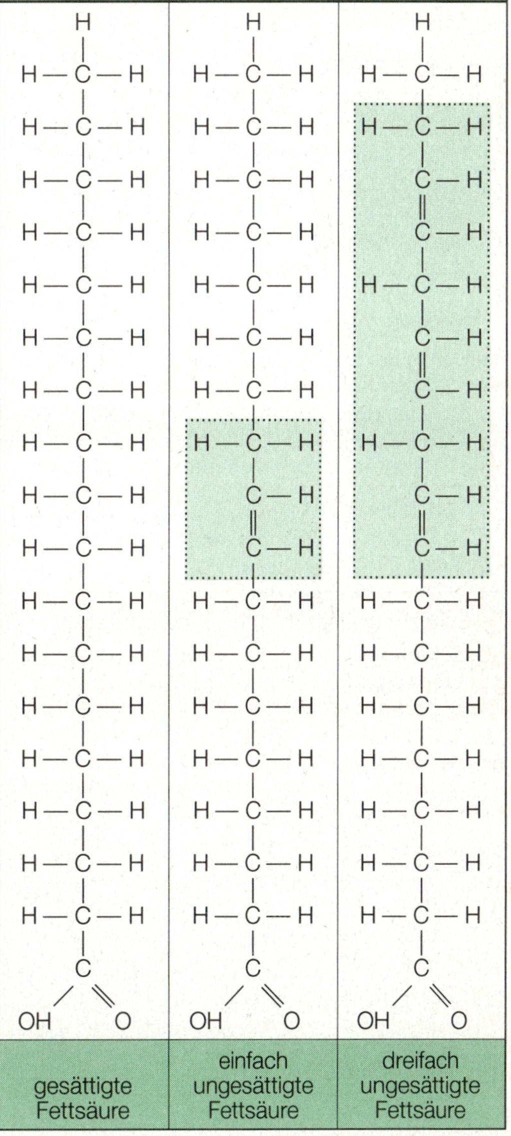

Gesättigte Fettsäuren sind solche, bei denen alle Kohlenstoffatome mit Wasserstoff verbunden (abgesättigt) sind (z. B. Stearinsäure, Palmitinsäure).

Ungesättigte Fettsäuren sind solche, bei denen eine bestimmte Anzahl von Kohlenstoffatomen durch Doppelbindungen untereinander und nicht mit Wasserstoff verbunden sind (z. B. Ölsäure, Linolsäure).

▷ **Fettbildung**

An eine Glycerinbasis werden jeweils drei Fettsäuren gebunden und gleichzeitig drei Wassermoleküle freigesetzt (siehe Skizze weiter unten).

2. Arten der Fette

▷ **Pflanzliche Fette**

Sie befinden sich in fetthaltigen Früchten sowie in den Keimanlagen von Samen. Ihre Gewinnung erfolgt entweder durch **Auspressen** oder **Herauslösen**.

- Erdnußöl, Sonnenblumenöl, Mais- und Weizenkeimöl, Rapsöl,
- Baumwollsaatöl, Olivenöl, Sojaöl.

▷ **Tierische Fette**

Sie entstehen im Tier durch die Umwandlung von pflanzlichen Nährstoffen, die mit dem Futter aufgenommen werden. Umgewandelt werden dabei überschüssige pflanzliche Fette sowie Kohlenhydrate, die nicht zur Energieversorgung verbraucht werden.

– Sahne und Butter	– Fischöle
– Schweine- und Gänseschmalz	– Waltran
– Rinder- und Hammeltalg	

Tierische Fette werden unterschiedlich gewonnen:

Ausschleudern → Rahm
Ausschmelzen → Schmalz
Auspressen → Talg

▷ **Fettbegleitstoffe**

Sie sind in einigen Nahrungsmitteln meist nur in geringen Mengen enthalten und werden auch als „fettähnliche Stoffe" bezeichnet. Fettbegleitstoffe sind z. B.:

Lecithin, ein Bestandteil im Eigelb, das z. B. bei der Herstellung von holländischer Sauce als Emulgator dient,

Cholesterin, das in Butter, Fleisch, Wurst und Eiern vorkommt und nach medizinischen Erkenntnissen Mitursache für die Verengung der Blutgefäße ist (Arteriosklerose).

3. Technologisch bedeutsame Eigenschaften

▷ **Spezifisches Gewicht**

Fett ist *leichter als Wasser* und *schwimmt* deshalb in wässerigen Flüssigkeiten an der Oberfläche.

▶ Fett kann von Brühen, Suppen und Saucen abgeschöpft werden.
▶ Angeschlagene Sahne schwimmt auf der Oberfläche von Irish Coffee (entsprechend vorsichtige Zugabe vorausgesetzt).

Eine entgegengerichtete Maßnahme ist das *Homogenisieren von Milch.* Durch feine Düsen gepreßt, wird das Michfett in feinste Tröpfchen zerteilt, die sich nicht mehr zusammenschließen und als Rahmschicht aufsteigen können (homogenisierte Milch).

▷ **Festigkeit**

Ausschlaggebend für die Festigkeit von Fetten ist vor allem die Art der am Aufbau beteiligten Fettsäuren.

▶ Flüssige Fette haben einen höheren Anteil an ungesättigten Fettsäuren,
▶ halbfeste Fette enthalten ausgewogene Mengen ungesättigter und gesättigter Fettsäuren,
▶ feste Fette zeichnen sich durch einen höheren Anteil an gesättigten Fettsäuren aus.

Bildung von Fett

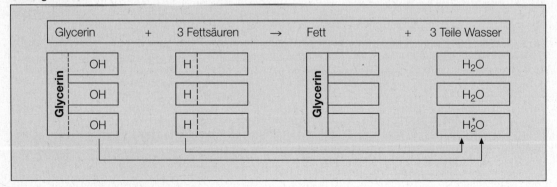

Baustoffe und Brennstoffe

▷ **Schmelzbereich**

Darunter versteht man die Temperatur, bei der das Fett entweder flüssig ist oder durch Erwärmen flüssig wird. Unter dem Gesichtspunkt der üblichen Raumtemperatur bedeutet dies:

> ▶ **Pflanzenöle** eignen sich zur Herstellung von Salatmarinaden sowie zum Rühren von Mayonnaise.
> ▶ **Butter und Schmalz** eignen sich zur Verwendung als Streich- und Teigfett.

In bezug auf die *Körpertemperatur* des Menschen ist bei Talg folgendes zu beachten:

> ▶ **Talg** ist als Speisefett ungeeignet, weil sein Schmelzbereich höher liegt als die Körpertemperatur.

Speisen aus Rind- und Hammelfleisch (Talgfett) müssen deshalb sehr heiß angerichtet werden. Außerdem dürfen beim Servieren keine Verzögerungen eintreten. Im abgekühlten Zustand *schmiert* das Fett im Mund, so daß der Genuß beeinträchtigt wird.

	Schmelzbereich	Rauchpunkt
flüssige Fette		
– Pflanzenöle	–5 bis 10 °C	um 220 °C
halbfeste Fette		
– Butter	28 bis 38 °C	um 150 °C
– Schmalz	34 bis 48 °C	um 190 °C
feste Fette		
– Talg	40 bis 50 °C	um 200 °C

▷ **Rauchpunkt**

Man versteht darunter den Temperaturbereich, in dem das Fett verbrennt bzw. raucht. Im Vergleich zum Wasser, das bei 100 °C verdampft, kann das Fett darüber hinaus erhitzt werden. Dadurch ist es möglich, bei der Zubereitung von Speisen besondere Duft- und Geschmacksstoffe zu entwickeln sowie eine mehr oder weniger starke Bräunung herbeizuführen. Angesichts der unterschiedlichen Rauchpunkte ist jedoch zu beachten:

> ▶ **Butter** ist lediglich zum Dünsten bzw. zum kurzen An- oder Nachbraten geeignet.
> ▶ **Schweineschmalz und Pflanzenöle** können dagegen zum intensiven Anbraten und Braten verwendet werden.

Für scharfes Anbraten und Fritieren sowie für längeres Braten benutzt man heute im allgemeinen spezielle, durch die Industrie hergestellte hocherhitzbare Fette (siehe „Härten von Fetten").

Das Nachbraten mit Butter (z. B. Steaks und Fisch) erfolgt lediglich aus geschmacklichen Gründen, wobei vorher das zum Braten verwendete Fett abgeschüttet wird.

Mit dem Überschreiten des Rauchpunktes beginnt die Zersetzung des Fettes. Dabei werden gesundheitsschädigende, insbesondere krebserregende Stoffe gebildet. Es ist deshalb wichtig:

> ▶ Fett nicht überhitzen,
> ▶ Fritierfette in regelmäßigen zeitlichen Abständen vollständig austauschen.

▷ **Verderblichkeit**

Die Ursache für das Verderben von Fetten sind z. B. Sauerstoff und Mikroorganismen.

Sauerstoff bricht die Kohlenstoff-Doppelbindungen auf und lagert sich selbst an die freiwerdenden Stellen an. In diesem Zusammenhang sind deshalb Fette mit einem hohen Anteil ungesättigter Fettsäuren besonders gefährdet.

Mikroorganismen spalten die Fettsäuren von der Glycerinbasis ab. Da „freies Wasser" die Wirksamkeit der Kleinlebewesen begünstigt, sind von dieser Veränderung hauptsächlich die wasserhaltigen Fette Butter und Margarine betroffen.

Maßnahmen, die dem Verderb von Fetten entgegenwirken, sind:

> ▶ Luftundurchlässiges Verpacken und kühles Lagern,
> ▶ Zugabe von Vitamin E, das die Wirksamkeit des Sauerstoffs einschränkt,
> ▶ Härten, wodurch ungesättigte Fettsäuren gesättigt werden.

Durch besondere Verfahren (Härten, Emulgieren) können die natürlichen Eigenschaften von Fetten und das Verhalten für bestimmte Zwecke verändert werden.

4. Härten von Fetten

Die Natur liefert in überwiegenden Mengen flüssige Fette und solche, deren Lagerbeständigkeit und Erhitzbarkeit begrenzt sind. Dem steht in der modernen Gesellschaft ein hoher Bedarf an streichfähigen Fetten einerseits sowie an lagerbeständigen und hocherhitzbaren Fetten andererseits gegenüber. *Ziel der Fetthärtung* ist es, diesem Bedarf Rechnung zu tragen.

Das Härten von Fetten erfolgt auf unterschiedliche Weise.

▷ **Hydrieren**

Bei diesem Verfahren werden die Kohlenstoff-Doppelbindungen aufgebrochen und alle Kohlenstoffatome mit Wasserstoff abgebunden.

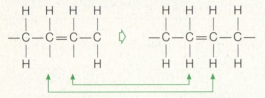

▷ **Umestern**

Innerhalb des Fettmoleküls werden die ungesättigten Fettsäuren durch gesättigte ausgetauscht.

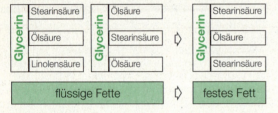

▷ **Fraktionieren**

Durch Auspressen der niedriger schmelzenden Fettanteile wird eine stärkere Konzentration der höher schmelzenden Anteile erreicht.

5. Emulgieren von Fetten

Fett und Wasser sind normalerweise nicht so miteinander mischbar, daß eine homogene Masse entsteht. Stabile Mischungen können hierbei nur mit Hilfe von Emulgatoren erzielt werden. Diese verhalten sich zwischen den beiden Stoffen wie ein Bindeglied bzw. wie eine Brücke.

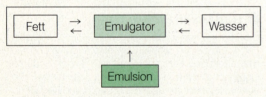

▷ **Natürliche Emulsionen**

Zu ihnen gehören z.B. die Milch und das Eigelb. Emulgator in der Milch ist Eiweiß, im Eigelb Lecithin.

▷ **Künstliche Emulsionen**

Es handelt sich dabei um bestimmte Produkte der Lebensmittel- und Speisenherstellung. Durch mechanische Einwirkung wird das Fett fein zerteilt, vom Emulgator umschlossen und mit seiner Hilfe an das Wasser gebunden (siehe Skizze).

- **Butter** → Milchfett und Wasser
- **Margarine** → Milch und pflanzliche Fette
- **Hollandaise** → Eigelb und Butter
- **Mayonnaise** → Eigelb und Öl

Bei der holländischen Sauce und der Mayonnaise wird die natürliche Emulsion (Eigelb) dazu benutzt, um eine Emulsion mit größerem Volumen herzustellen.

Je nachdem, ob in einer Emulsion das Wasser oder das Fett mengenmäßig überwiegt, unterscheidet man:

- [Fett – in Wasser – Emulsion] (z.B. Milch)
- [Wasser – in Fett – Emulsion] (z.B. Butter)

C. Eiweißstoffe (Proteine)

1. Aufbau der Eiweißstoffe

Neben den Bauelementen Kohlenstoff, Wasserstoff und Sauerstoff, wie sie in den Kohlenhydraten und Fetten vorkommen, enthält Eiweiß zusätzlich in jedem Falle Stickstoff, in manchen Eiweißgebilden außerdem Schwefel.

▷ **Aminosäuren**

Das sind die kleinsten Bausteine der Eiweißstoffe.

Elemente	Aminosäure
C Kohlenstoff O Sauerstoff H Wasserstoff N Stickstoff S Schwefel ↑ Merkwort	$R-\overset{H}{\underset{H}{C}}-\overset{H}{\underset{H}{C}}=\overset{H}{\underset{NH_2}{C}}-COOH$ (Säuregruppe) (Aminogruppe)

▷ **Peptide**

Sie entstehen durch kettenförmiges Aneinanderreihen von Aminosäuren. Ihre Anzahl ist ausschlaggebend für die Bezeichnung.

- **Dipeptide** → 2 Aminosäuren
- **Tripeptide** → 3 Aminosäuren
- **Polypeptide** → viele Aminosäuren

Wie bei den Kohlenhydraten und Fetten führt die steigende Anzahl der Aminosäuren zu einer zunehmenden Verdichtung. Darüber hinaus ergeben sich aus der räumlichen Zuordnung Eiweißstoffe mit unterschiedlichen Strukturen und Eigenschaften:

- Ketten und Bänder
- Spiralen und Knäuel

Baustoffe und Brennstoffe

Spiralen

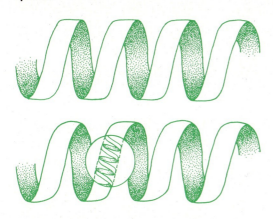

Knäuel

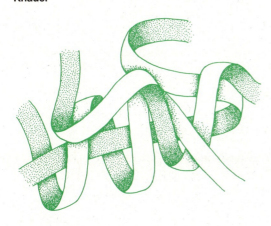

▷ **Arteigenes Eiweiß**

Jeder Organismus bildet aus den etwa 30 bekannten Aminosäuren die Eiweißstoffe nach einem jeweils spezifischen Muster. Daraus resultiert nicht nur die Unterscheidung in pflanzliches, tierisches und menschliches Eiweiß, vielmehr gibt es auch Unterschiede von Mensch zu Mensch. Ein anschauliches Beispiel sind die verschiedenen Blutgruppen. In allen Fällen handelt es sich um *arteigenes Eiweiß*.

2. Arten der Eiweißstoffe

▷ **Proteine**

Das sind Eiweißstoffe, an deren einfachem Aufbau lediglich Aminosäuren beteiligt sind. Man nennt sie deshalb *einfache Eiweißkörper*, die je nach ihrem Aufbau bzw. nach ihrem Vorkommen andere Namen haben:

Albumin	Globulin	Gluten	Kollagen
– Milch, Ei, Fleisch – Getreide, Hülsenfrüchte – Gemüse, Kartoffeln		– Getreide, hauptsächlich Weizen	– Knochen – Knorpel – Bindegewebe – Haut

▷ **Proteide**

Dies sind *zusammengesetzte Eiweißkörper*, an deren Aufbau neben Aminosäuren auch sogenannte Nichteiweißstoffe beteiligt sind (z. B. Mineralstoffe, Metalle). Zu den bekanntesten Proteiden gehören:

Kaseinogen	Myoglobin	Hämoglobin
– in der Milch	– im Fleisch	– im Blut (rote Körperchen)

3. Technologisch bedeutsame Eigenschaften

▷ **Albumin und Globulin des Hühnereis**

In Flüssigkeiten
▸ lösen sie sich (Globulin nur, wenn Salz vorhanden),
▸ quellen sie und binden freies Wasser,
▸ lagern sie die in der Flüssigkeit schwebenden Stoffe an.

Anwendungsbeispiele:

Klären von Brühen und Suppen	Legieren von Suppen und Saucen
Klärfleischgemenge mit gewolftem Fleisch und Hühnereiweiß (Eiklar)	Liaison, bestehend aus Eigelb und Sahne

Durch Schlagen bzw. kräftiges Rühren entsteht ein zusammenhängender Eiweißfilm, aus dem sich schließlich kleine Eiweißbläschen bilden.

Anwendungsbeispiele:

Lockern von Massen	Emulgieren von Fett
Die Eiweißbläschen schließen Luft ein, die sich beim Backen ausdehnt	Die Eiweißbläschen umschließen das Fett und binden es an das Wasser (Hollandaise, Mayonnaise)

Durch die Einwirkung von Hitze unterliegen Eiweißstoffe einer stufenweisen Veränderung, die man als *Denaturierung* bezeichnet.
▸ Beim anfänglichen *Stocken* wird Wasser leicht gebunden,
▸ beim späteren *Gerinnen* tritt eine mehr oder weniger starke Verfestigung ein.

Anwendungsbeispiele:

Garmachen von Speisen	
Speisen aus/mit Eiern werden verzehrbar: – Gekochte Eier, – Rührei und Spiegeleier, – Omelett, Eierteige	Die Poren an den Schnittflächen von Fleisch schließen sich: – Fleischsaft kann nicht austreten, – die Speise bleibt saftig

Klären von Brühen und Suppen
Die angelagerten Schwebe- und Trübstoffe (siehe oben) werden eingebunden und steigen mit dem geronnenen Eiweiß an die Oberfläche.

Bei bestimmten Speisen ist das Gerinnen des Eiweißes unerwünscht, weil dadurch die homogene Beschaffenheit der Speise zerstört wird.

▶ Legierte Suppen und Saucen dürfen nicht mehr kochen.
▶ Beim Aufschlagen der holländischen Sauce darf die Temperaturzufuhr nicht zu hoch sein.

▷ **Kollagen**

Dieser Eiweißstoff kann aus Knochen, Knorpeln und Tierhäuten ausgekocht werden. In die heiße Flüssigkeit übergegangen, quillt er und bildet eine leimige Substanz (Sol). Beim Erkalten geliert diese Substanz und wird nun als Gel bezeichnet. Sie läßt sich immer wieder durch Wärmezufuhr verflüssigen, bzw. durch Abkühlen in den festen Zustand bringen.

Während die Küche das gelierende Hilfsmittel früher selber hergestellt hat, verwendet sie heute die industriell gewonnene *Speisegelatine* (Blatt- oder Pulverform). Das in Wasser quellende und gelierende sowie beim Abkühlen erstarrende Produkt wird verwendet:

▶ Zur Herstellung von Aspik zum *Überziehen* bzw. *Einbetten* von kalten Speisen aus Fisch, Fleisch, Eiern, Gemüse und Obst,
▶ zum *Aussteifen* von Sülzen, Cremes und Halbgefrorenem.

Bei der Verarbeitung von Fleisch kommt dem *Kollagen im Bindegewebe* eine besondere Bedeutung zu.
Bindegewebearmes Fleisch (von jüngeren Tieren, saftig und zart) wird beim Garen mit trockener Hitze und in kürzerer Zeit verzehrbar (*Braten*).
Bindegewebereiches Fleisch (von älteren Tieren, weniger saftig und zart) kann nur mit Hilfe von Wasser, Brühe oder Sauce sowie durch eine längere Einwirkung so gelockert werden, daß es mit Genuß verzehrbar ist. Säure begünstigt das Lockern:

▶ Beim Abhängen des Fleisches bildet sich Milchsäure.
▶ Das Garen ist nur durch längeres Kochen oder Schmoren möglich.
▶ Einige Gerichte werden intensiv gesäuert: Sauerbraten, Wildragout.

▷ **Gluten**

Dieser Eiweißstoff (auch **Kleber** genannt) bildet sich vor allem in Weizenteigen aus den beiden Bestandteilen **Gliadin** und **Glutenin** des Mehls.

Eigenschaften des Klebers	Nutzung bei Gebäcken
er quillt und bindet viel Wasser	Bildung des Teiges
er ist zäh, elastisch und schließt die Gärgase ein	Zusammenhalt, Formbarkeit und Lockerungsfähigkeit des Teiges
er gerinnt beim Backen	Ausbildung der Poren und des Gebäckgerüstes

Massen, bei denen eine zähe Bindung unerwünscht ist und die beim Backen eine lockere „krumigere" Beschaffenheit erhalten sollen, wird ein Teil des Mehls durch reine Stärke ersetzt.

▷ **Kaseinogen**

Das Milcheiweiß kann mit Hilfe von Säure oder Lab zum Gerinnen gebracht werden.
Die Säuerung erfolgt durch Milchsäurebakterien und wird bei allen gesäuerten („dickgelegten") Milcherzeugnissen angewendet: Sauermilch, Joghurt, Sauermilchkäse.
Das Lab ist ein aus dem Kälbermagen gewonnener Wirkstoff. Die geronnene Milch bleibt süß, und die ungesäuerte Käsemasse ist die Grundlage für alle Süßmilchkäse.

D. Wasser

1. Wasser im Kreislauf der Natur

Der Kreislauf ist im wesentlichen durch zwei Vorgänge gekennzeichnet: Verdunstung und Kondensation. Im Abschnitt „Grundbegriffe der Wärmelehre" ist darüber bereits Wichtiges gesagt worden.

▷ **Verdunstung**

Über der Erdoberfläche, vor allem über Seen und Meeren verdunstet ständig Wasser, das die Luft in Form von Wasserdampf anreichert. Warme Luft nimmt größere Mengen Wasser auf als kalte.

▷ Kondensation

Beim Zusammenstoß mit Kaltluftfronten kondensiert der Wasserdampf, wird als Wolken sichtbar und fällt bei entsprechender Verdichtung schließlich als *Niederschlagwasser* (Regen, Schnee) auf die Erde zurück.

- Ein Teil dieses Wassers fließt sofort als *Oberflächenwasser* in Bächen, Flüssen, Seen und Meeren zusammen.
- Der andere Teil versickert im Boden, ergänzt das *Grundwasser* oder gelangt in Brunnen oder Quellen wieder an die Erdoberfläche.

▷ Trinkwasser

Darunter versteht man einerseits Wasser, das zum „Trinken" geeignet ist, andererseits aber auch zur Lebensmittelherstellung und Lebensmittelverarbeitung sowie für Reinigungszwecke Verwendung findet. An dieses Wasser werden deshalb erhöhte Anforderungen gestellt:

- Frei von Krankheitserregern und gesundheitsschädigenden Stoffen,
- weitgehend keimfrei sowie farblos, klar und kühl,
- außerdem frei von fremdartigem Geruch und Geschmack.

Es gab Zeiten, in denen der *Bedarf an Trinkwasser* aus einwandfreiem Grundwasser gedeckt werden konnte. In den Ballungszentren der Industrie- und Wohlstandsgesellschaft mit einem Spitzenverbrauch von 400 l pro Kopf und Tag ist dies nicht mehr möglich. Zur Deckung solcher Mengen muß das Oberflächenwasser der Flüsse und Seen mit herangezogen werden.

Die einwandfreie Beschaffenheit des Trinkwassers ist heute durch industrielle und private Abwässer sowie durch die Giftstoffe des Wohlstandsmülls ständig bedroht. Bei Unfällen in der chemischen Industrie, aber auch aufgrund von Unachtsamkeit und Gewissenlosigkeit bei der täglichen Müllbeseitigung, können konzentrierte Mengen dieser Stoffe in die Flüsse gelangen und das Wasser vorübergehend ungenießbar machen.

Die Mahnungen und Forderungen, wie sie im Abschnitt „Umweltschutz" aufgezeigt werden, sind deshalb unbedingt zu beachten und einzuhalten.

2. Technologisch bedeutsame Wirkungen

Wasser enthält 1 Atom Sauerstoff mit negativer Ladung und 2 Atome Wasserstoff mit positiver Ladung. Aufgrund dieser *Dipol-Eigenschaft* und der geringen Größe des Moleküls ist Wasser in der Lage, sich in andere Stoffe ein- bzw. an sie anzulagern.

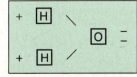

Die An- bzw. Einlagerung von Wasser erzeugt Bindung, z. B.:

- Eigelb → Suppen, Saucen, Massen
- Gelatine → Aspik, Sülzen, Cremes, Eisspeisen
- Eiweiß → Teige, Gebäcke, Süßspeisen

▷ Auslaugende Wirkung

Diese Eigenschaft des Wassers wird in vielen Zusammenhängen technologisch genutzt, z. B.:

- Auskochen von Fleisch, Knochen und Gemüse bei der Herstellung von Brühen, Suppen und Saucen,
- Zubereiten von Kaffee und Tee,
- Herstellen der Bierwürze aus Malz und Hopfen,
- Auskochen des gelierfähigen Kollagens aus Knochen und Knorpeln.

Andererseits gibt es jedoch Fälle, in denen die auslaugende Wirkung des Wassers möglichst verhindert werden muß:

- Fleisch, Gemüse und Obst dürfen bei der Vorbereitung zum Garen nicht zu lange mit Wasser in Berührung bleiben, damit wertvolle Säfte und Mineralstoffe nicht aus- und weggespült werden.
- Fleisch, das saftig bleiben soll, wird bei hohen Temperaturen angegart (Kochen, Schmoren), damit sich die Poren rasch schließen und der Saft nicht ausfließen kann.

▷ Auflösende Wirkung

Durch positive und negative Ladungen (Dipoleigenschaft des Wassers) ist es Wassermolekülen möglich, sich an andere geladene Stoffe anzulagern, in diese einzudringen und deren Bindungen aufzuheben (z. B. Salze, Zucker). Die gelösten Bestandteile verteilen sich in Speisen und Getränken so intensiv, daß sie optisch nicht mehr wahrgenommen werden können.

▷ Aufquellende Wirkung

In hochmolekulare Stoffe (z. B. Stärke, Mehleiweiß) dringt das Wasser zwar ein, kann jedoch die starken Bindungen nicht sprengen. Den Vorgang nennt man *Quellen*. Die damit verbundene Vergrößerung des Volumens bzw. das Binden von Wasser wird in vielen Zusammenhängen technologisch genutzt.

Das Lockern und Aufschließen der Nährstoffe erhöht die Verarbeitungsfähigkeit sowie die Verzehrbarkeit und Verdaulichkeit, z. B.:

- Mehl → Teigbildung, Gebäck
- Hülsenfrüchte → Einweichen, Garen
- Speisen allgemein → Garen

3. Technologisch bedeutsame Zustandsformen

Die Aggregatzustände des Wassers wurden im Abschnitt „Grundbegriffe der Wärmelehre" ausführlich dargestellt. Das Erhöhen bzw. Erniedrigen der Temperatur hat Auswirkungen, die ebenfalls technologisch genutzt werden.

▷ **Erhöhen der Temperatur**

Durch Erwärmen beschleunigt sich die Bewegung der Wassermoleküle. Die lösende und quellende Wirkung nimmt dadurch zu, z. B.:

- Zucker in kalter bzw. warmer Milch,
- Ausbildung von Teigen,
- Aufschlagen von holländischer Sauce und von Massen.

Da Wasser bis hin zum Siedepunkt stufenweise erwärmt werden kann, ergibt sich die Möglichkeit, arbeitstechnisch unterschiedlich hohe Temperaturbereiche anzuwenden:

- Warmhalten von Speisen im Wasserbad,
- schonendes Garen von empfindlichen Rohstoffen knapp unter 100 °C (Pochieren – Garziehen),
- intensives Kochen von Speisen bei 100 °C.

Das Überführen des Wassers in Dampf eröffnet weitere zweckgerichtete Anwendungsmöglichkeiten:

- Garmachen von Speisen durch Dämpfen und Dünsten,
- Abdampfen von Wasser, um die Geschmacksstoffe in Brühen, Reduktionen und Saucen zu konzentrieren.

▷ **Absenken der Temperatur**

Temperaturabsenkungen zwischen 10 und 0 °C werden zu **Kühlungszwecken** angewendet, z.B.:

- Erhöhung der Lagerbeständigkeit von Lebensmitteln und Speisen (Gemüse, Obst, Fleisch, Milch und Milcherzeugnisse),
- angemessene Kühlung von kalten Speisen (Salate, Vorspeisen und Nachspeisen).

Temperaturen unter 0 °C führen zur Eisbildung:

- Die Anteile des „freien Wassers" werden verringert, so daß die Wirksamkeit von Mikroorganismen eingeschränkt ist,
- Eisspeisen werden kremig fest,
- Anteile von Wasser können ganz ausgeschieden werden (z. B. bei der Gewinnung von Fruchtsaftkonzentraten).

Bei der Herstellung von Eiswein ist das Ausfrieren von Wasser ein natürlicher Vorgang (siehe „Qualitätsweine mit Prädikat").

Aufgaben (Ernährungslehre – Baustoffe und Brennstoffe)

1. Erklären Sie die im Rahmen der Ernährungslehre verwendeten Stoffbezeichnungen, und ordnen Sie ihnen zugehörige Nährstoffe zu:
   a) Baustoffe   b) Brennstoffe   c) Reglerstoffe
2. Welche Funktion erfüllen Aromastoffe und Ballaststoffe?
3. Was versteht man unter Peristaltik?

Aufbau der Kohlenhydrate:
4. Welche Elemente sind am Aufbau beteiligt?
5. Nennen Sie die Aufbaustufen, und ordnen Sie den übergeordneten Bezeichnungen zugehörige Zuckerstoffe zu.
6. Welcher Veränderung unterliegen die Zuckerstoffe beim Aufbau?
7. Was ist Glykogen?

Technologie der Zuckerstoffe:
8. Welche Zuckerstoffe sind löslich bzw. nicht löslich, welche vergärbar und welche nicht vergärbar?
9. Wodurch werden Zuckerstoffe vergoren, welche Endprodukte entstehen jeweils, und in welchem Zusammenhang sind diese von Bedeutung?
10. Was ist Karamel und Zuckercouleur, und wozu werden diese verwendet?
11. Wodurch verkleistert Stärke, was geschieht dabei, und wo ist dies technologisch von Bedeutung?

Arten und Aufbau der Fette:
12. Nennen Sie Arten der Fette, und beschreiben Sie die Art ihrer Gewinnung.
13. Welche Elemente bzw. Bausteine sind an ihrem Aufbau beteiligt?

14. Erklären Sie die Bezeichnungen „gesättigte" und „ungesättigte" Fettsäuren.
15. Was sind Fettbegleitstoffe?
16. Was wissen Sie über die Stoffe „Lecithin" und „Cholesterin"?
17. Welche technologische Auswirkung hat das spezifische Gewicht von Fetten?
18. Welche Bedeutung hat in diesem Zusammenhang das Homogenisieren von Milch?
19. Nennen Sie die Festigkeitsstufen von Fetten, und erklären Sie die Ursachen.

Schmelzbereich und Rauchpunkt von Fetten:
20. Was bedeuten die beiden Bezeichnungen?
21. Nennen Sie die zugehörigen Temperaturbereiche bei Pflanzenölen, Butter, Schmalz und Talg.
22. Welche Konsequenzen ergeben sich daraus für die Verwendung als Speisefett bzw. als Hilfsmittel für das Garmachen von Speisen?

Verderben von Fetten:
23. Durch welche beiden Ursachen verdirbt Fett, und welche Fette sind jeweils besonders betroffen?
24. Durch welche Maßnahmen kann dem Verderb entgegengewirkt werden?

Härten von Fetten:
25. Welche Gründe gibt es für das Härten von Fetten?
26. Was bedeuten in diesem Zusammenhang „Hydrieren", „Umestern" und „Fraktionieren"?

Wirkstoffe (Reglerstoffe)

Emulgieren von Fetten:
27. Erklären Sie die Bezeichnungen „Emulgator", „Emulgieren" und „Emulsion".
28. Nennen Sie natürliche und „hergestellte" Emulsionen sowie den jeweiligen Emulgator.

Aufbau der Eiweißstoffe:
29. Welche Elemente bzw. Bausteine sind am Aufbau beteiligt?
30. Erklären Sie die Bezeichnungen „Peptide", „Proteine" und „Proteide".
31. Nennen Sie Bezeichnungen für Proteine und Proteide. Wo kommen sie vor?

Technologie der Eiweißstoffe:
32. Beschreiben Sie an Beispielen die technologisch bedeutsamen Eigenschaften folgender Eiweißstoffe:
   a) Albumin und Globulin des Hühnereis,
   b) Kollagen, Gluten und Kaseinogen.

Denaturierung von Eiweißstoffen:
33. Erklären Sie die Bezeichnung Denaturierung von Eiweißstoffen.
34. Nennen Sie Beispiele, bei denen diese Veränderung technologisch von Bedeutung ist sowie Speisenbeispiele, bei denen sie verhindert werden muß.
35. Welche besonderen Maßnahmen sind bei der Verarbeitung von bindegewebereichem Fleisch von Bedeutung? Warum?

Wasser:
36. Beschreiben Sie den Kreislauf des Wassers in der Natur.
37. Was versteht man unter Trinkwasser, welche Anforderungen werden an dieses Wasser gestellt, und welche Probleme ergeben sich heute bezüglich der Trinkwasserversorgung?
38. Beschreiben Sie an Beispielen die technologisch bedeutsamen Eigenschaften bzw. Wirkungen des Wassers:
   a) auslaugende Wirkung,
   b) auflösende Wirkung,
   c) aufquellende Wirkung.
39. Beschreiben Sie die technologische Bedeutung unterschiedlicher Zustandsformen des Wassers:
   a) durch Erhöhen der Temperatur,
   b) durch Überführung in Dampf,
   c) durch Absenken der Temperatur.

II. Wirkstoffe (Reglerstoffe)

Die Art dieser Stoffe ist sehr vielfältig. In wechselseitigen Abhängigkeiten wird durch sie das gesamte Stoffwechselgeschehen im menschlichen Organismus gesteuert und aufrechterhalten.

A. Mineralstoffe und Vitamine

Das sind Wirkstoffe, die dem Körper täglich mit der Nahrung zugeführt werden müssen. Da sie in Lebensmitteln nur in geringen Mengen vorkommen und da sie außerdem durch Wasser ausgelaugt werden können, ist bei der Zubereitung von Speisen besondere Aufmerksamkeit geboten:

▶ Lebensmittel nach Möglichkeit nicht in zerkleinertem Zustand und nicht zu lange mit Wasser behandeln, unter gar keinen Umständen im Wasser liegen lassen,
▶ Brühen und Fonds, die beim Garmachen anfallen, soweit möglich zur Speisenbereitung mit verwenden.

1. Mineralstoffe

Mineralstoffe sind anorganische Stoffe. Sie bilden etwa 5 % der menschlichen Körpersubstanz. Nach der in den Lebensmitteln enthaltenen Menge bzw. nach dem Tagesbedarf des Menschen unterscheidet man sie in Mengen- und Spurenelemente.

▷ **Arten der Mineralstoffe**

Mengenelemente		Bedarf/Tag
Calcium	Ca	1 – 2 g
Phosphat	PO_4	1,2 – 1,5 g
Magnesium	Mg	0,3 g
Natrium	Na	1,5 – 2 g
Kalium	K	0,8 – 1,3 g
Chlorid	Cl	1,5 – 2 g

Spurenelemente		Bedarf/Tag
Eisen	Fe	10 – 15 mg
Zink	Zn	5 – 20 mg
Kupfer	Cu	2 mg
Jod	J	0,1 – 0,15 mg
Fluor	Fl	1 mg
Molybdän	Mo	0,2 mg
Mangan	Mn	2 – 5 mg

Mineralstoffe sind in fast allen Lebensmitteln enthalten. Bei gemischter Kost ist der Tagesbedarf in jedem Fall sichergestellt. Vorrangige Bedeutung kommt jedoch folgenden Lebensmitteln zu: Milch und Milchprodukte, Gemüse, Obst und Getreidevollkornprodukte.

▷ **Aufgaben der Mineralstoffe**

Werden dem Organismus nicht in regelmäßigen Abständen mit der Nahrung Mineralstoffe zugeführt, dann kommt es zu körperlichen Mangelerscheinungen.

Mengenelemente	Wirkung	Mangelerscheinungen	Vorkommen	täglicher Bedarf
Calcium	Baustein für Knochen und Gewebe; notwenig für Blutgerinnung	Wachstumsstörung, Knochenschwund	Milch, Milchprodukte, Eigelb	Erwachsene etwa 1 g Jugendliche 1,4 g bei Schwangerschaft 1,5–2 g
Phosphat	Baustein für Knochen, Energiespeicherung und -übertragung in den Muskeln	Verschlechterung der Eiweißverwertung	Milch, Milchprodukte, Hülsenfrüchte	1,2–1,5 g
Magnesium	Bestandteil der Muskeln und vieler Enzyme für den Energiestoffwechsel	Muskelzittern, Krämpfe	alle grünen Gemüse	0,3 g
Natrium	Regelung der Wasserbindung, Enzymaktivierung, Salzsäurebildung im Magen	Müdigkeit, Übelkeit, Krämpfe	Kochsalz; in ungesalzenen Lebensmitteln nur wenig	etwa 1,5 g (= 3 g Kochsalz)
Kalium	Regelung der Wasserbindung, Energieübertragung in den Muskeln	Appetitlosigkeit, Abgeschlagenheit	Gemüse, Obst, Getreideprodukte	0,8–1,3 g
Chlorid	Regelung der Wasserbindung, Salzsäurebildung im Magen	Gewichtsverlust, Verdauungsstörungen, Wasserverlust, Muskelschwäche	Kochsalz; in ungesalzenen Lebensmitteln nur wenig	etwa 1,5 g (= 3 g Kochsalz)

Spurenelemente	Wirkung	Mangelerscheinungen	Vorkommen	täglicher Bedarf
Eisen	Bestandteil des roten Blutfarbstoffes, Hämoglobin, Bestandteil von Enzymen	Anämie = Eisenmangel im Blut	Gemüse, Obst, Leber, Fleisch	10–15 mg (nur 10 % davon können genutzt werden)
Zink	Bestandteil des roten Blutfarbstoffes Hämoglobin, Bestandteil von Enzymen	Appetitlosigkeit, Hautveränderungen	Rindfleisch, Leber, Getreideprodukte	5–20 mg
Kupfer	Mitwirkung bei der Ausnutzung von Eisen; Bestandteil von Enzymen	Störung der Pigmentbildung, Knochenerweichung, Appetitlosigkeit	Leber, Fleisch, Eigelb	2 mg
Jod	Bestandteil des Schilddrüsenhormons	Kropfbildung, Nachlassen der Herz- und Nerventätigkeit, Wachstumsstörungen	Fisch, Fleisch, Milch, Milchprodukte	0,1–0,15 mg
Fluor	Aufbau von Knochen u. Zähnen	Karies	Fisch, Fleisch, Leber	ca. 1 mg
Molybdän	Bestandteil von Enzymen	Stoffwechselstörung	Milch	Körper enth. ca. 20 mg Bedarf 0,2 mg

2. Vitamine

▷ **Arten der Vitamine**

Es handelt sich um organische Stoffe. Man unterscheidet sie in wasserlösliche und fettlösliche. Der Transport und die Wirksamkeit der letzteren sind im Organismus nur dann voll gewährleistet, wenn die aufgenommene Nahrung gleichzeitig Fett enthält.

▷ **Tagesbedarf und Erhaltung der Vitamine**

Der Tagesbedarf wird in mg angegeben. Abgesehen von Vitamin C mit 75 mg, liegt der Bedarf im allgemeinen unter 5 mg, in einigen Fällen sogar unter 1 mg. Wie bei den Mineralstoffen ist auch hier die Deckung bei Aufnahme von gemischter Kost sichergestellt.

Durch Licht, Sauerstoff und erhöhte Temperatur werden Vitamine geschädigt bzw. sogar zerstört. Verlustmindernd wirken:

▶ Luftundurchlässige Umhüllungen bei der Lagerung (beachte z. B. das Vakuumverpacken durch die Industrie),
▶ Garen bei verminderter Temperatur (Garziehen, Dünsten),
▶ Garen bei erhöhter Temperatur, aber gleichzeitig verkürzter Garzeit (Dampfdruckkochen).

Darüber hinaus sollte Obst und Gemüse, wenn immer es angebracht ist, in rohem Zustand verzehrt werden (frisches Obst, Salate).

Wirkstoffe (Reglerstoffe)

▷ Aufgaben der Vitamine

Unabhängig von der Bezeichnung **Reglerstoffe** werden Vitamine auch als **Schutzstoffe** bezeichnet. Sie schützen vor teilweise schwerwiegenden **Mangelerscheinungen.**

Art der Vitamine		Vorkommen	Mangelerscheinungen
wasserlösliche	B_1	Fleisch, Innereien und Vollkornerzeugnisse	Krämpfe und Lähmungserscheinungen (Beriberi) Abmagerung und Muskelschwund Müdigkeit und Gedächtnisschwäche
	B_2	Milch, Eigelb, Hefe und Vollkornerzeugnisse	Augen- und Hauterkrankungen Reizungen und Entzündungen der Schleimhäute
	B_{12}	tierische Nahrungsmittel	Mangel an roten Blutkörperchen Störungen in der Zellvermehrung
	C	Obst, Gemüse, Kartoffeln, insbesondere Zitrusfrüchte	Infektionsanfälligkeit und Zahnfleischerkrankungen (Skorbut) Frühjahrsmüdigkeit
fettlösliche	A	Grünkohl, Spinat, Tomaten, Hagebutten, Leber und Lebertran	Nachtblindheit Verhärtungen und Funktionsstörungen in den Schleimhäuten
	D	Milch, Eigelb, Pilze und Lebertran	Erweichung bzw. mangelhafte Stabilisierung der Knochen (Rachitis)
	E	Getreidekeime, Vollkornerzeugnisse, Blattgemüse	Muskelschwund
	K	Leber, mageres Fleisch, grünes Blattgemüse	Mangelhafte Gerinnung des Blutes bei Verletzungen

B. Enzyme und Hormone

Beide Arten von Stoffen werden im lebenden Organismus gebildet. Bereits kleinste Mengen erfüllen jeweils artspezifische Aufgaben und steuern in ihrem Zusammenwirken das gesamte Stoffwechselgeschehen.

1. Enzyme

Die Stoffumwandlung durch Enzyme nennt man auch *Fermentieren* bzw. *Fermentation.* Daraus resultiert für Enzyme die Bezeichnung *Fermente.*

▷ **Aufgaben der Enzyme**

Die Erhaltung der belebten Natur ist eng mit einer ständigen Umwandlung von organischen Stoffen verbunden. Wichtige Zusammenhänge dazu siehe im Abschnitt „Grundkenntnisse aus der Biologie".

In das Stoffwechselgeschehen der Natur ist neben Pflanzen und Tieren auch der Mensch einbezogen: Nur durch ständigen Auf- und Abbau der Stoffe ist *Leben* im weitesten Sinne gewährleistet. Zuständig dafür sind die auf- und abbauenden Enzyme.

▷ **Aufbau der Enzyme**

Enzyme bestehen aus folgenden Bestandteilen:

– Eiweißkörper (Apoenzym)
– Wirkungsstoffgruppe (Coenzym)

Beide zusammen bilden den sogenannten Wirkstoffkomplex. (Siehe Skizze zur Wirkungsweise.)

▷ **Wirkungsweise der Enzyme**

Genauere und umfassendere Einblicke hat die Naturwissenschaft in das Wirken der *nährstoffabbauenden Enzyme.*

Der Nährstoff, das sogenannte *Substrat,* verbindet sich mit dem Wirkstoffkomplex zu einem *Wirkungskomplex.* Nach dem Abbau des Nährstoffs lösen sich die Spaltprodukte wieder vom Wirkstoffkomplex ab. Das Enzym selbst bleibt unverändert und ist für die weitere Abbauarbeit funktionsfähig. Lediglich bei Hitzeeinwirkung wird es zerstört (Denaturierung des Eiweißkörpers).

Wirkungsweise der Enzyme

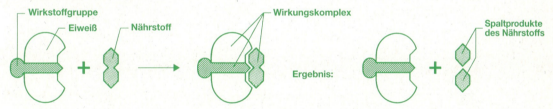

Ernährungslehre

Beispiele für Stoffwechselzusammenhänge:

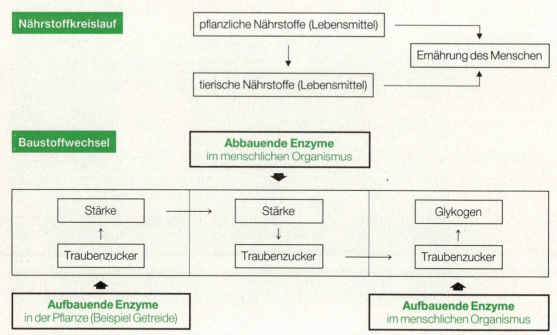

Glykogen ist ein stärkeähnlicher Stoff, der in der Leber als Vorrat eingelagert wird. (Siehe „Kohlenhydratstoffwechsel".)

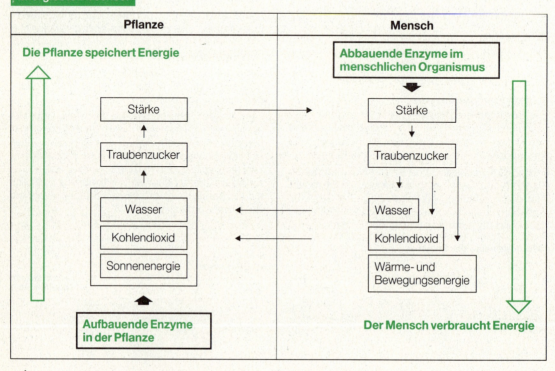

Wirkstoffe (Reglerstoffe)

▷ **Vorkommen der Enzyme**

Sie sind überall dort anzutreffen, wo lebenerhaltende Stoffumwandlungen notwendig sind.

Vorkommen der nährstoff-abbauenden Enzyme	Bedeutung der nährstoffabbauenden Vorgänge	wahrnehmbare Auswirkungen des Abbaus
in den Samen der Pflanzen	Bereitstellung löslicher Stoffe für den Keim	Auswachsen des Wurzel- und Blattkeims
in den Zellen der Kleinlebewesen	Abbau und Spaltung der Nährstoffe zur Lebenserhaltung	Gärung, Schimmelbildung und Fäulnis an betroffenen Lebensmitteln
in den Verdauungsorganen von Mensch und Tier	Abbau der Nährstoffe in lösliche Formen (Lebenserhaltung)	Verdauung (siehe im Abschnitt „Ernährung")
in allen Lebensmitteln	Lockerung des Nährstoffgefüges als Vorstufe der vollständigen Zersetzung (Rückführung der Stoffe in den Kreislauf der Natur, unabhängig von Ernährungsvorgängen)	Reifung des Fleisches Abnahme der Frische bei Eiern Altern von Nahrungsmitteln allgemein, selbst in konserviertem Zustand

▷ **Nährstoffabbauende Enzyme**

Enzyme sind keine Universalwirkstoffe. Sie sind vielmehr artspezifisch auf eine jeweilige Nährstoffgruppe bzw. auf einen ganz bestimmten Nährstoff zugeordnet. Wirkstoffkomplex und Substrat sind wie Schlüssel und Schloß aufeinander abgestimmt. Die Namen für die Enzyme sind von denen der Nährstoffe abgeleitet und sind an der Endung ... **ase** erkennbar.

Beispiele: ▶ Amyl**ose** → Amyl**ase**
▶ Malt**ose** → Malt**ase**

Enzyme	zugeordnete Nährstoffe	Abbauprodukte
Amylase	Amylose (Stärke)	Malzzucker
Maltase	Maltose (Malzzucker)	Traubenzucker Traubenzucker
Laktase	Laktose (Milchzucker)	Traubenzucker Schleimzucker
Saccharase	Saccharose (Rohr-, Rübenzucker)	Traubenzucker Fruchtzucker
Lipasen	Lipide (Fette)	Glycerin Fettsäuren
Proteasen	Proteine (Eiweißstoffe)	Aminosäuren

2. Hormone

▷ **Aufgaben der Hormone**

Diese Wirkstoffe gehören zu einem verflochtenen Steuermechanismus (siehe Skizzen zur Wirkungsweise auf der folgenden Seite). Im gesamten System hat die Hirnanhangdrüse (Hypophyse) eine übergeordnete Funktion. Außerdem befinden sich an bestimmten Stellen des Organismus Drüsen, die jeweils funktionsspezifische Hormone bilden und diese bei Bedarf („auf Abruf") in den Blutkreislauf abgeben. Im Blut gelangen sie zu den Stellen des jeweiligen Bedarfs.

Der Ausfall von Hormonen führt zu schwerwiegenden Störungen, wobei u. U. das gesamte Steuersystem in Unordnung gerät. Dank der Wissenschaft ist es heute möglich, wichtige Hormone aus den Drüsen von Tieren zu gewinnen und sie als wichtige Wirkstoffe in den Dienst der menschlichen Gesundheit zu stellen (Beispiel: Insulin).

▷ **Hormondrüsen**

Beispiele

Drüse/Hormon	Funktionen
Schilddrüse	
– Thyrosin	– Energieumsatz und Wachstum
Nebenniere	
– Kortikosteroide	– Wasser- und Mineralstoffhaushalt
– Adrenalin	– Kohlenhydratstoffwechsel und Blutkreislauf
Bauchspeicheldrüse	
– Insulin	– Kohlenhydratstoffwechsel
Hoden/Ejerstöcke	– Sexualfunktionen

▷ **Wirkungsweise der Hormone**

Es gibt Hormone, die unabhängig von anderen ganz eigenständige Funktionen erfüllen. Die meisten stehen jedoch in Wechselbeziehung zu anderen Hormonen und sind in einen *Rückkoppelungsmechanismus* eingebunden, durch den jeweils gegenläufige Reaktionen ausgelöst werden können.

Steuermechanismus aus der Technik

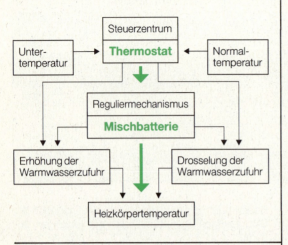

Steuermechanismus beim Kohlenhydratstoffwechsel

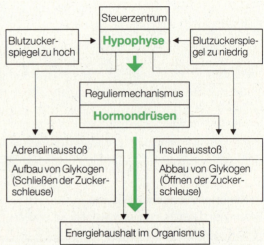

Durch eine Schleuse wird Wasser zurückgehalten oder zum Weiterfließen freigegeben. Ähnlich wird beim „Aufbau des Glykogens" Zucker aus dem Blutkreislauf „herausgenommen" und beim „Abbau des Glykogens" wieder in den Kreislauf „zurückgegeben".

Aufgaben (Ernährungslehre – Wirkstoffe)

Mineralstoffe:
1. Erklären Sie die Bezeichnung „Mengenelemente" und „Spurenelemente", und ordnen Sie diesen zugehörige Stoffe zu.
2. Welche Aufgaben erfüllen sie im Organismus?

Vitamine:
3. Nennen Sie wasserlösliche und fettlösliche Vitamine sowie ihr Vorkommen, und beschreiben Sie ihre Bedeutung für die Ernährung.
4. Wodurch können Vitamine geschädigt werden, und welche Maßnahmen dienen ihrer Erhaltung?

Enzyme:
5. Was sind Enzyme und wo kommen sie vor?
6. Nennen Sie Umwandlungsvorgänge, die durch Enzyme bewirkt werden.
7. Wie sind Enzyme aufgebaut?
8. Nennen Sie nährstoffabbauende Enzyme und beschreiben Sie ihre Wirkungsweise.

Hormone:
9. Welche Aufgaben erfüllen Hormone im menschlichen Organismus?
10. Nennen Sie bekannte Hormone.
11. Beschreiben Sie am Beispiel des Kohlenhydratstoffwechsels die Wirkungsweise von Hormonen.

III. Ernährung des Menschen

Ernährung ist die Aufnahme und Auswertung von Nahrungsstoffen im menschlichen Körper. Es handelt sich dabei um einen biologischen Prozeß, der durch eine Vielzahl stofflicher Veränderungen gekennzeichnet ist.

A. Ernährungsstoffwechsel

Man versteht darunter die Gesamtheit aller Stoffumwandlungen, die mit der Ernährung im Zusammenhang stehen. Grundlage sind die Nährstoffe. Den genannten Umwandlungen (Stoffwechsel) unterliegen jedoch vor allem Kohlenhydrate, Fett und Eiweiß. Dabei sind zwei grundlegende Arten der Stoffwechselvorgänge zu unterscheiden:

Baustoffwechsel: Umwandlung von körperfremden Stoffen (pflanzliche und tierische) in körpereigene Stoffe,
Energiestoffwechsel: Verbrauch von körperfremden Stoffen zur Gewinnung der körpereigenen Energie.

Beim Stoffwechselgeschehen sind sodann zwei wichtige Abschnitte zu unterscheiden:

▸ Verdauung der Nährstoffe in den Verdauungsorganen,
▸ Auswertung der Nährstoffe im Organismus.

Ernährung des Menschen

1. Verdauung

Das ist der Abbau der Nährstoffe, ein Vorgang, der notwendig ist, da pflanzliche und tierische Nährstoffe mit hochmolekularem Aufbau weder in den menschlichen Organismus aufgenommen noch in ihm ausgewertet werden können.

▶ Orte der Verdauung sind die **Verdauungsorgane,**
▶ Ursache für die Verdauung sind die **Enzyme,**
▶ Orte der Enzymbildung sind die **Verdauungsdrüsen.**

▷ **Verdauungsorgane**

Es handelt sich dabei um ein Kanalsystem, das gegen den „eigentlichen" Organismus abgeschirmt und lediglich für den Abbau der Nährstoffe zuständig ist.

Der Verdauungskanal gliedert sich in die Abschnitte:

– Mund und Magen,
– Zwölffingerdarm, Dünndarm und Dickdarm.

Der Dünndarm ist der längste Abschnitt des Darmsystems. Aus ihm wechseln die abgebauten Nährstoffe in die Blut- und Lymphbahn über. Diese übernehmen den Transport zu den Zellen und Organen. Den Übergang nennt man *Resorption = Aufnahme*. Lediglich der unverdauliche Speisebrei wird in den Dickdarm weitergeleitet und nach dem Entzug des Wassers ausgeschieden.

Zu den Verdauungsorganen gehören ferner Organe, in denen wichtige Verdauungssäfte gebildet werden.

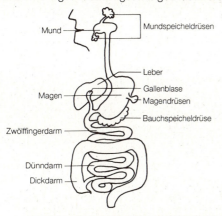

– Mund- und Bauspeicheldrüsen → Enzyme
– Magendrüsen → Salzsäure
– Leber und Galle → Gallensaft

▷ **Verdauungsvorgänge**

Der entscheidende Vorgang ist der Abbau der Nährstoffe, für den die Enzyme zuständig sind. *Darüber hinaus* gibt es vorbereitende Vorgänge, die oberflächenvergrößernd wirken und dadurch den Zugang für die Enzyme erleichtern sowie den gesamten Verdauungsablauf fördern.

▶ Das Kauen sorgt für das Aufweichen und Zerkleinern der gesamten Nahrung („Gut gekaut ist halb verdaut"),
▶ Salzsäure bringt die Eiweißstoffe zum Gerinnen,
▶ der Gallensaft emulgiert das Fett,
▶ die unverdaulichen Ballaststoffe quellen durch die Aufnahme von Wasser und sorgen als Füllstoff für die verdauungsfördernde **Peristaltik**.

Ablauf der Verdauung

Organe	Vorgänge
Mund	– Zerkleinerung und Einweichung der Speisen – Beginn des Zuckerabbaus (Stärke)
Magen	– Gerinnung und Quellung der Eiweißstoffe durch die Salzsäure – Beginn des Eiweißabbaus – Fortführung des Zuckerabbaus (Stärke, Doppelzucker)
Zwölffingerdarm	– Emulgierung der Fette durch die Gallenflüssigkeit – Beginn des Fettabbaus – Fortführung des Abbaus von Zucker und Eiweiß
Dünndarm	– Abschluß des Abbaus aller Nährstoffe – Resorption in die Blut- und Lymphbahn
Dickdarm	– Verdichtung und Ausscheidung des unverdaulichen Speisebreis

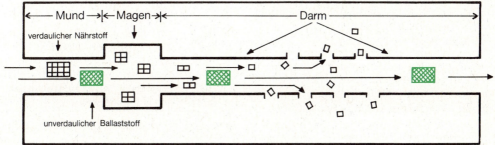

2. Auswertung der Nährstoffe

Nach der Übernahme der Nährstoffe in die Blut- und Lymphbahn werden sie ihrer Zweckbestimmung zugeführt.

▷ Kohlenhydratstoffwechsel

Kohlenhydrate sind energieliefernde Nährstoffe. Aus einem Gramm können 17 Kilojoule (kJ) (Energie) freigesetzt werden. Die im Blut ständig mitgeführte Mindestmenge bildet den *Blutzuckerspiegel*. Wo immer im Körper Wärme- und Bewegungsenergie erforderlich ist, wird Zucker mit Hilfe des gleichzeitig zugeführten Sauerstoffs „verbrannt". Nicht unmittelbar benötigte Zuckerüberschüsse (der Blutzuckerspiegel steigt) werden zu dem stärkeähnlichen **Glykogen** aufgebaut und in der Leber als Vorrat eingelagert.

Ist deren Fassungsvermögen erschöpft, wird darüber hinaus vorhandener Zucker in Fett umgewandelt und als längerfristige Energiereserve im Fettgewebe eingelagert (*Depotfett*). Bei ungenügender Zufuhr von Kohlenhydraten sinkt der Blutzuckerspiegel. Daraufhin kommt ein Mechanismus in Gang, durch den die weitere Energieversorgung sichergestellt ist.

> ▸ Zunächst wird das Glykogen in Traubenzucker zurückverwandelt und dieser in die Blutbahn eingeführt.
> ▸ Länger anhaltender Mangel an Kohlenhydraten führt zum Abbau der Fettdepots.
> ▸ Bei Hungerzuständen wird darüber hinaus die Eiweißsubstanz angegriffen und zur weiteren Energieversorgung herangezogen (Abmagerung).

Störungen im Kohlenhydratstoffwechsel haben einen konstant erhöhten Blutzuckerspiegel zur Folge. Die sich daraus ergebenden Beschwerden sind unter der Bezeichnung *Zuckerkrankheit* bzw. *Diabetes* bekannt (siehe „Spezifische Schonkostformen").

▷ Fettstoffwechsel

Bereits in der Darmwand bilden sich aus Glycerin und Fettsäuren wieder Fettbausteine, die über die Blut- und Lymphbahn dem Körper zugeführt werden (Organfett, Depotfett).

Auch Fett ist energieliefernder Nährstoff, dessen Energiewert allerdings höher liegt als der der Kohlenhydrate.

> 1 g Kohlenhydrate ergibt 17 kJ
> 1 g Fett ergibt 39 kJ

Ginge es lediglich um die Deckung des Energiebedarfs, würden die Kohlenhydrate ausreichen. Auf Fett könnte ganz verzichtet werden.

Fett hat aber im Organismus noch andere Aufgaben.

Insbesondere die *essentiellen Fettsäuren* (ungesättigte Fettsäuren) müssen dem Organismus regelmäßig zugeführt werden, weil er sie selber nicht bilden kann.

(essentiell = lebensnotwendig)

Anteil essentieller Fettsäuren in Nahrungsfetten			
Rindertalg	3–4 %	Olivenöl	7– 8 %
Butter	4–5 %	Erdnußöl	30–35 %
Schweineschmalz	7–8 %	Maiskeimöl Weizenkeimöl	48–50 %
		Sonnenblumenöl Sojaöl	55–60 %

Fett ist außerdem für den *Transport der fettlöslichen Vitamine* unerläßlich.

Selbst auf das gefürchtete Cholesterin kann der Körper nicht verzichten. Es ist am Aufbau von Zellwänden, Hormonen, Gallensäure und Vitamin D beteiligt. Lediglich bei übermäßiger Zufuhr oder bei Störungen im *Cholesterinstoffwechsel* steigt der Cholesterinspiegel im Blut und zeigt negative Auswirkungen auf die Herz- und Blutgefäße.

▷ Eiweißstoffwechsel

Die Aminosäuren werden im Organismus des Menschen nach ganz bestimmten Mustern in körpereigene Eiweißstoffe aufgebaut.

Eiweiß ist Baustoff und kann in dieser Funktion durch keinen anderen Nährstoff ersetzt werden. Aminosäuren, die der menschliche Organismus nicht aufbauen kann, sind *essentielle Aminosäuren*. Obwohl grundsätzlich das tierische Eiweiß gegenüber dem pflanzlichen höher bewertet wird, hat letzteres einen wichtigen *Ergänzungswert*.

Eine besondere Bedeutung hat die *biologische Wertigkeit* der Eiweißstoffe. Man versteht darunter die Menge Protein, die der Körper aus 100 g zugeführtem Protein aufbauen kann.

Bei Mangel an Kohlenhydraten und Fett kann auch Eiweiß der Energieversorgung dienen.

> 1 g Eiweiß enthält 17 kJ

Der tägliche Eiweißbedarf ist im wesentlichen vom Alter abhängig.

> ▸ *In den mittleren Jahren* des Menschen beträgt er etwa 1 g je kg Körpergewicht,
> ▸ *bei Kindern* und Jugendlichen (Wachstum) liegt er höher, abnehmend von 2,5 bis 1,5 g je kg Körpergewicht,
> ▸ *im Alter* (Regenerierungen) liegt er im Vergleich zu den mittleren Jahren mit 1,2 g je kg Körpergewicht wieder etwas höher.

Der Eiweißbedarf soll etwa zu 30 % aus tierischem Eiweiß gedeckt werden.

Ernährung des Menschen

▷ Energiestoffwechsel

In dieses Stoffwechselgeschehen sind sowohl die Kohlenhydrate als auch das Fett einzubeziehen. Als Richtwerte für die Aufteilung gelten:

> 75 bis 80 % aus Kohlenhydraten
> 25 bis 20 % aus Fett

Der tägliche Kohlenhydrat- und Fettbedarf wird am Energieumsatz des Organismus gemessen. Dieser setzt sich aus dem Grundumsatz und dem Leistungsumsatz zusammen.

	Grundumsatz	Das ist die Energiemenge, die bei völliger körperlicher Ruhe (Wärmeenergie und unbewußte organische Bewegungsenergie) verbraucht wird.
+	Leistungsumsatz	Das ist die zusätzliche, unterschiedlich hohe Energiemenge bei körperlicher Betätigung (einfache Bewegungen, Arbeitsverrichtungen, sportliche Betätigung)
=	Gesamtumsatz	Grundumsatz + Leistungsumsatz

Die Höhe des Gesamtumsatzes ist von folgenden Faktoren abhängig:

- Alter / Geschlecht
- Körpergröße / Körperbau
- Klima

▶ Bei Jugendlichen liegt er höher als bei Erwachsenen,
▶ mit zunehmendem Alter hat er abnehmende Tendenz (deshalb häufig die Gewichtszunahme im Alter),
▶ bei Frauen ist er aufgrund des geringeren Körpergewichts niedriger.

Für den arbeitenden Menschen gelten in den mittleren Jahren bei einem *Körpergewicht von 70 kg* und bei leichter körperlicher Arbeit folgende Richtwerte.

Nährstoff	Gramm je kg Gewicht	Gesamtmenge in g	Gesamt-kJ
Fett	0,7 bis 0,8	49 bis 56	1911 bis 2184
Kohlenhydrate	6 bis 7	420 bis 490	7140 bis 8330
Gesamtenergiemenge			9051 bis 10514

Beispiele für den Tagesenergiebedarf

Alter: 25 Jahre   Körpergewicht: 70 kg
Bezugsgröße für die benötigten Kilojoule (kJ): je kg Körpergewicht

Umsatzart	kJ/kg Gewicht	Gesamtmenge der Kilojoule					
Grundumsatz	rund 100	7200	7200	7200	7200	7200	7200
Leistungsumsatz							
– leichte Arbeit	30 bis 40	2100	2800				
– mittelschwere Arbeit	41 bis 65			2870	4550		
– schwere Arbeit	66 bis 90					4620	6300
Gesamtumsatz		9300	10000	10070	11750	11820	13500

Berufe mit leichter Arbeit	→	Büroangestellte, Verkäufer, Lehrer
mittelschwerer Arbeit:	→	Köche, Restaurantfachleute, Zimmermädchen
schwerer Arbeit:	→	Maurer, Zimmerer, Landwirte

3. Ernährungsphysiologische Bedeutung des Wassers

▷ Baustoff

Der menschliche Organismus besteht zu 60 bis 65 % aus Wasser. In Verbindung mit Mineralstoffen ist es am Aufbau aller Zellen und Gewebe beteiligt.

▷ Lösungs- und Transportmittel

Nur im gelösten Zustand können die Nährstoffe in den Körper hinein- bzw. die Stoffwechselabfälle hinaustransportiert werden. Das Wasser erfüllt beide Aufgaben: Lösen und Transportieren.

▷ Reglerstoff

Die Anwesenheit von Wasser ist Voraussetzung für die Funktionsfähigkeit von Enzymen, Mineralstoffen, Vitaminen und Hormonen. Es erfüllt deshalb für die Aufrechterhaltung des gesamten Stoffwechselgeschehens eine ganz wichtige Aufgabe.

▷ **Täglicher Wasserbedarf**

Der Mensch scheidet ständig Wasser aus. Zum Ausgleich muß er seinem Körper täglich zwei bis drei Liter Wasser zuführen. Darin ist jedoch das in den Lebensmitteln enthaltene Wasser mit eingeschlossen.

Wassergehalt bestimmter Lebensmittelgruppen

– Gemüse und Obst	→	75 bis 95 %
– Milch	→	um 90 %
– Eier	→	70 bis 74 %
– Fleisch und Fisch	→	50 bis 75 %
– Getreideerzeugnisse	→	10 bis 40 %

B. Richtige Ernährung

Viele Krankheiten der Wohlstandsgesellschaft haben ihre Ursache in einer falschen Ernährung. Es ist deshalb wichtig, den Ursachen nachzugehen.

1. Ernährungsgewohnheiten

Die Art und Weise sich zu ernähren ist eine von vielen Gewohnheiten. Sie ist notwendig, weil nicht alle Verhaltensweisen ständig mit dem Verstand kontrolliert werden können. Da es aber auch schlechte Gewohnheiten gibt, ist von Zeit zu Zeit eine kritische Überprüfung angebracht, damit *falsche Ernährungsgewohnheiten* verhindert werden.

▷ **Hunger und Appetit**

Hunger signalisiert, daß dem Körper Nahrung zugeführt werden muß. Wie wichtig dieses Signal ist, beweist die Tatsache, daß der Mensch verhungern kann. Hunger wird durch Nahrungsaufnahme gestillt.

Appetit ist eine lustvolle Regung, die durch Sehen, Riechen und Schmecken ausgelöst wird. Nicht umsonst reicht man vor dem Essen appetitanregende Getränke und nicht umsonst bemüht sich die Küche, Speisen schmackhaft zuzubereiten und appetitlich anzurichten. Es ist wichtig, mit Appetit zu essen, denn das dient dem allgemeinen Wohlbefinden.

▷ **Falsche Ernährungsgewohnheiten**

Im allgemeinen sind mangelhafte Selbstkontrolle und eine unkritische Einstellung zum Essen die Ursache. Nicht zuletzt tragen jedoch die besonderen Verhältnisse in der Industrie- und Wohlstandsgesellschaft zum Fehlverhalten bezüglich der Ernährung bei.

- ▸ Hohe körperliche und geistige Anforderungen bei gleichzeitig ständigem Zeitmangel,
- ▸ Überangebote an Nahrungs- und Genußmitteln,
- ▸ Verlockungen zur ständigen Genußsteigerung,
- ▸ irreführende Hunger*gefühle*, die nichts mit Hunger zu tun haben.

2. Richtlinien zur richtigen Ernährung

Erste Voraussetzung, um Schäden abzuwenden, sind feste Ernährungsgewohnheiten, die auf das Wohlbefinden und die Gesundheit ausgerichtet sind.

- ▸ Nicht durch Hungergefühle und Gelüste zu unkontrolliertem Essen verleiten lassen,
- ▸ zu genau festgesetzten Zeiten essen, und keine unkontrollierten Zwischenmahlzeiten einlegen,
- ▸ zum Essen Zeit nehmen sowie langsam und mit Appetit essen,
- ▸ regelmäßig warmes Essen einnehmen.

Ferner ist auf die richtige Menge und Ausgewogenheit sowie auf die Vollwertigkeit der Nahrung zu achten.

▷ **Vollwertigkeit**

Für die Erhaltung der Gesundheit ist es vor allem wichtig, dem Organismus im Rahmen der Ernährung *vollwertige Nahrungsmittel* zuzuführen. Dabei sollte unbedingt der Unterschied zwischen biologisch hochwertigen und biologisch unterwertigen Nahrungsmitteln beachtet werden (siehe im Abschnitt „Bewertung von Nahrungsmitteln").

▷ **Menge**

Sie muß dem täglichen Bedarf angemessen sein. Die Richtwerte sind aus früheren Abschnitten bekannt und sollten unbedingt eingehalten werden.

Zu wenig essen führt zu Unterernährung, allgemeiner Schwäche, vor allem zur Schwächung des Kreislaufs. Folgenschwere Organschäden sind möglich.

Zu viel und maßlos essen, in der Wohlstandsgesellschaft eine weit verbreitete Gewohnheit, führt zu Überernährung und Übergewicht mit schwerwiegenden Folgen durch die übermäßige Belastung des Stoffwechselgeschehens:

- ▸ Herz- und Kreislauf-Erkrankung,
- ▸ Schädigungen der Leber und der Nieren.

Erschreckend oft treten solche Erkrankungen heute schon im jugendlichen Alter auf.

▷ **Ausgewogenheit**

Einseitig essen führt über Mangelerscheinungen bis hin zu Mangelkrankheiten, die oft nur noch schwer zu heilen sind. In den vorangegangenen Abschnitten wurde dazu bereits Wichtiges gesagt (siehe „Vitamine und Mineralstoffe"). Vor allem aber der einseitige Genuß von Fleisch sowie von konzentrierten Zuckermengen in Süßigkeiten, feinen Backwaren, Süßspeisen und süßen Getränken haben außer der Gewichtszunahme noch andere negative Auswirkungen:

- – Zahnfleischerkrankungen (Parodontose) und Schädigung der Zähne (Karies),
- – Fettleibigkeit, Leberverfettung, Zuckerkrankheit.

3. Kostformen

Kost ist die Zusammenstellung der Speisen zur „Verköstigung" des Menschen. Je nach seiner körperlichen Verfassung unterscheidet man dabei neben der *Normalkost* verschiedene *Schonkostformen*.

Eine spezielle Form der Schonkost ist die *Diät*. Je nach Art und dem Grad von Beschwerden unterscheidet man dabei:

- Allgemeine Schonkost, auch *Grunddiät* genannt,
- spezifische Schonkostformen bzw. spezifische Diäten im Zusammenhang mit unterschiedlichen Beschwerden.

▷ Normalkost

Auf diese Weise ernähren sich gesunde und beschwerdefreie Menschen, deren Ernährungsstoffwechsel störungsfrei funktioniert. Abgesehen von der Notwendigkeit, die Regeln der richtigen Ernährung zu beachten, gibt es keinerlei weitere Einschränkungen.

- ▸ Dem Körper dürfen alle Nährstoffe zugeführt werden,
- ▸ die Nahrungsmittel bzw. Speisen können Ballaststoffe enthalten und, sofern üblich, in rohem Zustand verzehrt werden,
- ▸ die Speisen dürfen Röststoffe enthalten, sie können geräuchert, mariniert und gut gewürzt sein.

Normalkost ist *gemischte Kost* in weitestem Sinne. Maßvolle Verzehrsgewohnheiten vorausgesetzt, ergeben sich im Organismus keinerlei Störungen und Beschwerden.

▷ Allgemeine Schonkost

Sie wird bei unspezifischen Beschwerden, Schwächezuständen und allgemeinen Stoffwechselstörungen empfohlen, insbesondere für sensible und überlastete Menschen sowie nach Operationen und während Erkrankungen. Die Kost kann je nach Befinden zwischen einer leichtverdaulichen Normalkost und unterschiedlichen strengen Formen variieren.

Als grundlegende Regeln sind zu beachten:

- ▸ Die Nahrungsmenge dem unbedingt notwendigen Bedarf anpassen,
- ▸ die Nahrungsaufnahme auf 5 bis 6 Mahlzeiten verteilen,
- ▸ leichtverdauliche Nahrungsmittel wählen sowie auf leichte Verdauung ausgerichtete Zubereitungsarten anwenden,
- ▸ Salz nur sparsam, scharfe Gewürze gar nicht verwenden (die Natur stellt vielerlei natürliche und mildaromatische Würzstoffe zur Verfügung).

Richtlinien zur allgemeinen Schonkost

empfohlene Speisen und Getränke	verbotene Speisen und Getränke
– mageres, frisches, zartes und leichtverdauliches Fleisch	– fettes, bindegewebereiches, geräuchertes, gepökeltes sowie schwerverdauliches Fleisch
– magerer Fisch	– fetter, geräucherter Fisch
– fettarme Milchprodukte	– fette Milchprodukte
– zartes, leichtverdauliches Gemüse (Spinat, Tomaten, Karotten, Salat)	– ballaststoffreiche, schwer verdauliche Gemüse (Kohl, Hülsenfrüchte)
– abgelagertes Brot, trokkene Gebäcksorten ohne viel Fett (Zwieback, Knäckebrot)	– frisches Brot und fettreiche Gebäcke
– Milch, Tee und Obstsäfte sowie Obst	– Kaffee und alkoholische Getränke
empfohlene Zubereitungsarten	**verbotene Zubereitungsarten**
– Kochen, Dämpfen und Dünsten	– Braten, Grillen und Fritieren
– auch leichtes Braten	– Schmoren
– wenig Fett und mild gewürzt	– mit viel Fett und scharf gewürzt

▷ Spezifische Schonkostformen

Sie ergeben sich aufgrund spezifischer Leiden. Es handelt sich um sogenannte *Entziehungsdiäten*, da bei ihnen unverträgliche Stoffe bzw. Speisen ganz oder teilweise entzogen werden.

- Kohlenhydrate bei der Zuckerkrankheit,
- Fett sowie gebratene, gegrillte und fritierte Speisen bei Leber- und Gallenleiden,
- Salz und scharfe Gewürze bei Herz- und Nierenerkrankungen,
- fett- und ballaststoffreiche sowie schwerverdauliche Speisen bei Magen- und Darmleiden.

Eine andere Bezeichnung für Zuckerkrankheit ist *Diabetes*. Aufgrund des Mangels an Insulin kann der Organismus des Diabetikers einerseits überschüssigen Zucker nicht in Glykogen aufbauen (Folge: überhöhter Blutzuckerspiegel), andererseits steht bei kurzfristigem Bedarf kein Reservezucker zur Verfügung (in schweren Fällen kommt es zu Bewußtlosigkeit). Ärztlicherseits wird dem Diabetiker mit Insulinspritzen geholfen. In den meisten Fällen darf er jedoch Zucker mit der täglichen Nahrung nur in begrenzten Mengen aufnehmen. Die Mengenangabe erfolgt mit BE.

BE = Broteinheit = 12 g Kohlenhydrate

▷ Aufbau- und Abmagerungskost

Aufbaukost wird bei Unterernährung gereicht.
Es gelten folgende Richtlinien:

- ▶ Die Kost soll reich an Nährstoffen, insbesondere an Kohlenhydraten sein,
- ▶ reich an Vitaminen und Mineralstoffen, appetitanregenden, leichtverdaulichen Speisen;
- ▶ die Anzahl der Mahlzeiten ist zu erhöhen.

Abmagerungskost wird bei Überernährung angewendet. Richtlinien für die Ernährungsweise sind:

- ▶ Die Kost soll arm an kohlenhydrat- und fettreichen Speisen sein,
- ▶ die Gesamtnahrungsmenge ist zu verringern,
- ▶ die Anzahl der Mahlzeiten ist zu reduzieren.

Je nach der Verfassung des Betroffenen stellen Aufbau- und Abmagerungskuren einen schwerwiegenden Eingriff in das Stoffwechselgeschehen dar. Sie sollten deshalb niemals ohne ärztlichen Rat und ohne ärztliche Überwachung angewendet werden.

▷ Vollwertkost

Immer mehr Menschen orientieren sich bezüglich ihrer Ernährung an den Richtlinien für eine vollwertige Ernährungsweise. Dabei sind richtungweisend:

– die Wahl ernährungsphysiologisch hochwertiger Nahrungsmittel,
– die Anwendung schonender Garverfahren.

(Siehe dazu auch die Abschnitte „Richtlinien zur richtigen Ernährung" und „Wertigkeit von Nahrungsmitteln".)

Aufgaben (Ernährung des Menschen)

Ernährungsstoffwechsel:
1. Erklären Sie den Begriff Ernährungsstoffwechsel.
2. Nennen bzw. beschreiben Sie zum Thema Verdauung:
    a) die Verdauungsorgane und Verdauungsvorgänge,
    b) den Verdauungsablauf in den einzelnen Abschnitten,
    c) die Bezeichnung Peristaltik und Resorption.
3. Erläutern Sie folgende Stoffwechselvorgänge:
    a) Kohlenhydratstoffwechsel, b) Fettstoffwechsel,
    c) Eiweißstoffwechsel.
4. Nennen Sie Richtwerte für die tägliche Nährstoffzufuhr.
    a) Fett und Kohlenhydrate,
    b) Eiweiß bei Jugendlichen, Erwachsenen und alten Menschen.
5. Welche besondere Aufgabe erfüllt das Fett im Ernährungsstoffwechsel?

Energiestoffwechsel:
6. Erklären Sie den Begriff Energiestoffwechsel.
7. Was bedeuten die Bezeichnungen Grundumsatz und Leistungsumsatz?
8. Wovon ist die Höhe des Grundumsatzes abhängig?
9. Warum werden zur Deckung des Energiebedarfs Kohlenhydrate **und** Fette herangezogen?
10. Nennen Sie Richtwerte für die prozentuale Aufteilung.

Energiebedarf:
11. Wie verändert sich der tägliche Energiebedarf in den verschiedenen Altersgruppen: Jugendliche, Erwachsene, ältere Menschen?

12. Nennen Sie ungefähre Richtwerte für den Gesamtenergiebedarf (Joule) bei einem Alter von 25 Jahren und 70 kg Körpergewicht:
    a) bei leichter Arbeit,
    b) bei mittelschwerer Arbeit,
    c) bei schwerer Arbeit.

Kohlenhydratstoffwechsel:
13. Was versteht man unter Blutzuckerspiegel?
14. Was ist Glykogen und Depotfett?
15. Beschreiben Sie Ursachen und Vorgänge bei steigendem und sinkendem Blutzuckerspiegel.
16. Was ist Diabetes?
17. Mit welchen Maßnahmen begegnet man der Diabetes?

Richtige Ernährung:
18. Erklären Sie die Bezeichnungen Hunger und Appetit.
19. Beschreiben Sie falsche Ernährungsgewohnheiten und ihre Folgen.
20. Beschreiben Sie Richtlinien zur richtigen Ernährung.

Kostformen:
21. Erklären Sie die Bezeichnungen Normalkost und Schonkost.
22. Welche Empfehlungen und Verbote gibt es im Rahmen der allgemeinen Schonkost?
23. Beschreiben Sie an Beispielen die sogenannten Entziehungsdiäten.
24. Erklären Sie die Bezeichnungen Aufbau und Abmagerungskost.

IV. Bewertung und Werterhaltung bei Lebensmitteln

Die Zeiten, da sich der einzelne Mensch selber mit den zum Leben notwendigen Nahrungsmitteln versorgte, liegen weit zurück. Die Versorgung erfolgt heute durch land- und viehwirtschaftliche Betriebe sowie durch die lebensmittelherstellende Industrie. Dabei werden die Nahrungsmittel aufgrund von züchterischen Maßnahmen bzw. von industriellen Behandlungsverfahren in ihrer Beschaffenheit auf vielfältige Weise beeinflußt und verändert.

A. Bewertung von Lebensmitteln

Um den Verbraucher im Rahmen der oben genannten Fremdversorgung vor materiellen Schäden zu schützen, gibt es bezüglich der einwandfreien Beschaffenheit sowie der unterschiedlichen Qualität der Nahrungsmittel von seiten des Staates viele gesetzliche Regeln in Form von Vorschriften, Richtlinien und

Bewertung und Werterhaltung von Nahrungsmitteln

Kontrollen. Sie verpflichten den Hersteller zur Einhaltung und sind für den Verbraucher eine wichtige Informations- und Orientierungshilfe.

Im Abschnitt „Gesetzliche Grundlagen zur Hygiene", „Lebensmittelgesetz" wurde zu diesem Thema bereits Grundlegendes ausgesagt. Die folgenden Beispiele dienen der Ergänzung und Abrundung.

1. Schlachttier- und Fleischbeschau

Die Schlachttiere (Rind, Kalb, Schwein, Hammel und Schaf) sind die Hauptgrundlage für die Versorgung der Menschen mit Fleisch. Durch Vorschriften zur Schlachttier- und Fleischbeschau (Fleischhygienegesetz) ist gewährleistet, daß an den Verbraucher nur solches Fleisch abgegeben wird, das von gesunden Tieren stammt und außerdem den festgelegten Qualitätsanforderungen entspricht.

2. Handels- und Güteklassen

Mit ihrer Hilfe werden Nahrungsmittel entsprechend ihrer Eigenschaften unterschiedlichen Qualitätsstufen zugeordnet. In Verbindung mit den jeweils zugehörenden Preisen hat der Käufer die Möglichkeit, sich für die eine oder die andere Qualität zu entscheiden.

▷ **Schlachtgeflügel**

Neben Schlachtfleisch nimmt das Angebot von Schlachtgeflügel (Hühner, Enten, Gänse) heute einen breiten Raum ein.

Die *Handelsklassen A, B und C* enthalten Richtlinien über Körperbau, Fleischansatz, Verletzungen und andere Qualitätsmerkmale.

▷ **Eier**

Bei Eiern hat die Frische eine besondere Bedeutung. Außerdem unterscheiden sie sich im Hinblick auf Größe und Gewicht.

Die *Güteklassen A – Extra sowie A, B und C* enthalten Richtwerte über Frische und Beschaffenheit. Die *Gewichtsklassen* geben Auskunft über das Gewicht.

Genauere Einzelheiten zu Geflügel und Eiern siehe im Kapitel „Nahrungsmittellehre".

▷ **Obst und Gemüse**

Aufgrund unterschiedlicher Anbau- und Wachstumsbedingungen ergeben sich unterschiedliche Qualitäten.

Die *Güteklassen Extra sowie, I, II und III* geben Auskunft über sortentypische Qualitätsmerkmale der *Frischware*:

- Größe, Form, Oberfläche und Farbe
- Frische und Haltbarkeit

Die Beurteilungen reichen von fehlerlos über kleine Fehler bis hin zu zulässigen Fehlern.

3. Qualitätsnormen und Produktbeschreibungen

Die lebensmittelherstellende Industrie verarbeitet Rohprodukte und stellt daraus Lebensmittel mit anderen, jeweils artspezifischen Eigenschaften her. Dabei werden die natürlichen Eigenschaften verändert, und die neuen Produkte haben im allgemeinen eine andere stoffliche Zusammensetzung. Zum Schutz der Verbraucher vor minderwertiger Ware gibt es auch hier exakte staatliche Richtlinien.

▷ **Qualitätsnormen**

Sie beziehen sich vor allem auf Obst- und Gemüsekonserven und stellen eine Orientierungshilfe für den Verbraucher dar.

- Größe, natürliche Form, Schnittform (z. B. Scheiben, Würfel)
- sortentypische Farbe und ganz spezielle Merkmale (z. B. Spargel mit oder ohne Köpfen)

▷ **Produktbeschreibungen**

Industriell hergestellte Lebensmittel kommen mit bestimmten Handelsbezeichnungen auf den Markt. Sie leiten sich teilweise aus traditionellen Namen her, teilweise sind es durch Verordnung oder Gesetz festgelegte Bezeichnungen. In jedem Fall gibt es dazu von staatlicher Seite genaue Angaben über die stoffliche Zusammensetzung, insbesondere zu den artbestimmenden Bestandteilen, z. B.:

▶ Fettgehalt in Milch und Milcherzeugnissen sowie in Hackfleisch,
▶ Zusammensetzung von Obsterzeugnissen (Gelee, Marmelade),
▶ Fruchtgehalt in unterschiedlichen Getränken aus Früchten (Fruchtsaft, Fruchtnektar usw.),
▶ Stammwürzegehalt in den verschiedenen Biergattungen,
▶ Öchslegrade im Zusammenhang mit den Weingüteklassen,
▶ Alkoholgehalt in Spirituosen.

4. Wertigkeit von Nahrungsmitteln

Der Ernährungswert eines Nahrungsmittels ist von seiner stofflichen Zusammensetzung abhängig. Je nach dem Anteil der für die Ernährung wichtigen Stoffe spricht man von hochwertigen oder unterwertigen Nahrungsmitteln.

▷ **Hochwertige Nahrungsmittel**

Als hochwertig gelten besonders solche, die reichliche Mengen folgender Stoffe enthalten: Mineralstoffe und Vitamine, verdauungsfördernde Ballaststoffe, essentielle Fettsäuren und essentielle Aminosäuren.

Nahrungsmittel	Bestandteile
– Obst und Gemüse – Vollkornprodukte, d. h. einschließlich der Schale	– Vitamine und Mineralstoffe – Ballaststoffe
– Pflanzliche Fette	– ungesättigte, essentielle Fettsäuren
– Milch, Milcherzeugnisse – Fisch sowie Schal- und Krustentiere	– essentielle Aminosäuren

▷ **Unterwertige Nahrungsmittel**

Sie entstehen durch das Entfernen von Nahrungsmittelbestandteilen, die von Natur aus einen hohen biologischen Wert haben. Man entfernt sie, um eine helle Farbe bzw. einen besonderen Geschmack zu erzielen. Solche Nahrungsmittel gelten jedoch als **entwertet**.

Schalenfreie Getreideprodukte und Speisen aus ihnen:
- Helle Mehle (Auszugsmehle) und geschälter Reis,
- Teigwaren und Gebäcke aus hellen Mehlen,
- reine Speisestärke.

Raffinierter Zucker und Erzeugnisse aus ihm:
- Zucker zum Süßen von Speisen und Getränken,
- Zuckerwaren und Süßwaren.

Raffinierte Fette

Raffinieren heißt Reinigen und bedeutet das oben erwähnte Entfernen der wertvollen Bestandteile.

B. Werterhaltung bei Lebensmitteln

Die Werterhaltung ist aus zwei Gründen nötig:
▸ Begrenzte Wachstums- und Erntezeiten mit ihrem Überangebot zwingen zur Vorratshaltung,
▸ Lebensmittel sind organische Stoffe, die den Gesetzmäßigkeiten von Wachsen, Reifen und wieder Vergehen unterliegen.

1. Lebensmittelveränderungen

Zwei zentrale Begriffe sind in diesem Zusammenhang *Reifen* und *Verderben*.

▷ **Reifen**

Man versteht darunter alle Veränderungen bis hin zu den höchsten Bewertungsmerkmalen. Kriterien der Bewertung können sein:
▸ Eigenschaften, die einen hohen Genußwert bieten,
▸ Eigenschaften, die eine zweckgerichtete Verarbeitung ermöglichen.

Lebensmittel, die auf einen optimalen Genuß hin reifen müssen (Beispiele)	Lebensmittel, die auf eine optimale Verarbeitung hin reifen müssen (Beispiele)
– Käse – Obst – Bier und Wein – Weinbrand	– Schlachtfleisch – Wild – Getreide – Mehl
volle Entfaltung der Duft- und Geschmacksstoffe (Aroma, Bukett)	volle Entfaltung technologisch wichtiger Eigenschaften von Eiweiß und Stärke

Ursache für das Reifen sind einerseits Wirkstoffe (Enzyme) innerhalb der Rohprodukte, andererseits Stoffumwandlungen, die sich während der Lagerung ergeben. Die Reifungsvorgänge sind unterschiedlich und können durch dunkles und kühles Lagern bezüglich der Dauer gesteuert werden.

Vergleiche die Lagerfähigkeit von
Obst → Käse → Fleisch → Weinbrand → Wein
Genaue Einzelheiten können in den entsprechenden Abschnitten des Buches ergänzend nachgelesen werden.

▷ **Verderben**

Es handelt sich dabei um Veränderungen, durch die Lebensmittel für den Verzehr unbrauchbar werden, z. B. faules Obst, schmierig gewordenes Fleisch, firner Wein.

Die Ursachen für das Verderben sind unterschiedlicher Art:
▸ Stoffumwandlungen innerhalb der Lebensmittel, bei denen der Höhepunkt der Reife überschritten wird (z. B. überlagertes Bier, firner Wein),
▸ Enzyme innerhalb des Rohstoffs, durch die eine Rückführung des Lebensmittels in den Kreislauf der Natur eingeleitet wird (z. B. in Obst und Gemüse, im Fleisch),
▸ Enzyme von Mikroorganismen, durch die eine Rückführung von außen her beschleunigt und vollendet wird (z. B. faules Obst, schmieriges Fleisch).

Alle Maßnahmen, die den oben genannten Veränderungen entgegenwirken, sind auf die *Erhaltung des Wertzustandes* ausgerichtet. Dabei sind zu unterscheiden:
▸ Maßnahmen, durch die rohstoffbedingte Umwandlungen gehemmt werden (z. B. kühles und dunkles Lagern von Bier und Wein),
▸ Maßnahmen, durch welche die Enzyme zerstört werden (rohstoffeigene und die der Mikroorganismen),
▸ Maßnahmen, die das Wirken der Enzyme einschränken bzw. hemmen.

2. Haltbarmachen durch Hitzeeinwirkung

Durch Hitze werden nicht nur die Mikroorganismen, sondern auch die Enzyme zerstört. Je nach Art und Intensität der Einwirkung unterscheidet man folgende Verfahren.

| Pasteurisieren | Ultrahocherhitzen | Sterilisieren |

▷ Pasteurisieren

Das nach Louis *Pasteur* benannte Verfahren ist schonend und wird bei empfindlichen Lebensmitteln angewendet (z. B. Fruchtsäfte, Milch, Fischerzeugnisse). Die Höhe der Temperatur und die Dauer der Einwirkung kann unterschiedlich sein:

– Dauererhitzen	→	30 Minuten zwischen 62 und 65 °C
– Kurzzeiterhitzen	→	15 bis 40 Sekunden zwischen 71 und 74 °C
– Hocherhitzen	→	10 bis 14 Sekunden bei 85 °C.

Pasteurisierte Lebensmittel sind lediglich *keimarm*, weil eine bestimmte Anzahl der Mikroorganismen die niedrigeren Temperaturen übersteht. Die Lagerfähigkeit ist deshalb begrenzt, weshalb angegebene Haltbarkeitsdaten unbedingt zu beachten sind. Bei Erzeugnissen von Fischen sowie Schal- und Krustentieren werden ergänzend Konservierungsstoffe verwendet. Sie haben die Bezeichnung *Präserven*.

▷ Sterilisieren

Hierbei muß die Hitzeeinwirkung so stark sein, daß im Lebensmittel eine Kerntemperatur von mindestens 100 °C erreicht wird. Für die Zerstörung der Dauerformen von Mikroorganismen sind sogar Temperaturen von mindestens 120 °C erforderlich (*Vollkonserven*). Diese werden beim Konservieren von Lebensmitteln nur in Verbindung mit erhöhter Druckwirkung erreicht. Durch den besonders hohen Druck in *Autoklaven* sind sehr rasche und sehr hohe Temperatursteigerungen möglich. Die damit verbundene *Verkürzung der Sterilisationsphase* hat bei der Konservierung von hitzeempfindlichen Lebensmitteln eine besondere Bedeutung.

Sterilisierte Lebensmittel sind keimfrei. Durch gleichzeitiges Absaugen von Luft (Vakuumverpacken) werden bei sauerstoffempfindlichen Lebensmitteln außerdem Farbe, Aroma und Vitamine in erhöhtem Maße geschützt.

▷ Ultrahocherhitzen

Das ist ein spezielles Sterilisierungsverfahren (auch Ultra-Pasteurisieren oder Uperisieren genannt), das durch sehr schnelles Erhitzen auf Temperaturen zwischen 130 und 150 °C gekennzeichnet ist. Das Anhalten der Höchsttemperatur braucht deshalb nur einige Sekunden bzw. sogar nur Bruchteile von Sekunden zu betragen. Dieses Verfahren wird bei flüssigen Lebensmitteln mit dem Ergebnis angewendet, daß die geschmacklichen Veränderungen so gering wie möglich sind. Ultrahocherhitzte Milch ist das bekannteste Beispiel.

3. Haltbarmachen durch Entzug von Wärme, Feuchtigkeit und Luft

Feuchtigkeit und Wärme sind Voraussetzungen für die Wirksamkeit der Enzyme. Der Entzug des einen oder anderen hemmt oder unterbricht ihre Tätigkeit.

▷ Entzug von Wärme

Je nach der Intensität des Wärmeentzugs unterscheidet man folgende Verfahren:

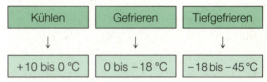

Kühlen	Gefrieren	Tiefgefrieren
↓	↓	↓
+10 bis 0 °C	0 bis –18 °C	–18 bis –45 °C

Je niedriger die Temperatur ist, um so langsamer wirken die Enzyme, um so länger ist das Lebensmittel haltbar.

Das Kühlen ermöglicht nur eine kurzfristige Lagerhaltung (Kühlschrank, Kühlhaus). Für längere Lagerzeiten ist eine Mindesttemperatur von –18 °C erforderlich. Das Einfrieren selber erfolgt jedoch bei Temperaturen um –40 °C (*Schockfrosten*). Durch das rasche Einfrieren bleibt die Ware in hochwertigem Zustand. Es bilden sich nur kleine Eiskristalle, welche die Zellwände nicht durchstoßen. Bei niedrigeren Temperaturen vollzieht sich das Frosten langsamer, es bilden sich größere Eiskristalle, die Zellwände werden durchbrochen, so daß beim Auftauen Zellsaft ausfließen kann:

▸ Obst und Gemüse werden matschig,
▸ Fleisch verliert, auch noch beim Braten, viel Saft.

Richtlinien für das Frosten und Auftauen

▸ Nur geeignete Lebensmittel verwenden,
▸ nur frische und qualitativ hochwertige Produkte einfrieren,
▸ beim Verpacken nur wasser- und luftdichtes Material verwenden sowie die Luft aus der Verpackung ausstreichen,
▸ so schnell wie möglich durchfrosten,
▸ bei mindestens –18 °C lagern,
▸ angetaute bzw. aufgetaute Ware nicht wieder einfrieren,
▸ langsam auftauen:
  Frosterfach → Kühlschrank → Raumtemperatur

Verlangsamung der Enzymtätigkeit
- +10 °C: 3fach
- 0 °C: 9fach
- −10 °C: 27fach
- −20 °C: 81fach

▷ **Entzug von freiem Wasser (Feuchtigkeit)**

Freies Wasser ist Wasser, über das Enzyme verfügen können (siehe im Abschnitt „Lebensbedingungen der Mikroorganismen").

Arten des Wasserentzugs	Anwendungsbeispiele
Entzug durch Verdampfen	– Trocknen von Obst, Gemüse, Kräutern, Milch und Ei – Trocknen (Darren) von gekeimtem Getreide bei der Bierherstellung (Darrmalz)
Entzug durch Bindung (wasseranziehende, wasserbindende Wirkung)	– Zuckern von Früchten (Kandieren) sowie von Gelees und Marmeladen – Salzen von Fleisch, Fisch und Gemüse (Pökelfleisch, Hering, Salzgurken)
Entzug durch Gefrieren	– Einfrieren von Lebensmitteln der verschiedensten Art

▷ **Entzug von Luft (Sauerstoff)**

Bei unverhüllter Lagerung von frischen Nahrungsmitteln kann Wasser in die umgebende Luft entweichen. Der damit verbundene Gewichtsverlust wird durch Umhüllen vermindert und durch Vakuumverpacken sogar vollständig ausgeschaltet.

Außerdem wird beim Vakuumverpacken die Aktivität der sauerstoffabhängigen Bakterien ausgeschaltet, denn mit der Luft wird gleichzeitig der Sauerstoff entzogen.

4. Haltbarmachen durch Konservierungsstoffe

Konservierungsstoffe sind Stoffe, bei deren Anwesenheit Mikroorganismen nicht lebensfähig sind.

▷ **Natürliche Konservierungsstoffe**

Das sind Stoffe, die bei der Verarbeitung im Lebensmittel selber gebildet werden.

▸ Milchsäure (durch Milchsäurebakterien) mit begrenzter Wirkung in Milcherzeugnissen (Sauermilch, Joghurt, Sauermilchkäse), mit länger anhaltender Wirkung im Sauerkraut,
▸ Alkohol (durch Hefen) in alkoholischen Getränken, wegen der geringeren Menge in Bier mit begrenzter Wirkung, in Wein und Spirituosen wegen der größeren Menge mit länger anhaltender Wirkung.

▷ **Künstliche Konservierungsstoffe**

Sie wurden im Zusammenhang mit kennzeichnungspflichtigen Zusatzstoffen bereits erwähnt.

– Benzoesäure und Sorbinsäure
– Ameisensäure und PHB-Ester.

Aufgaben (Ernährungslehre, Bewertung und Werterhaltung von Nahrungsmitteln)

1. Was versteht man unter Schlachttier- und Fleischbeschau?
2. Beschreiben Sie an Beispielen die Bedeutung von Handels- und Güteklassen.
3. Was versteht man bei Obst und Gemüse unter Qualitätsnormen?
4. Geben Sie Beispiele für gesetzliche Vorschriften in bezug auf die Menge der artbestimmenden Bestandteile in Lebensmitteln.
5. Was versteht man unter biologischer Wertigkeit?
6. Nennen Sie biologisch hochwertige Nahrungsmittel und begründen Sie ihre Hochwertigkeit.
7. Nennen Sie biologisch unterwertige Nahrungsmittel und begründen Sie ihre Unterwertigkeit.

Haltbarmachen von Nahrungsmitteln:
8. Begründen Sie die Notwendigkeit des Haltbarmachens.
9. Erklären Sie die Begriffe „Reifen" und „Verderben" von Lebensmitteln.
10. Nennen Sie Ursachen für das Verderben.

Haltbarmachen durch Hitzeeinwirkung:
11. Beschreiben und erklären Sie die Maßnahmen „Pasteurisieren", „Sterilisieren" und „Ultrahocherhitzen".
12. Nennen Sie zugehörige Anwendungsbeispiele.

Haltbarmachen durch Wärmeentzug:
13. Unterscheiden Sie bezüglich der Temperatur und der Wirkung die Verfahren Kühlen, Gefrieren und Tiefgefrieren.
14. Welche unterschiedlichen Auswirkungen haben langsames und schnelles Tiefgefrieren?
15. Nennen Sie die Mindestlagertemperatur für gefrostete Ware.

Haltbarmachen durch Entzug von freiem Wasser:
16. Nennen Sie Maßnahmen, durch die das Wasser entzogen wird.
17. Nennen Sie zugehörige Anwendungsbeispiele.

Nahrungsmittellehre

Unter Nahrungsmitteln versteht man die Gruppe von Lebensmitteln, die sich durch einen mehr oder weniger hohen Gehalt an Nährstoffen auszeichnen. Auch die von der Küche hergestellten **Speisen** sind Nahrungsmittel. Bevor diese in einem gesonderten Kapitel (siehe Speisenkunde) ausführlich besprochen werden, sind zunächst wichtige grundlegende Vorinformationen über die Nahrungsmittelrohprodukte sowie über deren Verarbeitung zu Speisen erforderlich.

I. Nahrungsmittelrohprodukte

Nahrungsmittelrohprodukte sind Lebensmittel, die dazu bestimmt sind, weiterverarbeitet zu werden (z. B in der Küche zu Speisen). Es handelt sich dabei nicht nur um wirklich *rohe Materialien* (z. B. Obst, Gemüse, Milch, Fisch, Fleisch), sondern auch um Produkte, die aufgrund handwerklicher oder industrieller Behandlung als halbfertige oder sogar fertige Erzeugnisse bezeichnet werden (z. B. Marmelade, Gemüsekonserven, Käse, Fisch- und Fleischwaren). Im Hinblick auf Speisen gelten aber auch sie als Rohprodukte.

A. Obst

Obst ist der Sammelbegriff für eßbare Früchte sowie für Fruchtstände bzw. Samen (z. B. Nüsse), fleischige Teile des Blütenstandes (z. B. Ananas) oder Blütenböden (z. B. Erdbeere).

1. Bewertung des Obstes

Der Wert des Obstes ergibt sich vor allem aus den Obstbestandteilen:

- Vitamine und Mineralstoffe, die als Wirkstoffe im menschlichen Organismus unentbehrlich sind,
- Ballaststoffe, die sich anregend auf die Darmtätigkeit (Peristaltik) auswirken und für eine gute Verdauung sorgen,
- Geschmacksstoffe, insbesondere die Fruchtsäuren, die eine erfrischende Wirkung haben und den Appetit anregen,
- verdauungsfördernde Enzyme.

Abgesehen vom Schalenobst mit seinem teilweise 50 %igen Fettgehalt, enthält Obst lediglich die leicht verdaulichen Kohlenhydrate Frucht- und Traubenzucker. Es eignet sich deshalb (unter Beachtung der küchentechnischen Verarbeitung) besonders für leichte und energiearme Kostformen (Schon- und Krankenkost).

2. Arten des Obstes und Obsterzeugnisse

▷ **Arten des Obstes**

Sie werden nach gemeinsamen Bestandteilen der Früchte unterschieden:

Kernobst enthält kleine Kerne,
Steinobst enthält große, steinartige Kerne,
Beerenobst ist durch viele bzw. kleine Fruchtteile gekennzeichnet,
Schalenobst ist von dicken und harten Schalen umgeben.
Südfrüchte werden aus südlichen Ländern eingeführt.
Exotische Früchte unterscheiden sich von den anderen Obstsorten durch ein stark ausgeprägtes („fremdartiges") exotisches Aroma sowie durch Besonderheiten bezüglich der Form und des Aussehens.

▷ **Obsterzeugnisse**

Obsterzeugnisse sind industrielle Produkte:

- Konserviertes Obst in getrocknetem oder tiefgefrorenem Zustand (Dörr- bzw. Trockenobst) sowie in Form von sterilisierten Dosen- oder Glaskonserven,
- Konfitüren, Marmeladen, Gelees, Sirupe und kandierte Früchte,
- Fruchtsäfte, Fruchtnektare, Fruchtsaftgetränke und Limonaden,
- Obstweine sowie Branntweine und Liköre aus Obst.

Übersicht über Obstarten und Obstsorten

Kernobst	Steinobst	Beerenobst	Schalenobst	Südfrüchte	Exotische Früchte
Äpfel	Aprikosen	Brombeeren	Erdnüsse	Ananas	Avocado
Birnen	Kirschen	Erdbeeren	Haselnüsse	Bananen	Cherimoya
Quitten	Mirabellen	Heidelbeeren	Kastanien	Clementinen	Granatapfel
	Pfirsiche	Himbeeren	(Maronen)	Grapefruits	Guave
	Pflaumen	Johannisbeeren	Kokosnüsse	Mandarinen	Kiwi
	Reneclauden	Preiselbeeren	Mandeln	Orangen	Kakipflaume
	Zwetschgen	Stachelbeeren	Paranüsse	Pomelos	Kaktusfeige
		Weinbeeren	Pistazien	Satsumas	Litschi
			Walnüsse	Tangerinen	Mango
				Zitronen	Papaya
				(Lemonen)	Passionsfrucht
					Tamarillo

3. Vorratshaltung von Obst

Obst hat Eigenschaften, die besondere Lagerbedingungen und eine aufmerksame Lagerpflege erforderlich machen.

▷ **Eigenschaften und Lagerbedingungen**

Aufgrund seines hohen Wassergehaltes verdirbt es rascher als andere Rohstoffe. Außerdem nimmt es wegen seiner feinen Beschaffenheit leicht fremdartigen und unangenehmen Geruch oder Geschmack an. Durch Lichteinwirkungen entstehen Vitaminverluste. Daraus ergeben sich folgende Lagerbedingungen:

▶ Der Lagerort muß dunkel sein,
▶ die Lagertemperatur sollte je nach Beschaffenheit des Obstes 4 °C nicht unterschreiten und 8 °C nicht übersteigen,
▶ durch luftdurchlässige Behältnisse und Lagerflächen ist für die ausreichende Zufuhr von frischer Luft zu sorgen.

▷ **Einkauf und Verbrauch**

Vollreifes Obst, insbesondere Beeren- und Steinobst sowie einige Südfrüchte, verdirbt im allgemeinen sehr schnell. Bestimmte Sorten werden bereits in unreifem Zustand geerntet und bedürfen deshalb einer angemessenen Nachreife. Da Überlagerungen aber in jedem Falle zu Verlusten führen, sind folgende Richtlinien zu beachten:

▶ Die Einkaufsmengen dem jeweiligen Bedarf sowie der Lagerbeständigkeit anpassen,
▶ die Vorräte regelmäßig auf einwandfreie Beschaffenheit hin überwachen,
▶ den Verbrauch gezielt und entsprechend der Lagerfähigkeit steuern.

4. Obst bei der Speisenbereitung

Obst kann wesentlicher Bestandteil von selbständigen Gerichten sein. Darüber hinaus wird es je nach seiner farblichen und geschmacklichen Eignung als Bestandteil bzw. Zutat zu anderen Speisen verwendet.

▷ **Obst als selbständiges Gericht**

Obst eignet sich für folgende Gänge im Rahmen der Speisenfolge:

▶ als kalte Vorspeise (z. B. Gefüllte Avocados, eine halbe Grapefruit, marinierte Melone bzw. Melonenschiffchen),
▶ als Kaltschale anstelle einer Suppe oder in Form eines Sorbets (erfrischendes Zwischengericht),
▶ als Dessert in vielen Arten der Zubereitung:

– frisches Obst oder Obstsalat,
– Kompott oder Dunstfrüchte,
– flambierte oder in Backteig ausgebackene Früchte,
– Früchte in Gelee.

▷ **Obst als Speisenkomponente**

Saftigkeit, Geschmack, Farbe und Wirkstoffgehalt machen Obst zu einer hochwertigen Komponente zu den mehr nährstoffhaltigen Bestandteilen eines Gerichtes. Zur Ergänzung und Abrundung wird es als Garnitur, Beilage oder Speisenbestandteil verwendet:

– Erdbeeren oder andere Früchte als Belag für Obstkuchen, Obstböden oder Obsttörtchen,
– Ananasscheiben als Garnitur auf Kalbssteaks,
– Ananas, Kirschen oder Mandarinen in Vorspeisencocktails,
– Apfel in Waldorfsalat und Rotkraut,
– Pistazien in Rahmeis oder Parfaits,
– Apfel, Birne und Preiselbeeren zu Wildgerichten,
– Pfirsiche zu kalten Gerichten von Wild und Geflügel.

Unabhängig von Speisen ist Obst je nach Eignung auch artbestimmender Bestandteil von Cocktails, Longdrinks, Bowlen und anderen Mischgetränken.

B. Gemüse

Gemüse sind Pflanzen oder Pflanzenteile, die roh oder gegart vor allem als harmonische Ergänzung bzw. Beilage zu Hauptplatten von Fisch und Fleisch gereicht werden. Darüber hinaus dienen Gemüse, die sich aufgrund ihrer Form und ihres Geschmacks dazu eignen, zur Herstellung von selbständigen Gerichten. Wurzel- und Zwiebelgemüse sind außerdem wichtig für das grundlegende Würzen von Speisen.

1. Bewertung des Gemüses

Ähnlich wie beim Obst liegt der besondere Ernährungswert von Gemüse in seiner stofflichen Zusammensetzung:

▸ Vitamine und Mineralstoffe	→ Stoffwechselsteuerung
▸ Ballaststoffe	→ Verdauungsförderung
▸ Geschmacksstoffe	→ Appetitanregung

Darüber hinaus ist auch Gemüse aufgrund des geringen Anteils an energieliefernden Nährstoffen (Fett und Kohlenhydrate) speziell für **leichte** und **energiearme Kostformen** geeignet.

2. Arten der Gemüse und Gemüseerzeugnisse

▷ **Gemüse**

Die Einteilung der Gemüse erfolgt unter verschiedenen Gesichtspunkten. Von ihnen leiten sich folgende Sammelbegriffe her:

Wurzel-gemüse	Kohl-gemüse	Blatt-gemüse	Frucht-gemüse
Karotten	Blumenkohl	Chicorée	Auberginen
Meerrettich	Brokkoli	Eichblatt	Gurken
Möhren	Chinakohl	Endivien	Kürbis
Radieschen	Grünkohl	Eisbergsalat	Mais
Rettiche	Kohlrabi	Feldsalat	Melonen
Rote Rüben	Romanescu	Fenchel	Okra
Schwarz-wurzeln	Rosenkohl	Frisée	Paprika
Sellerie	Rotkohl	Kopfsalat	Tomaten
Teltower Rüben	Weißkohl	Lollo rosso	Zucchini
Weiße Rüben	Wirsing	Spinat	

Hülsenfrüchte	Zwiebelgemüse
Bohnen, Erbsen, Linsen, Zuckerschoten	Knoblauch, Lauch, Schalotten, Zwiebeln, Frühlingszwiebeln

Als besondere bzw. spezielle Arten des Gemüses sind noch zu nennen:
– Spargel (weiß und grün)
– Artischocken (Blütengemüse).

▷ **Speisepilze**

Pilze haben nur einen geringen Gehalt an Nähr- und Wirkstoffen. Aufgrund ihres besonderen aromatischen Geschmacks sind sie jedoch bei der Speisenbereitung neben dem Gemüse eine willkommene Abwechslung und Bereicherung. In der Hotelküche sollten aus dem vielfältigen Angebot nur solche Pilze verwendet werden, die dem Küchenpersonal als genießbar bekannt sind. Pilze gelten im allgemeinen als schwer verdaulich.

▸ vollfleischige und feste Beschaffenheit,
▸ guter und ausgeprägter Geschmack.

Austernpilze	Morcheln	Stockschwämmchen
Champignons	Pfifferlinge	schwarzer Trüffel
Egerlinge	Steinpilze	weißer Trüffel
Shii-take		

▷ **Gemüseerzeugnisse**

Wegen der Saisonabhängigkeit sowie der begrenzten Lagerfähigkeit werden bestimmte Gemüse auf unterschiedliche Weise haltbar gemacht. Erzeugnisse dieser Art sind:

▸ fertiggegarte Gemüsekonserven (z. B. Karotten, Erbsen, Bohnen),
▸ Tiefkühlgemüse (z. B. Spinat) und getrocknete Gemüse (z. B. Pilze, Hülsenfrüchte),
▸ Sauerkraut.

3. Vorratshaltung von Gemüse

Geruch, Geschmack und Vitamine sind wie bei Obst stark gefährdet. Darüber hinaus können je nach der Beschaffenheit des Gemüses sowie der Dauer der Lagerfähigkeit Wertminderungen und Verluste entstehen (Welken und Faulen). Aus diesem Grunde sind für die Vorratshaltung gleiche oder ähnliche Richtlinien wie beim Obst zu beachten (siehe dort):

▸ ein dunkler und kühler Lagerort (zwischen 4 und 8 °C),
▸ eine gut belüftete Lagerstelle,
▸ an den Bedarf und die Lagerbeständigkeit angepaßte Vorratsmengen,
▸ sorgfältige Überwachung der Vorräte und gezielte Lenkung des Verbrauchs.

4. Gemüse bei der Speisenbereitung

Wie Obst dient auch das Gemüse aufgrund seiner Farbe, seines Geschmacks und seines Gehalts an Wirkstoffen als wertvolle Ergänzung und Abrundung der nährstoffhaltigen Bestandteile eines Gerichtes. Gemüse wird aber auch zu selbständigen Gerichten verarbeitet. Bestimmte Arten werden außerdem zum grundlegenden Würzen von Speisen verwendet.

▷ **Gemüse als Speisenkomponente**

Zu diesem Zweck findet es vor allem als **Beilage** Verwendung, z. B.:

- Hammelbraten mit Bohnen,
- Rehmedaillon mit Pfifferlingen,
- Tournedos mit Grilltomate, Spargel und Erbsen.

Darüber hinaus gibt es andere Verwendungszwecke:
▶ Als **Einlage** in Suppen und Saucen (z. B. Spargel- oder Lauchcremesuppe, Geflügelrahmsauce mit Champignons, Trüffelsauce),
▶ als **Speisenbestandteil** in Gemüsesuppen, in Eintopfgerichten (z. B. Irish Stew) oder zu Ragouts (z. B. Hammelragout mit Karotten und Erbsen; Hühnerfrikassee mit Champignons und Spargel).

▷ **Gemüse als selbständiges Gericht**

Einzelgerichte sind einfache Gerichte, bei denen das Gemüse eine hervorgehobene Bedeutung hat und auf besondere Weise präsentiert wird, z. B.:

▶ Spargelgerichte als Saisonangebot in vielen Variationen,
▶ gefüllte Gemüse als einfache Tagesgerichte (z. B. Auberginen, Gurken, Zucchini und Paprikaschoten),
▶ Gemüseplatten im Rahmen der energiearmen und ernährungsbewußten Ernährung.

Selbständige Gemüsegerichte innerhalb der Speisenfolge sind leichte und energiearme Gänge, z. B.:

▶ Kalte Vorspeisen in Form von gefüllten und marinierten Gemüsen oder als Gemüsecocktail,
▶ warme Vorspeisen oder Zwischengerichte:
   - Spargel mit holländischer Sauce,
   - gefüllte Artischockenböden, Tomaten oder Champignons,
   - gebackene Champignons.

▷ **Gemüse als Salat**

Als Salat ist Gemüse besonders erfrischend und hat in bezug auf Vitamine, Mineralstoffe und Ballaststoffe einen besonders hohen Ernährungswert (Rohkost). Die Vielzahl der Salate (Blatt- und Gemüsesalate) ermöglichen einen variablen und abwechslungsreichen Einsatz (Einzelsalate, gemischte Salate, Salatplatten und Salatbuffets).

Insbesondere die freie Auswahl am Salatbuffet mit vielen Salatsorten und verschiedenen Dressings wird von den Gäste hoch bewertet und geschätzt.

▷ **Gemüse als Würzmittel**

Die Wurzelgemüse Karotten und Sellerie sowie die Zwiebelgemüse (Zwiebeln, Schalotten, Lauch und Knoblauch) sind besonders aromatisch und haben einen stark ausgeprägten Geschmack. Aus diesem Grunde dienen sie neben den Gewürzen von jeher zum grundlegenden Würzen von Speisen, z. B.:

▶ Sellerie, Karotten, Zwiebeln und Lauch beim Ansetzen von Brühen, Suppen und Saucen (Bouquet garni und Mirepoix)
▶ Zwiebeln und Schalotten beim Andünsten von Gemüse sowie von hellen Gerichten aus Fisch, Geflügel und Kalbfleisch.

C. Kartoffeln

Die Kartoffel ist ein wertvolles Nahrungsmittel und ein wichtiger Rohstoff für die Speisenbereitung.

1. Bewertung der Kartoffel

Kartoffeln sind neutral im Geschmack und außerdem leicht verdaulich. Wertbestimmende Bestandteile sind:

- 14 bis 20 % Stärke,
- die Vitamine B_1, B_2 und C,
- hochwertiges pflanzliches Eiweiß.

2. Arten, Eigenschaften und Vorratshaltung

▷ **Arten der Kartoffeln**

Unter Beachtung der Erntezeiten gibt es folgende Unterscheidung:

Frühkartoffeln kommen unter der Bezeichnung „Neue Kartoffeln" ab Mai auf den Markt. Nach der langen Unterbrechung durch die Wintermonate sind sie begehrt und werden als *Delikatesse* verzehrt. Wegen der dünnen Schale ist es üblich, sie nicht zu schälen, sondern mit der Schale zu kochen.

Mittelfrühe Kartoffeln decken den Bedarf ab Mitte August.

Spätkartoffeln liefern die Lagervorräte für den Winter und werden deshalb als *Winter-* oder *Einkellerungskartoffeln* bezeichnet.

▷ **Eigenschaften der Kartoffeln**

Die besonderen Eigenschaften der Kartoffeln ergeben sich aus dem unterschiedlichen Stärkegehalt:

▶ **festkochende Sorten** (unter 14 % Stärkegehalt) kochen speckig und sind die typischen Salatkartoffeln,
▶ **vorwiegend festkochende Sorten** (14 bis 16 %) werden bevorzugt für Pommes frites und Salzkartoffeln verwendet,

Nahrungsmittelrohprodukte

▸ **mehlig kochende Sorten** (über 16 % Stärke) verarbeitet man vor allem für Püree sowie zu Kartoffelmassen für Knödel und Kroketten.

▷ **Vorratshaltung von Kartoffeln**

Für Kartoffeln gelten die gleichen Lagerrichtlinien wie für Gemüse. Darüber hinaus ist besonders zu beachten:
- ▸ Bei zu warmer Lagerung keimt die Kartoffel, welkt und wird runzelig.
- ▸ Bei Lichteinwirkung entstehen grüne Flecken. Diese Stellen enthalten Giftstoffe und schmecken bitter.
- ▸ Temperaturen unter 4 °C und Frost verursachen den Abbau der Stärke, so daß die Kartoffel unangenehm süß schmeckt.

3. Kartoffel bei der Speisenbereitung

Wegen des hohen Stärkegehalts ist die Kartoffel die wichtigste **Sättigungsbeilage**. Die angewendeten Zubereitungsarten sind sehr vielfältig (siehe „Speisenkunde").

Darüber hinaus gibt es jedoch noch andere Verwendungszwecke:

> - ▸ feinwürfelig geschnittene Kartoffeln als Einlage für Suppen,
> - ▸ grobwürfelig oder in Scheiben geschnitten als Bestandteil von Eintopfgerichten,
> - ▸ als Bindemittel bei der Herstellung von Kartoffelpüreesuppe.

Aufgaben (Obst, Gemüse, Kartoffeln)

Obst:
1. Nennen Sie Arten des Obstes, und ordnen Sie ihnen zugehörige Obstsorten zu.
2. Beschreiben Sie den ernährungsphysiologischen Wert des Obstes.
3. Wodurch unterscheidet sich das Schalenobst von den übrigen Obstarten?
4. Nennen Sie mindestens 10 exotische Früchte.
5. Nennen Sie Obsterzeugnisse.
6. Beschreiben Sie die Eigenschaften des Obstes, und erläutern Sie die davon abgeleiteten Richtlinien für den Einkauf, das Lagern und den Verbrauch.
7. Erläutern Sie an Beispielen die Verwendungsmöglichkeiten des Obstes bei der Zubereitung von Speisen sowie im Rahmen der Speisenfolge.

Gemüse:
8. Beschreiben Sie den besonderen ernährungsphysiologischen Wert des Gemüses.
9. Nennen Sie Eigenschaften des Gemüses, die besondere Lagerbedingungen und eine besondere Lagerpflege erforderlich machen. Beschreiben Sie Richtlinien für das Lagern, die Pflege und den Verbrauch.
10. Unterscheiden Sie die Arten des Gemüses, und ordnen Sie diesen zugehörige Gemüse zu.
11. Nennen Sie Bewertungs- und Auswahlkriterien für Speisepilze.
12. Nennen Sie Beispiele für industriell vorgefertigte Gemüseerzeugnisse.
13. Erläutern Sie an Beispielen die Verwendung von Gemüse als Komponente zu anderen Speisen und als selbständiges Gericht.
14. Beschreiben Sie die besondere Bedeutung von Salaten aus Gemüse und nennen Sie unterschiedliche Angebotsformen.
15. Beschreiben Sie an Beispielen die Bedeutung und die Verwendung von Gemüse als grundlegende Würzmittel.

Kartoffeln:
16. Beschreiben Sie den ernährungsphysiologischen Wert der Kartoffel.
17. Welche Arten von Kartoffeln unterscheidet man bezüglich der Erntezeiten?
18. Beschreiben Sie in bezug auf den Stärkegehalt unterschiedliche Eigenschaften von Kartoffeln und nennen Sie davon abgeleitete Verwendungszwecke.
19. Welche Richtlinien sind bei der Vorratshaltung zu beachten?
20. Welche spezifischen negativen Auswirkungen ergeben sich bei Kartoffeln durch unsachgemäßes Lagern?
21. Beschreiben Sie an Beispielen die Verwendungsmöglichkeiten von Kartoffeln bei der Zubereitung von Speisen.

D. Getreide

Unter Getreide versteht man Körnerfrüchte oder Samen von Pflanzen aus der Familie der Gräser. Sie werden auf vielfältige Weise zu Nahrungsmitteln verarbeitet.

1. Arten der Getreide

Die wichtigsten Getreidearten sind Roggen, Weizen, Gerste, Reis, Mais und Hafer. Buchweizen (Samen eines Knöterichgewächses) und Hirse haben in der Vollwertküche ihre besondere Bedeutung.

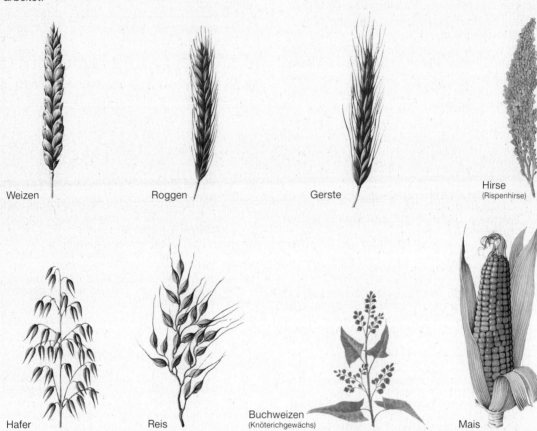

Weizen — Roggen — Gerste — Hirse (Rispenhirse)

Hafer — Reis — Buchweizen (Knöterichgewächs) — Mais

2. Bewertung des Getreides

Um den vollständigen Wert zu erfassen, muß man zunächst das ganze Getreidekorn betrachten.

▷ **Aufbau und Inhaltsstoffe des Getreidekorns**

Der Kornkörper besteht aus der Frucht- und Samenschale, dem Keimling und dem Mehlkörper. Gerste und Hafer sind außerdem mit saftarmen Blättchen, den sogenannten Spelzen, umgeben.

Die Nährstoffe und Ballaststoffe sowie die Mineralstoffe und Vitamine sind in den einzelnen Kornbestandteilen unterschiedlich verteilt. Der Wert der Erzeugnisse aus Getreide ist deshalb davon abhängig, welche Teile des Kornes bei der Verarbeitung abgeschieden bzw. welche im Endprodukt erthalten bleiben.

Inhaltsstoffe des Getreidekorns:

- **Stärke** (60 bis 70 %) vor allem im Mehlkörper
- **Eiweiß** (8 bis 14 %) im Mehlkörper, in der Schale und im Keimling
- **Fett** (1 bis 4 %) im Keimling
- **Ballaststoffe** in der Schale

- **Vitamine**, hauptsächlich B, befinden sich vor allem in der Schale, etwas weniger im Keimling und noch weniger im Mehlkörper.
- **Mineralstoffe** enthalten der Keimling und die Schale.

Nahrungsmittelrohprodukte

▷ **Bewertung der Getreideerzeugnisse**

Da sich die wertvolleren Bestandteile in den Randschichten des Getreidekornes befinden, sind **Vollkornprodukte** ernährungsphysiologisch hochwertiger als die Erzeugnisse aus geschältem Getreide. Bei ihnen sind mehr oder weniger große Anteile der Schale abgeschieden worden. Diese werden als *Kleie* zur Viehfütterung verwendet.

▷ **Mehltypen**

Es handelt sich um Kennzeichnungen, die Auskunft über den Schalenanteil geben und insofern auch ein Maßstab für die ernährungsphysiologische Bewertung sind. Zur Feststellung der Type wird Mehl verbrannt, wobei die nichtverbrennbaren Schalenanteile als Asche zurückbleiben und gewogen werden können.

Type 405 bedeutet z. B., daß 100 g Mehl beim Verbrennen 405 mg Asche ergeben.

▸ Je mehr Asche zurückbleibt, desto höher ist der Gehalt an Wirkstoffen.
▸ Bei Vollkornprodukten beträgt die Typenzahl bis 2000.

3. Getreideprodukte und ihre Verwendung

Das Getreide wird in Mühlenbetrieben im Hinblick auf die vielfältige Verwendung jeweils zweckgerichteten Aufbereitungsverfahren unterzogen.

Überblick über die Getreideprodukte und ihre Verarbeitung

Aufbereitungsverfahren	Produktebezeichnung	Anwendung/Getreideart	Verwendungszwecke der Produkte
grob zerkleinern (ganzes Korn)	**Schrot**	Roggen, Weizen	→ Brot und Brötchen → Vollwertnahrung
fein mahlen und sieben	**Mehl**	Roggen, Weizen (auch andere Getreidearten)	→ Backwaren aller Art → Teigwaren (Mehlware) → Suppen und Saucen (Bindemittel) → Mehlklöße und Hefeklöße
sehr fein mahlen und sieben	**Dunst**	Weizen	→ Teigwaren
feinkörnig mahlen	**Grieß**	Weizen, Mais, Reis, Hirse	→ Teigwaren (Grießware) → Grießklößchen und Grießklöße → Suppen, Brei und Süßspeisen → Polenta (Maisgrieß)
entspelzen und rundschleifen	**Graupen**	Gerste	→ Brei, Suppen und Eintopf
entspelzen und brechen	**Grütze**	Gerste, Hafer (Buchweizen)	→ Suppen → Brei und Süßspeisen
entspelzen, dämpfen, walzen und trocknen	**Flocken** (Cereals)	Hafer, Mais, Reis	→ Müsli und Brei → Porridge (Haferflocken) → Suppen und Gebäck → Cornflakes
In der Vollwerternährung ist es heute üblich, das Getreide auch unzerkleinert zu Speisen zu verarbeiten.			

4. Backwaren und Klöße

Bei den Backwaren unterscheidet man Brot, Kleingebäck und Feine Backwaren.

▷ **Brot**

In Deutschland wird Brot aus Roggen und Weizen hergestellt, und zwar aus Mehl oder Schrot. Verfeinerte Zutaten können sein: Milch, Fett und Zucker.

Weizen- oder **Weißbrot**, das mindestens 90 % Weizenanteile enthält, wird mit Hilfe von Hefe gelockert und hat einen milden Geschmack.

Roggenbrot, enthält mindestens 90 % Roggenanteile und wird mit Hilfe von Sauerteig gesäuert. Der Geschmack ist im Vergleich zum Weißbrot herzhafter und kräftiger. Zugunsten eines besonderen Geschmacks wird zu manchen Brotsorten Kümmel verwendet (Kümmelbrot).

Mischbrot besteht aus einer Mischung von Roggen- und Weizenmehl. Die Bezeichnungen Weizenmischbrot oder Roggenmischbrot besagen, daß der Anteil des namengebenden Mehles überwiegt, und zwar mehr als 50 und weniger als 90 %.

Vollkornbrot ist Brot, das mindestens 90 % Vollkornanteile enthält. Die Bezeichnung Roggen- bzw. Weizenvollkornbrot besagt, daß der Anteil des namengebenden Getreides 90 % beträgt.

Schrotbrot enthält dem benannten Ausgangsprodukt entsprechend mindestens 90 % Roggen- oder Weizenbackschrot. Neben den allgemein üblichen Brotsorten gibt es *Spezialbrote*, die sich aufgrund besonderer Zutaten bzw. Herstellungsverfahren durch einen jeweils spezifischen Geschmack oder durch eine spezifische Beschaffenheit auszeichnen.

Beispiele:

- Milch-, Milcheiweiß-, Buttermilchbrot,
- Weizenkeim- und Kleiebrot,
- Gewürz-, Kümmel- und Korianderbrot,
- Leinsamen-, Sonnenblumen- und Sesambrot.

Drei-, Vier- oder **Mehrkornbrot** bedeutet, daß zur Herstellung drei, vier oder mehr Getreidearten verwendet wurden.

Pumpernickel ist ein Roggenvollkornbrot mit dunkler Farbe und einem kräftigen, leicht süßen Geschmack.

Knäckebrot, ein flaches, trockenes Gebäck, wird in vielen Variationen hergestellt. Diese ergeben sich aus der Verwendung unterschiedlicher Mühlenerzeugnisse: Roggen-, Weizen- oder Mischmehl sowie Vollkornmehl oder Schrot.

Toastbrot ist ein lockeres Brot, das zum Toasten verwendet wird.

▷ **Kleingebäck**

Es gibt diese Gebäcke aus unterschiedlichen Mehlen und Schrot, mit sehr verschiedenartigen Zutaten und mit vielen Benennungen, die teilweise regional unterschiedlich sind.

grundlegende Bezeichnungen	– Brötchen, Wecken, Schrippen, Semmeln
besondere Zutaten u. Bestreuungsmaterial	– Schinken, Speck, Röstzwiebel, Käse – Mohn, Salz, Kümmel, Sesam
besondere Bezeichnungen	– Mohn-, Salz- und Kümmelstangen – Fladen, Hörnchen, Brezeln

▷ **Feine Backwaren**

Feine Backwaren werden aus unterschiedlichen Teigen sowie in Verbindung mit Zucker, Fett und anderen speziellen Zutaten hergestellt.

Teig/Masse	Verwendungszweck
Hefeteig	belegte Blechkuchen, Zöpfe und Stollen
Blätterteig	Stückchen, Pasteten und Tiroler Apfelstrudel
Mürbeteig	Teegebäck, Torten und Böden
Massen	Sandkuchen, Torten, Rührkuchen, Rouladen und Löffelbiskuits

▷ **Klöße aus Getreideprodukten**

Sie werden aus unterschiedlichen Grundrohstoffen und sonstigen Zutaten hergestellt.

Mehl	Mehl- oder Hefeklöße
Grieß	Grießklöße oder Grießplätzchen
Semmel	Semmelknödel mit folgenden Abwandlungen: – Schinkenknödel – Tiroler Speckknödel

Klöße dienen als Beilage. Wegen der energiereichen Zutaten haben sie einen hohen Ernährungs- und Sättigungswert und werden deshalb den Sättigungsbeilagen zugeordnet.

5. Teigwaren

Es handelt sich um kochfertige Erzeugnisse, die aufgrund ihrer trockenen Beschaffenheit eine hohe Lagerbeständigkeit besitzen. Wegen des günstigen Preises, der vielfältigen Formen sowie der vielseitigen Verwendungsmöglichkeiten sind Teigwaren im allgemeinen sehr beliebt.

▷ **Rohstoffe und Herstellung**

Teigwaren werden, unabhängig vom Wasser, aus unterschiedlichen Rohstoffen hergestellt.

- Hartweizengrieß (die beste Sorte besteht aus Durumweizen, eine Weizensorte mit stabilem, festem Eiweiß),
- Weizenmehl oder Weizendunst,
- mit oder ohne Eizugabe.

Der Gehalt an Ei, bezogen auf 1 kg Mehl oder Hartweizengrieß, bestimmt die Bezeichnung des Teigwarenproduktes:

- Teigwaren (ohne Eizugabe),
- Eierteigwaren (2 ¼ Eier),
- Teigwaren mit hohem Eianteil (4 Eier),
- Teigwaren mit besonders hohem Eigehalt (6 Eier).

Bei sogenannten Frischeiteigwaren dürfen nur frische Hühnereier verwendet werden.

Zur Herstellung von Teigwaren werden teilweise ganz spezielle Zutaten verwendet. Davon leiten sich folgende Bezeichnungen ab:
- Vollkornnudeln, Roggenteigwaren,
- Spinat-, Steinpilz- und Kräuterteigwaren.

Die Teige werden bei der industriellen Verarbeitung durch Pressen bzw. Ausrollen und Schneiden in die jeweils bestimmte Form gebracht und anschließend getrocknet.

Nudeln und Spätzle werden heute wieder häufiger als *„hausgemachte Spezialität"* (lt. Gesetz mindestens 5 Eier je kg Mehl oder Grieß) hergestellt und sind aufgrund der individuellen Verarbeitung frischer Rohstoffe besonders beliebt.

▷ **Formen und Verwendung der Teigwaren**

Die unterschiedlichen Formen sind insbesondere auf jeweils bestimmte Verwendungszwecke ausgerichtet.

Röhrenform	→ Makkaroni, Cannelloni, Ricardoni
Taschenform	→ Maultaschen, Ravioli
Flächenform	→ Lasagne
sonstige Formen	→ Fadennudeln, Spaghetti, Bandnudeln → Hörnchen, Muscheln, Spirelli → Sternchen, Ringe, Buchstaben → Spätzle und Knöpfle

Verwendungszwecke sind:

- Einlage für Suppen,
- Beilage zu Ragout, Gulasch und anderen Gerichten mit reichlich bemessener Sauce,
- selbständige Gerichte.

(Nähere Einzelheiten siehe „Speisenkunde".)

6. Reis

Für mehr als die Hälfte der Menschheit ist Reis das Hauptnahrungsmittel. Er wird in den meisten asiatischen Ländern, in den USA und in Italien auf gut bewässerten oder mit Wasser überfluteten Feldern angebaut.

▷ **Artenbezeichnungen für Reis**

Die Bezeichnungen für Reis ergeben sich aufgrund der Form, der Farbe oder der Behandlung. Durch lediglich *Enthülsen* enthält man **Braunreis** (Naturreis), der ungeschält ist und deshalb bevorzugt im Rahmen der Vollwerternährung verwendet wird.

Zusätzliches *Schälen* und *Polieren* ergibt **Weißreis**, den es außerdem in zwei Formen gibt:

Langkornreis mit länglicher Form

Rundkornreis mit rundlicher Form

Parboiled-Reis ist Reis, der nach einem in den USA entwickelten Spezialverfahren aufbereitet wird. Durch Einwirkung von Druck und Dampf werden *vor dem Enthülsen und Schälen* die Vitamine und Mineralstoffe bis zu 80 % in das Innere des Reiskornes hineingepreßt. Dieser Reis ist deshalb ernährungsphysiologisch besonders hochwertig. Außerdem ist er kochfester und ergiebiger als andere Sorten.

Wildreis, auch Indianerreis genannt, wird aus einer dem Reis verwandten wilden Getreideart in den USA und Kanada gewonnen. Er wächst an Fluß- und Seeufern, hat eine dunkelbraune bis schwarze Farbe und ist nadelförmig. Durch den geringen Fettgehalt ist er lagerfähiger als andere Reissorten.

▷ **Reis bei der Speisenbereitung**

Rundkornreis, der auch als *Milchreis* bezeichnet wird, ist von Natur aus weich und nimmt bei der Zubereitung viel Flüssigkeit auf. Aus diesem Grunde findet er vor allem Verwendung zu Risottogerichten und zu Reissüßspeisen.

Langkornreis, von Natur aus härter, ist nach dem Garen locker und körnig. Er ist deshalb besser als Rundkornreis für Beilagen (Beilagenreis) sowie für selbständige Reisgerichte geeignet.

Verwendung als Beilage:
- zu zarten Gerichten mit heller Sauce:
  - Kalb- und Geflügelfrikassee,
  - Fisch sowie Schal- und Krustentiere;
- geschmorte Gerichte mit dunkler Sauce:
  - Ragouts von Kalb, Schwein und Geflügel,
  - Gerichte von Innereien;
- kurzgebratene Gerichte:
  - Filetgulasch und Geschnetzeltes,
  - Leber und Nieren.

Verwendung zu selbständigen Gerichten:
- Nasi Goreng
- Paella
- Serbisches Reisfleisch (siehe „Speisenkunde").

Langkornreis wird darüber hinaus verwendet:

- zu Reissalat,
- als Bindemittel zu Füllmassen für Auberginen, Gurken, Paprika und Tomaten.

Aufgaben (Getreide und Getreideerzeugnisse)

1. Nennen Sie die Arten der Getreide.
2. Beschreiben Sie den Aufbau des Getreidekorns sowie die Verteilung der Inhaltsstoffe.
3. Wovon ist der ernährungsphysiologische Wert der Erzeugnisse aus Getreide abhängig?
4. Was versteht man unter Mehltypen, und welche Bedeutung hat diese Kennzeichnung?
5. Nennen Sie zu den Mühlenerzeugnissen:
   a) die Arten der Aufbereitungsverfahren für Getreide,
   b) die jeweils zugehörigen Getreidesorten, Produktbezeichnungen und Verwendungszwecke.

Backwaren und Klöße:

6. Nennen und beschreiben Sie die unterschiedlichen Brotsorten.
7. Beschreiben Sie Kleingebäcke unter Beachtung von Produktbezeichnungen sowie besonderer Zutaten und Streumaterialien.
8. Nennen Sie zu Feinbackwaren:
   a) Arten der verwendeten Teige,
   b) jeweils zugehörige Produktbezeichnungen.
9. Welche Arten von Klößen bzw. Knödeln gibt es aus Getreideerzeugnissen?

Teigwaren:

10. Aus welchen Rohstoffen und auf welche Weise werden Teigwaren hergestellt?
11. Nennen Sie Teigwarenbezeichnungen unter Beachtung folgender Merkmale:
    a) Menge der verwendeten Eier,
    b) Verwendung ganz spezieller Zutaten,
    c) Formen und Produkte.
12. Zu welchen Zwecken werden Teigwaren bei der Zubereitung von Speisen verwendet?

Reis:

13. Beschreiben Sie die Bedeutung folgender Reisbezeichnungen:
    a) Braunreis, Weißreis, Lang- und Rundkornreis,
    b) Parboiled-Reis und Wildreis,
    c) Beilagenreis, Milchreis, Süßspeisenreis.
14. Beschreiben Sie an Beispielen die Verwendung von Reis bei der Zubereitung von Speisen.

E. Milch

Unter Milch versteht man im allgemeinen die Milch von Kühen. Schafs- und Ziegenmilch sind lediglich im Zusammenhang mit der Käseherstellung von Bedeutung.

Milch ist eine *„Fett-in-Wasser-Emulsion"* mit einer einzigartig feinen Emulsionsstruktur. Um diese Struktur in den Handelssorten zu erhalten, wird Milch *homogenisiert*. Beim Hindurchpressen durch feine Düsen wird das Milchfett bei gleichzeitiger Druckeinwirkung so fein zerteilt, daß es in der Milch nicht mehr aufrahmen, d. h. keine geschlossene Rahmschicht bilden kann.

1. Bewertung der Milch

Unter ernährungsphysiologischen Gesichtspunkten ist Milch das hochwertigste Nahrungsmittel, weil die stoffliche Zusammensetzung in bezug auf Art und Ausgewogenheit der Stoffe dem Ernährungsbedürfnis des Menschen am meisten entspricht.

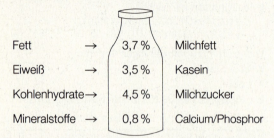

Fett →	3,7 %	Milchfett
Eiweiß →	3,5 %	Kasein
Kohlenhydrate →	4,5 %	Milchzucker
Mineralstoffe →	0,8 %	Calcium/Phosphor

Darüber hinaus enthält die Milch weitere lebensnotwendige Stoffe: Vitamine (A, B, C und D) sowie Enzyme und andere hochwertige Wirkstoffe.

2. Handelskennzeichnungen

Milch ist gegenüber der Einwirkung von Mikroorganismen sehr empfindlich und muß deshalb in bezug auf die Haltbarkeit stabilisiert werden.

▷ **Kenntlichmachung in bezug auf Haltbarkeit von Milch**

Die Behandlungsverfahren sind unterschiedlicher Art:

Produktbezeichnungen	Haltbarkeitsdauer
– pasteurisierte Milch	→ einige Tage
– ultrahocherhitzte Milch (H-Milch)	→ mindestens 6 Wochen
– sterilisierte Milch	→ längere Zeit (sofern keimfrei verpackt)
– gesäuerte Milch (Sauermilch/Dickmilch)	→ einige Tage

Durch vollständigen Entzug des Wassers erhält man Trockenmilch in Form von Vollmilch- oder Magermilchpulver. (Siehe „Werterhaltung bei Lebensmitteln" im Kapitel „Ernährungslehre".)

▷ **Kenntlichmachung in bezug auf Fettgehalt der Milch**

Die Handelssorten der Milch werden vor allem nach dem Fettgehalt eingestuft. Dabei sind zu unterscheiden:

▶ der natürliche, in der Molkerei auf eine bestimmte Höhe eingestellte Fettgehalt in Vollmilch und Vorzugsmilch,
▶ der veränderte Fettgehalt durch Ausschleudern des Fettes mit Hilfe von Zentrifugen (entrahmte Milch) oder durch Abdampfen des Wassers mit Hilfe von Temperatureinwirkung (kondensierte Milch).

Nahrungsmittelrohprodukte

Vorzugsmilch ist ein besonders hochwertiges Produkt, das hohen hygienischen Anforderungen genügen muß, deren Einhaltung durch ständige Kontrollen überwacht wird.

Handelsformen der Milch	Fettgehalt
– Vollmilch	→ 3,5 %
– Vorzugsmilch	→ 4,0 %
– teilentrahmte, fettarme Milch	→ 1,5 %
– entrahmte Milch (Magermilch)	→ 0,3 %
– Kondensmilch	→ 4,0 % → 7,5 % → 10,0 %

3. Erzeugnisse aus Milch

Durch unterschiedliche Aufbereitungsverfahren erhält man aus Milch vielfältige Erzeugnisse. Grundlegendes Unterscheidungsmerkmal ist dabei, ob die Milch *süß belassen oder gesäuert* wird.

▷ **Joghurt und Kefir**

Aufbereitungsmerkmale	Produktsorten/Fettgehalt
Säuern und Aromatisierung der Muß durch Bakterienkulturen, insbesondere durch Milchsäurebakterien	→ entrahmt – 0,3 % → teilentrahmt – 1,5 % → Vollmilchstufe – 3,5 % → Rahmstufe – 10,5 % → mit oder ohne Früchte

Verwendungszwecke:
▶ zum Frühstück,
▶ zur Herstellung von Desserts und Schonkost,
▶ als Bestandteil von Salatsaucen und Getränken (Shakes).

▷ **Butter und Buttermilch**

Aufbereitungsmerkmale	Produktsorten/Fettgehalt
Buttern von süßem oder gesäuertem Rahm	→ Süßrahmbutter → Sauerrahmbutter } – 82 %

Butter gibt es in den Qualitätsstufen Markenbutter, Molkereibutter und Kochbutter. Verwendungszwecke:
▶ Brotaufstrich,
▶ Garen und Verfeinern von Speisen.

Das beim Buttern abgesonderte Nebenprodukt ist die Buttermilch, die unverändert oder mit Früchten aromatisiert angeboten wird.

▷ **Sahne und Creme**

Aufbereitungsmerkmale	Produktsorten/Fettgehalt
Konzentrieren des Fettes sowie der übrigen Milchbestandteile durch Absonderung von Wasser (Zentrifugieren)	→ Kaffeesahne – 10 % → Schlagsahne – 30 % → Crème double – 40 % → Saure Sahne – 10 % → Crème fraiche – 30 % – 40 %

Verwendungszwecke:
▶ Zugabe zu Aufgußgetränken,
▶ Verfeinern und Garnieren von Speisen,
▶ Vollenden von Salatsaucen, Suppen und Saucen, Herstellung von Desserts und Sahnetorten.

▷ **Käse**

Aufbereitungsmerkmale	Produktsorten
Dicklegen von süßer oder gesäuerter Milch	→ ungesäuerter Käse → gesäuerter Käse

Das bei der Verarbeitung abgesonderte Käsewasser ist die Molke, die für Viehfütterung verwendet wird.

Überblick über die Herstellung von Käse

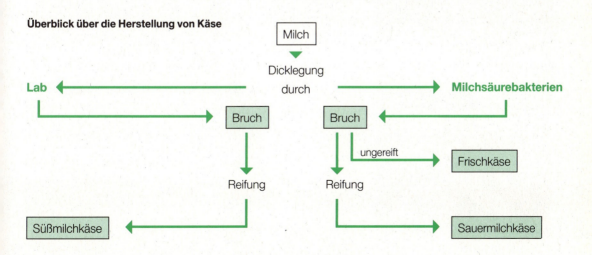

4. Käse aus ungesäuertem Ausgangsprodukt

Für diese Käse wird die Milch mit Hilfe von **Lab**, einem Enzym aus dem Kälbermagen, dickgelegt (das Milcheiweiß gerinnt). Der entstandene sogenannte Bruch ist süß bzw. ungesäuert. Die daraus hergestellten Käse sind **Süßmilchkäse**. Die weitere Verarbeitung gliedert sich in folgende Abschnitte:

- Zerlegen bzw. Zerschneiden des Bruchs mit Hilfe der sogenannten *Käseharfe* in kleine Stücke,
- Absondern des Käsewassers (Aufhängen im Tuch),
- Formen von Käselaiben.

Die Süßmilchkäse werden nach Festigkeitsstufen unterschieden. Neben allgemeinen Käsebezeichnungen gibt es solche, die einem bestimmten Ursprungsland zugeordnet sind.

▷ **Allgemeine Bezeichnungen für Süßmilchkäse**

- Hartkäse → Bergkäse
- Halbfester Schnittkäse → Butterkäse, Steppenkäse
- Weichkäse → Münsterkäse, Briekäse

▷ **Süßmilchkäse aus bestimmten Ursprungsländern**

Süßmilchkäse werden vor allem nach ihrer Festigkeit unterschieden.

Käseart	Käsesorte	Ursprungsland
Hartkäse	Chester	England
	Emmentaler	Schweiz
	Greyerzer	Schweiz
	Parmesan	Italien
Schnittkäse	Appenzeller	Schweiz
	Edamer	Holland
	Gouda	Holland
	Danbo	Dänemark
	Tilsiter	Deutschland
Halbfeste Schnittkäse	Bavaria blu	Deutschland
	Danablu	Dänemark
	Gorgonzola	Italien
	Rouquefort	Frankreich
	Stilton	England
	Weißlacker	Deutschland
Weichkäse	Bel Paese	Italien
	Camembert	Frankreich
	Limburger	Belgien
	Romadur	Deutschland

Nahrungsmittelrohprodukte

Außer Weißlacker gehören die oben genannten halbfesten Schnittkäse zu den **Edelpilzkäsen**. Bei ihnen werden dem Bruch für die Gesundheit unbedenkliche Schimmelkulturen zugesetzt, die den jeweils artspezifischen Schimmel bilden.

Aus Hart- und Schnittkäse werden durch Zugabe von Schmelzsalzen die sogenannten **Schmelzkäse** gewonnen.

5. Käse aus gesäuertem Ausgangsprodukt

Zu diesem Zweck erfolgt das Dicklegen der Milch mit Hilfe von Milchsäurebakterien. Nach Entzug des Käsewassers erhält man *Frischkäse* oder durch Weiterverarbeitung und Reifung *Sauermilchkäse*.

▷ Frischkäse

Das sind Käse, die nicht reifen dürfen, sondern bis zu ihrem Verbrauch in ihrem *frischen* Zustand erhalten werden müssen.

Produktbezeichnungen sind:

> ▸ Speisequark oder Schichtkäse,
> ▸ Rahm- oder Doppelrahmkäse,
> ▸ Hüttenkäse (Cottage cheese).

Bei Schichtkäse werden schichtweise fettarmer und fettreicher Bruch übereinandergelegt.

▷ Sauermilchkäse

Läßt man zu Käse geformten Sauermilchbruch reifen, entsteht Sauermilchkäse. Der unterschiedliche Geschmack und das Aussehen der Käse ergibt sich durch die Zugabe von jeweils artspezifischen Schimmel- und Bakterienkulturen. Sauermilchkäse müssen reifen.

Produktbezeichnungen sind:

> ▸ Handkäse und Mainzer Käse,
> ▸ Harzer Käse bzw. Harzer Roller,
> ▸ Korb- oder Stangenkäse.

6. Fett- und Wassergehalt der Käse

Durch die **Käseverordnung** werden die Käse zur Orientierung bestimmten Fettgehaltsstufen bzw. Käsegruppen zugeordnet.

▷ Fettgehalt

Die Einteilung ergibt sich aufgrund des Fettgehaltes in der Trockenmasse (Fett i. Tr.). Der tatsächliche Fettgehalt muß mit Hilfe einer Formel errechnet werden. Im allgemeinen ergibt eine Halbierung der Prozentangabe (Fett i. Tr.) in etwa den Fettgehalt von 100 g Käse.

Fettgehalt der Käse in %:

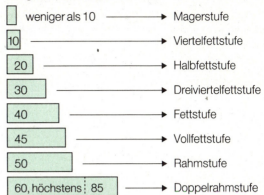

▷ Wassergehalt

Wassergehalt der Käse in %:

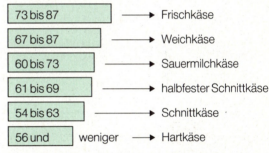

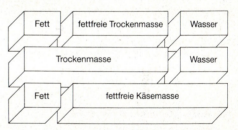

7. Vorratshaltung von Käse

Für die Vorratshaltung von Käse sind einerseits die Lagerdauer und andererseits grundlegende sowie sortenspezifische Lagerbedingungen zu beachten:

▷ Lagerdauer

Die Lagerdauer für Käse ist in jedem Falle begrenzt, weil sich der Käse durch fortschreitende Reifeprozesse verändert. Sie ist bei den verschiedenen Käsesorten unterschiedlich, denn je höher der Wassergehalt, desto rascher schreitet die Reifung fort, desto kürzer ist die Lagerfähigkeit.

> Überlagerte Käse verlieren ihren Genußwert sowie den wünschenswerten Geschmack und verderben schließlich.

▷ **Grundlegende Lagerbedingungen**

Wärme, Licht und Luft haben negative Auswirkungen auf den Käse. Daraus ergeben sich die Lagerbedingungen:

▸ **kühl,** weil Wärme die Reifungsvorgänge beschleunigt und das Austrocknen begünstigt,
▸ **dunkel,** weil Licht den Käse ausbleicht und das Ranzigwerden beschleunigt,
▸ **luftgeschützt,** um Aromaverluste, das Einwirken von Bakterien und das Austrocknen auszuschalten.

Luftgeschützt sind Käse in der Originalverpackung, im Wachspapier, unter Käseglocken und wenn Anschnittflächen mit Klarsichtfolien abgedeckt werden.

▷ **Sortenspezifische Lagerbedingungen**

In diesem Zusammenhang sind folgende Richtlinien zu beachten:

- ▸ Frischkäse, die nicht reifen dürfen, müssen im Kühlschrank aufbewahrt werden, bleiben aber auch dort nur für kurze Zeit wirklich frisch.
- ▸ Weichkäse und Sauermilchkäse müssen bei etwa 15 °C voll ausreifen und sind dann bei 8 bis 10 °C nur noch kurze Zeit lagerfähig.
- ▸ Hartkäse und Schnittkäse sind beim Einkauf bereits ausgereift und sind zwischen 10 und 15 °C einige Zeit lagerfähig.

In allen Fällen ist jedoch der Reifezustand zu überwachen und der Verbrauch des Käses entsprechend zu steuern.

Käse bei der Speisenbereitung

Käse wird einerseits als selbständiges Gericht angeboten, andererseits ist er bei vielen Speisen geschmacksbestimmender Bestandteil.

▷ **Käse als Speisenkomponente**

In wertbestimmender Menge wird er zu Canapés, Käsetoast und Käseomelett verwendet.

Lediglich eine geschmacksgebende Zutat ist er bei folgenden Speisen:

- Suppen und Saucen,
- überbackene Gerichte von Gemüse, Teigwaren und Fisch,
- Lorettekartoffeln, Gratin dauphinoise, Käsenocken und Käsestangen.

▷ **Käse als selbständiges Gericht**

Kombinationen von Käse sind z. B.:

- Käse vom Brett zur freien Auswahl,
- Käseteller oder Käseplatte.

Käseplatten und Käseteller werden mit geeigneten Garnituren versehen, z. B. Radieschen, Tomaten, Zwiebeln, Paprika, Weintrauben, Walnußkerne. Als Beigaben werden Butter und verschiedene Brotsorten gereicht.

Einzelkäseangebote sind:

▸ **Frischkäse** mit feingehackten Zwiebeln, Salz, Pfeffer, Paprikapulver und Kräuter;
▸ **Handkäse** mit Musik (Essig, Öl, feingehackte Zwiebeln, Salz und Pfeffer);
▸ **Gebackener Käse** wie Emmentaler oder Camembert, paniert oder in Bierteig;
▸ **Käsefondue** aus geschmolzenem Käse mit Weißbrotstückchen;
▸ **Raclette,** ebenfalls geschmolzener Käse mit Pfeffer und Mixed Pickles.

F. Eier

Unter der Bezeichnung „Ei" versteht man im allgemeinen Hühnereier. In Verbindung mit dem jeweiligen Wortzusatz gibt es Möwen-, Kiebitz- und Wachteleier, die als besondere Delikatesse gelten. *Enten- und Gänseeier* dürfen wegen erhöhter Salmonellengefahr in gewerblichen Küchen *nicht* verarbeitet werden.

1. Bewertung des Eies

Das Ei enthält in konzentrierter Form fast alle Nährstoffe sowie Vitamine und Mineralstoffe. Eiweiß und Fett liegen in hochwertigen Zustandsformen vor. Aufgrund seiner Eigenschaften ist das Ei leicht verdaulich und deshalb auch gut im Rahmen der Schonkost geeignet. Durch das Gerinnen der Eiweißstoffe beim Garen wird die flüssige Eisubstanz zu einer weichen und saftigen Speise. Lediglich das für bestimmte Zwecke hartgekochte Ei ist schwerer verdaulich.

Wegen der getrennten Verwendbarkeit von Eiweiß und Eigelb sind nachfolgend sowohl der gesamte als auch der getrennte Nährstoffgehalt angegeben.

▷ **Aufbau und Bestandteile des Eies**

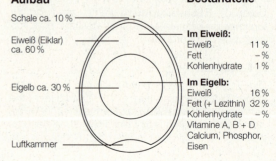

Aufbau
Schale ca. 10 %
Eiweiß (Eiklar) ca. 60 %
Eigelb ca. 30 %
Luftkammer

Bestandteile

Im Eiweiß:
Eiweiß 11 %
Fett – %
Kohlenhydrate 1 %

Im Eigelb:
Eiweiß 16 %
Fett (+ Lezithin) 32 %
Kohlenhydrate – %
Vitamine A, B + D
Calcium, Phosphor, Eisen

2. Kennzeichnungen und Verordnungen

Die Kennzeichnungen beziehen sich auf die Güte- und Gewichtsklassen sowie auf das Mindesthaltbarkeitsdatum.

▷ **Güteklassen**

Diese Angaben informieren den Verbraucher über das Alter und den Frischezustand der Eier sowie über gekühlte und haltbargemachte Eier.

A extra	– besonders frische Eier nicht älter als 7 Tage, Luftkammer max. 4 mm
A	– Frischeier, saubere und ganze Schale – Luftkammer nicht größer als 6 mm
B	– ältere sowie gekühlte oder haltbar gemachte Eier mit ganzer Schale
C	– aussortierte Eier, die den Anforderungen der Klassen A und B nicht mehr entsprechen – Verarbeitungseier der Nahrungsmittelindustrie (z. B. Teigwarenindustrie)

Die Frische der Eier erkennt man nach dem Aufschlagen am zähflüssigen, kompakten Eiweiß und einem kugelig hochgewölbtem Eigelb.

frisches Ei   altes Ei

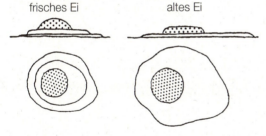

▷ **Gewichtsklassen**

In bezug auf das Gewicht gibt es 7 Klassen:

Klasse 1 →	über 70 g	Klasse 5 →	50 bis 55 g
Klasse 2 →	65 bis 70 g	Klasse 6 →	45 bis 50 g
Klasse 3 →	60 bis 65 g	Klasse 7 →	unter 45 g
Klasse 4 →	55 bis 60 g		

▷ **Verordnungen**

Nach der neuesten Dringlichkeitsverordnung des Bundesgesundheitsministeriums, die zunächst für ein halbes Jahr Gültigkeit hat, dürfen Eier nur noch in den ersten drei Wochen (21 Tage) nach dem Legen an Verbraucher verkauft werden.

Eier müssen ab dem 18. Tag gekühlt bei Temperaturen zwischen 5 und 8 °C aufbewahrt und befördert werden. Die Mindesthaltbarkeit beträgt höchstens 28 Tage. Das Mindesthaltbarkeitsdatum muß deutlich sichtbar auf der Verpackung angebracht sein.

Pflicht ist auch der Hinweis „*Bei Kühlschranktemperatur aufbewahren – nach Ablauf des Mindesthaltbarkeitsdatums durcherhitzen*".

In Gaststätten und Großküchen dürfen roheihaltige Speisen, die vor dem Verzehr nicht erhitzt wurden, nur abgegeben werden, wenn sie zum direkten Verbrauch an Ort und Stelle bestimmt sind und innerhalb von zwei Stunden nach der Herstellung entweder auf 7 °C abgekühlt wurden (dann müssen sie spätestens 24 Stunden nach der Zubereitung abgegeben sein) oder tiefgefroren wurden (dann müssen sie spätestens 24 Stunden nach dem Auftauen abgegeben sein). Speisen, die warm verzehrt werden (beispielsweise eine Weinschaumsauce oder Holländische Sauce), müssen spätestens zwei Stunden nach der Herstellung verzehrt sein.

Außerdem sollen Eier dunkel und wegen ihrer luftdurchlässigen, porösen Schale in geruchsneutraler Umgebung gelagert werden.

Gaststätten und Großküchen müssen, wenn sie mehr als 30 Portionen einer roheihaltigen Speise herstellen, Rückstellproben mindestens 4 Tage, also 96 Stunden nach Abgabe an den Verbraucher, bei höchstens 4 °C aufbewahren.

3. Eier als Hilfsmittel bei der Speisenbereitung

Die Eigenschaften der Eibestandteile werden zu verschiedenen küchentechnischen Zwecken genutzt:

Eibestandteile	küchentechnische Nutzung
– Eiweiß →	binden, lockern, klären
– Fett – Wasser → – Lecithin	emulgieren
– Karotin →	färben

▷ **Binden**

Bei Temperatureinwirkung wird an das Eiweiß Wasser angelagert bzw. in das stockende Eiweiß eingebunden (bis zum Doppelten des Eigengewichtes).

▸ **Anlagern** von Wasser erfolgt beim Legieren von hellen Suppen und Saucen sowie von Frikassee. Das Eigelb verleiht diesen Speisen in Verbindung mit Sahne (Liaison) eine sämige und weiche Konsistenz sowie eine kremige Farbe.

▸ **Einbinden** von Wasser geschieht in vielen Zusammenhängen, z. B.:

> – beim Backen von Teigen und Massen,
> – beim Garen von Klößen, Knödeln und Hackfleischmassen,
> – in Panierungen bei Fleisch, Fisch und Gemüse.

▷ Lockern

Vollei sowie die getrennten Bestandteile Eigelb oder Eiklar lassen sich schaumig schlagen. Die dabei aufgenommene und in den Eiweißbläschen eingeschlossene Luft dehnt sich durch die Erwärmung beim Garprozeß aus und bewirkt die Lockerung des Gebäckes.

▷ Klären

Eiweiß wird zum Klären von Brühen und Gelees bzw. Sülzen verwendet. Das in der Flüssigkeit gleichmäßig verrührte Eiweiß gerinnt beim Erwärmen, schließt neben Wasser auch die Trüb- und Schwebestoffe ein und nimmt sie mit an die Oberfläche. Der Eiweißschaum muß vorsichtig abgeschöpft werden.

▷ Emulgieren

Der Fettbegleitstoff Lecithin wirkt bei der Herstellung von Mayonnaise, Holländischer Sauce, fetthaltigen Cremes und bei Eierlikör als Emulgator. Dabei werden das Fett und die Flüssigkeit zu einer homogenen Masse miteinander verbunden.

4. Verwendung von Eiern als Speise

Eier werden zu leichten selbständigen Gerichten oder als Bestandteil zu anderen Speisen verwendet. Wegen des neutralen Geschmacks sind sie sowohl für salzigwürzige Gerichte als auch für süße Speisen geeignet.

selbständige Gerichte	Speisenkomponenten
– gekochte und pochierte Eier	– Garnitur (z. B. gehackte Eier)
– Rühr- und Spiegeleier – Eier im Näpfchen – Omelett	– Bestandteil von Teigen und Massen sowie von Cremes und anderen Süßspeisen

Aufgaben (Milch, Milcherzeugnisse, Eier)

1. Beschreiben Sie den ernährungsphysiologischen Wert der Milch.

Handelskennzeichnungen und Handelsbezeichnungen:

2. Erläutern Sie die auf Haltbarkeit ausgerichteten Behandlungsverfahren bei Milch sowie die jeweils ungefähre Haltbarkeitsdauer des Produkts.
3. Nennen Sie Handelsbezeichnungen für Milch in bezug auf den Fettgehalt sowie die jeweilige Höhe des Fettgehaltes.

Erzeugnisse aus Milch:

4. Beschreiben Sie zu folgenden Produktbezeichnungen die Aufbereitungsmerkmale der Milch, Produktsorten, Fettgehalte und Verwendungszwecke:
   a) Joghurt und Kefir,
   b) Sahne bzw. Créme,
   c) Butter.

Käse aus ungesäuertem Ausgangsprodukt:

5. Beschreiben Sie den Herstellungsablauf.
6. Was ist Lab?
7. Unterscheiden Sie die Süßmilchkäse nach Festigkeitsstufen, und ordnen Sie diesen ursprungsunabhängige Käsebezeichnungen zu.
8. Nennen Sie unter Beachtung der Festigkeitsstufen Süßmilchkäse spezieller Art und ordnen Sie diese dem jeweiligen Ursprungsland zu.
9. Welche Käse gehören zu den Edelpilzkäsen?
10. Was versteht man unter Schmelzkäse?

Käse mit gesäuertem Ausgangsprodukt:

11. Beschreiben Sie den Herstellungsablauf.
12. Erläutern Sie die Bezeichnungen Frischkäse und Sauermilchkäse, und ordnen Sie diesen zugehörige Produktbezeichnungen zu.

Fett- und Wassergehalt der Käse:

13. Unterscheiden Sie die Bezeichnungen „fettfreie Trockenmasse", „Trockenmasse" und „fettfreie Käsemasse".
14. Nennen Sie die Fettgehaltsstufen für Käse sowie die jeweils zugehörigen Fettgehalte.
15. Nennen Sie zu den verschiedenen Käsearten den zugehörigen Wassergehalt.

Vorratshaltung und Verwendung von Käse:

16. Erläutern und begründen Sie zur Vorratshaltung:
    a) die unterschiedliche Lagerdauer für Käse,
    b) die grundlegenden Lagerbedingungen,
    c) die spezifischen Lagerbedingungen für bestimmte Käsesorten.
17. Nennen Sie Beispiele von Käseverwendungen:
    a) zu selbständigen Gerichten in Form von Käsekombination und Einzelkäseangeboten,
    b) als besondere geschmacksgebende Zutat zu Speisen.

Eier:

18. Welche Eier werden in der Gastronomie verwendet?
19. Wie ist das Hühnerei aufgebaut?
20. Welcher Veränderung unterliegt die Luftkammer beim Altern des Eies?
21. Beschreiben Sie die Richtlinien für das Lagern von Eiern.
22. Welchen ernährungsphysiologischen Wert hat das Ei?
23. Beschreiben Sie Güte- und Gewichtsklassen von Eiern.
24. Wozu werden Eier verwendet?
25. Nennen und erläutern Sie die küchentechnischen Eigenschaften von Eiern.

G. Fisch

1. Bewertung des Fisches

Für die ernährungsphysiologische Bewertung sind mehrere Gesichtspunkte von Bedeutung:

▶ Fisch enthält besonders hochwertiges Eiweiß und Fett, die wichtigen Vitamine A und D sowie Mineralstoffe, vor allem das unentbehrliche Jod.
▶ Fischfleisch hat nur geringe Mengen Bindegewebe und ist deshalb locker, zart und leicht verdaulich.

Aufgrund seiner Eigenschaften wird Fisch besonders für leichte selbständige Gerichte verwendet, insbesondere auch für kalte und warme Vorspeisen bzw. im Rahmen der Speisenfolge für eine zusätzliche leichte Hauptplatte von Fisch. Darüber hinaus wird er gezielt als Schon- und Diätkost eingesetzt.

2. Arten der Fische

Angesichts der Vielfalt der Fische gibt es eine ganze Reihe von Unterscheidungsmerkmalen:

Fangort	– Süßwasser- und Salzwasserfische (Salzwasserfische = Seefische)
Fettgehalt	– Fettfische mit über 3 % Fettgehalt – Magerfische mit unter 3 % Fettgehalt
Qualität	– Edelfische mit besonders schmackhaftem Fleisch – Konsumfische mit weniger hohen Gütemerkmalen
Körperform	– Plattfische – Rundfische

Bei den Süßwasserfischen gibt es neben den sogenannten Einzeltypen Aal, Hecht und Wels bzw. Waller drei Gruppen, die an bestimmten äußeren Merkmalen erkennbar sind.

▷ **Lachs und lachsartige Fische (Salmoniden)**

Diese Fische haben zwischen der Rücken- und der Schwanzflosse die sogenannte **Fettflosse**.

– Lachs bzw. Salm
– alle Forellenarten Bachforelle, Regenbogenforelle und Seeforelle
– Äsche, Felchen bzw. Renken

▷ **Karpfen und karpfenartige Fische**

Diese Fische haben nur **eine Rückenflosse** und stark **ausgeprägte Schuppen**.

– Spiegel-, Schuppen- und Lederkarpfen
– Schleie
– Barbe

▷ **Barsche und Stachelflosser**

Diese Fische haben **zwei Rückenflossen**, wobei die vordere mit stark **ausgeprägten Stacheln** versehen ist.

– Zander
– Barsch

Arten der Fische unterschieden nach
▶ Herkunft
▶ Fettgehalt
▶ Qualität
▶ Körperform

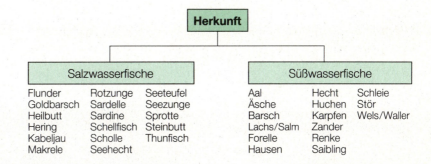

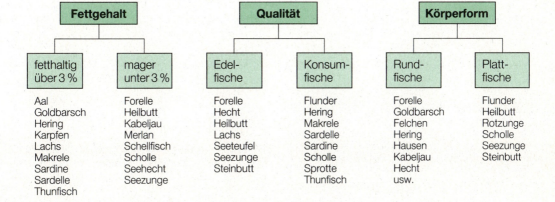

3. Vorratshaltung von Fischen

▷ Lebende Fische

Im allgemeinen werden nur Süßwasserfische lebend vorrätig gehalten. Dies geschieht in speziellen Wasserbassins, die regelmäßig gereinigt und ständig mit Frischwasser und frischer Luft versorgt werden müssen. Die Wassertemperatur darf nicht 9 °C unter- und 12 °C nicht übersteigen. Bei Fehlern in dieser Art von Vorratshaltung geraten die Fische in einen bedenklichen Zustand, so daß die beabsichtigte Frische nicht mehr gewährleistet ist.

▷ Geschlachtete Fische

Sie kommen frisch in den Handel, entweder im Ganzen oder in Form von ausgelösten Filets. Für die Vorratshaltung sind einige wichtige Gesichtspunkte zu beachten:

- Aufgrund des hohen Wassergehaltes, des geringen Bindegewebeanteils und des lockeren Muskelgewebes verdirbt Fischfleisch sehr leicht. Es ist deshalb nur sehr begrenzt lagerfähig und muß rasch dem Verbrauch zugeführt werden.
- Zeichen der Frische sind festes Fleisch und ein frischer Geruch. Schwefel- und Ammoniakgeruch deuten bereits auf die einsetzende Zersetzung hin.
- Je frischer der Fisch bzw. das Fischfleisch, desto besser ist der Geschmack. Er unterliegt bereits nach kurzer Lagerzeit nachteiligen Veränderungen, die durch Eiweißzersetzungen hervorgerufen werden und an den Randschichten beginnen.

Daraus ergeben sich folgende Lagerbedingungen:

- Die Temperatur in speziellen Fischkühlschränken oder Eiskästen soll etwa 0 °C betragen,
- für längere Aufbewahrungszeiten muß der Fisch möglichst schockartig bei −40 °C eingefroren und bei etwa −20 °C gelagert werden.

4. Fischwaren

Bei der Herstellung von Fischwaren erhält das Fischfleisch je nach Art der Verarbeitung eine jeweils besondere Geschmacksnote. Es handelt sich dabei gleichzeitig um bestimmte Arten der Haltbarmachung.

▷ Fischkonserven

Zubereitungsmerkmale	Warenbeispiele
– im eigenen Saft – im eigenen Saft mit Aufguß – in unterschiedlichen würzigen, pikanten Saucen – in Öl	→ Thunfisch → Brathering → Hering- und Makrelenfilets → Thunfisch, Seelachs Sardellen, Sardinen

▷ Getrocknete Fischwaren

Es handelt sich dabei um typische Erzeugnisse aus den skandinavischen und angelsächsischen Ländern. Sie werden durch Trocknen von Kabeljau, Seelachs und Schellfisch hergestellt und kommen mit der Bezeichnung Stock- oder Klippfisch in den Handel.

▷ Geräucherte Fischwaren

Zu ihnen gehören:

- hochwertige Erzeugnisse von Aal, Lachs, Forelle,
- auch Stücke mit Haut und Gräten von Heilbutt, Kabeljau, Makrelen und anderen Fischen,
- außerdem Sprotten, Bücklinge (Hering) und Schillerlocken (aus Bauchstreifen vom Dornhai).

▷ Marinierte Fischwaren

Bei diesen Erzeugnissen werden unterschieden:

- Bratfischwaren (Bratheringe),
- Kochfischwaren in Gelee (Aal oder Hering),
- Kaltmarinaden aus rohem Fisch (Rollmops, Bismarckhering und Graved Lachs).

5. Kaviar

Kaviar ist das gesalzene Produkt aus dem Rogen (Eier) von Fischen. Die Fischeier sind zunächst hell und glasig und werden erst durch die Behandlung mit Salz dunkel. Man unterscheidet echten Kaviar und Kaviarersatz.

▷ Echter Kaviar

Er wird aus dem Rogen laichreifer Weibchen verschiedener Störarten gewonnen. Die Haupterzeugerländer sind Rußland und Iran, die Fangorte das Kaspische und das Schwarze Meer.

Störarten	Beluga Hausen	Ossietr Stör	Sevruga Scherg
Ei ⌀	2 bis 3,5 mm	über 2 mm	unter 2 mm
Eifarbe	silbergrau bis schwarzgrau	schwarzgrau oder auch gelblich bis braun	
Deckelfarbe	blau	gelb	rot

Der Begriff bzw. der Zusatz „malossol" bedeutet mild gesalzen und ist ein Merkmal besonderer Güte.

▷ Kaviarersatz

Diese Erzeugnisse werden aus dem Rogen folgender Fische gewonnen:

Seehase

Die Körner sind kleiner als beim echten Kaviar. Dieser sogenannte *Deutsche Kaviar* wird meistens schwarz gefärbt. Die Zugabe von Farbstoffen ist kennzeichnungspflichtig.

Nahrungsmittelrohprodukte

> Lachs

Die größten Körner mit rötlicher Farbe sind unter der Bezeichnung Ketakaviar bekannt.

> Forellen

Das gelblich- bis orangefarbene Produkt kommt neuerdings in zunehmendem Maße auf den Markt.

Kaviar verdirbt leicht und wirkt dann gesundheitsschädigend. Kühles Lagern und rasches Verarbeiten sind deshalb sehr wichtig.

Aufgaben (Fisch)

1. Beschreiben Sie die besonderen Eigenschaften des Fischfleisches und erläutern Sie seinen ernährungsphysiologischen Wert.
2. Wie werden die Fische nach den Fangorten unterschieden?
3. Erklären Sie die Bezeichnungen Fett- und Magerfische und ordnen Sie den Begriffen zugehörige Fische zu.
4. Was versteht man unter den Bezeichnungen Edel- und Konsumfische?
5. Nennen Sie 5 Fische, die den Edelfischen zugerechnet werden.
6. Wodurch unterscheiden sich die Plattfische von den Rundfischen?
7. Nennen Sie 5 Plattfische und 10 Rundfische.
8. Süßwasserfische:
    a) Wie heißen die grundlegenden Gruppierungen der Süßwasserfische und welches sind die jeweiligen Erkennungsmerkmale?
    b) Ordnen Sie den Gruppierungen bekannte Fische zu.
9. Beschreiben Sie Richtlinien für die sachgerechte Vorratshaltung von lebenden Fischen.
10. Geschlachtete Fische:
    a) Warum sind geschlachtete Fische nur begrenzt lagerfähig?
    b) Beschreiben Sie Frischemerkmale für die im Handel befindlichen geschlachteten Fische.
    c) Nennen Sie Lagerbedingungen.
11. Nennen Sie Warenbeispiele für Fischkonserven und beschreiben Sie deren Herstellungsmerkmale.
12. Was versteht man unter den Bezeichnungen Stock- bzw. Klippfisch?
13. Nennen Sie zu geräucherten und marinierten Fischwaren bekannte Erzeugnisse.
14. Was ist Kaviar?
15. Echter Kaviar:
    a) Was versteht man unter echtem Kaviar?
    b) Nennen Sie Fangorte der Fische sowie Handelsbezeichnungen für den Kaviar.
    c) Was bedeutet die Bezeichnung malossol?
16. Kaviarersatz:
    a) Was versteht man unter dieser Bezeichnung?
    b) Nennen Sie Fische, von denen Kaviarersatz gewonnen wird sowie Handelsbezeichnungen für den Kaviar.
    c) Beschreiben Sie die Merkmale dieser Erzeugnisse.

H. Krusten-, Schalen- und Weichtiere

Das Fleisch dieser Tiere hat eine helle Farbe und eine zarte Beschaffenheit. Es eignet sich deshalb sehr gut

▶ für leichte selbständige Mahlzeiten,
▶ zur Herstellung von kalten und warmen Vorspeisen sowie für Suppen im Rahmen der Speisenfolge.

Wegen des attraktiven Aussehens werden Krusten- und Schalentiere gerne verwendet

▶ als Garnitur zu anderen Speisen sowie als Einlagen für Suppen und Saucen,
▶ als Hauptbestandteil oder Mitbestandteil von feinen Ragouts.

Die Speisen aus Krusten-, Schalen- und Weichtieren haben neben einem ausgeprägten Genuß- und Geschmackswert einen nicht unbedeutenden ernährungsphysiologischen Wert. Ausschlaggebend dafür sind das hochwertige Eiweiß sowie der hohe Gehalt an Vitaminen und Mineralstoffen. Ein wenig ungünstig ist die erhöhte Menge des Cholesterins.

1. Arten der Krustentiere

Krustentiere sind krebsartige Tiere, deren Körper von krustigen Hüllen und Panzern umgeben ist. Nach den Richtlinien der Gastronomischen Akademie Deutschlands (GAD) werden sechs Gruppen unterschieden:

▶ Garnelen   ▶ Kaisergranate
▶ Langusten   ▶ Krabben
▶ Hummer   ▶ Krebse

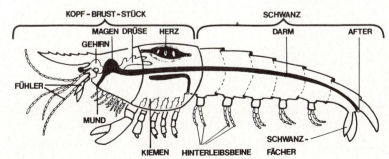

Teile der Krustentiere
Die beiden großen Teilstücke sind das **Kopfbruststück** und der **Schwanz**. Bei der Verarbeitung ist vor allem der Schwanz von Bedeutung, denn in ihm befindet sich das begehrte Fleisch. Aus dem Kopfbruststück ist lediglich das grüne Mark eßbar.

Überblick über die Krustentiere

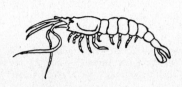 – französisch: crevettes – englisch: shrimps oder prawns	▷ **Garnelen** Aufgrund der unterschiedlichen Größen gibt es drei Gruppen: ▸ Zwerggarnelen mit 5 bis 6 cm ▸ Garnelen mit 5 bis 15 cm ▸ Riesengarnelen mit 17 bis 23 cm Die in der Nordsee gefangenen Zwerggarnelen werden fälschlicherweise als Nordsee**krabben** bezeichnet. Aus Gründen der Tradition ist diese Bezeichnung erlaubt.
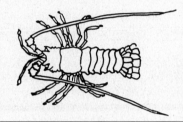	▷ **Languste** Die Languste lebt an felsigen Küsten, und zwar in Gewässern mit mittleren und warmen Temperaturen (Mittelmeer, Golfstrom). Merkmale der Tiere: – 25 bis 40 cm – lange Fühler – sehr kleine Scheren
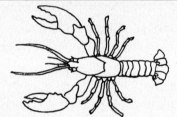	▷ **Hummer** Dieses majestätische Krustentier lebt ebenfalls an Felsenküsten, allerdings in Gewässern mit kühleren Temperaturen (Nordsee und Atlantik). Merkmale der Tiere: – 25 bis 30 cm – stark entwickelte Scheren
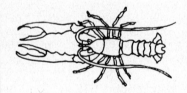	▷ **Kaisergranat** Es handelt sich um einen Tiefseekrebs, der auch als Norwegischer Hummer, als Lagustino oder als Scampi bezeichnet wird. Merkmale der Tiere: – 20 bis 25 cm – lange, starke Scheren
	▷ **Krabben** Sie werden auch als Rundkrebse bezeichnet. Große Tiere sind die Königskrabben (King-Crabs). Ihr Beinfleisch kommt als Crab-Meat in den Handel. Merkmale der Tiere: – 5 bis 40 cm – runde Form und kräftige Scheren
	▷ **Krebse** Krebs ist die Bezeichnung für die Krustentiere aus dem Süßwasser. Sie werden deshalb auch Flußkrebse genannt. Merkmale der Tiere: – 8 bis 15 cm – kleine Scheren Die Krebstiere schmecken am besten in den Monaten **ohne „R"**, d. h. während der Zeit des Wachstums zwischen Mai und August.

Nahrungsmittelrohprodukte

2. Arten der Schalentiere

Obwohl es sich um Weichtiere handelt, ist die Bezeichnung Schalentiere gebräuchlicher. Der Tierkörper ist von zwei Schalen umgeben, die jeweils mit einem Muskel verwachsen sind. Das Tier ist deshalb in der Lage, die Schalen zu öffnen oder zu schließen. Die grundlegenden Artenbezeichnungen für Schalentiere sind Austern und Muscheln.

▷ Austern

Feinschmecker bezeichnen den Genuß von frischen Austern als „das absolute Essen" oder schwärmerisch „das Meer in der Muschel".

Von Natur aus leben sie in natürlichen Kolonien. Sie werden heute jedoch in sogenannten Austernparks gezielt und unter Kontrolle gezüchtet. Das Alter der Austern beträgt 3 bis 4 Jahre und ist an den Schalenschichten erkennbar. Die Austernsaison ist von September bis April, im Gegensatz zu den Krustentieren also in den Monaten **mit einem „r"**.

Hinsichtlich der äußeren Form unterscheidet man:

Flache Austern, die je nach Ursprungsland andere Handelsbezeichnungen haben.

- Belgien → Ostendes
- Dänemark → Limfjord
- England → Natives, Colchester, Whitestable
- Frankreich → Belon und Marennes
- Holland → Imperial
- Amerika → Blue points und Virginia

Die Größen der Austern werden durch Nullen angegeben. Eine 00-Auster wiegt bis 77 Gramm, eine 000 bis 87 Gramm, während eine Auster mit sechs Nullen 113 Gramm und mehr wiegt.

Die **portugiesische Auster** ist länglich, bauchig und gewölbt, und es gibt sie in folgenden Größen:

- sehr groß → 100 g und mehr
- groß → 75 bis 100 g
- mittel → 50 bis 75 g
- klein → unter 50 g

▷ Muscheln

Die Muscheln unterscheiden sich nach der Form und der Farbe der Schalen sowie nach der Art des Fleisches.

Mies- und Pfahlmuscheln haben gelbes bis orangefarbenes Fleisch, die länglichen Schalen sind blaugrau bis schwarz. Mies (Moos) und Pfähle sind ihre Nistplätze. Sie ist die wichtigste aller eßbaren Muscheln und kommt am häufigsten vor.

Jakobsmuscheln sind auch unter der französischen Bezeichnung „Coquille Saint-Jacques" oder unter der englischen Bezeichnung „Scallops" bekannt. Sie haben weißes Fleisch, oftmals mit einem roten Rogenhalbmond versehen.

Die Schalen der Jakobsmuscheln werden häufig zum Anrichten von überbackenen Ragouts verwendet.

Sonstige Muschelarten sind:

Venusmuschel	Herzmuschel	Teppichmuschel

3. Vorratshaltung von Krusten- und Schalentieren

Von Krusten- und Schalentieren gibt es gefrostete Ware sowie Vollkonserven in Dosen und Gläsern. Überwiegend werden die Tiere jedoch lebend in den Handel gebracht, und da ihre Lebensdauer außerhalb des Wassers nur begrenzt ist, bedürfen sie einer besonders aufmerksamen Pflege und Behandlung.

▷ Lebende Schalentiere

Muscheln werden in Säcken, Austern in Fässern transportiert. Auch bei ihnen ist für kalte (1 bis 2 °C) und feuchte Lagerung zu sorgen. Austern sind von zwei ungleichen Schalen umgeben: Die obere ist flach, die untere gewölbt. Beim Transport und bei der Lagerung ist die tiefe Schale (in der sich noch Meerwasser befindet) nach unten gerichtet. Um das Öffnen und Austrocknen zu verhindern, werden die Austern mit einem Stein beschwert.

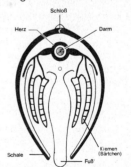

Wenn die Schalen von Muscheln und Austern geöffnet sind und sich bei Berührung nicht schließen, dürfen die Tiere wegen der gebildeten Gifte unter gar keinen Umständen mehr verarbeitet werden.

▷ Lebende Krustentiere

Sie werden in luftdurchlässigen Körben angeliefert. Der Aufbewahrungsort muß kühl und feucht sein. Tiere, die bereits auf dem Transport absterben oder auch nur einen bedenklichen Zustand erreicht haben, dürfen wegen giftiger Zersetzungsprodukte nicht mehr verarbeitet werden. Erkennbar ist ein solcher Zustand daran, daß bei Berührung die sonst üblichen Bewegungsreaktionen ausbleiben.

4. Weichtiere

Neben den bereits beschriebenen Schaltieren gehören zu den Weichtieren Tintenfische und Schnecken.

▷ Tintenfische und ähnliche Tiere

Tintenfische   Meerpolypen

Kalmare

▷ Schnecken

Die gebräuchlichste Art sind die Weinbergschnecken. Um sie in Europa vor dem Aussterben zu bewahren, werden die Tiere immer mehr in angelegten Schneckengärten gezüchtet. Das Angebot erfolgt in der Regel in Dosen oder Gläsern, wobei die Schneckenhäuser gesondert mitgeliefert werden. Darüber hinaus setzt sich mehr und mehr das Angebot tiefgefrorener Ware durch: Vorgekochte Schnecken, im Haus, mit pikanter Kräuterbutter zugestrichen. Neben den Weinbergschnecken werden heute auch Schnecken in tiefgefrorenem Zustand aus tropischen Ländern importiert (z. B. Achatschnecken).

Aufgaben (Krusten-, Schalen- und Weichtiere)

1. Welches sind die besonderen Merkmale der genannten Tiere und welche Folgerungen ergeben sich daraus für ihre Verwendung?
2. Beschreiben Sie den ernährungsphysiologischen Wert des Fleisches.

Krustentiere:
3. Welche Gruppen dieser Tiere werden nach den Richtlinien der gastronomischen Akademie Deutschlands unterschieden?
4. Beschreiben Sie die Merkmale der verschiedenen Tiergruppen.
5. Beschreiben Sie Richtlinien für den sachgerechten Transport und die Lagerung der Tiere.
6. Welches sind die Kennzeichen dafür, daß die Tiere nicht mehr für Ernährungszwecke verwendet werden dürfen?
7. Zu welcher Jahreszeit sind Krustentiere am schmackhaftesten?

Schalentiere:
8. Nennen Sie Arten der Schalentiere.
9. Beschreiben Sie Richtlinien für den sachgerechten Transport und die Lagerung.
10. Zu welcher Jahreszeit kommen die Tiere auf den Markt?
11. Nennen Sie in Verbindung mit den zugehörigen Lieferländern 6 Austernsorten.

Weichtiere:
12. Nennen Sie Arten der Weichtiere.
13. Nennen Sie Herkunft und Angebotsformen für Schnecken.

J. Schlachtfleisch

Unter Schlachtfleisch versteht man das Fleisch von Schlachttieren.

1. Schlachttiere und Schlachtfleisch

▷ Arten der Schlachttiere

Die übergeordneten Gruppenbezeichnungen sind Rind, Schaf und Schwein. Die zur jeweiligen Gruppe gehörenden Tiere werden nach dem Alter unterschieden.

Gruppe Rind

– Kalb ist das Jungtier mit einem Höchstgewicht von 150 kg.
– Rind ist die Bezeichnung für die ausgewachsenen und geschlechtsreifen Tiere:

Jungbullen und Färsen	→	bis 2 Jahre
Ochsen und Jungkühe	→	2 bis 3 Jahre
Kühe und Stiere	→	über 5 Jahre

Gruppe Schaf

– Milchlamm   → bis 6 Monate
– Mastlamm   → bis 12 Monate
– Hammel   → bis 24 Monate
– Schaf   → über 24 Monate

Gruppe Schwein

– Spanferkel ist das Jungtier bis etwa 6 Wochen.
– Schwein ist die Bezeichnung für ausgemästete Tiere.

Nahrungsmittelrohprodukte

▷ **Schlachtfleisch**

Mit Schlachtfleisch bezeichnet man alle nährstoffhaltigen Teile der Schlachttiere. Im einzelnen gehören dazu:
▸ Das Muskelfleisch einschließlich der Knochen und Knorpel,
▸ die eßbaren Organe der Tiere, die sogenannten Innereien:

– Leber	– Lunge	– Milz
– Nieren	– Zunge	– Hirn
– Herz	– Magen	– Bries

Bries ist die Bezeichnung für die Wachstumsdrüse (Thymusdrüse, auch Milcher genannt). Die Hotelküche verwendet vorzugsweise das Bries des Kalbes (Kalbsbries bzw. Kalbsmilcher).

2. Eigenschaften des Schlachtfleisches

Beschaffenheit, Geschmack und Farbe des Fleisches sind sehr unterschiedlich und von verschiedenen grundlegenden Faktoren abhängig:
– Tierart, Rasse und Alter,
– Tierhaltung und Art der Fütterung.

▷ **Beschaffenheit des Fleisches**

Ausschlaggebend für die Fleischbeschaffenheit ist der Gewebeaufbau, der alters- und fleischteilbedingte Unterschiede aufweist. Die beteiligten Gewebearten sind Muskel-, Binde- und Fettgewebe.

Muskel- und Bindegewebe

Das Muskelgewebe enthält überwiegend leichtlösliche, das Bindegewebe überwiegend schwerlösliche Eiweißstoffe. Mit zunehmendem Alter des Tieres nimmt der Bindegewebeanteil im Verhältnis zum Muskelgewebe zu. Darüber hinaus ist der Bindegewebeanteil in den verschiedenen Fleischteilen der Tiere unterschiedlich.
▸ Im Rücken und den oberen Partien der Keule ist der Anteil des Bindegewebes gering.
▸ Keule, Bug (Schulter) und Hals enthalten größere Mengen Bindegewebe.
▸ In den Beinen ist das Bindegewebe am stärksten ausgeprägt.

Aus dem Mengenverhältnis von Muskel- und Bindegewebe ergeben sich die unterschiedlichen Eigenschaften des Fleisches:
→ zart → weniger zart → zäh

Während die Fleischfaser bei jungen Tieren und bei bestimmten Fleischteilen von Natur aus zart und kaum wahrnehmbar ist, wird sie mit zunehmendem Alter gröber und in Streifen sichtbar.

Fettgewebe

Fett erhöht die Saftigkeit des Fleisches. Nach seinem Vorhandensein im bzw. am Fleisch unterscheidet man:
▸ **Marmoriertes Fleisch**, bei dem das Fett im Muskelgewebe fein verteilt eingelagert ist,
▸ **durchwachsenes Fleisch**, bei dem das Fett an bestimmten Stellen sichtbar konzentriert ist.

Mit zunehmendem Alter des Tieres wird das Muskelgewebe immer fettärmer, während sich das Fett in bestimmten Depots sammelt oder auf der Oberfläche der Fleischteile ablagert.

Je nach dem Vorhandensein des Fettes ergeben sich unterschiedliche Eigenschaften des Fleisches:
→ saftig → weniger saftig → trocken

Um die Saftigkeit von fettarmen Fleischteilen beim Garprozeß zu erhöhen, werden diese häufig gespickt, d. h. mit Streifen von rohem Speck durchzogen. Um die Saftigkeit zu erhalten bzw. nicht absinken zu lassen ist es üblich, Fleischteile zu bardieren, d. h. mit Speckscheiben zu umlegen.

▷ **Farbe und Geschmack des Fleisches**

Das Fleisch von jungen Tieren (insbesondere solange sie mit Milch ernährt werden) ist hell und hat nur einen gering ausgeprägten Geschmack.

Mit zunehmendem Alter und durch die Art des verabreichten Futters wird die Farbe zunehmend dunkler und der Geschmack zunehmend stärker ausgeprägt. Farbe und Geschmack werden aber auch durch die Art und Rasse sowie das Geschlecht der Tiere beeinflußt.

Zusammenfassung der altersbedingten Fleischeigenschaften:

Junge Tiere	→ zart bis weniger zart → saftig bis weniger saftig → hell bis rötlich → geschmacksneutral bis schwach aromatisch
Ältere Tiere	→ weniger zart bis zäh → weniger saftig bis trocken → rot bis dunkelrot (sogar blautönig) → aromatisch bis stark aromatisch

Die Eigenschaften zart bis zäh sowie saftig bis trocken sind wichtige Kriterien für die Art des Garmachens (siehe im Abschnitt „Garmachen von Nahrungsmitteln" sowie im Kapitel „Speisenkunde").

3. Bewertung des Schlachtfleisches

Bei der Bewertung muß man zwischen dem ernährungsphysiologischen Wert sowie den alters- und fleischteilbedingten Eigenschaften unterscheiden.

▷ **Nährwert**

Schlachtfleisch enthält vor allem größere Mengen von biologisch hochwertigem Eiweiß, darüber hinaus in unterschiedlichen Mengen Fett. Es ist ebenfalls reich an Vitaminen, Mineralstoffen und anderen Wirkstoffen, insbesondere die Innereien.

▷ **Eigenschaften**

Das helle Fleisch von jungen Tieren ist wegen seiner fein- und zartfaserigen Struktur und aufgrund des geringeren Fettgehaltes im allgemeinen leicht verdaulich. Bei entsprechender Verarbeitung (helle und salzarme Zubereitungsarten) eignet es sich gut für Speisen im Rahmen der Schon- und Diätkost.

4. Vorratshaltung von Schlachtfleisch

Bei der Vorratshaltung sind zwei Gesichtspunkte von Bedeutung: Grundlegende Lagerbedingungen und Oberflächenschutz.

▷ **Grundlegende Lagerbedingungen**

Fleisch ist ein guter Nährboden für Mikroorganismen. Um das Fleischgewebe vor dem Garen etwas zu lokkern und um einen ausgeprägteren Geschmack zu erreichen, läßt man das Fleisch mit zunehmendem Alter der Tiere einige Zeit reifen. Damit die Vorgänge sachgerecht verlaufen und damit die Wirksamkeit von Mikroorganismen eingeschränkt bleibt, ist eine **Lagertemperatur zwischen 2 und 4 °C** einzuhalten.

▷ **Schutz der Oberfläche**

Beim Schlachten der Tiere und beim Zerlegen in einzelne Fleischteile werden oberflächenschützende Häute entfernt. Zum Schutz der enthäuteten Oberflächen sind deshalb wichtige Richtlinien zu beachten:

▶ Die **Luftfeuchtigkeit** muß zwischen 80 und 95 % betragen, damit das Austrocknen verhindert wird.
▶ **Große Fleischstücke** sind hängend aufzubewahren und dürfen sich nicht berühren, damit die Oberfläche gut umlüftet ist und nicht schmierig wird.
▶ **Portionierte Fleischstücke** mit vergrößerter Oberfläche sind auf Blechen mit feuchtem Tuch zu bedecken, um das Austrocknen und die Einwirkung von Mikroorganismen abzuwenden. Dem gleichen Zweck dient das Einlegen in Öl bzw. das Vakuumverpacken (bei dem außerdem eine optimale Fleischreifung gewährleistet ist).
▶ **Schlachtfleisch** darf wegen der möglichen Übertragung von Schmutz und Bakterien nicht zusammen mit unverarbeiteten pflanzlichen Rohstoffen sowie mit Wild in der Decke und Geflügel in den Federn gelagert werden.

K. Fleisch- und Wurstwaren

Fleischwaren sind Erzeugnisse, bei denen die Struktur des Fleisches nicht verändert wird. Die jeweiligen Behandlungsverfahren bewirken lediglich eine Veränderung der Farbe und des Geschmacks.

Wurstwaren sind schnittfeste oder streichfähige Erzeugnisse aus einem Gemenge von zerkleinertem Fleisch- und Fettgewebe.

1. Fleischwaren

Bei Fleischwaren werden durch Pökeln und Räuchern die Farbe, der Geschmack und teilweise auch die Beschaffenheit des Fleisches verändert. Je nach Intensität der Behandlung erhöht sich außerdem die Haltbarkeit des Produktes.

▷ **Pökelwaren**

Folgende unterschiedliche Behandlungsverfahren werden angewendet:

▶ Einreiben des Fleisches mit Pökelsalz,
▶ Einlegen des Fleisches in eine Pökellake,
▶ Einspritzen der Pökellake in das Fleisch,
▶ Vakuumpökeln.

Vakuumpökeln erfolgt im Vakuum einer waschmaschinenähnlichen Trommel. Durch rotierende Bewegung werden die Fleischstücke massiert, wodurch sich das Volumen vergrößert. Das Zusammenwirken der verschiedenen Faktoren ermöglicht eine rasche und intensive Behandlung des Fleisches.

Eingeriebene und eingelegte Ware hat eine höhere Qualität als gespritzte oder im Vakuum hergestellte, da diese Vorgänge zu schnell ablaufen und das Fleisch keinen Reifeprozeß durchmachen kann.

Auswirkungen auf das Fleisch durch Pökeln:

▶ **Umrötung**, wobei die Fleischfarbstoffe intensiviert und stabilisiert werden,
▶ **Aromabildung**, wobei durch Stoffumwandlungen der Pökelgeschmack entsteht,
▶ **Konservierung**, wobei durch das Salz die Wasseraktivität im Fleisch herabgesetzt und somit die Haltbarkeit erhöht wird.

Pökelwaren werden auch nach ihrer Beschaffenheit unterschieden:

Kochpökelwaren

Dies sind Pökelwaren von saftiger und frischer Beschaffenheit, die durch Kochen verzehrbar gemacht werden. Zu ihnen gehören:

- Rippchen, Eisbein und Schweinebauch,
- Schweine- und Rinderzunge,
- Schinken und Rinderbrust.

Die Kochpökelwaren werden zur geschmacklichen Verfeinerung manchmal leicht geräuchert.

Rohpökelwaren

Hierbei handelt es sich um Waren, die durch zusätzliches Trocknen haltbar gemacht und vor dem Verzehr in sehr dünne Scheiben geschnitten werden. Zu ihnen gehören:

- Bündner Fleisch, eine schweizerische Spezialität (Graubünden) aus Rindfleisch,
- Parmaschinken, eine italienische Spezialität aus der Schweinekeule (Schinken).

▷ **Räucherwaren**

Bei den Räucherwaren handelt es sich um gepökeltes Fleisch, das durch die Behandlung mit Rauch zusätzlich verändert wird. Die Auswirkungen des Räucherns auf das Fleisch sind:

▸ Verschönerung des Aussehens durch die Ablagerung von Räucherstoffen und durch Bräunung oder Schwärzung der Fleischoberfläche,
▸ u. U. Aromaverbesserung durch Räucherstoffe,
▸ Verlängerung der Haltbarkeit durch Austrocknung und durch die keimtötenden Rauchbestandteile.

Beispiele für Räucherwaren:

- Knochenschinken, aus dem ganzen Schinken (Keule) mit dem Knochen (z. B. Bauernschinken, Katenrauchschinken),
- Nußschinken, aus der Nuß (Teilstück der Keule),
- Rollschinken, aus der Oberschale und der Unterschale (Teilstücke der Keule) zusammengerollt,
- Lachsschinken, aus dem ausgelösten Kotelettstrang (besonders zart und saftig),
- Schinkenspeck, aus der Hüfte,
- Kasseler Rippenspeer, aus dem Kotelettstrang mit Knochen,
- Rinderrauchfleisch, aus Teilstücken der Keule,
- Dörrfleisch, Bauchspeck, Wammerl.

2. Wurstwaren

Wurstwaren werden nach grundlegenden Arten unterschieden:

Kochwurst   Brühwurst   Rohwurst

Darüber hinaus gibt es folgende wurstartige Erzeugnisse:

Pasteten   Terrinen   Galantinen

Wurstwaren werden in verschiedenen Qualitätsstufen hergestellt:

▸ **Spitzenqualität**
aus sehnen- und fettgewebearmem Fleisch,
▸ **Mittlere Qualität**
aus grob entfettetem und entsehntem Fleisch, bei gleichzeitiger Mitverwendung von Innereien,
▸ **Einfache Qualität**
aus Fleisch, das wie gewachsen und außerdem mit überwiegendem Anteil von Innereien, Schwarten und Sehnen verarbeitet wird.

▷ **Arten der Wurst**

Kochwurst

Für die Kochwürste wird das Ausgangsmaterial vorgekocht und unterschiedlich grob bzw. fein zerkleinert. Nach dem Einfüllen der Wurstmasse in die Därme (Kunst- oder Naturdärme) werden die Würste pochiert und teilweise zusätzlich geräuchert. Einige Kochwurstarten enthalten grobgeschnittene Einlagen.

Wurstsorten	Besonderheiten
Leberwurst	– Spitzenqualität muß mindestens 25 % Leberanteil enthalten, – mittlere Qualität mind. 15 %, – einfache Qualität mind. 10 %.
Blutwurst, Rotwurst	– Speckblutwurst hat einen hohen Anteil von gewürfeltem Speck. – Thüringer Blutwurst hat einen hohen Anteil von Schweinefleischstücken. – Zungenblutwurst hat als Einlage ganze Zungen.
Sülzwurst	– Besondere Bezeichnungen sind Preßsack, Schwartenmagen und Corned beef. – Als Bindemittel dient Gelatine (der sogenannte Aspik bzw. die Aspiksülze), die aus Schwarten und Knochen hergestellt wird.

Brühwurst

Brühwürste sind durch Brühen behandelte Wurstwaren. Sie unterscheiden sich im wesentlichen durch den Grad der Zerkleinerung des Rohmaterials (Wurstmasse oder Brät) und durch besondere Einlagen. Die Würste werden zum Teil warm oder kalt geräuchert.

Zustandsform	Wurstbezeichnungen
feine Wurstmasse	– Wiener und Frankfurter Würstchen – Knackwurst und Bockwurst – Fleischwurst und Gelbwurst – Mortadella und Lyoner
grobe Wurstmasse	– Jagdwurst und Bierwurst
mit Fleischeinlage	– Bierschinken und Schinkenpastete – Preßkopf und Zungenwurst

Rohwurst

Rohwürste sind Wurstwaren, die aus rohem Material hergestellt werden. Durch Räuchern und Trocknen erhalten sie einen kräftigen Geschmack und sind gegenüber Koch- und Brühwürsten länger lagerfähig. Sie unterscheiden sich durch den Grad der Zerkleinerung des Rohmaterials und durch die Eigenschaften wie Schnittfestigkeit bzw. Streichfähigkeit.

Beschaffenheit	Wurstbezeichnungen / Besonderheiten
schnittfest	– Cervelatwurst mit sehr feiner Körnung – Salami mit mittelfeiner Körnung und Knoblauch im Gewürz – Plockwurst mit grober Körnung
streichfähig	– Teewurst und Mettwurst – Grobe Mettwurst und Streichwurst

▷ **Verwendung von Wurst**

Kalte Wurst in unterschiedlicher Aufmachung als Aufschnitteller oder -platten zum Frühstück, als Vesper bzw. Brotzeit sowie zu rustikalen kalten Buffets,

heiße Wurst in unterschiedlicher Verarbeitung:
– erhitzt in Wasser oder Dampf (z. B. Wiener- oder Frankfurter Würstchen, Weißwurst),
– gegrillt (z. B. Brat-, Curry- oder Bockwurst),
– in Teighülle (z. B. Depreziner).

▷ **Wurstähnliche Erzeugnisse**

Zu ihnen gehören Pasteten, Terrinen und Galantinen. Ausgangsmaterialien zu ihrer Herstellung sind feine wurstähnliche Massen, auch Farcen genannt. Als Zutaten für diese Massen dienen:

Geschmacksträger	verfeinerte Zutaten
Wildfleisch Kalbfleisch Geflügelfleisch Gänseleber Fische Krustentiere	– feine, dem Hauptgeschmacksträger angepaßte Gewürzmischungen – Pistazien und Orangenschale – erlesene Pilze, insbesondere Trüffeln – Cognac, Portwein und Sherry – frische Küchenkräuter

Besondere Unterscheidungsmerkmale sind:

Pasteten

Eine Kasten- oder Pastetenform wird mit Teig ausgelegt, die Farce eingefüllt und dann im heißen Ofen durch Backen gegart.

Beispiele:
– Wild-, Wildschwein- und Hasenpasteten
– Kalbs–, Filet- und Schinkenpastete
– Lachs- und Seeteufelpastete

Terrinen

Eine Steingut- oder Keramikform, meist oval, wird mit feiner Farce gefüllt, das Gefäß mit einem Deckel verschlossen und die Terrine in einem Wasserbad im Ofen gegart.

Beispiele:
– Wild-, Wildschwein- und Hasenterrine
– Fasanen-, Rebhuhn- und Wachtelterrine
– Forellen-, Lachs- oder Hechtterrine

Galantinen

Hierfür werden Tierkörper (z. B. eine Poularde) ausgebeint oder Tierkörperteile (z. B. eine Kalbsbrust) entbeint und mit der feinen Fleischfarce gefüllt. Das Ganze wird dann in ein Tuch eingebunden oder mit Alufolie umgeben und in Brühe (je nach Beschaffenheit des Fleischrohstoffes) mehr oder weniger vorsichtig pochiert.

Beispiele:
– Geflügel- und Poulardengalantine
– Fasanen- und Wildentengalantinen
– Kalbsbrust- und Spanferkelgalantine
– Aal- und Lachsgalantine

Nahrungsmittelrohprodukte

Aufgaben (Schlachtfleisch, Fleisch- und Wurstwaren)

Schlachtfleisch:
1. Welche Tiere gehören zu den Schlachttieren?
2. Welche Altersrichtlinien gibt es für Milchlamm, Mastlamm und Hammel?
3. Welche Teile der Schlachttiere fallen unter die Bezeichnung Schlachtfleisch?
4. Nennen Sie 8 Innereien.

Beschaffenheit des Schlachtfleisches:
5. Von welchen grundlegenden Faktoren ist die Beschaffenheit abhängig?
6. Erläutern Sie zum Muskel- und Bindegewebe
   a) die unterschiedlichen Eigenschaften,
   b) die Veränderungen im Fleisch mit zunehmendem Alter der Tiere,
   c) die fleischteilbedingte Verteilung im Tierkörper,
   d) die Auswirkungen auf die Beschaffenheit des Fleisches.
7. Erläutern Sie zum Fettgewebe:
   a) den Einfluß auf die Beschaffenheit des Fleisches,
   b) die Bezeichnungen marmoriertes und durchwachsenes Fleisch,
   c) die Veränderungen im Fettgewebe mit zunehmendem Alter der Tiere und die sich dadurch verändernde Beschaffenheit des Fleisches.

Farbe und Geschmack des Schlachtfleisches:
8. Beschreiben Sie die Veränderungen, die sich mit zunehmendem Alter der Tiere ergeben.
9. Durch welche Faktoren werden Farbe und Geschmack außerdem beeinflußt?

Ernährungsphysiologischer Wert des Schlachtfleisches:
10. Welcher Nährwert wird dem Fleisch zugeschrieben?
11. Welche besondere Bedeutung kommt dem Fleisch junger Tiere zu?

Vorratshaltung von Schlachtfleisch:
12. Beschreiben und begründen Sie die grundlegenden Lagerbedingungen.
13. Begründen Sie besondere Bedingungen und Maßnahmen zum Schutz der Fleischoberfläche.

Fleischwaren:
14. Erklären Sie die Bezeichnung Fleischwaren und nennen Sie grundlegende Besonderheiten dieser Waren.
15. Beschreiben Sie zum Pökeln von Fleisch:
    a) unterschiedliche Arten der Behandlung,
    b) die grundlegenden Auswirkungen auf das Fleisch,
    c) die Beziehung zwischen Behandlungsverfahren und Warenqualität.
16. Unterscheiden Sie Koch- und Rohpökelwaren und ordnen Sie diesen Produktbezeichnungen zu.
17. Erklären und beschreiben Sie die Bezeichnungen Bündner Fleisch, Parmaschinken und Rauchfleisch.
18. Welche Auswirkungen hat das Räuchern auf Fleisch?
19. Nennen Sie zu den Räucherwaren Rohstoffe und Produkte.

Wurstwaren:
20. Nennen Sie drei Wurstarten, und ordnen Sie ihnen je drei Wurstsorten zu.
21. Beschreiben Sie die Qualitätsunterschiede: Spitzenqualität, mittlere Qualität und einfache Qualität.
22. Nennen Sie die Leberanteile der verschiedenen Qualitätsstufen bei Leberwurst.
23. Erklären Sie die Bezeichnungen Speckblutwurst, Thüringer Blutwurst und Zungenblutwurst.
24. Nennen Sie Brühwurstsorten:
    a) aus feiner und grober Wurstmasse,
    b) mit Einlage von Fleischstücken.
25. Welches sind die Besonderheiten der Rohwurst?
26. Nennen Sie schnittfähige und streichfähige Rohwurstsorten.
27. Beschreiben Sie zu Pasteten, Terrinen und Galantinen:
    a) die grundlegende Art dieser Erzeugnisse,
    b) die grundlegenden Rohstoffe,
    c) verfeinernde Zutaten,
    d) die unterschiedlichen Zubereitungsverfahren und zugehörige Produktbezeichnungen.

L. Schlachtgeflügel

Im Vergleich zu den wilden Arten wird Schlachtgeflügel „beim Haus" gehalten und heißt deshalb auch **Hausgeflügel**.

1. Eigenschaften und Bewertung des Schlachtgeflügels

Aufgrund gezielter Zucht und Mast ist das Schlachtgeflügel von zarter Beschaffenheit und genügt hohen Qualitätsansprüchen. Neben Vitaminen und Mineralstoffen ist vor allem das hochwertige Eiweiß von Bedeutung. Hervorzuheben ist außerdem die Unterscheidung bezüglich der Fleischfarbe.

▷ **Helles Schlachtgeflügel**

Dazu gehören *Hühner und Truthühner*. Wegen der besonders zarten Beschaffenheit und des niedrigen Fettgehaltes ist ihr Fleisch leicht verdaulich und eignet sich deshalb sehr gut für Speisen im Rahmen der Schon- und Diätkost.

▷ **Dunkles Schlachtgeflügel**

Dazu gehören *Enten, Gänse und Tauben*. Das Fleisch ist weniger zart, und der höhere Fettgehalt geht zu Lasten des Eiweißgehaltes. Schwerer verdaulich als das Fleisch des hellen Geflügels, werden die Tiere vorzugsweise in den Wintermonaten verarbeitet.

2. Arten des Schlachtgeflügels

Handelsbezeichnungen		Alter	Gewicht
Hühner – Küken (Stubenküken) – Hähnchen Fleischhähnchen Jungmasthahn (Kapaun) – Suppenhuhn		→ 3 bis 4 Wochen → 6 bis 7 Wochen → Unterbezeichnungen zum Hähnchen → 12 bis 15 Monate	– unter 750 g – 700 bis 1200 g – über 1200 g – mindestens 1800 g – 1500 bis 2000 g
Truthühner – Baby-Puter – Truthenne, Truthahn – Zerlegeputer		→ 2 bis 3 Monate → 3 bis 7 Monate → für Schnitzel, Steaks	– 3000 bis 5000 g – 5000 bis 8000 g – bis 12 kg
Enten – Frühmastente – Junge Ente – Ente		→ 6 bis 7 Wochen → 3 bis 5 Monate → über 1 Jahr	– 1600 bis 1800 g – 1800 bis 2000 g – über 2000 g
Gänse – Frühmastgans – Junge Gans – Gans		→ 3 bis 4 Monate → 9 bis 10 Monate → über 1 Jahr	– 2500 bis 3000 g – 3000 bis 4000 g – über 4000 g
Perlhühner – Junges Perlhuhn – Perlhuhn		→ bis 1 Jahr → über 1 Jahr	– 1000 bis 1400 g – 1200 bis 1500 g
Tauben – Junge Tauben – Taube		→ bis 1 Jahr → über 1 Jahr	– 150 bis 200 g – 200 bis 300 g

3. Handelsklassen, Angebotsformen und Vorratshaltung

▷ **Handelsklassen**

Sie geben Auskunft über Vorschriften bezüglich der Qualitätsmerkmale.

Handelsklasse A

Das Geflügel muß in dieser Klasse höchsten Anforderungen genügen:
- Gleichmäßig und vollfleischig entwickelter Körper,
- Fettansatz gleichmäßig und möglichst gering,
- Federkiele und Haarfedern nur am Halslappen, den Flügelspitzen und den Fußgelenken,
- keine Verletzungen, Quetschungen und Verfärbungen an Brust und Schenkeln,
- keine gebrochenen Knochen.

Handelsklasse B

Neben dem geforderten mäßig entwickelten Körper sind gegenüber den Anforderungen der Handelsklasse A geringfügige Abweichungen erlaubt.

Handelsklasse C

Ihr sind alle Tiere zuzuordnen, welche die Anforderungen der Klassen A und B nicht erfüllen.

▷ **Angebotsformen**

Neben ganzen (unzerlegten) Tieren werden heute vielfach Teilstücke des Schlachtgeflügels angeboten.
- Hälften und Brüste (mit oder ohne Brustknochen),
- Schenkel (ganze Schenkel bzw Ober- oder Unterschenkel),
- Geflügelfertigprodukte (Schnitzel, Steaks, Rollbraten, Geschnetzeltes),
- Gänseklein (Flügel, Beine, Hals, Magen, Herz),
- Lebern von allen Geflügelarten, insbesondere die Gänseleber.

Während sowohl die unzerlegten Tiere als auch die Geflügelteile überwiegend in tiefgefrorenem Zustand angeboten werden, reagiert der Markt neuerdings in verstärktem Maße wieder auf das Bedürfnis nach frischer Ware.

▷ **Vorratshaltung**

Als Richtwerte für die Lagerdauer gelten:
- Frisches Geflügel bei 1 bis 4 °C Lagertemperatur 3 bis 5 Tage,
- tiefgefrorenes Geflügel bei –18 °C etwa 6 Monate.

Mageres Geflügel ist etwas über 6 Monate hinaus lagerfähig. Bei fettem Geflügel muß die angegebene Lagerzeit eingehalten werden, weil das Fett auch in tiefgefrorenem Zustand durch Zersetzung ranzig wird.

M. Wild und Wildgeflügel

Das Fleisch von Wild und Wildgeflügel ist als Nahrungsmittel eine ganz besondere Delikatesse. In den Zeiten, da das Recht zur Ausübung der Jagd nur dem Adel zustand, waren gerade die Gerichte aus Wild auf den üppigen Festtafeln oder innerhalb festlicher Speisenfolgen krönende Höhepunkte.

1. Arten des Wildes

Beim Wild unterscheidet man zwischen Haar- und Federwild.

▷ **Haarwild**

Die Tiere des Haarwildes werden nach Art, Größe, Alter und Geschlecht unterschieden.

Reh

Rehwild liefert unter allen Wildarten das zarteste Fleisch. Zu dieser heimischen Wildart gehören:

▶	Kitz	→ ganz junge Tiere (männlich und weiblich)
▶	Ricke	→ weibliche Tiere
▶	Rehböcke	→ männliche Tiere

Hirsch

Bei den Hirschen gibt es die größere und schwerere Art (**Rotwild**) sowie die kleinere und leichtere Art (**Damwild**). Die untergeordneten Tierbezeichnungen sind:

▶	Hirschkalb	→ ganz junge Tiere (männlich und weiblich)
▶	Schmaltier	→ weibliche Jungtiere
▶	Spießer	→ männliche Jungtiere
▶	Hirsch und Hirschkuh	→ ältere Tiere

Wildschwein

Auch als **Schwarzwild** bezeichnet, gehören dazu folgende Tiere:

▶	Frischling	→ junge Tiere bis zu einem Jahr
▶	Bache	→ weibliche Tiere
▶	Keiler	→ männliche Tiere
▶	Überläufer	→ Jungtiere zwischen Frischling sowie Bache bzw. Keiler

> Wildhase und Wildkaninchen

Die Tiere werden auch als **Niederwild** bezeichnet. Das Fleisch ist
- bei Wildhasen bräunlich-rot und hat einen sehr würzigen Geschmack,
- bei Wildkaninchen weißlich-grau und hat einen milden, manchmal leicht süßen Geschmack.

Zum Haarwild gehören außerdem die jeweils regionaltypischen Tierarten *Gams- und Elchwild* sowie *Bären* oder *Rentiere*.

▷ **Federwild**

Als Federwild bezeichnet man alle jagdbaren Vögel, deren Fleisch für den Menschen genießbar ist. Ihr Lebensraum ist der Wald und die Umgebung von Gewässern. Die bekanntesten Wildgeflügelarten sind:

> Wachtel

Diese kleinste Art unter den Wildhühnern hat ein Gewicht von etwa 100 g und wird heute bereits gezielt in Farmen gezüchtet.

> Fasan

Auch diese zu den Wildhühnern gehörenden Vögel werden teilweise in Freigehegen gezüchtet. Sie haben ein Gewicht von etwa 1000 g, der Fleischgeschmack ist herb-würzig.

> Rebhuhn

Die taubengroßen Rebhühner mit einem Gewicht von etwa 200 g sind eine sehr beliebte Wildgeflügelart.

> Schnepfe

Unter dieser Bezeichnung gibt es verschiedene Sorten: *Wald-* und *Sumpfschnepfe*. Ihr Gewicht liegt ebenfalls bei etwa 200 g. Ein markantes Erkennungszeichen ist der lange und dünne Schnabel.

> Wildente

Unterbezeichnungen sind *Stockente* (die größte heimische Wildentenart mit 1 200 bis 1 500 g) und *Krickente* (die kleinste Art). Je nach Nahrung und Alter haben die Tiere manchmal einen tranigen Geschmack.

Weitere Wildgeflügelarten sind:
- Krammetsvögel (Wacholderdrosseln)
- Haselhühner und Wildgänse, die nicht so häufig verarbeitet werden,
- Auer- und Birkwild sowie das Haselhuhn, die vom Aussterben bedroht sind und deshalb nicht mehr im Handel angeboten werden.

2. Angebotsformen und Vorratshaltung

▷ **Angebotsformen**

Während der jeweiligen Jagdsaison werden die Tiere frisch, entweder in naturbelassenem Zustand oder in küchenfertiger Vorbereitung, angeboten:
- Haarwild in der Decke und Federwild im Federkleid,
- zerlegte Teilstücke, wie Rücken, Keulen, Blätter oder auch Kleinfleisch, für Ragout und Gulasch.

Da das frische Fleisch nur begrenzt lagerfähig ist und außerdem über die festgelegten Saisonzeiten hinaus zur Verfügung stehen soll, ist die küchenfertige Ware auch im tiefgefrorenen Zustand erhältlich.

▷ **Vorratshaltung**

Frisch gejagte Tiere beläßt man bis zur Verarbeitung in der Decke bzw. im Federkleid. Sie dürfen in diesem Zustand nicht zusammen mit Schlachtfleisch und Schlachtgeflügel aufbewahrt werden. Nach einer gewissen Zeit der Reifung, während der sich das Fleischgewebe lockert und sich der typische Wildgeschmack entwickelt, wird
- Haarwild aus der Decke geschlagen und in die verarbeitungsfähigen Teilstücke zerlegt,
- Federwild gerupft und ausgenommen.

Tiefgefrorene Ware muß bis zur Verarbeitung bei −18 °C gefrostet bleiben.

3. Eigenschaften und Bewertung des Wildbrets

▷ **Beschaffenheit des Fleisches**

Die besondere Beschaffenheit des Wildfleisches ergibt sich vor allem aus den naturbedingten Lebens- und Freßgewohnheiten. Es unterscheidet sich vom Schlachtfleisch:

- Die Fleischfaser ist feiner,
- das Bindegewebe ist weniger stark ausgeprägt,
- der Fettgehalt ist, vom Wildschwein abgesehen, geringer.

In bezug auf die fleischteilbedingten Eigenschaften gilt:
– der Rücken ist in jedem Falle **zart**,
– die Keulen, insbesondere junger Tiere, sind **zart**,
– die Blätter bzw. Läufchen (Hasen) sind **weniger zart**.

▷ **Farbe und Geschmack des Fleisches**

Vom Wildkaninchen abgesehen, ist das Fleisch des Wildes dunkel. Sein Geschmack hat im Vergleich zu anderem Fleisch (Schlachtfleisch, Schlachtgeflügel) eine arteigene Ausprägung und ist insbesondere intensiver und aromatischer.

Nahrungsmittelrohprodukte

Schwerpunkte des Nahrungsmittelangebotes im Wechsel der Jahreszeiten

	Obst	Gemüse	Fisch	Fleisch
Januar	Äpfel Apfelsinen Mandarinen Haselnüsse Walnüsse	Weißkohl Rotkohl Rosenkohl Schwarzwurzeln Maronen	Heilbutt Steinbutt Rotzunge Karpfen Schleie	Schlachtfleisch Ente Pute Haarwild Federwild
Februar	Äpfel Apfelsinen Mandarinen Haselnüsse Walnüsse	Rotkohl Rosenkohl Fenchel Schwarzwurzeln Sellerie	Heilbutt Steinbutt Scholle Hering Wels	Schlachtfleisch Pute Haarwild Federwild
März	Äpfel Apfelsinen Mandarinen Pampelmusen Ananas	Spinat Brokkoli Endivie Chicoree Artischocken	Blaufelchen Zander Schellfisch Seelachs Hering	Schlachtfleisch (besonders Lamm) junge Ente junge Gans
April	Äpfel Apfelsinen Ananas	Artischocken Bohnen Erbsen Blumenkohl Mangold	Blaufelchen Aal Makrele Matjeshering	Schlachtfleisch (besonders Lamm) junge Ente junge Gans
Mai	Rhabarber Erdbeeren Kirschen Aprikosen Pfirsiche	Blumenkohl Bohnen Erbsen Kohlrabi Spargel	Hecht Lachs Matjeshering Seezunge Krebse	Schlachtfleisch Enten Gänse Rehbock Frischling
Juni	Erdbeeren Kirschen Aprikosen Johannisbeeren Sauerkirschen	Rettich Möhren Lauch Spargel Wirsing	Flunder Rotzunge Kabeljau Forelle Krebse	Schlachtfleisch Schlachtgeflügel Rehbock Wildschwein
Juli	Aprikosen Johannisbeeren Heidelbeeren Stachelbeeren	Bohnen Gurken Karotten Tomaten Blattsalate	Flunder Aal Hecht Forelle Barsch	Schlachtfleisch Schlachtgeflügel Rehbock Wildschwein
August	Heidelbeeren Holunderbeeren Himbeeren Birnen	Blumenkohl Kohlrabi Tomaten Paprika Wirsingkohl	Aal Hecht Barsch Forelle Schleie	Schlachtfleisch Schlachtgeflügel Hirsch Wildschwein
September	Äpfel Birnen Weintrauben Pflaumen Preiselbeeren	Blumenkohl Meerrettich Steinpilze Pfifferlinge Trüffeln	Barsch Hecht Lachs Steinbutt Muscheln	Schlachtfleisch Schlachtgeflügel Haarwild Rebhuhn
Oktober	Äpfel Birnen Weintrauben Nüsse Maronen	Rotkohl Weißkohl Wirsingkohl Sellerie Feldsalat	Dorsch Karpfen Schellfisch Zander Austern	Schlachtfleisch Schlachtgeflügel Haarwild Federwild
November	Orangen Mandarinen Nüsse Ananas	Rotkohl Weißkohl Rosenkohl Schwarzwurzeln Feldsalat	Dorsch Karpfen Schellfisch Zander Austern	Schlachtfleisch Truthahn Taube Haarwild Federwild
Dezember	Orangen Mandarinen Ananas Nüsse Äpfel	Rotkohl Grünkohl Rosenkohl Schwarzwurzeln Feldsalat	Heilbutt Steinbutt Seelachs Karpfen Austern	Schlachtfleisch Gans Truthahn Haarwild Fasan

N. Convenience Foods und Instant-Produkte

Es gibt Arbeitsabläufe, bei denen die Küche viel Zeit aufwenden muß, z. B.
▶ beim Putzen von Gemüse und beim Zerlegen von Fleisch,
▶ beim Auskochen von Rohstoffen für Suppen und Saucen.

Instant-Produkte und Convenience Foods sind Erzeugnisse der Industrie, die zur Erleichterung der Küchenarbeit beitragen sollen.

1. Instant-Produkte
Produkte:

▶ Fleisch- sowie Kaffee- und Tee-Extrakte
▶ Suppen-, Saucen- und Puddingpulver
▶ Schokoladen- und Aspikpulver

Eigenschaften:

▶ sie lösen sich rasch und leicht,
▶ sie gelieren und quellen schnell,
▶ sie führen „ohne Kochen" zum gewünschten Ergebnis.

2. Convenience Foods
Convenience heißt „Erleichterung", „Bequemlichkeit" oder auch „Vorteil". Je nach der industriellen Vorbehandlung gibt es unterschiedliche Produktbezeichnungen und unterschiedlich große Erleichterungen.

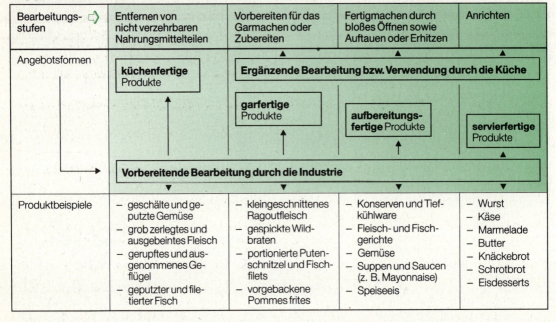

3. Bewertung der Convenience- und Instant-Produkte
Neben der Einsparung von Kraft und Zeit bringen die genannten Produkte noch andere Vorteile:

▶ Das Marktangebot macht saisonunabhängig und ermöglicht eine längere Vorratshaltung,
▶ der Personal- und Arbeitsaufwand ist geringer, das Disponieren einfacher,
▶ die Verluste und Abgänge sind gering oder entfallen sogar ganz,
▶ die Kosten sind leichter zu erfassen und zu kalkulieren.

Es gibt aber auch Nachteile:

▶ Vorgefertigte Ware ist keine frische Ware,
▶ sie schmälert die Originalität der Küche,
▶ u. U. wird der Erwartung des Gastes nicht mehr entsprochen.

Im Einzelfall sind deshalb unbedingt folgende Faktoren gegeneinander abzuwägen:

– Marktangebot – Arbeitsersparnis – Kostenersparnis		– Frische – Originalität – Qualitätsanspruch

Zubereitung von Speisen

Aufgaben (Schlachtgeflügel und Wildbret; Convenience Foods und Instant-Produkte)

Schlachtgeflügel:
1. Nennen Sie zu den Arten des Schlachtgeflügels
   a) die übergeordneten Artenbezeichnungen,
   b) die jeweils zugehörigen Handelsbezeichnungen einschließlich der Alters- und Gewichtsangaben.
2. Beschreiben Sie die vorgeschriebenen Qualitätsmerkmale der Handelsklasse A sowie die Abstufungen für die Klassen B und C.
3. Welche Angebotsformen gibt es beim Schlachtgeflügel?
4. Welche Richtlinien sind bezüglich der Vorratshaltung zu beachten?
5. Beschreiben Sie Eigenschaften des Schlachtgeflügelfleisches, insbesondere unter Beachtung der Farbe.

Wildbret:
6. Nennen Sie zum Haarwild
   a) die Oberbegriffe der Tiergruppierungen,
   b) die jeweils zugehörigen Tierbezeichnungen unter Beachtung des Alters und des Geschlechts.
7. Nennen Sie die bekanntesten Arten des Federwildes und beschreiben Sie die jeweiligen Besonderheiten.
8. Welche Angebotsformen gibt es für Wildbret?
9. Beschreiben Sie Maßnahmen und Richtlinien zur Vorratshaltung.
10. Durch welche Eigenschaften unterscheidet sich das Fleisch des Wildes vom Schlachtfleisch?

Convenience Foods und Instant-Produkte:
11. Was versteht man unter Convenience Foods?
12. Beschreiben Sie zum Thema Convenience Foods
    a) die Bearbeitungsstufen vom Nahrungsmittelrohprodukt bis zur servierfertigen Speise,
    b) die Angebotsformen entsprechend dem Fertigungszustand der Produkte,
    c) Produktbeispiele zu den verschiedenen Bearbeitungsstufen bzw. den Fertigungszuständen.
13. Erläutern Sie an Beispielen die Bedeutung von Instant-Produkten.
14. Erklären Sie die Bezeichnung „Instant".
15. Nennen Sie Beispiele für Instant-Produkte, und beschreiben Sie Vorteile.
16. Erläutern Sie Vorteile, die sich durch die Verwendung von Convenience Foods ergeben.
17. Welche Nachteile hat die Verwendung von Convenience Foods und Instant-Produkten, und welche Faktoren sollten im Einzelfall unbedingt gegeneinander abgewogen werden?

II. Zubereitung von Speisen

Überblick über die Abläufe von der Rohstoffanlieferung bis zum Servieren der fertigen Speise

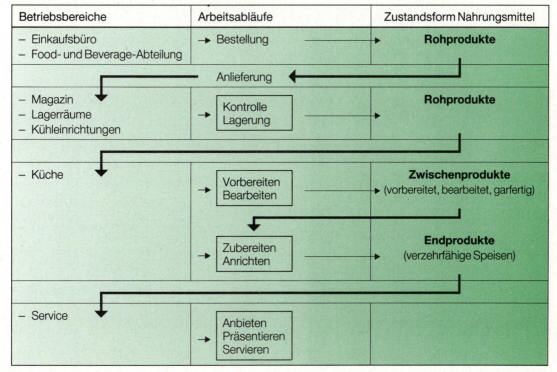

Grundlage für das Zubereiten von Speisen sind die Nahrungsmittelrohprodukte. Von ihrem Einkauf bis hin zum Servieren der fertigen Speise sind viele Arbeitsabläufe notwendig, was nachfolgend dargestellt ist.

Bitte beachten Sie, daß der Begriff „Rohprodukte" hier aus der Perspektive Einkauf – Bearbeitung in der Küche – verzehrfertige Speise zu verstehen ist. Rohprodukte im küchentechnischen Sinne können aber z. B. auch Convenience Foods sein, d. h. solche Produkte, die in anderen Betriebsstätten bereits in irgendeiner Art bearbeitet wurden. Für die gastgewerbliche Küche sind aber auch sie Rohprodukte, denn sie müssen immer noch bearbeitet bzw. in Verbindung mit anderen Rohprodukten verarbeitet werden.

Beispiele für Verarbeitungsabläufe

Endprodukte ⇨ Arbeitsabläufe ⇩	Rinderroulade	Birne Helene	Glühwein
Rohprodukte	– Rinderkeule – Wurzelgemüse – Sauce demiglace	– ½ Kompottbirne – Vanilleeis – Kuvertüre – Sahne und Zucker	– Rotwein – Gewürzbeutel oder Nelken und Zimtrinde getrennt
Vorbereiten/ Bearbeiten	– Teilstücke der Keule auslösen, parieren und in Portionsscheiben schneiden – Gemüse waschen und in große Würfel schneiden (Mirepoix)	– Birne aus der Dose nehmen und zum Abtropfen auf ein Gitter legen – Schokoladensauce herstellen – eine Portion Vanilleeis formen	– Rotwein aus der Flasche in ein hitzebeständiges Glas gießen – Gewürze zugeben
Fertigstellen	– Fleischscheiben würzen, füllen, einrollen und binden – Gemüse anbraten und mit Sauce auffüllen – Rouladen anbraten, in den Ansatz einlegen und garschmoren	– Eis auf einer Glasschale anrichten – Birne auflegen – Schokoladensauce erhitzen	– mit der Dampfvorrichtung an der Kaffeemaschine erhitzen
Anrichten	– Rouladen auf einem Teller anrichten und mit Sauce nappieren – Gemüse und Sättigungsbeilagen zuordnen	– mit Sahnetupfen garnieren – Glasschale auf einen Unterteller mit Piccoloserviette stellen – Besteck anlegen – heiße Schokoladensauce in eine Sauciere füllen	– Glas auf einen Unterteller setzen und auf ein Tablett stellen – Kaffeelöffel, Ablageschälchen und Streuzucker zuordnen
Servieren	– heiß servieren	– rasch servieren – mit Schokoladensauce nappieren	– rasch servieren

Überblick über die Zubereitungsverfahren

Um Nahrungsmittel als Speise genußfähig zu machen, bedürfen sie je nach der Beschaffenheit der Rohstoffe und dem beabsichtigten Verwendungszweck einer unterschiedlich intensiven und umfangreichen Behandlung:

Vorbereiten — Bearbeiten — Garmachen

Im Laufe der Zubereitung verändern sich die Rohstoffe und erhalten in der Speise die jeweils charakteristischen Eigenschaften in bezug auf Farbe, Geruch, Geschmack, Konsistenz und Aussehen. Außerdem werden sie dadurch verzehrs- und genußfähig.

Arten der Zubereitungsverfahren

mechanische	thermische	biochemische
– schneiden – hobeln – reiben – raspeln – hacken – reißen – pürieren – passieren – rühren – kneten	– mit Hilfe von Wärmeübertragung – Wasser – Wasserdampf – Fett – Luft – Metall – Strahlen	– salzen – pökeln – beizen – räuchern – marinieren – säuern – fermentieren – in saure Milch einlegen

Zubereitung von Speisen

A. Vorbereiten von Nahrungsmittelrohstoffen

Neben der Anwendung der biochemischen Verfahren handelt es sich hier vor allem um die Veränderung durch unterschiedliche mechanische Vorgänge und Bearbeitungen:

- Mengen- und Größenbestimmung,
- Säubern und Wässern,
- Entfernen bestimmter Nahrungsmittelteile,
- Zerkleinern.

1. Bestimmen von Mengen und Größen

Bei der Speisenzubereitung erhält man zweckgerichtete Mengen und Größen von Rohstoffen und Zutaten durch Wiegen, Abmessen und Messen. Im Hinblick auf Kalkulationsgenauigkeit und auf gleichbleibende Qualitätsmerkmale der Küchenerzeugnisse sind solche Maßnahmen unerläßlich.

▷ **Wiegen**

Gewogen wird in Kilogramm (kg) und Gramm (g). Das Wiegen ist notwendig,

- damit rezeptgetreue Zutatenmengen eingehalten werden (einwandfreie und gleichbleibende Qualität der Erzeugnisse),
- zur Überprüfung der Rohstoffgewichte bei der Anlieferung,
- zur Einhaltung der Gesamtmenge einer erforderlichen Speise (nicht zuviel und nicht zuwenig),
- um festgelegte Portionsmengen zu erhalten,
- damit der durch die Kalkulation errechnete wirtschaftliche Erfolg sichergestellt ist.

▷ **Abmessen**

Das Abmessen erfolgt mit unterschiedlichen Meßgefäßen, z. B.

- ein Eßlöffel Mehl oder Essig,
- ein Teelöffel Backpulver oder Salz,
- ein Barlöffel Zucker,
- ein Becher Reis oder Flüssigkeit,
- eine Schöpfkelle voll Brühe, Suppe oder Sauce,
- 1 l Milch, 0,1 l Weißwein, 5 cl Portwein.

▷ **Messen**

Für manche Speisen sind bezüglich der Länge und Breite, der Dicke bzw. Dünne sowie der Kantenlänge bei Würfeln bestimmte Maße einzuhalten. Zur Kontrolle und zum Vergleich dienen häufig vorgegebene Muster. Größenbestimmungen gibt es z. B.

- für die Länge und Dicke bei Pommes frites sowie Streichholz- und Strohkartoffeln,
- für die Länge und Dünne bei Gemüsestreifen (Julienne),
- für die Kantenlänge bei Gemüsewürfelchen (Brunoise) und Bouillonkartoffeln,
- für die Fläche von Teigstücken (Portionsgrößen).

2. Behandeln mit Wasser

Dabei ist zu unterscheiden zwischen Waschen (Säubern) und Wässern.

▷ **Waschen**

Nahrungsmittelrohprodukte müssen zur Speisenbereitung in hygienisch und ästhetisch einwandfreiem Zustand sein.

- Gemüse ist in der Regel mit Bodenschmutz, Bodenbakterien und Ungeziefer behaftet,
- Gemüse und Obst weisen an der Oberfläche Staub und Schädlingsbekämpfungsmittel auf.

Aus diesem Grunde sind sie mit Hilfe von Wasser sorgfältig zu säubern.

Dazu genügt in vielen Fällen das Abspülen unter fließendem Wasser, wobei der Säuberungseffekt mit Hilfe eines stärker wirkenden Wasserstrahls bei gleichzeitigem Bewegen und Abbürsten des Nahrungsmittels erhöht werden kann. Bei stärkeren Verschmutzungen ist die Behandlung in viel Wasser erforderlich, das unter Umständen mehrere Male erneuert werden muß.

▷ **Wässern**

Im Gegensatz zum Waschen läßt man Nahrungsmittel beim Wässern für einige Zeit im Wasser liegen. Ziel des Wässerns ist es, Nahrungsmittel aufzuweichen bzw. aufzuquellen (Trockenprodukte) oder aus ihnen nicht erwünschte Stoffe herauszulösen (z. B. Bitterstoffe oder Ungeziefer). Anwendungsbeispiele sind:

Herauslösen

- Blutgerinnsel aus Hirn und Bries,
- Bitterstoffe aus Endivie und Chicorée,
- Salz aus Salzheringen und Pökelwaren,
- Harnstoff aus Nieren.

Quellen

- Trockenobst und Hülsenfrüchte, die erst durch die Anreicherung mit Wasser richtig bzw. in angemessener Zeit gegart werden können oder in ungegartem Zustand (Obst) verzehrsfähig werden.

▶ Blattgelatine, die nur in gequollenem Zustand weiterverwendet werden kann.

Wässern verhindert außerdem bei sauerstoffempfindlichen Nahrungsmitteln (z. B. Kartoffeln, Äpfel und Sellerie) das bräunliche Verfärben.

3. Entfernen von Nahrungsmittelteilen

Nahrungsmittel enthalten neben wertlosen oder geringerwertigen Bestandteilen auch solche, die ungenießbar und unverdaulich oder die aus arbeitstechnischen und ästhetischen Gründen störend sind. Sie werden deshalb entfernt, wobei die Küche für die jeweilige Art des Entfernens unterschiedliche Begriffe verwendet.

Schälen

- Orangen, Mandarinen, Grapefruit,
- Birnen, Äpfel,
- Kartoffeln, Spargel, Gurken,
- Nüsse, Mandeln, Pistazien.

Putzen

Nahrungsmittelteile herausschneiden:
- Strünke von Kohlarten und Tomaten,
- Blattrippen von Kohlblättern und Blattsalatarten,
- Druckstellen und faule Stellen an Obst und Gemüse,
- Kerngehäuse von Obst und Tomaten.

Nahrungsmittelteile abschneiden:
- Wurzelansätze oder Laub von Gemüse,
- Kopf, Schwanz und Flossen von Fischen.

Nahrungsmittelteile schaben:
- Schalen von Karotten und neuen Kartoffeln.

Ausbeinen

- Knochen aus größeren Fleischstücken herausschneiden bzw. herauslösen.

Auslösen

- Geflügelknochen aus ganzem Geflügel oder Teilen wie Keulen,
- Filets aus dem Rücken von Schlachttieren und Wild,
- Filets von den Gräten der Fische,
- Rückenfleisch von den Rippen.

Parieren

- Fett, Sehnen und lose hängende Teile von Fleisch abschneiden (die Abgänge bezeichnet man als Parüren).

Ausnehmen

- Eingeweide aus dem Körper von Fischen, Geflügel und Wild herausnehmen.

Filetieren

- Filets vom Körper der Fische abschneiden bzw. ablösen.

Häuten

- Haut von Tomaten, Pfirsichen, Aprikosen und Weintrauben abziehen.
- Haut von Fischen und Fleischteilen abschneiden bzw. abziehen.

Ausbrechen

- Knochen aus gegarten Geflügelteilen entnehmen,
- Fleisch aus den Panzern von gegarten Krustentieren herauslösen.

4. Zerkleinern und Zuschneiden

Alle Maßnahmen des Zerkleinerns und Beschneidens sind Schneidevorgänge, die entweder mit Messern bzw. Scheren oder mit Hilfe von jeweils zweckgerichteten Maschinen ausgeführt werden.

▶ Zerkleinern zielt darauf ab, Stücke von gleicher Größe zu erhalten (z. B. Pommes frites, Medaillons, Ragoutfleisch),
▶ Beschneiden ist auf Formgebung ausgerichtet (z. B. Olivenform oder Bananenform bei Kartoffeln).

Auch in diesem Zusammenhang gibt es eine ganze Reihe küchentechnischer Fachausdrücke:

Zerlegen

- große Fleischteile in Stücke zerlegen: Rinderfilet, Rinderbrust, Kalbsnuß, dickes Bugstück,
- große Fleischteile in Bratenstücke aufteilen: Rollbraten, Kalbsbraten, Schmorbraten, Schweinebraten.

Portionieren

- Fleischstücke in Portionsstücke schneiden: Schnitzel, Koteletts, Steaks und Medaillons,
- ganze Fische oder Fischfilets in Portionsstücke schneiden: Schwanzstück, Mittelstück, Filetscheiben oder Tranchen,
- Geflügel zerteilen: halbieren, Brust oder Bruststücke, Keulen oder Keulenteile.

Zubereitung von Speisen 133

Kleinschneiden

- Fleisch in Würfel für Ragout, Gulasch oder Frikassee
- Fleisch in Streifen für Geschnetzeltes
- Kartoffeln und Gemüse in Würfel, Stifte, Streifen oder Scheiben

Hacken

- Gemüse und Kräuter
- Nüsse und Mandeln
- Hackfleisch

Tranchieren

- Fleisch und Fisch (roh)
- Braten und große Steaks z. B. Doppeltes Filetsteak
- gebratene Rücken und Keulen
- Gebratenes Haus- und Wildgeflügel

Tournieren

(rundlich beschneiden)
- Kartoffeln, Karotten, Sellerie und weiße Rüben

Reiben, Raspeln, Raffeln

- Obst, Gemüse, Kartoffeln und Käse
- Nüsse, Mandeln und gekochte kalte Kartoffeln

5. Zerkleinerungstechniken und -geräte

Für das Zerkleinern von Nahrungsmittelrohstoffen werden drei unterschiedliche Techniken angewendet: Messerschnitt, Scherschnitt und Schneide-Mahlzerkleinerung.

▷ Messerschnitt

Bei diesem Prinzip wirken folgende Faktoren zusammen: Die keilförmige Klinge, der Schneidedruck und die Schneidebewegung sowie der Gegendruck des Rohstoffs oder der Schneideunterlage. Das Schneiden wird entweder manuell mit Messern oder mit Hilfe von Schneidemaschinen ausgeführt.

Arten der Messer

Es gibt sie je nach dem zu bearbeitenden Rohstoff bzw. zur Anwendung einer bestimmten Schneidetechnik in verschiedenen Arten und Ausführungen.

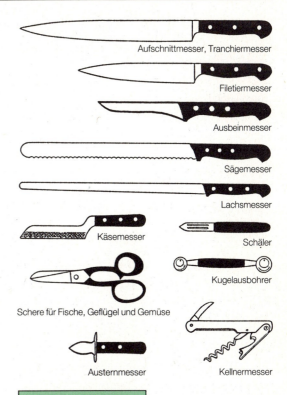

Schneiden mit Messern

Der Schneidevorgang vollzieht sich durch das Zusammenwirken von Schneidebewegung, auch **Schneidezug** genannt, ist mit dem **Sägen** vergleichbar (Sägemesser). Zwischen Bewegung und Druck besteht eine enge Beziehung. Der beim Schneiden erforderliche Druck ist von verschiedenen Faktoren abhängig:

- ▶ von der Schärfe des Messers,
- ▶ von der Beschaffenheit des Schneidegutes (zart und weich oder zäh und fest),
- ▶ von der Intensität bzw. der Schnelligkeit der Schneidebewegung (am intensivsten bei elektrischen Messern).

Schneiden mit dem Küchenmesser

Das Küchenmesser ist das Universalmesser für die meisten Zerkleinerungszwecke.
Der sogenannte **Wiegenschnitt**, bei dem das Messer ständig mit der Oberfläche der Schneideunterlage in Berührung bleibt, gewährleistet eine stabile und kontrollierte Schnittführung. Eine besondere Bedeutung hat dabei die Art der Handhaltung. Die angewinkelten Finger der

Haltehand dienen dem Messer als Führung und bestimmen durch stufenweises Zurückziehen die jeweilige Dicke des abzuschneidenden Teilstücks. Die etwas zurückliegenden Fingerspitzen sind vor Verletzungen geschützt.

Schneiden mit Elektrogeräten

Aufschnittmaschine mit rotierendem Rundmesser

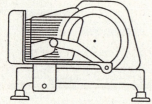

Wolf
Der Schneidevorgang entspricht durch die Klinge des rotierenden Messers und den scharfen Kanten der feststehenden Lochscheibe dem Scherschnitt

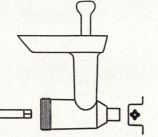

Kutter mit vertikal angebrachten, rotierenden Sichelmessern

Mixer (Mixstäbe) mit einem Kreuz aus schräggestellten, rotierenden Messern

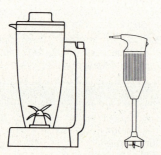

Schnittformen

Die verschiedenen Schnittformen sind auf den Verwendungszweck des Rohstoffs bzw. die Art der herzustellenden Speise ausgerichtet (siehe Übersicht). Bedeutsam sind z. B. Oberflächengrößen, mundgerechte Größe, Gesamtbild der anzurichtenden Speise.

▷ **Scherschnitt**

Beim Scherschnitt wirken folgende Faktoren zusammen: Zwei gegeneinander wirkende, keilförmige Klingen sowie die Druckbewegung und der Gegendruck des Schneidegutes. Neben der manuell verwendeten Schere ist der Wolf ein Elektrogerät, das nach dem gleichen Schneideprinzip arbeitet.

▷ **Schneide-Mahlzerkleinerung**

Diese spezielle Art des Zerkleinerns erfolgt in Mühlen (z. B. Kaffeemühle, Mohnmühle, Getreidemühle). Das Mahlgut wird zwischen zwei scharf geriffelten Flächen zerkleinert: Dem feststehenden **Stator** (Mantel) und dem sich drehenden **Rotor**.

Aufgaben (Zubereiten von Speisen)

1. Beschreiben Sie an den Beispielen „Rinderroulade", „Birne Helene" und „Glühwein" von den jeweiligen Rohprodukten ausgehend die folgenden Arbeitsabläufe:
   a) Vorbereitung bzw. Bearbeitung,
   b) Zubereitung bzw. Garmachen,
   c) Anrichten und Servieren.
2. Welche Veränderungen unterliegen die Nahrungsmittelrohstoffe bei der Speisenzubereitung durch das Vorbereiten, Bearbeiten und Garmachen?
3. Ordnen Sie den Überbegriffen „Mechanische biochemische und thermische Zubereitungsverfahren" jeweils zugehörige Maßnahmen zu.

Vorbereiten von Nahrungsmittelrohstoffen:

4. Begründen Sie die Notwendigkeit von Wiegen, Abmessen und Messen, und beschreiben Sie diese Maßnahmen an Beispielen.
5. Welcher Unterschied besteht beim Vorbereiten zwischen Waschen und Wässern? Nennen und beschreiben Sie Beispiele.

Entfernen von Nahrungsmittelteilen:

6. Aus welchen Gründen ist das Entfernen notwendig?
7. Erläutern und beschreiben Sie an Beispielen folgende Maßnahmen:
   a) Schälen und Putzen,
   b) Ausbeinen, Auslösen und Parieren,
   c) Filetieren, Ausnehmen, Ausbrechen und Häuten.

Zerkleinern und Beschneiden von Nahrungsmitteln:

8. Erläutern und beschreiben Sie an Beispielen:
   a) Zerlegen und Portionieren,
   b) Tranchieren, Kleinschneiden und Hacken,
   c) Tournieren, Reiben, Raspeln und Raffeln.
9. Beschreiben Sie die Schneidetechniken „Messerschnitt" und „Scherschnitt".
10. Nennen Sie unterschiedliche Artenbezeichnungen für Messer.
11. Nennen und beschreiben Sie elektrische Schneidegeräte.
12. Beschreiben Sie die Besonderheiten beim Schneiden mit dem großen Küchenmesser in bezug auf die Handhaltung und die Schneidetechnik.
13. Erläutern Sie an Rohstoff- und Speisenbeispielen die Anwendung unterschiedlicher Schnittformen.
14. Beschreiben Sie den Schneidevorgang mit dem Wolf.

Zubereitung von Speisen

Schnittformen und ihre Anwendung

Schnittformen	Rohstoffbeispiele	Schnittstärken	Verwendungszwecke
Scheiben	Champignons, Karotten, Kohlrabi, Kartoffeln, Zwiebeln	1,5 bis 3 mm dick	Gemüse- und Sättigungsbeilagen, Salate und Garnituren
Stifte	Karotten, Kohlrabi, weiße Rüben und Kartoffeln	50 bis 60 mm lang 5 bis 3 mm dick	gedünstete und glacierte Gemüse, als Beilage oder Garnitur
feine Streifen (Julienne)	Karotten, Knollensellerie, Lauch, Spinat, Kartoffeln, Fenchel, Bleichsellerie	40 bis 50 mm lang 1 bis 3 mm dick	Suppen- und Sauceneinlage, für Garnituren und kombinierte Salate (z. B. Waldorfsalat)
grobe Würfel	Karotten, Kohlrabi, Knollen- oder Bleichsellerie, Kartoffeln, Petersilienwurzeln, Zwiebeln	5 bis 10 mm Kantenlänge	Mirepoix zum Ansetzen von Suppen und Saucen, für Gemüsegarnituren, Sättigungsbeilagen, Mixed pickles, Bouillonkartoffeln
feine Würfel (Brunoise)	Karotten, Lauch, Sellerie, Zwiebeln, Petersilienwurzeln	1 bis 3 mm	Einlagen für Suppen und Saucen, für Risotto, Gemüsereis, Sülzen
rundliche oder Figurenformen	Karotten, Kohlrabi, Gurken, Petersilienwurzel, Knollensellerie, weiße Rüben	mit kugel- oder olivenförmigen Ausstechern und Figurenausstechern	Garnituren, Gemüse- und Sättigungsbeilagen, Einlage für Suppen und Saucen

B. Garmachen von Nahrungsmitteln

Bei der Zubereitung von Nahrungsmitteln werden mechanische, biochemische und thermische Verfahren angewendet. Die thermischen Verfahren sind identisch mit den Garmachungsarten und haben im Vergleich zu den beiden anderen ein größeres Gewicht.

1. Bedeutung der Garmachungsarten

Nur wenige Nahrungsmittel sind im rohen Zustand verzehrbar. Alle anderen müssen durch Einwirkung von Wärme bzw. Hitze bei Temperaturen zwischen 70 und 350 °C gegart werden. Die Veränderungen an den Nahrungsmitteln sind dabei teilweise aus ernährungsphysiologischen Gründen notwendig, andere dienen lediglich der Erhöhung des Genußwertes.

▷ **Notwendige Veränderungen**

▶ Abtöten der Mikroorganismen und ihrer Keime, um gesundheitsschädigende Auswirkungen auszuschalten,
▶ Aufschließen der Nährstoffe, damit die Nahrungsmittel verzehrbar, verdaulich und für den Organismus auswertbar werden.

▷ **Genußwerterhöhende Veränderungen**

Diese sind unter ernährungsphysiologischen Gesichtspunkten an sich **nicht erforderlich**; im Rahmen der Schon- und Diätkost sogar verboten.

Durch die Anwendung von erhöhten Temperaturen erfahren Nahrungsmittel unabhängig vom Garwerden zusätzliche Veränderungen, die sich vor allem aus der Anwendung von Temperaturen über 100 °C ergeben.

▶ Ausbildung der mehr oder weniger dunklen Farbe,
▶ Bildung von besonderen Duft- und Geschmacksstoffen.

2. Arten des Garmachens

Die verschiedenen Garmachungsarten unterscheiden sich bezüglich des wärmeübertragenden Mediums und der angewendeten Temperaturbereiche. Ihre Anwendung richtet sich

▶ nach den Eigenschaften des zu garenden Rohstoffs,
▶ nach der beabsichtigten Veränderung des Rohstoffs,
▶ nach der beabsichtigten Beschaffenheit der Speise.

(Einzelheiten siehe nachfolgend unter „Garverfahren und ihre Anwendung".)

Bei der Art der Hitze unterscheidet man:

– Feuchte und trockene Hitze,
– erhitztes Fett und Strahlungshitze.

Überblick über die Arten des Garmachens

Wärmeübertragende Medien	Temperaturbereiche	Garmachungsarten
– Wasser	→ um 75 bis 95 °C → um 100 °C	▶ Pochieren (Garziehen) ▶ Blanchieren ▶ Kochen
– Fett-Wasser-Gemisch	→ um 100 °C	▶ Dünsten
– Wasserdampf	→ um 100 °C → um 120 °C	▶ Dämpfen ▶ Druckdämpfen
– Fett – Fett und Luft	→ 150 bis 240 °C	▶ Kurzzeitbraten in der Pfanne ▶ Langzeitbraten in der Röhre
– Fett – Fett-Brühe-Gemisch (oder Sauce)	→ um 240 °C → um 100 °C	(– Anbraten) Schmoren (– Kochen)
– Luft und Metall – Luft	→ 150 bis 250 °C	▶ Backen im Ofen ▶ Überbacken
– Fett	→ 160 bis 180 °C	▶ Fritieren
– Metall und Luft	→ 300 bis 350 °C	▶ Rösten
– Strahlen	→ 200 bis 300 °C	▶ Grillen

C. Garverfahren und ihre Anwendung

1. Pochieren (Garziehen)

Pochieren ist ein schonendes Garen bei Temperaturen zwischen 75 und 98 °C. Es wird bei Nahrungsmitteln angewendet, die

- ▶ aufgrund ihrer zarten bzw. weichen Beschaffenheit rasch gar bzw. verzehrfähig werden,
- ▶ bei höheren Temperaturen entweder zerfallen (z. B. Fisch) oder in ihrer Struktur so verändert werden (z. B. Eierstich), daß sie nur noch geringen Genußwert haben,
- ▶ beim Garen keine geschmackliche Veränderung erfahren sollen.

Man unterscheidet indirektes und direktes Pochieren.

▷ **Indirektes Pochieren**

Das Rohprodukt wird in Förmchen oder in Formen eingefüllt und dann im Wasserbad, also indirekt, gegart.

- Eierstich und Gemüseflans,
- Karamelcreme, Puddings und Aufläufe.

▷ **Direktes Pochieren**

Die Rohstoffe werden direkt in Wasser oder gewürzter Flüssigkeit gegart.

Speisenbeispiele	Erläuterungen
– Koch- und Brühwurst – Klöße und Knödel	Pochieren ist die übliche Art der Behandlung. Es gibt keine zweckmäßige Alternative.
– Eier (pochierte Eier)	Es handelt sich um eine bei Eiern typische Zubereitungsart.
– Fisch und zarte Geflügelteile – zartes helles Fleisch	Auch hier wird Pochieren wegen der besonderen Zubereitungsart gewählt.

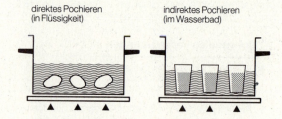

direktes Pochieren (in Flüssigkeit)   indirektes Pochieren (im Wasserbad)

2. Blanchieren

Blanchieren ist das kurze Erhitzen von Nahrungsmittelrohstoffen bei 100 °C durch Kochen, Überbrühen oder durch Behandeln mit heißer Luft im Luftkochschrank. Eigentlich ist es kein Garverfahren, sondern nur eine Vorbehandlung, die aus unterschiedlichen

Gründen angewendet wird. Lediglich ganz zarte Rohstoffe (z. B. Spinat und Kopfsalat) werden bereits durch Blanchieren gar.

Blanchiert werden:
- Chicorée und Rosenkohl, um Bitterstoffe herauszulösen,
- Krautblätter und Krautstreifen, um ihnen die starre Beschaffenheit zu nehmen und sie elastisch zu machen,
- Tomaten und Aprikosen, damit sich die Haut leichter entfernen läßt (Häuten),
- Kopfsalat und Spinat, um das Volumen zu verringern,
- Kartoffeln, Äpfel und Birnen, damit die natürliche Farbe erhalten bleibt,
- Erbsen, Bohnen und Spinat als Vorbereitung zum Frosten, um die grüne Farbe zu erhalten und die Mikroorganismen abzutöten.

Auch das Vorgaren von Pommes frites in Fett nennt man Blanchieren (Fettblanchieren).

3. Kochen

Kochen ist Garen um 100 °C, bei dem das Gargut allseitig mit Flüssigkeit umgeben ist. Diese Behandlung ist unerläßlich bei Rohstoffen, die zum Garwerden reichliche Mengen Wasser aufnehmen müssen und die außerdem eine längere Garzeit benötigen. Aufgrund der „nassen" Hitze kann der Garprozeß unbegrenzt, d. h. den Erfordernissen entsprechend lange ausgedehnt werden. Das Austrocknen oder Verbrennen des Nahrungsmittels ist ausgeschlossen. Beim Kochen bleiben der natürliche Geschmack und im wesentlichen auch das natürliche Aussehen erhalten. Ein Nachteil ist das Auslaugen von Vitaminen und Mineralstoffen, die im allgemeinen mit der großen Flüssigkeitsmenge weggeschüttet werden. Aus diesem Grunde sollte man Kochen auf solche Nahrungsmittel beschränken, für die keine andere Art des Garens geeignet ist.

Speisenbeispiele	Erläuterungen
– Teigwaren und Reis – Hülsenfrüchte	Das Wasser ist zur Quellung und Verkleisterung der Stärke erforderlich.
– bindegewebereiches Fleisch	Das Wasser ist zum Aufquellen und Lockern des Bindegewebes unentbehrlich.

In beiden Fällen werden die Nahrungsmittel erst durch die anhaltende Einwirkung des Wassers verzehrbar.

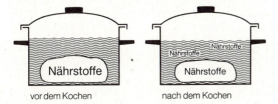

vor dem Kochen   nach dem Kochen

4. Dämpfen

Dämpfen ist Garen im Wasserdampf um 100 °C; bei gleichzeitigem Druck in fest verschlossenen Geräten bis 120 °C. Mit zunehmend höheren Temperaturen verkürzt sich die Garzeit. Aufgrund von Siebeinsätzen kommt das Gargut nicht mit Wasser in Berührung.

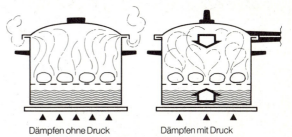

Dämpfen ohne Druck   Dämpfen mit Druck

Zum Dämpfen eignen sich nur solche Rohstoffe, die für die Quellungs- und Lockerungsvorgänge beim Garen genügend eigenes Wasser enthalten (z. B. Kartoffeln). Das Eigenwasser dient außerdem als zusätzliches wärmeübertragendes Medium.

Kartoffeln, Gemüse, Fisch und Fleisch

Geschmack und Aussehen der durch Dämpfen gegarten Nahrungsmittel sind ähnlich wie beim Kochen. Unter ernährungsphysiologischen Gesichtspunkten hat Dämpfen jedoch einen höheren Stellenwert, weil das Gargut nicht ausgelaugt und bei gleichzeitiger Anwendung von Druck zusätzlich geschont wird. Aufgrund der Vorzüge „*schonend*" und „*kurz*" hat das Dämpfen eine fast revolutionäre Entwicklung durchlaufen. Das läßt sich leicht an den Dampfkochgeräten aufzeigen:

- Dämpfaufsatz auf dem mit Wasser gefüllten Untertopf,
- Dampfdrucktöpfe und Dampfschränke,
- Konvektions- und Trockendampfgeräte,
- Dampfgargeräte, auch als Kombigeräte, bei denen sowohl die Druckbereiche (z. B. 0; 0,5 oder 1 bar) als auch die Temperaturbereiche zwischen 65 und 125 °C individuell bestimmt und eingestellt werden können.

Anmerkungen zum Blanchieren, Kochen und Dämpfen

Beim Blanchieren und Kochen werden wertvolle Nährstoffe sowie Vitamine und Mineralstoffe ausgelaugt. Wenn immer es möglich ist, sollte deshalb die Garflüssigkeit zur Bereitung von Suppen und Saucen mitverwendet werden.

In Verbindung mit den „feuchten" bzw. „nassen" Garverfahren ist es heute üblich, Gemüse und Obst nach dem Garen in kaltem Wasser bzw. Eiswasser abzuschrecken, um

- die grüne Farbe zu erhalten,
- das Nachgaren zu verhindern, so daß das Nahrungsmittel herzhaft-knackig bleibt.

5. Dünsten

Dünsten ist Garen um 100 °C, bei dem in einem *geschlossenen Gefäß* eine geringe Menge Flüssigkeit und aufgestauter Wasserdampf zusammenwirken. Zum Ansetzen (entweder vorsichtiges Anschwitzen oder leichtes Anbraten) verwendet man wenig Fett. Die Flüssigkeit stammt entweder aus dem Nahrungsmittel (sie wird aus wasserhaltigen Nahrungsmitteln, Obst und Gemüse z. B. herausgeschwitzt) oder sie wird nach dem Ansetzen zugegeben.

Dünsten
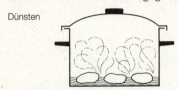

▷ **Hell- oder Weißdünsten**

Durch vorsichtiges Anschwitzen bleibt die natürliche Farbe unverändert (helle Gerichte), und es erfolgt eine nur ganz milde Aromatisierung.

- Obst, Gemüse und Pilze,
- Fisch sowie Schal-, Krusten- und Weichtiere,
- helles Schlachtgeflügel und Schlachtfleisch.

▷ **Hellbraundünsten** (Poëlieren)

Soll das Nahrungsmittel leicht gebräunt werden und einen etwas aromatischeren Geschmack erhalten, dann wird es vor dem Dünsten leicht angebraten und anschließend mit wenig Brühe aufgefüllt.

- Helles Schlachtgeflügel und Schlachtfleisch.

6. Braten

Gebraten wird entweder in der Pfanne (Wärmeübertragung durch Metall und Fett) oder im Ofen (Wärmeübertragung durch Bratenfond und Luft) bei Temperaturen zwischen 140 und 240 °C.

▷ **Braten in der Pfanne** (Kurzzeitbraten)

Braten ist im Vergleich zu anhaltendem Kochen oder Schmoren immer kurz, aber das Braten in der Pfanne ist noch kürzer als das Braten im Ofen (s. dort). Von Fisch sowie Pfannkuchen und bestimmten Kartoffelzubereitungen abgesehen, bezieht sich das Braten in der Pfanne vor allem auf Fleisch. Dieses muß wegen der Kürze des Garens (in trockener Hitze) von Natur zart und saftig sein und darf nur ein kleines Volumen (Dicke) besitzen.

- Steaks, Koteletts, Schnitzel und Medaillons von Schlachtfleisch und Wildbret,
- Portionsstücke von Schlacht- und Wildgeflügel.

Kurzzeitbraten (wenden)

Besondere Merkmale des Garprozesses sind:

▸ Das Anbraten erfolgt bei etwa 240 °C in hocherhitzbarem Fett. Dadurch gerinnt das Eiweiß an der Oberfläche, die Poren schließen sich, so daß kein Saft austreten kann (Erhaltung der Saftigkeit).

▸ Aus gleichem Grund dürfen die Fleischstücke beim Wenden nicht mit der Gabel angestochen werden (Saftaustritt).

▸ Das Fertiggaren erfolgt bei Temperaturen unter 200 °C (bis gegen 150 °C) und muß in angemessener Zeit abgeschlossen sein. Je nach der Verzehrsgewohnheit, die vom Gast bei der Bestellung zu erfragen ist, wird das Fleisch bis zur gewünschten Garstufe gegart (siehe Übersicht).

Eine spezielle Art des Kurzbratens ist das Schwenken oder **Sautieren.** Dabei werden Würfel oder Streifen von zartem Fleisch bei großer Hitze in der Pfanne geschwenkt, damit die Oberfläche rasch verkrustet und kein Saft austreten kann.

- Filetspitzen vom Rinderfilet,
- Geschnetzeltes von Kalb, Wild, Geflügel, Fisch.

Kurzzeitbraten (schwenken)

Garstufen	Bezeichnungen französisch	englisch	Merkmale der Speisen	Anwendung/Fleischart
kurz und heiß angebraten	bleu	rare	außen angebraten, im Innern roh	Pfannengerichte vom Rind
blutig gebraten	saignant	medium rare	innen nicht mehr ganz roh, starke Konzentration von blutigem Saft	Pfannengerichte vom Rind
rosa gebraten	à point	medium	zum Kern hin zunehmende Saftkonzentration, nicht mehr blutig	Pfannengerichte von Rind, Lamm, Hammel und Wild
durchgebraten	bien cuit	well done	innen grau, aber noch saftig	Pfannengerichte von Kalb, Schwein und Schlachtgeflügel

Zubereitung von Speisen

▷ **Braten im Ofen** (Langzeitbraten)

Im Gegensatz zu den kleinen und flachen Steaks bzw. Stücken von Geflügel handelt es sich hier um größere und dickere Fleischstücke von Schlachttieren, Wildbret sowie von Schlacht- und Wildgeflügel. Das Fleisch muß wie zum Kurzbraten von Natur aus saftig und zart sein, damit es in einer angemessenen Zeit gar wird.

Langzeitbraten

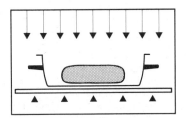

Besondere Merkmale des Langzeitbratens

▶ Das Fleisch wird bei Temperaturen um 220 bis 240 °C allseitig scharf angebraten, damit die Oberfläche verkrustet (Verhinderung des Saftaustritts) und bräunt (Bildung von Aromastoffen).
▶ Das Fertigbraten bis zur gewünschten Garstufe (siehe Übersicht) erfolgt bei Temperaturen um 140 bis 150 °C, wobei das Gargut von Zeit zu Zeit gewendet und mit dem Bratenfond übergossen werden muß (gleichmäßige Bräunung sowie Krusten- und Aromabildung).
▶ Es ist von Vorteil, wenn die Stücke nach dem Braten kurze Zeit in Alufolie eingehüllt werden. Dadurch löst sich in den Fleischfasern die beim Braten eingetretene Spannung (Zartheit), und es erfolgt innerhalb des Fleischstückes ein Druckausgleich (geringerer Saftaustritt beim Anschneiden).

Die Zeit zwischen dem Ende des Bratens und dem Schneiden des Fleisches nennt man **Entspannungsphase**.

Beim Langzeitbraten gibt es folgende Garstufen:

blutig gebraten	→	Braten vom Rind,
rosa gebraten	→	Braten von Rind, Lamm und Hammel,
durchgebraten	→	Braten von Kalb und Schwein.

7. Schmoren

Schmoren ist ein mehrstufiger Garprozeß, bei dem sich an das Anbraten oder Anschwitzen ein mehr oder weniger langes Dünsten oder Kochen anschließt.

Anmerkung:
„Kochen" als Garverfahren bedeutet Garen in Flüssigkeit, die das Gargut vollständig umschließt. Das Wort „Kochen" wird aber auch benutzt, wenn mit Flüssigkeit gegart wird (im Gegensatz z. B. zum „Braten"). Dies ist hier im Zusammenhang mit dem Garverfahren „Schmoren" gemeint.

Schmoren ist unerläßlich bei bindegewebereichem, festen Fleisch, das an sich nur durch Kochen gegart werden kann (siehe die Bedingungen unter „Kochen"). Da sich aber derartiges Fleisch nicht immer zum (Garverfahren) Kochen eignet bzw. auch nicht in so großen Mengen als Kochfleisch benötigt wird, ist es üblich, das Fleisch anzubraten und ihm dadurch Bratencharakter zu geben. Das eigentliche Garen erfolgt im Anschluß daran durch ein mehr oder weniger langes Kochen im aufgefüllten Bratensatz oder in viel Sauce.

- Schmorbraten, Sauerbraten oder Burgunderfleisch,
- Rouladen, Schmorsteaks, Ragout oder Gulasch.

Schmoren wird auch bei zarten Rohstoffen angewendet, und zwar wegen der Besonderheit der Zubereitungsart bzw. der Speisen:

- Schmorbraten von Kalb- und Schweinefleisch,
- Kalbs- oder Schweineragout,
- geschmortes Schlachtgeflügel und geschmorte Fischgerichte,
- geschmorte Gurken und Paprikaschoten.

Schmoren

▶ Stufe 1
anbraten

▶ Stufe 2
aufgießen

▶ Stufe 3
fertiggaren
(kochen)

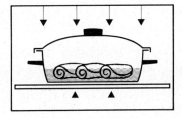

8. Grillen

Grillen ist eine abgewandelte Form des Bratens, wobei Stücke mit kleinerem Volumen (Dicke) auf einem Grillrost oder einer Grillplatte (Metall und Wärmestrahlung), größere bzw. dickere Stücke auf dem Spieß (Wärmestrahlung) gegart werden.

- Steaks, Bratwürste und Bratklopse,
- Geflügel, Spießbraten und Spanferkel.

Wegen der trockenen und sehr hohen Hitze bis 300 °C ist es beim Braten am Spieß zur Erhaltung der natürlichen Zartheit und Saftigkeit erforderlich, das Fleisch in bestimmten zeitlichen Abständen mit dem Abtropffett zu übergießen.

Bei modernen Grillgeräten verwendet man als Wärmequelle Lavasteine, die durch Gasflammen zum Glühen gebracht wurden.

9. Backen im Ofen

Beim Backen im Ofen wird die Hitze durch Metall, vor allem aber durch Luft auf das Gargut übertragen. Im allgemeinen sind Ober- und Unterhitze getrennt regulierbar. In Konvektomaten wird die Luft zur Intensivierung zusätzlich durch Ventilatoren umgewälzt, so daß je nach Größe des Gerätes 5 bis 15 Bleche gleichzeitig eingeschoben werden können (Energieeinsparung). Im Ofen werden z. B. gegart:

- Gebäcke aller Art,
- mit Teig umhüllter Fisch (ganz oder filetiert),
- Pasteten, Fleischkäse und Leberkäse.

Strahlungswärme

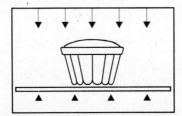

Konvektionswärme

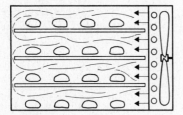

10. Backen im Fettbad (Fritieren)

Fritieren ist Garen zwischen 160 und 180 °C, wobei das Gargut allseitig von Fett umgeben ist. Zu dieser Art des Garens sind nur Rohstoffe geeignet, die aufgrund ihrer zarten und saftigen Beschaffenheit sowie ihres geringen Volumens leicht und rasch garen. Rohstoffe mit festerer Beschaffenheit müssen vorgegart werden (z. B. Schwarzwurzeln, Blumenkohlröschen).

Beispiele:

- Portionsstücke von hellem Schlachtgeflügel und Fisch,
- Obst (z. B. Apfelringe), Gemüse (z. B. Schwarzwurzeln) und Kartoffeln (z. B. Pommes frites).

▷ **Fritierfett**

Wegen der starken Inanspruchnahme sind nur hocherhitzbare Fette geeignet: Öl, Schmalz und speziell hergestellte Fritierfette. Gute Fette dieser Art haben eine durchschnittliche Gebrauchsfähigkeit von etwa 40 Betriebsstunden. Sie müssen dann vollständig durch frisches Fett ausgetauscht werden. Gebrauchtes Fett mit frischem aufzubessern hat keinen Sinn, denn das frische Fett verdirbt in Verbindung mit dem alten sehr schnell.

▷ **Moderne Fritiergeräte**

Sie zeichnen sich durch eine gute Heizleistung und eine exakte Temperaturregulierung aus. Eine sogenannte Kaltzone unterhalb der Heizschlangen bzw. der Heizkörper dient dazu, daß vom Backgut abgelöste Teilchen dorthin absinken und nicht mehr in die Heizzone aufsteigen können, wo sie immer stärker verbrennen und das Fett rascher verderben würden. Bei solchen Geräten ist die Einsatzdauer des Fettes wesentlich höher.

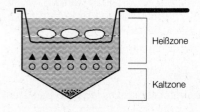

▷ **Unfallgefahren**

Durch die große Menge des bis 180 °C erhitzten Fettes kann es bei Unachtsamkeit zu schweren Verbrennungen kommen. Beim Arbeiten am Fritiergerät ist deshalb größte Vorsicht geboten. Sollte sich das Fett infolge zu hoher Temperatureinstellung oder beim Ausfall des Thermostates einmal selbst entzünden, ist unbedingt zu beachten:

▸ Die Flammen dürfen nur mit Spezialschaum oder durch Abdecken erstickt werden,
▸ das Löschen mit Wasser ist verboten, weil das Aufspritzen zu einer gefährlichen Ausweitung des Brandes führen würde.

Zubereitung von Speisen

11. Besondere Formen des Garens und Erhitzens

▷ **Garen in Folie**

Alle Nahrungsmittel eignen sich für das Garen in Folie, das ganz besonders auch im Zusammenhang mit der Herstellung von Schonkost angewendet wird.

Klassisches Beispiel für diese Art des Garens sind die sogenannten „Folienkartoffeln". Die üblichen Verfahren beim Foliengaren sind Dämpfen, Dünsten und Braten, die verwendeten Folien sind unterschiedlicher Art: Bratfolie, Alufolie, Vakuumfolie und Schrumpffolie.

▷ **Überglänzen** (Glasieren)

Darunter versteht man vor allem das Schwenken in dickflüssig eingekochtem Dünstfond:

- glasierte Karotten, glasierter Rosenkohl,
- glasierte Weintrauben, glasierte Maronen.

Als Glasieren (Überglänzen) bezeichnet man aber auch das wiederholte Übergießen mit dem Bratenfond während des Bratens, wodurch das Fleisch eine glänzende Oberfläche erhält:

- glasierter Schweinerücken,
- glasierte Kalbsbrust.

▷ **Überbacken** (Gratinieren)

Dieses Verfahren wird zum mehr oder weniger intensiven Überkrusten angewendet. Die dazu verwendeten Speisen wurden bereits durch Kochen oder Dünsten gegart und werden vor dem Überbacken mit Butter überstrichen oder mit Sauce nappiert und in beiden Fällen mit Käse bestreut.

- Überbackene Zwiebelsuppe,
- Seezungenfilets, Artischockenböden,
- Ragout fin, Champignontoast.

▷ **Erhitzen und Garen am Tisch**

Im Zusammenhang mit der Beratung des Gastes benötigen auch Bedienungsfachkräfte Kenntnisse über die verschiedenen Garverfahren. Wie die folgenden Beispiele zeigen, müssen sie für das Arbeiten am Tisch sogar in der Lage sein, einfache Garmethoden selber praktisch anzuwenden.

Beispiele:

- Toasten von Weißbrotscheiben am Frühstücksbuffet,
- Aufbacken von Brot und Semmeln am Buffet in speziellen Backgeräten,
- Fritieren von Fleisch beim Fleischfondue,
- Schmelzen von Käse beim Käsefondue und beim Raclette,
- Braten, Grillen und Dünsten von rasch garenden kleinen Gerichten (Medaillons, Spieße, Geflügelteile),
- Flambieren von Früchten,
- Einkochen von Früchten, Säften und Saucen.

▷ **Einsatz der Mikrowelle**

Ihr Einsatz beruht auf folgendem Prinzip:

▸ Die im Gerät erzeugten elektromagnetischen Wellen durchdringen das Nahrungsmittel und versetzen dabei die Wassermoleküle in rasche Bewegung, so daß *im Innern der Speise* Reibungswärme entsteht.
▸ Da beim Einsatz der Mikrowelle *keine Hitze von außen* zugeführt wird, können Speisen nicht bräunen. Die Anwendung ist deshalb auf folgende Zwecke begrenzt:

- Wiedererwärmen (Regenerieren) von bereits gegarten Speisen,
- Auftauen von gefrorenen Produkten mit geringem Volumen (Dicke),
- Schnellgaren von Nahrungsmitteln mit hohem Wassergehalt.

Durch die Intensität der Strahlen und weil alle Moleküle gleichzeitig in Bewegung geraten, werden die beabsichtigten Zwecke je nach Art und Dicke des Nahrungsmittels bereits innerhalb 2 bis 5 Minuten erreicht.

Teller und anderes Geschirr aus Metall oder mit metallischen Verzierungen sind zur Verwendung in Mikrowellengeräten ungeeignet, weil die Wellen das Metall nicht durchdringen können. Aus diesem Grunde liefert die Industrie spezielles Gerät aus Glas, Porzellan und Kunststoff.

▷ **Niedertemperaturgaren**

Diese Art der Behandlung wendet man neuerdings bei Fleisch an (z. B. bei Roastbeef, Lammschulter, Rehkeule). Das Garen erfolgt mit Hilfe von Trockendampf, wobei man die Anfangstemperatur von etwa 130 bis 140 °C während des Garprozesses allmählich bis auf 80 °C absenkt. Folgende Besonderheiten sind dabei von Bedeutung:

▸ Während des Garens entsteht im Fleisch kein Druck, so daß die Verluste durch Saftaustritt bzw. Wasserverdunstung sehr niedrig sind.
▸ Beim Garen tritt keine Bräunung ein. Sollte sie gewünscht werden, ist im Anschluß an das eigentliche Garen ein kurzes scharfes Braten erforderlich.

D. Würzen von Speisen

Jede fertige Speise wird vom Gast geprüft und individuell bewertet. Neben dem Aussehen, der Konsistenz und der Temperatur sind Geruch und Geschmack wichtige Kriterien für die Beurteilung von Speisen und Getränken.

▷ Grundlagen des Würzens
Die Grundlage des Würzens bildet der Eigengeschmack des betreffenden Rohstoffes. Hinzu kommen die Garmachungsart sowie die dadurch entstehenden Geschmacksstoffe und die würzenden Zutaten. Durch das Würzen wird der Eigengeschmack einer Speise abgerundet, unterstrichen bzw. hervorgehoben.

▷ Würzmittel
Unter Würzmitteln, die im Service bzw. im Restaurant zum Einsatz kommen, versteht man jene geschmacksgebende Zutaten, die Gäste oder Servierpersonal zum Würzen von Speisen und einigen Getränken benutzen. Die würzenden Zutaten werden meist in Menagen angeboten und bereitgestellt.

Zu den Würzmitteln gehören:

Gruppe	Beispiele
Gewürze	Pfeffer gemahlen, Pfefferkörner in der Mühle, Muskat, Paprika, Knoblauch
Kräuter	Schnittlauch, Kerbel, Estragon, Melisse, Petersilie, Kresse
Salz	Siede- und Steinsalz, jodiertes Salz, Meersalz
Säuren	Essigvarianten (Wein-, Sherry- oder Obstessig), Balsamico-Essig, Zitronensaft
Käse	Parmesan, Schaf- oder Ziegenkäsewürfelchen
Würzsaucen	Sojasauce, Ketchup, Mango-Chutney, Cumberlandsauce, Worcestershire Sauce, Mayonnaise, Chillisauce, Tabasco, Relishes, Sambal, Angostura-Bitter
Gelees	Johannisbeer, Preiselbeer, Pfefferminze
Sonstige	Zucker, Schalen ungespritzter Zitrusfrüchte, Senf, Sardellenpaste, Meerrettich, Schalottenwürfelchen, Kräuterbutter

Aufgaben (Garmachen von Nahrungsmitteln; Würzmittel)

Garmachen:
1. Erläutern Sie den Unterschied zwischen ernährungsphysiologisch notwendigen und lediglich genußwerterhöhenden Veränderungen beim Garen.
2. Nennen Sie die Arten des Garmachens und ordnen Sie diesen das jeweils wärmeübertragende Medium sowie den Temperaturbereich zu.

Pochieren:
3. Erklären Sie die Bezeichnung Pochieren.
4. Welche Eigenschaften haben die Rohstoffe, die auf diese Weise gegart werden?
5. Beschreiben Sie den Unterschied zwischen indirektem und direktem Pochieren, und ordnen Sie diesen Verfahren zugehörige Speisen zu.

Blanchieren:
6. Beschreiben Sie das Blanchieren.
7. Erklären Sie an Beispielen die Zwecke des Blanchierens.

Kochen:
8. Beschreiben Sie die Besonderheiten des Kochens.
9. Welche Nahrungsmittel müssen gekocht werden? Erklären Sie dies an Beispielen.
10. Welche Nachteile hat das Kochen unter ernährungsphysiologischen Gesichtspunkten?

Dämpfen:
11. Beschreiben Sie die Besonderheiten der Garmachungsart Dämpfen, insbesondere in Verbindung mit Druck.
12. Nennen Sie unterschiedliche Arten von Dämpfgeräten.
13. Welche Rohstoffe eignen sich zum Dämpfen?

Dünsten:
14. Beschreiben Sie das Dünsten und unterscheiden Sie dabei Hell- oder Weißdünsten sowie Hellbraundünsten.
15. Ordnen Sie den verschiedenen Verfahren des Dünstens zugehörige Nahrungsmittel zu.

Braten und Grillen:
16. Beschreiben Sie zum Kurzzeitbraten und Langzeitbraten
    a) die besonderen Merkmale des Garprozesses,
    b) die zugehörigen Speisen,
    c) die unterschiedlichen Garstufen sowie deren rohstoffspezifische Anwendung.
17. Was ist Schwenken oder Sautieren, und welche Speisen werden auf diese Weise gegart?
18. Nennen Sie Beispiele für das Grillen sowie besondere Maßnahmen beim Grillen am Spieß.

Schmoren:
19. Beschreiben Sie den Garprozeß Schmoren.
20. Welche Nahrungsmittel werden geschmort?
21. Nennen Sie Speisenbeispiele.

Backen im Fettbad:
22. Welche Rohstoffe sind dazu geeignet?
23. Beschreiben Sie Vorzüge moderner Fritiergeräte.
24. Was wissen Sie über die Art, den Gebrauch und die Erneuerung der Fritierfette?
25. Welche Richtlinien gibt es für Maßnahmen bei der Selbstentzündung von Fritierfetten?

Besondere Formen des Garens:
26. Welche besondere Bedeutung hat das Garen in Folien?
27. Nennen Sie Garverfahren beim Foliengaren sowie unterschiedliche Arten der Folien.
28. Beschreiben Sie in Verbindung mit Speisenbeispielen das Überglänzen (Glasieren) und das Überbacken.
29. Nennen Sie Arten des Erhitzens und Garens am Buffet bzw. am Tisch des Gastes.

Einsatz der Mikrowelle:
30. Beschreiben Sie das Wirkungsprinzip der Mikrowellen und deren Vorzüge.
31. Nennen und begründen Sie die begrenzte Anwendung der Mikrowellen im Bereich des Garmachens.

Würzmittel:
32. Notieren Sie zu jedem angegebenen Würzmittel ein Anwendungsbeispiel.
33. Notieren Sie mindestens 5 Getränke, zu deren Herstellung Würzmittel Verwendung finden.
34. Beschreiben Sie zu den einzelnen Würzmitteln das jeweils passende Menagengefäß.
35. Nennen Sie noch 10 weitere Gewürze.
36. Nennen Sie weitere, Ihnen bekannte Kräuter.

Speisenkunde

Die klassische Speisenkunde hat für die Gliederung dieses Stoffgebietes die Speisenfolge zugrundegelegt: Vorspeisen, Hauptspeisen, Nachspeisen. Die folgenden Ausführungen sind im Gegensatz dazu aus folgenden Gründen nach rohstoffkundlichen Gesichtspunkten gegliedert:

▶ Die Speisenkunde soll eine alle Speisen umfassende Information sein. Nicht alle Speisen eignen sich jedoch als Bestandteil im Rahmen einer Speisenfolge.

▶ Die Speisengruppen der Speisenfolge werden aus sehr unterschiedlichen Rohstoffen zubereitet, so daß für das Zuordnen der Speisen in eine Speisenfolge umfassende speisenkundliche Kenntnisse notwendig sind.

Für diesen auf Vollständigkeit und Übersicht ausgerichteten Lernprozeß ist die Gliederung nach rohstoffkundlichen Gesichtspunkten unerläßlich, denn die Gliederung nach der Speisenfolge ist auf eine hier nicht wünschenswerte einschränkende Auswahl ausgerichtet.

I. Suppen, Saucen und Butterzubereitungen

Suppen und Saucen sind Zubereitungen mit sehr ähnlichen Eigenschaften, wobei die hellen und dunklen Grundbrühen bzw. Fonds ein wichtiges Ausgangsprodukt darstellen.

A. Grundbrühen

Suppen und Saucen werden bei der Herstellung also nicht mit Wasser, sondern mit Brühen aufgefüllt, die bereits wichtige Geschmacksstoffe bzw. auch Farbstoffe enthalten.

- **Großes Bouquet garni:** Karotten, Sellerie und Lauch sowie Petersilienstengel oder -wurzeln werden zusammengebunden,
- **kleines Bouquet garni:** ein Sträußchen aus Kräutern oder auch ein Säckchen von Gewürzen,
- **gespickte Zwiebel:** in einem Einschnitt wird das Lorbeerblatt eingeklemmt, Gewürznelken werden in der Zwiebel festgesteckt,
- **gebräunte Zwiebel:** eine quer halbierte Zwiebel wird an der Schnittfläche in einer trockenen Pfanne stark gebräunt (sie gibt neben Geschmack auch Farbe).

1. Helle Grundbrühen

Hierfür werden die Zutaten in Wasser gekocht und ausgelaugt.

Hauptrohstoffe sind jeweils artbestimmende Zutaten, z. B.:

- Knochen von Rind und Kalb, Karkassen von Geflügel, Gräten von Fischen sowie Krustentiere und Muscheln,
- Abgänge (Parüren) von Schlacht- und Geflügelfleisch oder von Fischen.

Geschmacksgebende ergänzende Zutaten sind Gemüse, Kräuter bzw. auch Gewürze in unterschiedlicher Zusammensetzung.

2. Dunkle Grundbrühen

Im Gegensatz zu den hellen Brühen werden die Rohstoffe hier kleingeschnitten bzw. -gehackt und vor dem Auffüllen mit Wasser und dem Auskochen kräftig gebraten bzw. geröstet. Dabei entstehen Farbe und Geschmack. Als Zutaten werden verwendet:

- jeweils artspezifische Knochen und Fleischparüren von Schlachttieren und Schlachtgeflügel sowie von Haar- und Federwild,
- grobwürfelig geschnittenes Röstgemüse (Mirepoix) aus Sellerie, Karotten und Zwiebeln.

B. Suppen

Die heutigen Suppen sind aus Eintopfgerichten hervorgegangen, und zwar zu dem Zeitpunkt, als man im Rahmen der Kultivierung des Essens den Kochsud bzw. die Brühe von den übrigen Zutaten (Fleisch, Gemüse, Kartoffeln, Reis, Teigwaren) abgesondert und getrennt als Suppe verzehrt hat. Die Suppen, wie Minestrone, Borschtsch und Bouillabaisse, deuten z. B. auch auf diesen Ursprung hin (Einzelheiten siehe unter „Nationalsuppen").

1. Arten und Bedeutung der Suppen

Es gibt viele Arten von Suppen. Die grundlegenden Unterscheidungsmerkmale ergeben sich durch die Art der Herstellung, z. B. die Anwendung unterschiedlich hoher Temperaturen, die sich auf die Farbe auswirken sowie die Verwendung oder Nichtverwendung von Bindemitteln.

Beurteilungsmerkmale	Arten der Suppen
Bindung Farbe Temperatur	– klare und gebundene Suppen – helle und dunkle Suppen – warme und kalte Suppen
Spezielles	– Gemüsesuppen – regionale, nationale und exotische Suppen

Wie kalte Vorspeisen, sollen Suppen die Speisenfolge genüßlich eröffnen, ein wenig den „*ersten Hunger stillen*", vor allem aber auf die folgenden Gänge hin appetitanregend wirken. Sie dürfen deshalb niemals eine „*spürbare Sättigung*" herbeiführen. Und weil klare Suppen dieser Forderung am meisten entsprechen, haben sie in mehrgängigen Speisenfolgen den Vorzug vor gebundenen Suppen und solchen, die grobe „*sättigende*" Einlagen enthalten.

Überblick über die Suppen

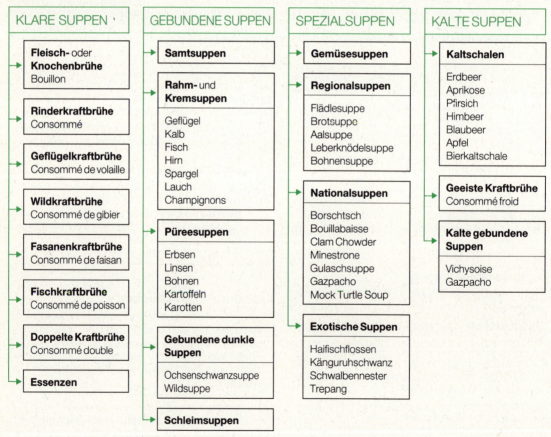

KLARE SUPPEN	GEBUNDENE SUPPEN	SPEZIALSUPPEN	KALTE SUPPEN
Fleisch- oder **Knochenbrühe** Bouillon	**Samtsuppen**	**Gemüsesuppen**	**Kaltschalen** Erdbeer Aprikose Pfirsich Himbeer Blaubeer Apfel Bierkaltschale
Rinderkraftbrühe Consommé	**Rahm-** und **Kremsuppen** Geflügel Kalb Fisch Hirn Spargel Lauch Champignons	**Regionalsuppen** Flädlesuppe Brotsuppe Aalsuppe Leberknödelsuppe Bohnensuppe	
Geflügelkraftbrühe Consommé de volaille			
Wildkraftbrühe Consommé de gibier		**Nationalsuppen** Borschtsch Bouillabaisse Clam Chowder Minestrone Gulaschsuppe Gazpacho Mock Turtle Soup	**Geeiste Kraftbrühe** Consommé froid
Fasanenkraftbrühe Consommé de faisan	**Püreesuppen** Erbsen Linsen Bohnen Kartoffeln Karotten		**Kalte gebundene Suppen** Vichysoise Gazpacho
Fischkraftbrühe Consommé de poisson			
Doppelte Kraftbrühe Consommé double	**Gebundene dunkle Suppen** Ochsenschwanzsuppe Wildsuppe	**Exotische Suppen** Haifischflossen Känguruhschwanz Schwalbennester Trepang	
Essenzen	**Schleimsuppen**		

2. Klare Suppen

▷ **Arten und Herstellung der klaren Suppen**

Klare Suppen werden vor allem nach der Intensität ihres Geschmacks unterschieden, der sich einerseits aus den verwendeten Rohstoffen und andererseits aus besonderen Herstellungsverfahren ergibt. Die grundlegenden Zutaten sind Fleisch bzw. Fisch sowie die ergänzenden Wurzelgemüse (siehe weiter oben).

Fleischbrühe   Bouillon

Fleischbrühe nennt man eine einfache Brühe aus Rindfleisch und Rinderknochen. Werden andere Rohstoffe verwendet, sind diese zusätzlich zu benennen, z. B. **Geflügel**brühe, **Fisch**brühe, **Wild**brühe.

Kraftbrühe   Consommé

Zur Herstellung dieser aromastärkeren, kräftigen Brühe wird Fleischbrühe mit Hilfe eines Klärfleischgemenges geschmacklich verstärkt und intensiv geklärt. Das Gemenge enthält:

- grob gehacktes Fleisch (Rind, Geflügel, Wild oder Fisch) sowie Scheiben von Sellerie, Karotten und Lauch, aus denen die Aromastoffe ausgelaugt werden,
- Hühnereiweiß, das beim Erhitzen gerinnt und dadurch die Klärung herbeiführt.

Kraftbrühe ist aus Rindfleisch bereitet. Anderes Fleisch muß in der Bezeichnung mitgenannt werden, z. B. **Geflügel**-, **Wild**-, **Fasanen**- oder **Fisch**kraftbrühe.

Doppelte Kraftbrühe   Consommé double

Solche besonders aromatischen Brühen erhält man
▶ aus Fleischbrühe + doppelter Menge Klärfleisch,
▶ oder aus Kraftbrühe + einfacher Menge Klärfleisch.

Essenzen

Sie zeichnen sich durch eine sehr starke Konzentration der Aromastoffe aus, die durch Verwendung sehr großer Mengen Klärfleisch erreicht wird. Produktbezeichnungen sind z. B. Fasanenessenz, Fischessenz.

Rezeptbeispiele zur Verdeutlichung der Aromastärke

	Fleisch-brühe	Kraft-brühe	Doppelte Kraftbrühe
Wasser	5 l	–	–
Fleischbrühe	–	5 l	–
Kraftbrühe	–	–	5 l
Rindfleisch (Knochen)	4,0 kg	–	–
Klärfleisch	–	1,0 kg	1,0 kg
Wurzelgemüse	0,5 kg	0,5 kg	0,5 kg
Eiweiß	–	4 Stck.	4 Stck.

Klare Suppen sind entweder hell (Geflügel, Fisch) oder aufgrund des dunklen Fleisches (Rind, Wild) und des dunklen Wurzelgemüses (Karotten, Lauch, gebräunte Zwiebel) mehr oder weniger intensiv getönt.

Ausgesprochen dunkel sind klare Brühen, wenn die Rohstoffe vor dem Auffüllen und Auskochen angebraten bzw. geröstet werden, z. B. bei der klaren Ochsenschwanzsuppe sowie der klaren Wild- oder Fasanensuppe.

▷ **Einlagen für klare Suppen**

Als Einlage für klare Suppen dienen sehr verschiedenartige Rohstoffe und unterschiedliche Zubereitungen:

Gemüse	– Sellerie, Karotten und Lauch (in Form von Brunoise, Julienne, Emincé und Rauten) – Tomatenfleischwürfel, Paprikastreifen, Spargelspitzen, Blumenkohlröschen, Trüffeln und Champignons
Getreide	– Reis, Mais, Hirse, Grieß und Grießklößchen – Nockerl, Klößchen, Spätzle und andere Teigwaren – Biskuitschöberl, Backerbsen, Maultaschen – Pfannkuchenstreifen (Célestine) und Backteigkrapfen (Profiteroles)
Eier	– Eigelb, Eierflocken und Eierstich (Royal) – pochiertes bzw. verlorenes Ei
Fleisch	– Mark-, Leber- und Kalbfleischklößchen – Rind- und Kalbfleisch sowie Geflügel- und Wildfleisch
Fisch	– Nockerl, Klößchen, Spätzle, Scheiben und Streifen von Fisch – Fleisch von Schal- und Krustentieren

3. Gebundene Suppen

Gebundene Suppen unterteilt man in helle und dunkle Suppen.

▷ **Gebundene helle Suppen**

Das grundlegende Bindemittel für diese Suppen ist die helle Mehlschwitze (weiße Roux).

Je 1 l Brühe werden in 50 g Butter und 40 g Mehl angeschwitzt.

Ergänzende Möglichkeiten der Bindung sind:

- in wenig Brühe angerührte Kartoffelstärke,
- püriertes Grundmaterial (z. B. Blumenkohl, Erbsen),
- reduzieren (einkochen) der Flüssigkeit sowie Zugabe von Sahne oder Crème fraîche und Butter,
- legieren der fertigen Suppe mit Eigelb und Sahne (Liaison).

Legierte Suppen dürfen nicht mehr kochen, da sonst das Eiweiß der Liaison gerinnt und die samtene Beschaffenheit der Suppe zerstört wird.

Vergleichende Übersicht über gebundene helle Suppen (Beispiel: Brokkoli)

Gesamtmenge 10 l Suppe Material	Samtsuppe von Brokkoli	Rahmsuppe von Brokkoli	Püreesuppe von Brokkoli
Butter	400 g	400 g	200 g
Schinken	–	–	200 g
Wurzelgemüse/Zwiebeln	500 g	500 g	600 g
Weizenmehl oder Reismehl	350 g	400 g	–
Kartoffeln	–	–	500 g
Brühe oder Fond	10 l	10 l	10 l
Brokkoli	2 kg	2 kg	3 kg
Sahne oder süßer Rahm	1 l	1,5 l	–
Crème fraîche	–	–	0,5 l
Eigelb	10 Stck.	–	–
Croûtons	–	X	X
	– Brokkolistrünke und Röschen in Salzwasser kochen, – Wurzelgemüse in Fett leicht andünsten, – Mehl einstreuen und mitschwitzen, – abgekühlten Brokkolifond zugießen, – ungefähr ½ Stunde kochen lassen; umrühren; Suppe nun abpassieren und mit Salz, Pfeffer und Muskat abschmecken		– Schinken in heißem Fett anschwitzen, – Wurzelgemüse zugeben und mitschwitzen, – rohe Kartoffelwürfel und Brokkolistrünke dazugeben; – Brokkoliröschen als Einlage extra kochen, mit Fleischbrühe auffüllen und darin nun die Gemüse weichkochen; – alle Bestandteile werden dann im Mixer püriert, – Suppenkonsistenz prüfen, – Suppe abschmecken und mit Crème fraîche verfeinern.
	– Legierung aus glattgerührten Eigelben und Sahne herstellen (Liaison). – 1–2 Schöpfkellen heiße Suppe in die Legierung (Liaison) rühren und diese Flüssigkeit nun unter die nicht mehr kochende Suppe rühren.	– 1–2 Schöpfkellen heiße Suppe in die Sahne rühren. – Diese Flüssigkeit nun unter die restliche Suppe mischen.	

Arten der gebundenen hellen Suppe und ihre Merkmale:
- ▶ Samtsuppen – helle Mehlschwitze und Legierung,
- ▶ Kremsuppen (Rahmsuppe) – helle Mehlschwitze und Vollendung mit Sahne,
- ▶ Püreesuppen – insgesamt oder teilweise pürierte Zutaten,
  – u. U. ergänzt durch Mehlschwitze und/oder Sahne (Garnitur: Röstbrotwürfel = Croûtons)

▷ **Gebundene dunkle Suppen**

Bekannte Suppen dieser Art sind die Ochsenschwanzsuppe und Wildsuppen.

Grundlegende Herstellungsmerkmale:
- Ochsenschwanzstücke bzw. Wildfleischstücke anbraten, mit Mehl bestäuben und durchschwitzen,
- Ansatz mit brauner Brühe auffüllen und kochen,
- mit gehaltvollem Wein vollenden (Sherry, Portwein oder Madeira).

4. Spezialsuppen

Es handelt sich dabei um Suppen, die sich durch besondere Merkmale auszeichnen: Gemüsesuppen, Regionalsuppen, Nationalsuppen und exotische Suppen.

▷ **Gemüsesuppen**

Diese Suppen haben ihren Ursprung in der rustikalen bäuerlichen Küche. Das Gemüse wird in unterschiedliche Formen geschnitten, in Fett angeschwitzt und mit Gemüse- und Räucherfonds aufgefüllt. Das Abschmecken erfolgt mit vielen Küchenkräutern. Passieren oder Pürieren ist nicht üblich.

▷ **Regionalsuppen**

Dies sind regionaltypische Suppen aus Rohstoffen der Region, auf besondere Weise zubereitet.

Beispiele:

Hamburger Aalsuppe / Westfälische Bohnensuppe
Schwäbische Brotsuppe / Münchner Leberknödelsuppe
Flädlesuppe (mit Pfannkuchenstreifen)

Suppen, Saucen und Butterzubereitungen

▷ **Nationalsuppen**

Diese Suppen zeichnen sich durch landesübliche Besonderheiten der jeweiligen Nation aus.

Suppe (Ursprung)	Besonderheiten
Borschtsch (Rußland)	– Gemüsesuppe mit Weißkohl, Rote Bete und Rindfleisch
Bouillabaisse (Frankreich)	– Suppe mit Fleisch von verschiedenen Fischen sowie Muscheln und Krustentieren
Clam Chowder (Amerika)	– Suppe mit Muscheln
Gazpacho (Spanien)	– Kalte Suppe mit Gurke, Tomate, Paprika, Zwiebeln, Knoblauch und Croûtons (Röstbrotwürfel)
Gulaschsuppe (Ungarn)	– Suppe mit Rindfleisch, Zwiebeln, Paprika, Knoblauch, Kümmel und Majoran
Minestrone (Italien)	– Gemüsesuppe mit Reis, Nudeln, Tomaten und Parmesan
Mock Turtle Soup (England)	– Suppe aus Kalbskopf (falsche Schildkrötensuppe)
Soupe à l'oignon (Frankreich)	– Suppe mit viel Zwiebeln, Fleischbrühe und Wein sowie Käsecroûtons

▷ **Exotische Suppen**

Diese Suppen stammen von außergewöhnlichen, meist fremdländischen Rohstoffen, werden üblicherweise industriell nach speziellen Zubereitungsverfahren hergestellt und kommen als Konserven auf den Markt.

Suppe	Rohstoff-, Herstellungsmerkmale
Haifischflossensuppe	– Rückenflossen von Haifischen
Känguruhschwanzsuppe	– Schwänze von Känguruhs – ähnlich wie Ochsenschwanzsuppe bereitet
Schwalbennester	– kleine Nester einer Seeschwalbe – auskochen
Trepangsuppe	– eßbare Stachelhäuter – auch Seewalzen, Seegurken genannt
Bisques (würzige Samtsuppen)	– Hummer, Languste, Krebse

5. Kalte Suppen

In Form von Kaltschalen, geeisten Kraftbrühen oder kalten gebundenen Suppen werden sie vorzugsweise an heißen Sommertagen angeboten.

Kaltschalen enthalten als namengebende Zutat Früchte der Saison, die (in kleine Stücke geschnitten oder püriert) mit Zuckersirup (Läuterzucker), Wein und Zitronensaft vermischt und gut gekühlt werden.

Geeiste Kraftbrühen müssen glasklar, fettfrei und gut gewürzt sowie in leicht geliertem Zustand sein.

Kalte gebundene Suppen sind im allgemeinen pürierte Suppen, z. B. aus Kartoffeln (Vichysoise) oder Gemüsen (Gazpacho), die mit Sahne oder Joghurt bzw. Essig und Öl sowie mit frischen Kräutern verfeinert werden.

Insbesondere in der Kur- und Diätgastronomie ist es heute in zunehmendem Maße auch üblich, den Gästen anstelle einer Suppe **Frucht**- oder **Gemüsesäfte** bzw. **Joghurt**- oder **Buttermilchdrinks** zu reichen. Sie sind aufgrund ihrer appetitanregenden und verdauungsfördernden Wirkung besonders wertvoll.

Kartengerechte Suppenbeispiele

Legierte Fischsuppe mit Krebsschwänzen und Kürbiskugeln

Suppe von Jakobsmuscheln mit Ingwerklößchen

Klare Suppe von Räucherforelle mit Krebsmaultäschchen

Kartoffelsuppe mit Brunnenkresse und Streifen von Räucherlachs

Aufgeschlagene Spargelrahmsuppe mit grünen Zanderklößchen

Kalbskremsuppe mit Spitzmorcheln und Cognac

Suppentopf vom Huhn mit Kerbelnudeln

Allgäuer Kässuppe

Wachtelkraftbrühe mit Gemüsestreifen und pochiertem Wachtelei

Gebundene Lauchsuppe mit Trüffeln

Bäuerliche Kartoffelsuppe mit Gemüsewürfeln

Rote-Bete-Suppe mit Weizensprossen

Tomatensuppe mit Graupen und Basilikum

Doppelte Rinderkraftbrühe mit Kräuter-Leber-Strudel

Legiertes Schneckensüppchen mit Safranfäden

Geeiste Geflügelkraftbrühe mit Sauerampfer, englischem Sellerie und Tomatenfleischwürfel

Stachelbeerkaltschale mit Mandelmakronen

6. Anrichten und Servieren von Suppen

Da Suppen sehr heiß serviert werden müssen, ist es wichtig, daß Anrichtegefäß und Teller gut vorgewärmt sind. Das Anrichten und Servieren erfolgt auf unterschiedliche Weise.

Die folgenden Gedeckbeispiele zeigen die verschiedenen Möglichkeiten auf. Zum optischen Vergleich und zum besseren Verständnis ist auch jeweils das Besteck des Hauptganges mit eingedeckt worden.

Anrichtegefäß	Gedeck- und Servierhinweise
Terrinen	– Die **Portionsterrine** (Löwenkopfterrine) ist für den einzelnen Gast bestimmt, – die **große Terrine** dient dazu, die Suppe am Beistelltisch in tiefe Teller umzugießen.
Ausgießtassen	– Auf einem Tablett getragen, wird die Suppe von der rechten Seite und vom Gast weg in vorher eingesetzte heiße Suppenteller eingegossen. Dieser steht eventuell auf einem Unterteller. *Kraftbrühe mit Leberknödel*
Suppenteller	– Auf einem flachen, etwas größeren Unterteller mit Pikkoloserviette aufgesetzt, von der rechten Seite des Gastes serviert. *Erbsensuppe mit Würstchen*
Suppentassen	– Sie werden ebenfalls auf Unterteller und Mittelteller mit Serviette aufgesetzt: → zweihenkelige Tassen (auch Bouillontasse genannt), beim Einsetzen Henkel vor dem Gast exakt nach rechts und links ausgerichtet. *Kraftbrühe mit Grießnockerl* → Einhenkelige kleine Spezialtassen für Suppen mit stark konzentriertem Geschmack (im allgemeinen exotische Suppen), mit angelegtem Kaffee- oder Mokkalöffel, Henkel beim Einsetzen nach links gerichtet. *Trepangsuppe* → Gratintassen für überbackene Suppen.

Suppen, Saucen und Butterzubereitungen

C. Saucen

Saucen sind ein wichtiger Bestandteil der Speisen. Es gibt sie in vielen Arten und Variationen.

1. Bedeutung und Unterscheidung der Saucen

▷ **Saucen und Speisen**

In Beziehung zur Speise sind Saucen in vielfältiger Hinsicht eine wichtige Ergänzung. Vor allem erhöhen sie die Saftigkeit und Verzehrbarkeit (man stelle sich z. B. Kartoffelklöße, Spätzle, Salzkartoffeln oder Reis ohne Sauce vor). Darüber hinaus dienen sie der Verfeinerung und dekorativen Vervollständigung und sind nicht zuletzt eine harmonische Ergänzung in bezug auf Farbe und Geschmack. Zu besonders köstlichen Saucen wird heute in das Gedeck ein **Gourmetlöffel** eingereiht, der zum Aufnehmen der Sauce dient.

▷ **Anrichteweisen für Saucen**

Ausschlaggebend dafür kann sowohl die Art des Gerichtes als auch die Art der Sauce sein.

Bezeichnungen	Anrichtemerkmale
Nappieren	– Der Hauptbestandteil (Fleisch oder Fisch) wird übergossen.
Untergießen	– Der Hauptbestandteil wird auf die Sauce (Teller oder Platte) daraufgesetzt.
Angießen	– Der Hauptbestandteil wird am äußersten Rand mit Sauce bedeckt, der Rest fließt ab und um das Stück herum.
à part anrichten	– in einer Sauciere zur Selbstbedienung

▷ **Arten der Saucen**

In vielen Fällen bilden die beim Garprozeß entstehenden Brühen und Fonds sowie ein Bratensatz oder ein Bratenfond die Basis für die herzustellende Sauce. Für Zubereitungsarten, bei denen es diese Voraussetzungen nicht gibt (z. B. Kochen, Dämpfen, Kurzbraten, Grillen, Fritieren), werden Grundsaucen bereitet, aus denen durch Abwandlung der Zutaten viele Ableitungen hergestellt werden. Daneben gibt es aber auch ganz „selbständige" Saucenzubereitungen, die nicht durch Ableitungen variiert werden.

Herstellungsübersicht über die Grundsaucen

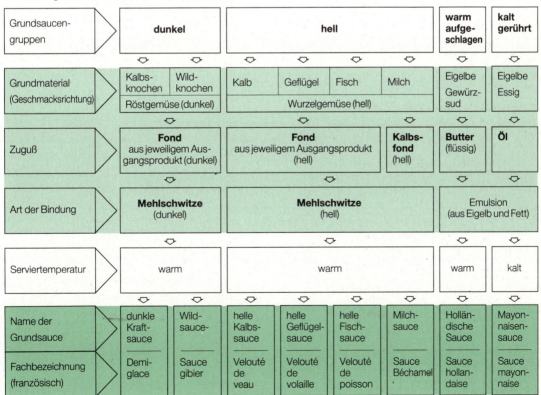

Grundsaucengruppen	dunkel		hell				warm aufgeschlagen	kalt gerührt
Grundmaterial (Geschmacksrichtung)	Kalbsknochen	Wildknochen	Kalb	Geflügel	Fisch	Milch	Eigelbe Gewürzsud	Eigelbe Essig
	Röstgemüse (dunkel)		Wurzelgemüse (hell)					
Zuguß	Fond aus jeweiligem Ausgangsprodukt (dunkel)		Fond aus jeweiligem Ausgangsprodukt (hell)			Kalbsfond (hell)	Butter (flüssig)	Öl
Art der Bindung	Mehlschwitze (dunkel)		Mehlschwitze (hell)				Emulsion (aus Eigelb und Fett)	
Serviertemperatur	warm		warm				warm	kalt
Name der Grundsauce	dunkle Kraftsauce	Wildsauce	helle Kalbssauce	helle Geflügelsauce	helle Fischsauce	Milchsauce	Holländische Sauce	Mayonnaisensauce
Fachbezeichnung (französisch)	Demiglace	Sauce gibier	Velouté de veau	Velouté de volaille	Velouté de poisson	Sauce Béchamel	Sauce hollandaise	Sauce mayonnaise

2. Helle Saucen

Die grundlegende Bindung erfolgt durch eine helle Mehlschwitze. Mit Milch aufgefüllt, erhält man die **Béchamelsauce**, mit einer Brühe (Kalb, Geflügel oder Fisch) eine **Velouté**. Abgesehen von den unterschiedlichen Zutaten für die Ableitungen werden alle hellen Saucen mit einer Liaison (Eigelb und Sahne) vollendet.

▷ **Ableitungen der Béchamelsauce**

Spezielle Zutaten	Name der Sauce	Zuordnung zu Speisen
Sahne	Rahmsauce (Sauce à la crème)	→ Binden von Gemüse und Kartoffeln (Béchamelkartoffeln)
Fleischbrühe/ Meerrettich	Meerrettichsauce (Sauce au raifort)	→ gekochtes Rindfleisch
Sahne/ geriebener Käse	Mornaysauce (Sauce Mornay)	→ überbackene Gerichte von Gemüse und Eiern
Fischfond/ Hummerbutter	Kardinalsauce (Sauce Cardinal)	→ gekochte und gedünstete Gerichte von Eiern, Fischen und Krustentieren

▷ **Ableitungen von den Veloutés**

Grundsauce	Ableitungen	Zuordnung zu Speisen
Kalbssamtsauce (Velouté de veau)	– Deutsche Sauce (Sauce allemande) – Champignonsauce (Sauce aux champignons) – Currysauce (Sauce au curry)	→ Kalbsfrikassee, Ragoût fin → Kalbsblankette, pochierte Eier → Kalbscurry
Geflügelsamtsauce (Velouté de volaille)	– Geflügelrahmsauce (Sauce suprême) – Champignonsauce – Currysauce	→ Geflügelfrikassee, Hühnerbrüstchen → feines Geflügelragout → Curryhuhn
Fischsamtsauce (Velouté de poisson)	– Weißweinsauce (Sauce au vin blanc) – Senfsauce (Sauce moutarde) – Kräutersauce (Sauce aux fines herbes) – Dillsauce (Sauce à l'aneth) – Hummersauce (Sauce de homard)	→ gedünsteter Fisch → gekochter Fisch (Konsumfische) → Krustentiere → Hummerragout

3. Dunkle Sauce, Bratenjus und Tomatensauce

▷ **Grundsauce Demiglace und Ableitungen**

Herstellung: – Kalbsknochen und Röstgemüse durch Braten intensiv bräunen,
– Ansatz mit Mehl bestäuben und durchschwitzen, mit dunkler Brühe auffüllen und auskochen.

▷ **Ableitungen der Sauce Demiglace**

Bezeichnung der Ableitungen	spezielle Zutaten	Zuordnung zu Speisen
Bordeauxer Sauce (Sauce bordelaise)	Rotweinreduktion und Rindermarkwürfel als Einlage	→ Gerichte aus gebratenem und gegrilltem Fleisch → geschmortes Gemüse (z. B. Chicorée, Fenchel)
Burgundersauce (Sauce bourguignonne)	Rotweinreduktion und Champignonwürfel (Einlage)	→ gebratene und geschmorte Schlachtfleischgerichte, → Kalbs- und Rinderzunge, gekochter Schinken
Jägersauce (Sauce Chasseur)	Weißwein, Pilze und gehackte Petersilie (Einlage)	→ gebratene und gegrillte Gerichte aus Schlachtfleisch
Madeirasauce (Sauce au madère)	Madeirawein und Butterflocken (Vollendung)	→ gebratene und gegrillte Gerichte aus Schlachtfleisch und Geflügel, verlorene Eier → Zunge, Leber, Nieren und gekochter Schinken
Robertsauce (Sauce Robert)	Weißwein-Zwiebel-Reduktion und Senf	→ Schweinekotelette und Schweinefilet
Zigeunersauce (Sauce Zingara)	Streifen von gekochtem Schinken, Pökelzunge und Champignons	→ gebratene und gegrillte Gerichte von Schlachtfleisch

Suppen, Saucen und Butterzubereitungen

▷ **Wildgrundsauce und Ableitungen**

Der Demiglace ähnlich, werden hier lediglich artspezifische Zutaten verwendet: Wildknochen und Wildfleischparüren, die typischen Wildgewürze Wacholder, Piment, Nelke, Lorbeerblätter sowie Senf und Preiselbeeren. Ableitungen sind:

Pfeffersauce →	mit Weißwein und reichlich Pfefferkörnern
Wacholder-rahmsauce →	mit Rotwein-Wacholder-Reduktion und Sauerrahm

▷ **Bratenjus**

Bratenjus wird im allgemeinen in Verbindung mit dem Braten von Fleisch gewonnen (z. B. Roastbeef, Kalb-, Schweine- oder Lammfleisch, Geflügel oder Wild). Ihre jeweils typischen Geschmacksstoffe ergeben sich aus dem Bratensatz und dem geringfügig austretenden Fleischsaft, die den Bratenfond bzw. die Bratenjus bilden. Diese wird im allgemeinen nicht oder nur leicht mit Stärke oder kalten Butterflocken gebunden.

▷ **Tomatensauce**

Die Tomatensauce ist eine „farblich betonte" eigenständige Sauce, die jedoch geschmacklich vielfältig variiert wird. Sie ist wegen ihres pikanten Geschmacks sehr beliebt und wird zu den verschiedenartigsten Speisen, insbesondere in der italienischen Küche, verwendet.

4. Aufgeschlagene und gerührte Saucen

▷ **Grundsauce Hollandaise und Ableitungen**

Die **Hollandaise** (holländische Sauce) wird aus einer Reduktion (Schalottenzwiebeln, Essig, Pfefferkörner und Wasser) in Verbindung mit Eigelb und flüssiger Butter hergestellt und der feinen Zutaten wegen als **Königin unter den Saucen** bezeichnet. Sie wird verwendet:

- als Beigabe zu feinem Gemüse (z. B. Artischocken und Spargel), zu Eierspeisen und gedünsteten Fischgerichten,
- zum Nappieren von überbackenen Gerichten (z. B. feine Ragouts von Fleisch, Fischen und Krustentieren).

▷ **Ableitungen der Hollandaise**

Bezeichnung der Ableitung	spezielle Zutaten	Zuordnung zu Speisen
Schaumsauce (Sauce mousseline)	geschlagene Sahne	→ verlorene Eier, Spargel, Blumenkohl → Brokkoli, Romanesco, gedünstete Edelfische
Maltasauce (Sauce maltaise)	Saft und Schalenstreifen von Blutorangen	→ Spargel und kurzgebratenes Fleisch vom Kalb und Putenbrust
Béarner Sauce (Sauce béarnaise)	Weißwein-Estragonessig-Reduktion, gehackter Kerbel und Estragon	→ verlorene Eier, Pfannen- und Grillgerichte vom Rindfleisch, Kalbfleisch, Fisch
Choronsauce (Sauce choron)	Sauce béarnaise mit Tomatenpüree oder Tomatenmark	→ wie bei der Sauce béarnaise
Foyotsauce (Sauce Foyot)	Sauce béarnaise vollendet mit einer Glace de viande (dick eingekochte Bratenjus)	→ wie bei der Sauce béarnaise

Die Sauce béarnaise war früher eine eigenständige Sauce, wird jedoch heute aus Gründen der Arbeitsersparnis durch Zugabe der speziellen Zutaten von der Sauce hollandaise abgeleitet.

▷ **Grundsauce Mayonnaise und Ableitungen**

Die Mayonnaise ist die wichtigste Sauce der Kalten Küche. Zutaten sind Eigelb, wenig Essig und Senf sowie Pflanzenöl und Salz, aus denen sich durch vorsichtiges Rühren eine Emulsion ergibt.

▷ **Ableitungen der Mayonnaise**

Bezeichnung der Ableitung	spezielle Zutaten	Zuordnung zu Speisen
Chantillysauce (Sauce Chantilly)	geschlagene Sahne und Zitronensaft	→ zu Spargel und Artischocken → zu gekochtem, kalten Hummer
Remouladensauce (Sauce rémoulade)	feingehackte Gewürzgurken, Kräuter, Sardellen und Kapern	→ zu gebackenem Fisch oder Gemüse → zu kaltem Bratenfleisch
Tatarensauce (Sauce tartare)	hartgekochtes, gehacktes Ei und feingeschnittener Schnittlauch	→ wie Remouladensauce

5. Spezielle Saucen

Unter den kalten Saucen gibt es solche, die sich durch ausgeprägte Besonderheiten auszeichnen und sich deshalb nicht in ein Saucenschema einordnen lassen. Ihre Art ist in den meisten Fällen ein beabsichtigter Kontrast zum Geschmack der zugehörigen Speise.

▷ **Cumberlandsauce**

Diese Sauce wird hergestellt aus:

- Streifen von Orangenschalen sowie Orangen- und Zitronensaft,
- Rotwein, Johannisbeergelee, Cayennepfeffer und englischem Senf.

In ihrer würzig-süßlichen Art paßt sie zu kalten Gerichten von Wild und Geflügel und ganz besonders zu Pasteten, Terrinen und Galantinen von Fleisch.

▷ **Sauce Vinaigrette**

Zutaten zu dieser Sauce sind:

- Wein- oder Kräuteressig, Öl, Salz und Pfeffer,
- viele gehackte frische Kräuter, manchmal auch feine Zwiebelwürfel und gehacktes, hartgekochtes Ei.

Die sogenannte Essigkräutersauce verwendet man als Salatsauce und reicht sie außerdem zu Sülzen sowie zu kalten oder warmen Rindfleischgerichten.

▷ **Meerrettichsahne**

Dazu wird frisch geriebener Meerrettich mit Zitronensaft mariniert und danach unter geschlagene Sahne gehoben. Geschmackliche Abwandlungen erhält man durch Zugabe von geriebenem Apfel oder Preiselbeerkonfitüre. Meerrettichsahne ist als Beigabe typisch zu geräuchertem Fisch sowie zu kalten und warmen Gerichten von Rindfleisch.

▷ **Minz- und Apfelsauce**

Die Sauce aus Pfefferminze oder Pfefferminzgelee wird in England und Amerika gerne zu Lamm- und Hammelbraten gegessen.

Die Apfelsauce, aus einer Art Apfelmus bereitet, wird warm oder kalt zu gebratenem Geflügel, Schweine- und Wildfleisch gereicht.

D. Butterzubereitungen und Buttermischungen

Diese Zubereitungen und Mischungen werden zu Speisen anstelle von Sauce gereicht und erfüllen die gleichen Funktionen wie diese:

- Verzehrbarkeit und Saftigkeit erhöhen,
- harmonische geschmackliche Ergänzung.

1. Kalte Buttermischungen

Bezeichnung der Butter	Merkmale	Verwendung
Geschlagene Butter (Beurre battu)	Butter wird schaumiggeschlagen und mit Zitronensaft, Cayennepfeffer und wenig Schlagsahne vollendet	als Beigabe zu gekochten oder gedünsteten Fischen und Krustentieren
Kräuterbutter (Beurre aux fines herbes)	feingehackte Schalotten und viel frische Kräuter (Petersilie, Kerbel, Schnittlauch, Estragon, Zitronenmelisse), Salz und Pfeffer	zur Vollendung von Suppen und Saucen und als Beilage zu Pfannen- und Grillgerichten von Rind, Hammel, Lamm und Fisch
Colbertbutter (Beurre Colbert)	gehackter Estragon und Petersilie, Zitronensaft und Fleischextrakt	spezielle Beigabe zur Seezunge Colbert, aber auch zu Grillgerichten
Schneckenbutter (Beurre pour escargots)	zerriebener Knoblauch, feingehackte Schalotten, Petersilie, Zitronensaft, Worcestershire Sauce, Salz und Pfeffer	zum Verschließen der Schneckenhäuser oder der Mulden des Schneckenpfännchens
Würzbutter (Beurre asseson)	Salz, Pfeffer, englisches Senfpulver oder Dijonsenf	als Aufstrich für Toasts, Canapés oder Sandwiches

2. Heiße Butterzubereitungen

Zerlassene Butter ist die bekannteste Art dieser Zubereitungen. Sie wird zu gekochten Fischgerichten und Spargel gereicht oder dient zum abschließenden Überglänzen von Gemüse und Kartoffeln.

Nußbutter erhält man, wenn geschmolzene Butter so lange weitererhitzt wird, bis sie eine goldgelbe bis hellbraune Farbe angenommen hat. Sie wird zu gekochtem Fisch und zu Gemüse verwendet.

Bröselbutter entsteht durch leichtes Anrösten von Semmelbröseln in zerlassener heißer Butter. Auch als **Beurre polonaise** bezeichnet, verwendet man sie zum Nappieren von Gemüse (z. B. Blumenkohl), von Teigwaren und Klößen bzw. Knödel.

Müllerinbutter ist typisch für gebratenen Fisch „nach Art der Müllerin". Die beim Nachbraten gebräunte Butter wird mit Worcestershire Sauce und Zitronensaft vollendet und über den Fisch gegossen.

Zwiebelbutter ist eine Zubereitung, bei der Zwiebelwürfelchen in zerlassener Butter goldgelb angeschwitzt werden. Sie wird zu verschiedenen Zwecken verwendet:

– Beigabe zu gekochtem Konsumfisch, zu gekochten Kartoffeln, zu Kartoffelpüree und Teigwarengerichten (z. B. Maultaschen und Käsespätzle),
– Garnitur für bestimmte Suppen und Saucen.

Aufgaben (Suppen, Saucen, Butterzubereitungen)

Grundbrühen:
1. Nennen Sie Arten der Grundbrühen.
2. Beschreiben Sie Zutaten und Herstellungsmerkmale der Grundbrühen.

Suppen:
3. Welche Arten von Suppen unterscheidet die Küche?
4. Nennen und erläutern Sie die Bezeichnungen für die Qualitätsabstufung bei klaren Suppen.
5. Nennen Sie 10 Einlagen für klare Suppen aus unterschiedlichen Rohstoffen.
6. Welche Arten der gebundenen Suppen gibt es, und wodurch erhalten sie ihre Bindung?
7. Beschreiben Sie
   a) drei Püreesuppen und fünf Kremsuppen,
   b) sechs Nationalsuppen, vier exotische Suppen und drei kalte Suppen.
8. Erläutern Sie unterschiedliche Arten für das Anrichten und Servieren von Suppen.
9. Welche Richtlinien sind beim Einsetzen bzw. Eingießen von Suppen am Tisch zu beachten?

Saucen:
10. Welche Bedeutung haben Saucen in bezug auf die Speisen?
11. Beschreiben Sie unterschiedliche Arten für das Anrichten von Saucen.
12. Wie heißen die acht Grundsaucen?
13. Nennen Sie Ableitungen von der Sauce Béchamel und ordnen Sie diesen geeignete Speisen zu.
14. Nennen Sie Ableitungen der verschiedenen Veloutés, und ordnen Sie diesen geeigneten Speisen zu.
15. Beschreiben Sie die Sauce Demiglace, nennen Sie Ableitungen und deren Merkmale.
16. Beschreiben Sie die Bratenjus und die Tomatensauce.
17. Beschreiben Sie zu den aufgeschlagenen und gerührten Saucen:
    a) die jeweilige Grundsauce und ihre Verwendung,
    b) Ableitungen, deren Merkmale und Verwendung.
18. Beschreiben Sie die Art sowie die zugehörigen Speisen zu folgenden Saucen:
    a) Cumberlandsauce und Sauce Vinaigrette,
    b) Meerrettichsahne sowie Minz- und Apfelsauce.

Butterzubereitungen:
19. Nennen Sie heiße Butterzubereitungen und ihre jeweiligen Besonderheiten.
20. Zu welchen Speisen werden die heißen Butterzubereitungen gereicht?
21. Nennen Sie kalte Buttermischungen und nennen Sie außerdem in den einzelnen Fällen:
    a) die verwendeten Zutaten,
    b) die Verwendungszwecke.

II. Speisen aus Gemüse

Im Kapitel Nahrungsmittellehre wurde bereits Wichtiges über die ernährungsphysiologische Bedeutung sowie über die Verwendung von Gemüse gesagt:
▶ Speisenkomponente: Beilage, Salat, Suppeneinlage, Speisenbestandteil,
▶ selbständiges Gericht als Einzelgericht oder als Bestandteil innerhalb der Speisenfolge.

Hier geht es nun um speisenkundliche Ergänzungen und Vertiefungen.

A. Warme Zubereitungen aus Gemüse

Im Rahmen der warmen Gerichte nimmt das Gemüse einen breiten Raum ein. Dabei werden für das Garmachen die verschiedensten Verfahren angewendet.

1. Garmachungsarten für Gemüse

Beim Garmachen von Gemüse sollen die natürlichen Eigenschaften in bezug auf Farbe und Geschmack im allgemeinen erhalten bleiben. Deshalb sind die grundlegenden feuchten Garverfahren Blanchieren, Dämpfen, Dünsten und Kochen ausreichend. Die Garverfahren Fritieren, Braten und Schmoren werden in manchen Fällen lediglich angewendet, um eine besondere Geschmacksnote zu erzielen.

2. Speisenbezeichnungen für Gemüse

Die für Gemüse üblicherweise angewendeten Garverfahren Kochen oder Dünsten kommen in den Speisenbezeichnungen im allgemeinen nicht zum Ausdruck. Ausschlaggebend dafür ist vor allem, mit welchen namengebenden Zutaten das Gemüse nach dem Garen vollendet wird. Für einige Gemüsegerichte wählt man aber auch namengebende Zubereitungsarten.

▷ **Namengebende Zutaten**

Zutat	Anwendung
... mit Butter	– Das Gemüse wird in Butter geschwenkt, mit zerlassener Butter beträufelt oder mit Butterstückchen belegt.
... mit Sahne	– Gemüse wird mit Sahne (Rahm) oder Sahnesauce vollendet.
... mit Sauce	– Das Gemüse wird in die Sauce eingeschwenkt (z. B. Béchamelsauce) oder mit der Sauce nappiert (z. B. Mornaysauce, holländische Sauce).

▷ **Namengebende Zubereitungsarten**

Es handelt sich dabei um unterschiedliche Benennungen:
- besondere Garverfahren,
- Nachbereitungen nach dem eigentlichen Garen,
- spezielle Zubereitungsverfahren.

Benennung	Erklärung
backen (fritieren) „gebackene Sellerie"	– Gemüse vor dem Fritieren in Mehl wenden, panieren und in Backteig tauchen
braten „gebratene Selleriescheiben"	– Gemüse vor dem Braten in Mehl wenden und panieren
schmoren „geschmorte Gurke"	– Gemüse nach dem Andünsten im verlängerten Fond fertiggaren
glasieren „glasierte Karotten"	– Gemüse im sirupartig eingekochten Dünstfond durchschwenken
überbacken „überbackener Blumenkohl"	– Gemüse vor dem Überbakken mit Reibkäse bestreuen oder mit einer Käsescheibe belegen oder mit Béchamelsauce, Mornaysauce oder holländischer Sauce nappieren
nach englischer Art	– Gemüse in Salzwasser kochen, abseihen und mit Butterstückchen belegen
nach polnischer Art	– Gemüse mit in Butter gerösteten Semmelbröseln, gehacktem Ei und gehackter Petersilie garnieren
füllen „gefüllte Paprikaschote"	– Gemüse mit Reis, Hackfleischmasse oder feiner Fleisch- bzw. Fischfarce füllen

3. Gemüse als Beilage

Bei der Zuordnung von Gemüse als Beilage muß man beachten, daß das Gemüse zur Speise paßt und es außerdem für die entsprechende Zubereitungsart geeignet ist.

Beispiele für die Zuordnung zu Speisen

Speise	geeignetes Gemüse	ungeeignetes Gemüse
Hammelbraten	– Bohnen	– Spargel
Hasenkeule	– Rotkohl	– Blumenkohl
Kalbsfrikassee	– Champignons	– Bohnen

Bei dieser Zuordnung ist die **Art des Gemüses** ausschlaggebend.

Speise	geeignetes Gemüse	ungeeignetes Gemüse
gedünsteter Fisch	– Tomatenfleischwürfel	– Grilltomate
Filetsteak mit Madeirasauce	– glasierte Karotten	– Karotten in Rahm
gekochtes Rindfleisch	– Lauch in Butter – Karotten, gedünstet	– Lauch, überbacken – gebackener Sellerie

Bei dieser Zuordnung ist die **Zubereitungsart** bestimmend. Die Gemüsebeilage kann ein einzelnes Gemüse oder eine Gemüsekombination sein. Manche Gemüse sind für Beilagenkombinationen **nicht** geeignet. Bei einfacheren Mahlzeiten sind in der Regel nur Einzelgemüse als Beilage üblich. Bei **Gemüsekombinationen** ist darauf zu achten, daß sich die Gemüse farblich unterscheiden, geschmacklich jedoch miteinander **harmonieren**.

Kartengerechte Spezialitäten von Gemüsen

Gratin von Auberginen mit Tomatenfleischstücken
Maisflan in Sauerampfersauce
Gefüllte Kohlrabi auf zwei Paprikasaucen
Spinatpudding in einem Kranz von Speckrührei
Mangoldroulade mit Mornaysauce überbacken
Gefüllte Wirsingbällchen auf Petersilienwurzel-Mus
Gemüsegulasch mit frischen Kräutern
Gratinierter Chicorée auf Champignonsduxelles
Pürees von Brennessel, Rote Bete, Karotten und Petersilienwurzel mit Strohkartoffeln
Weißer und grüner Spargel in Kräutercrêpes mit holländischer Sauce
Gebratene Steinpilzscheiben mit Semmelnocken
Pfifferlinge in Rahm mit Vollkorn-Croûtons

Speisen aus Gemüse

Übersicht über die Gemüse und ihre Zubereitung

Gemüse / Zubereitungsarten	mit Butter	mit Sahne/ Rahmsauce	mit holländischer Sauce	dünsten	glasieren	überbacken	fritieren	braten	schmoren	füllen	englische Art	polnische Art	Hauptsaison für Gemüse
Auberginen						x	x	x		x			Juli – November
Artischockenböden			x			x	x			x			April – August
Blumenkohl	x	x	x			x	x				x	x	Mai – Oktober
Bohnen	x	x									x		Juli – September
Brokkoli	x	x				x						x	Februar – April
Champignons		x		x		x	x		x				Mai – September
Erbsen	x	x									x		April – August
Fenchel	x					x			x				November – April
Grünkohl													November – Februar
Gurken				x									Juni – Oktober
Karotten	x	x		x	x								Juni – Dezember
Knollensellerie				x			x	x					August – April
Kohlrabi	x	x		x					x				Mai – September
Kopfsalat						x			x				Mai – September
Kürbis						x	x	x					Juni – Oktober
Lauch	x	x		x					x				Juni – Januar
Mais	x				x						x		Juli – September
Mangold	x	x							x				Juni – September
Maronen				x									September – Dezember
Paprikaschoten				x				x	x				Juli – Oktober
Pfifferlinge	x	x		x			x						Mai – Oktober
Rosenkohl	x	x				x					x		September – Februar
Rotkohl					x								Juli – Dezember
Rote Bete	x				x								ganzjährig
Sauerkraut					x								—
Schwarzwurzeln	x	x				x							Oktober – Februar
Spargel	x	x	x			x					x		April – Juni
Blattspinat	x	x											März – Juni
Staudensellerie				x				x					Oktober – März
Tomaten	x			x		x			x				Juni – November
Weißkohl					x			x	x				Juli – Dezember
Wirsing					x			x	x				Juni – Dezember
Zucchini						x	x	x					September – März
Zuckerschoten	x	x									x		April – Juni
Zwiebeln				x		x	x						Juli – Februar

4. Anrichten von Gemüse

Gemüse wird entweder à part (gesondert, extra) oder zusammen mit der zugehörigen Speise angerichtet, auf einer Platte oder sofort auf einem Teller (Tellergericht). In bezug auf den Hauptbestandteil des Gerichtes ist zu unterscheiden:

Anrichteweise	Speisenbeispiele
neben der Speise	– Kalbssteak mit Erbsen, Karotten, Spargel – Hammelsteak mit Grilltomate, Prinzeßbohnen und Blumenkohl
auf der Speise	– Seezungenfilets mit Spargel – Rehmedaillon mit Pfifferlingen
unter der Speise	– Eisbein auf Sauerkraut – Hasenkeule auf Rotkohl

B. Salate aus Gemüse

Bei den Salaten aus Gemüse unterscheidet man Blattsalate und Gemüsesalate.

1. Blattsalate

▷ **Arten der Blattsalate**

Kopfsalat Feldsalat Eichblattsalat	Endivie Chicorée Eissalat	Radicchio Kresse Friséesalat

▷ **Zubereitung der Blattsalate**

Zunächst werden die äußeren welken Blätter entfernt, die Strünke und groben Blattrippen ausgebrochen. Anschließend werden die noch unzerteilten Blätter in reichlich Wasser gründlich gewaschen, gut abgetropft oder trockengeschleudert und flachliegend kühl aufbewahrt.

> Um das Auslaugen von Vitaminen und Mineralstoffen niedrig zu halten, dürfen Blattsalate nicht lange im Wasser liegenbleiben.

Erst **kurz vor dem Anrichten** bzw. Servieren des Salates werden die Blätter in *mundgerechte Stücke* gepflückt bzw. gebrochen oder geschnitten (damit man sie bequem verzehren kann) und **nun erst** mit der Salatsauce oder dem Dressing versehen.

Nichtbeachtung hat negative Auswirkungen:
▸ Bei zu frühem Schneiden verfärben sich die Schnittstellen des Salates in ein unschönes Rostrot,
▸ bei zu frühem Marinieren fällt der Salat bis zum Servieren zusammen.

2. Gemüsesalate

▷ **Arten der Gemüsesalate**

Gemüsesalate werden aus unterschiedlichen Gemüsen zubereitet. Sie können roh oder gegart sein.

in jedem Falle roh	roh oder gegart	in jedem Falle gegart
Gurken Radieschen Rettich Sauerkraut Staudensellerie Tomaten	Karotten Paprika Sellerie Rotkohl Weißkohl	Artischockenböden Artischockenherzen Blumenkohl Bohnen Kartoffeln Spargel

▷ **Besondere Behandlung von rohen Gemüsesalaten**

Aufgrund der rohen Beschaffenheit ist zu beachten:
▸ Je härter das Gemüse, desto feiner muß es zerkleinert werden durch Schneiden, Reiben, Raspeln oder Raffeln. Beachte folgende Abstufung:

> Tomate → Gurke → Rettich → Sellerie

▸ Rohe Gemüsesalate, vor allem die derben, müssen vor dem Servieren etwas länger mariniert werden, damit die Marinade Zeit zum Einziehen hat.

3. Salatsaucen

Andere Bezeichnungen für Salatsaucen sind **Marinade** oder **Dressing**.

Beim Marinieren dringen die würzenden Bestandteile der Salatsauce in den Salat ein.

Dressing (to dress = anziehen, überziehen) deutet auf das Nappieren des Salates hin.

▷ **Bedeutung der Salatsaucen**

Marinaden und Dressings sind bei Salaten eine wichtige Ergänzung, denn sie sorgen für einen vollen, aromatischen und harmonischen Geschmack. Darüber hinaus haben die einzelnen Zutaten jeweils aber auch eine ganz spezielle Bedeutung.

Säure in Form von Essig sowie Zitronen- oder Limonensaft gibt dem Salat eine würzige, pikante Note und wirkt erfrischend.

Fett in Form von Öl oder auch aus Speck, Sahne oder Joghurt dient der Entfaltung des Geschmacks, der besseren Ausnutzung der fettlöslichen Vitamine und der Gleitfähigkeit beim Essen.

Kräuter sowie andere würzende Zutaten in fein zerkleinerter Form (z. B. Zwiebeln, Nüsse, Kapern usw.) erhöhen die Schmackhaftigkeit oder verleihen eine ganz spezielle Geschmacksnote.

Speisen aus Gemüse

Übersicht über die Salatsaucen

Salatsauce	Zutaten	Zubereitung der Sauce	Zuordnung zu Salaten
Essig-Öl-Sauce	Essig (1 Teil), Öl (2 Teile), Salz, Pfeffer, (Zucker)	Essig, Salz und Pfeffer gut miteinander verrühren, Öl dazugeben und evtl. mit Zucker abrunden	– zu fast allen Salaten geeignet, speziell zu – Artischocken – Tomatensalat
Kräutersauce	Essig, Öl, Salz, Pfeffer, Kräuter wie Petersilie, Kerbel, Estragon, Zitronenmelisse, Schnittlauch, Schalotte	Sauce wie oben beschrieben herstellen. Kurz vor der Verwendung frisch gehackte Kräuter und eine feingeschnittene Schalotte dazugeben.	– Blattsalate – Spargel und Artischocken – Radieschensalat – Tomatensalat
Eiersauce	Eigelb roh oder gekocht, Essig, Öl, Salz, Pfeffer, Senf	Senf und Essig in rohes Eigelb oder feinpassiertes, gekochtes Eigelb einrühren. Öl tropfenweise dazurühren und würzen.	– zu allen Blattsalaten – Artischocken und Spargel – Blumenkohlsalat
French-Dressing	Essig, Öl, Salz, Pfeffer, Senf, Knoblauchzehe	Bei kleineren Mengen die Salatschüssel mit der Schnittfläche einer halbierten Knoblauchzehe ausreiben oder Knoblauchsalz einstreuen und darin Salz, Essig und Senf verrühren, dann nach und nach das Öl unterrühren und würzen.	– zu allen Blattsalaten – gegarte Gemüsesalate
Specksauce	Essig, Öl, Salz, Pfeffer, gerösteter Speck, Zwiebel, (Kümmel)	Mit Essig und Öl eine Salatsauce herstellen und unter den marinierten Salat den noch warmen Speck geben oder auf Salat streuen.	– Kopfsalat und Feldsalat – Löwenzahnsalat – Brunnenkresse – Krautsalat – Kartoffelsalat
Joghurtsauce Quarksauce	Zitronensaft, (Öl), Salz, Pfeffer, Joghurt oder Quark, Kräuter, Worcestershire Sauce	Joghurt oder Quark mit Zitronensaft und den Würzstoffen glattrühren, dann Öl darunterschlagen.	– Blattsalate – Chicoréesalat – Gurkensalat
Dill-Rahmsauce	Zitronensaft, Salz, Pfeffer, saure Sahne oder Crème fraîche, Dill	Zitronensaft und Sahne glattrühren und mit Gewürzen und Dill vollenden.	– Blattsalate – Gurkensalat – Artischocken
Roquefortsauce	Roquefort, Sahne, Zitronensaft, Salz, Weißwein, wenig Öl, Salz und Pfeffer	Passierten Roquefortkäse mit Weißwein, Zitronensaft und Sahne glattrühren, Öl darunterschlagen und würzen.	– Blattsalate – Staudensellerie – Tomatensalat
Cocktailsauce	Mayonnaise, Tomatenpüree oder Ketchup, Weinbrand, Schlagsahne, Salz, Pfeffer, Zucker, Meerrettich	Mayonnaise mit Tomatenpüree glattrühren, mit Würzzutaten abschmecken und zum Schluß die geschlagene Sahne unterheben.	– Blattsalate – Chicoréesalat
Thousand-Island-Dressing	Mayonnaise, Chillisauce, Paprikawürfelchen, Paprikapulver, Salz, evtl. gehackte Pfefferschoten	Alle Zutaten bis auf die Paprikawürfelchen gründlich miteinander verrühren, dann die Würfelchen von Paprika zugeben.	– Blattsalate – Spargelsalat
Mandelrahm-Dressing	Mayonnaise, Orangensaft, Schlagsahne, geröstete, gehobelte oder gehackte Mandeln, Salz, Worcestershire Sauce	Alle Zutaten, bis auf die gerösteten Mandeln und die geschlagene Sahne, gut verrühren. Dann Mandeln und Schlagsahne unterheben.	– Blattsalate – Staudensellerie – Chicoréesalat – Spargelsalat
Kartoffel-Dressing	gekochte Kartoffeln, Fleischbrühe, Essig, Öl, Salz, Pfeffer, gerösteter Speck, Zwiebelwürfel, Knoblauchzehe, Schnittlauch	Schüssel mit Knoblauchzehe ausreiben, gekochte und passierte Kartoffel zugeben und mit Fleischbrühe, Essig und Öl glattrühren. Zwiebel mit Speckwürfel anrösten und mit dem feingeschnittenen Schnittlauch und Gewürzen vollenden.	– Feldsalat – Eisbergsalat – Endiviensalat – Eichblattsalat – Löwenzahnsalat

▷ Zustandsformen der Salatsaucen

Zustand	Zustandsbestimmende Zutaten
flüssig	– Essig, wie Kräuter-, Apfel-, Wein-, Himbeer-, Sherry- oder Balsamicoessig – Zitronen- oder Limonensaft – Öle, wie Traubenkern-, Maiskeim-, Sonnenblumen- und Rapsöl mit neutraler Geschmacksnote – Öle mit einem ausgeprägten Eigengeschmack, wie Oliven- und Nußöl
gebunden	– Schlagsahne, Sauerrahm, Crème fraîche, Crème double, Joghurt, Quark, Edelpilzkäse, Frischkäse
kremig emulgiert	– Eigelb, roh oder gekocht – Senf – Mayonnaise
Geschmack	Variationsmöglichkeiten durch: – Kräuter – Zwiebel und Knoblauch – Salz, Pfeffer, (Zucker/Honig) – Meerrettich – Tomatenpüree – Speck und Kümmel – Oliven – Kapern – Sardellen

Kartengerechte Beispiele für Salate

Salatpokal Royal
Rohkostsalate mit Rehschinken
Zucchini-Trüffel-Salat
Tomatensalat mit Artischockenherzen und Champignons
Salat von weißem und grünem Spargel mit Joghurtdressing
Kleiner Linsensalat mit Kresse und Krebsfleisch
Erbsenschotensalat
mit Orangenfilets und Hummermedaillons
Marinierte Zupfsalate mit geräucherter Gänsebrust
Grapefruitsalat mit Gerstensprossen und gerösteten Pinienkernen

4. Anrichten von Salaten

Salate werden als Einzelsalate, als gemischte Salate, als Salatauswahl (große Salatplatte) oder als Salatbuffet zur Selbstbedienung angeboten. Die Anrichteweisen sind unterschiedlich, z. B.:

– im allgemeinen	→ auf flachen Schälchen oder Platten aus Glas
– als Vorspeisen/ Rohkostsalate	→ in einem Pokalglas
– seltener	→ in kleinen tiefen Tellern
– beim Buffet	→ in Schüsseln aus Glas oder Porzellan

Aufgaben (Gemüse)

Warme Zubereitungen:
1. Nennen Sie grundlegende und besondere Garverfahren für Gemüse.
2. Nennen Sie Speisenbezeichnungen für Gemüse:
   a) nach namengebenden Zutaten,
   b) nach namengebenden Zubereitungsarten.
3. Erklären Sie die Bezeichnungen „nach englischer Art" und „nach polnischer Art".
4. Nennen Sie 20 Gemüse und die Arten ihrer jeweils spezifischen Zubereitung.
5. Nennen Sie Gemüse, die
   a) glasiert oder überbacken werden,
   b) nach polnischer Art angerichtet werden,
   c) gefüllt oder fritiert werden.
6. Erklären Sie an positiven und negativen Beispielen folgende Richtlinien für Gemüsebeilagen:
   a) das Gemüse muß zur Speise passen,
   b) die Zubereitungsart des Gemüses muß zur Speise passen.
7. Worauf ist bei Gemüsegarnituren aus mehreren Gemüsen zu achten?
8. Welche Gemüse sind für Beilagenkombinationen nicht geeignet?
9. Nennen Sie fünf Verwendungsmöglichkeiten für Pilze.
10. Beschreiben Sie unterschiedliche Anrichteweisen für Gemüse.

Salate aus Gemüse:
11. Nennen Sie die Arten der Blattsalate.
12. Beschreiben Sie das sachgerechte Zubereiten von Blattsalaten, von der Vorbereitung bis zum Anrichten.
13. Ordnen Sie die Gemüsesalate folgenden Zubereitungskriterien zu:
    a) in jedem Falle roh,
    b) roh oder gegart,
    c) in jedem Falle gegart.
14. Nennen Sie Richtlinien für das sachgerechte Zubereiten von rohen Gemüsesalaten.
15. Welche grundlegende Bedeutung haben Salatsaucen?
16. Nennen Sie säure- und fetthaltige Zutaten zu Salatsaucen und erklären Sie die Bedeutung dieser Zutaten.
17. Nennen Sie ganz spezifische geschmacksgebende Zutaten zu Salatsaucen.
18. Nennen Sie fünf Essigarten für Salatsaucen.
19. Nennen Sie zwei Salatöle mit ausgeprägtem Eigengeschmack.
20. Beschreiben Sie unterschiedliche Zustandsformen von Salatsaucen.
21. Nennen Sie kartengerechte Beispiele (Bezeichnungen) für Salate.
22. Beschreiben Sie die Zutaten und das Herrichten einer Salatplatte nach Ihrer Wahl.

Speisen von Kartoffeln, Reis und Teigwaren

III. Speisen von Kartoffeln, Reis und Teigwaren

Im Kapitel „Nahrungsmittellehre" gibt es bereits wichtige Hinweise über Speisen aus Kartoffeln, Reis und Teigwaren.

> Suppeneinlage

> Selbständige Gerichte

> Sättigungsbeilage

In den folgenden Ausführungen geht es um die speisenkundliche Vertiefung.

A. Zubereitungen aus Kartoffeln

Übersicht über die Zubereitungen aus Kartoffeln

Zubereitungen aus roh geschälten und durch Schneiden geformte Kartoffeln	Zubereitungen aus roh geschälten, gekochten und durchgepreßten Kartoffeln	Zubereitungen aus in der Schale gekochten und geschälten Kartoffeln
⇩	⇩	⇩
Das Garen erfolgt in diesen Fällen auf unterschiedliche Weise: – Kochen oder Dämpfen – Braten in der Pfanne – Backen in der Friture – Garen im Ofen – Garen in Brühe	Die Grundmasse aus den durchgedrückten Kartoffeln wird bei der Weiterverarbeitung – mit unterschiedlichen Zutaten versehen, – unterschiedlich geformt und auf unterschiedliche Weise fertiggestellt bzw. nachgegart.	Die geschälten Kartoffeln werden zu folgenden Gerichten verarbeitet: – Pellkartoffeln – Bratkartoffeln – Rahmkartoffeln – Kartoffelsalat

1. Zubereitungen aus roh geschälten und durch Schneiden geformte Kartoffeln

▷ **Gekochte und gedämpfte Kartoffeln**

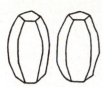

Die rundlich zugeschnittenen (tournierten) Kartoffeln werden in gesalzenem Wasser oder in Wasserdampf gegart und heißen deshalb: **Salzkartoffeln** oder **Dampfkartoffeln**.

Nach möglicher Weiterbehandlung nennt man sie:
▶ in Butter geschwenkt → **Butterkartoffeln**,
▶ mit Petersilie bestreut → **Petersilienkartoffeln**.

Diese Zubereitungen werden verwendet:
– für Eierspeisen und Fischgerichte,
– für gekochtes Rind- und Hammelfleisch, geschmorte Gerichte aus Rindfleisch sowie Gerichte aus Innereien.

▷ **In der Pfanne gebratene Kartoffeln**

Die in unterschiedliche Formen geschnittenen Kartoffeln werden vor dem Braten kurz blanchiert, und man läßt sie nach dem Abschütten an der Luft etwas abtrocknen. Durch die an der Oberfläche verkleisterte Stärke kann beim Braten kein Wasser mehr austreten, so daß das Spritzen des heißen Fettes sowie das Zusammenkleben der Kartoffeln verhindert wird.

Pariser Kartoffeln
werden mit einem Kugelausstecher aus der ganzen Kartoffel herausgebohrt. Der Durchmesser beträgt etwa 26 mm.

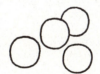

Nußkartoffeln
werden wie Pariser Kartoffeln, jedoch mit einem kleineren Ausstecher ausgebohrt, so daß der Durchmesser nur etwa 22 mm beträgt.

Olivenkartoffeln
werden mit einem oval geformten Ausstecher ausgeschnitten und haben eine Länge von etwa 26 mm.

Schloßkartoffeln
sind Stücke von gevierteilten Kartoffeln, die bananenförmig tourniert wurden und eine Länge von etwa 45 bis 50 mm haben.

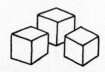
Würfelkartoffeln
werden aus rechteckig beschnittenen Kartoffeln bereitet:
– Scheiben, dann Streifen,
– dann gleichmäßige Würfel, Kantenlänge 15 bis 20 mm.

Diese Zubereitungen eignen sich zu Braten aus Schlachtfleisch und gebratenem Hausgeflügel, zu Pfannengerichten aus Schlachtfleisch und zu gebratenen Fischgerichten.

▷ **In der Fritüre gebackene Kartoffeln**

Die zum Fritieren bestimmten Kartoffeln sind vor dem Garen gründlich zu wässern und gut zu trocknen, damit das Fett nicht spritzt und schäumt. Durch das Wässern wird außerdem die an der Oberfläche ausgetretene Stärke abgespült, wodurch beim Fritieren das Zusammenkleben der Kartoffeln verhindert wird. Während man Pommes frites bei 120 °C vorbäckt und bei 180 °C fertigfritiert, werden die dünneren Kartoffelzubereitungen in einem Arbeitsgang gebacken.

Pommes frites
sind 40 bis 50 mm lange und 2 bis 3 mm dicke Stäbchen.

Streichholzkartoffeln
sind Stäbchen in Form und in der Größe von Streichhölzern.

Strohkartoffeln
sind feine Streifen von 40 bis 50 mm Länge und 1 mm Dicke.

Kartoffelchips
sind 1 mm dicke Scheiben, die aus ganzen Kartoffeln mit einem Durchmesser von etwa 40 mm geschnitten werden.

Waffelkartoffeln
werden gewonnen, indem man aus Kartoffeln (etwa 40 mm Durchmesser) mit einem Spezialhobel waffelähnliche Scheiben schneidet.

Fritierte Kartoffelzubereitungen werden verwendet zu Pfannengerichten sowie zu gegrillten größeren Bratenstücken von Schlachtfleisch und Schlachtgeflügel.

Mit Hilfe eines entsprechend geformten Doppelsiebes können Stroh- und Waffelkartoffeln zu Körbchen gepreßt und beim Fritieren zu einer stabilen Form zusammengebacken werden. Mit sautierten Weintrauben, Pilzen oder Gemüsen gefüllt, eignen sich diese z. B. gut zu Wildgerichten.

▷ **Im Ofen gegarte Kartoffeln**

Nach entsprechender Vorbereitung erfolgt das Garen dieser Zubereitungen mit Ober- und Unterhitze.

Annakartoffeln
sind Kartoffelscheiben, die dachziegelförmig in runde Formen eingesetzt und mit zerlassener Butter übergossen werden.

Bäckerinkartoffeln
sind ebenfalls Scheiben, die jedoch abwechselnd mit Zwiebelscheiben schichtweise in ein flaches feuerfestes Geschirr eingelegt und mit Fleischbrühe oder einer Jus übergossen werden.

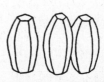
Schmelzkartoffeln
sind flachoval tournierte Kartoffelstücke, die man auf gefettete Randbleche setzt, mit Brühe untergießt und beim Braten wiederholt mit dem Fond übergießt.

Im Ofen gegarte Kartoffeln eignen sich als Beilage zu Schmorfleischgerichten und Pfannengerichten sowie zu Braten von Hammel, Lamm und Schwein.

▷ **In Brühe gegarte Kartoffeln**

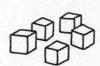
Bouillonkartoffeln
haben eine Kantenlänge von etwa 10 mm und werden zusammen mit feinen Würfeln aus Sellerie, Karotten und Lauch in Fleischbrühe gegart.

Speisen von Kartoffeln, Reis und Teigwaren

> Diese Kartoffeln sind typisch für Gerichte aus gekochtem Rindfleisch, eventuell auch aus gekochtem Hammelfleisch.

▷ **Klöße aus rohen Kartoffeln**

Zu diesem Zweck werden die Kartoffeln mit Hilfe einer feinen Reibe in Wasser hineingerieben, zum Abtropfen in ein Passiertuch geschüttet und abschließend ausgedrückt. Von der auf dem Gefäßboden abgesetzten Stärke schüttet man das Wasser ab und gibt sie zu den Kartoffeln dazu. Weitere Zutaten zu den Klößen sind eine Art Grießbrei, Butter, Salz und eventuell etwas Ei. Dann wird ein Probekloß gekocht. Ist das Ergebnis positiv, kann mit dem Garen (Pochieren) der übrigen Klöße (in viel Salzwasser) begonnen werden.

Eine weitere Zubereitung aus roh geriebenen Kartoffeln sind Reibekuchen oder Kartoffelpuffer.

2. Zubereitungen aus roh geschälten, gekochten und durchgepreßten Kartoffeln

Das Durchpressen (Passieren) erfolgt mit Hilfe einer Kartoffelpresse. Für bestimmte Zubereitungen werden die Kartoffeln nach dem Abschütten des Kochwassers zunächst im heißen Rohr erhitzt, damit das Wasser ausdämpft. Die „trockene" Kartoffelmasse kann dann bei der Weiterverarbeitung flüssige Zutaten besser aufnehmen, ohne daß die Masse zu weich wird.

▷ **Kartoffelschnee**

Für diese Zubereitung werden die heißen Kartoffeln unmittelbar auf das Anrichtegeschirr passiert, leicht mit Salz gewürzt und u. U. mit Butterflocken belegt.

Eine besonders pikante Note erhält der Kartoffelschnee, wenn man die heißen Kartoffeln zusammen mit frischen, feingehackten Kräutern durchpreßt.

▷ **Grundmasse mit Milch und Butter bzw. Sahne**

Bezeichnungen	Zubereitungsmerkmale
Kartoffelpüree	– Grundmasse mit Milch und Butter verrühren
Sahnepüree	– Grundmasse mit Butter und Sahne oder geschlagener Sahne locker aufschlagen

Alle drei beschriebenen Zubereitungen reicht man zu gedünstetem Fisch, zu Pfannengerichten von hellem Schlachtfleisch, zu gebratener oder gedünsteter Leber, zu geschmorten Schlachtfleisch- und Wildgerichten sowie zu gekochtem Schweinefleisch und Kochwürsten (Schlachtplatte).

▷ **Grundmasse mit Eigelb**

Herzoginkartoffeln werden auf ein Blech aufgespritzt, mit Eigelb bestrichen und im heißen Ofen gegart.

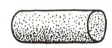

Kartoffelkroketten sind zu Walzen geformte Kartoffelmasse, paniert und in der Fritüre gegart.

Bernykartoffeln werden zubereitet aus Kartoffelmasse mit Trüffel, zu Kugeln geformt, mit gehobelten Mandeln paniert und fritiert.

Mit gehobelten Mandeln panierte Kartoffelkugeln, deren Masse ohne Trüffel zubereitet ist, dürfen lediglich als **Mandelbällchen** bezeichnet werden.

> Alle Kartoffelzubereitungen eignen sich zu Schmorgerichten aus Schlachtfleisch, Wild und Geflügel, zu Pfannengerichten und gebratenen Gerichten aus Schlachtfleisch und Wild sowie aus Wild- und Hausgeflügel.

▷ **Grundmasse mit Brandmasse**

Dauphinekartoffeln sind kleine Portionsmengen, die nockerlförmig aus einem Löffel abgestreift und fritiert werden.

Lorettekartoffeln werden zu Hörnchen geformt und fritiert; die Dauphinemasse enthält zusätzlich Reibkäse (Parmesan).

> Aus Dauphinemasse bereitete Kartoffeln werden zu Pfannengerichten aller Fleischarten, zu Braten aus Schlachtfleisch und Wild sowie zu gebratenen und geschmorten Gerichten von Hausgeflügel gereicht.

▷ **Grundmasse mit Eiern und Mehl/Grieß**

Kartoffelknödel können aus reiner Kartoffelmasse bestehen oder mit gerösteten Brot- bzw. Speckwürfeln gefüllt sein. Sie werden in Salzwasser gargezogen.

Kartoffelnudeln sind fingerlange, daumendicke Nudeln, die in Salzwasser vorgegart und in der Pfanne fertiggegart (gebraten) werden.

Kartoffelknödel und -nudeln verwendet man zu Gulasch und braunen Ragouts, zu gebratenem und geschmortem dunklem Hausgeflügel, zu geschmorten Wildgerichten sowie zu Braten und Schmorbraten aus Schlachtfleisch.

▷ **Grundmasse mit Butter**

Macairekartoffeln werden bereitet, indem man die Masse zu Rollen von etwa 4 cm Durchmesser formt, 1,5 cm dicke Scheiben abschneidet und diese in gefetteter Pfanne beidseitig brät.

Zu einer heute üblichen Abwandlung verwendet man zur Masse zusätzlich geröstete Speck- und Zwiebelwürfelchen sowie gehackte Petersilie oder Schnittlauch.

Macairekartoffeln werden zu Braten und Schmorgerichten aus Hammel, Lamm, Schwein und Rind gereicht.

3. Zubereitungen aus in der Schale gekochten Kartoffeln

Bezeichnungen	Zubereitungsmerkmale
Pellkartoffeln	Kartoffeln schälen oder in der Schale servieren
Rahmkartoffeln	2 bis 3 mm dicke Scheiben in Béchamelsauce einschwenken
Rissolée-Kartoffeln	kleine, meist neue Kartoffeln, unzerkleinert in der Pfanne braten
Bratkartoffeln	Kartoffelscheiben in der Pfanne braten
Lyonerkartoffeln	Kartoffelscheiben zusammen mit Zwiebelstreifen braten
Rösti	Kartoffeln raffeln und zusammen mit Würfeln von Speck und Zwiebeln in der Pfanne rösten

Pellkartoffeln reicht man zu eingelegten Heringen und angemachtem Quark, **Rahmkartoffeln** zu Braten von Schwein, Hammel und Lamm.

Die anderen vier Zubereitungen können gereicht werden: zu Geschnetzeltem, zu Pfannengerichten und geschmorten Gerichten von Schwein, Kalb, Hammel und Lamm, zu geschmortem Kalbs- oder Rinderherz.

In der **Alufolie** im heißen Ofen gegarte, mehlige Kartoffeln sind die **Folienkartoffeln**, die vorzugsweise zu Steaks serviert werden.

4. Anrichten von Kartoffeln

Kartoffeln gehören zu den Sättigungsbeilagen und können der Speise auf unterschiedliche Weise zugeordnet werden:

▷ **à part**
– für einzelne Gäste in Schalen oder Schälchen,
– für mehrere Gäste in Schüsseln oder auf Platten.

▷ **Zusammen mit dem zugehörigen Gericht**
– entweder auf dem Teller (Tellergericht),
– oder auf einer Platte.

Durch das unmittelbare Zuordnen der Kartoffelbeilage wird der Arbeitsaufwand beim Servieren verringert. Bei Gerichten mit viel Sauce ist diese Anrichteweise aus optischen Gründen jedoch nicht empfehlenswert.

Fritierte Kartoffeln dürfen nicht mit einer Klosche (Cloche) überdeckt werden, denn unter der Klosche bildet sich Kondenswasser, das die *knusprige Oberfläche* der Kartoffeln aufweicht.

B. Zubereitungen aus Reis

Reis wird überwiegend als Beilagenreis zubereitet. Darüber hinaus gibt es viele Reisgerichte mit besonderer Geschmacksnote, die hauptsächlich aus der Küche von südlichen und südöstlichen Regionen stammen.

1. Garmachen und Anrichten von Beilagenreis

Das Garmachen von Reis erfolgt durch Kochen oder durch Dünsten.

▷ **Kochen von Reis**

Zum Kochen sind im Verhältnis zum Reis reichliche Mengen gesalzenen Wassers erforderlich. Wird dieser auf Vorrat gekocht, muß er nach dem Garen gut mit kaltem Wasser abgeschreckt und ausgespült werden. Andernfalls klebt er durch die anhaftende Stärke zusammen. Das Wiedererwärmen in kleineren Mengen ist auf verschiedene Weise möglich:

– in der heißen Pfanne (mit Butter schwenken),
– in heißem Salzwasser (eintauchen),
– im Mikrowellengerät (regenerieren).

▷ **Dünsten von Reis**

Zum Dünsten wird der Reis nach dem Anschwitzen in folgendem Mengenverhältnis mit Flüssigkeit aufgefüllt:

1 Teil Reis und 2 Teile Flüssigkeit

Speisen von Kartoffeln, Reis und Teigwaren

▷ **Anrichten von Reis**

Dafür gibt es folgende Möglichkeiten:
- *à part* in Schalen oder Schüsseln (insbesondere bei saucenreichen Gerichten),
- um die Speise herum (*im Reisrand*, z. B. bei Ragouts),
- unter der Speise (*auf einem Reissockel*, z. B. bei Poulardenbrüstchen),
- neben die Speise „*gestürzt*" (nach vorherigem Einpressen und Formen in einem Becher oder einer Tasse).

2. Reisgerichte mit besonderer Geschmacksnote

Im allgemeinen handelt es sich dabei um gedünsteten Reis, wobei die geschmacksgebenden Zutaten zugegeben werden:
▶ entweder bereits beim Anschwitzen (z. B. Curry, Paprika oder Safran),
▶ oder zum fertiggegarten Reis (z. B. Trüffel, Champignons, Schinken).

Zu den Gerichten besonderer Art gehören:

Risotto	→ saftig gegarter Reis mit Butter und Parmesan
Risipisi	→ Risottoreis mit Erbsen
Gemüsereis	→ Reis mit feinen Würfeln von Sellerie, Lauch und Karotten
Pilawreis	→ mit Zwiebeln angeschwitzt, mit heller Brühe aufgegossen und zugedeckt im Ofen gegart
Kreolenreis	→ Reis, fast gargekocht, abgeschüttet und im Ofen abgedämpft
Nasi Goreng	→ mit Zwiebeln, Geflügel, Schinken, Paprikaschote und Krabbenfleisch
Paella	→ mit Zwiebeln und Safran, Muscheln und Garnelen, Schlachtfleischstücken **oder** Geflügel
Serbisches Reisfleisch	→ Hammelragout mit Paprika und anderen Gemüsen

---

C. Zubereitungen aus Teigwaren

Teigwaren werden sehr vielseitig verwendet:
▶ als Einlage für Suppen und Sättigungsbeilagen,
▶ vielfältig als selbständige Gerichte.

1. Garmachen und Anrichten von Teigwaren

▷ **Garmachen**

Teigwaren werden in gesalzenem Wasser gegart, wobei folgendes Mengenverhältnis zu beachten ist:

> 1 kg Teigwaren auf 5 bis 6 l Wasser

Teigwaren dürfen beim Garen nicht zu weich werden, vielmehr sollen sie noch den sogenannten **Biß** (al dente) haben. Um das Nachgaren und außerdem das Zusammenkleben zu verhindern, werden Teigwaren nach dem Garen mit kaltem Wasser abgeschreckt und die Stärke ausgespült.

▷ **Wiedererwärmen und Anrichten**

Auf Vorrat gegarte Teigwaren müssen wieder erwärmt werden,

> - entweder durch Schwenken in heißer Butter,
> - oder durch Einlegen bzw. Eintauchen (in einem Sieb) in kochendes gesalzenes Wasser,
> - oder durch Regenerieren im Mikrowellenherd.

Das Anrichten erfolgt je nach Portionsmenge à part in Schalen, Suppentellern oder Schüsseln. Bei Tellergerichten werden die Portionen unmittelbar auf dem Teller angerichtet.

2. Selbständige Gerichte von Teigwaren

Für solche Gerichte eignen sich fast alle Teigwarenprodukte, und aufgrund der verschiedensten Zutaten gibt es sie in sehr vielen Variationen. Ihren Ursprung haben sie vor allem in südlicheren Regionen. In der italienischen Küche sind sie unter dem Sammelbegriff **Pasta asciuta** zusammengefaßt.

Speisebeispiele:

Makkaroni mit Käse
- in Butter geschwenkt und mit Parmesan bestreut

Spirelli mit Schinken
- mit gekochtem, feinwürfelig geschnittenem Schinken in Butter geschwenkt

Spaghetti nach Mailänder Art
- mit Streifen von Schinken, Pökelzunge und Champignons, Tomatensauce und Parmesan

Spaghetti nach Bologner Art
- mit Hackfleischsauce und Parmesan

Spaghetti nach neapolitanischer Art
- mit Tomatenfleischwürfel, Tomatensauce und Parmesan

Maultaschen und Ravioli (gefüllte Teigtaschen)
- mit Fleischfarce, Fischfarce oder kleingehacktem, abgebundenem Gemüse

Cannelloni (gefüllte Teigröhren)
- wie vorher, zusätzlich mit Reibkäse bestreut oder mit einer passenden Sauce (Béchamel) nappiert und überbacken

Lasagne (Nudelteigscheiben)
- schichtweise mit Fleisch-, Fisch- oder Gemüsemasse bedeckt, im Ofen gebacken

Käsespätzle
- heiße, nasse Spätzle, schichtweise in eine Schüssel gegeben (Reibkäse [Allgäuer Emmentaler] eingestreut), obenauf oder à part braune Zwiebelbutter.

Kartengerechte Teigwarenspezialitäten

> *Allgäuer Käsespätzle mit Kopfsalat*
> *Abgeschmelzte Maultaschen mit Fleischfüllung*
> *Geschupfte Steinpilznudeln*
> *mit rohem Schinken in Rotweinschaum*
> *Weizen-Vollkorn-Nudeln*
> *mit Zucchini- und Tomatenwürfeln*
> *Kräuternudeln mit Flußkrebsen in Champagner*
> *Spinatravioli mit Morchelfüllung*
> *in Schinkenrahmsauce*
> *Spaghetti Carbonara*
> *mit einer Magerspecksauce*
> *Cannelloni in Basilikumrahmsauce*
> *mit Tomatenfilets und Reibkäse*
> *Lasagne mit Schinken und Mozzarella*
> *Lasagne von Krebsen und Lachs*
> *in Mascarpone-Kräuter-Sauce*
> *Fettuccine mit Zwiebeln, Speck und Eiern*

Aufgaben (Speisen aus Kartoffeln, Reis, Teigwaren)

Kartoffelzubereitungen aus roh geschälten und durch Schneiden geformte Kartoffeln:
1. Nennen Sie zu diesen Zubereitungen Arten des Garmachens.
2. Ordnen Sie den Garmachungsarten Kartoffelbeispiele zu und beschreiben Sie die jeweiligen Formen und Zubereitungsmerkmale.
3. Nennen Sie Speisen, zu denen die jeweiligen Kartoffeln als Beilage geeignet sind.

Kartoffelzubereitungen aus roh geschälten, gekochten und durchgepreßten Kartoffeln (Kartoffelmasse):
4. Nennen Sie zu dieser Art der Zubereitung Kartoffelbezeichnungen, und beschreiben Sie die jeweils unterschiedlichen Zutaten und Verarbeitungsformen.
5. Ordnen Sie den Kartoffelzubereitungen Speisen zu, zu denen sie als Beilage geeignet sind.

Kartoffelzubereitungen aus in der Schale gekochten Kartoffeln:
6. Nennen Sie zu dieser Zubereitung Kartoffelbezeichnungen und beschreiben Sie deren Art.
7. Wozu werden diese Kartoffeln verwendet?

Anrichten von Kartoffeln:
8. Beschreiben Sie unterschiedliche Arten des Anrichtens.
9. Warum dürfen fritierte Kartoffeln nicht mit einer Kloche überdeckt werden?

Reis:
10. Beschreiben Sie das Garmachen von Beilagenreis:
    a) Kochen,   b) Dünsten.
11. Auf welche unterschiedliche Weise kann Reis angerichtet werden?
12. Nennen Sie Reisgerichte mit besonderer Geschmacksnote. Beschreiben Sie jeweilige Besonderheiten.
13. Nennen und beschreiben Sie drei ausländische Gerichte mit Reis.

Teigwaren:
14. Auf welche Weise werden Teigwaren gegart, nach dem Garen behandelt und bei Bedarf wieder erwärmt?
15. Nennen Sie selbständige Gerichte aus Teigwaren und beschreiben Sie deren Besonderheiten, insbesondere von Ravioli, Cannelloni und Lasagne.
16. Was bedeutet die Bezeichnung „Pasta asciuta"?

IV. Speisen von Eiern, Fischen sowie Schalen- und Krustentieren

Eier, Fische sowie Schalen- und Krustentiere werden in der Küche auf vielfältige Weise verarbeitet. Die grundlegenden Ausführungen dazu finden Sie im Kapitel „Nahrungsmittellehre". Im folgenden werden vertiefend die speisenkundlichen Aspekte angesprochen.

A. Zubereitungen aus Eiern

Aus geschmacklichen Gründen sollten für Eierspeisen nur frische Eier verwendet werden.

Bei den Eierspeisen unterscheidet man kalte und warme Speisen. Sie werden zu den verschiedensten Zwecken angeboten: als kleines selbständiges Gericht, als einfache Mahlzeit oder als Bestandteil im Rahmen der Speisenfolge (kalte oder warme Vorspeise, spezielles Eiergericht, Nachspeise). Aufgrund ihres neutralen Geschmacks können Eierspeisen mit den unterschiedlichsten Geschmacksträgern in Form von Zutaten oder Speisenbestandteilen kombiniert werden.

Überblick über die Eierspeisen

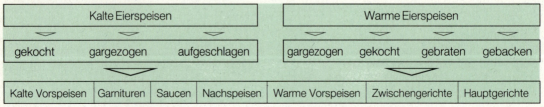

Speisen von Eiern, Fischen sowie Schalen- und Krustentieren

1. Gekochte Eier

▷ **Zubereitung**

- Eier vor dem Garen am stumpfen Ende (Bereich der Luftkammer) einstechen, damit der beim Kochen entstehende Innendruck ausgeglichen und das Platzen der Schale verhindert wird,
- im Hinblick auf gleiche Garzeiten alle Eier mit Hilfe eines Schaumlöffels oder eines Korbes gleichzeitig in das kochende Wasser geben und wieder herausnehmen,
- die Eier unter Beachtung des Gewichtes und der gewünschten Festigkeit (weich, wachsweich oder hart) 3 bis 5 Minuten kochen,
- nach dem Herausnehmen (insbesondere bei hartgekochten Eiern) sofort mit kaltem Wasser abschrecken, damit sie nicht nachgaren und sich die Schale leicht ablösen läßt.

▷ **Verwendung**

Weiche und wachsweiche Eier zum Frühstück und für warme Eiergerichte (siehe pochierte Eier), hartgekochte für kalte Eiergerichte sowie für Salatplatten und Garnituren.

2. Pochierte Eier

Sie werden wegen der Besonderheit des Garens auch als **Verlorene Eier** bezeichnet.

▷ **Zubereitung**

- Eier einzeln in kleine Schälchen aufschlagen,
- in das kochende Wasser (mit wenig Essig versetzt) gleiten lassen und etwa 4 Minuten garziehen,
- nach dem Garen kurz in heißes Salzwasser geben, herausnehmen, auf ein Tuch oder Küchenkrepp legen und entweder sofort anrichten oder in kaltem Wasser abschrecken und bei Bedarf wieder erwärmen.

▷ **Anrichten**

Als Anrichtegeschirr verwendet man Teller oder ovale Porzellan- und Keramikplatten. Die Eier werden gerne auf einer Unterlage angerichtet:

- Toast oder Blätterteigtörtchen,
- Artischockenböden, halbe Tomaten, Blattspinat,
- große Champignonköpfe oder -scheiben.

Beigaben und Saucen zu pochierten Eiern sind:

- feine Ragouts von Krustentieren, Muscheln, Geflügel,
- Streifen von Schinken und/oder Spargelspitzen,
- Ableitungen der Saucen Béchamel und Hollandaise.

Die Saucen werden jeweils unter dem Gesichtspunkt der geschmacklichen Harmonie und des farblichen Kontrasts gewählt.

▷ **Spezielle Garnituren**

nach **Florentiner Art**	auf Blattspinat angerichtet, mit Mornaysauce nappiert, überbacken
nach **holländischer Art**	auf Röstbrot angerichtet, mit Hollandaise nappiert, überbacken
nach **Prinzessinart**	auf feinem Geflügelragout, mit Spargelspitzen garniert, mit Geflügelrahmsauce nappiert

3. Rühreier

Neben dem weichgekochten Ei sind Rühreier die häufigste Eierspeise zum Frühstück, oft auch in Verbindung mit Schinken oder kroß gebratenen Speckscheiben.

▷ **Zubereitung**

- Eier aufschlagen, salzen und zu einer gleichmäßigen flüssigen Masse verrühren bzw. schlagen,
- in die Pfanne gießen und unter ständigem Rühren feinflockig stocken lassen.

Damit Rührei locker und saftig bleibt, darf es nicht zu heiß und nicht zu lange bearbeitet werden. Je nach der Bestellung kann die Zutat (Champignonscheiben, gehackte Kräuter, Schinkenstreifen oder Reibkäse) unmittelbar beim Garen mitverwendet werden.

▷ **Anrichten**

Als Anrichtegeschirr dienen Teller bzw. ovale oder runde Porzellanplatten. Für das längere Warmhalten auf dem Frühstücksbuffet bedient man sich eines sogenannten **Chafing dishes** (attraktiv aussehende Tisch-Wasserbäder).

Garnituren	– Champignons, Steinpilze, Pfifferlinge – Erbsen, Tomatenfleischwürfel, Würstchen – Kalbsnieren, Speckscheiben, Schinkenstreifen – Schwänze von Krustentieren
Beilagen	– Toastbrot, Salat, gebackene Kartoffelstäbchen

4. Spiegeleier

Spiegeleier werden zum Frühstück als kleine Mahlzeit mit bestimmten Zutaten oder als Garnitur zu anderen Speisen verwendet.

▷ **Zubereitung**

- die Eier, ohne den Dotter zu verletzen, aufschlagen,
- in die heiße Pfanne gleiten und stocken lassen.

Es ist darauf zu achten, daß das Eiweiß nicht zu fest und trocken und außerdem nur leicht gebräunt ist. Auf Wunsch des Gastes bleibt es hell oder wird nur an den Rändern goldgelb gebraten. In besonderen

Fällen werden außerdem die Zutaten beim Garen mitverarbeitet (z. B. Schinkenscheiben, Speckscheiben, Zwiebeln oder Würstchen).

▷ **Anrichten**

Spiegeleier werden auf Tellern oder Porzellanplatten angerichtet.

Garnituren	– Champignons, Morcheln, Blattspinat, Tomatenfleischwürfel – Kalbsnierchen, Krustentierschwänze
Beilagen	– Salzkartoffeln, Bratkartoffeln – Pommes frites und Salat

5. Omeletts

Das klassische Eiergericht **Omelett** wird in vielen Variationen zubereitet.

▷ **Grundzubereitung**

– verrührte Eier in einer Omelettpfanne zum Stocken bringen,
– durch Einrollen der gestockten Masse in der schräggehaltenen Pfanne das Omelett formen und dieses auf einen warmen Teller oder ein anderes Anrichtegeschirr abkippen.

▷ **Ergänzende Zutaten**

Zutaten	– Schinken, Speck, Champignons, andere Pilze – Kräuter, Reibkäse, Krebsschwänze, Krabben – feines Geflügelragout, Geflügelleber, Kalbsnierchen
Verarbeitung	Die Zutaten können je nach Beschaffenheit – in die rohe Omelettmasse eingerührt – oder vor dem Einrollen des Omeletts in der Pfanne aufgelegt – oder in das angerichtete und in Längsrichtung aufgeschnittene Omelett gefüllt – oder neben dem fertigen Omelett angerichtet werden.

6. Besondere Eierzubereitungen

▷ **Eier im Näpfchen**

Zubereitung
– In das ausgebutterte Näpfchen eine etwas dicker gehaltene Sauce oder ein feines Ragout einfüllen,
– darauf ein aufgeschlagenes Ei geben,
– salzen, pfeffern und mit Butterstückchen belegen,
– im Wasserbad garen.

Eier im Näpfchen sind ein Gericht, das vor der Essenszeit vorbereitet werden kann und das nach dem Garen lange warm bleibt, weil Porzellan- oder Keramiknäpfchen gut die Temperatur halten.

▷ **Fritierte Eier**

Hierbei wird das einzeln aufgeschlagene Ei in einer Friture gegart und gleichmäßig gebräunt. Es dient als Garnitur für bestimmte Gerichte. Diese spezielle Art der Zubereitung ist jedoch heute fast ganz aus der Mode gekommen.

B. Zubereitungen aus Fischen

Bei der Verarbeitung von Fisch ist zu beachten, daß das Fischfleisch nur wenig Bindegewebe und deshalb eine sehr lockere Zellstruktur hat. Um das Zerfallen und unerwünschte Formveränderungen zu vermeiden, sind schonendes Vorbereiten und Garen unerläßlich.

Verwendungszwecke sind:

– kalte und warme Vorspeisen sowie Suppen,
– selbständige Zwischen- und Hauptgerichte,
– Bestandteil von kalten und warmen Buffets.

1. Vorbereiten von Fischen

Fisch wird im Handel ganz oder als Filet angeboten. Für die küchentechnische Verarbeitung ergeben sich daraus verschiedenartige Vorbereitungen:

▶ Von ganzen Fischen sind je nach Art und Größe vor dem Garen die Schuppen zu entfernen,
▶ je nach der Form des Fisches, der Beschaffenheit des Fleisches bzw. der beabsichtigten Garmachungsart gibt es unterschiedliche Herrichtungsformen (siehe nächste Seite).

▷ **Vorbereitung nach dem Drei-S-System**

Säubern	→ Gründlich unter fließendem Wasser waschen.
Säuern	→ Mit Zitronensaft beträufeln, wodurch das Eiweiß aufquillt, das Fleisch gefestigt und der Fischgeruch gebunden (neutralisiert) wird.
Salzen	→ Das geschieht erst unmittelbar vor dem Garen, weil sonst dem Fleisch Wasser, Vitamine und Mineralstoffe entzogen werden und das Fleisch außerdem trocken wird.

Speisen von Eiern, Fischen sowie Schalen- und Krustentieren

▷ **Herrichten des Fisches**

Portionsfische Rundfische und Plattfische	– ganze Fische mit Haut, z. B. Hering, Makrele, Scholle, Forelle, Schleie	– ganze Fische ohne Haut, z. B. Seezunge, Rotzunge
Portionsstücke von ganzen Rundfischen und Plattfischen	– mit Gräten und Haut quer zum Körper geschnitten, z. B. Kabeljau, Seelachs, Rotbarsch, Hecht, Lachs, Waller	– aus dem Fisch herausgeschnitten, z. B. Heilbutt, Steinbutt, Rotzunge, Scholle
Portionsstücke von ausgelösten Filets	– ohne Gräten und Haut, z. B. Kabeljau, Seelachs, Rotbarsch, Hering, Makrele, Heilbutt, Steinbutt – ohne Gräten und mit Haut, z. B. Merlan, Hecht, Lachs	
Portionsfilets	– ohne Gräten und ohne Haut, z. B. Rotzunge, Seezunge – ohne Gräten und mit Haut, z. B. Scholle	

2. Garmachungsarten für Fisch

Die Art des Garmachens ergibt sich aus der Art des Fisches bzw. des Fischfleisches. Aufgrund der Eigenschaften des Fleisches sind alle Garverfahren anwendbar. Es überwiegen jedoch das Garziehen (Pochieren), Dünsten, Braten und Grillen. Seltener sind das Dämpfen und Schmoren. Eine besondere Art ist das Garen in Alufolie, wobei dadurch gerade beim Fisch Saft und Geschmack erhalten bleiben. Die Garverfahren sind kurz und schonend auszuführen. Aus diesem Grunde wird z. B. auch **pochiert** und **nicht gekocht**.

Beilagen	zu Konsumfischen	zu Edelfischen
Butter	– Zwiebelbutter – Senfbutter	– zerlassene Butter – geschlagene Butter
Saucen	– Senfsauce – Kräutersauce	– Holländische Sauce – Mousselinesauce
Sättigungsbeilagen	Salz- oder Petersilienkartoffeln	
Gemüsebeilagen	Salat	

3. Zubereitungsarten für Seefische

▷ **Pochierte Gerichte von Seefischen**

Zum Pochieren eignen sich vor allem die großen Fische, von denen quer zum Körper Portionstranchen (mit Haut und Gräten) geschnitten werden. Das **Anrichten** erfolgt entweder auf einer Porzellanplatte oder in einem Fischkessel mit Sud.

Die **Beilagen** werden à part gereicht, wobei die Saucen und Butterzubereitungen der Feinheit des Fischfleisches angepaßt sind.

▷ **Gedünstete Gerichte von Seefischen**

Dazu wird der Fisch in folgenden Zustandsformen verwendet:

große Fische	Portionsstücke vom ganzen Fisch mit Haut und Gräten oder vom ausgelösten Filet
Hering/Makrele	Portionsstücke vom ausgelösten Filet
Rotzunge, Seezunge	der ganze Fisch ohne Haut oder die ausgelösten Portionsfilets

Das **Anrichten** erfolgt in einem flachen Porzellangeschirr mit Rand (Cocotte) oder auf dem Teller (Tellergericht).

Als **Garnitur** verwendet man Champignons, Trüffel, Spargel und Tomatenfleischwürfel. Außerdem eignen sich Hummerscheiben oder Schwänze von kleineren Krustentieren. Attraktiv sind als Garnitur auch die sogenannten **Fleurons** (halbmondförmige Blätterteigstücke), die mit dem zarten Fischfleisch kontrastieren. Außerdem wird das Gericht ganz oder teilweise mit Sauce nappiert.

Saucen	– Weißweinsauce, Hummersauce – Mornaysauce, Kardinalsauce – holländische Sauce, Dillrahmsauce
Sättigungsbeilagen	– Salz- oder Petersilienkartoffeln – Reis, der zu Fischgerichten bevorzugt gereicht wird
Gemüsebeilagen	– vor allem Salat – aber auch leichte Gemüse (z. B. Blattspinat, grüner Spargel)

Zwei beliebte Anrichteweisen für gedünsteten Fisch sind „im Reisrand" und „auf Blattspinat". Wegen des zum Dünsten verwendeten Weißweins ist die Bezeichnung „**. . . in Weißwein**" sehr gebräuchlich.

▷ **Gebratene Gerichte von Seefischen**

Zu diesen Gerichten verwendet man Portionsfische (z. B. Hering, Makrele, Rotzunge, Seezunge, Scholle) sowie Portionsfilets oder Portionsstücke von großen Fischen. Die Fischportionen werden nach dem Drei-S-Verfahren vorbereitet und außerdem paniert oder in Mehl gewendet.

Das **Anrichten** erfolgt auf einer Platte, in einer Cocotte oder als Tellergericht.

Zum **Garnieren** verwendet man auf dem Fisch Zitronenfilets, Zitronenscheiben oder neben dem Fisch Zitronenecken.

Beilagen	zum gemehlten Fisch	zum panierten Fisch
Saucen/Butter	– zerlassene, leicht gebräunte Butter	– eine Ableitung der Sauce mayonnaise
Sättigungsbeilagen	– Pariser Kartoffeln – Salz- und Petersilienkartoffeln	– Kartoffelsalat
Gemüsebeilagen	– Salat und leichte Gemüse	

Eine spezielle und sehr bekannte Zubereitung ist gebratener Fisch **nach Müllerinart**. Der gemehlte und gebratene Fisch wird mit frischer gehackter Petersilie bestreut und mit leicht gebräunter Zitronenbutter übergossen. Häufig belegt man das gebratene Filet noch mit dünnen Zitronenscheiben (ohne Schale).

▷ **Gebackene Gerichte von Seefischen**

Für diese Gerichte verwendet man Portionsfische oder die ausgelösten Portionsfilets sowie Portionsstücke von ausgelösten großen Fischfilets. Die Portionsfische werden gemehlt oder paniert, die ausgelösten Filets bzw. Filetstücke paniert oder in Backteig (Bierteig) gehüllt. Anschließend werden die Fische im tiefen Fettbad (Fritüre) ausgebacken und zum Abtropfen auf ein Tuch oder saugfähiges Küchenpapier gelegt.

Das **Anrichten** des gebackenen Fisches erfolgt auf einer Platte mit Stoffserviette oder Papiermanschette, damit weiteres Fett aufgesaugt werden kann.

Als **Beilagen** bieten sich Kombinationen an:
– Salzkartoffeln und Tomatensauce,
– Kartoffelsalat und eine Ableitung der Sauce mayonnaise.

Spezielle Speisenzubereitungen von gebackenem Fisch:

. . . Orly	– mit Backteig umgebener Fisch – Tomatensauce als Beigabe
. . . Colbert	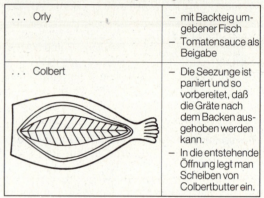 – Die Seezunge ist paniert und so vorbereitet, daß die Gräte nach dem Backen ausgehoben werden kann. – In die entstehende Öffnung legt man Scheiben von Colbertbutter ein.

Um den Fettgehalt etwas zu mildern ist es heute üblich, zum Füllen statt Colbertbutter Béarner Sauce zu verwenden. Auch dieses Gericht wird auf einer Platte mit Papiermanschette oder Tuchserviette angerichtet und dem Gast vorgelegt.

▷ **Gegrillte Gerichte von Seefischen**

Zum Grillen werden Portionsstücke (Tranchen) mit Haut und Gräten sowie Stücke von ausgelösten Filets und Portionsfische verwendet. Zu dieser schmackhaften Zubereitungsart reicht man entsprechende Beilagen:

Saucen/Butter	– Béarner Sauce, Choronsauce – Kräuterbutter, Café de Paris-Butter
Sättigungsbeilagen	– Salzkartoffeln, Folienkartoffeln – Schloßkartoffeln
Gemüsebeilagen	– Salat oder Grilltomate, Bohnen

4. Zubereitungsarten für Süßwasserfische

Viele Süßwasserfische sind Portionsfische und werden als solche gebraten oder gegrillt. Darüber hinaus sind jedoch alle für Seefische bekannten Zubereitungsarten anwendbar.

▷ Blaukochen

Diese für Süßwasserfische typische Zubereitungsart ist nur bei bestimmten Fischen und nur unter bestimmten Voraussetzungen möglich:

Fische	– Forelle, Schleie, Karpfen und Aal, deren schleimige Oberfläche sich beim Pochieren bläulich verfärbt.
Voraussetzungen	– die Fische müssen lebendfrisch sein, – der Schleim darf weder eingetrocknet noch verschmiert oder abgewischt sein.

Lebendfrische Fische erkennt man daran, daß ihre Haut beim Garen aufreißt.

Als **Beilagen** werden empfohlen:

- zerlassene Butter, holländische oder Mousselinesauce,
- Salzkartoffeln und Salat.

Zu Karpfen wird gerne der etwas deftigere Sahnemeerrettich gereicht.

▷ Fischfarcen

Vereinzelt aus Seefischen hergestellt, werden für Farcen üblicherweise Süßwasserfische verwendet. Aus der feinpürierten, luftigen Fischfleischmasse bereitet man Fischklößchen, Fischfrikadellen sowie Fischgalantinen, -pasteten und -terrinen. Die Farce wird aber auch zum Füllen von verschiedenen milden Gemüsen und Fischfilets verwendet (z. B. Seezungenröllchen, Rotzungenschleifchen).

C. Zubereitungen aus Krustentieren

Alle Krustentiere können in ihrer natürlichen Zustandsform durch Kochen gegart werden. Vorzugsweise an den Küsten der Fanggebiete rustikal auf Platten angerichtet, bricht der Gast die Schalen und Scheren mit Hilfe von Spezialbestecken selber auf und verzehrt das daraus entnommene Fleisch. Zu dieser einfachen Art des Verzehrs wird Brot und Wein gereicht.

Es gibt Zubereitungsarten, für die der lebende Hummer mit dem Messer halbiert oder in Stücke geschnitten wird. In Deutschland ist das nicht erlaubt. Vielmehr muß das Tier vor dem Zerkleinern für einige Minuten, vor allem mit dem Kopf und Oberkörper, zwecks Tötung in kochendes Wasser getaucht werden.

In der Hotel- und Restaurationsküche gibt es vielfältige verfeinerte warme und kalte Gerichte aus Krustentieren.

1. Gerichte von Hummer und Languste

Grundlegende Zubereitungen sind:

▷ Gekochter Hummer (warm serviert)

Das gekochte Tier wird längs halbiert, auf einer Platte angerichtet und mit den angebrochenen Gliedern und Scheren umlegt. Beigaben bzw. Beilagen sind Zitrone, Toast und Butter sowie holländische Sauce, Mousselinesauce oder Maltasauce.

▷ Überbackenes Hummerragout

Das aus dem ausgebrochenen Hummerfleisch bereitete feine Ragout wird in die Schalen der Tierkörper zurückgefüllt, mit holländischer Sauce oder Mornaysauce nappiert und leicht im Salamander überbacken. Beigaben sind Toast und Butter.

▷ Hummerragout nach amerikanischer Art

Der quer zum Körper in Stücke geteilte Hummer wird gedünstet und nach dem Entfernen der Schalenteile mit pikanter Sauce vollendet. Als Beilagen reicht man Salzkartoffeln oder Reis.

Gerichte aus Langusten können auf die gleiche Art wie die Hummer zubereitet werden.

2. Gerichte von kleineren Krustentieren

Einige Beispiele aus den vielfältigen Möglichkeiten:

Scampi	– in Längsrichtung halbieren und grillen – roh ausbrechen und grillen – kochen, ausbrechen und braten – kochen, ausbrechen und an Spießchen stecken und braten – kochen, ausbrechen, in Backteig tauchen und fritieren – ein feines Ragout herstellen und überbacken oder im Blätterteigpastetchen anrichten
Krebse	– dünsten und mit dem Fond in einer Schüssel anrichten – oder den Dünstfond à part in einer kleinen Sudtasse mitservieren

D. Zubereitungen aus Schalen- und Weichtieren

Schalentiere (Austern und Muscheln) werden, obwohl sie eigentlich zu den Weichtieren gehören, im allgemeinen als eine gesonderte Rohstoffgruppe behandelt.

1. Gerichte von Austern

▷ Frische Austern

Es handelt sich dabei um eine beliebte Form des Angebots bzw. Verzehrs:

- Den Schließmuskel an der nach oben gerichteten flachen Schale abschneiden (sie kann abgehoben werden),
- Austern in der gewölbten Schale liegend auf einer Platte mit zerstoßenem Eis anrichten und servieren.

Beigaben sind: Chesterhappen, Zitronensechstel sowie die Menagen Tabasco, Pfeffermühle und Worcestershire Sauce.

▷ Warme Gerichte von Austern

Die aus der Schale entnommenen rohen Austern werden vom Kiemensaum (dem sogenannten Bart) befreit und in wenig Fond oder im eigenen Saft pochiert (gedünstet). Sie können dann zu verschiedenartigen schmackhaften Gerichten weiterverarbeitet werden:

- In die tiefe Schale zurücklegen, mit Mornaysauce nappieren und überbacken,
- mit Speckscheibe umwickeln und braten,
- zu feinem Ragout in Blätterteigpastetchen,
- als Austernspießchen vom Grill,
- in Champagnerteig gehüllt und fritiert.

2. Gerichte von Muscheln

▷ Mies- oder Pfahlmuscheln

Da sie mit der Schale gegart werden, sind sie vorher gründlich zu waschen und zu reinigen. Das Dünsten erfolgt in Verbindung mit Zwiebeln, Wurzelgemüse (in Form von Brunoise), Knoblauch und Weißwein. Beim Garen öffnen sich die Schalen. Im Dünstfond serviert, bricht der Gast die Muscheln aus den Schalen heraus und verzehrt sie in Verbindung mit dem würzigen Fond und Brot. Die Muscheln können auch in der Küche ausgebrochen und auf unterschiedliche Art zu folgenden Gerichten weiterverarbeitet werden:

- Spießchen, feines Ragout, paniert und fritiert,
- überbacken oder in Kräutersauce.

▷ Sankt-Jakobs-Muscheln

Das rohe Muschelfleisch wird unterschiedlich verarbeitet: gebraten oder gegrillt, mit feinen Kräutern langsam gebraten.

Nach vorherigem Dünsten können sie wie Miesmuscheln zubereitet werden.

3. Gerichte von Tintenfischen, Meerpolypen, Kalmaren

In der Regel werden sie in Streifen oder Ringe geschnitten, paniert oder in Backteig getaucht und entweder gebraten oder fritiert.

Sie eignen sich aber auch für folgende Zubereitung:

- füllen mit einer Farce und pochieren,
- mit einer entsprechenden Sauce und Reis servieren.

4. Gerichte von Schnecken

Im allgemeinen werden Konserven verarbeitet, wobei die Schnecken

- entweder in Schneckenhäuser oder in die Vertiefungen von Schneckenpfännchen eingesetzt,
- mit Kräuter- oder Knoblauchbutter zugestrichen bzw. belegt,
- im heißen Ofen oder Salamander erhitzt werden.

Als Beigabe dient Weißbrot oder Kräuterbrot.

Andere Zubereitungsarten sind:

- Schneckensüppchen,
- feines Schneckenragout,
- mit Kräuterbutter in kleinen Windbeuteln.

Kartengerechte Beispiele für Kalte und warme Spezialitäten aus den Flüssen, den Seen und dem Meer.

KALTE GERICHTE

*Austerncocktail mit Kirschtomaten,
Pumpernickelbrot und Butter*

*Rauchaalterrine mit Trepanggelee auf
Kräuterschaum, Walnußbrot*

*Hausgebeizter Graved Lachs mit Dill-Senfsauce
und Buchweizenplätzchen*

*Krebsschwänze in Chablisgelee
mit marinierten Austernpilzen, Brioche*

Seeteufel auf Estragonsauce mit Spargel, Vollkorntoast

*Matjeshering-Filets in süß-saurem Rahm
mit Zwiebeln, Apfel und Gurke, neue Kartoffeln*

SUPPEN

Fischconsommé mit Meeresfrüchten
Leicht gebundenes Süppchen von Räucherforelle
Hummersuppe mit Hechtklößchen

WARME GERICHTE

Pochierte Austern mit Lauch und Trüffeln
Austernbeignets auf Chablis-Sabayon
Gratinierte Sankt-Jakobs-Muscheln
*Sankt-Jakobs-Muscheln und Austern in
Schnittlauchsauce mit Steinpilznudeln*
Riesencrevetten in Sauerampfersauce mit Tomatenreis
Steinbutt auf Wirsing in Rieslingsauce
Rotzungenröllchen in Noilly Prat mit Kartoffelcrêpes
*Forellenstör in weißer Butter auf Kressemus
mit Kartoffelschnee*
Lachssoufflé in Champagnersauce mit Kaiserschoten
Seeteufel im Wirsingmantel mit Wildreis

Speisen von Eiern, Fischen sowie Schalen- und Krustentieren

Gedeckbeispiele
Die Gedeckbeispiele zeigen verschiedene Möglichkeiten bzw. Notwendigkeiten von Fischgedecken. Einmal ein Fischgericht, dann einen Fischgang in einem viergängigen Menü, einen suppigen Fischeintopf und ein viergängiges Menü mit einem Hauptgang von Fisch.

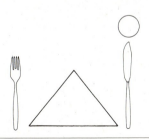

Seezungenröllchen auf Champagnersauce mit Blattspinat, sautierte Tomatenfleischstücke

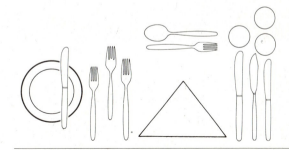

*Viergängiges Menü mit einem Fischgang
Lachssoufflé in Sauce von Noilly Prat mit Kaiserschoten und Austerpilzen*

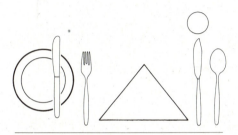

*Bouillabaisse marseillaise
(Suppiger Fischeintopf)*

*Viergängiges Menü mit Fischhauptgang
Steinbutt im Wirsingmantel auf Rieslingsauce mit Kartoffelkugeln*

Aufgaben (Speisen von Eiern, Fischen, Schalen- und Krustentieren)

Eier:
1. Beschreiben Sie unter Beachtung wichtiger Arbeitsregeln das Garen von Eiern:
   a) gekochte und pochierte Eier,
   b) Rühreier und Spiegeleier,
   c) Omelett.
2. Welche Festigkeitsstufen gibt es beim Kochen und Pochieren von Eiern, und zu welchen Zwecken werden die jeweiligen Eier verwendet?
3. Beschreiben Sie zu den unter 1. genannten Eiergerichten Anrichteweisen und ordnen Sie den jeweiligen Gerichten besondere Zutaten bzw. Garnituren und Beilagen zu.
4. Auf welche Weise können dem Omelett die Garniturbeigaben zugeordnet werden?
5. Nennen Sie die Merkmale für folgende Garniturbezeichnungen bei Rühreiern:
   a) . . . nach Florentiner Art
   b) . . . nach holländischer Art
   c) . . . nach Prinzessinart.
6. Beschreiben Sie das Zubereiten von Eiern im Näpfchen.

Fisch:
7. Welche unterschiedlichen Herrichtungsformen gibt es beim küchentechnischen Vorbereiten von Fischen?
8. Erklären Sie die Vorbereitung nach dem Drei-S-System.

Pochierter (gekochter) Fisch:
9. Nennen Sie Beilagen zu diesem Gericht.
10. Unterscheiden Sie Butter- und Saucenbeigaben zu Konsumfisch und Edelfisch.

Gedünsteter Fisch:
11. Auf welche Weise werden diese Gerichte angerichtet?
12. Nennen Sie geeignete Garnituren, Saucen, Sättigungs- und Gemüsebeilagen.

Gebratener Fisch:
13. Womit werden die Fische bzw. Fischstücke vor dem Braten umgeben?
14. Nennen Sie geeignete Saucen- bzw. Butter- sowie Sättigungs- und Gemüsebeilagen.
15. Beschreiben Sie die Zubereitung „ . . . nach Müllerinart".

Gebackener Fisch:
16. Womit wird der Fisch vor dem Backen umgeben?
17. Beschreiben Sie das Garen und Anrichten.
18. Nennen Sie Beilagenkombinationen.
19. Beschreiben Sie die besonderen Zubereitungen „ . . . Orly" und „Seezunge Colbert".

Blaukochen von Fischen:
20. Erklären Sie die Bezeichnung Blaukochen.
21. Welche Fische sind dazu geeignet?
22. Von welchen Voraussetzungen ist das Blauwerden abhängig?

Krustentiere:
23. Beschreiben Sie die einfache rustikale Art, Krustentiere zu garen, anzurichten und zu verzehren.
24. Welches sind die unterschiedlichen Merkmale folgender Gerichte:
„Gekochter Hummer", „Überbackenes Hummerragout" und „Hummerragout nach amerikanischer Art"?
25. Beschreiben Sie Arten der Zubereitungen von Scampi und Krebsen.

Schalen- und Weichtiere:
26. Auf welche Weise werden frische Austern vorbereitet und angerichtet, und welche Beigaben gibt es dazu?
27. Beschreiben Sie das übliche Zubereiten von Mies- oder Pfahlmuscheln einschließlich dem Anrichten und der Beigaben.
28. Nennen Sie unterschiedliche Zubereitungsarten von vorgegarten Muscheln und Austern.
29. Beschreiben Sie unterschiedliche Arten der Zubereitung für Tintenfische.
30. Auf welche unterschiedliche Weise werden Schnecken zubereitet?
a) Schneckenhäuser und Schneckenpfännchen,
b) andere Zubereitungsarten.

V. Speisen von Schlachtfleisch

Speisen von Schlachtfleisch nehmen im Rahmen der Ernährung und insofern auch auf der Speisekarte einen breiten Raum ein. Aufgrund seines Sättigungswertes wird dieses Fleisch vor allem zu Hauptgerichten verarbeitet.

A. Zubereitungen aus Rindfleisch

Rindfleisch ist Fleisch von älteren Tieren. Für das Garmachen sind deshalb (neben den fleischteilbedingten) vor allem die altersbedingten Eigenschaften des Fleisches ausschlaggebend (siehe dazu „Eigenschaften des Schlachtfleisches" im Kapitel „Nahrungsmittellehre"). Rindfleisch ist rot bis dunkelrot, kräftig im Geschmack und die hochwertigen Teile sind ausreichend mit Fett durchwachsen (marmoriert).

Fleischteile	kochen	schmoren	braten
1 Filet			×
2 Roastbeef			×
3 Blume/Hüfte (Teilstück d. Keule)		×	×
4 Keule		×	
5 Bug	×	×	
6 Brust	×	×	
7 Fehlrippe	×	×	
8 Kamm	×	×	
9 Spannrippe	×		
10 Dünnung	×		
11 Hesse	×		
12 Hinterhesse	×		

1. Fleischteile des Rindes

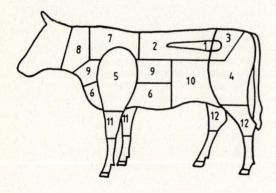

2. Gebratene Gerichte aus Rindfleisch

Zum Braten eignen sich lediglich die Rückenteile *Roastbeef, Filet* und *Blume/Hüfte*. Diese Teile sind von Natur aus sehr saftig und zart. Sie eignen sich deshalb auch ganz vorzüglich für Pfannengerichte.

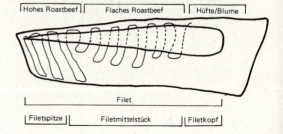

Speisen von Schlachtfleisch

▷ **Braten**

Als ganze Stücke werden das Roastbeef und das Filet gebraten. Beide Braten werden als warmes Gericht serviert, das Roastbeef wird aber auch gerne als kalter Braten verwendet. Eine Besonderheit ist das Gericht „**Filet Wellington**".

– Das angebratene Filet wird mit einer Duxelles (Champignonfarce) umgeben, in Blätterteig eingehüllt und im Ofen fertiggegart (gebacken),
– beim Servieren wird Madeirasauce dazugereicht.

▷ **Pfannengerichte**

Aus dem Roastbeef ohne Knochen werden folgende Gerichte hergestellt:
▸ Zwischenrippenstück (Entrecôte) mit 170 bis 180 g,
▸ Doppeltes Zwischenrippenstück (Entrecôte double) mit 350 bis 400 g (für 2 Personen), Rostbraten mit 150 g.

Aus dem Roastbeef mit Knochen:
▸ Rinderkotelett (Côte de bœuf),
▸ T-Knochen-Stück (T-bone-steak).

Aus dem Filet werden bereitet:
▸ kleine Filetschnitten (Tournedos), pro Person 2 Stück von je 60 bis 80 g,
▸ Filetschnitte (Filetsteak) mit 150 bis 160 g,
▸ Doppelte Filetschnitte (Chateaubriand) mit 350 bis 400 g (für 2 Personen).

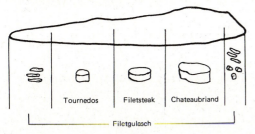

Eine besondere Zubereitung aus dem Filet ist das Kleinfleischgericht „**Filetgulasch**".

– Das in Würfel oder Streifen geschnittene Fleisch wird kurz sautiert und in Rahmsauce angerichtet,
– ergänzende Zutaten können sein: Champignons, Tomatenfleischwürfel, Schinken- und Speckstreifen, Gewürzgurken und anderes,
– als Beilage reicht man Kartoffelpüree, Reis, Spätzle oder andere Teigwaren und Salat.

Aus dem Rücken mit Roastbeef, Filet und Knochen gibt es Pfannengerichte besonderer Art, die mit einem Gewicht zwischen 800 und 1000 g für 2 bis 4 Personen angeboten werden:

▸ Porterhousesteak, in der Größe vergleichbar (vom Knochen abgesehen) mit einem Entrecôte double und einem Chateaubriand,
▸ T-bone-steak, ähnlich wie das Porterhousesteak, aber etwas dünner, leichter und mit kleinerem Filetteilstück.

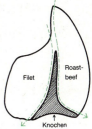

Aus der Blume/Hüfte schneidet man:
▸ Rumpsteak und Rostbraten mit 180 g.
Das Rumpsteak ist vom Ursprung her ein Steak aus der Hüfte (rump). In Deutschland wird das Rumpsteak aber meist aus dem Roastbeef geschnitten.

▷ **Beilagen**

Beilagen zu den Braten aus Roastbeef und Filet:

Saucen	– Bratenjus oder Ableitung der Demiglace
Sättigungsbeilagen	– Pariser Kartoffeln oder ähnliche – Kartoffelkroketten – Herzogin- oder Macairekartoffeln
Gemüsebeilagen	– alle feinen Gartengemüse sind geeignet

Beilagen zu den Pfannengerichten

Saucen	– Bratenjus – Madeirasauce, Bordeauxer Sauce – Béarner Sauce, Choronsauce – oft auch Kräuterbutter oder andere passende Buttermischungen
Sättigungsbeilagen	– grundsätzlich wie zu Braten – darüber hinaus Pommes frites oder eine andere fritierte Kartoffel der gleichen Art
Gemüsebeilagen	– wie zu Braten

Spezielle Garnituren sind:

Zwischenrippenstück nach Bordeauxer Art
– mit Ochsenmarkscheiben belegt und mit Bordeauxer Sauce nappiert

Tournedos Helder
– mit Tomatenfleischstücken belegt und mit Béarner Sauce garniert

Tournedos Rossini
– mit Gänseleber und Trüffeln garniert, Madeirasauce

Rumpsteak Mirabeau
– Steak mit dünnen Sardellenstreifen (über Kreuz bzw. gitterförmig) und Olivenscheiben belegen, Sardellenbutter

3. Gekochte Gerichte aus Rindfleisch

▷ **Arten der Speisen**

Die zum Kochen bevorzugtesten Stücke sind **Brust** und **Tafelspitz**. Die Rinderbrust wird manchmal in gepökeltem Zustand verarbeitet. Die Tafelspitz ist ein Teilstück der Hüfte.

▷ **Beilagen**

Saucen	– Meerrettichsauce – Kräutersauce
Sättigungs- beilagen	– Salzkartoffeln und Petersilienkartoffeln – Bouillonkartoffeln und Rahmkartoffeln
Gemüse- beilagen	– Lauch, Sellerie, Karotten – Wirsing- oder Spinatgemüse
kalte Beilagen	– Preiselbeeren, Rote Bete, – Senfgurken, süßsaurer Kürbis

Eine spezielle Garnitur ist die Bezeichnung „**... nach flämischer Art**".

- Karotten, weiße Rübchen (oder Sellerie) und Lauch,
- gefüllte Wirsingkohlköpfchen bzw. -bällchen.

Zur Herstellung der Bällchen werden blanchierte Wirsingblätter mit Speck und blanchiertem kleingehacktem Wirsing belegt, eingerollt, geformt und fertiggegart.

4. Geschmorte Gerichte aus Rindfleisch

▷ **Arten der Speisen**

Schmorbraten, Sauerbraten, Schmorsteaks und *Rouladen* werden aus den bindegewebereicheren Teilstücken der Keule geschnitten. Für *Ragout* eignet sich darüber hinaus besonders gut das Halsstück, für *Gulasch* die Hesse (Wadenschenkel).

▶ Sauerbraten legt man einige Tage in eine Marinade aus Essig, Wein, Wurzelgemüse und Gewürzen ein, die das Fleisch zarter, saftiger und aromatischer macht.

▶ Rinderrouladen sind flachgeklopfte Fleischscheiben, die mit Senf bestrichen, mit Speck, Zwiebeln und Gewürzgurken belegt, dann mit speziellen Nadeln oder Holzspießchen gesteckt oder gebunden werden.

▷ **Beilagen**

Saucen	– Rotweinsauce
Sättigungs- beilagen	– Salzkartoffeln und Kartoffelpüree – Kartoffelklöße und Semmelknödel – Spätzle und andere Teigwaren
Gemüse- beilagen	– Karotten, Kohlrabi, Schwarzwurzeln, Rosenkohl und Rotkohl

Eine spezielle Speisenbezeichnung (Garnitur) ist „**Schmorsteak Esterhazy**"

- garniert mit Streifen von Sellerie, Karotten und Lauch,
- nappiert mit Rahmsauce, die mit saurer Sahne vollendet wurde.

Kartengerechte Beispiele für Spezialitäten vom Rind

Gekochte Tafelspitz mit Bouillonkartoffeln und Meerrettichsauce

Ochsenschwanzragout in Madeirasauce mit tournierten Gemüsen und Markklößchen

Geschmorte Rinderbrust mit gedämpften Lauchscheiben und Kartoffelnocken

Burgunderbraten mit Mangoldgemüse, glasierten Karotten und Kartoffelplätzchen

Sauerbraten mit Apfelmus, Preiselbeeren und Kartoffelpuffer

Minutensteak mit Café-de-Paris-Butter überbacken, Grilltomate, Ofenkartoffel mit Sauerrahm

Kleine Rinderfiletscheiben mit grünem Spargel, Mus von Petersilienwurzeln und Kräuterflädle

Filetgulasch Stroganov mit Salzkartoffeln oder Spätzle

Filetsteak mit Markstückchen, Schalotten-Rotwein-Jus, gratinierte Käsekartoffeln und Salat

Roastbeef mit Yorkshire-Pudding und Gemüse-Mosaik

B. Zubereitungen aus Kalbfleisch

Kalbfleisch ist Fleisch von jungen Tieren. Es ist deshalb naturbedingt ausgesprochenes Bratenfleisch. Zum **Kochen** oder **leichten Schmoren** werden fleischteilbedingte bindegewebereichere Teile verwendet. Das Fleisch ist hellrosa bis hellrot und hat einen mildaromatischen Geschmack.

1. Fleischteile des Kalbes

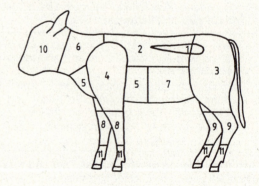

Speisen von Schlachtfleisch

Fleischteile	kochen	schmoren	braten
1 Filet			×
2 Kotelettstück			×
3 Keule			×
4 Bug	×	×	×
5 Brust	×	×	×
6 Nacken/Hals	×	×	×
7 Dünnung	×	×	×
8 Haxe	×	×	×
9 Hinterhaxe		×	×
10 Kopf	×		
11 Füße	×		

2. Gebratene Gerichte aus Kalbfleisch

▷ **Braten**

Dazu können alle größeren Stücke des Rückens (dieser einschließlich der Knochen), der Keule und des Bugs (Schulter) verarbeitet werden. Eine Besonderheit ist der *Kalbsnierenbraten*. Für diese Zubereitung wird jeweils eine Seite aus dem hinteren Teil des Rückens einschließlich Lendchen und Niere in den Bauchlappen eingerollt.

▷ **Pfannengerichte**

Sie werden aus folgenden Fleischteilen geschnitten:

▸ Rücken: Kalbskotelett und Kalbsrückensteak
▸ Lendchen: Kalbslendchen und Kalbsmedaillons
▸ Keule: Kalbssteak und Kalbsschnitzel

Besondere Bezeichnungen für Schnitzel:

Naturschnitzel   → unpaniert
Rahmschnitzel   → unpaniert, mit Rahmsauce
Paprikaschnitzel → unpaniert, mit Paprikasauce
Wiener Schnitzel → paniert
Cordon bleu   → paniert, mit gekochtem Schinken und Käse gefüllt

▷ **Beilagen**

Zu Braten und zu Pfannengerichten reicht man:

Saucen	– Bratenjus oder Rahmsauce – Madeirasauce oder Trüffelsauce
Sättigungs- beilagen	– Pariser Kartoffeln oder ähnliche – Kartoffelkroketten oder ähnliche – Kartoffelpüree oder Herzoginkartoffeln – Spätzle oder andere Teigwaren
Gemüse- beilagen	– alle feinen Gemüse sind geeignet

Zu den Pfannengerichten reicht man wahlweise auch folgende Saucen: Tomatensauce, holländische Sauce sowie Béarner und Choronsauce.

▸ **Kalbssteak au four**

– Flaches Steak, mit Ragoût fin bedeckt, mit geriebenem Käse bestreut, im Ofen überbacken.

▸ **Kalbsschnitzel nach Mailänder Art**

– Spaghetti, mit Streifen von Schinken, Pökelzunge, Champignons und Trüffel,
– Tomatensauce und Parmesan.

▸ **Piccata nach Mailänder Art**

– Schnitzelchen, gemehlt und mit Ei und geriebenem Käse paniert,
– Spaghetti, wie beim gleichnamigen Kalbsschnitzel.

▸ **Kalbsschnitzel Holstein**

– Mit Spiegelei belegt,
– mit drei verschiedenen Canapés (Kaviar, Sardellen, Räucherlachs) umlegt.

▷ **Kalbsgeschnetzeltes**

Zu dem sautierten und in Rahmsauce angerichteten Kleinfleischgericht (Streifen oder Scheiben) können neben Salat folgende Sättigungsbeilagen gereicht werden:

– Spätzle und andere Teigwaren,
– Reis, Bratkartoffeln und Rösti.

3. Geschmorte Gerichte aus Kalbfleisch

▷ **Arten der Speisen**

▸ Kalbsröllchen oder Kalbsvögerl,
▸ Kalbsbrustscheiben (Tendrons),
▸ Kalbshaxenscheiben (Osso buco),
▸ Kalbsgulasch und Kalbsragout.

Kalbsröllchen erhalten eine Füllung von einer Farce aus Kalb- und Schweinefleisch. Kalbsvögerl sind gefüllt mit ganz wenig Farce und einem ganzen hartgekochten Ei.

▷ **Beilagen**

Sauce	– dunkle Rahmsauce – braune, tomatisierte Kalbssauce
Sättigungs- beilagen	– Kartoffelpüree oder Herzoginkartoffeln – Reis, Spätzle oder andere Teigwaren
Gemüse- beilagen	– Salat – als Garnitur für Ragoût fin und Gulasch glasierte Zwiebeln, Erbsen, Karotten, Champignons, Tomatenfleischstücke

4. Gekochte und gedünstete Gerichte aus Kalbfleisch

Zu diesen Gerichten gehören vor allem die klassischen Zubereitungen *Blankett* und *Frikassee* sowie *Curry von Kalbfleisch* und *Ragoût fin*.

▷ Blankett

- Fleischwürfel oder das Fleischstück in Kalbsfond garen,
- aus dem Fond eine Velouté bzw. Kalbsrahmsauce bereiten und das portionierte Fleisch damit nappieren.

▷ Frikassee

- Fleischwürfel anschwitzen und mit Mehl bestäuben,
- Ansatz mit Kalbsfond auffüllen und in der Sauce garen.

▷ Beilagen zu Blankett und Frikassee

Saucen	– Wesentlicher Bestandteil der Speisen ist die Kalbsrahmsauce.
Sättigungsbeilagen	– Salzkartoffeln oder Reis – in besonderen Fällen Teigwaren
Garnituren	– Krebsschwänze, Pökelzunge – Blätterteighalbmonde (Fleurons)
Gemüsebeilagen	– Champignons, Spargel, Erbsen

▷ Curry von Kalbfleisch

- Fleischwürfel zusammen mit Äpfeln und Zwiebeln anschwitzen,
- mit Curry und Mehl bestäuben und gut durchschwitzen,
- Ansatz mit Kalbsfond auffüllen, garen und mit Sahne vollenden.

Als Beigaben sind Mango Chutney, leicht gebratene Bananen und Reis geeignet.

▷ Ragoût fin

- Gekochtes Kalbfleisch in feine Würfel schneiden,
- mit Kalbsrahmsauce binden,
- mit Würfeln von Champignons, Kalbszunge und Kalbsbries ergänzen.

Ragoût fin wird als selbständiges Gericht in Muschelschalen, Porzellantöpfchen oder Blätterteigpastetchen angerichtet, mit holländischer Sauce nappiert und kurz im Salamander überbacken. Ragoût fin dient außerdem als Garnitur auf Kalbskotelett und Kalbssteak.

Kartengerechte Beispiele für Spezialitäten vom Kalb

> *Kalbskoteletts, mit Kalbshirn-Rührei belegt, grüne Bohnen, Strohkartoffeln*
>
> *Kalbsschnitzel mit Schinkenstreifen, Rahm-Morcheln, fritierter Petersilie und überbackener Käsekartoffel*
>
> *Kalbsleber, gebraten, mit Apfelringen, Röstzwiebeln und Kartoffelpüree*
>
> *Kalbsherz in Rotweinsauce, mit zarten Buttergemüsen und Buchweizen-Spätzle*
>
> *Kalbsbeuschel in Riesling, mit Semmelflan*
>
> *Glasierte Kalbshaxe mit Röstkartoffeln und buntem Salatteller*
>
> *Gesottene Kalbshaxe mit Streifen von Wurzelgemüsen, mit Salzkartoffeln*
>
> *Gebackene Kalbsröllchen, mit Boursin gefüllt, mit Blattspinat, Grilltomate, Rahmchampignons und Butterkartoffeln*
>
> *Kalbsgeschnetzeltes in Rahm, mit Erbsen, Kirschtomaten und Champignonrösti*
>
> *Kalbssteak, mit Zwiebelmus überbacken, mit geschmortem Kopfsalat, Spargel, Karotten und Kartoffelplätzchen*
>
> *Kalbsfilet-Röllchen, gefüllt mit Zunge und Erbsenmus, mit Kräuter-Wein-Sauce und Kartoffelpüree*

C. Zubereitungen aus Schweinefleisch

Schweinefleisch stammt von jungen Tieren, hat einen hohen Fettgehalt und ist deshalb zart und saftig. Schweinefleisch ist ein ausgesprochenes Bratenfleisch. Für geschmorte Gerichte werden die bindegewebereicheren Fleischteile und zum Kochen hauptsächlich gepökeltes Fleisch verwendet.

Die Fleischfarbe ist hellrot und der Geschmack aromatisch.

1. Fleischteile des Schweines

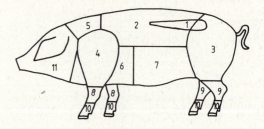

Speisen von Schlachtfleisch

Fleischteile	kochen	schmoren	braten
1 Filet			×
2 Rücken (Kotelett/Lendenkotelett)			×
3 Schinken	×		×
4 Bug	×	×	×
5 Nacken/Kamm	×	×	×
6 Brustspitze	×	×	×
7 Bauch	×	×	×
8 Schinkeneisbein	×		×
9 Eisbein/Haxe	×		×
10 Spitzbein	×		
11 Kopf mit Backe	×		

2. Gebratene Gerichte aus Schweinefleisch

▷ **Arten der Speisen**

Zu *Braten* sind wie beim Kalb alle großen Fleischstücke geeignet. *Pfannengerichte* werden aus folgenden Fleischteilen geschnitten:

Rücken:	Schweinekotelett, Schweinerückensteak
Filet:	Schweinemedaillons
Keule:	Schweinesteaks, Schweineschnitzel

▷ **Beilagen**

Bezüglich der Beilagen zu Braten bzw. Pfannengerichten gibt es geringfügige Abweichungen:

Beilagen zu Braten

Saucen	– Bratenjus, Kümmeljus, Bierjus
Sättigungsbeilagen	– Kartoffelpüree und Macairekartoffeln – Rahmkartoffeln – Kartoffelklöße und Semmelknödel – Spätzle und andere Teigwaren
Gemüsebeilagen	– Kohlrabi, Rotkohl, Rosenkohl, Wirsing und Bayrisch Kraut

Beilagen zu Pfannengerichten

Saucen	– Bratenjus oder dunkle Rahmsauce – zu Kotelett Robertsauce – zu Medaillons holländische Sauce, Béarner Sauce oder Choronsauce
Sättigungsbeilagen	– wie zu den Braten – außerdem Kartoffelkroketten oder Herzoginkartoffeln
Gemüsebeilagen	– feine Gemüse

3. Geschmorte Gerichte aus Schweinefleisch

Neben *Schweineragout* gibt es zwei Schmorfleischgerichte spezieller Art:

▷ **Schweinepfeffer**

– Ansatz ist mit reichlich Pfefferkörnern gewürzt,
– Sauce bzw. gegarte Speise wird mit Blut legiert.

▷ **Szegediner Gulasch**

– Der Ansatz wird zusammen mit Sauerkraut gegart und mit Kümmel gewürzt,
– das gegarte Gericht mit Sauerrahm vollendet.

▷ **Beilagen**

Schmorfleischgerichte werden immer mit oder in reichlicher Saucenmenge angerichtet. Die Beilagen müssen deshalb so beschaffen sein, daß die Sauce mit ihrer Hilfe gut aufgenommen werden kann:

▶ Salzkartoffeln und Klöße, die sich leicht zerdrücken lassen,
▶ Reis und Teigwaren, die viele „Zwischenräume" haben.

4. Gekochte Gerichte aus Schweinefleisch

▷ **Arten der Gerichte**

Die zum Kochen bestimmten Fleischteile des Schweines sind meistens gepökelt:

– Schinken, Vorderschinken und Hals,
– Rippchen und Eisbein.

Die zum Pökeln verwendeten Zutaten Kochsalz und Salpeter bzw. Nitritpökelsalz bewirken die Rotfärbung und den besonderen Geschmack des Fleisches.

▷ **Beilagen**

Sie sind sehr unterschiedlicher Art:

zu Schinken	– Burgunder-, Madeira- oder Portweinsauce – Petersilienkartoffeln, Kartoffelpüree, Kartoffelkroketten und Spätzle – feine Gemüse
zu Rippchen/Eisbein	– Kartoffelpüree und Sauerkraut – Erbsenpüree

Eine spezielle Zubereitung in Verbindung mit Schweinefleisch ist „**Garniertes Sauerkraut**" oder „**Schlachtschüssel**".

– Gekochtes Bauchfleisch sowie Blut- und Leberwurst,
– Sauerkraut und Kartoffelpüree oder Salzkartoffeln.

Kartengerechte Beispiele für Spezialitäten vom Schwein

Scheiben von Schweinebacke und Rüssel in Sauce vinaigrette mit gebratenen Semmelknödeln und geschabtem Meerrettich

Gepökelte Schweineschulter in Bierjus, mit glasierten Petersilienwurzeln, Karotten und Kräuter-Kartoffel-Nudeln

Schinkenlendchen im Roggenteigmantel, mit Mangoldbällchen und Maistomate

Schweinerückenfilet, gebraten, mit Morcheln auf Calvadossauce und Estragon-Nudeln

Medaillons vom Schweinefilet auf einem Spiegel von Roquefortsauce, mit feinen Gemüseperlen und Bamberger Hörnchen umlegt

Schweinefilet im Strudelteig, mit Camembertsauce, glasierten Schalotten und Kirschtomaten

D. Zubereitungen aus Lamm- und Hammelfleisch

Hammel- und Lammfleisch haben ähnliche Eigenschaften wie Rind- bzw. Kalbfleisch, so daß auch die Zubereitungsarten ähnlich sind. Das Fleisch hat jedoch von Natur aus einen würzigeren und kräftigeren Geschmack. Außerdem muß es, da das Hammelfett bereits bei etwa 45 °C fest wird, sehr heiß angerichtet und rasch serviert werden.

1. Fleischteile des Lamms bzw. des Hammels

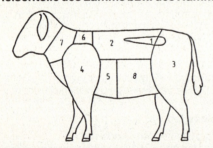

Fleischteile	kochen	schmoren	braten
1 Filet			×
2 Rücken (Kotelett/ Lendenkotelett)			×
3 Keule	×	×	×
4 Bug	×	×	×
5 Brust	×	×	
6 Kamm	×	×	
7 Hals	×	×	
8 Dünnung	×	×	

2. Gebratene und geschmorte Gerichte aus Lamm- und Hammelfleisch

▷ **Braten**

Dafür eignen sich die Teile von Rücken, Keule und Bug. Als Teilstücke werden der Sattel (das ist der hintere Teil des Rückens) und die Karrees (das sind die beiden Seiten des Rückens) ganz gebraten.

▷ **Pfannengerichte**

Als Pfannengerichte gibt es Koteletts von Lamm und Hammel, Mutton chops (Scheiben aus beiden Seiten des Sattels mit Rückenfleisch, Knochen und Filet) sowie Nüßchen und Schnitzel.

▷ **Geschmorte Gerichte**

Dazu gehören Schmorbraten oder Ragout aus der Keule, dem Bug und der Brust.

▷ **Beilagen**

Im allgemeinen sind die gleichen Beilagen wie zu gleichartigen Rindfleischgerichten geeignet. In Beziehung zum ausgeprägten Geschmack des Lamm- und Hammelfleisches ergeben sich zusätzlich einige Besonderheiten:

- Schmelzkartoffeln und Lyoner Kartoffeln
- Bäckerin- und Annakartoffeln
- Spinat, grüne Bohnen und Bohnenkerne
- geschmorte Gemüse, wie Chicorée, Fenchel, Staudensellerie und Gurken
- südländische Gemüsezubereitungen, wie z. B. **Ratatouille** (Paprika, Knoblauch, Auberginen, Zucchini und Tomaten)

3. Gekochte Gerichte aus Lamm- und Hammelfleisch

Sie werden ebenfalls aus Keule, Bug und Brust bereitet.

Die Beilagen sind ähnlich wie zum gekochten Rindfleisch. Spezielle Saucen sind darüber hinaus die *Kapernsauce* oder *Kräutersauce*.

4. Spezielle Gerichte aus Lamm- und Hammelfleisch

▷ **Curry und Blankett**

Sie ähneln sehr stark den gleichnamigen Gerichten aus Kalbfleisch (siehe dort).

▷ **Hammelbohnenfleisch**

- Hammelfleischwürfel anschwitzen,
- zusammen mit grünen Bohnen und Kartoffeln in Hammelfond garen.

Speisen von Schlachtfleisch

▷ **Hammelragout**

- Hammelfleischwürfel anbraten,
- zusammen mit Karotten, weißen Rüben (alternativ Sellerie oder Petersilienwurzeln) und Kartoffelkugeln garen.

▷ **Braunes Lammragout** (Navarin de mouton)

- Lammfleischwürfel anbraten und mit brauner Sauce auffüllen,
- zusammen mit Schalotten (kleinen Zwiebeln) und tourniertem Wurzelgemüse schmoren.

▷ **Irish Stew**

- Hammelfleischwürfel zusammen mit Kartoffeln, Zwiebeln und Weißkohl in Brühe garen.

Kartengerechte Beispiele für Spezialitäten vom Lamm und Hammel

Irish Stew
Rheinischer Hammel-Bohnen-Topf
Lammragout mit tournierten Gartengemüsen
Geschnetzelte Lammleber mit Feuerbohnen im Fenchellöffel und Grießnocken
Lammrücken auf breiten Bohnen, mit Reibküchlein und Pfefferminzgelee
Lammkarree im Blätterteig, mit Fleischtomate und wildem Reis
Lammrückenfilets in der Brotkruste, mit Steckrübchen und Champignonkartoffeln
Lammkarree, mit Kalbsbries gefüllt, auf Salbeijus, mit Zucchiniflan, glasierte Karotten und Kartoffel-Pinien-Plätzchen
Lammfilets in Thymianjus, mit Wirsingstreifen und Annakartoffeln

Aufgaben (Speisen aus Schlachtfleisch)

Rind:
1. Nennen Sie die Fleischteile des Rindes.
2. Ordnen Sie den Fleischteilen des Rindes geeignete Garmachungsarten zu.
3. Beschreiben Sie die Eigenschaften des Rindfleisches.
4. Nennen und beschreiben Sie die Pfannengerichte:
   a) vom Roastbeef ohne Knochen,
   b) vom Roastbeef mit Knochen,
   c) vom Filet,
   d) von der Hüfte,
   e) vom Roastbeef, Filet und Knochen.
5. Beschreiben Sie Art und Besonderheit der Rindfleischgerichte:
   a) Filet Wellington,   b) Filetgulasch.
6. Nennen Sie Saucen und Beilagen zu:
   a) Braten von Roastbeef und Filet,
   b) Pfannengerichten von Roastbeef und Filet.
7. Beschreiben Sie die Besonderheiten folgender Garnituren:
   a) Zwischenrippenstück nach Bordeauxer Art,
   b) Tournedos Helder,
   c) Tournedos Rossini,
   d) Rumpsteak Mirabeau.
8. Welche Fleischteile des Rindes eignen sich besonders gut zum Kochen?
9. Nennen Sie Saucen und Beilagen zu gekochtem Rindfleisch.
10. Welches sind die Merkmale der Garnitur „nach flämischer Art"?
11. Nennen Sie Beispiele von geschmorten Rindfleischgerichten. Welche Beilagen sind für diese Gerichte geeignet?
12. Beschreiben Sie die besonderen Merkmale von:
    a) Sauerbraten,
    b) Rinderrouladen,
    c) Schmorsteak Esterhazy.

Kalb:
13. Nennen Sie die Fleischteile des Kalbes.
14. Ordnen Sie den Fleischteilen des Kalbes geeignete Garmachungsarten zu.
15. Beschreiben Sie die Eigenschaften des Kalbfleisches.
16. Erklären Sie die Bezeichnung Kalbsnierenbraten.
17. Welche Pfannengerichte vom Kalb werden geschnitten:
    a) aus dem Rücken und dem Lendchen?
    b) aus der Keule?
18. Nennen und beschreiben Sie die Arten der Kalbsschnitzel.
19. Welche Beilagen sind für gebratene Kalbfleischgerichte geeignet?
20. Nennen Sie Saucen zu Pfannengerichten aus Kalbfleisch.
21. Beschreiben Sie die Besonderheiten folgender Fleischgerichte:
    a) Kalbssteak au four,
    b) Kalbsschnitzel Mailänder Art,
    c) Piccata Mailänder Art,
    d) Kalbsschnitzel nach Holsteiner Art,
    e) Kalbsgeschnetzeltes.
22. Erklären Sie die Bezeichnungen Blankett und Frikassee vom Kalb.
23. Beschreiben Sie die Merkmale des Gerichtes „Curry von Kalbfleisch".
24. Ragoût fin:
    a) Welche Zutaten gehören dazu?
    b) Zu welchen Zwecken wird es verwendet?
    c) Auf welche Weise wird es angerichtet und fertiggestellt?
25. Nennen Sie geschmorte Kalbfleischgerichte.
26. Welches sind die Besonderheiten folgender Kalbfleischgerichte:
    a) Naturschnitzel sowie Rahm- und Paprikaschnitzel,
    b) Wiener Schnitzel und Cordon bleu.

Schwein:
27. Nennen Sie die Fleischteile des Schweines.
28. Ordnen Sie den Fleischteilen des Schweines geeignete Garmachungsarten zu.
29. Beschreiben Sie die Eigenschaften des Schweinefleisches.
30. Nennen Sie Pfannengerichte aus Schweinefleisch.
31. Welche geschmorten Kleinfleischgerichte aus Schweinefleisch kennen Sie?

32. Welche Beilagen sind für folgende Schweinefleischgerichte speisenspezifisch:
    a) Schweinebraten,
    b) Pfannengerichte aus Schweinefleisch.
33. Für welche Garmachungsarten werden Fleischteile des Schweines gepökelt?
34. Welche Fleischteile werden auf diese Weise verarbeitet?
35. Welche Auswirkungen hat das Pökeln auf das Fleisch?
36. Welches sind die speisenspezifischen Besonderheiten von:
    a) Schweinepfeffer?
    b) Szegediner Gulasch?
37. Nennen Sie geeignete Saucen und Beilagen:
    a) zu Schweineschinken,
    b) zu Rippchen und Eisbein.
38. Beschreiben Sie das Gericht „Garniertes Sauerkraut".

Hammel, Lamm:
39. Nennen Sie die Fleischteile des Hammels.
40. Ordnen Sie den Fleischteilen des Hammels die geeigneten Garmachungsarten zu.
41. Beschreiben Sie die Eigenschaften des Hammel- und Lammfleisches.
42. Welche Braten und Pfannengerichte werden aus Lamm- und Hammelfleisch zubereitet?
43. Welches sind die spezifischen Besonderheiten folgender Gerichte:
    a) Hammelbohnenfleisch,
    b) Hammelragout und Lammragout,
    c) Irish Stew,
    d) Mutton chops.
44. Was ist beim Service von Lamm- und Hammelgerichten besonders zu beachten?

E. Zubereitungen aus Innereien und Hackfleisch

In der Küche werden vor allem die Innereien des Kalbes verarbeitet, seltener die von Rind, Schwein, Lamm oder sogar Wild. Beliebt sind dagegen auch die Innereien von Schlachtgeflügel und unter diesen als besondere Spezialität die Gänseleber.

1. Gerichte von Innereien

Wegen des hohen Gehaltes an Vitaminen und Mineralstoffen sind Innereien ernährungsphysiologisch hochwertige Nahrungsrohstoffe, das Fleisch ist zart und leicht verdaulich. Aufgrund der besonderen Eigenschaften sind Innereien eine willkommene Abwechslung im Speisenangebot.

Speisenbezeichnung		Saucen und Beilagen
Leber	– gebraten	Bratenjus (Kalbsjus) Salzkartoffeln, Kartoffelpüree, Bratkartoffeln Tomatenfleischwürfel, Pilze
	– geschnetzelt	Rahmsauce und Reis Champignons, Morcheln, Pfifferlinge, Steinpilze
	– sauer	Rahmsauce (mit Essig oder Wein gewürzt), Zwiebeln
	– Leberklöße	Kartoffelpüree und Sauerkraut
Nieren	– gebraten	Senfsauce oder Rahmsauce Nußkartoffeln, Bratkartoffeln, Reis Perlzwiebeln, Karotten, Tomaten
	– geschnetzelt	Rahmsauce, Kräutersauce Kartoffelpüree oder -schnee Salate
	– sauer	wie saure Leber

Speisenbezeichnung		Saucen und Beilagen
Herz	– gebraten, vom Grill	Kräuterbutter gebackene Kartoffelstäbchen, Salate oder feine Gemüse
	– geschmort, Herzragout	Salzkartoffeln, Kartoffelpüree Erbsen, Karotten, Rosenkohl, Schwarzwurzeln
Zunge	– gekocht (gepökelt)	Burgunder-, Madeirasauce Petersilienkartoffeln, Kartoffelpüree, Herzoginkartoffeln, Rahmkartoffeln, Spargel, Blumenkohl, Brokkoli, Erbsen, Karotten, Spinat
Hirn	– gekocht	zerlassene Butter Salzkartoffeln, Spinat
	– gebraten	Kartoffelschnee, Spinat
	– gebacken	Zitronenecke, Mayonnaisen-Kartoffelsalat
	– überbacken	Blattspinatsockel mit Mornaysauce Salzkartoffeln
Kalbs- bries	– gedünstet	helle Rahmsauce, Kräutersauce Reis, Petersilienkartoffeln Spargel, Champignons, Morcheln, Krebsschwänze
	– gebraten	leichte Jus Petersilienkartoffeln, gebratene Kartoffeln, Reis Tomatenfleischwürfel, Erbsenschoten, grüne Bohnen, Karotten
Kalbslunge	– sauer	Rahmsauce, Semmelknödel

Eine besondere und beliebte Spezialität ist „**Kalbsleber nach Berliner Art**".

- Gebratene Apfelscheiben und Bratenjus,
- Röstzwiebeln und Kartoffelpüree.

Speisen von Schlachtfleisch

2. Gerichte aus Hackfleisch

Hackfleisch ist stark zerkleinertes Fleisch, das wegen der vergrößerten Oberfläche und der feuchten Beschaffenheit einen leicht zugänglichen Nährboden für Bakterien darstellt. Besonders roh verzehrtes Hackfleisch könnte zur Gefahr für die menschliche Gesundheit werden. Es ist deshalb wichtig, die Vorschriften der *Hackfleischverordnung* einzuhalten und auf eine hygienisch einwandfreie Verarbeitung des Fleisches zu achten. Das gilt auch für jeden, der am Tisch des Gastes „Beefsteak Tatar" zubereitet.

▷ **Warme Hackfleischgerichte**

Grundlage sind Rind- und Schweinefleisch, das 70 % der herzustellenden Hackmasse betragen muß. Sonstige Zutaten sind:

- Eier und vorgeweichte Brötchen,
- Zwiebeln und Gewürze.

Speisenbezeichnungen	Garnituren	Beilagen
Hacksteaks Masse steakähnlich geformt, in der Pfanne gebraten	– Röstzwiebeln, Pilze, – Tomatenfleischwürfel – Paprikastreifen – Spiegelei	– Champignons oder Rahmsauce – Tomatensauce – Kräuterbutter oder Kräutersauce – Salzkartoffeln, Kartoffelpüree, Kartoffelschnee, Bratkartoffeln, frittierte Kartoffeln – Blumenkohl, Erbsen, grüne Bohnen, Pilze, Rosenkohl, Schwarzwurzeln
Hackbraten Masse brotlaibähnlich geformt, im Ofen gebraten	– Champignons und Gurkenfächer – Eischeiben – manchmal gefüllt mit Pilzen oder Rührei	
Gekochte Klopse Masse zu Kugeln geformt, in Fleischbrühe gegart	– Streifen von Karotten, Sellerie und Lauch – Kapern	– Kapernsauce, Kräutersauce, Weißweinsauce, Tomatensauce – Salzkartoffeln, Reis – Mixed Pickles, Cornichons, Rote Bete

▷ **Kalte Hackfleischgerichte**

▶ **Tatarbeefsteak**

Vorbereiten des Fleisches	– Sehnen- und fettfreies, feingehacktes Rindfleisch steakähnlich formen.
Anrichten des Fleisches	– Auf einem Teller oder einer Platte anrichten und in die Fleischmulde ein rohes Eigelb geben, – zum oder um das Fleisch herum kleine Häufchen (oder Schälchen) mit Pfeffer, Salz, Paprika, gehackten Zwiebeln, Gewürzgurken, Kapern und Sardellen anrichten.

▶ **Schweinemett**

Zu diesem Zweck wird rohes, sehnenfreies feingehacktes Schweinefleisch mit ähnlichen Zutaten wie beim „Tatar" angemacht.

F. Anrichten von Speisen aus Schlachtfleisch, Fleisch- und Wurstwaren

Das Anrichten von Speisen auf Tellern oder Platten ist eine Arbeit, die mit sehr viel Sorgfalt und unter Beachtung wichtiger Regeln ausgeführt werden muß. Sorgfalt ist notwendig, weil das Angerichtete ordentlich und dekorativ aussehen soll. Regeln sind vor allem im Hinblick auf die Anordnung der Speisen zu beachten bzw. auf den, der mit den Speisen umgehen muß (der Gast oder die Bedienung beim Vorlegen).

▶ **Anrichten auf Tellern,** von denen der Gast ißt:
- Das Fleisch immer so anrichten, daß es zum Gast hin liegt.
- Gemüsebeilagen, zu deren Zerteilung manchmal das Messer erforderlich ist, werden auf der rechten Seite des Tellers angerichtet.
- Sättigungsbeilagen, die nicht mit dem Messer geschnitten werden sollten, richtet man auf der linken Tellerseite an.

▶ **Anrichten auf Platten**, von denen die Bedienung vorlegt:
Dabei ist es wichtig, die Speisen auf der Platte so zu ordnen, daß die Bedienung, von einer Seite beginnend, leicht an die Speisen herankommen und bequem vorlegen kann. Es darf nicht sein, daß sie für bestimmte Speisenbestandteile in die Mitte der Platte greifen muß.

1. Anrichten von Schlachtfleischgerichten

▷ **Anrichten von Braten**
▶ Die Fleischscheiben auf einem Teller (Tellergericht) oder einer Platte leicht versetzt übereinander (gefächert) anordnen.
▶ Englisch und rosa gebratenes Fleisch mit Sauce nur um- oder untergießen, nicht nappieren, weil das Aussehen des Fleisches zur Geltung kommen soll.
▶ Durchgebratenes Fleisch, das an der Oberfläche etwas glanzlos und trocken ist, wird mit Sauce nappiert oder übergossen.
▶ Jus und Sauce können zusätzlich à part angerichtet oder dem Fleisch auf dem Teller bzw. der Platte dekorativ zugeordnet werden.
▶ Bei saucenreichen, geschmorten und gekochten Gerichten wird das Fleisch in jedem Falle teilweise oder ganz mit Sauce nappiert.

▷ **Anrichten von Pfannengerichten**
▶ Das Fleischstück wird manchmal auf einer gerösteten Toastscheibe (Croûton) angerichtet.
▶ Naturbelassene gebratene oder gegrillte Pfannengerichte werden entweder mit Jus untergossen oder mit Kräuterbutter belegt.
▶ Andere gebundene Sauce reicht man besser à part.
▶ Panierte Gerichte werden manchmal noch auf Papiermanschetten oder Stoffservietten angerichtet.
  – Wenn dazu Sauce bzw. Jus gewünscht wird, so ist diese à part zu reichen, weil sie die knusprige Umhüllung der Speise aufweichen würde.
▶ Beilagen werden entweder à part angerichtet oder dem Fleisch auf dem Teller oder der Platte dekorativ zugeordnet.
▶ Garnituren werden je nach der Art auf oder neben das Fleisch gelegt.

▷ **Anrichten von Kleinfleischgerichten**
▶ Saucenreiche Gerichte (z. B. Blankett, Ragout, Gulasch) serviert man im allgemeinen in Schalen oder Schüsseln, weil die Speise beim Anrichten auf Tellern oder Platten zerfließt, rasch abkühlt und meistens unansehnlich wird. In bestimmten Fällen wird dies jedoch durch Bordüren aus Blätterteig, Reis oder Kartoffelpüree verhindert bzw. diese Art des Anrichtens ermöglicht.

▶ Beilagen werden in der Regel à part angerichtet. Ausnahmen sind Garnituren (z. B. Gemüse), die zur Speise gehören und deshalb auch unmittelbar zugeordnet werden.

2. Anrichten von Fleisch- und Wurstwaren

Neben anderen Verwendungszwecken werden Fleisch- und Wurstwaren als kalte Speisen angeboten. In größerem Rahmen bzw. alternativ werden sie durch Bratenfleisch von Rind, Kalb, Schwein, Wild und Geflügel ergänzt. Das Anrichten erfolgt:
▶ als Einzelportion auf Tellern oder Brettern (Brotzeit),
▶ bei mehreren Portionen auf Platten.

Beim Anrichten auf Platten sind folgende Gesichtspunkte zu beachten:

– Anzahl der Personen und Auswahl der Platte,
– Formen und Anordnen des Materials.

▷ **Anzahl der Personen**
Die Anzahl der Personen ist ausschlaggebend für die Menge bzw. die Anzahl der Stücke oder Tranchen von Hauptmaterialien, die Menge der Garnituren, Beigaben und Salate.

▷ **Auswahl der Platte**
Die Art der Platten richtet sich nach dem Zweck bzw. dem Anlaß:

▶ **rustikal**	→	Holzplatten in Form von Tellern, Brettern oder Baumscheiben
▶ **schlicht** (neutral)	→	Edelstahlplatten
▶ **festlich** (elegant)	→	Silberplatten

Die Speisen verbleiben beim Servieren auf Platten im allgemeinen länger als bei Einzelportionen. Silberplatten werden deshalb zum wechselseitigen Schutz von Speise und Silberbeschichtung (Oxidation) vor dem Belegen mit einer dünnen Aspikschicht (Gelee) ausgegossen.

▷ **Formen des Materials**
Neben Überlappen und Fächern wird großflächiges bzw. auch dünn geschnittenes Material (z. B. Schinken, Wurst und Braten) zu Röllchen, Tüten, Fächern oder Taschen geformt. Diese besondere Formung ist in mehrfacher Hinsicht von Bedeutung:
▶ Das Aufschnittmaterial ist gegenüber Austrocknung geschützt,
▶ es eignet sich zum Füllen (z. B. mit Spargelstücken, Palmenmark, feinen Salaten und Sahnemeerrettich),
▶ die Platte erhält ein plastisches und auf besondere Weise dekoratives Aussehen.

Speisen von Schlachtfleisch

▷ Anordnung des Materials

Um eine gute optische Wirkung zu erzielen, sind folgende Richtlinien von Bedeutung:

Grundvoraussetzung ist die Beachtung bestimmter symmetrischer oder gewollt asymmetrischer Formen:

- kreisförmig oder oval,
- in Reihe (gerade, rundherum oder diagonal),
- in Dreiecksform oder als Schachbrettmuster.

Die allgemein übliche Anrichteweise ist das dachziegelartige Übereinanderlegen der Scheiben mit Präsentationsrichtung zum Gast.

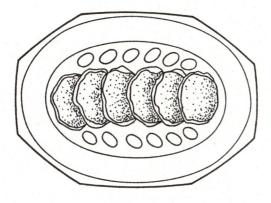

Darüber hinaus ist zu beachten:

- Zugunsten des farblich schönen Bildes sollen sich nebeneinanderliegende Materialien farblich voneinander unterscheiden.
- Die Platte sollte niemals überladen, insbesondere der Rand nicht belegt werden.
- Die verschiedenen Materialien sind so anzuordnen, daß sich der Gast ohne Schwierigkeit von jeder Sorte etwas nehmen kann.

▷ Garnituren

Garnituren sollen das dekorative Aussehen der Platte steigern, und sie dienen außerdem dazu, freie Stellen auf der Platte ansprechend auszufüllen. Es eignen sich folgende Materialien:

- Hartgekochte Eier in Form von Scheiben, Sechstel, grob gehackt oder als gefüllte Eier
- Mixed Pickles
- Gurken in Form von Scheiben oder Fächer
- Tomaten als Scheiben, Viertel oder Achtel sowie gefüllt
- Artischockenherzen oder -böden
- Pilze als Füllmaterial oder für pikante Salate
- Zwiebelringe und Paprikastreifen
- Radieschen in Röschenform
- Champignonköpfe und Spargel
- Tarteletts mit verschiedenem Belag
- Früchte wie Ananas, Birnen, pochierte Apfelspalten, Orangen, Zitronen, Pfirsiche, Weintrauben, Kirschen usw.

Bezüglich der Wahl bzw. der Verwendung des Garniturmaterials ist zu beachten:

▶ Das Material muß in Farbe und Geschmack zum Hauptbestandteil passen,
▶ es soll schmückend wirken und den Hauptbestandteil nicht zudecken.

Aufgaben (Innereien, Hackfleisch, Anrichten)

Innereien:
1. Nennen Sie fünf Innereien.
2. Nennen Sie Zubereitungen aus Leber und ordnen Sie diesen speisenspezifische Beilagen zu.
3. Beschreiben Sie die Besonderheiten von „Kalbsleber nach Berliner Art".
4. Welche Gerichte werden aus Nieren bereitet, und welche Beilagen sind dazu geeignet?
5. Auf welche Weise wird Herz zubereitet, und welche Beilagen werden dazu gereicht?
6. Nennen Sie speisenspezifische Saucen und Beilagen zu Zunge.
7. Welche Gerichte werden aus Hirn bereitet?
8. Welche Gerichte bereitet man aus Kalbsbries?

Hackfleisch:
9. Beschreiben Sie das Anrichten von Tatarbeefsteak und nennen Sie die notwendigen Beigaben.
10. Was ist bei der Verarbeitung von Hackfleisch im besonderen zu beachten?
11. Nennen Sie Garnituren, Saucen und Beilagen zu Hacksteaks, Hackbraten und gekochten Klopsen.

Anrichten:
12. Auf welche Weise werden die Saucen angerichtet zu:
    a) englisch oder rosa gebratenem Fleisch?
    b) durchgebratenem Fleisch?
    c) naturbelassenen Pfannengerichten?
    d) panierten Pfannengerichten?
13. Wie sollten Kleinfleischgerichte (wie Blankett, Frikassee und Ragout) angerichtet werden?
14. Beschreiben Sie die Anordnung der Speisen auf einem Tellergericht und begründen Sie Ihre Aussagen.
15. Nennen Sie Richtlinien, die beim Anrichten von Platten zu beachten sind.
16. Wie und warum wird eine Silberplatte aus hygienischen Gründen vor dem Belegen mit den kalten Speisen vorbereitet?
17. Nennen Sie Beispiele für das Anordnen des Materials auf den Platten.
18. Auf welche Weise kann großflächiges bzw. dünn geschnittenes Material geformt werden, und welche Auswirkungen haben diese Formen?
19. Welche Richtlinien sind für die Auswahl und die Verwendung von Garniturmaterial zu beachten?

VI. Speisen aus Schlachtgeflügel und Wildbret

Neben Schlachtfleisch haben Schlachtgeflügel und Wildbret im Rahmen der „Speisen aus Fleisch" eine starke eigenständige Bedeutung. Aufgrund der vielfältigen Eigenschaften des Fleisches bereichern sie das Speisenangebot und sorgen für Abwechslung.

A. Zubereitungen aus Schlachtgeflügel

Grundlage für die Zubereitungen sind die bei Schlachtgeflügel angewendeten Garmachungsarten, wobei außerdem zwischen hellem und dunklem Schlachtgeflügel zu unterscheiden ist.

Helles Schlachtgeflügel wird seiner Fleischeigenschaften wegen im allgemeinen durch **Braten** oder **Grillen** gegart. Außerdem gibt es einige Besonderheiten:
- das Fritieren oder Schmoren von Hähnchenteilen,
- das Hellbraundünsten (Poëlieren) von Hähnchen und Jungmasthähnen,
- Kochen von Jungmasthähnen und Suppenhühnern.

Dunkles Schlachtgeflügel wird wegen seiner natürlichen Farbe durch Braten gegart. Lediglich bei älteren Tieren bzw. derberem Fleisch ist Schmoren erforderlich.

1. Gerichte aus hellem Schlachtgeflügel

▷ **Gebratene und gegrillte Speisen**

Gerichte	Beilagen
ganze Tiere – Küken – Hähnchen – Jungmasthahn – Pute, Puter **Geflügelteile** – Brust, Keule – Steak, Schnitzel	– Geflügeljus – Pariser Kartoffeln, Pommes frites, Kartoffelnester und gleichartige Zubereitungen – Mais- und Reisküchle – geeignet sind außerdem alle feinen Gemüsezubereitungen und Salate

Neben Braten und Grillen wird hier auch das Hellbraundünsten (Poëlieren) angewendet. Außerdem gibt es Zubereitungen, bei denen ganze Tiere oder ausgelöste Teile gefüllt werden.

▷ **Gebackene Hähnchen**

Zum Backen werden die Tiere halbiert oder in zwei Brusthälften und Keulen zerlegt:
- Teilstücke panieren oder in Backteig tauchen,
- langsam in einer Pfanne oder Fritüre backen,
- mit Zitronenecke und fritierter Petersilie garnieren.

Beilagen sind:

zu Paniertem	zu in Backteig Gebackenem
Kartoffelsalat sowie Remouladen- oder Tatarensauce	Salzkartoffeln, Tomatensauce und Salat

▷ **Geschmorte Hähnchen**

Zum Schmoren werden die Tiere ebenfalls in Teilstücke zerlegt:
- Anbraten und mit Sauce auffüllen,
- in der Sauce fertiggaren.

Beilagen sind:

Garnituren	Sättigungsbeilagen
– Karotten, Erbsen, glasierte Zwiebeln, Oliven, Paprikastreifen – Champignons und Steinpilze, – gebratene Geflügelleber	– Kartoffelpüree, Herzoginkartoffeln, Dauphinekartoffeln – Kartoffelkroketten, Reis, Spätzle und andere Teigwaren

Ein klassisches französisches Geflügelschmorgericht ist „**Coq au vin**" (Hahn in Wein).

▷ **Gekochte oder gedünstete Gerichte**

Zwei Standardgerichte dieser Art sind z. B.:

Blankett	Frikassee
Ein Hähnchen wird ganz gekocht, dann enthäutet und in Teilstücke zerlegt.	Die Teilstücke eines Hähnchens werden angedünstet und in heller Sauce fertiggegart.

Beim Blankett wird aus dem Kochfond eine weiße Sauce bereitet.

Für spezielle Zubereitungsarten werden auch Hühnerbrüstchen und eventuell auch Hühnerkeulen gekocht oder gedünstet. Zu diesen Gerichten sind folgende Beilagen üblich:

Saucen	– hauptsächlich Geflügelrahmsauce (Suprêmesauce) – aber auch Champignonsauce oder Currysauce
Garnituren	– Spargel, Champignons, Morcheln – Krebsschwänze od. gefüllte Krebsnasen – Blätterteigfleurons
Gemüsebeilagen	– Artischockenböden und Erbsen, Salat – Blumenkohlröschen und Kaiserschoten
Sättigungsbeilagen	– Salzkartoffeln und Kartoffelpüree – Reis

Speisen von Schlachtgeflügel und Wildbret

Suppenhühner werden vor allem gekocht, um eine **kräftige Brühe** zu erhalten. Das weniger zarte Fleisch wird zu Geflügelsalat verarbeitet.

2. Gerichte aus dunklem Schlachtgeflügel

Enten und Gänse stehen im Vordergrund. Das dunkle und kräftig-aromatische Fleisch wird durch Braten bzw. Schmoren gegart. Die Beilagen weisen auf Ähnlichkeiten mit Wildgerichten hin.

▷ **Enten**

Sauce	– Geflügeljus oder Entensauce
Gemüse-beilagen	– Rosenkohl und Rotkohl – Schwarzwurzeln und Staudensellerie
Obst-beilagen	– Mandarinen, Orangen, Ananas – Äpfel und Pfirsiche
Sättigungs-beilagen	– Kartoffelpüree und Kartoffelkroketten – Kartoffelklöße und Semmelklöße – Dauphinekartoffeln

▷ **Gänse**

Sauce	– Geflügeljus oder Gänse-Rotweinsauce
Gemüse-beilagen	– wie Ente
Obst-beilagen	– glasierte Kastanien (Maronen) – gefüllte Äpfel
Sättigungs-beilagen	– wie Ente – vorwiegend jedoch Knödel und Klöße

3. Spezielle Garnituren zu Schlachtgeflügel

▷ ... **nach amerikanischer Art**
[Grillen] Das Geflügel wird beim Garen mit angerührtem englischen Senf bestrichen. Beilagen sind: Grilltomate, gebratene Speckscheiben und Strohkartoffeln.

▷ ... **nach portugiesischer Art**
[Schmoren] Als Garnitur zu den Hähnchen verwendet man glasierte Zwiebeln, Tomatenfleischwürfel, Champignons und als Beilage Schloßkartoffeln.

▷ ... **nach Florentiner Art**
[Dünsten] Das Hähnchenfleisch wird auf Blattspinat angerichtet, mit Mornaysauce nappiert und überbacken.

▷ ... **Chipolata**
[Braten] Die verwendete Garnitur besteht aus knusprig gebratenen Speckstückchen, glasierten Schalotten und gebratenen Würstchen (sogenannte Chipolatawürstchen) sowie aus glasierten Maronen und Karotten.

▷ ... **Bigarade**
[Braten] Spezielles Entengericht, zu dem die Sauce mit dem Saft, der Schale und dem Fleisch von ungespritzten Orangen verkocht wird. Garnitur sind Orangenfilets und knusprig fritierte Kartoffeln.

4. Anrichten von Speisen aus Schlachtgeflügel

▷ **Gebratenes oder gegrilltes Geflügel**

Die ganz zubereiteten Tiere werden in Brust und Keulen zerlegt und diese darüber hinaus in Teilstücke geschnitten. Zu einer Portion gehören je nach Größe des Tieres 1 oder 2 Stücke von Keule und Brust. Das Anrichten erfolgt auf Tellern oder Platten, wobei im einzelnen folgende Richtlinien zu beachten sind:
- Sauce möglichst à part,
- Gemüse- und Sättigungsbeilagen à part oder zusammen mit dem Fleisch.

▷ **Blankett, Frikassee, geschmorte Hähnchen**

Diese mit reichlich Sauce versehenen Gerichte werden in Schüsseln (Cocotten) oder Schalen angerichtet und obenauf mit Garnitur versehen. Die Sättigungsbeilagen sind à part zu reichen. Es ist aber auch hier das Anrichten auf Tellern möglich, dann jedoch einschließlich der Sättigungsbeilagen.

Kartengerechte Beispiele für Spezialitäten vom Geflügel

Poëlierte Stubenkükenbrüstchen auf sautiertem Gemüseallerlei

*Geflügelleber-Kuchen in Morchelsauce,
mit Gartengemüsen*

*Hühnerkeulchen mit Kräuterbrotfüllung,
umlegt mit Austernpilzen und grünen Böhnchen*

*Überbackene Putenbrust auf Roquefortsauce,
mit frischen Marktgemüsen*

*Brust vom Maishähnchen,
mit frischer Gänseleber und Trüffeln gefüllt,
mit Streifen von Lauch, Karotten und Nudeln umlegt*

*Taubenröllchen auf gebratenen Kohlrabischeiben,
mit Kräutersauce*

*Entenbrust mit Rosinenauflauf auf Rotweinsauce,
mit Kaiserschoten*

*Gans in Weißwein-Kräuter-Sauce,
mit Karotten, weißen Rübchen und Majorankartoffeln*

*Glasierte Perlhuhnbrust mit Sauerkirschen,
Kaiserschoten und Schloßkartoffeln*

B. Zubereitungen aus Wildbret

Wildgerichte sind vor allem in der herbstlichen und winterlichen Jahreszeit eine beliebte Abwechslung im gastronomischen Speisenangebot. Die Gerichte basieren auf den für Wildbret spezifischen Garmachungsarten, die sich (wie beim Schlachtfleisch) aus dem alters- und fleischteilbedingten Bindegewebeanteil ergeben:

▶ Das Fleisch junger Tiere eignet sich zum Braten,
▶ das Fleisch älterer Tiere bzw. bindegewebereichere Fleischteile müssen geschmort werden.

Bei der küchentechnischen Vorbereitung des Wildfleisches sind noch zwei weitere Besonderheiten zu beachten:

▶ Zwei Techniken sind darauf ausgerichtet, den geringen Fettanteil des Wildfleisches zu ergänzen.
  Spicken (das Fleisch wird mit Speckstreifen durchzogen),
  Bardieren (das Fleisch oder unzerteiltes Wildgeflügel wird mit dünnen Speckplatten umwickelt).
▶ Zum Schmoren bestimmte Stücke werden im allgemeinen einige Zeit mariniert oder in eine Beize eingelegt, wobei unabhängig von der konservierenden Wirkung das Bindegewebe gelockert und die Fleischstruktur zarter gemacht wird.

1. Gerichte aus Haarwild

▷ **Gebratene Gerichte**

Sie werden hergestellt aus:
– Rücken und Keulen von kleineren Tieren,
– Rücken- und Keulenteilen von größeren Tieren in Form von Rückenstücken bzw. als Koteletts, Steaks und Medaillons.

▷ **Geschmorte Gerichte**

Zu diesen Gerichten gehören aufgrund ihrer natürlichen Eigenschaften z. B.:
– Schmorbraten, vor allem aus dem Blatt und der Schulter,
– Wildhasenkeulen und Wildhasenläufchen,
– Wildragout und Wildgulasch.

Das Ragout wird zur Reifung und geschmacklichen Abrundung in eine *Wein-Essig-Marinade* oder in eine *Buttermilchbeize* eingelegt.

Wildpfeffer, auch als Reh- oder Hasenpfeffer hergestellt, ist eine Zubereitung, die mit reichlich Pfefferkörnern gewürzt und mit Schweineblut legiert bzw. vollendet wird.

▷ **Beigaben zu Haarwildgerichten**

Jus und Saucen	– Bratenjus vom Wild – Wildrahmsauce, Wacholderrahmsauce, Wildpfeffersauce – Waldmeistersauce
Gemüsebeilagen	– Pfifferlinge, Steinpilze, Champignons und Morcheln – Rosenkohl, Brokkoli, Karotten und Bohnen, Schwarzwurzeln – Rotkohl (im allgemeinen als Apfelrotkohl)
Obstbeilagen	– Preiselbeeren oder Johannisbeergelee, Waldmeistergelee – Äpfel und Birnen, geschmort, gebraten oder als Kompott – Kastanien (Maronen), glasiert oder als Kastanienpüree – Ananas, Orangen, Mandarinen und Pfirsiche
Sättigungsbeilagen	– Kartoffelkroketten, Mandelbällchen, Bernykartoffeln – Dauphinekartoffeln, Herzoginkartoffeln, Spätzle – Kartoffelklöße (zu Schmorgerichten)

2. Gerichte aus Federwild

Die Tiere werden gebraten oder geschmort und mit Bratenjus oder Wildsauce serviert. Sonstige Beilagen sind:

Gemüsebeilagen	– Rotkohl und Rosenkohl – Wein-, Champagner- und Ananaskraut
Obstbeilagen	– Apfel- und Kastanienmus – Orangenfilets und Weintrauben
Sättigungsbeilagen	– Kartoffelpüree und Kartoffelkroketten – Dauphinekartoffeln oder Spätzle

Kartengerechte Beispiele für Spezialitäten vom Wild und Wildgeflügel

> *Wildentenbrust mit Cassissauce, Brokkoliröschen und Kartoffelschnee*
>
> *Rebhuhn mit Ingwersauce und wildem Reis*
>
> *Frischlingsfilets auf Hagebuttensauce, mit süßsaurem Kürbis und Kräuterspätzle*
>
> *Wildkaninchenkeule mit leichter Jus auf einem Gemüsebett aus Karotten, Wirsing, Sellerie und Morcheln, mit Sesamplätzchen*
>
> *Hirschfilet im Pilz-Spinat-Mantel auf Holunderbeersauce, mit Rosenkohl und Kartoffelgratin*
>
> *Hirschmedaillons in Wacholder-Gin-Sahne, mit frischen Marktgemüsen, Preiselbeerbirne und Bernykartoffeln*
>
> *Rehkoteletts mit Walnußsahne, mit Rosenkohlblättern, Romanescu und Vollkornnudeln*
>
> *Rehrücken in Weinsauce, mit glasierten Trauben und Steinpilzauflauf mit Preiselbeeren*

Rohstoffübergreifende Garnituren (Zusammenfassung)

Aufgaben (Schlachtgeflügel, Wildbret)

Schlachtgeflügel:
1. Welche Garmachungsarten werden angewendet:
   a) bei hellem Schlachtgeflügel?
   b) bei dunklem Schlachtgeflügel?
2. Nennen Sie gebratene Gerichte aus hellem Schlachtgeflügel und ordnen Sie diesen geeignete Beilagen zu.
3. Beschreiben Sie die Zubereitung und nennen Sie geeignete Beigaben:
   a) zu gebackenem Hähnchen,
   b) zu geschmortem Hähnchen.

Gekochte und gedünstete Gerichte:
4. Nennen Sie gekochte bzw. gedünstete Gerichte aus hellem Schlachtgeflügel.
5. Welches ist der Unterschied zwischen Blankett und Frikassee?
6. Nennen Sie zu den gekochten und gedünsteten Gerichten:
   a) Saucen und Garnituren,
   b) Gemüse- und Sättigungsbeilagen.
7. Zu welchen Zwecken werden Suppenhühner gekocht und verarbeitet?

Gerichte von dunklem Schlachtgeflügel:
8. Welche Garmachungsarten werden angewendet?
9. Nennen Sie Saucen und Beilagen
   a) zur Ente,   b) zur Gans.

Garnituren und Anrichteweisen für Schlachtgeflügel:
10. Nennen Sie Garniturbezeichnungen für Gerichte von Schlachtgeflügel.
11. Nennen bzw. beschreiben Sie zu den unter 10. genannten Garnituren:
    a) die Garmachungsart,
    b) die für die Garnitur typischen Beigaben.
12. Auf welche Weise werden Schlachtgeflügelgerichte angerichtet:
    a) gebratene und gegrillte,
    b) Blankett und Frikassee,
    c) geschmorte Hähnchen.
13. Beschreiben Sie folgende Garniturbezeichnungen:
    a) ... nach amerikanischer Art,
    b) ... nach portugiesischer Art,
    c) ... nach Florentiner Art,
    d) ... Chipolata und ... Bigarade.

Wildbret:
14. Welche Garmachungsarten werden bei Wildbret angewendet?
15. Beschreiben Sie die Art der Behandlung von Wildfleisch sowie den jeweiligen Zweck:
    a) Spicken,   c) Marinieren.
    b) Bardieren,
16. Nennen Sie gebratene und geschmorte Wildgerichte und ordnen Sie diesen artspezifische Saucen und Beilagen zu:
    a) Haarwild,
    b) Federwild.
17. Beschreiben Sie die Besonderheiten der Zubereitungen „Wildragout" und „Wildpfeffer".

VII. Rohstoffübergreifende Garnituren (Zusammenfassung)

In der klassischen Küche wurden viele Gerichte von Fisch, Geflügel, Schlachtfleisch und Wildbret mit Namen ergänzt, die man als **Garnitur** bezeichnet. Diese Bezeichnung bezieht sich immer auf die Art der Zubereitung, die Art der Speisendekoration und auf die Art der Beilagen. Den Garniturbezeichnungen haftete ursprünglich etwas Geheimnisvolles an, weil der Gast zunächst im unklaren war, was ihn erwartet. Die heutigen Gäste bzw. auch die Küche sind für mehr Klarheit und Information im voraus, so daß bei der Benennung der Speisen vielfach auf eine Garniturangabe zugunsten einer klaren Aussage verzichtet wird.

Beispiel:

alte Version	heutige Aussage
Kalbsleber nach Berliner Art	Gebratene Kalbsleberscheiben mit Röstzwiebeln, Apfelringen und Kartoffelpüree

Zweck einer Garnitur ist es, das optische Bild einer Speise zu verbessern und ihr eine besondere Note zu verleihen. Bei Verwendung von klassischen Garniturbezeichnungen ist es unerläßlich, daß das Gericht mit den entsprechenden Bestandteilen ausgestattet ist.

Übersicht über Standardgarnituren

Garniturbezeichnung	zugehörige Rohstoffe	wichtige Zutatenmerkmale
nach amerikanischer Art	Geflügel	Mais in Variationen, Speck, Tomate
	Fleisch, Fisch	gebratene Speckscheiben, Grilltomaten, (Hummerschwänze, amerikanische Sauce), Trüffel
nach Bäckerinart *	Lamm, Hammel, Schwein	rohe Kartoffelscheiben mit Zwiebelscheiben und entsprechender Jus geschmort
Baden-Baden *	Wild	Wildrahmsauce, halbierte und mit Preiselbeeren/Johannisbeergelee gefüllte, pochierte Birne
nach Berliner Art *	Kalbsleber	Apfelring, Röstzwiebel
nach Bordeauxer Art *	Rind, Kurzbratfleisch	Bordeauxer Sauce, blanchierte Rindermarkscheiben
Chipolata	Geflügel	Chipolata-Würstchen, glasierte Maronen, Perlzwiebeln, Speck, Pariser Kartoffeln
Colbert *	Fisch (Seezunge)	auf bestimmte Art geschnitten und paniert, mit Colbertbutter serviert
Doria *	Fisch gebraten	olivenförmig tournierte frische Gurke, Zitrone und frische Kräuter
Dubarry *	Fleisch	Blumenkohl und Mornaysauce, Schloßkartoffeln
Dugleret	Fisch pochiert	Weißweinsauce, Tomatenfleischwürfel, gehackte Petersilie
nach flämischer Art	Rindfleisch gekocht	Lauch, Sellerie, Karotten, Wirsingbällchen, Speck, geschabter Meerrettich, Knoblauchwurstscheiben
nach Florentiner Art *	Fisch, Geflügel, Eier, Fleisch	Blattspinat, Mornaysauce
nach Försterinart	Wild	Morcheln, Speck, Nußkartoffeln
nach Gärtnerinart *	Fleisch	bukettweise mit frischen Gartengemüsen umlegt
Holstein *	Kalbssteak	Spiegelei und kleine Fisch-Canapés
nach Jägerart	Wild	Waldpilze, Tomatenfleischwürfel, Jägersauce
nach Mailänder Art *	Kalb	Streifen von Pökelzunge, Schinken, Champignons, Trüffeln, Parmesan, Tomatensauce
Mirabeau *	Rind gebraten	Sardellenstreifen und Olivenscheibchen
nach Müllerinart *	Fisch gebraten	Butter (Jus), Petersilie, Zitronenscheiben
Orly *	Gemüse, Fisch	in Bierteig gebacken, mit Tomatensauce
Rossini	Rind gebraten/Tournedos	Gänseleber, Trüffeln, Madeirasauce, Croûtons
Strindberg	Rind	Fleisch mit Zwiebelwürfeln und englischem Senf bedeckt, gemehlt und gebraten
nach Tiroler Art	Rind	gebackene Zwiebelringe, Tomatenfleischwürfel
Walewska	Fisch	Weißweinsauce, Medaillons von Hummer, Trüffeln
Wellington *	Rind, Kalb	Blätterteighülle, Duxelles, Trüffelsauce
Westmoreland	Rind, Schwein	sautierte Mixed Pickles, Madeirasauce
nach Zigeunerart	Rind, Schwein, Geflügel	Streifen von Pökelzunge, Schinken, Champignons, Trüffel, Madeirasauce

* im AKA-Stoffkatalog

VIII. Vorspeisen

Die Bezeichnung Vorspeisen kommt aus der klassischen Speisenfolge und meint *„kleine Speisen"*, die vor den Hauptgängen gereicht werden. Man unterscheidet kalte und warme Vorspeisen.

A. Kalte Vorspeisen

Es gibt keinen Nahrungsmittelrohstoff, der nicht im Rahmen der kalten Vorspeisen Verwendung findet. In Verbindung mit den vielfältigen Zubereitungs-, Kombinations- und Garniermöglichkeiten ergibt sich (im Vergleich zu der Begrenzung der Speisen innerhalb der Gänge) eine sehr große Fülle von kalten Vorspeisen.

Im Rahmen einer Speisenfolge werden sie immer an erster Stelle gereicht. Da sie ein angenehmer Auftakt zum Menü sein sollen, müssen sie wichtigen Anforderungen gerecht werden:

▶ In der Menge nicht zu umfangreich,
▶ mit Sorgfalt ausgewählte zarte Rohstoffe, die auf die nachfolgenden Speisen harmonisch abgestimmt sind,
▶ geschmackvoll angerichtet und ansprechend garniert.

Die kalten Speisen werden unter verschiedenen Gesichtspunkten, aber auch als **eigenständige Gerichte** à la carte angeboten, z. B.:

▶ als besondere Spezialität oder als jahreszeitliche Spezialität,
▶ als Gericht für den „kleinen Appetit", insbesondere auch als leichtes Sommergericht,
▶ als kalte Platte auf der Tageskarte.

In diesem Zusammenhang sind noch die „**amuse-bouche**" bzw. „**amuse gueule**" zu erwähnen. Das sind kleine, zum Gedeck oder Couvert gehörende Aufmerksamkeiten, die in manchen Restaurants unabhängig von der Bestellung des Gastes als Auftakt zu einer Speisenfolge gereicht werden.

1. Rohstoffe für kalte Vorspeisen

▷ **Gemüse und Obst**

- Artischocken, Gurken, Spargel, Tomaten und andere Gemüse,
- Avocados, Grapefruit, Melone und Kürbis,
- exotische Früchte.

▷ **Fische sowie Schal- und Krustentiere**

- Forelle, Graved Lachs, Räucheraal, Räucherlachs,
- Matjeshering, Sardinen, Sprotten, Thunfisch,
- Kaviar (verschiedene Sorten)

- Garnelen, Hummer, Krabben, Krebse, Languste,
- Scampi, Shrimps, Austern, Muscheln.

▷ **Schlachtgeflügel und Schlachtfleisch**

- Gebratene Entenbrust und geräucherte Gänsebrust,
- gekochtes Huhn und Putenschinken,
- Leber von Ente und Gans.

- Bündner Fleisch, Braten von Roastbeef, Schinken (roh und gekocht),
- Innereien und erlesene Wurstarten.

▷ **Wild und Wildgeflügel**

- Rehbraten und Rehmedaillons,
- Hasenpastete und Fasanenterrine,
- Wildschweinschinken und gefüllte Wachteln.

2. Arten von kalten Vorspeisen

Cocktails aus Obst, Gemüse, Krusten- und Schaltieren, Fisch und Fleisch.

Canapés, würzige, mit unterschiedlichem Material belegte und ansprechend garnierte Brötchen oder Happen.

Salate aus den verschiedensten Materialien als einfache oder kombinierte Salate.

Erlesene Erzeugnisse, wie Pasteten, Terrinen, Galantinen, Parfaits und Mousses aus Obst, Gemüse, Fisch sowie Schal- und Krustentieren, Geflügel, Wild und Fleisch.

3. Herstellen von kalten Vorspeisen

Bei der Zubereitung von kalten Vorspeisen muß sauber und exakt gearbeitet werden. Ein wichtiger Aspekt ist eine klare, geschmackvolle Anrichteweise. Fachgerecht ausgewähltes und aufgelegtes Garnier- und Dekorationsmaterial sind wichtige Hilfsmittel und ermöglichen abwechslungsreiche Kombinationen und neue Varianten. Gespür und Erfahrung für geschmacklich und farblich passende Zusammenstellungen spielen hierbei eine große Rolle.

Kalte Vorspeisen werden bei der Verarbeitung zum Teil roh belassen (Austern, Kaviar, Lachs, Rindfleisch usw.) und/oder mariniert. Viele andere kalte Vorspeisen werden mit feinen Saucen aus Mayonnaise, Joghurt oder Créme fraîche gebunden.

4. Beispiele für kalte Vorspeisen

▷ **Kombinierte Salate**

Geflügelsalat

Material: 800 g Geflügelfleisch gegart
250 g Staudensellerie in Würfel
250 g Apfel in Würfel
300 g Mayonnaise oder Crème fraîche
100 g geschlagene Sahne
Salz, Zitrone, Worcestershire Sauce, weißer Pfeffer

Zubereitung:
– Gebratenes oder gekochtes Geflügelfleisch ohne Knochen und Haut in Würfel von 1 cm Kantenlänge schneiden, mit den Würfeln von Bleich- oder Staudensellerie und Äpfeln mischen und mit Zitronensaft beträufeln.
– Aus Mayonnaise, Schlagsahne und Gewürzen ein Dressing rühren und den Salat damit abbinden.
– Den Salat auf Toast oder in Glasschälchen anrichten und mit Tranchen von gebratenem Geflügel und den zartgrünen Blättern des Staudensellerie garnieren.

Teufelssalat

Material: 800 g Rindfleisch gekocht
400 g grüne und rote Paprika
150 g Essiggurken
150 g Zwiebelringe
200 g grüne Bohnen
300 g Ketchup
50 g Salatöl
40 g Meerrettich gerieben
Salz, Pfeffer, Tabascosauce, Zucker, Zitrone

Zubereitung:
– Gegartes Rindfleisch, Bratenabschnitte oder Zunge in Streifen schneiden.
– Paprikaschoten und Essiggurken ebenfalls in Streifen schneiden.
– Grüne Bohnen kochen und sofort kalt abschrecken.
– Alle Zutaten mit den Zwiebelringen vermischen und mit der aus den übrigen Rezeptzutaten bereiteten Sauce anmachen und abschmecken,
– mit hartgekochten Eiern, Zwiebelringen, Oliven, Maiskölbchen oder Perlzwiebeln garnieren.

▷ **Vorspeisencocktails**

Die Zutaten für Cocktails werden in der Regel in Würfel geschnitten und mit einer pikant abgeschmeckten Sauce vermischt oder überzogen (nappiert). Die Cocktails einzeln in Gläsern oder Schalen anrichten und gut gekühlt servieren.

Cocktailsauce

Material: 200 g Mayonnaise
100 g geschlagene Sahne
100 g Ketchup
geriebener Meerrettich
Salz, Tabasco, Weinbrand oder Cognac, Worcestershire Sauce

Zubereitung:
Alle Zutaten werden gründlich miteinander verrührt und nochmals abgeschmeckt. Diese Cocktailsauce kann je nach Verwendungszweck noch mit Orangensaft oder Ananasraspel oder Apfelwürfelchen oder Tomatenfleischwürfel (concassées) vermischt werden.

Grapefruitcocktail

Eine Grapefruit filetieren und die Filets zusammen mit Streifen von gekochtem Schinken, Joghurt, Salz, Pfeffer, Zucker, Worcestershire Sauce und etwas Weinbrand mischen und in einem Glas sauber anrichten. Mit Mandarinenspalten oder Grapefruit- oder Orangenfilets und gerösteten Mandelblättchen oder Pinienkernen garnieren. Dieser Cocktail erhält eine besondere Note, wenn man dazu rosa oder Texasgrapefruits verwendet.

Krebscocktail

Von den gegarten und geschälten Krebsschwänzen muß der Darm entfernt werden. Dann gibt man in ein Glas Salatblätter, richtet darauf die mit Weinbrand und Zitrone leicht marinierten Krebse an und nappiert diese mit der bereits beschriebenen Cocktailsauce. Als Garnitur verwenden wir gefüllte oder schwarze Oliven, Eischeiben oder auch Kaviar und ein besonders schönes Stück Krebsschwanz.

Geflügelcocktail

Die Herstellung ist wie beim Geflügelsalat. Es ist nur eine wenig kleinere Schnittart anzuwenden. Dann wird der Geflügelcocktail auf mit Zitrone marinierten Salatblättern in einem Glas angerichtet und garniert.

5. Anrichten und Garnieren von kalten Vorspeisen

▷ **Anrichteweisen**

Die Anrichteweise von kalten Vorspeisen kann je nach Art und Größe unterschiedlich sein. Oftmals wird die Anrichteweise auch durch die Art des Service bestimmt.
– Zur Auswahl vom Hors-d'œuvre-Wagen,
– auf Silberplatten als Vorlegservice,
– einzeln nach Sorten in Kristallschälchen oder sogenannten „raviés",

Vorspeisen

- in Schalengläsern oder auf Keramikschalen,
- portionsgerecht auf Mittelteller (Ø 20 cm),
  auf Vorspeisenteller (Ø 23 cm),
  auf Fleischteller (Ø 26 cm),
  oder auf entsprechende Glasteller oder Glasplatten.

▷ **Garnieren**

Anrichten und garnieren der kalten Vorspeisen verlangen Geschick und exaktes Arbeiten. Dabei sind einige Punkte zu beachten:

▶ Die Speisen sollen locker und hoch angerichtet sein.
▶ Die Ränder von Tellern und Glasplatten dürfen nicht mit Speisen belegt werden.
▶ Zum Garnieren verwendet man extraschöne Stücke der verarbeiteten Rohstoffe.

Ein optisch schönes Bild erhält man durch farbenfrohes Garniermaterial wie:

Küchenkräuter	Eier
Tomaten	Salatgurken
Radieschen	Oliven
Pilze	Nüsse
Paprikaschoten	Blattsalate
Cornichons	Essiggemüse
Weintrauben	allerlei Obst

▷ **Brotbeilage**

Zu den meisten kalten Vorspeisen reicht man verschiedene Arten und Formen von Brot:

Toast	Partybrötchen
Baguette	Laugenbrezen
Graubrot	Pumpernickel
Vollkornbrot	Knäckebrot
Fladen von Buchweizenteig (Blinis) oder aus Mais, Hirse, Roggen und Weizen	

Kartengerechte Beispiele für kalte Vorspeisen

Tomate, gefüllt mit marinierten Champignons
Baguette mit heißer Knoblauch-Kräuterbutter
Salat von Geflügel auf Toast
Gefülltes Schinkenröllchen
mit Waldorfsalat Toast und Butter
Parmaschinken mit Ogenmelone, Melbatoast
Geräucherter Lachs
mit Meerrettichschaum Pumpernickel und Butter
3 frische Austern auf Eis mit Würzsaucen, Vollkornbrot
Cocktail von frischem Stangenspargel
mit Orangenmayonnaise und Röstbrot
Scampicocktail in halber Avocado, Toast und Butter
Nizzaer Salat mit geröstetem Weißbrot
Halber Hummer mit leichter Mayonnaise, Toast und Butter
Tomaten-Zander-Terrine auf Cognac- und Kräutersauce
mit Knäckebrot
Rohkostsalate mit gebratenen Geflügelbruststreifen,
Shrimps und Röstbrotwürfel

6. Servieren von kalten Vorspeisen

Vorspeisen werden im Einzelservice von **rechts** eingesetzt. Sind sie für mehrere Personen als Plattenservice vorgesehen, werden sie von **links** angereicht und mit der rechten Hand vorgelegt.

Der Brotteller ist links neben dem Gedeck zu plazieren. Wird zudem Butter serviert, ist auf der rechten Seite des Brottellers ein Mittelmesser aufzulegen.

Gedeckbeispiele

Die Gedeckbeispiele zeigen verschiedene kalte Vorspeisen. Zum besseren optischen Vergleich und Verständnis ist auch jeweils das Gedeck des Hauptgerichtes mit eingedeckt worden.

Kalte Vorspeise von Fleisch mit Toast und Butter

Kalte Vorspeise von Fisch mit Toast und Butter

Geflügelcocktail mit Toast und Butter

Cocktail von Matjeshering mit Toast und Butter

B. Warme Vorspeisen

Die warmen Vorspeisen sind der leichte Übergang von der Suppe zu den nachfolgenden Gängen. Serviert man die kalte Vorspeise vor der Suppe, so bestimmt die Regel einen Service der warmen Vorspeise nach der Suppe. Ebenso wie bei den kalten Vorspeisen und den Suppen ist der Qualitätswert wichtiger als der Sättigungswert.

Warme Vorspeisen müssen also sehr appetitanregend wirken. Die klassische Küche kennt eine Vielzahl solcher Speisen, die heute einer etwas rationelleren Herstellungsmethode gewichen sind. Viele Teile der warmen Vorspeisen lassen sich gut vorbereiten wie Tartelett, Blätterteigpastetchen, Teigschiffchen usw. Mit einer feinen Füllung versehen, sind sie rasch zubereitet, angerichtet und serviert.

Oftmals unterscheiden sich warme Vorspeisen lediglich durch die Portionsmenge von den Hauptgerichten. Die moderne Küche verwendet als warme Vorspeisen bevorzugt auch solche Speisen, die in der Speisenfolge der klassischen Küche vormals einen anderen Platz eingenommen haben. Als Vorspeisen werden sie lediglich in kleineren Mengen zubereitet, angerichtet und mit pikanten Garnituren und Saucen versehen.

Warme Vorspeisen werden gefertigt aus einer breiten Palette von Rohstoffen wie Geflügel, Schlachtfleisch, Innereien, Wild, Fischen, Schal- und Krustentieren, Weichtieren, Teigwaren, Eiern, Gemüsen und Pilzen.

Kartengerechte Beispiele für warme Vorspeisen

*Pochiertes Ei auf Röstbrotstück,
mit grüner Sauce und Schinkentüte*

*Blätterteigpastetchen St. Hubertus,
mit feinem Wildragout gefüllt*

Spinatravioli mit Streifen von sautierem Räucherlachs

*Kalbsbriesscheibchen auf Tomatenschaum,
mit Artischockenherz und Kaiserschoten*

*Kroketten von Hähnchen und Waldpilzen,
mit Choronsauce*

*Geschmorter Kopfsalat mit leichter
Speckjus auf Vollkorncroûton*

*Jakobsmuscheln in Sauerampfersauce,
mit Flan von gelben Rübchen*

*Brokkoli-Walnuß-Soufflé mit einer
sämigen Sauce aus Apfel und Meerrettich*

*Gebratene, in Portwein marinierte Kalbsleberstücke
auf Lauch-Karottenstreifen*

*Kartoffelpfannkuchen mit Kaviar, Räucherlachs
und wachsweichen Wachteleiern*

1. Warme Vorspeisen der klassischen Küche

▸ **Feine Ragouts** aus Geflügel, Innereien, Wild, Kalbfleisch, Fischen, Krustentieren, Kalbsbries, Gemüse, Pilzen werden in Blätterteigpastetchen, Römische Pastetchen oder Schiffchen und Törtchen aus ungesüßtem Mürbeteig gefüllt, eventuell mit einer Sauce nappiert und gratiniert.

▸ **Kroketten**, für die gegartes, feingehacktes Fleisch, Fisch, Gemüse oder Pilze mit einer entsprechenden Sauce dick abgebunden und gut gekühlt wird. Aus dieser Masse formt, paniert und fritiert man dann die Kroketten, die mit einer passenden Sauce und kleiner Gemüsebeilage serviert werden.

▸ **Weitere gebackene warme Vorspeisen** werden auf Teigböden oder in Teighüllen hergestellt, wie z. B. *Quiche, Fladen, Pizza, Strudel* (mit einer Füllung von Fleisch, Gemüse, Pilzen oder Fisch).

▸ **Gefüllte Pfannkuchen** sowie in Backteige getauchtes und fritiertes, teilweise vorgegartes Material wie Gemüse, Fleisch, Fisch, Innereien, Pilze usw.

▸ **Vorspeisen aus farciertem Fisch, Schlachtfleisch, Geflügel, Krustentieren oder Gemüse** werden als *Timbales* oder *Flans* in gebutterten Formen pochiert und gestürzt oder als *Klößchen* oder *Nocken* (Quenelles) pochiert und mit der passenden Sauce serviert.

▸ **Vorspeisen aus Teigwaren** wie Nudeln, Tortellini, Spaghetti, Makkaroni, Ravioli, Canneloni, Lasagne und Maultaschen mit feinen Füllungen und Saucen, oftmals mit Käse bestreut und überbacken, oder man serviert Reibkäse (Parmesan) à part dazu.

▸ **Vorspeisen aus Grießmasse oder Brandteig** bezeichnet man als *Gnocchi*, zu denen man eine passende Sauce mit Kräutern oder Butter und Reibkäse reicht.

▸ **Warme Vorspeisen von Fischen, Schal- und Krustentieren** sind wegen des hohen Eiweißgehaltes und des meist niedrigen Fettgehaltes sehr beliebt, sofern innerhalb eines Menüs kein eigener Fischgang vorgesehen ist.

▸ **Gemüse** für warme Vorspeisen werden häufig gefüllt, wie Auberginen, Zucchini, Gurken, Spinat- oder Wirsingblätter und Tomaten. Eine weitere, besondere Variante sind die leicht geschmorten Gemüse wie Kopfsalat, Chicorée, Endiviensalat und Staudensellerie, die dann mit einer wohlschmeckenden Sauce oder mit Käse überbacken auf einem Röstbrotsockel (Croûton) serviert werden. Auch edle Gemüse wie Artischocken und Spargel sind zu deren Saisonzeiten sehr beliebt.

▸ **Eierspeisen**, z. B. *pochierte* oder *verlorene Eier, Rührei* in Verbindung mit Käse, Kräutern, Innereien, Schinken, Sardellen- oder Räucherlachsstreifen, mit Pilzen oder Gemüsen, sowie *Eier im Näpfchen* oder *gestürzte Eier* sind als warme Vorspeisen sehr gut einzusetzen.

Vorspeisen

2. Herstellen von warmen Vorspeisen

Lothringer Käsekuchen   Quiche lorraine

Material: 300 g   ungezuckerter Mürbeteig oder Blätterteig
220 g   geriebener Emmentaler
120 g   durchwachsener Speck (Wammerl/ Dörrfleisch)
120 g   Zwiebeln
40 g   Fett
für den Eierguß:
3 Eier, 200 g Sahne, 200 g Milch, Salz, Muskat

Zubereitung:
- Kuchenblech oder Tortenring (Ø 26–28 cm) mit Teig auslegen und leicht stupfen.
- Speckstreifen in wenig Fett anrösten und darin Zwiebelringe andünsten, dann auf dem Auslegeteig verteilen.
- Eiergußzutaten glattrühren, würzen und auf dem vorbereiteten Kuchen verteilen.
- Bei ca. 170 °C etwa 30 Minuten im Rohr backen.
- Nach dem Backen kurz ruhen lassen, aus der Form nehmen und in Torten- oder rechteckige Stücke schneiden und heiß servieren.

Feines Ragout   Ragoût fin

Material   850 g   Geflügelbrust gekocht
250 g   Champignons
200 g   Weißwein
40 g   Butter
40 g   Schalotten
0,5 l   Sauce suprême
50 g   Sahne
Salz, Pfeffer, Zitronensaft
10 Stück Blätterteigpasteten

Zubereitung:
- Feingehackte Schalotten in Butter anschwitzen, Champignonwürfel zugeben, mit Weißwein ablöschen und dünsten.
- In Würfel geschnittenes Geflügelfleisch beigeben und mit Sauce suprême auffüllen.
- Vorsichtig nun das Ganze erwärmen.
- Mit Sahne verfeinern, würzen, Zitronensaft zugeben.
- In die im Ofen vorgewärmten Pasteten füllen, anrichten und sofort servieren.

3. Anrichten von warmen Vorspeisen

▷ **Grundlegende Anrichteweise**

In der Regel werden die warmen Vorspeisen auf gut vorgewärmtem – Mittelteller Ø 19 cm
– Vorspeisenteller Ø 23 cm
– Fleischteller Ø 26 cm angerichtet.

▷ **Andere Möglichkeiten des Anrichtens**
- in kleinen Suppentellern mit Unterteller,
- im kleineren Näpfchen (Cocotte) mit Unterteller,
- in der natürlichen Muschelschale (mies),
- in der Muschelschale aus Porzellan,
- auf Röstbrotschnitten bzw. Toasts auf Tellern,
- als Spießchen oder in Teighülsen auf Tellern,
- in der natürlichen Muschelschale (Mies- oder Jakobsmuscheln, Austernschalen) mit Unterteller,
- in der Muschelschale aus Porzellan mit Unterteller.

Gedeckbeispiele für warme Vorspeisen
Die Gedeckbeipiele zeigen verschiedene warme Vorspeisen. Zum besseren optischen Vergleich und Verständnis ist auch jeweils das Gedeck des Hauptgerichtes mit eingedeckt.

Schnecken in Pfännchen à la Café de Paris mit ofenfrischem Baguette

Ragout von Jakobsmuscheln und Krebsschwänzen in Kräuterrahm

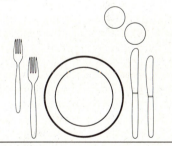

Quiche lorraine

Eier in Näpfchen pochiert mit Teufelssauce

IX. Nachspeisen

Unter Nachspeisen versteht man alle Speisen, die nach dem Hauptgang gereicht werden.

A. Grundlegendes zu den Nachspeisen

Eigentlich haben es die Nachspeisen bzw. Desserts schwer, denn sie erscheinen immer erst auf dem Tisch, wenn alle schon satt sind. Und trotzdem spürt man die Vorfreude und die Erwartung der Gäste auf den süßen Ausklang eines Menüs.

Nachspeisen sind jene köstlichen Kleinigkeiten nach dem Hauptgang, die den „Magen schließen" und gleichzeitig ein krönender Abschluß von Speisenfolgen sein sollen.

1. Arten der Nachspeisen
Nachspeisen werden unterschieden in:

| Käsedesserts | Süßspeisen | frisches Obst |

Die ständige Streitfrage, ob erst das Süße und dann der Käse oder alles umgekehrt serviert werden muß, kann man wie folgt klären:
- Zum Käse paßt gut weißer oder roter Wein.
- Zum süßen Dessert paßt der erfrischende Sekt oder Champagner besser.
- Da nach einem Schaumwein kein sogenannter Stillwein gereicht werden soll, heißt also die Reihenfolge eindeutig: Käse vor der Süßspeise.
- Gibt man zuerst den Käse, kann man den Wein des Hauptganges eventuell als Getränk zum Käse übernehmen.
- Anschließend wird dann zur Süßspeise der nicht zu trockene Sekt oder Champagner serviert.

Zudem führt das Süße schneller und intensiver zum Sättigungsgefühl als der würzige, pikante Käse.

2. Käsedesserts und Süßspeisen

▷ **Käsedesserts**
- Auswahl von verschiedenem Käse vom Brett mit Brot und Butter
- Warme Käsespezialitäten
  (z. B. Quiche lorraine, Raclette, Ramequins, kleines Käsefondue, gebackener Camembert usw.)
- Käsefours und Käsegebäcke
- Angemachte Käse mit Brot

▷ **Süßspeisen**
Als Süßspeisen bezeichnet man die in einer Speisenfolge zum Abschluß gereichten süßen Speisen oder den Obstnachtisch, welche sowohl nach Geschmack als auch nach der äußeren Aufmachung und Präsentation eine willkommene Abwechslung bilden und das vorausgegangene Menü harmonisch ausklingen lassen.

Die Süßspeisen oder Desserts haben sich aus der Süßspeisenkunst der Konditorei entwickelt. Die Variationsmöglichkeiten von Grundrezepten sind sehr groß, so daß die Süßspeisen in bestimmte Gruppen unterteilt werden. Süßspeisen werden hergestellt aus:
- Teigen und Massen
- Frischen Früchten
- Süßspeisensaucen
- Cremes und Mousse
- Eisdesserts

Zudem unterscheidet man in kalte und warme Süßspeisen:

kalte	warme
– Cremespeisen	– Aufläufe und Puddinge
– Kleingebäcke	– Omeletts und Pfannkuchen
– Früchtedesserts	– Gebackene Krapfen
– Eisspeisen	– Strudel
– Süßspeisen aus Reis und Grieß	– Überbackene Desserts

B. Kalte und warme Süßspeisen

1. Kalte Süßspeisen

▷ **Cremespeisen**
Der Begriff Creme bedeutet etwas Feines, Zartes, von cremeartiger oder schaumiger Beschaffenheit. Die bekannteste Cremeherstellung ist die **Bayerische Creme**. Sie besteht aus Milch, Eiern, Zucker, Gelatine, Schlagsahne und Vanille. Aus dieser geschmacksneutralen Grundcreme kann man durch Zugabe von Fruchtmark, Schokolade, Krokant, Nugat oder andere Geschmacksträger viele Ableitungen und Varianten herstellen.

Die **Crème caramel** ist eine pochierte Creme oder ein „süßer Eierstich".

Weitere Cremespeisen sind: die *Weincreme, Cremes aus Quark und Joghurt* und die *Charlotte*, die immer von einem Biskuitrand umgeben sind und als Füllung Wein- oder Bayrische Creme enthalten.

Nachspeisen

Besondere Zubereitungen sind die *Weinschaumcreme* oder eine Schaumcreme aus Schokolade, die dann als *Mousse au chocolate* bezeichnet wird. Auch die Mousse (Schaumcreme) läßt sich mit weißer Schokolade, Nugat oder Früchtepürees sehr vielfältig variieren.

Anrichteweise für Cremes:
Oftmals werden Cremes in Schüsseln zum Ausstechen oder direkt in Gläsern (Cocktailschalen) angerichtet. Auf Tellern richtet man die Stürzcreme oder die Charlotte an. Die Stürzcreme wird zuerst in ein Timbalförmchen gefüllt und nach dem Erkalten und Absteifen gestürzt.

Wenngleich nach wie vor der Dessertteller (Ø 19 cm) Verwendung findet, hat sich auch hierbei ein Trend zum größeren Fleisch- oder Grillteller zum Anrichten von Desserts aus Cremes in Verbindung mit mehreren Saucen und Kleingebäcken (Hippen oder Teegebäck) durchgesetzt.

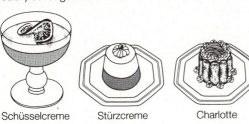

Schüsselcreme Stürzcreme Charlotte

▷ **Kleingebäcke**
Diese werden hergestellt aus verschiedenen Teigen und Massen.

Aus *Blätterteig* erhält man *Teeblätter* oder *Schweinsöhrchen*, die mit Creme gefüllt werden können, ebenso wie *Früchte in Blätterteigtaschen* (Apfel im Schlafrock).

Sehr beliebte Desserts mit Creme- oder Schlagsahnefüllung sind *Brandmassengebäcke* wie *Windbeutel*, *Profiteroles* oder *Eclairs*.

Gefüllte *Biskuitrollen* oder kleine *Törtchen* mit Obstbelag aus *Mürbeteig* eignen sich auch sehr gut als Süßspeisen.

Aus *Hefeteig* werden *Buchteln*, *Rohr-* und *Dampfnudeln* wie auch *Savarins* und *Babas* hergestellt.

Savarin

▷ **Früchtedesserts**
Zunächst haben wir hier die frischen, ganzen Früchte, die als Tafelobst gewaschen dem Gast serviert werden.

Obstsalate, Fruchtcocktails, Kompotte, Gelees und *Grützen* sind weitere Angebotsmöglichkeiten an Früchten zum Dessert.

▷ **Eisspeisen**
Dieser große Komplex an Zubereitungen ist vor allen Dingen im Sommer sehr beliebt. Verschiedene Eisarten wie *Rahmeis* oder *Eisparfaits, Eiercremeeis, Fruchteis, Sorbets* und auch das industriell hergestellte Eis, die *Eiskrem*, eignen sich vorzüglich zur Herstellung von *Eisbomben, Eistorten, Eisgetränken* und *Eisdesserts* in Verbindung mit Früchten, Makronen (Mandelgebäck), Hohlhippen, Likören und Schlagsahne.

Eisbomben

Bombenmantel	Bombenfüllung
Nugateis	Parfaitmasse mit Vanille und Belegkirschen
Mokkaeis	Parfaitmasse mit Kirschwasser
Erdbeereis	Parfaitmasse mit Pistazien
Schokoladeneis	Parfaitmasse mit Marzipan und Mandeln

Als sogenannte klassische Eisdesserts findet man auf der Speisekarte:

Birne Helene	halbe Kompottbirne auf Vanilleeis mit Schokoladensauce
Pfirsich Melba	halber Kompottpfirsich auf Vanilleeis mit Himbeerpüree
Bananensplitt	längshalbierte, geschälte Banane auf Vanilleeis mit Schokoladensauce und Sahne
Coup Danmark	Vanilleeis im hohen Glas angerichtet, mit heißer Schokoladensauce nappiert
Eiskaffee	kalten, leicht gezuckerten Kaffee mit Vanilleeis in hohes Glas geben, Schlagsahne

Anrichten von Eisdesserts
Auf Tellern, in Glasschalen (Splitschale) oder in Gläsern (Eisbecher).

▷ **Süßspeisen aus Reis und Grieß**
Das bekannteste aus Reis hergestellte Dessert ist der Reis Trauttmansdorff. Weitere Süßspeisen aus Reis sind Reisauflauf, Reisfladen, Reiskuchen und Milchreis, eventuell mit Früchten kombiniert.

Aus Grieß stellt man das Grießflammerie her, welches in Form gefüllt, nach dem Erkalten gestürzt und mit Fruchtsaucen und Früchten auf Tellern angerichtet wird. Andere Möglichkeiten der Grießverarbeitung zu Desserts sind der Grießbrei (Grießmus), gebratene oder gebackene Grießschnitten, Grießpudding und gefüllte Grießknödel.

2. Warme Süßspeisen

▷ Aufläufe und Puddinge

Aufläufe sind die zartesten warmen Süßspeisen. Puddinge sind dagegen etwas kompakter. Vielfach werden beide Arten bei der Fertigstellung im Wasserbad pochiert und warm serviert.

Besonders Aufläufe müssen sehr rasch serviert werden, damit sie an der kalten Luft nicht zusammenfallen und somit unansehnlich werden. Auflaufarten sind Schokoladen-, Mandel-, Haselnuß-, Vanille- und Zitronenauflauf.

Puddinge gibt es unter den Bezeichnungen: Kabinettpudding, Frankfurter Kirschpudding, Diplomatenpudding, Grieß- und Reispudding.

▷ Omeletts

Diese Art von Süßspeisen, auch Soufflés genannt, werden aus einer sehr luftigen Eischaummasse hergestellt:

- **Omelett Stephanie** wird in der gebutterten Pfanne zubereitet, mit glasierten Früchten gefüllt und als Omelett geformt auf einer großen Cocotte angerichtet.
- **Omelett Soufflé** wird als reichverziertes, ovales Gebilde auf eine gebutterte Platte drapiert und im Rohr gebacken.

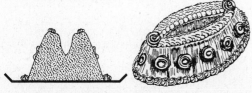

Auflaufomelett – Omelett soufflé

- **Omelett en surprise** oder das **Überraschungsomelett** ist ein im Ofen gebackenes Gebilde, dessen Kern als Überraschung Speiseeis enthält, welches mit Biskuitstückchen isoliert wurde.

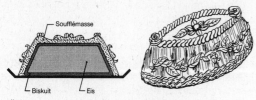

Überraschungsomelett – Omelette en surprise

- **Salzburger Nockerl** gehören ebenfalls zu dieser Kategorie, da die Masse der Nockerl der Soufflémasse gleich ist. Die Nockerl werden auf eine gezuckerte Cocotte geformt und im Rohr ausgebacken. Dann gibt man noch Vanillesahne als Sauce dazu.

▷ Pfannkuchen

Bei diesem Dessert werden *Pfannkuchen*, *Crêpes* oder *Palatschinken* meist gefüllt, glasiert, gebacken oder überbacken.

Als besondere Zubereitungsart wird der leicht angebackene Pfannkuchen zerrissen und mit Rosinen zu *Kaiserschmarren* verarbeitet.

▷ Gebackene Krapfen

Diese Art von Süßspeise wird aus Brandteig hergestellt, der nockenförmig in der Fritüre gebacken wird. Der Brandteig kann dabei mit gerösteten Nüssen, Rosinen, Birnen- oder Apfelwürfeln vermischt sein. Nach dem Backen werden die Krapfen in Vanille- oder Zimtzucker gewälzt und mit Weinschaumsauce oder einer Schokoladensauce serviert.

Eine andere Art sind die *Früchtekrapfen* oder *Beignets*. Hierzu werden meist rohe Fruchtstücke in Backteig getaucht und in der Fritüre gebacken. Die Fertigstellung erfolgt wie bei den Brandteigkrapfen.

▷ Strudel

Der bekannteste unter den Strudeln ist der *Apfelstrudel*. Aber auch *Milchrahm-, Trauben-, Marillen-* oder *Birnenstrudel* erfreuen sich großer Beliebtheit bei unseren Gästen.

Strudel werden warm meist mit einer geschmacklich harmonierenden Süßspeisensauce serviert.

▷ Süßspeisensaucen

Eine wichtige Komponente sind die Süßspeisensaucen aus Weinschaum (Sabayon), Vanille, Schokolade, Nugat, Marzipan oder dem Püree einer der vielen frischen Früchte.

3. Modernes Anrichten von Süßspeisenkombinationen

Wie man aus den nachfolgenden kartengerechten Beispielen für Süßspeisen erkennen kann, gibt man heute kaum mehr nur ein einzelnes Dessert, sondern man versucht, Kompositionen mit einer entsprechend gelungenen optischen Wirkung zu schaffen. Hierzu verwendet man meist größere Teller als Dessertteller und kombiniert dem eigentlichen Hauptteil des Desserts Früchte, Saucen, Gebäckteilchen und Pfefferminzsträußchen oder Zitronenmelisseblätter zu.

Nachspeisen

Gedeckbeispiele
Die nachfolgenden Gedeckbeispiele zeigen Möglichkeiten des Dessertservices. Zum optischen Vergleich und zum besseren Verständnis ist das Dessertgedeck zunächst innerhalb eines Menügedecks dargestellt. Jeweils rechts daneben befindet sich die Darstellung des Gedecks nach dem Einsetzen des Desserts.

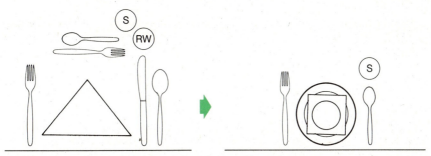

Salat von frischen exotischen Früchten oder Schwarzwälder Eisbecher

Aprikosenstrudel mit Sabayon von Marillen und Mohnparfait
(auf großem Teller Ø 28 cm angerichtet)

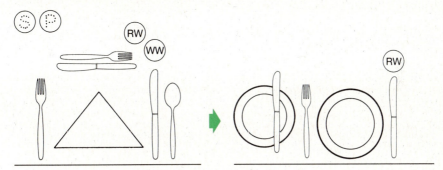

Auswahl von europäischen Käsespezialitäten vom Brett

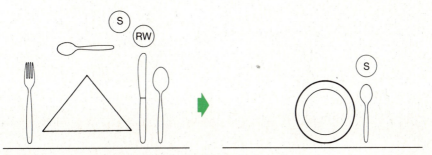

Bayrische Creme nach Fürst-Pückler-Art (im Glas serviert)

Kartengerechte Beispiele für Süßspeisen-Spezialitäten

Palatschinken, mit Krokantsahne gefüllt

*Haselnuß-Crêpes
mit Trauben und Grappa-Sabayon*

Korinthenkrapfen auf Zwetschgensauce

*Schokoladen-Ingwer-Pudding mit Karamelbirne,
Preiselbeeren und Walnußsahne*

*Aprikosenstrudel
mit Sabayon von Marillen und Mohnparfait*

*Limonenparfait
mit kleiner Brombeertorte und Joghurtsauce*

*Schokoladeneiskrapfen mit weißer Moccasauce
und schwarzen, kandierten Walnüssen*

*Baumkuchenspitzen
mit Mandeleis und glasierten Kirschen*

*Punschparfait
mit Walnußpraline auf Zwergorangensauce*

*Topfengratin
mit Pfirsichfächern und weißem Schokoladeneis*

*Marzipanmousse mit Rhabarberstücken,
Erdbeerscheiben und Rotweinsauce*

*Mandeltörtchen mit Rhabarber, Erdbeeren
und grünem Pfeffer-Eis auf Orangensauce*

*Nektarinenkuchen
mit Himbeercreme auf Himbeercoulis*

*Mousse von Irish coffee
auf geeistem Heideblütenhonig-Schaum*

*Weißkäse-Mousse
mit Apfelspalten und Fliederbeersauce*

*Zwetschgendatschi
mit Walnußeis und Himbeersauce*

Walderdbeeren-Gratin mit Orangenbutter

Aufgaben (Nachspeisen)

1. Welche Arten von Nachspeisen werden unterschieden?
2. Begründen Sie, warum das Käsedessert vor der Süßspeise serviert werden soll.
3. Nennen Sie vier verschiedene Möglichkeiten des Käseservice innerhalb einer Speisenfolge.
4. Nennen Sie verschiedene kleine Käsedessertgerichte.
5. Woraus werden die Süßspeisen hergestellt?
6. Nennen Sie je fünf kalte und warme Süßspeisen.
7. Woraus wird die Bayrische Creme hergestellt?
8. Welche anderen Cremes gibt es neben der Bayrischen Creme?
9. Wie nennt man Schaumcreme aus Schokolade noch?
10. Wodurch kann eine Bayrische Creme variiert werden?
11. Was versteht man unter einem „süßen Eierstich"?
12. Wie können Creme-Speisen angerichtet werden?
13. Nennen Sie Teige und Massen, aus denen Kleingebäcke hergestellt werden.
14. Nennen Sie Kleingebäcke für Süßspeisen aus:
   a) Blätterteig, b) Hegeteig, c) Brandteig.
15. Nennen Sie Arten von Obstdesserts.
16. Welche Arten von Eisspeisen gibt es?
17. Welches ist die Besonderheit von „Fürst-Pückler-Eis"?
18. Nennen Sie noch andere klassische Eisdesserts.
19. Wie heißt jeweils eine bekannte Süßspeise:
   a) aus Reis?   b) aus Grieß?
20. Nennen Sie weitere kalte und warme Desserts aus Reis und Grieß.
21. Wie werden die meisten Aufläufe und Puddinge gegart?
22. Was ist beim Service von Aufläufen besonders zu beachten?
23. Beschreiben Sie die Besonderheiten des Überraschungsomeletts (Omelette en surprise).
24. Welche Varianten von Pfannkuchen gibt es bei der Süßspeisenbereitung?
25. Woraus werden gebackene Krapfen hergestellt?
26. Wie nennt man gebackene Früchtekrapfen mit Backteig?
27. Nennen Sie vier verschiedene Strudelarten.
28. Wie werden Strudel in der Regel serviert?
29. Wie bezeichnet man überbackene Früchtedesserts?
30. Nennen Sie fünf Süßspeisensaucen.
31. Wie werden heute moderne Desserts angerichtet?

Getränkekunde

Zur Unterscheidung und Zuordnung werden die Getränke in folgende übergeordnete Gruppen eingeteilt:

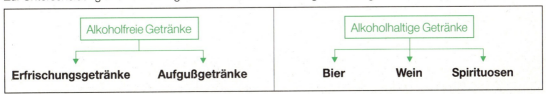

I. Alkoholfreie Getränke

Unter dieser Bezeichnung sind alle Getränke zusammengefaßt, die keinen Alkohol enthalten. In der weiterführenden Gliederung unterscheidet man:
Erfrischungsgetränke, die der Erfrischung dienen,
Aufgußgetränke, bei denen der jeweilige Rohstoff mit heißem Wasser bzw. mit heißer Milch übergossen (aufgegossen) wird.

A. Erfrischungsgetränke

Den Erfrischungsgetränken werden im allgemeinen das Wasser und die mineralischen Wässer sowie die Getränke aus Früchten und Aromastoffen zugeordnet. In zunehmendem Maße ist aber auch die Milch als beliebtes Erfrischungsgetränk anzusehen.

1. Wasser und mineralische Wässer

▷ **Wasser**
Dieses ursprünglichste aller Erfrischungsgetränke wird in der Wohlstandsgesellschaft im allgemeinen nur noch selten in seiner reinen Form getrunken. Für viele Regionen der Erde hat es jedoch auch heute noch existentielle Bedeutung.

▷ **Mineralische Wässer**
Im Vergleich zum Trinkwasser zeichnen sie sich durch einen höheren Gehalt an mineralischen Stoffen

und/oder Kohlensäure aus. Sind diese Stoffe von Natur aus im Wasser enthalten, spricht man von *natürlichen mineralischen Wässern*. Werden sie Trinkwasser zugesetzt, dann handelt es sich um *künstliche mineralische Wässer*. Zum Verständnis dessen, was unter mineralischen Stoffen zu verstehen ist, sind vorerst einige naturwissenschaftliche Zusammenhänge zu klären.

Mineralstoffe

Aus dem Kapitel „Naturwissenschaftliche Grundkenntnisse" wissen wir, daß Salze Verbindungen aus einem Metall und einem Säurerest darstellen. Sie entstehen z. B., wenn sich Säuren und Laugen miteinander vermischen.

Beispiel:

Salzsäure	+ Natronlauge	→	Natriumchlorid	+ Wasser
H Cl	+ Na OH	→	Na Cl	+ H_2O
			(**Mineralsalz**)	

Durch Einwirkung von Wasser wird die Verbindung „Natriumchlorid" aufgelöst. Die voneinander getrennten Bestandteile Natrium und Chlorid sind **Mineralstoffe**.

▶ **Na** ist das Metall (Natrium)
▶ **Cl** ist der Säurerest (Chlorid)

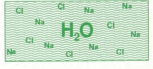

Überblick über die Erfrischungsgetränke

▶ Wasser	▶ Quellwässer	▶ Fruchtsäfte	▶ Limonaden	▶ Frischmilch
▶ Natürliche Mineralwässer	▶ Tafelwässer	▶ Fruchtnektare	▶ Brausen	▶ Getränke aus Milch
		▶ Fruchtsaftgetränke		▶ Milchmischgetränke

Kohlensäure

Kohlensäure entsteht, wenn sich das Gas Kohlendioxid in Wasser löst.

$$H_2O + CO_2 \rightarrow H_2CO_3$$

Bei natürlichen mineralischen Wässern geschieht dies in tieferen Erdschichten, bei künstlichen mineralischen Wässern wird die Kohlensäure zugesetzt.

Kohlendioxid hat eine starke Tendenz, sich aus dem Wasser zu trennen. Unter Druck (z. B. in der Flasche) bleibt sie im Wasser gebunden, während sie beim Öffnen entweicht und das *Sprudeln* verursacht. Kohlensäurefreies oder von Kohlensäure befreites Wasser nennt man *stilles Wasser* (z. B. Fachinger).

▷ **Gesetzliche Bestimmungen**

Der Gesetzgeber unterscheidet drei Arten von mineralischen Wässern.

- **Natürliche Mineralwässer**, in denen vorgeschriebene Mengen an mineralischen Stoffen bzw. Kohlensäure enthalten sind,
- **Quellwässer**, die im Vergleich zu den Mineralwässern geringere Mengen der genannten Stoffe enthalten,
- **Tafelwässer**, die durch Mischen von artbestimmenden Zutaten künstlich hergestellt werden.

Eine besondere Bedeutung haben in diesem Zusammenhang die sogenannten *Heilwässer*, die für Trink- und Badekuren Verwendung finden. Es handelt sich hierbei um Mineralwässer, denen nach einer gewissen Erprobungszeit heilende Wirkung bescheinigt wurde.

Natürliche Mineralwässer

Sie müssen aus natürlichen oder künstlich erschlossenen, unterirdischen Quellen stammen, deren Wasservorkommen vor Verunreinigungen geschützt ist. Das Mineralwasser muß von ursprünglicher Reinheit sein und ernährungsphysiologische Wirkungen aufgrund seines Gehaltes an Mineralstoffen, Spurenelementen oder sonstigen Bestandteilen besitzen.

Die Zusammensetzung und die Temperatur des Wassers sowie seine übrigen wesentlichen Merkmale müssen im Rahmen natürlicher Schwankungen konstant bleiben.

Natürliche Mineralwässer dürfen nur dann gewerbsmäßig in den Verkehr gebracht werden, wenn sie amtlich anerkannt und frei von Krankheitserregern sind.

Bei Wässern mit weniger als 1 000 Milligramm gelöster Mineralstoffe oder weniger als 250 Milligramm freien Kohlendioxids je Liter ist eine zusätzliche, unter ernährungsphysiologischen Gesichtspunkten durchgeführte wissenschaftliche Prüfung notwendig.

Natürliches Mineralwasser muß am Quellort abgefüllt werden. Es darf dem Gast nur in der verschlossenen Flasche angeboten und serviert werden.

Natürliches Mineralwasser	– je Liter mindestens 1000 mg Mineralstoffe oder 250 mg natürliche Kohlensäure
Säuerling oder Sauerbrunnen	– je Liter mehr als 250 mg natürliche Kohlensäure
Sprudel	– ein Säuerling, der unter eigenem natürlichem Kohlensäuredruck aus der Erde sprudelt

Bei der Aufbereitung der Mineralwässer sind lediglich folgende Behandlungsverfahren erlaubt:

- **Enteisen**, um bräunliche Verfärbungen zu verhindern,
- **Entschwefeln**, um den unangenehmen Geruch von Schwefelwasserstoff auszuschalten,
- **Zugabe von Kohlensäure**, um die erfrischende Wirkung zu erhöhen,
- **Entzug von Kohlensäure**, um ein stilles Wasser zu erhalten.

Zur **Kennzeichnung** von Mineralwässern muß das Etikett folgende Angaben enthalten:

in jedem Fall	– natürliches Mineralwasser – Name und Ort der Quelle – stoffliche Zusammensetzung
sofern zutreffend	– enteisent oder entschwefelt – *mit Quellen-* oder nur *mit Kohlensäure versetzt*

Beispiel für die Zusammensetzung (Analyse):

Kationen:	Anionen:
340,4 mg Natrium$^+$	311,0 mg Chlorid$^-$
15,6 mg Kalium$^+$	1099,0 mg Hydrogencarbonat$^-$
53.8 mg Magnesium^{++}	18,4 mg Sulfat^{--}
151,6 mg Calcium^{++}	2015,0 mg gelöste feste Bestandteile

Quellwässer

Quellwässer haben ihren Ursprung in einem unterirdischen Wasservorkommen, müssen aber im Gegensatz zum natürlichen Mineralwasser nicht vor jeder Verunreinigung geschützt sein. Bei den Quellwässern ist kein Nachweis von ernährungsphysiologischen Wirkungen zu erbringen, und sie müssen auch nicht amtlich anerkannt sein. Da sie den Anforderungen von Mineralwässern nicht entsprechen, dürfen sie auf ihrem Etikett keine Angaben haben, die auf ein natürliches Mineralwasser hindeuten könnten.

Alkoholfreie Getränke

Kennzeichnungs-beispiel	verbotene Angaben
Felsenquelle – reines Quellwasser – ohne Kohlensäure	– Mineralwasser – Säuerling, Sprudel – Quellen- und Ortsbezeichnung – Analyse

Tafelwässer

Es handelt sich um *künstliche mineralstoffhaltige Wässer*, bei denen Trinkwasser oder Quellwasser mit erlaubten Zusätzen angereichert wird.

▸ Sole → Natürliches salzreiches Wasser aus einer Natursole oder mineralisches Wasser, dessen Gehalt an Salzen durch Entzug von Wasser erhöht wurde,
▸ Meerwasser → keimfreies Meertiefwasser, das in Küstengebieten gewonnen und verarbeitet wird,
▸ Mineralsalze → gesetzlich zugelassene Chloride und Carbonate.

Die Bezeichnung Tafelwasser darf durch *Sodawasser* ersetzt werden, wenn je Liter mindestens 570 mg *Natriumhydrogencarbonat* ($NaHCO_3$) enthalten sind.

Tafelwasser	Sodawasser
– reines Quellwasser – mit …% Meerwasser	– bicarbonathaltiges Tafelwasser – mit Kohlensäure

▷ **Verwendung von Wasser und Mineralwasser**

Wasser wird von manchen Gästen auch heute noch zum Essen getrunken. Der gastgewerbliche Betrieb hält es deshalb in Karaffen bereit.

Besonders beliebt bei amerikanischen Gästen ist das „Icewater", ein kostenloses Getränk, bestehend aus Wasser und Eiswürfeln.

Mineralische Wässer zeichnen sich aufgrund ihrer stofflichen Zusammensetzung durch einen erhöhten Ernährungswert aus.

Natürliches Mineralwasser darf nicht offen serviert werden.
▸ Pur werden sie des neutralen Geschmacks wegen gerne an heißen Tagen, bei Konferenzen und nach erhöhtem Genuß von Alkohol getrunken.
▸ Beim Mischen von Obstsäften oder alkoholischen Getränken schwächen sie die Konzentration des Alkohols bzw. das jeweilige Aroma ab.

Weinschorle (auch Gespritzter)
Campari-Soda
Whisky-Soda

2. Getränke aus Früchten und Aromastoffen

Diese Getränke werden heute in vielfältigen Arten und Sorten angeboten. Während sie sich im allgemeinen durch einen besonderen Genuß auszeichnen, haben die hochwertigeren unter ihnen zusätzlich einen hohen ernährungsphysiologischen Wert.

▷ **Grundlegende Bewertungen**

Je nach den wertbestimmenden Anteilen gibt es bei den genannten Getränken eine qualitative Abstufung.

Übersicht über die Getränke

Getränke mit großen Mengen hochwertiger Fruchtanteile	– Fruchtsäfte – Fruchtnektare
Getränke mit niedrigerem Fruchtgehalt und mit anderen geschmacklichen Zutaten ergänzt	– Fruchtsaftgetränke – Limonaden
Getränke mit überwiegend künstlichen Aroma- und Geschmacksstoffen	– Brausen

▷ **Bewertungskriterien**

Fruchtsäfte und Fruchtnektare sind laut Gesetz gärfähige, aber nicht vergorene Erzeugnisse aus Obst. Die verwendeten Früchte müssen reif, frisch, gesund und sauber sein. Konservierte Früchte dürfen nicht verwendet werden.

– Kern-, Beeren- und Steinobst,
– Trauben sowie Wild- und Südfrüchte,
– Exotische Früchte (z. B. Mango, Papaya, Kiwi), die wegen ihres ausgeprägten Aromas besonders beliebt sind.

Aufgrund ihres Gehaltes an Vitaminen und Mineralstoffen sowie an Fruchtsäuren und Fruchtzucker handelt es sich um ernährungsphysiologisch besonders hochwertige Erzeugnisse.

▸ Sie dienen der Gesundheit,
▸ erhöhen die Widerstandskraft gegenüber Erkältungskrankheiten,
▸ wirken sich belebend auf das Stoffwechselgeschehen aus.

Durch die Zugabe von *Vitaminen* wird ihr Wert häufig noch gesteigert. Der Hinweis auf dem Etikett ist jedoch nur erlaubt, wenn die zugegebenen Mengen den gesetzlichen Vorschriften entsprechen.

Fruchtsaftgetränke und Limonaden gehören zu den süßen alkoholfreien Erfrischungsgetränken. Aufgrund des geringen Fruchtanteils bzw. der Verwendung von geschmacksgebundenen Zutaten haben sie gegenüber Fruchtsäften und Fruchtnektaren einen geringeren Wert.

▷ **Arten und Kennzeichnung der Getränke**

Fruchtsäfte

Ausgangsprodukt ist der Saft von namengebenden Früchten, der mit Hilfe von mechanischen Verfahren (Zerkleinern und Pressen bzw. Zentrifugieren) gewonnen wird, gärfähig ist, aber nicht gegoren hat. Zur Herstellung wird entweder der originale *Preßsaft* oder ein *Saftkonzentrat* verwendet.

> Fruchtsaftkonzentrate sind Zwischenprodukte der Fruchtsaftherstellung. Sie werden durch schonendes Abtrennen von Wasser (bis 50 %) gewonnen und bei der endgültigen Saftbereitung mit entsprechenden Mengen Wasser zurückverdünnt.

Zur *Harmonierung* ist lediglich die Zugabe von Zucker erlaubt. Bis 15 g/l sind nicht kennzeichnungspflichtig. Darüber hinaus erlaubte, aber kennzeichnungspflichtige Mengen sind:

▸ Bis 200 g/l für saure Säfte (z. B. Zitronen- und Johannisbeersaft),
▸ bis 100 g/l für sonstige Säfte.

Bei Apfel-, Birnen- und Traubensaft ist die Zugabe von Zucker verboten. Hier werden ausreichende Mengen Zucker vorausgesetzt.

Fruchtsäften darf außerdem Kohlensäure zugesetzt werden. Bei mehr als 2 g/l ist auf dem Etikett die Kennzeichnung erforderlich.

Fruchtnektare

Gegenüber Fruchtsäften haben sie einen niedrigeren Fruchtgehalt, der sich außerdem aus Fruchtsaft und Fruchtfleisch zusammensetzt. Die Mindestmenge ist je nach der verwendeten Frucht gesetzlich vorgeschrieben und beträgt zwischen 25 und 50 %.

Grundlegende Rohstoffe sind:
– Fruchtsaft oder Fruchtsaftkonzentrat,
– Fruchtmark oder Fruchtmarkkonzentrat.

Als *ergänzende Zutaten* zur Auffüllung und geschmacklichen Abrundung werden verwendet:
– Trinkwasser,
– Zucker, jedoch höchstens 20 % der Trockenmasse,
– Honig anstelle von Zucker, aber nur für Nektare mit Fruchtmark,
– Kohlensäure.

Die Bewertung der Fruchtnektare ergibt sich aus ihrer stofflichen Zusammensetzung. Sie schmecken harmonischer als Fruchtsäfte und sind außerdem wegen der dickflüssigeren Beschaffenheit beliebt. Dabei darf jedoch nicht vergessen werden, daß der Fruchtanteil gegenüber Fruchtsäften geringer ist.

Kennzeichnung für **Fruchtsäfte**	Beispiele
▸ bei einer Fruchtsorte	– Orangensaft – Apfelsaft
▸ bei zwei Fruchtsorten	– Orangen-Grapefruit-Saft
▸ bei mehreren Fruchtsorten (die Nennung erfolgt entsprechend den Fruchtanteilen in absteigender Reihenfolge.)	– Mehrfrucht-Saft Orange Ananas Traube Maracuja usw.
▸ sofern zutreffend	– aus Orangensaftkonzentr. – gezuckert

Kennzeichnung für **Fruchtnektare**	Beispiele
▸ bei einer Fruchtsorte ▸ bei zwei Fruchtsorten ▸ bei mehreren Früchten	– Orangennektar – Orangen-Pfirsich-Nektar – Mehrfrucht-Nektar (Aufzählung wie bei Fruchtsäften)
▸ Fruchtanteile	– Fruchtgehalt mindestens ... %
▸ sofern zutreffend	– aus Orangensaftkonzentr. – mit Fruchtmark

Fruchtsaftgetränke

Als *grundlegende namengebende Rohstoffe* werden Fruchtsäfte oder Fruchtsaftkonzentrate sowie Gemische daraus verwendet.

Der Saftgehalt ist im allgemeinen niedriger als bei Fruchtnektaren.

Mindestfruchtgehalt	
Kernobst (Apfel, Birne)	30 %
Zitrusfrüchte	6 %
sonstige Früchte	10 %

Als *ergänzende Zutaten* sind erlaubt:
▸ Wasser sowie Rohr-, Rüben- und Traubenzucker,
▸ Auszüge aus Zitrusfrüchten und andere natürliche Aromastoffe,
▸ Zitronen- und Weinsäure.

Die Zugabe von Farbstoffen sowie künstlichen Konservierungsstoffen ist verboten.

Kennzeichnung für **Fruchtsaftgetränke**	Beispiele
Fruchtsaft ▸ ohne Ergänzung mit Essenzen u. Genußsäuren	– Orangensaftgetränk
▸ mit Essenzen und Genußsäuren	– Fruchtsaftgetränk Apfel
▸ Fruchtanteile	– Fruchtgehalt ... %
▸ sofern zutreffend	– mit Zitronensäure – mit Traubenzucker

Alkoholfreie Getränke

Limonaden

Diese süßen alkoholfreien Erfrischungsgetränke werden aus unterschiedlichen Zutaten gemischt.
Grundlegende Zutaten sind:
- Wasser und Zucker,
- Genußsäuren (Apfel-, Zitronen-, Weinsäure),
- färbende Lebensmittel (z. B. Carotin oder Zuckercouleur),
- natürliche Aromastoffe, die im allgemeinen nicht näher bezeichnet werden.

Künstliche Aroma- und Farbstoffe sowie Konservierungsstoffe sind nicht erlaubt.
Als *namengebende Zutaten* werden verwendet:
- Fruchtsäfte oder Fruchtauszüge,
- Coffein und Chinin.

> Chinin ist ein bitterschmeckender Auszug aus der Chinarinde (Stamm- oder Wurzelrinde).

Für die *Kennzeichnung* sind alle verwendeten Zutaten anzugeben, insbesondere z. B.
- „mit Farbstoff Carotin" bzw. „Zuckercouleur",
- „Säuerungsmittel Zitronensäure" bzw. „Apfelsäure",
- „coffeinhaltig" bzw. „chininhaltig".

Limonadenbezeichnungen	Bestandteile
Orangenlimonade Zitronenlimonade (Fruchtsaftlimonaden)	– Saft der genannten Frucht, mindestens die Hälfte der für Fruchtsaftgetränke verwendeten Menge
Limonade mit Zitronen- oder Orangengeschmack (Aromalimonaden)	– Auszüge aus der jeweils genannten Frucht
Bitter-Orange Bitter-Grapefruit Bitter-Lemon Tonic Water (Bitterlimonaden)	– Saft der genannten Frucht Lemon = Limone – Aromastoffe – in allen Fällen Chinin
Ginger Ale	– Auszüge aus Ingwerwurzel
Colalimonaden	– coffeinhaltig – natürliche Aromastoffe

Brausen

Brausen sind einfache aromatisierte Erfrischungsgetränke, zu deren Herstellung außer Wasser und Kohlensäure in den meisten Fällen künstliche Süß-, Aroma- und Farbstoffe verwendet werden.

Trotz der überwiegend künstlichen Zutaten sind Brausen gesundheitlich unbedenkliche Getränke, da diese den Vorschriften des Lebensmittelgesetzes entsprechen müssen. Als Erfrischungsgetränke sind sie durststillend und erfrischend, darüber hinaus preisgünstig und energiefrei.

> **Kennzeichnungsbeispiele**
> - Brause, Bitterbrause
> - mit Himbeer-, Waldmeister-, Zitronenaroma
> - mit Süßstoff Saccharin, mit Zucker
> - coffeinhaltig, chininhaltig

▷ **Alkaloide**

Zu diesen Stoffen gehören z. B. das **Coffein** in Colagetränken (aber auch in Kaffee und Tee) sowie das **Chinin** in Bitterlimonaden.
Mäßig genossen, haben sie positive Auswirkungen:
▶ Anregung des Blutkreislaufs und der Gehirntätigkeit,
▶ Steigerung der geistigen und körperlichen Leistungsfähigkeit,
▶ Belebung eines geschwächten Kreislaufs.

Bei übermäßigem Genuß kann es zu negativen Auswirkungen kommen.
▶ Übelkeit und Erbrechen,
▶ Puls unregelmäßig, Zittern der Hände, Herzklopfen,
▶ Schweißausbrüche, Angstzustände, Schlaflosigkeit.

3. Milch und Milchgetränke

▷ **Angebotsformen der Milch**

Neben Wasser wird Milch von jeher als Getränk verwendet. Sie stillt jedoch nicht nur den Durst, sondern liefert außerdem in leicht verdaulichen Formen Zucker, Fett und Eiweiß sowie Vitamine und Mineralstoffe. Durch *Pasteurisieren* (Kurzzeiterhitzen und 100 °C) wird sie *keimarm* und durch Sterilisieren (Erhitzen auf 100 °C und darüber) wird sie *keimfrei* gemacht.

Unterscheidung der Milch nach dem Fettgehalt	
– Vollmilch	→ 3,5 % Fett
– teilentrahmte Milch	→ 1,5 bis 1,8 % Fett
– entrahmte Milch	→ 0,3 % Fett höchstens

▷ **Getränke aus Milch**

▶ **Sauermilch**, durch Milchsäurebakterien gesäuert;
▶ **Trinkjoghurt**, durch artspezifische Gärungserreger gesäuert (natur oder mit Früchten unterschiedlicher Art geschmacklich variiert);
▶ **Buttermilch**, säuerlich schmeckendes Nebenprodukt der Butterherstellung (ebenfalls natur oder mit Früchten geschmacklich verfeinert).

▷ **Getränke mit Milch**

Im allgemeinen wird dazu Milch mit Früchten ergänzt. Bei der Zubereitung ist zu beachten:
▶ Zuerst die Milch in den Mixer geben,
▶ dann erst die Zutaten.

> Bananenmilch
> Himbeermilch
> Erdbeermilch usw.

Andernfalls gerinnt die Milch (konzentrierte Einwirkung der Fruchtsäuren).

B. Aufgußgetränke

Zu den Aufgußgetränken gehören Kaffee, Tee und Kakao. Wegen ihres besonderen Aromas und der anregenden Wirkung sind sie sehr beliebt. Die Rohprodukte kommen aus Regionen beiderseits des Äquators: Amerika, Afrika und Asien.

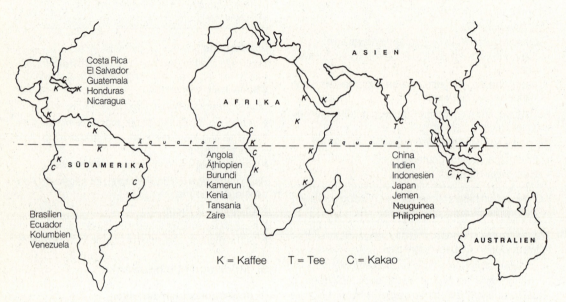

K = Kaffee   T = Tee   C = Kakao

1. Kaffee

Kaffee ist ein Erzeugnis aus den kirschenähnlichen Früchten des Kaffeebaumes, von denen die Samenkerne gewonnen und auf besondere Weise aufbereitet werden.

▷ **Kaffeekirsche**

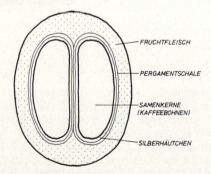

Bestandteile der Samenkerne (Rohkaffee)
– Kaffeeöl und Fettsäuren
– Eiweiß und Zucker
– Gerbstoffe und Coffein

Die Gewinnung von *Rohkaffee* erfolgt im Ernteland. Dieser wird in die Verbraucherländer exportiert und dort zu *Röstkaffee* weiterverarbeitet.

▷ **Aufbereitung der Kaffeekirschen**

Das ältere und billigere Verfahren ist die *trockene Aufbereitung*, bei der die Kaffeekirschen in der Sonne getrocknet werden. Diese Methode ist in wasserarmen Regionen auch heute noch üblich, während im allgemeinen die *nasse Aufbereitung* angewendet wird.

▸ Grobes Entfernen des Fruchtfleisches,
▸ Fermentieren der freigelegten Kerne, wobei sich durch rohstoffeigene Wirkstoffe innerhalb von zwei Tagen das grundlegende Kaffeearoma entwickelt,
▸ Abspülen der zersetzten und wasserlöslich gewordenen Reste des Fruchtfleisches,
▸ Trocknen und Entfernen der Schalen.

Die gewonnenen Samenkerne werden als *Rohkaffee* in die Verbraucherländer exportiert.

▷ **Rösten des Rohkaffees**

In einer rotierenden großen Trommel entsteht durch die Einwirkung von trockener Hitze der *Röstkaffee*. Dabei sind folgende Veränderungen des Rohkaffees von Bedeutung:

▸ Große Mengen des Wassers verdampfen,
▸ das Volumen der Kaffeebohnen vergrößert sich,
▸ durch stoffliche Umwandlungen entwickeln sich die endgültige Farbe und das Aroma.

Alkoholfreie Getränke

Je nach der Art des Röstverfahrens ergeben sich helle, mittelfarbige und dunkle Röstungen. Die dunkle wird als Espresso-Röstung bezeichnet.

▷ **Aufbewahrung des Röstkaffees**

In geröstetem Zustand ist Kaffee ein sehr empfindliches Produkt. Sein Wert kann durch Verlust oder sogar durch Verderben des Aromas beachtlich gemindert werden.

▸ **Aromaverlust** entsteht, wenn Teile des leichtflüchtigen Aromas entweichen. Kaffee ist deshalb stets *luftdicht verschlossen* aufzubewahren.

Vakuumverpackter Kaffee, der sich in luftarmer Umgebung befindet, ist besonders aromageschützt und bis zu 6 Monaten lagerfähig. Nach dem Öffnen muß er jedoch rasch verbraucht werden, da sich die Aromastoffe nach dem Druckausgleich in verstärktem Maße verflüchtigen.

▸ **Aromaverderb** wird einerseits durch die stofflichen Veränderungen der Kaffeebestandteile bei zu langem Lagern hervorgerufen und andererseits durch die Einwirkung von Feuchtigkeit und Wärme zusätzlich begünstigt. *Trockenes, kühles und nicht zu langes Lagern* sind deshalb unerläßlich.

▷ **Kaffee besonderer Art**

Aufgrund individueller Verzehrsbedürfnisse gibt es auch bezüglich des Kaffees (im Vergleich zum allgemein üblichen Röstkaffee) zweckbestimmte Abwandlungen bzw. Abweichungen. Sie beziehen sich vor allem auf das im Rohprodukt Kaffee enthaltene Coffein sowie auf die beim Rösten entstehenden Röstreizstoffe.

Coffein regt das Nervensystem und den Blutkreislauf an. Diese im allgemeinen erwünschte Wirkung hat jedoch bei übermäßigem Genuß, insbesondere bei sensiblen und nervösen Menschen, negative Folgen. Sie reichen von erhöhtem Pulsschlag (Herzklopfen) bis hin zu anhaltender Schlaflosigkeit.

Röstreizstoffe wirken anregend auf die Verdauungsorgane Magen, Darm und Galle. Auch diese erwünschte, oftmals stuhlgangregulierende Wirkung führt bei reizempfindlichen Menschen zu krampfartigen Störungen in den Verdauungsorganen.

Entcoffeinierter Kaffee

Im Rohkaffee befinden sich bis zu 3 % Coffein. Entcoffeinierter Kaffee darf höchstens noch 0,08 % Coffein enthalten. Er wird deshalb von Verbrauchern bevorzugt, die einerseits auf den Genuß des Kaffeearomas nicht verzichten wollen, andererseits aber die negativen Auswirkungen des Coffeins vermeiden möchten.

Schonkaffee

Durch schonende Röstverfahren bzw. durch nachträglichen Entzug von Röstreizstoffen gewinnt man Produkte, die für magen-, darm- und gallenempfindliche Menschen verträglicher sind. Manche Hersteller bezeichnen auch entcoffeinierte Produkte als Schonkaffee.

Kaffee-Extraktpulver

Zu ihrer Herstellung werden aus Röstkaffee die Aromastoffe herausgelöst und zu einem leicht löslichen Instant-Produkt aufbereitet. Verständlicherweise ist mit der Behandlung im Vergleich zum Originalkaffee eine Minderung des Genusses verbunden. Eine *„schnelle Tasse Kaffee"* ist den weniger anspruchsvollen Verbrauchern jedoch wichtiger.

Kaffee-Ersatz

Es handelt sich dabei um kaffeeähnliche Erzeugnisse, die aus stärkehaltigen Ausgangsprodukten hergestellt werden, z. B. aus Gerste → *Malzkaffee*. Im Vergleich zu den Zeiten mit niedrigerem materiellem Wohlstand haben sie heute nur noch eine untergeordnete Bedeutung.

2. Tee

Tee kommt überwiegend aus den Ländern Asiens.

▸ Indien mit den bekannten Regionen Darjeeling, Assam und Nilgiri,
▸ Sri Lanka (ehemals Ceylon → *Ceylontee*),
▸ Indonesien mit den Inseln Java und Sumatra,
▸ China, Rußland und Japan.

Tee kommt heute aber auch in zunehmendem Maße aus Afrika.

▷ **Teeblätter**

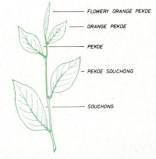

Bestandteile der Teeblätter

– Teeöl (Fett)
– Gerbstoffe und Tein (Coffein)

Zur Teebereitung verwendet man die ersten 5 Blätter von den jungen Austrieben des Teestrauchs. Die Blattbezeichnungen sind identisch mit den Handelsbezeichnungen der indisch-indonesischen Teesorten.

▷ **Aufbereitung der Teeblätter**

Tee wird überwiegend als schwarzer Tee hergestellt. Die Aufbereitung der Blätter erfolgt hierbei nach der ursprünglichen, der sogenannten orthodoxen Methode. Diese gliedert sich in folgende Maßnahmen:

- **Welken** macht die Blätter durch Verdunsten von Wasser geschmeidig (Voraussetzung für die weitere Behandlung).
- **Rollen** bzw. Einrollen der Blätter in Spezialmaschinen bewirkt, daß die Zellen aufbrechen und Saft austreten kann (Voraussetzung für die weitere Behandlung).
- **Fermentieren** ist ein Oxidationsprozeß, der durch rohstoffeigene Wirkstoffe ausgelöst und durch die Einwirkung von Sauerstoff beschleunigt wird.

> Innerhalb weniger Stunden entwickeln sich die kupferbraune Farbe und das typische Aroma des schwarzen Tees. Daraus ergibt sich später der dunkelfarbige Aufguß mit seinem ausgewogenen, harmonischen Aroma.

- **Trocknen** der Blätter ist notwendig, um das Faulen zu verhindern und die Haltbarkeit zu gewährleisten.
- **Sortieren** mit Hilfe von speziellen Siebmaschinen bezeichnet das Trennen der unterschiedlich großen Stücke der Teeblätter.

Blatt-Tee	→	größte Stücke
Fannings	→	kleinere Stücke
Dust	→	Teestaub

▷ **Abgewandelte Aufbereitungsverfahren**

Grüner Tee

Mit Hilfe von Wasserdampf werden die farbzerstörenden Wirkstoffe in den Teeblättern unwirksam gemacht, so daß die grünen Farbstoffe erhalten bleiben. Außerdem entfällt das Fermentieren, wodurch die Gerbstoffe ihre natürliche Herbheit behalten.

> Grüner Tee ist *nicht fermentierter Tee*. Aus diesem Grunde ist der Aufguß im Vergleich zum schwarzen Tee hell, das Aroma stärker ausgeprägt.

Oolong-Tee

Bei diesem Verfahren werden die Blätter *halb fermentiert*. Die Eigenschaften des Aufgusses liegen deshalb zwischen denen des schwarzen und des grünen Tees.

Broken tea

Es handelt sich dabei um schwarzen Tee, der aber einer ganz speziellen Behandlung unterzogen wird. In Spezialmaschinen werden die Blätter vor dem Fermentieren absichtlich *zerrissen* bzw. *zerschnitten*. Es gibt verschiedene Gründe für dieses Verfahren.

- Tee wird heute in großen Mengen in Teebeutel abgefüllt. Großblättrige Sorten sind dazu ungeeignet, weil sie sich in dem beengten Raum nicht entfalten können und nur ungenügend ausgelaugt werden.

> Für Blatt-Tee sind großräumige Teenetze oder Teefilter erforderlich.

- Das Dosieren beim Überbrühen ist einfacher, das Auslaugen vollzieht sich rascher und intensiver.

Das Zerkleinern (*Brechen*) des Tees hat keine negativen Auswirkungen auf die Qualität.

▷ **Handelsbezeichnungen für Tee**

Diese Bezeichnungen enthalten unterschiedliche Angaben.

- Herkunft
- Blattbezeichnung
- Herstellungsverfahren
- Sortierung (Blattgröße)

Reine Teesorten

Es handelt sich dabei um die hochwertigsten Sorten. Reinheit bedeutet in diesem Zusammenhang, daß der Tee *aus einem Anbaugebiet* stammt bzw. nur aus *einer Blattsorte* hergestellt wurde.

Darjeeling	– Flowery Orange Pekoe (Darjeeling FOP)
Ceylon	– Broken Pekoe (Ceylon BP)
Assam	– Broken Orange Pekoe (Assam BOP)

| Broken Flowery Orange Pekoe (BFOP) |
| Broken Orange Pekoe (BOP) |
| Broken Pekoe Souchong (BPS) |
| Orange Pekoe Fannings (OPF) |
| Broken Orange Pekoe Fannings (BOPF) |
| Pekoe Dust (PD) |

Teemischungen

Im Hinblick auf eine gleichbleibende Qualität bzw. Geschmacksrichtung ist es üblich, verschiedene Teesorten miteinander zu mischen. Drei ganz spezielle Mischungen sind:

Ostfriesische Mischung	▸ bestehend aus Assam- und Sumatratee – als *kräftig dunkle Tasse* bezeichnet
Englische Mischung	▸ Assam-, Darjeeling-, Ceylontee – *würzig-feinherbe Tasse* genannt
Russische Mischung	▸ Darjeeling- und Chinatee – zarter Rauchgeschmack

Alkoholfreie Getränke

▷ **Besondere Tee-Erzeugnisse**

Tee-Extrakt

Das sind wäßrige Auszüge oder Granulate. Letztere sind pulverförmige Produkte, die man durch Zerstäubungs- oder Gefriertrocknen gewinnt (z. B. für Zitronentee-Getränke).

Aromatisierter Tee

Bei diesen Erzeugnissen, die es heute in reicher Auswahl gibt, wird schwarzer Tee mit unterschiedlichen aromatischen Zusätzen geschmacklich ergänzt.
- Zimt, Anis und Muskat
- Zitrone, Orange, Apfel, Birne, Hagebutte, Mandeln, Heidelbeere, Himbeere, Pfirsich und andere
- Rauch (Rauchtee)

Teeähnliche Erzeugnisse

Man gewinnt diese Produkte aus Blättern, Blüten, Samen und anderen Teilen der verschiedensten Pflanzen. In der Naturheilkunde von jeher bekannt, werden sie für bestimmte Gäste heute auch im Gastgewerbe (ganz besonders in Kurbetrieben) bereitgehalten und als Tee angeboten.
- Pfefferminze, Malve und Kamille
- Kräuter, Hagebutte und Holunderbeere
- Mate, teeartig aufbereitete Blätter verschiedener Stechpalmenarten (Brasilien, Argentinien)

3. Kakao und Schokolade

Kakao wird aus den Früchten des Kakaobaumes gewonnen.

▷ **Kakaofrucht**

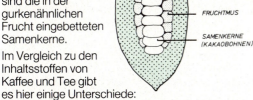

Das Rohprodukt der Kakaoherstellung sind die in der gurkenähnlichen Frucht eingebetteten Samenkerne.

Im Vergleich zu den Inhaltsstoffen von Kaffee und Tee gibt es hier einige Unterschiede:
▸ der Gehalt an Coffein ist geringer,
▸ die Menge der Nährstoffe ist beachtlich höher.

Getränke aus Kakao haben deshalb eine schwächere anregende Wirkung, aber einen höheren Energiewert. Die Kakaobohnen enthalten:

- Fett, Eiweiß und Kohlenhydrate
- Gerbstoffe und Theobromin

▷ **Aufbereitung der Kakaofrüchte**

Aus den halbierten Früchten werden die Samenkerne (etwa 25 bis 60 je Frucht) herausgenommen, weitgehend vom Fruchtmus befreit und zwei Behandlungsverfahren unterzogen.

Durch das Fermentieren (ein ähnlicher Prozeß wie bei Tee) löst sich innerhalb von 6 bis 8 Tagen das noch anhaftende Fruchtmus ab, und in den Kernen entwickelt sich das grundlegende Aroma.

Beim anschließenden Trocknen sinkt der Wassergehalt bis unter 8 %, so daß die Lagerfähigkeit gewährleistet ist.

Der *Rohkakao* wird in die Verbraucherländer exportiert.

▷ **Herstellung von Kakaopulver**

Seine Herstellung ist ein mehrstufiger Arbeitsablauf.

Rösten des Rohkakaos

Es entwickelt sich das eigentliche Kakaoaroma.

↓

Mahlen des Röstproduktes

Aus den vorher geschälten Kernen entsteht der

Kakaobruch

↓

Walzen des Kakaobruchs

Bei gleichzeitigem Erwärmen schmilzt das Fett, so daß eine breiige Masse entsteht.

Kakaomasse

↓

Abpressen des Fettes

Man erhält dabei zwei getrennte Produkte.

↓ ↓
Kakaobutter   Kakaopreßkuchen

↓

Zerkleinern des Preßkuchens

Durch das stufenweise Zerkleinern und das abschließende Zermahlen erhält man das Endprodukt

Kakaopulver

Je nach der Menge des abgepreßten Fettes gibt es zwei Kakaosorten:

- schwach entölt → mindestens noch 20 % Fett
- stark entölt → mindestens noch 8 % Fett

▷ **Herstellung von Schokoladenpulver**

Zu seiner Herstellung wird Kakaopulver aufgeschlossen, d. h. die in ihm enthaltene unlösliche Stärke wird durch die Einwirkung von Dampf in eine lösliche Zustandsform übergeführt. Das so entstandene leicht lösliche Instantprodukt wird außerdem mit Zucker ergänzt und manchmal zusätzlich mit Milchpulver. Aus diesen Produktmerkmalen ergibt sich für die Zubereitung:
▸ Das bei Kakao notwendige Kochen entfällt,
▸ das Auflösen ist auch in kalter Flüssigkeit möglich,
▸ anstelle von Milch kann (Milchpulver als Bestandteil vorausgesetzt) Wasser verwendet werden.

Aufgaben (Erfrischungs-, Aufgußgetränke)

1. Nennen Sie die grundlegenden Getränkearten und ordnen Sie diesen Getränkebeispiele zu.

Alkaloide:
2. In welchen Getränken kommen Alkaloide vor und wie heißen sie?
3. Welche Wirkungen haben sie bei mäßigem und bei übermäßigem Genuß?

Mineralische Wässer:
4. Was versteht man unter mineralischen Wässern?
5. Was sind Mineralstoffe, und wo leiten sie sich chemisch her? Nennen Sie Beispiele.
6. Wodurch entsteht Kohlensäure, und was ist ein „stilles Wasser"?
7. Erklären Sie die Bezeichnungen Chlorid und Carbonat.
8. Welche mineralischen Wässer unterscheidet der Gesetzgeber, und welches sind die grundlegenden Unterscheidungsmerkmale?

Mineralwässer:
9. Nennen Sie Bezeichnungen sowie die Vorschriften über die Menge der Mineralstoffe bzw. der Kohlensäure.
10. Auf welche Weise dürfen sie bei der Gewinnung behandelt werden? Begründen Sie die Behandlungsverfahren.
11. Welche Angaben muß das Flaschenetikett enthalten?

Quellwässer:
12. Wodurch unterscheiden sich Quellwässer von den Mineralwässern?
13. Welche Angaben dürfen auf dem Etikett nicht gemacht werden? Warum nicht?

Tafelwässer:
14. Welches sind die grundlegenden Ausgangsrohstoffe, und welche Zusätze sind erlaubt?
15. Was ist Sodawasser?

Mineralische Wässer:
16. Woraus ergibt sich ihr besonderer Wert?
17. Nennen und erläutern Sie Verwendungszwecke für mineralische Wässer.

Getränke aus Früchten:
18. Wie werden sie qualitativ unterschieden?
19. Ordnen Sie den Bewertungsstufen die Arten der Getränke zu.

Fruchtsäfte und Fruchtnektare:
20. Aus welchen Früchten werden sie bereitet, und welche Vorschriften gelten für deren Beschaffenheit?
21. Woraus ergibt sich der besondere Wert dieser Getränke?

Fruchtsäfte:
22. Wie hoch ist der Fruchtanteil?
23. Was ist ein Fruchtsaftkonzentrat, und wie wird es verwendet?
24. Welche Richtlinien regeln die Verwendung von Zucker?
25. Beschreiben Sie an Beispielen die Kennzeichnungsvorschriften.

Fruchtnektare:
26. Welche Vorschriften gibt es über den Fruchtgehalt?
27. Welche Zugaben sind zusätzlich üblich bzw. erlaubt?
28. Nennen Sie Bewertungskriterien im Vergleich zu den Fruchtsäften.
29. Beschreiben Sie die Kennzeichnungsvorschriften.

Limonaden:
30. Aus welchen Zutaten werden Limonaden bereitet?
31. Nennen Sie Limonadenbezeichnungen.
32. Welche Stoffe dürfen als Zutat nicht verwendet werden?
33. Was ist Tonic Water und Ginger Ale?
34. Welche Limonaden gehören zu den Bitterlimonaden, und warum werden sie so genannt?

Fruchtsaftgetränke:
35. Welche Vorschriften gibt es bezüglich des Fruchtgehaltes, und welche Bewertung ergibt sich daraus?
36. Welche ergänzenden Zutaten dürfen verwendet werden?

Milch:
37. Durch welche Besonderheiten zeichnet sich Milch als Getränk aus?
38. Auf welche Weise wird sie keimarm bzw. keimfrei gemacht?
39. Welche Unterscheidungen gibt es bezüglich des Fettgehaltes?
40. Nennen und beschreiben Sie Getränke, die aus Milch hergestellt werden.

Milchmischgetränke:
41. Nennen Sie Beispiele für Milchmischgetränke.
42. Worauf ist beim Mixen bezüglich der Reihenfolge der verwendeten Zutaten zu achten?

Rohkaffee:
43. Was ist Rohkaffee und welche Stoffe enthält er?
44. Beschreiben Sie die nasse Aufbereitung der Kaffeekirschen.

Röstkaffee:
45. Welche Veränderungen erfährt der Rohkaffee beim Rösten?
46. Welche Arten der Röstung gibt es?
47. Nennen und begründen Sie Lagerbedingungen für Röstkaffee.
48. Warum wird Röstkaffee vakuumverpackt?
49. Beschreiben Sie die physiologischen Wirkungen des Kaffees.
50. Beschreiben Sie die Besonderheiten und die Bedeutung von entcoffeiniertem Kaffee, Schonkaffee, Kaffee-Extraktpulver und Kaffee-Ersatz.

Tee:
51. Nennen Sie bekannte Anbaugebiete und Regionen.
52. Beschreiben Sie das Rohprodukt einschließlich der Blattbezeichnungen.
53. Welche Stoffe sind im Teeblatt enthalten?
54. Welche Teearten werden nach dem Aufbereitungsverfahren unterschieden?

Alkoholhaltige Getränke

Aufbereitung der Teeblätter:
55. Beschreiben Sie das Verfahren nach der orthodoxen Methode.
56. Nennen Sie die Abweichungen bei grünem Tee und Oolong-Tee.
57. Welche Auswirkungen hat die Aufbereitung des grünen Tees auf den Aufguß?
58. Erklären Sie die Bezeichnungen Blatt-Tee, Fannings und Dust.
59. Was ist Broken tea, und welche Bedeutung hat diese Art der Aufbereitung?

Handelsbezeichnungen für Tee:
60. Nennen Sie Bezeichnungen für reine Teesorten bezüglich Herkunft, Blattbenennung und Aufbereitung der Blätter.
61. Welche Bedeutung hat die Herstellung von Teemischungen?
62. Welches sind die Besonderheiten der Ostfriesischen, der Englischen und der Russischen Mischung?

Aromatisierter Tee:
63. Was ist aromatisierter Tee?
64. Nennen Sie Beispiele für die Aromatisierung.

Teeähnliche Erzeugnisse:
65. Was sind teeähnliche Erzeugnisse?
66. Nennen Sie Beispiele.

Kakao- und Schokoladenpulver:
67. Woraus wird Kakaopulver und Schokoladenpulver gewonnen?
68. Beschreiben Sie:
    a) die Aufbereitung der Kakaofrüchte,
    b) die Gewinnung des Kakaopulvers.
69. Welche Kakao-Erzeugnisse werden nach dem Fettgehalt unterschieden?
70. Was ist Schokoladenpulver, und welche Bedeutung hat dieses Erzeugnis?
71. Nennen und erläutern Sie Produktmerkmale des Schokoladenpulvers.

II. Alkoholhaltige Getränke

Artbestimmender Bestandteil dieser Getränke ist Alkohol. Bezüglich der Alkoholmenge sind zu unterscheiden:

▶ **Bier und Wein**, bei denen der Alkohol auf natürliche Weise durch **Gärung** gebildet wird. Die Menge beträgt bei Bier etwa 3 bis 7 % vol und bei Wein etwa 8 bis 14 % vol.
▶ **Spirituosen**, bei denen bereits vorhandener Alkohol durch **Destillation** auf einen Alkoholgehalt zwischen etwa 20 und 45 % konzentriert wird.

1. Alkoholgewinnung durch Gärung

Gärung ist ein Stoffwechselvorgang, der sich in den Zellen bestimmter Mikroorganismen vollzieht und bei dem Zucker in andere Stoffe umgewandelt wird.

▷ **Wesen der Gärung**

Aus dem Kapitel „Naturwissenschaftliche Grundkenntnisse" – „Stoffumwandlungen im menschlichen Organismus" wissen wir, daß Zucker zur Energiegewinnung mit Hilfe von Sauerstoff vollständig verbrannt wird. Während der Mensch ohne Sauerstoff nicht existieren kann, sind Mikroorganismen in der Lage, mit Hilfe der Gärung wenigstens soviel Energie zu gewinnen, daß ihr Leben erhalten bleibt. In diesem Falle wird der Zucker jedoch nicht vollständig verbrannt, sondern es entstehen Spaltprodukte, in denen noch bestimmte Mengen Restenergie gebunden ist.

Gärungen werden nach dem wichtigsten Endprodukt des Stoffwechselvorgangs benannt, z. B.:

▶ Milchsäure	→	**Milchsäuregärung** durch Milchsäurebakterien
▶ Buttersäure	→	**Buttersäuregärung** durch Buttersäurebakterien
▶ Alkohol	→	**Alkoholische Gärung** durch Hefen

▷ **Grundzüge der alkoholischen Gärung**

Bei der alkoholischen Gärung entsteht der Alkohol auf natürliche Weise. Durch einen lebenserhaltenden Vorgang in der Hefezelle wird Zucker in Alkohol und Kohlendioxid umgewandelt.

Anwendung der alkoholischen Gärung

Im Rahmen der Getränkeherstellung wird diese Gärung beim Wein und beim Bier angewendet.

– Ausgangsprodukt für Wein ist Most, der aus Weintrauben ausgepreßt wird und der von Natur aus reichliche Mengen Zucker enthält. Durch Hefen, die entweder von der Traube her in den Most gelangen oder die in Form von Reinzuchthefe dem Most zugesetzt werden, setzt die Gärung ein, und aus dem Most entsteht Wein.
– Ausgangsprodukt für Bier ist die Bierwürze, die im Gegensatz zum Most in einem mehrstufigen Verfahren erst hergestellt werden muß. Dazu dient Getreide, dessen Stärke zunächst verzuckert wird. Das Vergären des gelösten Zuckers erfolgt mit Hilfe von zugesetzten Reinzuchthefen. Aus der Bierwürze entsteht Bier (siehe „Herstellung von Bier").

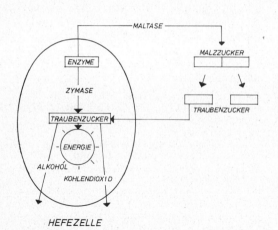

Gärverlauf bei der alkoholischen Gärung

Ursache für das Vergären des Zuckers sind die Enzyme in der Hefezelle. Malzzucker, der die Zellwand nicht passieren kann, wird außerhalb der Zelle durch das Enzym **Maltase** in Traubenzucker abgebaut.

▶ Der im Traubenmost bzw. in der Bierwürze gelöste Traubenzucker gelangt, ähnlich wie bei der Resorption im menschlichen Darm, in die Hefezelle hinein.

▶ Dort wird er mit Hilfe des Enzyms **Zymase** in Alkohol und Kohlendioxid vergoren, wobei die zur Lebenserhaltung notwendige Energie freigesetzt wird.

▶ Die beiden Stoffwechselprodukte sind „Gifte" und werden deshalb durch die Zellwand hindurch in die umgebende Flüssigkeit ausgeschieden.

Aus Traubenmost entsteht auf diese Weise Wein und aus der Bierwürze das Bier.

Alkoholische Gärung

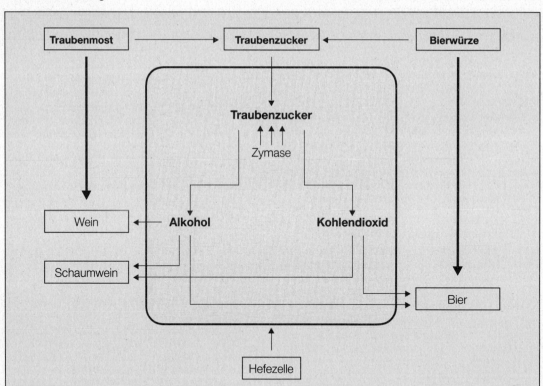

2. Wirkungen des Alkohols im menschlichen Organismus (Suchtgefahr)

Während sich mäßiger Genuß anregend auf die Gehirntätigkeit und den Blutkreislauf auswirken kann, haben **übermäßige Mengen negative Folgen.**

▶ In der akuten Situation werden die Gehirnzellen gelähmt, so daß es zu geistigen und körperlichen **Ausfallserscheinungen** kommt. Ganz besondere Gefahren ergeben sich daraus im Straßenverkehr.

▶ Über einen längeren Zeitraum besteht **Suchtgefahr**. Als Folge des Alkoholismus können Gehirn, Herz, Leber und Nieren dauerhaft geschädigt werden.

Alkoholhaltige Getränke

A. Bier

Bier hat eine lange geschichtliche Tradition und wird heute in vielen Arten und Sorten hergestellt. Kühl getrunken, hat es vor allem durch den Gehalt an Kohlensäure eine besonders erfrischende Wirkung.

1. Herstellung von Bier

Im Vergleich zum Wein, zu dessen Herstellung der von Natur aus vorgegebene Saft der Trauben verwendet wird, muß für das Bier zunächst eine zuckerhaltige Flüssigkeit, die Bierwürze, bereitet werden.

▷ **Rohstoffe der Bierbereitung**

Die grundlegenden Rohstoffe sind Wasser, Malz und Hopfen. Nach deutschem Gesetz (Reinheitsgebot) durften zur Bierherstellung ursprünglich nur die genannten Rohstoffe verwendet werden. Obwohl dieses Gebot durch EG-Beschluß inzwischen aufgehoben wurde, ist das deutsche Braugewerbe auch weiterhin bemüht, Bier nach wie vor entsprechend dem Reinheitsgebot herzustellen. Hefe, die vor allem für das Vergären der Würze gebraucht wird, bleibt nur in ganz bestimmten Bieren als Bestandteil des Getränkes erhalten (z. B. in Hefeweizen).

> Wasser

Das sogenannte Brauwasser wird aus brauereieigenen Brunnen oder Quellen gewonnen. Je nach dem Brauort ist die Zusammensetzung der mineralischen Stoffe unterschiedlich. Art und Menge beeinflussen den Charakter und die Art des Bieres.

> Malz

Malz ist ein Produkt, das überwiegend aus Gerste, für bestimmte Biere aus Weizen hergestellt wird (z. B. für Weizenbier). Im Hinblick auf das Bier liefert es den zur Alkoholbildung erforderlichen Zucker. Darüber hinaus ist die Art des jeweiligen Malzes (siehe „Mälzen") ausschlaggebend für die Farbe und den Geschmack des Bieres.

> Hopfen

Das sind die getrockneten weiblichen Blütendolden der Hopfenpflanze. Die in ihnen enthaltenen Hopfenöle und Bitterstoffe erfüllen verschiedene Aufgaben:

▸ Sie bringen die Eiweißstoffe in der Bierwürze zum Gerinnen und tragen somit zur Klärung bei,
▸ verleihen dem Bier je nach verwendeter Menge einen schwach- bis starkbitteren Geschmack,
▸ erhöhen die Haltbarkeit des Bieres und stabilisieren die Schaumkrone beim Ausschenken.

Zur Vereinfachung des Verfahrens bei der Bierbereitung wird heute auch ein eigens dazu hergestellter **Hopfenextrakt** verwendet (siehe „Bereiten der Bierwürze").

> Hefe

Im Hinblick auf die unterschiedlichen Arten des Bieres gibt es zwei Heferassen, die als Reinzuchthefen speziell für die Bierbereitung gezüchtet werden (Einzelheiten siehe im Abschnitt „Vergären der Bierwürze"). Auch die jeweilige Art der Hefe hat Auswirkungen auf die Eigenschaften und den Geschmack des Bieres.

▷ **Gewinnung des Malzes**

Gerste bzw. Weizen liefern den zur Alkoholbildung erforderlichen Zucker in Form von Stärke. Da diese nicht vergärbar ist, muß sie zunächst in lösliche Formen abgebaut werden (siehe dazu die Ausführungen im Abschnitt „Stoffumwandlungen im pflanzlichen Organismus"). Den mehrstufigen Vorgang bezeichnet man als **Mälzen**. Dabei werden die in der Natur vorgezeichneten Abläufe vom Menschen bewußt und gezielt gesteuert. Das Ergebnis ist das sogenannte *Braumalz*.

> Weichgut

Das Einweichen des Getreides in Wasser ist die erste Voraussetzung für den Abbau der Stärke. Die Getreidekörner saugen sich mit Wasser voll.

> Grünmalz

Durch das Zuführen von Wärme und Sauerstoff werden die stärkeabbauenden Enzyme aktiviert. Die Keime nehmen die abgebauten löslichen Zucker als Nahrung auf, wachsen und werden als junge, frische, „grüne" Austriebe sichtbar (Grünmalz).

> Darrmalz

Nachdem der eigentliche Zweck (das Aktivieren der Enzyme) erreicht ist, wird das Grünmalz getrocknet bzw. gedarrt. Folgende Auswirkungen sind dabei von Bedeutung:

▸ **Die Keime werden abgetötet**, so daß der weitere Verbrauch von Zucker gestoppt ist. Dieser soll schließlich für die Herstellung des Bieres zur Verfügung stehen.
▸ **Die Enzyme werden inaktiv**, wodurch der Abbau der Stärke unterbrochen und das Malz bis zur weiteren Verarbeitung lagerfähig wird.

Je nach Intensität des Darrens erhält man helles, mittelfarbiges oder dunkles Malz. Die jeweilige Farbe wird auf das Bier übertragen.

▷ **Zubereitung der Bierwürze**

Nun beginnt der zweite mehrstufige Abschnitt des Brauens.

Schroten des Malzes

Das Zerkleinern ist die Voraussetzung für wichtige anschließende Vorgänge:
▸ Das Wasser kann besser eindringen,
▸ die Enzyme haben leichteren Zugang,
▸ der Zucker wird intensiver ausgelaugt.

Maischen des Schrotes

Durch die Zugabe des Brauwassers und die Zufuhr von Wärme werden die Enzyme in der entstandenen Maische erneut aktiviert und können den beim Darren unterbrochenen Abbau der Stärke zu Ende führen.

Läutern der Maische

Darunter versteht man das Abscheiden der ausgelaugten Schrotbestandteile. Zurück bleibt die zuckerhaltige Flüssigkeit (Würze).

Kochen der Würze

Bei gleichzeitiger Zugabe des Hopfens bzw. des Hopfenextraktes werden mit dem Kochen und Verdampfen von Wasser folgende Zwecke erreicht:
▸ Auslaugen des Aromas aus dem Hopfen,
▸ Einstellen der Würze auf die beabsichtigte Konzentration der Zuckerstoffe (s. „Biergattungen").

Sofern anstelle von Extrakt Hopfen verwendet wird, sind die ausgelaugten Reste abschließend abzuseihen. In der Würze sind nun außer dem Wasser folgende Bestandteile enthalten:
– die gelösten Zuckerstoffe,
– das Aroma von Malz und Hopfen,
– die artbestimmende Farbe (je nach der Art des verwendeten Malzes).

▷ **Vergären der Bierwürze**

Die Grundzüge der alkoholischen Gärung sind bereits bekannt. An dieser Stelle sollen lediglich noch einige Besonderheiten nachgetragen werden, die sich im Zusammenhang mit der Bierbereitung ergeben.

Bierhefen

Jede Brauerei züchtet ihre eigenen Hefen und gewinnt durch Vermehrung die für das Brauen jeweils erforderlichen Hefemengen. Zur Bierherstellung werden verschiedenartige Heferassen eingesetzt. Daraus ergeben sich Unterschiede in bezug auf den Gärverlauf sowie auf die Art des Bieres.

▸ **Obergärige Hefen** vergären die Würze zwischen 15 und 18 °C in kürzerer Zeit und steigen dabei an die Oberfläche der Würze. **Obergärige Biere** zeichnen sich durch einen hohen Gehalt an Kohlensäure und eine starke Kohlensäurewirkung aus (Weizenbier).
▸ **Untergärige Hefen** vergären die Würze zwischen 6 und 9 °C in etwas längerer Zeit und setzen sich auf dem Boden des Gärgefäßes ab. **Untergärige Biere**, in denen die Kohlensäure intensiver gebunden ist, zeigen eine verhaltenere und feinere Wirkung der Kohlensäure.

Gärverlauf

Der Gärverlauf gliedert sich in zwei Abschnitte:

Bei der *Hauptgärung* werden zunächst große Mengen überschüssigen Kohlendioxids ausgeschieden.

Zur *Nachgärung* kommt das Bier in einen geschlossenen, unter Druck stehenden Tank, in dem das nun noch gebildete Kohlendioxid im Bier gebunden wird und das Bier gleichzeitig zur vollen geschmacklichen Fülle ausreift.

2. Gattungen und Arten der Biere

Mit Hilfe der Gattungs- und Artenbezeichnung erfolgt die grundlegende Einteilung der Biere.

▷ **Biergattungen**

Es gibt in diesem Zusammenhang vier Bezeichnungen, die sich aus dem Biersteuergesetz herleiten (siehe weiter unten). Ausschlaggebend für die Unterscheidung ist der jeweilige Stammwürzegehalt.

Stammwürze

Darunter versteht man die in der Bierwürze gelösten Stoffe, die neben geringen Mengen Mineralstoffen überwiegend aus Zucker bestehen. Ihre Menge ist abhängig von der Menge des verwendeten Malzes, und sie kann außerdem beim Kochen der Würze durch Verdunsten von Wasseranteilen reguliert werden. Die Angabe erfolgt in % von der Bierwürze, die sich aus Wasser und Stammwürze zusammensetzt.

Der Stammwürzegehalt ist nicht identisch mit dem Alkoholgehalt. Dieser ergibt sich erst nach dem Vergären des Zuckers; er beträgt je nach dem Grad der Vergärung ¼ bis ⅓ des Stammwürzegehaltes.

Gattungsbezeichnungen

Die neue **Bierverordnung** nennt zu den vier Gattungen den jeweils vorgeschriebenen Stammwürzegehalt:

Alkoholhaltige Getränke

Biergattungsbezeichnungen	Stammwürzegehalt
Bier mit niedrigem Stammwürzegehalt →	unter 7 %
Schankbier →	7 bis 11 %
Vollbier →	11 bis 14 %
Starkbier →	über 16 %

Diese Ordnung gilt sowohl für Faß- als auch für Flaschenbier.
Leichtbiere sind Schankbiere mit einem Stammwürzegehalt zwischen 7 und 11 %.
Alkoholarme Biere (1,5 % Alkohol) und **alkoholfreie Biere** (höchstens 0,5 % Alkohol) dürfen trotz der Alkoholreduzierung je nach Stammwürzegehalt als Schankbier oder als Vollbier bezeichnet werden.
Diätbiere weisen einen stark reduzierten Kohlenhydratgehalt auf. Durch einen intensiven Gärvorgang ist fast der gesamte Zucker vergoren. Die Biere enthalten jedoch einen Alkoholgehalt von fast 4 %.

▷ **Bierarten**
Die Unterscheidung bezüglich der Art ergibt sich aus der verwendeten Heferasse (ober- oder untergärig).

Obergärige Biere

In Ermangelung von Kühlmöglichkeiten wurden ursprünglich nur solche Biere hergestellt. Aufgrund des raschen Gärverlaufs waren sie jedoch nur ungenügend ausgereift und deshalb auch nur begrenzt lagerfähig. Sie wurden oft sauer.

Untergärige Biere

Erst mit der Entwicklung der Kühltechnik gab es die Möglichkeit, untergäriges Bier zu brauen. Durch die längere und bessere Ausreifung waren sie voller und harmonischer im Geschmack sowie lagerbeständiger. Obwohl untergärige Biere fortan beliebter waren, haben sich einige obergärige Sorten bis heute behauptet.

3. Sorten der Biere

Dies sind Untergliederungen zu den Bierarten. Sie unterscheiden sich durch jeweils typische Merkmale sowie durch die Höhe des Stammwürzegehalts.

 Obergärige Biersorten

Alt

Trotz der Trendwende zu untergärigem Bier wurde und wird auch heute noch im Raum Düsseldorf und Münster nach *alter* Tradition obergäriges Bier hergestellt (*Altbier*). Das dunkle Bier zeichnet sich durch einen hopfenbetonten und malzaromatischen Geschmack aus. Als Glas dient ein gerader Becher.

Kölsch

Es handelt sich um ein regionaltypisches Bier aus dem Raum *Köln*. Seine Farbe ist hell, der Geschmack ist hopfenbetont und mildsauer. Der Ausschank erfolgt in einem schlanken geraden Spezialglas (Stange).

Weizenbier

Für das in Bayern typische Bier wird ein hoher Weizenanteil und eine geringere Hopfenmenge verwendet. Es zeichnet sich durch einen fruchtigen und malzaromatischen Geschmack aus.

▸ **Hefeweizen** ist nicht ganz von der Hefe befreit und deshalb naturtrüb,
▸ **Kristallweizen** enthält keine Hefe und ist klar.

Der Ausschank erfolgt in einem vasenähnlichen großen Spezialglas.

Berliner Weiße

Dieses Bier wird aus einer Mischung von hellgedarrtem Gersten- und Weizenmalz bereitet. An der Gärung sind neben Hefen Milchsäurebakterien beteiligt. Das helle, schwach hopfenbittere Bier hat einen mildsäuerlichen Geschmack. Es wird in einem großbauchigen Spezialglas serviert und mit Waldmeisteressenz oder Himbeersirup geschmacklich ergänzt.

Weizenbock

Bockbiere haben ihren Ursprung in der Stadt *Einbeck*. Die Braurechte für dieses hochwertige Bier wurde später an Bayern abgetreten. Dort wurde aus der ursprünglichen Endsilbe ... beck die Bezeichnung **Bock**. Bockbiere sind Starkbiere mit mindestens 16 % Stammwürze (siehe „Untergärige Biere" – „Bock").

Malzbier

Das Bier ist dunkel und hat einen stark ausgeprägten Malzgeschmack. Da es nur „niedrig vergoren" ist, liegt der Alkoholgehalt bei 0,5 bis 1,5 %, und durch den unvergorenen Zucker schmeckt es süß.

▷ Untergärige Biersorten

Mit diesen Sortenbezeichnungen verbinden sich jeweils besondere Qualitätsmerkmale, die sich vom Ursprung des Bieres bzw. von qualifizierten Herstellungsverfahren herleiten.

Pils

Seinen Namen hat dieses Bier von der Stadt **Pilsen** in Tschechien. Es gehört zu den bekanntesten und beliebtesten Bieren und wird als „Pilsener Typ" (kurz Pils) heute überall hergestellt. Seine besonderen Eigenschaften sind: hell, stark, hopfenbetont und schwach malzaromatisch.

Als **Pilsener Urquell** wird es aus Tschechien eingeführt.

Export

Der Name steht in Beziehung zur Export-Tradition des Dortmunder Braugewerbes. Export-Biere werden hochvergoren, haben einen hohen Alkoholgehalt sowie wenig Restzucker und sind deshalb besonders haltbar. Als „Dortmunder Typ" bezeichnet, unterscheidet es sich vom Pils. Im Vergleich zu diesem ist es goldfarben (blond), schwächer hopfenbitter und malzaromatischer.

Märzen

Wegen der günstigeren Temperaturbedingungen wurde früher überwiegend im Winter gebraut. Das letzte, *im März* hergestellte Bier mußte zugunsten einer längeren Haltbarkeit besonders stark eingebraut werden **(Märzenbier).**

Lager

Mit der beginnenden untergärigen Brautechnik war es üblich, das Bier kühler zu lagern (z. B. auch in Eishöhlen des Alpenvorlandes). Das länger und besser ausgereifte Bier hatte eine größere geschmackliche Fülle und war besonders haltbar.

Rauchbier

Wegen der günstigeren Temperaturbedingungen wurde ursprünglich überwiegend in den Sommermonaten gemälzt. Reichte die Sonnenwärme beim Darren nicht aus, haben manche Brauer mit einem Holzfeuer nachgeholfen. Das rauchige Aroma des Malzes hat sich auch auf das Bier übertragen.

Bock

Aufgrund des hohen Malzanteils zeichnet sich das Bier (Starkbier) durch einen ausgeprägten malzigen Geschmack und durch einen hohen Alkoholgehalt aus. Bockbiere werden als hochwertige Besonderheit zu bestimmten Jahreszeiten angeboten: Weihnachtsbock, Maibock.

▸ Doppelbock sind Biere mit sehr hohen Malzzugaben (Stammwürze mindestens 18 %); sie erhalten meist mit der Endung **...ator** eine herausgehobene Kennzeichnung (z. B. Salvator, Kulminator, Optimator).

▸ Eisbock ist ein Doppelbockbier, in dem die Aromastoffe durch Ausfrieren von Wasseranteilen besonders konzentriert sind (Stammwürze bis zu 28 %).

An dieser Stelle sei noch einmal auf die Herstellung von alkoholfreien Biersorten hingewiesen, die der Verbraucher auch im Wissen um die Suchtgefahr „Alkohol" sicherlich gerne annimmt.

Überblick über die Biere

Gattungen	Arten	Sorten
Schankbier	– obergärig	→ Berliner Weiße
Vollbier	– obergärig	→ Alt und Kölsch → Weizenbier und → Malzbier
	– untergärig	→ Pils und Export → Märzen und Lager → Rauchbier
Starkbier	– obergärig	→ Weizenbock
	– untergärig	→ Bock und Doppelbock

▷ Ausländische Biere

Die bedeutendsten englischen Biere werden obergärig hergestellt. Im allgemeinen dunkel, zeichnen sie sich durch einen ausgeprägten Malz- und Hopfengeschmack aus. Die übliche Sortenbezeichnung ist **Ale**.

Porter bzw. **Stout,** das als Nachfolger des Porter gilt, ist eng mit dem Namen *Guiness* verbunden.

Weitere bekannte Biere kommen aus folgenden Ländern:

Tschechien	Pilsner Urquell, Budweiser
Dänemark	Carlsberg, Tuborg
Holland	Heineken, Skol
Frankreich	Kronenbourg (Elsaß)

Alkoholhaltige Getränke

4. Pflege des Bieres

Bier ist ein sehr empfindliches Getränk. Das Braugewerbe ist deshalb von der Auswahl der Rohstoffe bis hin zur Auslieferung an den Verbraucher um größte Sorgfalt bemüht. All diese Mühen sind jedoch umsonst, wenn im gastgewerblichen Betrieb die Regeln zur angemessenen Pflege nicht beachtet werden.

Kenner wünschen sich ein „gepflegtes Glas Bier":

> ▶ kühl und klar,
> ▶ ein erfrischendes Mousseux (Moussieren, „Schäumen") und eine gut ausgebildete Schaumkrone.

Auf dem Wege von der Bestellung bzw. Anlieferung bis zum Ausschank gibt es jedoch viele Ursachen, die die wünschenswerten Eigenschaften nicht zustandekommen lassen oder zunichte machen. *Pflege des Bieres* heißt deshalb: Alles tun bzw. alles unterlassen, um negative Einflüsse auszuschalten. Das gilt vor allem für Faßbier. Flaschenbier ist lediglich vor **Licht** und **Wärme** zu schützen, d. h. kühl und dunkel zu lagern. Im folgenden geht es um die Pflege des Faßbieres.

▷ **Bestellung bzw. Anlieferung**

In diesem Zusammenhang sind drei Gesichtspunkte zu beachten: Zeitpunkt, Bestellmenge und Faßgrößen.

Zeitpunkt

Dieser ist so *rechtzeitig* zu wählen, daß das Bier vor dem Anstich noch zwei bis drei Tage ruhen kann.
▶ Die beim Transport losgerüttelte Kohlensäure muß sich im Bier wieder binden,
▶ witterungsbedingte Temperaturveränderungen während des Transports (Erwärmung im Sommer, Unterkühlung im Winter) müssen rückgängig gemacht werden.

Bestellmenge

Sie ist unbedingt dem Umsatz anzupassen. Dabei sollte der Bedarf einer Woche das Richtmaß sein, damit Qualitätseinbußen durch Überlagerungen vermieden werden.

Faßgrößen

Für die Wahl der Faßgrößen ist die Umsatzgeschwindigkeit des Bieres ausschlaggebend. Das Bier sollte nicht länger als zwei Tage im Anstich liegen. Bei längerer Dauer nimmt die Frische des Bieres auf jeden Fall ab. Darüber hinaus kann eine Überalterung eintreten, die sich negativ auf den Geschmack auswirkt. Ein Betrieb, der seine „Bierkunden" nicht verlieren will, muß darauf achten, daß solche Wertminderungen nicht eintreten.

▷ **Lagerung des Bieres**

Der Bierkeller muß in bezug auf Hygiene und Temperatur besondere Voraussetzungen erfüllen, weil sonst die Qualität des Bieres negativ beeinflußt wird.

Hygiene

Bier ist ein guter Nährboden für Mikroorganismen, die sich deshalb im Lagerbereich nicht ausbreiten dürfen. Aus diesem Grunde ist es erforderlich:
▶ den Keller regelmäßig naß zu reinigen (deshalb gefliese Wände und Wasseranschluß),
▶ in ihm keine anderen Lebensmittel zu lagern,
▶ geleerte Fässer sofort aus ihm zu entfernen.

Temperatur

Das Braugewerbe nennt dazu wichtige Richtwerte. Die Kellertemperatur soll 3 °C nicht unter- und 9 °C nicht überschreiten. Durch das Unter- bzw. Überschreiten dieser Richtwerte ergeben sich einerseits zu große Abweichungen im Hinblick auf die Ausschanktemperatur. Andererseits besteht die Gefahr, daß das Bier in seinem Wert gemindert wird. Abgesehen davon, daß die Kellertemperatur maßgebend für die richtige Schanktemperatur ist, würden sich folgende Qualitätseinbußen ergeben:
▶ Übertemperatur führt zu rascherem Altern,
▶ Untertemperatur ist die Ursache für Kältetrübungen (die jedoch bei entsprechender Temperatureinstellung wieder zurückgebildet werden).

5. Bierschankanlage

Schankanlagen dienen dazu, Getränke mit Hilfe von Druck aus Vorratsbehältern (Faß, Container) in Schankgefäße zu füllen. Die gebräuchlichste Anlage dieser Art ist die Bierschankanlage.

▷ **Teile der Schankanlage**

Anlagenteile zur Förderung des Bieres	– Kohlensäureflasche als Druckvorratsbehälter – Druckleitung von der Kohlensäureflasche zum Faß – Bierleitung vom Faß zur Zapfstelle – Anstichkörper als Bindeglied zwischen Druck- und Bierleitung
Anlageteile für das Zapfen des Bieres	– Zapfhahn und Schanktisch – Spül- und Klarspülbecken
Anlageteile für die technische Sicherheit und Kontrolle	– Druckmesser (Manometer) – Druckminderer – Druckregler – Druck- und Bierabstellhähne – Sicherheitsventil (Überdruck)

Bierschankanlage

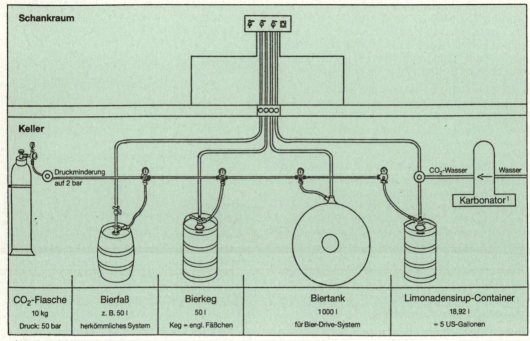

[1] Vermischen von gefiltertem Leitungswasser mit CO₂

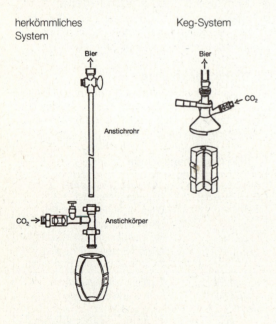

▷ **Gesetzliche Vorschriften**

Diese Vorschriften sind auf den Schutz des Menschen ausgerichtet. Sie enthalten Richtlinien in bezug auf die Hygiene sowie auf die Verkehrssicherheit der Anlage.

Meldepflicht und Zulassung

Die beabsichtigte Inbetriebnahme ist meldepflichtig. Nur wenn sich bei der Überprüfung keine Beanstandungen ergeben, wird die Zulassung erteilt.

Zustand der Anlage

Sie muß den gesetzlichen Vorschriften entsprechen.
- Teile, die mit dem Bier in Berührung kommen, dürfen nur aus technisch und hygienisch geeignetem und geprüftem Material bestehen.
- Bierleitungen sind (entsprechend den zugehörigen Zapfhähnen) parallellaufend zu verlegen und fortlaufend zu kennzeichnen, sie müssen frei von Knicken, Quetschungen, Verdrehungen und scharfen Krümmungen sein sowie einen Durchmesser von 10 mm haben.
- Die Zapfstelle muß gut beleuchtet und so eingerichtet sein, daß die Gäste das Einschenken oder Bereiten von Getränken beobachten können.

Drucksystem

Im Zusammenhang mit dem Druckmittel gilt:
- Als Druckmittel ist, da es mit dem Bier in Berührung kommt, nur Kohlendioxid erlaubt,

Alkoholhaltige Getränke

▸ die Kohlensäureflasche muß aufrecht stehen, durch eine Halterung gesichert und vor Wärmeeinwirkung geschützt sein.

Zur Kontrolle und Sicherheit müssen vorhanden sein:

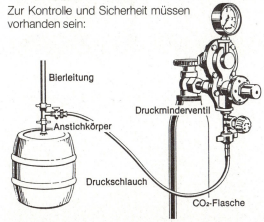

Druckminderungsventile zur Herabsetzung des Druckes in der Kohlensäureflasche (etwa 65 bar),
Sicherheitsventile zum Ablassen von Überdruck, wenn im Drucksystem der höchstzulässige Druck von 2 bar überschritten wird,
Druckmesser zur möglichen Überprüfung der Druckhöhe.

Reinigungsvorschriften

Beim Zapfen des Bieres lagern sich in den verschiedenen Teilen der Anlage Bierreste ab, die für Mikroorganismen ein guter Nährboden sind. Abgesehen davon, daß sich bei ihrer Anhäufung Gesundheitsschädigungen ergeben können, sind sie häufig auch Ursache für das Verderben des Bieres. Entsprechende Reinigungsmaßnahmen beziehen sich auf bestimmte Anlagenteile und sind zu bestimmten Zeiten durchzuführen:

▸ **Anstichkörper** nach dem Absetzen oder vor dem Anstechen eines neuen Fasses,
▸ **Bierleitungen** mindestens alle 14 Tage, wobei in einem Betriebsbuch festzuhalten sind: Datum, die jeweils bestimmte Leitung, die Art der Reinigung und der Ausführende,
▸ **Zapfhähne** (auseinandergenommen) sowie Spülbecken mindestens 1mal täglich,
▸ **Biergläser** nach jedem Gebrauch,
▸ **Schanktische**, sooft der Eindruck von Unsauberkeit entsteht.

Für das *Reinigen der Gläser* gilt im besonderen: Zur Reinigung selber werden „bierfreundliche" *Spezialspülmittel* empfohlen, weil selbst geringe Spuren von unspezifischen Mitteln die Schaumkrone zerstören.

Aufgaben (Bier)

1. Beschreiben Sie das Wesen der Gärung.
2. Nennen und erklären Sie Arten der Gärung.

Alkoholische Gärung:
3. Nennen Sie Ausgangsprodukte für die Getränkeherstellung.
4. Beschreiben Sie den Gärverlauf und die jeweiligen Ergebnisse.
5. Welche Auswirkungen hat der Alkohol im menschlichen Organismus und welche Gefahren sind damit verbunden?

Rohstoffe der Bierbereitung:
6. Nennen und beschreiben Sie die Rohstoffe.
7. Welche Auswirkungen haben sie auf das Bier?

Braumalz:
8. Aus welchem Rohstoff wird Braumalz bereitet?
9. Beschreiben und erläutern Sie das Mälzen.
10. Erklären Sie die Bezeichnungen Grünmalz und Darrmalz.
11. Mit welcher Absicht wird das Malz gedarrt?

Herstellen von Bier:
12. Beschreiben und erläutern Sie die beiden Abschnitte „Bereiten der Bierwürze" und „Vergären der Bierwürze".
13. Was bedeutet „obergärig" und „untergärig", und welche Eigenschaften haben die jeweiligen Biere?
14. Welche Besonderheiten verbinden Sie mit folgenden Bezeichnungen:
    a) Hefeweizen und Kristallweizen,
    b) Bock, Doppelbock, Weizenbock und Eisbock?

Stammwürze:
15. Was ist Stammwürze, und mit welcher Maßeinheit wird sie angegeben?

16. Wie heißen die auf die Stammwürze abgestimmten Biergattungen, und wie hoch ist der jeweils zugehörige Stammwürzegehalt?
17. Welche Beziehung besteht zwischen dem Stammwürze- und dem Alkoholgehalt?
18. Wie hoch ist der Stammwürzegehalt für Doppelbockbier?

Biersorten:
19. Erklären Sie zu folgenden Biersorten die Bezeichnungen und beschreiben Sie die jeweiligen Besonderheiten bezüglich der Rohstoffe, der Art des Bieres und seiner Eigenschaften sowie besonderer Angebotsformen:
    a) Alt, Kölsch, Weizenbier, Berliner Weiße, Malzbier,
    b) Pils, Export, Märzen, Lager und Rauchbier.
20. Ordnen Sie den Biergattungen die untergärigen und obergärigen Biersorten zu.
21. Welche Biere sind Ihnen bekannt aus:
    a) England,
    b) Tschechien, Dänemark,
    c) Holland, Frankreich?

Pflege des Bieres:
22. Was versteht man unter Pflege des Bieres?
23. Beschreiben Sie Richtlinien bezüglich der Bestellung bzw Anlieferung sowie bezüglich der Lagerung.

Schankanlage:
24. Nennen Sie wichtige Teile der Anlage.
25. Welche gesetzlichen Vorschriften gibt es bezüglich der Zulassung, dem Zustand der Anlage und dem Drucksystem?
26. Nennen Sie Reinigungsvorschriften für bestimmte Anlagenteile: Anstichkörper, Bierleitungen, Zapfhähne.

B. Wein

Die Herstellung von Wein war bereits bei den Assyrern und Ägyptern um 3500 vor Christus bekannt. In der geschichtlichen Entwicklung hat sich der Weinbau schließlich über Griechen und Römer bis in die Regionen an Rhein und Mosel ausgebreitet.

1. Deutsche Weine

Im Vergleich zu den südlichen weinanbauenden Ländern bringt Deutschland Weine hervor, die sich durch sehr individuelle Eigenschaften auszeichnen:

- fruchtige und pikante Säure,
- dezente Süße,
- ausgeprägte Duft- und Geschmacksstoffe,
- ausgewogenes und harmonisches Bukett.

Bukett ist das Zusammenwirken von Duftstoffen (Blume) und Geschmacksstoffen (Aroma).

▷ **Individuelle Art der Weine**

Die Ursachen sind vielfältiger Natur: unterschiedliche Arten der Böden, besondere klimatische Bedingungen sowie ausgewählte Rebsorten. In ihrem optimalen Zusammenwirken liefern sie die Voraussetzungen für Weine von unübertroffener Eleganz, Harmonie und Originalität.

Böden

Die Böden der verschiedenen Weinregionen enthalten Nähr- und Mineralstoffe in unterschiedlicher Zusammensetzung. Von der Rebe aus dem Boden aufgenommen und den Trauben zugeführt, sind diese Stoffe für den regional typischen Charakter der Weine ausschlaggebend.

Schiefer	▶ feinrassige und pikante Weine
Muschelkalk	▶ herzhafte und kraftvolle Weine
Löß/Lehm	▶ gehaltvolle, bukettreiche Weine
vulkanisches Gestein	▶ wuchtige und feurige Weine

Klima

Feuchte und nicht zu heiße Sommer sowie die anhaltende Wärme des Herbstes sorgen für eine lange und kontinuierliche Reifeperiode. Während dieser Zeit holt die Rebe wertvolle Mineralstoffe aus der Erde, und in den Beeren bilden sich die vielfältigen Duft- und Geschmacksstoffe.

Die intensive Sonneneinstrahlung auf die nach Süden gerichteten Hänge sowie die wärmespeichernde Wirkung der Flußtäler und Böden sorgen für weingünstige Temperaturen. Höhenzüge halten die kalten Winde fern, Tau und Nebel schützen im Herbst vor den Einwirkungen des Frostes.

Rebsorten

Rohstoff für die Weinbereitung sind die Weintrauben. Um die Erzeugung von minderwertigem Wein zu verhindern, dürfen für seine Herstellung nur solche Rebsorten verwendet werden, die durch Gesetz ausdrücklich zugelassen sind. Die Rebsortenbezeichnungen sind identisch mit den Trauben- und Weinbezeichnungen, z. B.:

Rieslingrebe → Rieslingtraube → Rieslingwein

Zu den Rebsorten ist außerdem noch anzumerken: Im Gegensatz zu anderen europäischen Weinbauländern werden deutsche Weine im allgemeinen jeweils nur aus einer Traubensorte, also *sortenrein* hergestellt. Aus diesem Grunde darf die Traubensorte auch auf dem Flaschenetikett angegeben werden (vergleiche unter diesem Gesichtspunkt die Etiketten deutscher und ausländischer Weine).

▷ **Gebietseinteilung im deutschen Weinbau**

Bestimmte Anbaugebiete und Bereiche

Im deutschen Weinbau gibt es 13 *bestimmte Anbaugebiete*. Darüber hinaus gibt es die Bezeichnungen für *Bereiche*, die innerhalb der bestimmten Anbaugebiete engere räumliche Begrenzungen darstellen. Die bestimmten Anbaugebiete und die Bereiche sind gleichzeitig Herkunftsbezeichnungen für die Qualitätsweine (siehe in der Tabelle auf der folgenden Seite und im Abschnitt „Güteklassen der deutschen Weine").

Bedeutende Rebsorten und die Art ihrer Weine

weiße Rebsorten		rote Rebsorten	
Riesling	→ elegant, edles Bukett	Spätburgunder	→ wuchtig, volles Bukett
Silvaner	→ fruchtig, mildes Bukett	Portugieser	→ leicht, mildes Bukett
Müller-Thurgau	→ frisch, blumiges Bukett	Trollinger	→ frisch, zartes Bukett
Traminer	→ würzig, rassiges Bukett	*Riesling und Spätburgunder* sind die hochwertigsten Traubensorten.	
Ruländer	→ vollmundiges, reifes Bukett		

Alkoholhaltige Getränke

Weinbaugebiete und Untergebiete

Diese Gebietsbezeichnungen sind als Herkunftsbezeichnungen **für Tafelweine vorgeschrieben.** Dadurch sollen Verwechslungen mit Qualitätsweinen bzw. Irreführungen ausgeschlossen werden.

Landweingebiete

Die Herkunftsbezeichnungen für diese besonderen Weine sind eigentlich keine Gebietsnamen. Vielmehr wird in Verbindung mit der Bezeichnung Landwein lediglich auf die geographische Herkunft hingewiesen (siehe in der folgenden Gebietseinteilung).

Gemeinden und Lagen

Ergänzend zu den großräumigen Gebieten gibt es die enger begrenzenden Namen von Gemeinden und Lagen. Als Herkunftsbezeichnungen sind sie nur für **Qualitätsweine** erlaubt. Die Lagennamen dürfen nur in Verbindung mit der jeweils zugehörigen Gemeinde genannt werden.

Beispiele: Rüdesheim → Rüdesheimer Burgweg
Würzburger → Würzburger Stein

Gebietseinteilung im deutschen Weinbau

Qualitätsweine		Tafelweine		Landweine
bestimmte Anbaugebiete	Bereiche	Weinbaugebiete	Untergebiete	Gebiete
Ahr	Walporzheim / Ahrtal	Rhein-Mosel	Rhein	Ahrtaler Landwein
Hessische Bergstraße	Starkenburg Umstadt			Starkenburger Landwein
Mittelrhein	Bacharach Rheinburgengau Siebengebirge			Rheinburgen-Landwein
Nahe	Kreuznach Schloß Böckelheim			Nahegauer Landwein
Rheingau	Johannisberg			Altrheingauer Landwein
Rheinhessen	Bingen Nierstein Wonnegau			Rheinischer Landwein
Rheinpfalz	Südliche Weinstraße Mittelhaardt Deutsche Weinstraße			Pfälzer Landwein
Mosel-Saar-Ruwer	Zell/Mosel Bernkastel Obermosel Saar-Ruwer Moseltor		Mosel	Landwein der Mosel
			Saar/Ruwer	Landwein der Saar Landwein der Ruwer
Franken	Steigerwald Maindreieck Mainviereck Bayerischer Bodensee	Bayern	Main	Fränkischer Landwein
			Donau	Regensburger Landwein
			Lindau	Bayerischer Bodensee-Landwein
Württemberg	Remstal – Stuttgart Württemberg. Unterland Kocher-Jagst-Tauber Oberer Neckar Württemberg. Bodensee	Neckar		Schwäbischer Landwein
Baden	Bodensee Markgräflerland Kaiserstuhl-Tuniberg Breisgau Ortenau	Oberrhein	Römertor	Südbadischer Landwein
	Badische Bergstraße/Kraichgau Badisches Frankenland		Burgengau	Unterbadischer Landwein Taubertäler Landwein
Saale-Unstrut	Thüringen Schloß Neuenburg	Albrechtsburg		Mitteldeutscher Landwein
Sachsen	Meißen, Dresden Elstertal			Sächsischer Landwein

Die Anbaugebiete für deutschen Wein

Deutsche Weine werden bis auf zwei Ausnahmen (Saale-Unstrut und Elbe) am Rhein sowie an seinen größeren und kleineren Nebenflüssen angebaut. Die Weinbaugebiete beginnen südlich von Bonn.

Die linksrheinischen Anbaugebiete sind die Flußtäler der Ahr, der Flüsse von Mosel, Saar und Ruwer, der Nahe, der Gebiete Rheinhessens und der Rheinpfalz.

Die Gebiete auf der rechtsrheinischen Seite beginnen im Norden mit Mittelrhein und dem Rheingau. Sie setzen sich zum Süden hin über Franken, die hessische Bergstraße, Baden und Württemberg fort.

Seit der Wiedervereinigung Deutschlands sind die beiden traditionsreichen Weinbaugebiete von Saale-Unstrut und Sachsen hinzugekommen.

Nach dem Gesetz wird unterschieden zwischen **bestimmten Anbaugebieten** und **Weinbaugebieten.** Deutsche Tafelweine kommen aus 4 Tafelweinregionen. Deutsche Landweine (Tafelweine gehobener Qualität) aus 17 vorgeschriebenen Anbaugebieten für Landweine.

Die Herkunftsbezeichnung „bestimmtes Anbaugebiet" ist ausschließlich Qualitätsweinen vorbehalten. Für Tafelweine bzw. Landweine darf sie nicht verwendet werden.

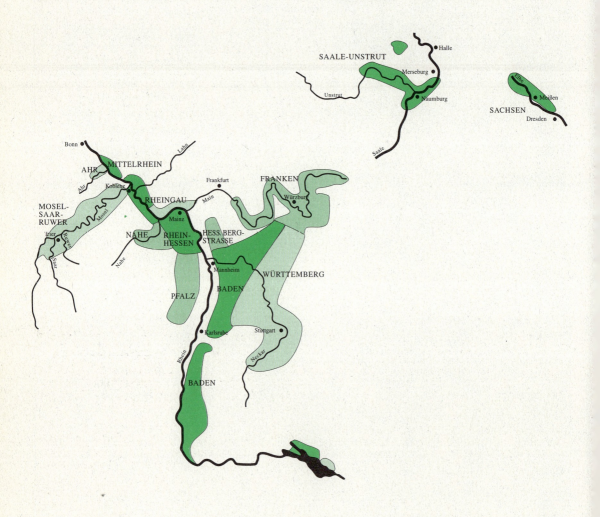

Alkoholhaltige Getränke

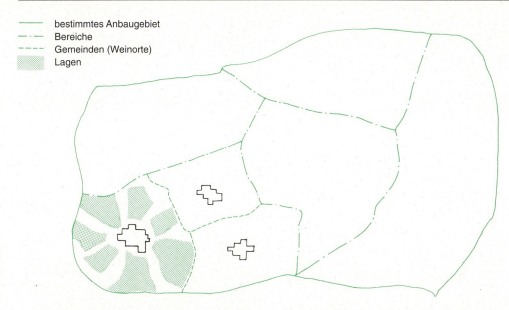

— bestimmtes Anbaugebiet
—·— Bereiche
----- Gemeinden (Weinorte)
▨ Lagen

▷ **Ernte und Reifestufen der Weintrauben**

Das Ernten der Weintrauben wird auch als **Lese** (Weinlese) bezeichnet. Die Festlegung der Erntetermine erfolgt durch die örtlichen Weinbaubehörden.

> Erntetermine

Mit **Hauptlese** bezeichnet man den Beginn der „allgemeinen Lese". Zu diesem Zeitpunkt muß sichergestellt sein, daß die Trauben einen angemessenen Reifegrad erreicht haben.

Für Trauben, die grundsätzlich früher reifen und um witterungsbedingte Schäden bzw. Verluste abzuwenden, kann auf Antrag eine sogenannte **Vorlese** gestattet werden.

Darüber hinaus gibt es Erntezeiten und Ernteverfahren, die auf eine höhere Qualität des Weines ausgerichtet sind und bei denen deshalb die Reife der Weintrauben eine besondere Rolle spielt (siehe nachfolgende Ausführungen).

> Reifestufen

Das Weingesetz nennt folgende Stufen: Vollreife, Überreife und Edelfäule. Sie stehen in enger Beziehung zu den Qualitätsmerkmalen der Weintrauben.

Vollreife ist die Voraussetzung für den Beginn der Hauptlese. Kennzeichen dieser Reifestufe sind:

- ▶ Die Traubenstiele beginnen zu verholzen,
- ▶ die Beerenhaut ist dünn und durchscheinend geworden,
- ▶ die Menge des Zuckers sowie die der Duft- und Geschmacksstoffe sind ausreichend entwickelt.

Überreife ist ein Zustand, bei dem insbesondere durch die Mitwirkung eines Edelpilzes die Haut so dünn und porös geworden ist, daß Wasser aus dem Beerensaft verdunsten kann. Zucker sowie Duft- und Geschmacksstoffe werden dadurch zunehmend konzentrierter.

Edelfäule bedeutet, daß die Beerenhaut dicht mit dem Edelpilz überzogen und sehr stark durchlässig geworden ist. Die wertbestimmenden Bestandteile werden noch stärker konzentriert. Außerdem bildet der Edelpilz ganz spezielle Duft- und Geschmacksstoffe (Stoffwechselprodukte).

> Je höher der Reifegrad der Trauben,
> ▶ um so höher die Konzentration von Zucker sowie von Duft- und Geschmacksstoffen im Saft der Beeren,
> ▶ um so höher die Qualität des zu erwartenden Weines.

Je länger man die Trauben ausreifen läßt und je weiter man den Erntetermin hinausschiebt, desto mehr nimmt die Quantität des Mostes ab, desto mehr nimmt seine Qualität zu.

▷ **Besondere Erntezeiten und Ernteverfahren**

Sie werden angewendet, um eine höhere Qualität des Weines zu erzielen, unterliegen der behördlichen Kontrolle und sind deshalb meldepflichtig (siehe „Amtliche Prüfung des Weines").

> Spätlese

Die Trauben müssen mindestens in vollreifem Zustand sein und dürfen frühestens 7 Tage nach dem Beginn der Hauptlese geerntet werden.

Auslese

Aus dem Erntegut werden im Weinberg nur die vollreifen Trauben ausgelesen, von denen gleichzeitig kranke und unreife Beeren zu entfernen sind. Es werden **Trauben** ausgelesen.

Beerenauslese

Es dürfen im Weinberg von den Trauben nur edelfaule oder (in Ermangelung von eingetretener Fäulnis) mindestens überreife Beeren abgelesen werden.

Trockenbeerenauslese

Die auszulesenden edelfaulen oder wenigstens überreifen Beeren müssen bereits weitgehend eingeschrumpft sein.

Eiswein

Er darf nur aus Trauben hergestellt werden, die bei der Lese und beim Abpressen des Mostes in gefrorenem Zustand sind (Frosteinbruch). Außerdem müssen sie mindestens den Reifegrad einer Beerenauslese erreicht haben. Das gefrorene Wasser (Eis) bleibt in der Presse zurück, so daß die wertbestimmenden Bestandteile des Mostes über den erreichten Reifegrad hinaus konzentriert werden.

Die qualitätserhöhenden Maßnahmen sind gleichzeitig die Bezeichnungen für die Prädikate, die an Qualitätsweine mit Prädikat vergeben werden (siehe „Güteklassen der deutschen Weine").

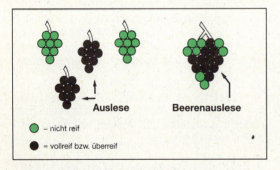

- ○ = nicht reif
- ● = vollreif bzw. überreif

▷ Herstellen von Wein

Abgesehen von möglichen Abwandlungen geht es hier zunächst um die grundlegenden Vorgänge des mehrstufigen Herstellungsverfahrens.

Gewinnung des Mostes

Aus geschmacklichen Gründen ist es heute allgemein üblich, die Beeren vom gerbstoffhaltigen Stengelgerippe, dem sogenannten **Rappen**, zu trennen. Durch Zermahlen und Zerquetschen der Beeren entsteht die **Maische** (Gemenge aus Saft und festen Fruchtbestandteilen). In einer Presse (ursprünglich **Kelter** genannt) wird der Most (Saft) von den festen Bestandteilen (**Trester**) getrennt. Ein Vorklärverfahren dient dazu, Schmutz- und Trübstoffe aus dem Most abzuscheiden.

Vergären des Mostes

Die Grundzüge der alkoholischen Gärung sind bereits aus dem entsprechenden Abschnitt des Buches bekannt. Die Besonderheiten bei der Weinherstellung siehe auf der folgenden Seite.

Behandlung des Jungweines

Um einen einwandfreien Wein zu erzielen, wird der Jungwein bis zum Abfüllen in Flaschen drei grundlegenden Behandlungsverfahren unterzogen.

Abstechen ist das mehrmalige Umfüllen des Weines in ein anderes Faß oder in einen anderen Tank. Dabei bleiben die jeweils abgesetzten Hefen und Trübstoffe als Bodensatz zurück (natürliche Klärung).

Schönen ist die Behandlung mit Schönungsmitteln, um Stoffe *auszuscheiden*, die den Wein später verderben könnten, z. B.:

| Eiweiß | → | Trübungen |
| Eisen | → | Braunfärbung |

▷ Arten der deutschen Weine

Laut Gesetz gibt es 5 grundlegende Weinarten sowie 3 Abwandlungen, bei denen spezielle Vorschriften zu beachten sind.

Weißwein	**Roséwein** Abwandlung: ▶ Weißherbst	**Perlwein**
Rotwein	**Rotling** Abwandlungen: ▶ Schillerwein ▶ Badisch Rotgold	

Weißwein

Bei der Bereitung von Weißwein handelt es sich um das grundlegende Weinherstellungsverfahren (siehe die Beschreibung weiter oben und die Skizze auf der folgenden Seite).

Maische → Most → Gärung

Daraus ergeben sich die Bezeichnungen **Mostgärung** und **hellgekelterter Most**.

Alkoholhaltige Getränke

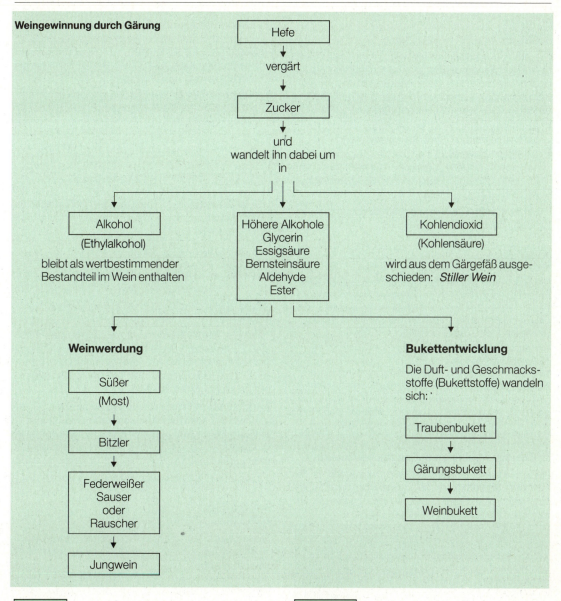

Weingewinnung durch Gärung

Hefe → vergärt → Zucker

und wandelt ihn dabei um in

- **Alkohol** (Ethylalkohol) bleibt als wertbestimmender Bestandteil im Wein enthalten
- **Höhere Alkohole, Glycerin, Essigsäure, Bernsteinsäure, Aldehyde, Ester**
- **Kohlendioxid** (Kohlensäure) wird aus dem Gärgefäß ausgeschieden: *Stiller Wein*

Weinwerdung

Süßer (Most) → Bitzler → Federweißer, Sauser oder Rauscher → Jungwein

Bukettentwicklung

Die Duft- und Geschmacksstoffe (Bukettstoffe) wandeln sich:

Traubenbukett → Gärungsbukett → Weinbukett

Rotwein

Zu seiner Herstellung wird das Weißweinverfahren an entscheidender Stelle abgewandelt: Nicht der Most, sondern die Maische wird vergoren.

Maische → Gärung → Most → Nachgärung

Die nur in der Beerenhaut befindlichen roten Farbstoffe werden durch den in der Maische gebildeten Alkohol herausgelöst und gehen in den Most über. Daraus ergeben sich die Bezeichnungen **Maischegärung** und **rotgekelterter Most**.

In zunehmenden Maße ist es heute auch üblich, die Farbstoffe durch Erhitzen der Maische freizusetzen.

Roséwein

Rote Trauben werden hier nach dem Weißweinverfahren verarbeitet (Mostgärung). Durch den Druck in der Presse gehen geringe Mengen der Farbstoffe in den Most über, so daß dieser lediglich *rosafarben* ist.

Weißherbst ist ein Roséwein, für den folgende Vorschriften gelten:

- ▶ Zur Herstellung darf jeweils nur eine Traubensorte verwendet werden,
- ▶ Wein muß die Güte von Qualitätswein haben.

Im allgemeinen sind Roséweine Mischweine und entsprechen nur der Güte eines Tafelweins.

Rotling

Dieser Wein mit blaßroter bis hellroter Farbe wird aus einem Gemisch von weißen und roten Trauben bereitet und die Maische vor dem Abpressen des Mostes manchmal etwas angegoren. Unter bestimmten Voraussetzungen gibt es zwei Abwandlungen von Rotling:

- **Schillerwein**, der nur im bestimmten Anbaugebiet *Württemberg* hergestellt werden darf,
- **Badisch Rotgold**, der nur für das bestimmte Anbaugebiet *Baden* zugelassen ist und aus den Trauben *Spätburgunder* und *Grauburgunder* (Ruländer) hergestellt ist.

In beiden Fällen müssen außerdem die Bedingungen für Qualitätswein erfüllt sein.

Perlwein

Der aus roten oder weißen Trauben hergestellte Wein unterliegt ganz besonderen gesetzlichen Vorschriften.

- Der Druck in der Flasche muß bei 20 °C mindestens 1 bis 1,5 bar betragen,
- der Wein muß beim Ausschenken sichtbar perlen (Kohlensäure).

Die Kohlensäure kann von der Gärung herstammen bzw. ganz oder teilweise zugesetzt sein. Um Irreführungen und Verwechslungen auszuschließen, darf Perlwein nicht in Schaumweinflaschen abgefüllt werden.

▷ **Geschmacksnoten der deutschen Weine**

Neben anderen Geschmackskomponenten (z. B. fruchtig, säurebetont, reif) beziehen sich Geschmacksnoten lediglich auf den *Restzuckergehalt* bzw. die *Restsüße* des Weines.

Geschmacks-note	Restzucker	Süßewirkung
– trocken	– bis 9 g/l	– kaum wahrnehmbar
– halbtrocken	– bis 18 g/l	– leicht wahrnehmbar
– lieblich	– bis 45 g/l	– stärker ausgeprägt
– süß	– über 45 g/l	– stark ausgeprägt

▷ **Güteklassen der deutschen Weine**

Nach deutschem Recht gibt es drei Güteklassen:

Tafelwein (Landwein)	Qualitätswein bestimmter Anbaugebiete	Qualitätswein mit Prädikat

Für die Einstufung in die verschiedenen Klassen sind folgende Gesichtspunkte von Bedeutung:

- Ausschlaggebend sind vor allem der Reifegrad der Trauben sowie die Erntezeit bzw. das Ernteverfahren (siehe „Ernte- und Reifestufen").
- Darüber hinaus unterliegen alle Weine (mit Ausnahme der Tafelweine) einer amtlichen Prüfung. Durch sie wird festgestellt, ob die vom Erzeuger beantragte Güteklasse gerechtfertigt ist (siehe die nachfolgenden Ausführungen).
- Außerdem besteht die Forderung, daß das Erntegut aus dem für die Güteklasse vorgeschriebenen Gebiet stammt.

Tafelwein	Weinbaugebiet oder eines der Untergebiete
Landwein	Landweingebiet
Qualitätswein bestimmter Anbaugebiete	bestimmtes Anbaugebiet
Qualitätswein mit Prädikat	Bereich

Tafelwein

Tafelwein ist die Bezeichnung für Weine der untersten Güteklasse. Für diese ist eine amtliche Prüfung nicht vorgeschrieben. Je nach Ursprung des Erntegutes bzw. des Weines sind die Herkunftsbezeichnungen sehr unterschiedlich.

- **Tafelwein mit Hinweis auf Weine aus der EG**; ein Verschnitt aus Weinen verschiedener EG-Länder.
- **Deutscher Tafelwein**; ein überregionaler Verschnitt aus verschiedenen deutschen Weinbaugebieten.
- **Tafelwein** mit einer enger begrenzenden Herkunftsbezeichnung (Weinbaugebiet oder Untergebiet).

Landwein

Diese Bezeichnung gilt als die oberste Bewertungsstufe der Tafelweine. Folgende Bedingungen müssen erfüllt sein:

- Herkunftsbegrenzung des Erntegutes („Landweingebiet"),
- regional- und sortentypische Eigenschaften des Weines, der außerdem nur in den Geschmacksnoten trocken oder halbtrocken hergestellt werden darf.

Die Herkunftsbezeichnungen Gemeinde und Lage dürfen für Tafelweine und Landweine nicht verwendet werden.

Qualitätswein bestimmter Anbaugebiete

Das ist die Bezeichnung für Weine der mittleren Güteklasse. Sie müssen amtlich geprüft werden. Grundlegende Voraussetzungen für die Einstufung sind:

Alkoholhaltige Getränke

- angemessener Reifegrad der Trauben,
- vorgeschriebende Zuckermengen im Most (Öchslegrade),
- Herkunftsbegrenzung der Trauben auf das jeweilige bestimmte Anbaugebiet.

Qualitätswein mit Prädikat

Diese Weine, die der obersten Güteklasse angehören, unterliegen ebenfalls der amtlichen Prüfung. Die sechs laut Gesetz zugelassenen Prädikate müssen gegenüber Q.b.A.-Weinen stufenweise höheren Anforderungen genügen:

- Reifegrad der Trauben sowie Zuckergehalt des Mostes,
- Einhaltung der vorgeschriebenen Erntezeiten und Ernteverfahren,
- Herkunftsbegrenzung des Erntegutes auf einen Bereich.

Die Prädikatsbezeichnungen sind aus dem Abschnitt „Besondere Erntezeiten und Ernteverfahren" bereits bekannt. Ergänzend kommt als unterste Prädikatsstufe lediglich das Prädikat **Kabinett** hinzu, bei dem die Güte des Weines geringfügig über der von Q.b.A.-Weinen liegt.

- Spätlese - Auslese - Beerenauslese - Trockenbeerenauslese - Eiswein	Diese aufsteigenden Prädikatsbezeichnungen stehen in enger Beziehung zu den „qualitätsorientierten Erntezeiten und Ernteverfahren" (siehe dort).

▷ **Amtliche Prüfung der Weine**

Die Prüfung beginnt mit der Ernte der Trauben und endet mit der Beurteilung des fertigen Weines.

Lese- und Reifeprüfung

Die Absicht, einen Qualitätswein herzustellen, ist meldepflichtig. Je nach der beabsichtigten Qualitätsstufe (Güteklasse) müssen die dafür vorgesehenen Trauben den vorgeschriebenen Reifegrad erreicht haben und nach dem vorgeschriebenen Verfahren geerntet worden sein.

Analysenprüfung

Der fertige Wein wird im Labor einer Analyse unterzogen, bei der folgende Inhaltsstoffe mengenmäßig überprüft werden:

– Alkohol und Extraktstoffe
– Zucker und Säure

Das positive Ergebnis der Analyse ist die Voraussetzung für die abschließende Beurteilung und Bewertung des Weines.

Sinnenprüfung

Hierbei sind zunächst wichtige **sensorische Vorbedingungen** von Bedeutung, die über die weitere Prüfung mit *Ja oder Nein* entscheiden.

- Der Wein muß klar sein,
- er muß für die Antragspunkte bezüglich der Farbe, der Rebsorte, des Prädikates sowie des bestimmten Anbaugebietes bzw. des Bereichs typisch sein.

Ausnahmen für die weitere Zulassung:
- Ist der Wein für die Rebsorte nicht typisch, kann er ohne Rebsortenangabe zugelassen werden,
- entspricht er nicht dem beantragten Prädikat, kann er, sofern dafür typisch, mit einem anderen Prädikat zugelassen werden.

Die *eigentliche Sinnenprüfung* bezieht sich auf die Prüfmerkmale **Geruch, Geschmack und Harmonie**. Harmonie ist die Zusammenfassung der sensorischen Vorbedingungen sowie des Geruchs und des Geschmacks.

Bewertungsskala

Für jedes Prüfmerkmal müssen mindestens 1,5 Punkte erzielt werden. Das Gesamtergebnis geteilt durch 3 ergibt die **Qualitätszahl**, die als Grundlage für die Bewertung gilt.

Punkte	von – bis	Qualitätsbeschreibung
5	4,50–5,00	hervorragend
4	3,50–4,49	sehr gut
3	2,50–3,49	gut
2	1,50–2,49	zufriedenstellend
1	0,50–1,49	nicht zufriedenstellend
0		keine Bewertung, d. h. Ausschluß des Weines

Amtliche Prüfnummer

Hat der Wein die amtliche Prüfung bestanden, erhält er eine **Prüfnummer**, die folgendes aussagt (Beispiel):

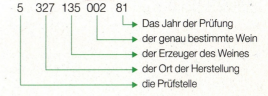

5 327 135 002 81
- Das Jahr der Prüfung
- der genau bestimmte Wein
- der Erzeuger des Weines
- der Ort der Herstellung
- die Prüfstelle

▷ Typische Formen für Weinflaschen

Schlegelflasche · Burgunderflasche · Bordeauxflasche · Bocksbeutelflasche

▷ Etikettieren von Weinflaschen

Bevor der Wein vom Abfüller an den Verbraucher geht, sind die Flaschen mit Etiketten auszustatten.

Sie sind die Visitenkarte für den Wein. Folgende Angaben auf dem Etikett sind gesetzlich vorgeschrieben:

▷ Lagern und Überwachen des Weines

Reifung des Weines

Wein ist kein toter Stoff. Er reift vielmehr stufenweise bis zu höchster Harmonie. Danach werden Blume und Bukett allerdings allmählich bis hin zu völliger Ausdruckslosigkeit abgebaut. Im Anfangsstadium dieses Vorgangs spricht man noch von **Edelfirne** (die als interessant gilt), später von **Firne**.

Durch die stoffliche Umwandlung von Säuren und Mineralstoffen bildet sich außerdem **Weinstein** (weiße Kristalle), ein natürlicher Stoff, der keine negativen Auswirkungen auf den Wein hat.

Negative Einflüsse

- Wärme, Licht und Erschütterungen beschleunigen den Reifungsprozeß.
- Luft bzw. Luftsauerstoff und Mikroorganismen können in Flaschen mit Naturkorken eindringen und den Wein verderben.

Sachgerechtes Lagern

Unerwünscht rasches Reifen bzw. allzufrühes Altern können nur durch die Einhaltung entsprechender Lagerbedingungen verhindert werden:

- dunkel und kühl,
- frei von Erschütterungen (z. B. durch Kühlaggregate und Straßenverkehr).

Weine mit Naturkorken sind liegend zu lagern. Durch den vom Wein angefeuchteten und gequollenen Korken wird der Flaschenhals dicht verschlossen, so daß Schwund von innen und negative Einwirkungen von außen verhindert werden. Flaschen mit dicht schließenden Kronkorken und Schraubverschlüssen sowie Kunststoffkorken (Schaumwein) können stehend aufbewahrt werden.

Regelmäßiges Überwachen

In bestimmten zeitlichen Abständen durchgeführte Kostproben sind eine unentbehrliche Kontrolle über den Grad der Reifung bzw. die einsetzende Firne.

Alkoholhaltige Getränke

Aufgaben (Deutscher Weinbau)

Deutsche Weine:
1. Wodurch unterscheiden sich deutsche Weine von den Weinen der südlicheren Regionen Europas?
2. Nennen Sie Gründe dafür.

Rebsorten des deutschen Weinbaus:
3. Nennen Sie die bekanntesten weißen und roten Rebsorten.
4. Beschreiben Sie die Art der aus ihnen hergestellten Weine.
5. Erklären Sie die Bezeichnungen Blume, Aroma und Bukett.

Weinanbauende Gebiete Deutschlands:
6. Wie heißen die Arten der Gebiete?
7. Welche Beziehung besteht zwischen den Gebietsbezeichnungen und den Güteklassen der Weine?
8. Nennen Sie Gebietsbezeichnungen:
   a) bestimmte Anbaugebiete,
   b) Weinbaugebiete und deren Untergebiete,
   c) Bereiche sowie Landweingebiete.
9. Unterscheiden Sie die Herkunftsbezeichnungen Bereich, Gemeinde und Lage.

Reifegrade bzw. Reifestufen der Trauben:
10. Erklären Sie die Bezeichnungen Vorlese und Hauptlese.
11. Nennen Sie die Reifestufen.
12. Beschreiben Sie die Merkmale der Trauben in den Reifestufen.
13. Welche Bedeutung haben die Reifestufen im Hinblick auf den Wein?

Qualitätsorientierte Erntezeiten und Ernteverfahren:
14. Nennen Sie Bezeichnungen für solche Erntezeiten und Ernteverfahren.
15. Beschreiben Sie die damit verbundenen weinrechtlichen Vorschriften.

Herstellen von Wein:
16. Beschreiben Sie die grundlegenden Umwandlungsvorgänge.

17. Erklären Sie die Bezeichnungen Entrappen, Maische, Most, Abstechen, Schönen und Filtern.

Arten der Weine:
18. Wie heißen die Weinarten?
19. Beschreiben und erläutern Sie die jeweilige Art des Weines sowie die Abweichungen des Herstellungsverfahrens.
20. Was bedeuten die Bezeichnungen Most- und Maischegärung sowie hell- und rotgekelterter Most?
21. Erklären Sie die Namen Weißherbst, Schillerwein und Badisch Rotgold.

Güteklassen der Weine:
22. Wie heißen die Güteklassen?
23. Von welchen Voraussetzungen ist die Einstufung in eine der Klassen abhängig?
24. Nennen und erläutern Sie in aufsteigender Reihenfolge die Prädikatsbezeichnungen.
25. Welche Herkunftsbegrenzungen gibt es für die einzelnen Klassen bezüglich der Trauben?

Amtliche Prüfung der Weine:
26. Was bedeutet Lese- und Reifeprüfung?
27. Was wird bei der Analysenprüfung festgestellt?

Sinnenprüfung:
28. Nennen Sie die sensorischen Vorbedingungen für diese Prüfung.
29. Was wird bei der Sinnenprüfung geprüft?
30. Erklären Sie in diesem Zusammenhang das Wort Harmonie.
31. Wie werden die Prüfmerkmale bewertet, und was versteht man unter der Qualitätszahl?
32. Was ist eine Prüfnummer, und welche Aussagen gehen aus deren Ziffern hervor?

Lagern von Wein:
33. Beschreiben Sie Richtlinien für das Lagern.
34. Warum und auf welche Weise müssen länger lagernde Weine unter Kontrolle gehalten werden?

2. Außerdeutsche europäische Weine

Übernational bedeutende Weine liefern Frankreich und Italien sowie Österreich und Ungarn.

▷ Französische Weine

Frankreich ist ein Weinland mit großen Mengenerträgen. Die bekanntesten Weine kommen aus den Gebieten Elsaß, Burgund, Rhône und Bordeaux. In Verbindung mit dem Wein haben außerdem folgende Regionen eine besondere Bedeutung:

▶ **Champagne** wegen ihrer hochwertigen Schaumweine (Champagner),
▶ **Cognac** und **Armagnac** wegen der hochwertigen Weinbrände (Cognac, Armagnac).

Frankreich erzeugt überwiegend Rotwein. Daneben gibt es aber auch bemerkenswerte Weiß- und Roséweine.

Elsaß

Seine trockenen und fruchtigen Weißweine sind den deutschen sehr ähnlich. Die Bezeichnung der Rebsorte ist im Elsaß gleichzeitig der Name für den Wein (z. B. Riesling, Müller-Thurgau usw.).

Eine Besonderheit ist der **Zwicker**. Es handelt sich dabei um einen Weinverschnitt, der unter der Bezeichnung **Edelzwicker** aus Qualitätsweinen hergestellt ist.

Burgund

Neben anderen hochwertigen Weinen sind zwei namentlich sehr bekannt.

▶ **Chablis**, ein nach dem gleichnamigen Weinort benannter trockener und fruchtiger Weißwein, der besonders gerne zu Fisch und Austern getrunken wird (Austernwein).
▶ **Beaujolais**, ein roter Wein von frischer und fruchtiger Art, der jung am besten schmeckt. Er kommt daher bereits ab Mitte November des Herstellungsjahres unter der Bezeichnung **Beaujolais Primeur** und ab 15. Dezember als **Beaujolais Nouveau** auf den Markt.

Rhône

Die überwiegend roten Weine haben als Herkunftsbezeichnung „Côte du Rhône". Der sehr bekannte **Châteauneuf-du-Pape** kommt aus der Umgebung von Avignon.

Bordeaux

Das Gebiet ist durch seine hochwertigen Weine weltweit bekannt.

▶ **Médoc** liefert die besten Rotweine der Welt,
▶ **Sauternes** sehr bekannte Weißweine, die in ihren Spitzenqualitäten Ähnlichkeit mit den deutschen Trockenbeerenauslesen haben.

Die großen Weine haben die Bezeichnung eines *Château* (≙ Weingut). Das ist eine besondere Auszeichnung und die Garantie für einen hochwertigen Wein.

▷ **Güteklassen französischer Weine**

In Frankreich unterscheidet man vier Güteklassen:

▶ **Vin de table** (Tafelwein)
Das sind Weine aus zugelassenen Rebsorten, die mindestens 9 % vol Alkohol enthalten.
▶ **Vin de pays** (Landwein)
Die Weine aus zugelassenen Rebsorten stammen aus genau festgelegten Regionen (Anbauzonen).
▶ **VDQS-Weine**
Vin délimité de qualité superieure (Wein höherer Qualität aus begrenzten Anbaugebieten)
Die Weine aus zugelassenen Rebsorten sind bezüglich des Ertrages pro Hektar limitiert.
▶ **AOC-Weine**
Appellation d'origine contrôlée (Kontrollierte Herkunftsbezeichnung)
Auf dem Etikett wird d'origine durch die Herkunftsbezeichnung ersetzt, z. B.

Appellation Haut-Médoc contrôlée

Die strengen Vorschriften beziehen sich auf
– die verwendeten Rebsorten und die Herkunft,
– die Erträge pro Hektar und den Mindestalkohol,
– das Anbau- und das Weinherstellungsverfahren.

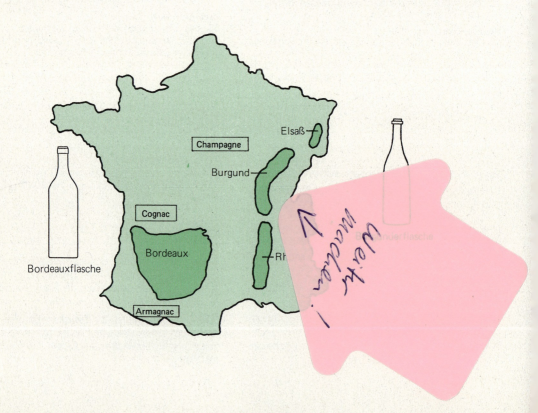

Alkoholhaltige Getränke 229

▷ **Italienische Weine**

Auch Italien ist ein Weinland mit großen Mengenerträgen und überwiegendem Rotweinanbau. Bekannte Regionen und Weine sind:

Regionen	Weine	Merkmale
1 Südtirol	→ Kalterer See	– hellrot
2 Piemont	→ Barolo	– granatrot bis orangefarben
3 Lombardei/ Venetien	→ Valpolicella → Bardolino → Soave	– kirschrot – granatrot – weiß
4 Emilia-Romagna	→ Lambrusco	– rot – leicht süß – leicht schäumend
5 Toscana	→ Chianti	– rot
6 Umbrien	→ Orvieto	– blaßgold
7 Latium	→ Frascati	– goldfarben
8 Campanien	→ Lacrimae Christi	– goldfarben und rot
9 Sizilien	→ Marsala	– bernsteinfarben bis nußbraun

▷ **Güteklassen der italienischen Weine**
▸ Denominazione semplice
▸ Denominazione di origine controllata (Weine mittlerer Qualität, DOC-Weine)
▸ Denominazione di origine controllata e garantita (höchste Qualität, DOCG-Weine)

▷ **Österreichische und ungarische Weine**

Österreich erzeugt überwiegend Weißweine. Ihre Namen sind von den gleichnamigen Städten Gumpoldskirchen, Rust und Krems abgeleitet. Sie haben große Ähnlichkeit mit deutschen Weinen. Die ungarischen Weine haben ihre Namen von den Städten Tokaj und Erlau sowie von dem bekannten Plattensee.

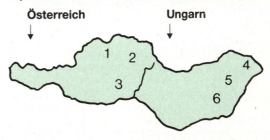

1 Kremser
2 Gumpoldskirchner
3 Ruster
4 Tokajer (bernsteinfarben)
5 Erlauer (tiefdunkel)
6 Plattenseer (goldfarben)

▷ **Dessertweine**

Dessertweine kommen aus südlichen Ländern und werden deshalb auch **Südweine** genannt. Das Weingesetz nennt sie **Likörweine**.

Sie zeichnen sich durch besondere Eigenschaften und Merkmale aus:
▸ intensive Farbe: gold- über bernsteinfarben bis hin zu rot und dunkelrot,
▸ hoher Alkoholgehalt (17 bis 20 % vol),
▸ stark ausgeprägte Duft- und Geschmacksstoffe.

Die genannten Besonderheiten ergeben sich aufgrund spezieller Trauben und Herstellungsverfahren:
▸ rosinenartig eingetrocknete Beeren,
▸ Zugabe von eingekochtem Traubenmost,
▸ Zugabe von Weindestillat, wodurch die Gärung abgebrochen und Restsüße erhalten bleibt,
▸ langes Lagern (oft mehrere Jahre) und Verschneiden verschiedener Jahrgänge.

Bekannte Dessertweine		
Portugal	Madeira	Portwein
Spanien	Tarragona Sherry	Malaga
Italien	Marsala	
Ungarn	Tokajer	
Griechenland	Samos	

Neben trockenen Dessertweinen, die keine merkliche Süße besitzen, gibt es mit zunehmender Steigerung süße Dessertweine. Die Geschmacksnote ist für die Verwendung ausschlaggebend.

Verwendung von Dessertweinen

Trockene, insbesondere Sherry und Portwein, eignen sich als Aperitif sowie zum Abschmecken von Suppen und Saucen.
Süße vermitteln einen besonderen Genuß und werden außerdem zur geschmacklichen Vollendung von Saucen, Süßspeisen und Desserts verwendet.

3. Schaumwein

Die Anfänge der Schaumweinherstellung liegen in der Champagne (Frankreich). In dieser Region wurde das Verfahren der Flaschengärung entwickelt, das in der Bezeichnung **Méthode champenoise** seinen Niederschlag gefunden hat. Champagner muß nach dem Flaschengärverfahren hergestellt werden.

▷ **Flaschengärung**

Es handelt sich um ein sehr aufwendiges Verfahren, das aber in der Champagne heute noch üblich und die Voraussetzung für die Produktbezeichnung Champagner ist.

Herstellen eines Weinverschnitts

Ausgangsprodukt für Schaumwein ist Wein. Weine sind als Naturprodukt in ihrer Art, insbesondere von Jahr zu Jahr, unterschiedlich. Im Hinblick auf die gleichbleibende Art und Qualität von Schaumwein wird deshalb aus Grundweinen ein Verschnitt, das sogenannte **„Cuvée"** hergestellt.

Gären und Reifen

Damit in den **aus erster Gärung** stammenden Grundweinen eine **zweite Gärung** in Gang kommen kann, müssen dem **Cuvée** Hefe und Zucker zugesetzt werden. Abgefüllt in Flaschen, setzt die Gärung ein. Das gebildete Kohlendioxid wird im Produkt gebunden. Nach abgeschlossener Gärung erfolgt bis zu einem Jahr das „Lagern auf der Hefe". Dabei entwickeln sich Fülle, Harmonie und das feine Mousseux.

Klären und Enthefen

Während der Gärung vermehrt sich die Hefe und bildet zusammen mit Stoffwechselprodukten einen schlammigen, trüben Bodensatz. Dieser kann natürlich nicht in den Flaschen verbleiben. Zum Zweck der Klärung werden diese deshalb nach dem Reifen
- leicht schräg geneigt in die Ausbohrungen einen Rüttelpultes gesteckt,
- in regelmäßigen Abständen leicht gerüttelt, etwas um die eigene Achse gedreht und zunehmend steiler aufgerichtet.

Die Trübstoffe sammeln sich im Flaschenhals.

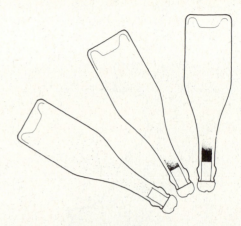

Nach unten hängend führt man den Hals der Flaschen durch eine Gefrierwanne. Die zu einem Eispfropfen erstarrten Trübstoffe werden beim Öffnen der Flasche aufgrund des Kohlensäuredrucks ausgestoßen.

Wiederauffüllen und geschmacklich abstimmen

Zum Wiederauffüllen dient das ursprüngliche **Cuvée**, das zur Bestimmung der Geschmacksnote unterschiedlich hohe Zugaben von Zucker erhält (Dosage). Davon leiten sich folgende Geschmacksbezeichnungen ab:

deutsch	französisch	englisch
extra herb	extra brut	—
herb	brut	—
extra trocken	extra sec	extra dry
trocken	sec	dry
halbtrocken	demi-sec	medium dry
mild	doux	sweet

▷ **Andere Verfahren der Schaumweinherstellung**

Neben dem kostspieligen Flaschenvergärverfahren nach Champagnerart gibt es heute vereinfachte Methoden der Herstellung.

Transvasierverfahren

Der in speziellen Lagerflaschen vergorene und gereifte Schaumwein wird aus diesen Flaschen in Großbehälter entleert, abgeschmeckt und dann in Verbrauchsflaschen abgefüllt. Damit dabei keine Kohlensäure entweicht, müssen diese Vorgänge unter Druck ausgeführt werden.

Alkoholhaltige Getränke

Faß- oder Tankgärverfahren

Hierbei erfolgt bereits das Vergären in Großraumbehältern. Die weitere Behandlung ist wie beim Transvasierverfahren.

Gegenüberstellung: Flaschengärung – Faßgärung

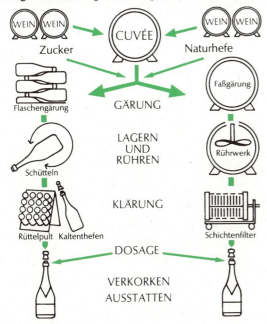

▷ **Flaschengrößen bei Schaumwein**

Die Größen stehen im Zusammenhang mit bestimmten Konsumanlässen (eine bis viele Personen).
- ¼-Flasche (0,2 l)
- ½-Flasche (0,375 l)
- ¹/₁-Flasche (0,75 l)
- ²/₁-Flasche (1,5 l) (Magnumflasche)
- ⁴/₁-Flasche (3,0 l) (Doppelmagnumflasche)

▷ **Arten des Schaumweins**

Nach deutschem Gesetz gibt es folgende grundlegende Unterscheidung:

> ▶ **Schaumwein,** der nicht amtlich geprüft wird,
> ▶ **Qualitätsschaumwein,** der einer amtlichen Prüfung unterliegt und wie Qualitätswein eine Prüfnummer erhält.

Qualitätsschaumwein darf als Sekt bezeichnet werden. Schaumweine sind Verschnitte aus Weinen, deren Art und Herkunft im allgemeinen keine Erwähnung finden.

Die Auswahl ganz bestimmter Weine ist deshalb eine qualitätsorientierte Maßnahme, die auch in der Bezeichnung des Schaumweines zum Ausdruck kommt.

> ▶ **Qualitätsschaumwein bestimmter Anbaugebiete,** der den gleichen Bestimmungen wie Q. b. A.-Wein unterliegt,
> ▶ **Sekt mit Jahrgangsangabe,** bei dem die Weine aus einem Jahrgang stammen müssen,
> ▶ **Sekt mit Traubenangabe,** z. B. Rieslingsekt.

▷ **Verwendung von Schaumwein**

Als erfrischendes und belebendes Getränk wird Schaumwein insbesondere zu festlichen Anlässen und als Aperitif pur getrunken. In Verbindung mit anderen Zutaten werden auf das gemischte Getränk die herzhafte Frische und das angenehme Mousseux übertragen, z. B.:

> – Sekt mit Orangensaft
> – Sekt mit Cassis **(Kir Royal)**
> – Sekt mit Zitronensaft, Angostura und Läuterzucker **(Sektcocktail)**

Darüber hinaus ist Schaumwein Bestandteil von Bowlen, Kaltschalen und Kullerpfirsich (siehe weinhaltige Getränke).

4. Weinähnliche und weinhaltige Getränke

▷ **Weinähnliche Getränke**

Es handelt sich dabei nicht um Wein, denn zu ihrer Herstellung werden anstelle von Weintrauben Früchte der verschiedensten Art verwendet. Sie sind diesem lediglich insofern ähnlich, als sie das Ergebnis einer alkoholischen Gärung darstellen und als artbestimmenden Bestandteil Alkohol enthalten. Zur Unterscheidung muß deshalb auch in Verbindung mit dem Wort Wein die jeweils verwendete Frucht genannt werden, z. B.:

> – Apfelwein
> – Brombeerwein, Erdbeerwein, Kirschwein

▷ **Weinhaltige Getränke**

Das sind Getränke von sehr unterschiedlicher Art, zu deren Herstellung Wein oder Schaumwein mitverwendet wird. Viele von ihnen werden erst bei Bedarf als *erfrischende kalte Mischgetränke* oder als *alkoholische Heißgetränke* zubereitet.

Glühwein

Im Vergleich zu Aufgußbeuteln ergibt die Verwendung frischer Zutaten ein aromatischeres Getränk.
▶ Trockenen Rotwein erhitzen,
▶ Zimtstange und Nelken darin auslaugen.

Zucker wird à part gereicht.

Kalte Ente

Es handelt sich um ein bowlenähnliches Getränk, das sich durch deutlich wahrnehmbares Zitronenaroma auszeichnet.
- Die Schale einer ungespritzten Zitrone in Form einer Spirale abschälen und in den Kalte-Ente-Krug hineinhängen (u. U. zusammen mit der zwischen zwei Gabeln aufgespießten Zitrone),
- mit fruchtigem Weißwein auffüllen und das Aroma auslaugen lassen,
- Zitronenspirale herausnehmen und das Getränk mit Schaumwein (mindestens 25 % der Gesamtmenge) vollenden.

Bowle

Als Bowle bezeichnet man Getränke aus Wein, Schaumwein, Zucker und unterschiedlichen Aromaträgern, z. B. Waldmeister, Äpfel, Erdbeeren, Pfirsiche, Ananas, Melone usw.
- Den Aromaträger mit Weinbrand, etwas Weißwein und Läuterzucker ansetzen und ziehen lassen,
- mit trockenem Weißwein auffüllen und unmittelbar vor dem Servieren mit Schaumwein vollenden.

Kullerpfirsich

Namengebender Bestandteil ist ein Pfirsich.
- Die Frucht rundherum mit einer Gabel bis auf den Kern einstechen und dann in ein großbauchiges Glas einlegen,
- mit Schaumwein auffüllen.

Durch den an den Einstichstellen austretenden Saft wird Kohlensäure frei, die den Pfirsich in eine *kullernde* Bewegung versetzt.

Schorle

Artbestimmender Bestandteil ist Weiß-, Rot- oder Apfelwein, dessen Anteil mindestens 50 % betragen muß. Das Auffüllen geschieht mit kohlensäurehaltigem Wasser.

Neben den frisch zubereiteten gibt es industriell hergestellte weinhaltige Getränke, die mit der Bezeichnung **Weinaperitif** in den Handel kommen.

Vermouth

Dieser aus Wein und Kräuterauszügen hergestellte Weinaperitif ist in vielen Sorten im Handel erhältlich:

- weiß, rot und rosé,
- sehr trocken, trocken und süß.

Bekannte Markenprodukte sind **Martini** und **Cinzano** aus der italienischen Stadt Turin (Vermouth di Torino).

Noilly Prat ist ein beliebter trockener französischer Vermouth.

Vermouth wird verwendet:
- pur (mit Eis oder ohne Eis) als erfrischendes Getränk,
- als Zugabe zu Mischgetränken, in denen sie als geschmackliche Ergänzung und zur Herabsetzung der Alkoholkonzentration dienen.

Martini	– trockener weißer Vermouth und Gin (mit Olive)
Manhattan	– roter Vermouth und Whisky (mit Kirsche)
Gibson	– trockener Vermouth und Gin (Cocktailzwiebeln)

C. Spirituosen

Laut Gesetz sind Spirituosen alkoholische Flüssigkeiten, die
– zum menschlichen Genuß bestimmt sind,
– *organoleptische* Eigenschaften besitzen,
– mindestens 15 % vol Alkohol enthalten (ausgenommen der Eierlikör mit 14 % vol).

Anmerkung:
Unter organoleptischen Eigenschaften versteht man die qualitätsbestimmenden, sinnlich wahrnehmbaren Merkmale Geruch, Farbe und Geschmack.

1. Technologie der Spirituosenherstellung

Bei der Herstellung von Spirituosen sind folgende technologischen Vorgänge von Bedeutung:
- Destillieren (auch Brennen genannt),
- Süßen, Aromatisieren und Färben.

Darüber hinaus gibt es zwei Vorgänge, die einer besonderen Erklärung bedürfen:
- **Zusammenstellen** (to blend)
  Dabei werden zwei oder mehr Spirituosen der gleichen Kategorie zusammengebracht, um unter ihnen einen zweckgerichteten Ausgleich bzw. eine Harmonisierung herbeizuführen.
  Beispiel: Weindestillate verschiedener Herkunft, Jahrgänge und Geschmacksrichtungen.
  Das zusammengestellte Getränk gehört der gleichen Kategorie an.
- **Mischen**
  Dabei werden zwei oder mehr verschieden**artige** Getränke miteinander vermischt.
  Beispiel: Whisky Sour, bestehend aus Whisky, Zitronensaft, Läuterzucker und Soda.
  Durch das Mischen gewinnt man ein „neues", ein „anderes" Getränk.

Alkoholhaltige Getränke

▷ Alkoholkonzentration durch Destillation

Alkoholkonzentrationen über 15 % vol können nur durch Destillieren von alkoholhaltigen Flüssigkeiten erzielt werden. Dazu sind zwei aufeinanderfolgende Vorgänge von Bedeutung:

- **Erhitzen** des alkoholhaltigen Ausgangsproduktes, wobei ein Dampfgemisch aus Wasser, Alkohol sowie Duft- und Geschmacksstoffen abgeschieden wird,
- **Abkühlen** des Dampfgemischs, wobei man ein Destillat gewinnt, in dem der Alkoholgehalt höher liegt als im Ausgangsprodukt.

Ursache für die zunehmende Konzentration des Alkohols sind die voneinander abweichenden Siedepunkte des Wassers und des Ethylalkohols. Wasser siedet bei 100 °C, Alkohol bereits bei etwa 78 °C. Stellt man nun beim Brennen die Temperatur auf 78 °C ein, dann verdampft im Verhältnis mehr Alkohol als Wasser. Seine Menge ist deshalb im Destillat höher als im Ausgangsprodukt.

Destillationsbeispiel:

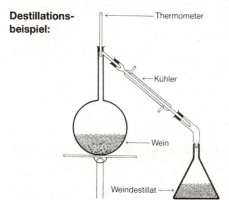

▷ Ethylalkohol und Destillate

Beides sind Erzeugnisse, die sich durch einen erhöhten Alkoholgehalt auszeichnen und z. B. in folgenden Fällen zur Herstellung von Spirituosen dienen:

- Einmaischen von Früchten in Ethylalkohol bei der Gewinnung von Obstbränden,
- Zugabe von Weindestillat bei der Herstellung von Weinbrand oder Verwendung eines Enziandestillates zur Gewinnung von Enzian.

Ethylalkohol

Zu seiner Herstellung dürfen nur landwirtschaftliche Erzeugnisse verwendet werden, z. B. Wein, Obst und Getreide. Aus diesem Grunde spricht das Gesetz von **„Ethylalkohol landwirtschaftlichen Ursprungs"**. Dieser muß außerdem folgende Merkmale aufweisen:
- Kein feststellbarer Fremdgeschmack,
- Mindestalkoholgehalt 96 % vol,
- Höchstwerte der Nebenbestandteile, die im einzelnen genau festgelegt sind.

Ethylalkohol ist hochkonzentrierter und hochgereinigter Alkohol mit 97 bis 98 % vol. Diese Konzentration wird durch eine fortlaufende Aneinanderreihung von Destillationen erreicht (sogenanntes *Kolonnenverfahren*). Man nennt diesen Vorgang auch *Rektifikation* = Reinigung, weil im Verlauf der Destillationen alle anderen Stoffe ausgeschieden werden (rektifizieren = reinigen).

Destillate

Auch zur Herstellung von Destillaten dürfen nur landwirtschaftliche Erzeugnisse verwendet werden. Der Gesetzgeber beschreibt sie so:

- Destillate sind kein reiner Ethylalkohol. Im Vergleich zu diesem liegt ihre Alkoholkonzentration unter 96 % vol, so daß in ihnen die artspezifischen Duft- und Geschmacksstoffe des Ausgangsproduktes erhalten geblieben sind.
- Destillate sind keine Spirituosen, sondern Rohprodukte, die entweder lediglich Bestandteil einer Spirituose sind oder durch Reifung und Fertigung zu einer Spirituose werden.

▷ Rohstoffe der Spirituosenherstellung

Neben den bereits genannten Erzeugnissen Ethylalkohol und Destillate sind ergänzend die artbestimmenden Hauptrohstoffe sowie die Stoffe zu nennen, die zur Aromatisierung von Spirituosen dienen.

Hauptrohstoffe

Es handelt sich dabei im Rohstoffe, die im Hinblick auf die herzustellende Spirituose wegen ihrer rohstoffspezifischen Duft- und Geschmacksstoffe einen hohen Stellenwert besitzen. Zu diesen Rohstoffen gehören vor allem Wein, Obst und Getreide.

Im Ablauf des Verarbeitungsprozesses ist es erforderlich, daß der Zucker in den Ausgangsprodukten vor dem Destillieren vergoren ist. Unter diesem Gesichtspunkt müssen die genannten Rohstoffe entsprechend vorbehalten sein.

Wein	– **enthält bereits Alkohol**, der beim Vergären des Zuckers im Traubenmost gebildet wurde – kann daher unmittelbar destilliert werden
Obst	– **enthält vergärbaren Zucker** – Die aus dem Obst hergestellte Maische bzw. der gewonnene Most muß deshalb vor dem Destillieren vergoren werden
Getreide	– **enthält nichtvergärbare Stärke** – Vor dem Destillieren ist es deshalb nötig, die Stärke aufzuschließen (das Getreide mahlen, in Wasser einmaischen, unter Dampfdruck erhitzen), die Stärke durch Zugabe von Darrmalz (stärkeabbauende Enzyme, siehe Bierbereitung) in vergärbaren Zucker umzuwandeln, den Zucker mittels zugegebener Hefe zu vergären.

Aromastoffe

Bei den Aromastoffen ist zu unterscheiden zwischen namengebenden Stoffen und solchen, die nicht näher benannt werden.

▶ Namengebende Aromastoffe sind z. B.:
- Wacholderbeeren, Kümmel, Anis,
- Fruchtsäfte oder Fruchtaromaextrakte.

▶ Zu den nicht näher bezeichneten Stoffangaben gehören z. B.:
- Kräuter- und Gewürzdestillate, Aromaextrakte,
- natürliche oder naturidentische Aromastoffe.

▷ **Verfahren der Spirituosenherstellung**

Spirituosen werden auf unterschiedliche Art und Weise hergestellt. Zum besseren Verständnis werden diese nachfolgend an grundlegenden Beispielen erläutert.

Unmittelbares Destillieren des Ausgangsproduktes

Während die Duft- und Geschmacksstoffe beim Ethylalkohol ausgeschieden werden (über 96,0 % vol Alkoholkonzentration), müssen diese bei den Spirituosen als artbestimmende Bestandteile erhalten bleiben. Die vom Gesetzgeber vorgegebene Alkoholkonzentration liegt hier deshalb (von Ausnahmen abgesehen) bei höchstens 86 % vol.

Als Beispiel wählen wir das zweistufige Brennverfahren, das bei der Weinbrandherstellung angewendet wird.

Weinbrand

▶ **Bei der ersten Destillation** erfolgt eine grobe Absonderung des Alkohols sowie der Duft- und Geschmacksstoffe. Unter diesen befinden sich aber noch solche, die unangenehm schmecken und deshalb im Endprodukt nicht erwünscht sind. Das Ergebnis ist der sogenannte **Rauhbrand** mit einer Alkoholkonzentration von etwa 40 % vol.

▶ **Eine zweite Destillation** zielt darauf ab, einerseits aus dem Rauhbrand die nicht erwünschten Duft- und Geschmacksstoffe auszuscheiden und andererseits den Alkohol noch höher zu konzentrieren. Das Ergebnis ist der Feinbrand (Feindestillat) mit einer Alkoholkonzentration zwischen etwa 70 % vol und **höchstens 86 % vol**.

Darüber hinaus werden im zweiten Brennvorgang der **Vorlauf** und der **Nachlauf** (in denen sich die unerwünschten Stoffe befinden) vom **Mittellauf** (dem sogenannten **Herzstück**) abgeschieden.

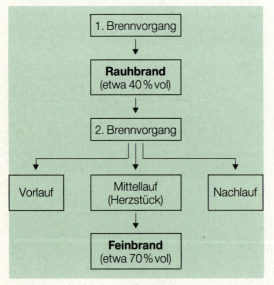

Einmaischen des Ausgangsproduktes und anschließendes Destillieren

Diese Art der Herstellung erfolgt bei der Verarbeitung von Obst, vor allem bei den Sorten, die einerseits hochwertige Aromastoffe, andererseits aber wenig vergärbaren Zucker enthalten.

Obstbrand (z. B. aus Himbeeren)
- Die Früchte werden in Ethylalkohol eingemischt.
- Nachdem die Duft- und Geschmacksstoffe durch den Alkohol ausgelaugt worden sind, erfolgt das Destillieren der Maische.

Aromatisieren von Alkohol

Zu den bekanntesten aromatisierten Spirituosen gehört der Wacholder.

Wacholder
- Als Alkoholbasis kommen in Frage: Ethylalkohol, Getreidedestillat oder Getreidebrand.
- Die artbestimmenden Aromastoffe entstammen der Wacholderbeere.
- Zusätzlich dürfen außerdem natürliche oder naturidentische Aromastoffe sowie Aromaextrakte verwendet werden.

Mischen von verschiedenen Zutaten

Die Hauptgruppe dieser Getränke sind die **Liköre**.

Obstlikör
- Ein wichtiges Merkmal der Liköre ist der Mindestzuckergehalt von 100 g/l.
- Als Alkohol können verwendet werden: Ethylalkohol, ein Destillat (z. B. Weindestillat) oder eine Spirituose (z. B. Cognac).
- Die artbestimmenden Aromastoffe liefert ein Fruchtsaft oder ein Fruchtaromaextrakt.

Alkoholhaltige Getränke

2. Die Arten der destillierten und aromatisierten Spirituosen

▷ **Spirituosen aus Wein**

Branntwein — aus Wein hergestellte Spirituosen

| Brandy/ Weinbrand | — Branntwein, mit oder ohne Weindestillat — mindestens **1 Jahr** in Eichenholzbehältern gelagert, mindestens **6 Monate** bei einem Fassungsvermögen des Fasses unter 1 000 Litern |

> **Eau de vie de vin** (französische Bezeichnung)
> - **Cognac** (aus der Umgebung der Stadt Cognac)
> - **Armagnac** (aus der gleichnamigen Region)
> **Deutscher Weinbrand**

| Brand aus Apfel- oder Birnenwein | — aus Apfel- oder Birnenwein **Calvados**, französisches Erzeugnis aus Apfelwein (Cidre) |

▷ **Spirituosen aus Obst**

| Obstspirituose | — in Alkohol eingemaischte Früchte — zusätzliches Aromatisieren erlaubt |

Beispiele:
- Apfelspirituose
- Kirschspirituose

> **Pancharán**, spanisches Erzeugnis aus Schlehen

| Korinthenbrand (Raisin Brandy) | — vergorener Extrakt von getrockneten Beeren bestimmter Weinreben |
| Obstbrand/ Obstwasser | — entweder aus vergorener Fruchtmaische oder aus in Alkohol eingemaischten Früchten (vergoren oder nicht vergoren) |

> - Kirschbrand, Kirschwasser, Kirsch
> - Pflaumenbrand, Zwetschgenwasser, Quetsch Pflümliwasser, Slibowitz oder Sliwowitz
> - Aprikosenbrand, Marillenbrand, Marille
> - Williams (aus der Williamsbirne)
> - Gravensteiner, Golden Delicious (aus den jeweiligen Äpfeln)
> - Apfelbrand, Birnenbrand
> - Obstler (aus Äpfeln und Birnen)

| Obstgeist | — aus eingemaischten **ganzen, nicht vergorenen** Früchten |

> - Himbeergeist, Brombeergeist
> - Aprikosengeist, Birnengeist

▷ **Spirituosen aus Getreide**

| Getreidespirituose/ Getreidebrand | — aus vergorener Getreidemaische (Eau de vie de seigle) |
| – Korn/ Kornbrand | — Erzeugnisse aus Deutschland sowie deutschsprachigen Gebieten — aus dem vollen Korn von Weizen, Gerste, Hafer, Roggen oder Buchweizen |

| Whisky/ Whiskey | — mindestens 3 Jahre in Holzfässern gereift — mit **...ey** ist die irische und amerikanische Schreibweise |

> - Scotch Whisky und Irish Whiskey
> - Canadian Whisky
> - Amerikan Whisky
> **Bourbon** (mit mindestens 51 % **Mais**anteilen)

▷ **Spirituosen mit namengebenden Aromastoffen**

| Spirituose mit Wacholder | — mit Wacholderbeeren aromatisiert — zusätzliches Aromatisieren erlaubt |

- Wacholder
- Ginebra
- Genebre

> - Geniévre, Jenever, Genever, Wacholdergeschmack muß nicht wahrnehmbar sein.
> - Gin
> - Steinhäger, Doornkaat (deutsche Erzeugnisse) Wacholdergeschmack muß vorherrschend sein.

Spirituose mit Kümmel	— mit Kümmel aromatisierter Ethylalkohol
– Kümmel	— zusätzliche Aromatisierung erlaubt
– Akvavit/ Aquavit	— zusätzlich Kräuter- oder Gewürzdestillat

Spirituose mit Anis	— mit natürlichen Extrakten von Sternanis, Anis, Fenchel aromatisierter Ethylalkohol
– Anis	— zusätzliche Aromatisierung erlaubt
– Pastis	— zusätzlich natürliche Extrakte aus Süßholz
– Ouzo	— zusätzlich **Mastix** (Samen eines auf der Insel Chios beheimateten Mastixbaumes) und andere würzende Zutaten

| Spirituose mit bitterem Geschmack/ Bitter | — mit Bitteraromastoffen aromatisierter Ethylalkohol — zusätzliche Aromatisierung erlaubt |

▷ **Sonstige Spirituosen**

Rum	— aus vergorenen Produkten: Rohrzuckermelasse (Rückstände der Rohrzuckergewinnung) sowie Rohrzuckersirup oder Zuckerrohrsaft
Tresterbrand/ Trester	— aus vergorenem Traubentrester (Rückstände nach dem Abpressen des Mostes aus Weintrauben) **Grappa** (Erzeugnisse aus Italien) **Marc** (Erzeugnisse aus Frankreich)
Enzian	— aus vergorenen Enzianwurzeln, mit oder ohne Zusatz von Ethylalkohol
Wodka	— aus Ethylalkohol — über Aktivkohle rektifiziert oder gefiltert — zusätzliche Aromatisierung erlaubt

Mindestalkoholgehalt bekannter Spirituosen	
40 %	– Whisky, Whiskey, Pastis
	– Branntwein, Brand aus Apfel- und Birnenwein
	– Obstbrand, Kornbrand, Korinthenbrand
	– Gin, Akvavit, Aquavit
	– Tresterbrand, Grappa, Rum
	– Ouzo, Enzian, Wodka
36 %	– Weinbrand, Brandy
35 %	– Getreidespirituose, Getreidebrand, Anis
32 %	– Korn
30 %	– Spirituose mit Kümmel, Kümmel
25 %	– Obstspirituosen
15 %	– Spirituose mit Anis

3. Liköre

▷ **Grundlegende Zutaten**

Zucker	– mindestens 100 g/Liter
Alkohol	– Ethylalkohol, Destillat, eine oder mehrere Spirituosen
Sonstiges	– Erzeugnisse landwirtschaftlichen Ursprungs, z. B.

- Milch, Rahm und andere Milcherzeugnisse
- Kaffee, Mokka, Schokolade, Kakao
- Nuß, Kokosnuß, Mandeln

▷ **Spezielle Likörbezeichnungen**

...creme	– Mindestzuckergehalt 250 g/Liter (ausgenommen Liköre mit Milcherzeugnissen)
Cassiscreme	– Mindestzuckergehalt 400 g/Liter
Eierlikör/ Avokat/ Advocaat/ Avocat	– Ethylalkohol – hochwertiges Eigelb (140 g/Liter Enderzeugnis) und Eiweiß – Zucker oder Honig (150 g/Liter)
Likör mit Eierzusatz	– mindestens 70 g Eigelb/Liter
Fruchtliköre	– Frucht**saft**liköre, Frucht**aroma**liköre – Frucht**brandys** (mit Brandy, z. B. Cherry-Brandy)

- Curaçao (Schalen von Pomeranzen)
- Cointreau (curaçaoähnlich, Bitterorangen)
- Grand Marnier (Orangenlikör mit Cognac)
- Maraschino (Likör aus Maraskakirschen)
- Cassis (aus schwarzen Johannisbeeren)

Kräuter-/ Gewürz-/ Bitterliköre	– Klosterliköre (Ettaler, Benediktbeurer, Chartreuser) – Bittere Tropfen, Jägermeister, Stonsdorfer
Liköre mit spezieller Note	– Allasch (ausgeprägte Kümmelnote) – Goldwasser (Gewürzlikör mit Goldflitter) – Bärenfang (Honiglikör mit 25 % Honiganteil) – Drambuie (mit Whisky, Kräutern und Honig) – Amaretto (Mandellikör) – Anisette (Anislikör)

Aufgaben (Außerdeutsche europäische Weine, Schaumwein – Spirituosen)

Französische Weine:
1. Nennen Sie die bekanntesten französischen Weinbaugebiete.
2. Ordnen Sie diesen bekannte Weine zu.
3. Beschreiben Sie die Art der Weine.
4. Erklären Sie die Bezeichnungen Beaujolais Primeur und Beaujolais Nouveau.

Italienische, österreichische und ungarische Weine:
5. Nennen Sie italienische Weinbauregionen.
6. Ordnen Sie diesen bekannte Weine zu.
7. Beschreiben Sie die Art der Weine.
8. Unter welchen Namen sind Ihnen österreichische und ungarische Weine bekannt?
9. Beschreiben Sie die Art der genannten Weine.

Dessertweine:
10. Beschreiben Sie die besonderen Merkmale und nennen Sie die Ursachen dafür.
11. Wie heißen bekannte Ursprungsländer und die von ihnen erzeugten Weine?
12. Welche Geschmacksnoten gibt es und welche Verwendungszwecke ergeben sich daraus?

Weinhaltige Getränke:
13. Erklären Sie die Bezeichnung.
14. Nennen und beschreiben Sie frisch zubereitete Getränke dieser Art.
15. Nennen Sie industrielle Erzeugnisse (Marken und Sorten) und geben Sie Beispiele für deren Verwendung an.

Weinähnliche Getränke:
16. Erklären Sie diese Bezeichnung.
17. Nennen Sie Getränkebeispiele.

Schaumwein:
18. Beschreiben und erläutern Sie die Herstellung nach der Champagnermethode.
19. Welche vereinfachte Herstellungsverfahren gibt es?
20. Nennen Sie zu den verschiedenen Geschmacksnoten die deutschen, französischen und englischen Bezeichnungen.
21. Welche Verwendungsmöglichkeiten gibt es für Schaumwein?
22. Welche Arten der Schaumweine werden nach deutschem Gesetz unterschieden?

Spirituosen:
23. Welche Beschreibung gibt der Gesetzgeber für Spirituosen?
24. Erläutern Sie aus der Technologie der Spirituosenherstellung:
    a) Zusammenstellen und Mischen,
    b) Destillieren und Rektifizieren,
    c) Rauhbrand, Feinbrand, Mittellauf,
    d) Ethylalkohol und Destillate.
25. Warum dürfen hochwertige Spirituosen nur bis höchstens 86 % Alkoholkonzentration destilliert werden?
26. Beschreiben Sie die unterschiedlichen Verfahren der Spirituosenherstellung an den Beispielen Weinbrand, Obstbrand, Himbeergeist und Fruchtlikör.
27. Nennen Sie Bezeichnungen für Spirituosen:
    a) aus Wein,   b) aus Obst,   c) aus Getreide.
28. Nennen Sie aromatierte Spirituosen.
29. Beschreiben Sie die Spirituosen Tresterbrand (Grappa und Marc) sowie Enzian, Wodka und Rum.
30. Nennen Sie Mindestalkoholgehalte für Spirituosen und ordnen Sie diesen zugehörige Getränkebeispiele zu.
31. Welches sind die grundlegenden Zutaten für Liköre?
32. Nennen Sie bekannte Likörbezeichnungen und beschreiben Sie die Besonderheiten.

Menükunde

Unter **Menü** versteht man eine Zusammenstellung von mindestens drei Speisen, die hinsichtlich Farbe und Geschmack harmonisch aufeinander abgestimmt sind und die nacheinander verzehrt werden. Wegen der Aufeinanderfolge nennt man das Menü auch **Speisenfolge**. Diese Art zu essen wurde maßgeblich in Frankreich entwickelt, und die damalige Küche war es, die für die Auswahl der Speisen und für ihre Zuordnung innerhalb der Speisenfolge exakte Regeln aufgestellt hat. Während das Menü in seiner ursprünglichen Form (siehe weiter unten) heute nicht mehr existiert, haben die Regeln für das Zusammenstellen von Menüs nach wie vor ihre Gültigkeit behalten. Insofern ist Menükunde eine unentbehrliche Information für alle gastgewerblichen Fachkräfte, die mit dem Bewirten von Gästen zu tun haben.

▸ Der Küchenchef muß für das Zusammenstellen der Menüs sowie für die Gestaltung von Speisenkarten die überlieferten Regeln beachten,

▸ die Fachkräfte für den à la carte-Service und in der Bankettabteilung müssen die Fähigkeit besitzen, den Gast bzw. den Auftraggeber bezüglich des Essens fach- und sachkundig zu beraten.

I. Menü und Menükarte

Das Menüangebot im Gastgewerbe enthält Speisenfolgen, die von seiten des Betriebes vorgegeben und vom Gast als Ganzes angenommen werden. Das Angebot wird in der Menükarte präsentiert. Dabei unterscheidet man:

▸ Menüs für das täglich wechselnde Angebot,
▸ Menüs für Festtage (z. B. Ostern, Pfingsten, Weihnachten, Silvester),
▸ Menüs für besondere Anlässe (z. B. Hochzeit, Jubiläum u. a.).

Um die heutigen Angebotsformen für Menüs richtig zu verstehen ist es notwendig, einen Blick in die geschichtliche Entwicklung zu tun.

A. Geschichte der Speisenfolge

Am Anfang, so könnte man sagen, stand **der Eintopf**. Bereits das Absondern der Brühe als Suppe sowie das getrennte Verzehren von Fleisch, Kartoffeln und Gemüse ist ein erster Schritt zur Speisenfolge.

Der eigentliche Ursprung der Speisenfolge liegt an den Höfen der Könige, der Fürsten und des Adels. Der materielle Wohlstand dieser gesellschaftlichen Oberschicht hatte das ermöglicht, was man heute die „klassische Küche" nennt. Mit dieser Bezeichnung verbindet sich eine schier unübersehbare Fülle von Speisen, die in unzähligen Büchern aufgeschrieben und beschrieben wurden. Das Menü jener Tage entspricht der Fülle von immer neu erfundenen Speisen.

1. Klassisches Menü

Das klassische Menü ist ein Spiegelbild für die Eßgewohnheiten einer bestimmten gesellschaftlichen Schicht in einer bestimmten geschichtlichen Epoche und zu einem bestimmten Anlaß. Bemerkenswerte Kennzeichen sind sein Aufbau und sein Umfang.

▷ **Aufbau des klassischen Menüs**

Die Gliederung einer Mahlzeit in mehrere Gänge (im Gegensatz zum *Eintopfgericht*) sowie die sinnvolle Aufeinanderfolge der einzelnen Speisen wurde als ein Vorgang zur Kultivierung des Essens verstanden. Die dazu aufgestellten Regeln lauteten:

▸ Leichte Speisen (Vorspeisen und Suppen) leiten das Essen ein,
▸ große Stücke von Fisch und Fleisch (Hauptplatten) bilden den Höhepunkt des Essens,
▸ ein erfrischendes Sorbet (Schaumeis) dient als neutralisierende und verdauungserleichternde Unterbrechung,
▸ kleine und leichtere Speisen sorgen für den harmonischen Ausklang des Essens.

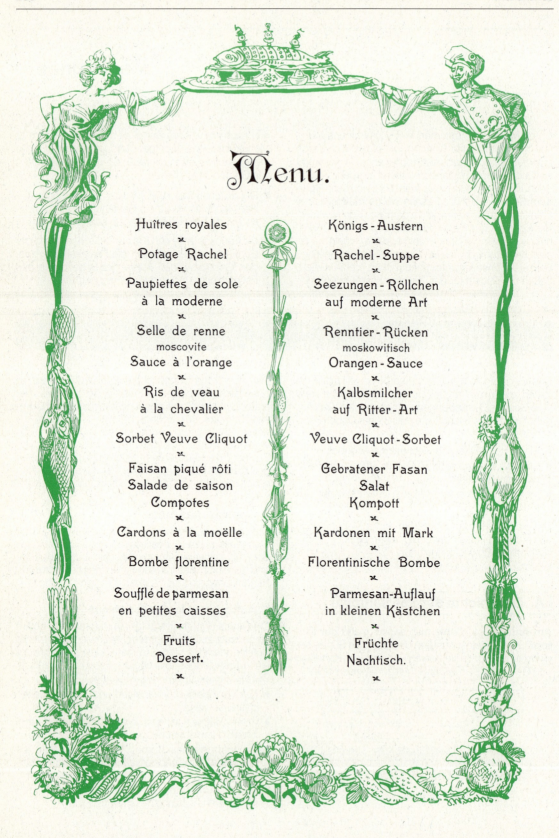

Menü und Menükarte

▷ Umfang des klassischen Menüs

Speisenfolgen mit über 10 Gängen sowie wahlweise verschiedenen Speisen innerhalb der einzelnen Gänge waren keine Seltenheit. Für den aus heutiger Sicht übertriebenen Umfang gab es vielfältige Gründe:
- Der konzentrierte Wohlstand der gesellschaftlichen Oberschicht,
- der jeweils exklusive Anlaß zum Essen sowie das sehr stark ausgeprägte Repräsentationsbedürfnis des Gastgebers,
- die reiche Auswahl an Küchenrohstoffen sowie das engagierte Bemühen der Küche, die Festtafel immer wieder mit neuen, großartigen Speisen zu bereichern,
- das Verlangen der Geladenen nach intensivem und anhaltendem Genuß bei gleichzeitig sehr unkritischer Einstellung zur Menge und zum Energiegehalt der Speisen.

2. Moderne Menüs

▷ Aufbau des modernen Menüs

Am grundlegenden Aufbau hat sich im Vergleich zum klassischen Menü nichts geändert. Das Essen wird mit leichten Speisen eröffnet, das Hauptgericht bildet den Höhepunkt, und zum Ausklang werden wieder leichtere Speisen gereicht.

Wie aus den klassischen Menüs auf der vorangegangenen und auf der nachfolgenden Seite zu ersehen ist, enthielten solche Menüs neben einem Fischhöhepunkt („Seezungen-Röllchen" bzw. „Steinbutt") zwei Fleischhöhepunkte („Rentier-Rücken" und „Gebratener Fasan" bzw. „Hammelrücken" und „Moorhühner").

Das moderne Menü kennt im allgemeinen nur noch einen Höhepunkt, zu dem unterschiedliches Fleisch verwendet wird.

Suppe	–	**Fisch**	–	Dessert
Suppe	–	**Geflügel**	–	Dessert
Suppe	–	**Schlachtfleisch**	–	Dessert
Suppe	–	**Wildbret**	–	Dessert

▷ Anzahl der Gänge im modernen Menü

Die Anzahl der Gänge hat sich verringert, und dafür gibt es verschiedene Gründe:
- Der Wohlstand ist heute auf breite Bevölkerungsschichten verteilt, so daß der einzelne Geld nur in begrenztem Umfang für das Essen aufwenden kann (oder auch will),
- jeder kann an gehobener Eßkultur teilnehmen, und für viele ist das Einnehmen eines Menüs zu einer fast alltäglichen Gewohnheit geworden,
- aufgrund der Mahnungen der Ernährungswissenschaft essen die Menschen heute überlegter und vor allem maßvoller.

Aus den auf... ...tspunkten heraus ergibt sich der g... ...auch variabler gestaltete Umfang de... ...nüs.

Einfache Men...	**...iterte Menüs**
mit 3 Gängen, d... ...s 6 Gängen, bei Grundgerippe de... ...as Grundgerippe dernen Speisenfo... ...ere Ansprüche zusehen sind und ... ...sätzlichen schnittlichen Anspr... ...rgänzt wird chen genügen	

Suppe

*

Hauptgericht

*

Dessert

In Anlehnung an die klassische Speisen... Menüs für besondere Anlässe manchm... Ergänzung mit einem zusätzlichen Fischg... nem Sorbet auf 8 Gänge angehoben (sieh... genüberstellung vom klassischen und ... Menüaufbau" auf der folgenden Seite).

▷ Kombinationsmöglichkeiten der Gäng...

Moderne Menüs enthalten im allgemeinen höch... die 6 Gänge des erweiterten Menüschemas. Be... niger als 6 Gängen können die Speisen innerhalb... Schemas verschieden variiert bzw. kombiniert w... den.

Anzahl der Gänge	3	4	4	4	4	5	5	5	6
Kalte Vorspeisen				•		•		•	•
Suppe	•	•	•	•		•	•	•	•
Zwischengericht			•				•		•
Hauptgericht	•	•	•	•	•	•	•	•	•
Käsegericht					•		•		•
Dessert	•	•	•	•	•	•	•	•	

Gegenüberstellung von klassischem und modernem Menüaufbau

Klassisches Menü		Moderne Menüs	
Gänge	Speisenbeispiele	Einfaches Menü	Erweiterte Menüs
▶ Kalte Vorspeise	Englische Austern		Kalte Vorspeise / Kalte Vorspeise
▶ Suppe	Fasanensuppe	Suppe	Suppe / Suppe
▶ Warme Vorspeise	Artischockenböden		Warme Vorspeise / Warme Vorspeise
▶ Hauptplatte von Fisch	Steinbutt		/ Fischgericht
			/ Sorbet
▶ Hauptplatte von Fleisch	Hammelrücken	Hauptgericht (Fleisch oder Fisch)	Hauptgericht (Fleisch) / Hauptgericht (Fleisch)
▶ kleine warme Platten	Kalbsbries Palmherzen		
▶ Sorbet	Champagnersorbet		
▶ Bratenplatte	Moorhühner		Käsegericht / Käsegericht
▶ kleine kalte Platten	Kopfsalatherzen Hummeraufbau		
▶ warme und kalte Süßspeisen	Mandelauflauf Eisbombe	Dessert	Süßspeise / Süßspeise
▶ Käsegerichte	Camembertkrusteln	Käse, Süßspeise oder Obst	
▶ Dessert	Obst – Feingebäck		

B. Zusammenstellen von Menüs

Es handelt sich dabei nicht um ein willkürliches Aneinanderreihen von Speisen. Vielmehr sind ganz wichtige Richtlinien zu beachten in bezug auf

▶ **Auswahl** von Rohstoffen bzw. Speisen für eine Speisenfolge,
▶ **Wiederholung** von Rohstoffen bzw. Speisen im Menü,
▶ **Aufeinanderfolge** der Speisen innerhalb der Speisenfolge.

1. Auswahl der Rohstoffe für ein Menü

Für die Auswahl sind folgende Gesichtspunkte von Bedeutung:

▶ Jahreszeit und Preis des Menüs,
▶ Ernährungsbedürfnis des Menschen,
▶ Anlaß und Teilnehmer am Essen,
▶ technische und personelle Voraussetzungen.

▷ **Jahreszeit**

Hier geht es zunächst um Speisen aus *saisonabhängigen Rohstoffen*, die von den Gästen erwartet werden. Die Rohstoffe sind zur Erntezeit:

▶ frisch, saftig und besonders wohlschmeckend,
▶ hochwertig in bezug auf Nähr- und Wirkstoffe,
▶ preisgünstig.

Rohstoffbeispiele:

- Neue Kartoffeln, junge Gemüse und frisches Obst,
- Spargel und Erdbeeren,
- Lamm und Wildbret, Karpfen sowie Schal- und Krustentiere.

Menü und Menükarte

Außerdem sind die *klimatischen Verhältnisse* zu beachten:
▸ In der kalten Jahreszeit werden kräftige und energiereiche Speisen in reichlich bemessenen Portionsgrößen bevorzugt, weil ein erhöhtes Bedürfnis nach Sättigung und Kräftigung besteht.
▸ In der heißen Jahreszeit ist das Verlangen nach frischen, leichten Speisen in reduzierten Portionsgrößen stärker, weil das Essen nicht anstrengen und belasten soll. Insbesondere bei den Vor- und Nachspeisen sowie bei den Beilagen gibt es hier Möglichkeiten der Reduzierung und Erleichterung. Vergleichen Sie nebeneinander:

– Parmaschinken – Hasenpastete	→ Tomatencocktail → Artischockenherzen
– Käse – Dessertpfannkuchen	→ Halbgefrorenes → Obstsalat
– Rotkohl – Rosenkohl – Sauerkraut	→ Spargel → Erbsen → Kopfsalat

▷ **Preis**

In bezug auf den Preis sind wechselseitige Abhängigkeiten von Bedeutung:
▸ Art und Niveau des Betriebes, z. B. „Bürgerliche Gaststätte", „Mittelklasserestaurant", „Luxushotel",
▸ Art bzw. Zielrichtung des Menüs, z. B. Tagesmenü, Festtagsmenü oder Menü für einen besonderen Anlaß (Hochzeit, Jubiläum),
▸ Zahlungsfähigkeit bzw. -bereitschaft des Gastes.

Tagesmenüs sind im allgemeinen auf einen niedrigeren Preis ausgerichtet, während der Gast für ein Festtagsmenü oder zu einem besonderen Anlaß im allgemeinen etwas mehr ausgibt.

Beispiele:

niedrigerer Preis	höherer Preis
– Menü mit 3 Gängen	– Menü mit mehr Gängen
– Konservenware – Spargelabschnitte – Erbsen – Champignons – Hasenkeulen – Schweinebraten – Kabeljau	→ frische Ware → Spargelspitzen → Artischockenböden → Pfifferlinge → Hasenrücken → Filetbraten (Rind) → Steinbutt
– Fleischbrühe – Geflügelrahmsauce – Zerlassene Butter – Kräuterbutter – Kartoffelpüree – Frisches Obst	→ Doppelte Kraftbrühe → Hummerrahmsauce → Holländische Sauce → Béarner Sauce → Kartoffelkroketten → Obstsalat

▷ **Ernährungsbedürfnis**

Der *Energiewert* eines Menüs sollte in erster Linie dem *Energiebedarf* des Menschen angemessen sein. Insbesondere bei umfangreicheren Speisenfolgen sollte der Energiegehalt unbedingt begrenzt werden, z. B.:
▸ zum Hauptgang die Fleischmenge angemessen verringern (ergänzend kann die Beilagenmenge kleiner gehalten oder anstelle von Gemüse ein Salat gereicht werden),
▸ bei der Vorspeise, der Suppe oder der Nachspeise besteht die Möglichkeit, anstelle einer schweren eine leichte Speise zu wählen. Auf diese Weise kann der Gesamtenergiewert des Menüs ausgleichend reguliert werden.

Vergleichende Beispiele:

Vorspeisencocktail	→ Vorspeisensalat
Cremesuppe	→ klare Suppe
Dessertpfannkuchen	→ Obstsalat

Unabhängig vom Energiegehalt ist außerdem auf den *ernährungsphysiologischen* Wert des Menüs zu achten. Dabei ist die Ausgewogenheit folgender Stoffgruppen von Bedeutung:
▸ Nährstoffe
Eiweiß, Fett und Kohlenhydrate,
▸ Ergänzungsstoffe
Mineralstoffe, Vitamine und Ballaststoffe.
(Siehe „Ernährungslehre".)

▷ **Anlaß und Teilnehmer**

Mit dem Anlaß zu einem Essen ist häufig eine ganz bestimmte *Grundstimmung* verbunden (Hochzeit, Jubiläum, Jagdessen). Durch die Auswahl der Speisen oder durch das Hervorheben einer bestimmten Speise kann diese Stimmung auf besondere Weise unterstrichen werden.

Beispiele:

Hochzeit	▸ ein zu Ehren des Brautpaares besonders ausgewähltes Dessert
Jubiläum	▸ ein dem Anlaß angemessener Hauptgang in attraktiver Aufmachung
Jagdessen	▸ neben Wildbret müssen typische Beilagen den Anlaß unterstreichen (Weinbeeren, Preiselbeeren, Pfifferlinge, Steinpilze)

Obwohl der „Geschmack" der Gäste, unabhängig von ihrer Gruppenzugehörigkeit, sehr verschieden sein kann, lassen sich dennoch bestimmte Schwerpunkte herauskristallisieren. (Siehe die Beispiele auf der folgenden Seite.)

Damenessen	▸ Von Ausnahmen abgesehen, bevorzugen Damen leichtere sowie fett- und kohlenhydratarme Speisen, z. B. Hühnerbrüstchen, Kalbsmedaillons, feine und zarte Gemüse, Salate und Obst.
Herrenessen	▸ Männer bevorzugen im allgemeinen herzhafte und kräftige Speisen, z. B. Steacks vom Rind und Hammel sowie Wildgerichte.
überwiegend geistig tätige Menschen und ältere Menschen	▸ leichtere und erlesenere Speisen in kleinen Mengen, z. B. Tournedos, Medaillons, Speisen von Fisch sowie Schal- und Krustentieren.
überwiegend körperlich tätige Menschen und jüngere Menschen	▸ kräftige Speisen in größerer Menge, z. B. Braten, Schnitzel und Steaks mit reichlich bemessenen Beilagen.

▷ **Technische und personelle Voraussetzungen**

Die *küchentechnische Ausstattung* ist vor allem bei größeren Veranstaltungen und umfangreicheren Speisenfolgen von entscheidender Bedeutung. Dies betrifft z. B.:

- Pfannen bei kurzgebratenen Gerichten oder Dessertpfannkuchen,
- Friteusen, wenn gebackene Gerichte gereicht werden sollen,
- Herde zum Braten, Backen und Überbacken,
- Flächen zum Warmhalten oder Kühlen bzw. Kühlhalten von Vorspeisen und Desserts.

Bezüglich des Personals müssen ebenfalls wichtige Fragen geklärt sein:
▸ Stehen Küchen- und Bedienungsfachkräfte in ausreichender Zahl zur Verfügung, insbesondere wenn aufwendige Arbeiten einzuplanen sind (z. B. Fertigmachen und Bereitstellen von Vorspeisen und Desserts oder Tranchieren, Flambieren und Vorlegen am Tisch),
▸ ist das Personal für diese Arbeiten entsprechend fachlich geschult, damit sie in angemessener Zeit sowie sorgfältig und sachgerecht ausgeführt werden können?

2. Wiederholung von Rohstoffen im Menü

Die strenge klassische Menülehre unterscheidet zwischen Wiederholungen, die bei Einhaltung bestimmter Bedingungen möglich sind und solchen, die unter allen Umständen vermieden werden müssen.

▷ **Bedingt mögliche Wiederholungen**

Kartoffeln, sofern sich diese in anderer Zubereitungsart wiederholen, z. B.:

Warme Vorspeise	→ Salz- oder Dampfkartoffeln
Hauptgericht	→ Gebratene oder fritierte Kartoffeln

Zweckmäßigere Abwechslungen sind jedoch Reis oder Teigwaren.

Gemüse, sofern es nicht das gleiche Gemüse ist, z. B.:

Suppe	→ Kraftbrühe mit Gemüsestreifen (u. a. auch Karotten)
Hauptgericht	→ Glasierte Karotten

Fleisch, sofern es sich nicht um die gleiche Art des Fleisches handelt und wenn es außerdem in anderer Zubereitung angeboten wird, z. B.:

Kalte Vorspeise	→ Entenbrust
Hauptgericht	→ Kalbsmedaillons
Kalte Vorspeise	→ Geflügelsalat
Hauptgericht	→ Rehrücken

▷ **Unbedingt zu vermeidende Wiederholungen**

Dabei unterscheidet die Menülehre zwischen *gleichartigen Rohstoffen* und *gleichartigen Zubereitungen*.

Zubereitungen	negative Beispiele
gebraten, gegrillt	
– Warme Vorspeise	→ Heilbuttschnitte, → Scampi
– Hauptgericht	→ Kalbsmedaillons, → Tournedos
fritiert	
– Warme Vorspeise	→ Scampi, Champignons
– Hauptgericht	→ Strohkartoffeln, Kartoffelkroketten
– Dessert	→ Apfelbeignets
Saucen	
– Kalte Vorspeise	→ Cocktailsauce
– Warme Vorspeise	→ Holländische Sauce (Spargel)
– Hauptgericht	→ Béarner Sauce (Tournedos)
– Dessert	→ Weinschaumsauce
Marinierte Speisen	
– Kalte Vorspeise	→ Rindfleisch, Gemüse
– Hauptgericht	→ Salat

Rohstoffe	negative Beispiele
Obst	
– Kalte Vorspeise	→ Melone mit Schinken
– Hauptgericht	→ Birne mit Preiselbeeren (Beilage)
– Dessert	→ Obstsalat
Pilze	
– Suppe	→ Morchelrahmsuppe
– Warme Vorspeise	→ Champignons, gebacken
– Hauptgericht	→ Pfifferlinge (Garnitur)
Fische, Schalen- und Krustentiere	
– Kalte Vorspeise	→ Hummercocktail
– Suppe	→ Muschelcremesuppe
– Warme Vorspeise	→ Seezungenfilets
– Hauptgericht	→ Garnelen (Garnitur)
Teige, Teigwaren	
– Suppe	→ Pfannkuchenstreifen (Célestine)
– Warme Vorspeise	→ Pastetchen
– Hauptgericht	→ Spätzle (Beilage)
– Dessert	→ Dessertpfannkuchen
Eier	
– Kalte Vorspeise	→ gefüllte Eier
– Suppe	→ Eierstich (Royal)
– Warme Vorspeise	→ Verlorenes Ei
– Hauptgericht	→ gehacktes Ei (Garnitur)

3. Aufeinanderfolge der Speisen im Menü

In diesem Zusammenhang geht es erstens um den Platz der kalten und warmen Vorspeisen und zweitens um die Regeln zur unmittelbaren Aufeinanderfolge der Speisen im Menü.

▷ **Stellung der Vorspeisen**

Die kalte Vorspeise steht im Menü an erster Stelle.
Die warme Vorspeise hat ihren Platz nach der Suppe oder vor dem Hauptgang bzw. vor einem zusätzlichen Fischgericht (zwischen Suppe und nachfolgendem Gericht).

▷ **Regeln für die Speisenfolge**

Die Regeln beziehen sich auf *Farbe* und *Bindung*.

Farbe	Bindung
Nach einer hellen Speise muß eine dunkle bzw. farblich betonte Speise folgen oder umgekehrt.	Nach einer gebundenen muß eine ungebundene bzw. klare Speise folgen oder umgekehrt.

Für die Anwendung der genannten Regeln ist allerdings etwas Fingerspitzengefühl erforderlich.

Bezüglich der Farbe muß man sich von dem extremen Kontrast *„Schwarz-Weiß"* lösen, weil u. U. bereits geringfügige farbliche Abweichungen der Regel genügen können. Außerdem kann die Farbe je nach Speisenfolge unterschiedlich beurteilt werden:

▸ „Melone mit Schinken" wirkt vor einer „Geflügelcremesuppe" farblich betont, während sie vor einer „Ochsenschwanzsuppe" hell erscheint.
▸ „Obstsalat" wirkt nach „Rehrücken mit Wacholderrahmsauce" hell, aber nach „Brüstchen vom Masthuhn mit Geflügelrahmsauce" farblich betont.

Bezüglich der Bindung ist die Unterscheidung bei bestimmten Speisen ganz eindeutig:

Es gibt aber auch Speisen, bei denen die Zuordnung *„gebunden"* oder *„nicht gebunden"* Schwierigkeiten bereitet. In diesen Fällen ist die Folge der Speisen mit besonderem Einfühlungsvermögen abzuwägen:

▸ Nach „Forellenfilet mit Sahnemeerrettich" ist sowohl eine klare als auch eine gebundene Suppe denkbar.
▸ Vor einem „Tournedos mit Béarner Sauce" (Grillgericht) sind durchaus „Seezungenfilets mit Weißweinsauce" oder „Scampi mit Dillrahmsauce" denkbar.
▸ Nach einem „Tournedos mit Béarner Sauce" sind sowohl „Obstsalat" als auch eine „Cremespeise" oder „Halbgefrorenes" denkbar.

Es ist zu beachten, daß Cremespeisen und Halbgefrorenes zwar „gebundene Speisen" sind, im Sinne der Speisenfolge jedoch eine feste und geschlossene Beschaffenheit haben.

4. Schrittfolge beim Zusammenstellen

Die Erfahrung lehrt, daß der Ersteller mit der Wahl der Speisen immer dann in Schwierigkeiten gerät, wenn er mit einer kalten Vorspeise oder einer Suppe beginnt. Es ist deshalb wichtig, in der richtigen Reihenfolge vorzugehen.

▷ **Erster Schritt**

Das Hauptgericht festlegen und ihm eine geeignete Sauce sowie passende Gemüse- und Sättigungsbeilagen zuordnen. Es lassen sich dann die Speisen für die übrigen Gänge unter Beachtung der Menüregeln leichter bestimmen und zuordnen.

▷ **Zweiter Schritt**

Die Art der übrigen Gänge bestimmen und für sie unter Beachtung der Menüregeln entsprechende Speisen auswählen. Dabei sind folgende Hinweise von Bedeutung:

▸ Die zugeordneten Speisen müssen mit dem Hauptgericht auch derart harmonieren, daß ein Menü mit einem schweren Hauptgericht (z. B. „Rehrücken mit Wacholderrahmsauce") insgesamt schwerer sein wird als ein Menü mit einem leichten Hauptgericht (z. B. „Seezungenfilets in Weißweinsauce").

▸ Nicht immer findet man zu einem Hauptgericht eine passende warme Vorspeise bzw. ein Zwischengericht. Es ist dann zweckmäßig, dem Hauptgericht eine Suppe voranzustellen und das Menü mit einer kalten Vorspeise einzuleiten.

5. Beispiele für das Zusammenstellen

▷ **Hochzeitsessen im Mai**

Zu Hochzeitsessen kommen im allgemeinen Menschen aus sehr unterschiedlichen gesellschaftlichen Schichten zusammen. Aus diesem Grunde sollten Speisen, mit denen Gäste beim Essen Schwierigkeiten haben könnten, möglichst nicht in das Menü aufgenommen werden. Unter diesem Gesichtspunkt und unter Beachtung der Jahreszeit aus dem Angebot der Saison bieten sich an:

▸ Mastkalbsrücken und Scampi
▸ Spargel, Karotten und Blumenkohl
▸ Erdbeeren

Als Speisenfolge sollen folgende Gänge serviert werden: Kalte Vorspeise, Suppe, Hauptgang und Dessert. **Zum Hauptgang** gibt es **Medaillons vom Kalbsrücken**, ergänzt mit folgenden Beigaben:

▸ Champignonrahmsauce
▸ Spargel, glasierte Karotten und Erbsen
▸ Dauphinekartoffeln

Die vorangehende **Suppe** muß entsprechend der Regel klar und dunkel sein. Eine **klare Ochsenschwanzsuppe** entspricht dieser Forderung. Sie wird mit altem Sherry geschmacklich vollendet.
Als **Kalte Vorspeise** (zur Unterscheidung von der Suppe hell und gebunden) eignet sich ein **Scampicocktail**. Dazu werden Toast und Butter gereicht.
Das **Dessert** muß, vom Hauptgang her gesehen, farblich betont sein. Es eignen sich deshalb **Erdbeeren mit Grand Marnier**, mit Sahne garniert.

Das komplette Menü:

Scampicocktail
Toast und Butter
*
Klare Ochsenschwanzsuppe
mit altem Sherry
*
Medaillons vom Kalbsrücken
Spargel – glasierte Karotten – Erbsen
Dauphinekartoffeln
*
Erdbeeren mit Grand Marnier

Aufgabe: Stellen Sie zu dem gleichen Anlaß ein Menü nach eigener Wahl zusammen.

▷ **Damengesellschaft im Juni**

Die Damen kommen 20 Jahre nach dem Ende ihrer gemeinsamen Schulzeit zu einem Klassentreffen zusammen. Für die Auswahl der Speisen sind zwei Gesichtspunkte zu beachten:

▸ Es handelt sich um Damen,
▸ der Juni liegt in der heißen Jahreszeit.

Aus dem saisonbedingten Marktangebot, das z. B. Forellen, junge Masthühner, Tomaten und Aprikosen enthält, könnte folgendes Menü zusammengestellt werden:

Zart geräucherte Forellenfilets
Meerrettichsahne
*
Doppelte Kraftbrühe
mit Gemüsestreifen
*
Brüstchen vom Masthuhn
in Morchelrahmsauce
geschmolzene Tomate
Kräuterreis
*
Aprikosenfächer in Weingelee

Aufgaben: 1. Beurteilen Sie das Menü unter Beachtung der Schrittfolge, die beim Zusammenstellen angewendet wird.
2. Stellen Sie zum gleichen Anlaß ein Menü nach eigener Wahl zusammen.

Menü und Menükarte   245

▷ **Jagdgesellschaft im Oktober/November**
Bei der Auswahl der Speisen sind zu beachten:

- ▶ der besondere Anlaß,
- ▶ die Teilnehmer, denen herzhafte Speisen anzubieten sind,
- ▶ der Beginn der kalten Jahreszeit.

Aus dem saisonbedingten Angebot könnten für das Menü Frischlingsrücken, Muscheln und Pfifferlinge sowie Äpfel und Preiselbeeren ausgewählt werden.

Das komplette Menü

> *Gebundene Wildsuppe*
>
> *
>
> *Muscheln
> in Weißweinsauce*
>
> *
>
> *Frischlingsrücken
> Wacholderrahmsauce
> Pfifferlinge – Apfel mit Preiselbeeren
> Mandelbällchen*
>
> *
>
> *Käse nach Wahl*

An dieser Stelle ist anzumerken, daß sich bei Jagdessen entgegen der allgemeinen Regel ausnahmsweise gleichartige Rohstoffe bzw. Speisen wiederholen dürfen (siehe Suppe und Hauptgang).

Aufgabe: Stellen Sie unter Beachtung des Anlasses aus geeigneten Speisen und Beilagen ein Menü nach eigener Wahl zusammen.

Aufgaben (Menü und Menülehre)
1. Erklären Sie die Bezeichnung Menü.

Klassisches Menü:
2. Was versteht man unter dieser Bezeichnung?
3. Wo hat dieses Menü seinen Ursprung?
4. Beschreiben und erklären Sie seinen Umfang.

Moderne Menüs:
5. Welche Arten unterscheidet man bezüglich des Umfangs?
6. Wodurch unterscheiden sie sich vom klassischen Menü? Welche Gründe gibt es dafür?
7. Beschreiben Sie den Aufbau des modernen Menüs.

Saisonbedingte Rohstoffe im Menü:
8. Warum dürfen sie im Menü nicht fehlen?
9. Nennen Sie Rohstoffbeispiele aus den verschiedenen Jahreszeiten.

Menüs in der kalten und warmen Jahreszeit:
10. Unter welchen Gesichtspunkten muß die Jahreszeit beachtet werden?
11. Nennen Sie Beispiele für die Speisenauswahl.

Menüpreis:
12. Nennen Sie Gesichtspunkte, die für den Menüpreis richtungweisend sind.
13. Nennen Sie Rohstoff- und Zubereitungsbeispiele, die auf einen höheren bzw. niedrigeren Preis ausgerichtet sind.

Menü und Ernährungsbedürfnis des Menschen:
14. Warum ist das Ernährungsbedürfnis bei der Menüzusammenstellung zu beachten?
15. Nennen Sie Möglichkeiten für die Begrenzung des Gesamtenergiegehaltes.
16. Worauf ist im Hinblick auf die ernährungsphysiologische Vollwertigkeit zu achten?

Anlaß, Teilnehmer und betriebliche Voraussetzungen:
17. Erläutern Sie an Beispielen, auf welche Weise dem jeweiligen Anlaß sowie unterschiedlichen Teilnehmern Rechnung getragen werden kann.
18. Warum müssen betriebliche Voraussetzungen in bezug auf die Küche und den Service beachtet werden? Nennen Sie Beispiele.

Rohstoffwiederholungen innerhalb der Speisenfolge:
19. Welche Rohstoffe dürfen sich bei Einhaltung bestimmter Bedingungen wiederholen? Nennen Sie die jeweiligen Bedingungen.
20. Welche Rohstoffe dürfen sich nach der strengen Menülehre nicht wiederholen? Nennen Sie Speisebeispiele innerhalb verschiedener Gänge.

Unmittelbare Aufeinanderfolge der Speisen:
21. Wie heißen die beiden Regeln zur unmittelbaren Aufeinanderfolge?
22. Verdeutlichen Sie die Regeln an Speisenbeispielen.

Zusammenstellen von Speisenfolgen:
23. Beschreiben und begründen Sie die richtige Reihenfolge für das Zusammenstellen.
24. An welcher Stelle haben kalte und warme Vorspeisen sowie ein zusätzliches Fischgericht ihren Platz innerhalb des Menüs?

Stellen Sie von folgenden Hauptgängen ausgehend Menüs mit 4 Gängen zusammen:
25. Heilbuttschnitte vom Grill mit Kräuterbutter,
26. Masthuhnbrust mit Currysauce,
27. Lammnüßchen mit Estragonjus,
28. Rehrückenfilet mit Sherrysauce.

Regelwidrigkeiten:
29. Beurteilen Sie die beiden folgenden Menüs:

Selleriecremesuppe	Fasanenkraftbrühe
*	*
Seezungenfilets mit Weißweinsauce	Seezungenfilets mit Weißweinsauce
Strohkartoffeln – Rosenkohl	Butterreis – Salatteller
*	*
Rehrücken mit Wildrahmsauce	Tournedos mit Bratenjus
Spargel – Tomatenfleischwürfel – Spinat	Erbsen – Karotten – Blumenkohl
Gemüsereis	Strohkartoffeln
*	*
Mokkacreme	Orangencreme

C. Getränke-Zuordnung zum Essen

Getränke, die zum Essen gereicht werden, heißen **korrespondierende Getränke** und sollen eine harmonische Ergänzung sein.

1. Getränke vor dem Essen

Ihr Zweck ist es, auf das Essen einzustimmen und den Appetit anzuregen. Im Französischen werden sie **Aperitifs** genannt.

apéritif, apéritive	– eröffnend, öffnend appetitanregend

▷ **Eigenschaften der Getränke**

Für die Getränke vor dem Essen sind folgende Eigenschaften von Bedeutung:

- **trocken**, d. h. ohne wahrnehmbare Süße. Im Gegensatz zu süßen Getränken wirken sie leichter und *öffnen* (machen zum Essen bereit);
- **fruchtig** oder **bitteraromatisch**, womit eine besonders anregende Wirkung auf die Absonderung von Verdauungssäften verbunden ist;
- **kühl** und **erfrischend**.

▷ **Aperitifs**

Als Aperitif werden z. B. angeboten:

Getränke allgemeiner Art	
Dessertweine (trocken)	– Sherry und Portwein
Schaumwein (trocken)	– pur oder mit Orangensaft bzw. Campari – mit schwarzem Johannisbeerlikör/Cassis (Kir Royal)

Spezielle Aperitifs		
Arten	Getränkebeispiele	mögliche Ergänzungen
Wein-Aperitifs	– Martini – Cinzano – Noilly Prat – Dubonnet	– Soda, Mineralwasser
Bitter-Aperitifs	– Campari – Amer Picon – Cynar	– Soda – Orangensaft – Schaumwein
Anis-Aperitifs	– Pastis – Pernod – Ricard	– Wasser

Mixgetränke	
Bezeichnung	Zutaten
Cocktails	
▸ Manhattan	→ Canadian Whisky, roter Vermouth, Kirsche
▸ Martini dry	→ Gin, Vermouth dry, Olive
▸ White Lady	→ Gin, Cointreau, Zitronensaft, Kirsche
▸ Side Car	→ Cognac, Cointreau, Zitronensaft, Kirsche
Long drinks	
▸ Gin Fizz	→ Gin, Zucker, Zitronensaft, Soda
▸ Whisky sour	→ Whisky, Zucker, Zitronensaft, Orangenscheibe, Maraschinokirsche

2. Getränke zur Speisenfolge

Im Rahmen eines Menüs werden im allgemeinen Wein und Schaumwein gereicht. Die sogenannten korrespondierenden Getränke sollen den Geschmack der Speisen harmonisch ergänzen, ihn aber unter gar keinen Umständen überdecken.

Beispiele zur Verdeutlichung:

Zu einem **mild gewürzten Fischgericht**
- **passen nicht:** ausgereifte, vollmundige und bukettreiche Weine.
- **passen:** junge, leichte und fruchtige, vor allem weiße Weine.

Zu einem **kräftig gewürzten Wildgericht**
- **passen nicht:** leichte, frische und säuerlich-fruchtige Weine.
- **passen:** ausgereifte, vollmundige und bukettreiche, vor allem rote Weine.

▷ **Geschmacksstufen der Getränke**

Die sachgerechte Zuordnung der Weine ist eine Kunst, die viel Erfahrung und ein geschultes Geschmacksempfinden voraussetzt. In Häusern, die dem Weinservice besondere Beachtung schenken, gibt es deshalb einen speziellen Weinkellner, den sogenannten **Sommelier**.

Als Orientierungshilfe für die Zuordnung der Weine zu Speisen dienen vier Geschmacksstufen:

1. ausgesprochen leichte Weine,
2. leichte bis mittelschwere Weine,
3. mittelschwere bis schwere Weine,
4. besonders ausdrucksstarke Weine.

Menü und Menükarte

Speisenbeispiele	Weinbeispiele
Leichte, säuerlich-würzige Speisen – Scampicocktail (Cocktailsauce) – Forellenfilet (Sahnemeerrettich) – Lachsmedaillons (Kräutersauce) – Geflügelsalat (Schaummayonnaise) – Artischockenböden (mariniert) ⬇ Kalte Vorspeisen	**Weißwein oder Roséwein** – leicht, frisch und fruchtig (trocken bis halbtrocken) – Blume und Bukett leicht ausgeprägt Wehlener Sonnenuhr, Riesling Mosel-Saar-Ruwer Chablis I. Crus Burgund
Leichte, aber feinwürzige Speisen – Scampi in Dillrahmsauce – Forellenfilet, gebraten – Salm mit Krebsrahmsauce – Feines Geflügelragout – Artischockenböden mit holländischer Sauce ⬇ Warme Vorspeisen (Zwischengerichte)	**Weißwein** – leicht bis mittelschwer (halbtrocken) – Blume und Bukett feinwürzig ausgeprägt Rüdesheimer Rosengarten, Riesling Rheingau Würzburger Stein, Silvaner Franken
Mittelschwere, vollwürzige Speisen *Helles Fleisch:* gedünstet, gebraten, gegrillt oder fritiert – Scampi, Seezungenfilets oder Salmschnitte – Masthuhnbrust, Hähnchen – Kalbs- und Schweinemedaillons – Kalbsgeschnetzeltes ⬇ Warme Vorspeisen bzw. leichte Hauptgerichte	**Weißwein** (im Ausnahmefall oder auf Wunsch des Gastes Rotwein) – mittelschwer und harmonisch bezüglich Säure und Restsüße (halbtrocken) – Blume und Bukett leicht ausgeprägt (mundig) Graacher Himmelreich, Riesling Mosel-Saar-Ruwer Aßmannshäuser Höllenberg, Spätburgunder Rheingau
Schwere, starkwürzige Speisen *Dunkles Fleisch:* gebraten, gegrillt oder geschmort – Ente und Gans – Rind und Hammel – Wild ⬇ Schwere Hauptgerichte	**Rotwein** (im Ausnahmefall oder auf Wunsch des Gastes Weißwein) – schwer (trocken bis halbtrocken) – Blume, Bukett voll und stark ausgeprägt (vollmundig) Montagne Saint-Émilion Bordeaux Winkeler Jesuitengarten, Riesling Rheingau

▷ **Regeln zur Aufeinanderfolge der Getränke**

Diese Überlegungen gelten nicht für die Getränke vor (Aperitifs) bzw. nach dem Essen (Digestifs). Nur die Getränke während des Essens stehen in so enger Beziehung zueinander, daß bezüglich der Aufeinanderfolge eine wichtige Regel zu beachten ist: **Die geschmackliche Fülle der Getränke muß stufenweise zunehmen.** Nach einem geschmacklich ausdrucksstarken käme ein geschmacklich leichtes Getränk nicht mehr zur Geltung. Im einzelnen bedeutet das:

▶ leichte Weine vor schweren,
▶ junge Weine vor alten Weinen, die aufgrund ihrer Reife vollmundiger sind,
▶ trockene Weine vor halbtrockenen, die aufgrund der Restsüße schwerer und voller wirken,
▶ weiße Weine vor roten, die von Natur aus voller und geschmacksintensiver sind,
▶ Wein vor Schaumwein, der durch den Gehalt an Kohlensäure ausdrucksstärker ist.

Bei der Auswahl der korrespondierenden Getränke ist vom Hauptgang auszugehen. Er bildet den Höhepunkt der geschmacklichen Fülle. Beachten Sie aber den Unterschied bei folgenden Hauptgängen:

> - Hähnchenbrüstchen mit Curryrahmsauce (leichtes Hauptgericht)
> - Rehrücken mit Wacholderrahmsauce (schweres Hauptgericht)

Die Weine zu den übrigen Gängen sind auf den Wein zum Hauptgang abzustimmen.

Im Gegensatz zum trockenen Sekt als Aperitif sollte der Sekt zum Dessert halbtrocken sein, damit der Geschmacksunterschied zur Süßspeise nicht zu gravierend ist.

3. Getränke nach dem Essen

▷ Bedeutung der Getränke

Sie sollen die Mahlzeit harmonisch ausklingen lassen und vor allem verdauungsfördernd wirken. Die französische Bezeichnung heißt **Digestif**.

> digestif, digestiv – verdauungsfördernd

▷ Digestifs

Als Digestif eignen sich:

hochwertige Branntweine	▸ Weinbrand (Cognac, Armagnac) und Calvados ▸ Obstbrände, wie Kirschwasser, Himbeergeist und Williams
hochwertige Liköre	▸ Grand Marnier, Chartreuse, Cointreau und Bénédictine ▸ in Verbindung mit anderen Zutaten auch als After-Dinner-Cocktails

Kaffee, der ebenfalls nach einem Essen üblich ist, dient hauptsächlich zur Überwindung der leichten Ermüdung nach dem Essen. Es gibt folgende Angebotsformen:

> - Kaffee oder Mokka (auch in Verbindung mit Weinbrand oder geeigneten Likören)
> - Espresso und Cappuccino
> - Rüdesheimer Kaffee oder Irish Coffee

D. Menüangebot und Menükarte

Im Vergleich zum Angebot der Speisen in einer umfangreichen Speisekarte kommt dem Menüangebot heute eine besondere Bedeutung zu.

1. Arten des Menüangebots

Es gibt sie in Form von Tagesangeboten, Festtagsangeboten und Angeboten für besondere Anlässe.

▷ Tagesmenüs

Viele Menschen, insbesondere auch solche, die im Arbeitsprozeß stehen, nehmen ihr Essen heute außerhalb des Hauses ein. Um diesem täglichen Bedürfnis zu genügen, hält der gastgewerbliche Betrieb ein Angebot bereit, das den bescheideneren täglichen Verzehrsgewohnheiten angemessen ist und im allgemeinen folgende Merkmale hat:

> - 3 Menüs mit abgestuften Preisen,
> - im allgemeinen mit 3 Gängen.

▷ Festtagsmenüs

Solche Menüs (z. B. zu Ostern, Pfingsten, Weihnachten und Silvester) sind auf die besondere festtägliche Stimmung sowie auf die damit verbundenen erhöhten Ansprüche der Gäste ausgerichtet:

> - In der Regel mehrere Menüs mit abgestuften Preisen,
> - mit 3 oder auch mehr Gängen,
> - in einer Ausstattung, die für einen Festtag angemessen ist.

▷ Menüs für besondere Anlässe

Für Familienfeiern (Geburtstag, Kommunion, Konfirmation, Hochzeit) sowie zu besonderen Veranstaltungen (z. B. Vereinsfeste, Betriebsjubiläen, Staatsempfänge) hat der Gastgeber oftmals spezielle Wünsche. In der Regel hält der Gastronomiebetrieb hierfür eine eigene Menü-Sammlung bereit, bei der auch bereits die küchentechnischen Aspekte, das zur Verfügung stehende Servicepersonal sowie saisonale Rohstoffangebote berücksichtigt sind. Darüber hinaus ist es aber auch üblich, in einem Gespräch mit dem Auftraggeber besondere Wünsche zu klären und ein ganz individuell gestaltetes Menü zusammenzustellen.

2. Bedeutung des Menüangebots

Menüangebote sind im Vergleich zu dem Angebot einer großen Speisekarte sowohl für die Küche als auch für den Gast mit besonderen Vorteilen verbunden.

▷ Vorteile aus der Sicht der Küche

Das Essen à la carte (Speisekarte) bringt die Küche nicht selten in eine schwierige Arbeitssituation. Sie muß abwarten, was die Gäste bei ihrem Eintreffen aus der Karte auswählen. In vielen Fällen geht dann gleichzeitig eine größere Anzahl von Bestellungen ein, die außerdem noch hinsichtlich der Art der Speisen oft stark voneinander abweichen. Dadurch gerät die Küchenbrigade unter starken zeitlichen Druck, der einer angemessenen Sorgfalt für das Zubereiten und Anrichten der Speisen entgegensteht. Das Menüangebot bringt diesbezüglich Entlastung:

- Bestimmte Vor- und Zubereitungen können bereits vor Beginn der Essenszeit ausgeführt werden,
- der zeitliche Spielraum ermöglicht eine gezielte Arbeits- und Personaleinteilung.

Das Menüangebot eröffnet darüber hinaus viele Möglichkeiten eigener Initiative:

- Gezielte Auswahl gerade vorhandener, insbesondere saisonbedingter Rohstoffe,
- abwechslungsreiche Gestaltung des täglichen Speisenangebotes,
- Zuordnung gleicher Speisen in abgewandelten Speisenkombinationen (z. B. Vorspeisen, Suppen und Nachspeisen).

▷ **Vorteile aus der Sicht des Gastes**

Bei häufigerem Restaurantbesuch, insbesondere wenn es sich um tägliche Mahlzeiten handelt, bleibt ihm die Mühe erspart, sich selber ein Menü zusammenzustellen. Weitere Vorteile sind:

- Ein Menü ist stets preisgünstiger als eine Kombination gleicher Speisen aus der Speisekarte.
- Die Speisen des Menüangebotes sind bei der Bestellung meistens sofort servierbereit, so daß keine langen Wartezeiten entstehen.

3. Präsentation des Menüangebots

▷ **Tagesangebote**

Dieses wird in der Regel mit der Speisekarte kombiniert. Es gibt dabei zwei Möglichkeiten:

Menü 1
Blumenkohlrahmsuppe
Schweinebraten mit Semmelknödel
Fruchtsalat

Menü 2
Kleiner Salatteller
Zwiebelrostbraten mit Kartoffelpüree
Karamelcreme

Kalte Vorspeisen
Scampicocktail mit Toast und Butter
Roher Schinken mit Ogenmelone
Geräuchertes Forellenfilet

Suppen
Klare Ochsenschwanzsuppe
Kraftbrühe mit Eierstich
Blumenkohlrahmsuppe

Hauptspeisen
Gekochter Tafelspitz mit Bouillonkartoffeln
Schweinekotelett in Robertsauce
Lammfilet in Thymianjus, Annakartoffeln

Nachspeisen
Aprikosenstrudel mit Vanilleeis
Palatschinken mit Sauerkirschen gefüllt
Marzipanmus mit Rhabarber

Kombination des Menüangebotes mit der großen Speisekarte

Kalte Vorspeisen
Scampicocktail mit Toast und Butter
Roher Schinken mit Ogenmelone
Geräuchertes Forellenfilet

Suppen
Klare Ochsenschwanzsuppe
Kraftbrühe mit Eierstich
Blumenkohlrahmsuppe

Warme Vorspeisen
Kalbsbries in Kräuterhülle
Feines Geflügelragout mit Wildreis
Tintenfisch-Risotto

Fischgerichte
Gebratene Scholle mit Zitronenbutter
Steinbutt in Rieslingsauce
Seeteufel im Wirsingmantel

Menü 1
Linseneintopf mit Räucherspeck
Apfelstrudel
*
Menü 2
Blumenkohlrahmsuppe
Schweinebraten mit Semmelknödel
Fruchtsalat
*
Menü 3
Kleiner Salatteller
Zwiebelrostbraten mit Kartoffelpüree
Karamelcreme

Hauptspeisen
Gekochter Tafelspitz mit Bouillonkartoffeln
Ochsenschwanzragout in Madeirasauce
Glasierte Kalbshaxe mit Röstkartoffeln
Geschnetzeltes vom Kalb mit Rösti
Schweinemedaillons mit Morcheln
Schweinekotelett in Robertsauce
Irish Stew (Irischer Hammeleintopf)
Lammfilet in Thymianjus, Annakartoffeln

Nachspeisen
Aprikosenstrudel mit Vanilleeis
Palatschinken mit Sauerkirschen gefüllt
Marzipanmus mit Rhabarber

Käse
Kleine, gemischte Käseauswahl
Weißkäsemus mit Apfelspalten
Gebackener Camembert mit Preiselbeerkompott

↑
eingeheftete Tagesmenükarte

▷ **Festtagsangebote**

Den besonderen Anlässen entsprechend, werden die Menüs in gesonderten Karten mit festlicher Aufmachung präsentiert.

Die Folge ändert sich lediglich, wenn Salat oder eine kalte Beilage gereicht wird. Diese Speisen stehen immer am Ende der Aufzählung. Für die **Anordnung der Getränke** ist zu beachten:

▶ Bei gefalteten Karten stehen die Getränke auf der linken Seite, und zwar in Höhe des Ganges, dem sie zugeordnet sind. Kaffee oder Mokka erscheinen immer auf der rechten Seite im Anschluß an die Speisenfolge.

▶ Bei nicht gefalteten Karten stehen die Getränke jeweils nach dem Gang, zu dem sie gereicht werden.

Weihnachtsmenü

Artischockenböden mit Meeresfrüchten

*

Fasanenkraftbrühe mit Trüffelklößchen

*

Knusprig gebratene Gans Johannisbeerrotkohl – Glasierte Maronen Bratapfel mit Ebereschensirup Mandelbällchen

*

Zimthonigcreme mit Cognacsauce

4. Gestalten von Menükarten

Der Schriftsatz ist bei Menükarten im allgemeinen auf die Zeilenmitte zentriert, er kann aber auch links- bzw. rechtsbündig angeordnet sein. Für die Aufzählung der Bestandteile eines Ganges mit Beilagen gibt es eine bestimmte Reihenfolge:

Hauptbestandteil
Sauce
Gemüsebeilage
Sättigungsbeilage

Aufgaben (Korrespondierende Getränke, Menüangebot)

1. Welche grundlegende Funktion erfüllen die korrespondierenden Getränke beim Essen?

Getränke, die vor dem Essen gereicht werden:

2. Wie nennt man diese Getränke, und was bedeutet diese Bezeichnung?
3. Welchen Zweck sollen sie erfüllen?
4. Welche Eigenschaften sind in diesem Zusammenhang von Bedeutung?

Aperitifs:

5. Nennen Sie dazu Getränke und Getränkemischungen allgemeiner Art.
6. Nennen Sie Wein-, Bitter- und Anisaperitifs sowie Zugaben, mit denen diese jeweils ergänzt werden können.
7. Nennen und beschreiben Sie die Zusammensetzung von Cocktails und Longdrinks, die sich als Aperitifs eignen.

Korrespondierende Getränke zur Speisenfolge:

8. Welchen Zweck erfüllen diese Getränke?
9. Worauf ist bezüglich der Abstimmung auf die jeweilige Speise zu achten?
10. Erläutern Sie an Speisen- und Getränkebeispielen die Geschmacksstufen innerhalb der Speisenfolge.
11. Nennen Sie grundlegende Regeln für die Aufeinanderfolge der Getränke in der Speisenfolge.

Getränke, die nach dem Essen gereicht werden:

12. Wie heißt die französische Bezeichnung für diese Getränke und was bedeutet sie?
13. Welchem Zweck dienen diese Getränke?
14. Nennen Sie Getränkebeispiele.

Zusammenstellen von Menüs einschließlich Getränke:
Aufgaben 15–18 (siehe die Hauptgänge):
Stellen Sie unter Beachtung folgender Angaben Menüs mit 3 und 4 Gängen einschließlich der korrespondierenden Getränke zusammen.
Als Hauptgang ist vorgegeben:

15. Steinbutt und Hummer mit Champagnersauce.
16. Tournedos mit Béarner Sauce.
17. Hirschroulade mit Calvadosrahmsauce.
18. Lachssteak mit Zitronenbutter.
    a) Ordnen Sie den Hauptgängen geeignete Beigaben zu.
    b) Ergänzen Sie die Hauptgänge mit zusätzlichen Gängen sowie zugehörigen Speisen.
    c) Ordnen Sie den Menüs geeignete Getränke zu.

Menüangebote:

19. Unterscheiden Sie in ihrer Art: Tagesmenü, Festtagsmenüs und Menüs für besondere Anlässe.
20. Erläutern Sie Vorteile des Menüangebotes im Vergleich zum Angebot der großen Speisekarte
    a) aus der Sicht der Küche,
    b) aus der Sicht des Gastes.

II. Speisekarten

Im Vergleich zum Menüangebot ist die Speisekarte im allgemeinen das üblichere Speisenangebot. Während dem Gast in Menükarten jeweils eine festgelegte Folge bestimmter Speisen präsentiert wird, kann er sich aus dem umfangreichen Angebot der Speisekarte je nach Verzehrsabsicht entweder eine einzelne Speise auswählen oder sich selber eine Speisenfolge zusammenstellen. Er wählt bzw. speist dann „à la carte".

Speisekarten sind die Visitenkarte des Hauses; in ihrer Aussage präsentiert sich das Niveau der Küche. Unter diesem Gesichtspunkt sind sie ein ganz wichtiges Hilfsmittel der Werbung und Verkaufsförderung. Bereits beim Lesen und Studieren soll sie den Gast in eine gehobene Stimmung versetzen und Verzehrswünsche wecken. Dabei ist jedoch andererseits zu bedenken, daß die Küche einlösen muß, was sie in der Karte verspricht.

A. Arten der Speisekarten

Je nach der Zweckbestimmung des Angebotes unterscheidet man drei grundlegende Kartentypen: die Große Karte, die Tageskarte und die Spezialkarte.

1. Große Karte

Es handelt sich dabei um eine Zusammenstellung von Speisen, die als Standardangebot für einen längeren Zeitraum unverändert bleibt. Damit die Karte aber dem Charakter sowie dem Niveau des Hauses entspricht, sind wichtige Gesichtspunkte zu bedenken:
- Art des Speisenangebots,
- Umfang und Gliederung des Angebots,
- Aufmachung der Karte.

▷ Art des Speisenangebots

Die angebotenen Speisen müssen bei den Gästen Zustimmung finden, denn nur so kann der angestrebte Umsatz erzielt werden. Aus diesem Grunde ist zu klären:
▶ Welcher Gästekreis soll bevorzugt angesprochen werden, und welche Speisen versprechen dabei eine besondere Werbewirksamkeit?
▶ Sind die personellen und technischen Voraussetzungen so, daß die Speisen auch sachgerecht und in einer vertretbaren Zeit zubereitet sowie serviert werden können?

Unter solchen Gesichtspunkten ist es denn auch wichtig, das Angebot in regelmäßigen zeitlichen Abständen kritisch zu überprüfen und gegebenenfalls neu zusammenzustellen. Dabei sind schlechtgehende Speisen herauszunehmen und neue, erfolgversprechendere aufzunehmen. Außerdem müssen in solche Überlegungen die möglichen Veränderungen im Konsumverhalten und in den Verzehrsgewohnheiten der Gäste miteinbezogen werden.

▷ Umfang des Speisenangebots

Es soll maßvoll und ausgewogen sein.

Nicht zu groß, damit die Überschaubarkeit gewährleistet ist und dem Gast die Auswahl nicht unnötig erschwert wird. Außerdem bleibt die Küche auf diese Weise (insbesondere in Stoßzeiten) von Überforderungen verschont, die sich nachteilig auf die zufriedenstellende Bereitstellung der einzelnen Speisen auswirken können. Nicht zuletzt wird vermieden, daß unverhältnismäßig differenzierte und deshalb ungenügend genutzte Rohstoffvorräte die Wirtschaftlichkeit des Betriebes gefährden.

Nicht zu klein, damit der Gast in seinen Verzehrsabsichten nicht zu sehr eingeschränkt ist. Das Angebot muß in jedem Falle allgemein üblichen Verzehrsgewohnheiten gerecht werden.

Nicht zuletzt ist darauf zu achten, daß Vorspeisen, Suppen, Hauptspeisen und Nachspeisen in ihrer Menge ausgeglichen und in ihrer Art aufeinander abgestimmt sind.

▷ Gliederung des Speisenangebots

Da die Karte dem Gast die Möglichkeit geben soll, sich selber ein Menü zusammenzustellen, ist die Speisekarte gruppenweise zu gliedern. Man orientiert sich dabei am Aufbau des Menüs. Lediglich die kalten und warmen Vorspeisen werden am Anfang unmittelbar nacheinander aufgeführt.

| Kalte Vorspeisen
Warme Vorspeisen
Suppen
Eierspeisen
Fisch und Krustentiere
Schlachtfleisch
Wild und Geflügel
Käse
Süßspeisen | Zugunsten von besonderen Wahlmöglichkeiten ist es auch üblich, die Gemüse- und Sättigungsbeilagen nach den Hauptspeisen gesondert aufzuführen. |

▷ Aufmachung der Speisekarte

Die Speisekarte muß dem Charakter des Hauses entsprechen und darf nicht nur ein „Zettel" sein. Etwas stärkeres Papier oder feiner Karton wirken besser. Ein werbewirksamer sowie strapazierfähiger und abwischbarer Umschlag ist empfehlenswert. Außerdem sind von Bedeutung:

> - eine übersichtliche und klare Gliederung,
> - ein gutes und angenehm lesbares Schriftbild,
> - eine ausgewogene und ansprechende Raum- und Textaufteilung.

Durch besondere Gestaltungselemente, wie Einbände, Mehrfarbendrucke, Umrandungen und Wappen sowie durch gastronomische Motive, kann die Originalität der Karte noch gesteigert werden.

2. Tageskarten

Das Angebot dieser Karten wird täglich neu zusammengestellt. Es handelt sich dabei um eine sinnvolle und zweckmäßige Ergänzung zur großen Karte, die sowohl für die Küche als auch für den Gast Vorteile mit sich bringt.

Aus der Sicht der Küche:
- Sie kann auf besondere Angebote des Marktes rasch reagieren, weil die Rohstoffe im Rahmen der wechselnden Tagesangebote gezielt verarbeitet und umgesetzt werden können.
- Aufgrund umfangreicher Vorbereitungen bleibt während der Essenszeit mehr Spielraum für Speisen, die erst bei der Bestellung à la carte zubereitet werden können. Die Küche gerät auf diese Weise während der Absatzzeit nicht zu sehr in zeitlichen Druck.
- Gerichte, für die eine längere Zubereitungsdauer erforderlich ist, können aus küchentechnischen Gründen überhaupt nur als Tagesgerichte hergestellt werden (z. B. Braten und Schmorfleischgerichte sowie gekochte Speisen).

Aus der Sicht des Gastes:
- Das Speiseangebot der Tageskarte bietet ihm ergänzend zur großen Karte mehr Abwechslung,
- Tagesangebote sind in jedem Falle preisgünstiger als die gleichen Speisen à la carte,
- die Speisen sind außerdem zu Beginn der Essenszeit servierbereit, so daß sich für den Gast keine langen Wartezeiten ergeben.

3. Spezialkarten

Sie enthalten ein zeitlich enger begrenztes und gezieltes Speiseangebot. Dieses ergibt sich vor allem im Zusammenhang mit Rohstoffen der jeweiligen Saison, z. B.:

> - Spargel, Erdbeeren
> - Muscheln, Austern und Krustentiere
> - Wildbret

Spezialkarten sind eine sinnvolle Ergänzung sowohl der großen Karte als auch der Tageskarten:
> - Einerseits erwartet der anspruchsvolle Gast das der Saison entsprechende Speiseangebot und ist deshalb auch bereit, für besondere „Spezialitäten" einen höheren Preis zu zahlen,
> - andererseits bietet sich hier für die Küche die Möglichkeit der Umsatzsteigerung an, da sie in Spezialkarten mit der Preisgestaltung flexibler sein kann als in Tageskarten.

Unter den gleichen Gesichtspunkten werden Spezialkarten auch im Zusammenhang mit ganz gezielten verkaufsfördernden Maßnahmen eingesetzt, z. B.:

> - „Preiswertes Speiseangebot der Woche",
> - „Meeresfrüchte in erlesenen Zubereitungen",
> - „Gerichte aus alten Kochbüchern",
> - „Martin Meisterkoch präsentiert ausgewählte Fischspezialitäten der internationalen Küche".

B. Aufsetzen der Speisekarte

Die „Gastronomische Akademie Deutschlands", kurz GAD genannt, schreibt dazu: „Speisekarten sind in erster Linie für den Gast geschrieben, *dem sie auch verständlich sein müssen*." Die einzelnen Richtlinien des Kommentars sind in den folgenden Ausführungen an jeweils entsprechender Stelle wiedergegeben und erläutert.

1. Informationsgehalt der Speisekarte

Jede angebotene Speise weckt beim Gast bestimmte Vorstellungen und Erwartungen. Die Aussagen der Karte müssen deshalb klar und wahr sein. Das gilt insbesondere auch für die Bezeichnung *„nach Art des Hauses"*, die als eine nichtssagende Allerweltsformel anzusehen ist, wenn die Art der Speise nicht näher erklärt wird. (Detaillierte Richtlinien und Anweisungen finden Sie in den folgenden Ausführungen.)

▷ **Wahrheit**

Die Angaben auf der Speisekarte müssen der Wahrheit entsprechen:

> - Mastkalbsrücken muß Fleisch von einem gemästeten Kalb sein,
> - bei der Bezeichnung „Frischer Lachs" oder „Frische Hähnchen" darf es sich nicht um gefrostete Ware handeln,
> - Helgoländer Hummer, Bornholmer Lachs oder Angusrind müssen aus der herkunftbenennenden Region kommen.

Solche Täuschungen sind nach dem Gesetz *Warenunterschiebungen* und werden bestraft.

Klassische Bezeichnungen dürfen nur verwendet werden, wenn sie nach dem Originalrezept hergestellt sind:

> ▸ Tournedos Rossini muß Gänseleber, Trüffelscheiben und Madeirasauce enthalten (Trüffeln dürfen nicht durch Champignons ersetzt werden),
> ▸ Seezunge Colbert muß mit Colbertbutter serviert werden (die Butter darf nicht durch Béarner Sauce ersetzt werden),
> ▸ Bernykartoffeln müssen Trüffeln enthalten und mit Mandeln paniert sein (die Trüffeln, weil man sie äußerlich nicht sieht, dürfen nicht weggelassen werden).

Abweichungen von der Originalität können bei unwissenden Gästen dazu führen, die Glaubwürdigkeit der Küche allgemein in Frage zu stellen, den Kenner fordern sie jedoch zu berechtigten Beanstandungen heraus. Beides ist nicht dazu angetan, dem guten Ruf des Hauses zu dienen.

▷ **Sprachliche Entgleisungen**

Sprachliche Entgleisungen wie Mastpoularde, Edellachs, Edelchampignons und ähnliche sollte man nicht gebrauchen:

> ▸ Poularde heißt bereits gemästetes Huhn,
> ▸ Lachs ist die Bezeichnung für einen Edelfisch,
> ▸ Champignons bedeutet edler Pilz (eßbarer Pilz).

Die in der Anweisung erwähnten Bezeichnungen sind in allen Fällen sinnwidrige Verdoppelungen.

▷ **Fantasienamen**

Nichtssagende Fantasienamen sind zu vermeiden:

> ▸ Ein wenig Curry ist noch keine Speise „nach indischer Art",
> ▸ ein Stück Ananas oder ein paar Kirschen berechtigen nicht zur Bezeichnung „Hawaii" oder „Florida".

Bei solchen Übertreibungen, die lediglich etwas Großartiges, Besonderes vortäuschen, muß sich der Gast berechtigterweise genarrt fühlen. Für einfache alltägliche Gerichte braucht man keine Namen der „*grand cuisine*".

▷ **Klassische Namen**

Gerichte mit klassischen Namen oder ergänzenden Bezeichnungen, die nicht allgemein bekannt sind, sollte man auf der Karte stets mit einer kurzen Erklärung versehen:

Es ist nicht gut, wenn der Gast in solchen Fällen fragen muß oder erst gar nicht bestellt. Aus diesem Grunde ist es heute in zunehmendem Maße üblich, anstelle der klassischen Garniturbezeichnung die Speise einfach zu beschreiben. Die Küche kann so

> ▸ von Zubereitungen Abstand nehmen, die viel zu zeitaufwendig sind oder in ihrer Art den heutigen Eßgewohnheiten nicht mehr entsprechen,
> ▸ in der Abwandlung von Zubereitungen ihre eigene Kreativität mehr zum Ausdruck bringen, z. B.:

klassisch	Seezungenfilet Lady Egmont
modern	In Weißwein pochierte Seezungenfilets mit Champignonscheiben, leichter Rahmsauce und Spargelspitzen

klassisch	Lendenschnitte Duroc
modern	Kleine gebratene Lendenschnitten, garniert mit geschmolzenen Tomaten, Jägersauce und Nußkartoffeln

2. Sprache der Speisekarte

Viele Speisenbezeichnungen kommen aus einer fremden Sprache. Die Übernahme in deutschsprachige Karten bereitet Schwierigkeiten, ist umstritten, und nicht selten werden deshalb fremdsprachige Namen und Benennungen falsch, oberflächlich und unkritisch verwendet. Die GAD bietet aus diesem Grunde Orientierungshilfen an.

▷ **Fremdsprachige Bezeichnungen**

Sie sollten nur dann benutzt werden, wenn es sich um unübersetzbare Originalbezeichnungen handelt oder wenn sie im internationalen Sprachgebrauch zu einem festen Bestandteil geworden sind, z. B.:

Rohstoffbezeichnungen	– Champignons, Entrecôte – Rumpsteak, Tournedos
Personennamen	– Rossini, Dubarry, Mirabeau – Béchamel, Colbert, Wellington
Geographische Namen	– Orly, Argenteuil, Szegedin
Speisenbezeichnungen	– Pommes frites, pochierte Eier – Irish Stew, Paella, Piccata – Bouillabaisse, Coque au vin

▷ **Gemischtsprachige Bezeichnungen**

In der Absicht verwendet, Niveau anzudeuten und Eindruck zu machen, bewirken sie meistens das Gegenteil, weil die Bezeichnungen oft ganz einfach falsch sind oder ein unschönes Sprachgemisch darstellen.

falsch	richtig
Oxtail clair (gleich zwei fremde Sprachen)	Klare Ochsenschwanzsuppe
Rinderfilet jardinière	Rinderfilet nach Gärtnerinart
Champignons à la crème	Rahmchampignons
Seezunge au vin blanc	Seezunge, in Weißwein gedünstet
Hammelkotelett grillée	Hammelkotelett vom Rost
Duchessekartoffeln	Herzoginkartoffeln

3. Rechtschreibung auf der Speisekarte

Die Kürze, die beim Abfassen der Speisekarte üblich und notwendig ist sowie mangelnde Einsicht in die Bedeutung der Speisekarte verleiten immer wieder dazu, die Regeln der Rechtschreibung nicht wirklich ernst zu nehmen. Aber auch hier urteilen Gäste kritisch und streng. Die GAD empfiehlt deshalb, jede Speisekarte vor dem Druck noch einmal von einer hierfür geeigneten Person sorgfältig auf grammatikalische Richtigkeit hin prüfen zu lassen.

▷ **Einfache Rechtschreibefehler**

Obwohl sie oft wie Flüchtigkeitsfehler anmuten, sollte man sie dennoch möglichst vermeiden, weil sie besonders unangenehm auffallen und sehr kritisch beurteilt werden.

falsch	richtig
Gekochter Schellfisch mit Kartoffel	... Kartoffel**n**
Rehrücken mit Pfifferlinge	... Pfifferlinge**n**
Kraftbrühe mit Markklöschen	... Markklö**ß**chen

▷ **Wortbildungen mit geographischen Namen**

In Verbindung mit bestimmten Zubereitungsarten sowie mit regionaltypischen Rohstoffen werden zur näheren Erläuterung von Speisen geographische Namen verwendet: Eine Nation, eine Landschaft oder eine Stadt.

▸ Bei der Speisenbezeichnung darf neben dem Wort **Art** der Zusatz **nach** bzw. **auf** nicht fehlen. In zunehmendem Maße hat sich in letzter Zeit das ... nach ... gegenüber dem ... auf ... durchgesetzt.
▸ Das eine Nation oder eine Landschaft benennende Wort wird **klein** geschrieben.
▸ Bei Städtenamen hat sich die **Großschreibung** durchgesetzt.
▸ Die Angabe **Art** wird in allen Fällen nachgesetzt und groß geschrieben.

falsche Schreibweisen	richtige Schreibweisen
– Russische Eier	→ Eier nach russischer Art
– Rindfleisch flämisch	→ Rindfleisch nach flämischer Art
– Kalbsleber berliner Art	→ Kalbsleber nach Berliner Art
– Eier Florentinerart	→ Eier nach Florentiner Art
– Kalbsteak Pariserart	→ Kalbsteak nach Pariser Art
– Hähnchen nach Amerikanischer Art	→ Hähnchen nach amerikanischer Art

▷ **Wortbildungen mit Personennamen**

Hier ist zwischen Standespersonen und historisch bedeutenden Personen zu unterscheiden.

▸ Die Namen von Standespersonen (z. B. Müllerin, Gärtnerin) stehen in enger Beziehung zu der standesüblichen Zubereitungsart. Der verwendete Zusatz ... **art** wird deshalb unmittelbar an den Namen angehängt.
▸ Die Verwendung der Namen von historisch bedeutenden Personen erfolgt lediglich zu deren Ehrung. Aus diesem Grunde entfällt in diesen Fällen der Zusatz **Art** bzw. **nach Art**.

falsche Schreibweise	richtige Schreibweise
– Forelle Müllerin	→ Forelle nach Müllerinart
– Kremsuppe à la Dubarry	→ Kremsuppe Dubarry
– Tournedos nach Rossini	→ Tournedos Rossini
– Kalbsbraten Gärtnerin Art	→ Kalbsbraten nach Gärtnerinart
– Pfirsich Melbaart	→ Pfirsich Melba
– Bäckerinkartoffeln	→ Kartoffeln nach Bäckerinart

4. Zeichensetzung auf der Speisekarte

Die Kurzinformation der Karte verleitet auch hier immer wieder zu Fehlern. Sie beziehen sich auf den „Bindestrich", auf „Anführungszeichen" und auf das „Komma".

▷ **Komma**

Das Komma dient zur Abgrenzung. Bei Speisen sind sie bei näheren Angaben über die Zubereitungs- oder Garmachungsart üblich, wobei jedoch zu beachten ist:

▸ Wird die Garmachungsart der Speise vorangesetzt, entfällt das Komma:

– Gebratene Rehkeule	– Gedünstete Karotten
– Gekochte Rinderbrust	– Überbackener Fenchel

▸ Wird die Zubereitungsart nachgesetzt, ist das Komma unbedingt erforderlich:

– Rinderbrust, gekocht	– Seezunge, gedünstet

Speisekarten

▷ werden nach der Zubereitungsart gleichzeitig Beilagen angegeben, ist eine weitere Abgrenzung durch Kommas notwendig:

- Seezungenfilets, gedünstet, mit Spargel und Reis
- Ochsenbrust, gekocht, mit Bouillonkartoffeln

Aber: Gekochte Ochsenbrust mit Bouillonkartoffeln (die Garmachungsart ist vorangestellt!)

▷ **Bindestriche**

Bindestriche werden nach den Rechtschreibevorschriften bei längeren, mindestens dreigliedrigen Wortverbindungen zur sinnvollen Abgrenzung angewendet. Speisenbezeichnungen mit solchem Umfang (z. B. Prinz-Heinrich-Schnitzel) sind so selten, daß sich die Verwendung von Bindestrichen auf Speisekarten erübrigt.

falsche Schreibweise	richtige Schreibweise
– Geflügel-Rahmsauce	→ Geflügelrahmsauce
– Königin-Suppe	→ Königinsuppe
– Müllerin-Art	→ Müllerinart
– Berliner-Art	→ Berliner Art

▷ **Anführungsstriche**

Sie dienen dazu, einzelne Worte oder Satzteile besonders hervorzuheben. Die ergänzenden Aussagen zu Speisen, zu denen fälschlicherweise Anführungsstriche verwendet werden, sind aber in Wirklichkeit ganz selbstverständliche Bestandteile der Bezeichnung. Anführungszeichen ergeben daher keinen Sinn.

falsche Schreibweise	richtige Schreibweise
– Tournedos „Rossini"	→ Tournedos Rossini
– Leber nach „Berliner Art"	→ Leber nach Berliner Art

5. Gesetzliche Vorschriften zur Speisekarte

Speisekarten sind ebenso wie Getränkekarten die Grundlage für den Bewirtungsvertrag. Laut Gesetz müssen dem Gast Speisen und Getränke in schriftlicher Form angeboten werden, wobei im einzelnen Vorschriften über die Art und Weise des Angebots, über die Preisauszeichnung sowie über Hinweise auf Zusatzstoffe zu beachten sind.

▷ **Art und Weise des Angebots**

Gaststätten müssen neben dem Eingang einen Aushang anbringen, aus dem für den Gast die Tagesmenüs und Tagesgerichte sowie das Preis- und Qualitätsniveau zu ersehen sind. In der Gaststätte sind Speisekarten auf den Tischen bereitzulegen oder die Karte ist dem Gast bei der Aufnahme der Bestellung bzw. auf Verlangen bei der Abrechnung vorzulegen.

Andere Betriebsarten, wie Selbstbedienungsgaststätten, Erfrischungshallen, Kioske, Stehbierhallen, Bierzelte und ähnliche Betriebe, müssen eine Übersichtstafel anbringen, aus der die angebotenen Speisen zu ersehen sind. Auf gleiche Weise müssen dem Gast auch die Getränke angezeigt werden.

▷ **Vorschriften zur Preisauszeichnung**

Zu allen angebotenen Speisen (und Getränken) sind die zugehörigen Preise anzugeben. Es handelt sich um **Inklusivpreise**, in denen das Bedienungsgeld, die Mehrwertsteuer sowie sonstige Zuschläge enthalten sein müssen. Bei Getränken ist in Verbindung mit dem Preis die Getränkemenge anzugeben.

▷ **Hinweis auf Zusatzstoffe**

Nach der Zusatzstoff-Zulassungsverordnung müssen Speisen, die kennzeichnungspflichtige Farb-, Aroma- und Konservierungsstoffe enthalten, auch auf der Speisekarte vorschriftsmäßig gekennzeichnet werden. (Siehe unter dem Stichwort „Lebensmittelgesetz".)

Aufgaben (Speisekarten)

1. Erläutern Sie den Unterschied des Speisenangebotes in Menü- und Speisekarten.
2. Nennen und beschreiben Sie unter dem Gesichtspunkt der jeweiligen Zielrichtung unterschiedliche Arten von Speisekarten.
3. Welche besondere Bedeutung kommt beim Speisenangebot den Tages- und Spezialkarten zu?

Besonderheiten zur großen Speisekarte:
4. Welche grundlegenden Überlegungen sind vor dem Zusammenstellen ratsam?
5. Beschreiben und begründen Sie Richtlinien bezüglich der Aufmachung, des Umfangs und der Gliederung.
6. Nennen Sie Speisen, die an besonderer Stelle der Karte hervorgehoben werden können.

Informationsgehalt der großen Speisekarte:
7. Was bedeutet in diesem Zusammenhang die Forderung nach Klarheit und Wahrheit?
8. Erläutern Sie dies an Beispielen.
9. Begründen Sie die Forderungen.

Sprachliche Richtlinien beim Schreiben von Speisekarten:
10. Beschreiben Sie an Beispielen die Richtlinien zur Verwendung von fremdsprachigen sowie gemischtsprachigen Speisenbenennungen.
11. Was versteht man bei der Speisebezeichnung unter falschen bzw. unkorrekten Benennungen? Geben Sie Beispiele.
12. Welche Rechtschreiberichtlinien gibt es für die Verwendung von geographischen Namen?
    a) Landschaften,
    b) Städte.
13. Erläutern Sie an Beispielen Rechtschreiberichtlinien in bezug auf die Zubereitungsart:
    a) bei Verwendung der Namen von Standespersonen,
    b) bei Verwendung der Namen von historisch bedeutenden Personen.

14. Beschreiben Sie an Speisenbeispielen die Verwendung
    a) des Bindestrichs und des Kommas,
    b) von Anführungszeichen.
15. Stellen Sie unter Beachtung folgender Gesichtspunkte eine Speisekarte zusammen:
    a) Die Karte soll 6 Hauptgänge und dazu in angemessener Zahl Vorspeisen, Suppen und Nachspeisen enthalten.
    b) Die Speisen sollen hinsichtlich Art, Niveau und Ausstattung zueinander passen, d. h. harmonisch aufeinander abgestimmt sein.

Gesetzliche Vorschriften zur Speisekarte:
16. Welche Vorschriften enthält das Gesetz über die Präsentation des Speisenangebotes gegenüber dem Gast in Gaststätten bzw. in Selbstbedienungsgaststätten, an Kiosken und ähnlichen speisenabgebenden Betrieben?
17. Nennen Sie die gesetzlichen Vorschriften zur Preisauszeichnung und zu Speisen, die Zusatzstoffe enthalten.

18. Überprüfen Sie folgende Menüs auf Regelwidrigkeiten hin und korrigieren Sie die festgestellten Mängel.

Menü 1
Wildpastete mit Waldorfsalat

*

Selleriecremesuppe

*

Kalbsmedaillons mit Béarner Sauce
Dauphinekartoffeln
Mischgemüse

*

Aprikosen mit Weinschaumsauce

Menü 2
Räucherlachs mit Sahnemeerrettich

*

Gebundene Ochsenschwanzsuppe

*

*Gebackene Champignons
mit Remouladensauce*

*

*Filetsteak mit Béarner Sauce
Grilltomate – Nußkartoffeln*

*

Orangencreme

Menü 3
Gänseleberparfait

*

*Pochierte Eier
mit holländischer Sauce*

*

Kraftbrühe Royale

*

*Kalbssteak mit Geflügelleber
Rosenkohl – Herzoginkartoffeln*

*

Haselnußhalbgefrorenes

Menü 4
Cremesuppe Dubarry

*

Avocado mit Crevettensalat

*

*Kalbsrahmschnitzel
Karotten – Blumenkohl
Erbsen – Spätzle*

*

Pfirsich Melba

Menü 5
Gefüllte Tomaten

*

Kraftbrühe Célestine

*

*Entrecôte Trioler Art
Streichholzkartoffeln – Salatteller*

*

Dessertpfannkuchen

Menü 6
Gebackene Scampi, Remouladensauce

*

Geflügelcremesuppe

*

*Tournedos mit Choronsauce
Überbackener Blumenkohl
Glasierte Karotten
Strohkartoffeln*

*

Pistazienhalbgefrorenes

Buffet und Kaffeeküche

I. Buffet

Das Buffet ist die Abgabestelle für Getränke und hat in diesem Zusammenhang 3 grundlegende Aufgaben zu erfüllen:
- Getränke sachgerecht bereitzustellen,
- Schankanlage zu pflegen und zu bedienen,
- Buffetkontrollen und Buffetabrechnungen durchzuführen.

Einrichtung des Getränkebuffets

Die Einrichtung eines Getränkebuffets richtet sich nach der Auswahl der Getränke sowie der Art und der Größe des oder der Restaurants. Im allgemeinen besteht die Einrichtung:
- aus Schränken, Gläservitrinen und Tischen mit Unterbauten,
- dem Gläserreinigungsbereich mit Spülbecken und Spülmaschine,
- Kühlschränken mit unterschiedlich einstellbaren Temperaturen,
- einer Bierschankanlage für mehrere Bierarten,
- Eiswürfelbereiter und Froster für Kornbranntweine.

Oft sind in Getränkebuffets gleichzeitig Kaffeemaschinen und Schauvitrinen für Torten und Kuchen integriert.

A. Getränkeangebot des gastgewerblichen Betriebes

Ausschlaggebend für die Getränkeauswahl sind einerseits die Art und das Niveau des Restaurants und andererseits der Kreis der Gäste bzw. deren Verzehrsgewohnheiten.

1. Getränkekarten

In diesen Karten präsentiert der Betrieb sein Getränkeangebot. Man unterscheidet "kombinierte Getränkekarten" (umfassendes Angebot) und andererseits solche, die jeweils nur eine Getränkeart zum Inhalt haben, z. B. Weinkarten, Bierkarten und Barkarten.

Getränkekarten sollen durch eine ansprechende Aufmachung ein wirksames Mittel der Verkaufsförderung sein und den Gast zum Verzehr anregen.

▷ **Grundsätzliche Überlegungen zu Getränkekarten**

Getränkekarten sollen genau wie Speisekarten die Originalität, den Stil und die Atmosphäre des Hauses widerspiegeln. Das muß bereits *in der äußeren Aufmachung* zum Ausdruck kommen:
- ein handliches Format, ein stilvoller und stabiler Einband sowie feste Innenblätter,
- in ansprechender Beschriftung das Wort „Getränkekarte".

Aber auch durch die *innere Ausgestaltung* müssen die Aufmerksamkeit und das Interesse des Gastes geweckt werden. Dazu können beitragen:
- eine übersichtliche und klare Gliederung,
- ein schönes und angenehm lesbares Schriftbild,
- eine ansprechende Textaufteilung,
- Bilder, Skizzen oder Fotos, die Blickfänge darstellen und für Auflockerung sorgen.

Zur sachlichen *Information des Gastes* gehören zu den Getränkebezeichnungen die gesetzlich vorgeschriebenen Angaben über Menge und Preis.

Wie bei Speisekarten ist es wichtig, von Zeit zu Zeit den Inhalt der Getränkekarte kritisch zu überprüfen. Im Interesse des Verkaufs ist es u. U. erforderlich, die Karte neu zu gestalten und das Angebot veränderten Verzehrsgewohnheiten anzupassen bzw. mit neuen Angeboten des Marktes zu ergänzen.

▷ **Kombinierte Getränkekarten**

Es handelt sich dabei um Karten, die das gesamte Angebot der Getränke umfassen. Die Gliederung ist unterschiedlich und richtet sich nach den Schwerpunkten, die der Betrieb im Rahmen seines Angebotes bzw. aufgrund der Gästenachfrage setzt.

Beispiel 1:	Beispiel 2:
Alkoholfreie Getränke	Cocktails
Kaffee, Tee, Schokolade	Aperitifs
Aperitifs, Cocktails	Weinbrände/Cognacs
Offene Weine	Spirituosen
Weinbrände/Cognacs	Alkoholfreie Getränke
Spirituosen, Liköre	Kaffee und Tee
Bier	Bier

Getränkekarte

Alkoholfreie Getränke

Mineralwasser	0,33 l	....
Soda	0,2 l	....
Apfelsaft	0,2 l	....
Tonic Water	0,2 l	....
Cola	0,2 l	....
Bitter Lemon	0,2 l	....

Kaffee · Tee · Schokolade

Kännchen Kaffee	....
Kännchen Tee	....
Kännchen Schokolade	....
Rüdesheimer Kaffee	....
Irish Coffee	....

Aperitifs

Portwein	5 cl	....
Sherry	5 cl	....
Campari/Soda	5 cl	....
Dubonnet	5 cl	....

Offene Weine 0,2 l

Weißweine

Rhein
1978er Rauenthaler Steinmächer ....

Mosel
1984er Erdener Treppchen ....

Elsaß
1983er Riesling ....
1984er Edelzwicker ....

Roséwein

Côte du Rhône ....

Rotweine

Rhein
1983er Aßmannshäuser Höllenberg ....

Frankreich
1984er Beaujolais ....

Weinbrände · Cognacs 2 cl

Asbach Uralt	....
Scharlachberg	....
Hennessy	....
Courvoisier	....

Spirituosen 2 cl

Himbeergeist	....
Steinhäger	....
Dry Gin	....
Aquavit	....
Calvados	....
Wodka	....
Grappa	....

Liköre 2 cl

Bénédictine	....
Cointreau	....
Grand Marnier	....
Crème de cassis	....

Bier vom Faß

	0,25 l	0,4 l
Alt	....	....
Budweiser	....	....
Pilsener	....	....
Urquell	....	....

Weinkarte

Deutsche Weißweine		Französische Weißweine	Italienische Weine
Saale-Unstrut	Württemberg	*Elsaß*	Umbrien, weiß
Sachsen	Franken	*Burgund*	Toscana, rot
Mosel-Saar-Ruwer	**Deutsche Rotweine**		
Rheingau	Ahr	*Bordeaux*	Piemont, rot
Rheinhessen	Rheingau	**Französische Rotweine**	**Spanische Weine**
Rheinpfalz	Baden	*Burgund*	
Nahe	Württemberg	*Bordeaux*	**Sekt**
Baden	**Deutsche Roséweine**		
	Rheinpfalz	*Côte du Rhône*	**Champagner**
	Baden		

▷ **Weinkarte**

Neben der allgemeinen Getränkekarte gibt es immer dann zusätzlich eine Weinkarte, wenn das „Weintrinken" bzw. „Weingenießen" zu den Verzehrsgewohnheiten der Gäste gehört und der Betrieb dem Weinservice deshalb eine besondere Aufmerksamkeit schenkt. Für die Reihenfolge der Weine in der Weinkarte haben sich folgende Regeln herauskristallisiert:

▶ **Offene Weine** vor Flaschenweinen
  (sofern sie nicht schon Bestandteil der allgemeinen Getränkekarte sind),
▶ **Deutsche Weine** vor ausländischen Weinen
  (nach Anbaugebieten gegliedert, wobei für die Reihenfolge der regionale Standort des Betriebes ausschlaggebend sein kann),
▶ **Französische Weine** vor anderen ausländischen Weinen
  (sie nehmen bezüglich der Bewertung international einen vorrangigen Platz ein).

In bezug auf die Art der Weine ist folgende Reihenfolge üblich:

Weißwein → Rotwein → Roséwein (Weißherbst).

Wein ist ein hochwertiges Getränk, das seinen Preis hat und deshalb je nach Umfang des Verkaufs einen beachtlichen Anteil des Getränkeumsatzes ausmachen kann. Aus diesem Grunde kommt der verkaufsfördernden Aufmachung der Weinkarte eine besondere Bedeutung zu. Neben einem soliden und dekorativen Einband gibt es für die innere Gestaltung viele Möglichkeiten:

▶ Mehrfarbendrucke und Abwechslungen im Schriftbild sowie Fotos und andere bildliche Darstellungen,
▶ auflockernde Bemerkungen zum Weingenuß allgemein sowie zu regionalen Besonderheiten des Weinbaus und der Weine.

In diesem Zusammenhang ist jedoch einerseits darauf zu achten, daß die Weincharakterisierungen wahrheitsgemäß und nicht übertrieben sind und andererseits keine Phantasiebezeichnungen darstellen, mit denen selbst der Weinkenner nichts anfangen kann. Hierzu sind Erfahrung und Fingerspitzengefühl unerläßlich.

Die aufgezeigten Gestaltungselemente sollen das Interesse des Gastes wecken und ihn zum Verzehr anregen.

Für den Gast muß erkennbar sein, daß der Betrieb dem Wein eine besondere Aufmerksamkeit schenkt (sorgfältige Auswahl beim Einkauf, gepflegter Service).

2. Alkoholgehalt von Getränken

Die sachgerechte Abgabe von Getränken am Buffet setzt umfangreiche getränkekundliche Kenntnisse voraus. Das Kapitel „Getränkekunde" enthält die entsprechenden Informationen in ausführlicher Darstellung. An dieser Stelle ist lediglich noch einiges zum Alkoholgehalt der Getränke nachzutragen.

▷ **Maßeinheiten für die Menge des Alkohols**

Die Alkoholmenge der Getränke wird im allgemeinen in % vol angegeben. Abweichend davon findet man bei englischen, kanadischen und amerikanischen Spirituosen auch die Alkoholmengenangabe **Proof**. Je nach dem Herkunftsland der Spirituose entsprechen 100 Proof einer Alkoholmenge von etwa 50 bis 57 % vol. Die Proof-Angabe geteilt durch 2 ergibt also ungefähr die Menge des Alkohols in % vol.

▷ **Höhe des Alkoholgehaltes**

Die Menge des Alkohols ist bei den Getränken verschieden. Sie reicht von unter 0,5 % vol bei „alkoholfreiem" Bier bis über 40 % vol bei hochprozentigen Spirituosen.

Überblick über den Alkoholgehalt der Getränke

	% vol		% vol
Bier		Spirituosen	
– „alkoholfrei"	unter 0,5	– Liköre	14–55
– sonst	2,5– 6	– Kümmel	30
Wein	8–14	– Korn	32
Schaumwein	12–14	– Brand (Getreide-), Anis	35
Dessertwein	17–20	– Weinbrand, Brandy	36
Aperitifs		– Brand (Obst-, Korinthen-,	
– einfache (z. B. Byrrh)	15–18	Korn-, Trester-)	
– mittlere (z. B. Campari)	um 25	Gin, Aquavit, Grappa,	
– starke (z. B. Pernod)	45–50	Rum, Ouzo, Enzian,	
– Vermouth	17–20	Wodka	37,5
		– Whisky, Whiskey, Pastis	40

B. Bereitstellen von Getränken

Die am Buffet übergebenen Bons sind gleichbedeutend mit der Aufforderung, das jeweils aufgeschriebene Getränk bereitzustellen. Dabei trägt das Buffetpersonal die Verantwortung dafür, daß bestimmte fachliche und sachliche Voraussetzungen erfüllt sind:

▷ Das Glas muß bezüglich der Form auf die Art des Getränks (siehe im Kapitel „Servierkunde", Abschnitt „Gläser") und bezüglich der Größe (Nennvolumen) auf die bestellte Menge abgestimmt sein.
▷ Das Getränk muß die getränkespezifische Serviertemperatur haben.

1. Nennvolumen

Die Abgabe der Getränke erfolgt entweder in Portionsflaschen bzw. in großen Flaschen oder in Schankgefäßen. Um den Gast vor Mißbrauch zu schützen, sind von seiten des Gesetzgebers für Flaschen und Schankgefäße genaue Nennvolumen vorgeschrieben. Diese müssen in Beziehung zum jeweiligen Preis auch im Angebot der Getränkekarte angegeben sein.

▷ **Nennvolumen für Flaschen (l)**

Erfrischungs-getränke	Bier	Wein	Schaum-wein
0,2	0,33	0,375	0,2
0,25	0,5	0,75	0,375
0,33	1,0	1,0	0,75
0,5			1,0
			1,5

Außer der Bezeichnung **l** sind die Angaben auch **cl** oder **ml** üblich, z. B.:

0,75 l → oder → 75 cl → oder → 750 ml

▷ **Nennvolumen bei ausgeschenkten Getränken**

Viele Getränke werden bereits am Buffet in sogenannte **Schankgefäße** gefüllt (Gläser, Karaffen und Krüge). Zum Schutz des Verbrauchers (Kontrollmöglichkeit) müssen diese Gefäße mit einem **Füllstrich** sowie mit der Angabe der **Füllmenge** versehen sein. Gläser, die in Verbindung mit Flaschen gereicht werden, brauchen nicht mit Füllstrich und Füllmenge versehen zu sein. Des optischen Bildes wegen verwendet man in diesen Fällen nicht gekennzeichnete Gläser.

Es sind Schankgefäße mit folgenden Nennvolumen zulässig (l = Liter; cl = Zentiliter):

Gläser

Wein	Schaum-wein	Bier		Aperitif	Spirituosen
0,1 l	0,1 l	0,2 l	0,4 l	5 cl	2 cl
0,2 l		0,25 l	0,5 l		4 cl
0,25 l		0,3 l	1,0 l		

Karaffen

| 0,2 l | 0,25 l | 0,5 l | 1,0 l | 1,5 l | 2,0 l |

2. Serviertemperaturen

Überblick über die Serviertemperaturen

Getränke-art	Getränkebeispiele	Servier-temperaturen (°C)
Erfrischungs-getränke	– Mineralwässer – Fruchtgetränke, Limonaden	8–14
Bier	– helle Sorten – dunkle Sorten	6– 9 9–12
Wein	– Roséwein – Weißwein, leicht – Weißwein, schwer – Rotwein, leicht – Rotwein, mittelschwer – Rotwein, schwer – Dessertwein, trocken – Dessertwein, süß	9–11 9–11 10–12 10–13 13–16 16–18 10–12 14–16
Schaum-wein	– weiß und rosé – rot	6– 8 7–10
Liköre	– leicht – schwer	14–16 16–18
Brannt-weine	– Korn, Wacholder, Genever – Steinhäger, Wodka	1– 2
	– Geiste (Aprikosen, Heidelbeeren, Himbeeren) – Wasser (Kirschen, Zwetschgen) – Slibowitz, Williams, Mirabelle – Gin, Grappa, Enzian	10–12
	– Whisky, Calvados – Rum, Marc (de Champagne, de Bordeaux)	16–18
	– Weinbrand – Cognac, Armagnac	18–20

Die angegebenen Temperaturen sind Richtwerte. Unter besonderen klimatischen Verhältnissen oder angesichts individueller Verzehrsgewohnheiten sind insbesondere bei Rotwein Abweichungen möglich und üblich.

Der Genuß eines Getränkes ist ganz wesentlich von der jeweiligen getränkespezifischen Temperatur abhängig. Dabei sind von einem mittleren Wert um 10 °C ausgehend nach unten bzw. nach oben zwei Temperaturbereiche von Bedeutung.

Anmerkung:
Für die Anwendung eines bestimmten Temperaturbereichs gibt es unterschiedliche Gründe. In den folgenden Erläuterungen ist als Beispiel jeweils ein ganz typisches Getränk genannt.

▷ **Serviertemperaturen von 10 °C abwärts**

Sie werden bei Getränken angewendet, die

- ▸ vor allem erfrischen sollen, keine besonderen Duftstoffe enthalten und deren Geschmack durch niedrigere Temperaturen nicht beeinträchtigt wird (Mineralwässer, Fruchtsäfte),
- ▸ deren stark ausgeprägter Geschmack u. U. etwas gedämpft werden muß (Korn, Wodka),
- ▸ die aufgrund des Gehaltes an Kohlensäure zu stark schäumen und zu rasch schal würden (Schaumwein, Bier).

▷ **Serviertemperaturen von 10 °C aufwärts**

Diese Temperaturen sind erforderlich bei Getränken, deren Genuß in hohem Maße von der Entfaltung jeweils artspezifischer Duftstoffe (Bukett) abhängig ist. Je feiner und ausgeprägter diese Stoffe sind, desto höher kann bzw. soll die Serviertemperatur sein. Vergleiche in aufsteigender Reihenfolge:

Weißwein → Rotwein → Weinbrand

C. Ausschenken von Bier

Bier gibt es als *„Flaschenbier"* oder als *„Bier vom Faß"*, wobei Kenner verständlicherweise das letztere bevorzugen. Über die in diesem Zusammenhang notwendige *„Pflege des Bieres"* wurde im Kapitel „Getränkekunde" bereits Wichtiges ausgeführt und erläutert. An dieser Stelle ist noch einiges über die Druckregulierung und das Zapfen nachzutragen.

1. Druckregulierung beim Zapfen des Bieres

Sachgerechter Druck ist die Voraussetzung für ein einwandfreies Glas Bier. Dabei sind drei verschiedene Druckbezeichnungen von Bedeutung.

▷ **Gleichgewichtsdruck**

Die Kohlensäure hat eine starke Tendenz, aus dem Bier auszutreten. Dieser Eigendruck nimmt mit höherem Kohlensäuregehalt und höherer Temperatur des Bieres zu. Damit nun aber das Druckgleichgewicht nach dem Anstechen des Fasses nicht gestört wird und das Bier **mit Kohlensäure gesättigt** bleibt, ist ein entsprechender Gegendruck erforderlich, den man **Gleichgewichts-** bzw. auch **Sättigungs-** oder **Grunddruck** nennt. Er beträgt ungefähr **1 bar**.

▷ **Überdruck**

Zum Ausgleich von Druckverlusten (die nach dem Anstechen des Fasses entstehen) sowie zur Beförderung des Bieres vom Faß zur Zapfstelle muß der Gleichgewichtsdruck (Grunddruck) durch weiteren Druck (Überdruck) ergänzt werden.

Ausgleich von Druckverlusten	– für den Anstichkörper etwa 0,1 bar – als Sicherheitszuschlag etwa 0,1 bar
Förderdruck	– je m Förderhöhe etwa 0,1 bar – je 5 m Bierleitung etwa 0,1 bar

▷ **Arbeitsdruck**

Das ist die Zusammenfassung des Gleichgewichts- und des Überdrucks.

Berechnungsbeispiel für den Druck

```
  Gleichgewichtsdruck  ───────────►  1,00 bar
+ Überdruck – Anstichkörper ───────►  0,10 bar
            – Förderhöhe 1,2 m ────►  0,12 bar
            – Bierleitung 1,5 m ───►  0,03 bar
            – Sicherheitszuschlag ─►  0,10 bar
  Arbeitsdruck ────────────────────►  1,35 bar
```

2. Zapfen des Bieres

Es kommt nicht selten vor, daß die guten Eigenschaften eines Bieres noch in letzter Minute, nämlich beim Zapfen, verdorben werden. Eine angemessene Sorgfalt ist deshalb unerläßlich. Zunächst müssen die Gläser in einwandfrei sauberem Zustand sein, weil selbst Spuren von Fett und Spülmittelresten die Schaumkrone nicht zustande kommen lassen oder rasch wieder zerstören. Darüber hinaus muß das Zapfen sachgerecht ausgeführt werden.

▷ **Richtlinien für das Zapfen**

Richtlinien	Erläuterungen
das Glas vor dem Füllen in kaltes Wasser tauchen	Das abgekühlte Glas (Temperatur) und die angefeuchtete Innenfläche (Gleitfähigkeit) verhindern zu starkes Schäumen und damit ein zu rasches Entweichen der Kohlensäure.
das Glas schräg unter den Zapfhahn halten und bei ganz geöffnetem Hahn bis zur größtmöglichen Menge füllen	Das Bier gleitet an der Innenfläche des Glases entlang und „platscht" nicht auf den Boden auf. Auch dadurch wird übermäßiges Schäumen verhindert bzw. eine angemessene Schaumbildung bewirkt.
das Glas senkrecht unter den Hahn halten und bei gedrosseltem Bierzulauf zwei- bis dreimal kurz nachfüllen	Die Schaumkrone wird stufenweise aufgebaut, stabilisiert und langsam hochgeschoben.

Störungen	Ursachen
Das Bier läuft nicht	– Das Faß oder die Kohlensäureflasche ist leer, – die Druck- oder die Bierleitung ist nicht angeschlossen, der Druck- oder der Bierleitungshahn ist geschlossen, der Druck ist abgestellt oder zu niedrig eingestellt.
Das Bier ist trüb	– Die Lagertemperatur ist zu hoch oder zu niedrig, – der Druck ist zu hoch, – das Bier ist überlagert oder zu lange im Anstich, – die Anlageteile sind mangelhaft gereinigt.
Das Bier schäumt zu schwach	– Der Druck oder die Temperatur ist zu niedrig, – am Glas befinden sich Spuren von Fett oder Reste von schaumzerstörenden Spülmitteln.
Das Bier schäumt zu stark	– Das Faß wurde zu kurz nach der Anlieferung angestochen, – der Druck oder die Temperatur ist zu hoch, – die Bierleitung ist durch Knicke oder durch Quetschungen verengt, – das Bier wurde unsachgemäß gezapft.

D. Alkoholfreie Mischgetränke

1. Als einfache Mischgetränke gelten:

Spezi Cola und Orangenlimonade
Schorle Fruchtsaft mit Mineralwasser
Limonade Fruchtsaft (Zitrone), Wasser, Zucker
Fruchtbowlen Saft, Stücke und Sirups von Früchten, Zitrone, Läuterzucker, Mineralwasser

2. Herstellen von alkoholfreien Mischgetränken

Man benutzt für die Herstellung dieser Getränke Elektromixer, da meist größere Mengen in einem Arbeitsgang hergestellt werden.

Mischgetränke können aber auch einzeln und somit aufwendiger hergestellt werden. Dabei wendet man die Arbeitstechniken der Bar, also Schütteln oder Rühren oder Aufbauen der Mixgetränke an. Mischgetränke sind vitaminhaltige und erfrischende Longdrinks. Die Geschmacksskala reicht von herb-würzig über fruchtig-säuerlich bis fruchtig-süß.

Bananenmilch

2 Bananen, 0,5 l Milch, Saft von 1 Zitrone, 1 El Bananensirup, Zucker, Schokoladenspäne

Bananen schälen und mit der Milch im Mixer pürieren, nach Bedarf Zucker und Bananensirup sowie kurz vor dem Servieren den Zitronensaft zugeben. In einem Kelchglas oder Mediumtumbler mit Strohhalm servieren.

Die Rezeptur kann beispielsweise durch Austauschen der Bananen mit Erdbeeren, Kirschen oder blanchierten Aprikosen variiert werden.

Dschungel Drink

Apfelsaft, 1 El Pfefferminzsirup, Crasheis, Apfelspalte oder Apfelschalenspirale

Crasheis in ein Glas geben, mit Apfelsaft auffüllen, Pfefferminzsirup darübergeben und garnieren.

Karibik Traum

2 cl Kokossirup, 2 cl Limettensirup, 4 cl Orangensirup, 12 cl kalte Milch, 2 cl Sahne, 1 cl Zitronensaft, 2 Eiswürfel, Limonen- oder Zitronenscheibe

Alle Zutaten gründlich vermischen, die Eiswürfel in ein Longdrink-Glas geben und den Drink darübergießen, Fruchtscheibe an den Glasrand stecken.

Melonen Bowle

300 g Würfel von Honigmelone, 200 g frische geviertelte Erdbeeren, 0,5 l Maracujasaft, 5 cl Zitronensaft, Msp. Ingwerpulver, Läuterzucker nach Geschmack, 0,4 l Mineralwasser

Alle Zutaten außer dem Mineralwasser in eine Glasschüssel oder Glaskrug geben und mindestens 3 Stunden kaltstellen. Kurz vor dem Servieren kaltes Mineralwasser zugießen.

Spicy Punsch (heißes Mischgetränk)

100 g Apfelsaft, 100 g roter Traubensaft, Saft einer halben Zitrone, Saft von einer Orange, 1 Nelke, 1 Pimentkorn, 1/3 Zimtrinde, 1 Tl Honig

Alle Zutaten außer Honig zusammen in einen Topf geben und aufkochen. Erst kurz vor dem Servieren in Tee- oder Groggläsern mit dem Honig süßen.

Mickey Mouse

0,2 l Cola, 3 Eiswürfel, 1 Kugel Vanilleeis, Schlagsahne, 2 Cocktailkirschen

Das Cola über die Eiswürfel in ein hohes Glas gießen, Vanilleeiskugel zugeben, obenauf mit Schlagsahne und Kirschen garnieren, mit Strohhalm und Limonadenlöffel servieren.

E. Buffetkontrollen

Zur Sicherstellung der Wirtschaftlichkeit sowie zur Verhinderung von Unkorrektheiten müssen alle Vorgänge am Buffet lückenlos aufgezeichnet und kontrolliert werden.

1. Grundlegende Maßnahmen zur Erleichterung der Kontrollen

▷ **Numerieren der Getränke**

Bei der Vielfalt der Getränke und deren sehr unterschiedlichen Preise ist das eine hilfreiche Maßnahme. Durch das Numerieren werden Verwechslungen bei der Anforderung im Magazin, bei der Aufnahme einer Bestellung am Tisch, bei der Abgabe am Buffet und bei der Bestandsaufnahme weitgehend ausgeschaltet.

▷ **Festlegen von Verkaufseinheiten**

Das ist insbesondere bei Getränken von Bedeutung, die aus Flaschen in Schankgefäße ausgeschenkt werden. So kann man z. B. bei Spirituosen unter Berücksichtigung eines bestimmten Schankverlusts Richtwerte für die Menge der Verkaufseinheiten festlegen und diese zum Maßstab für die Abrechnung machen.

Beispiele für die Bestimmung von Verkaufseinheiten

Flascheninhalt 0,75 l	75 cl
Abzug für den Schankverlust	3 cl
Verkaufsmenge (Gläserfüllmenge)	72 cl
Verkaufseinheit	4 cl
Anzahl der Verkaufseinheiten (72 : 4)	18 Stück

2. Getränkezugang am Buffet

Der Erstzugang bzw. die Erstausstattung bildet den Anfangsbestand oder den **Grundstock**. Der Verkauf macht es notwendig, die reduzierten Bestände vom Magazin (Keller) her täglich wieder aufzufüllen. Zur Kontrolle für den Zugang dienen die sogenannten **Anforderungsscheine.** Aufgrund der Eintragungen im Schein werden die Getränke an das Buffet ausgeliefert. Zu abschließenden Überprüfungs- und Kontrollzwecken kommen die Anforderungsscheine dann in das Kontrollbüro. Von Ausnahmen, d.h. von Sonderanforderungen abgesehen, wird der tägliche Zugang häufig so bemessen, daß er dem Verkauf entspricht bzw. daß immer bis zum festgelegten Bestand (Grundstock) aufgefüllt wird. Dieses Verfahren dient einer guten Übersicht und erschwert zumindest unkorrekte mengenmäßige Manipulationen.

3. Getränkeabgabe am Buffet

Zur Kontrolle für die Abgabe dienen die von den Bedienungen übergebenen Bons.

Es ist deshalb wichtig, daß **kein Getränk ohne Bon** abgegeben und dieser nach dem Bereitstellen des Getränks **sofort entwertet** wird. Außerdem ist beim Füllen von Schankgefäßen zu beachten:

▸ das Nennvolumen des Gefäßes muß mit den Angaben auf dem Bon übereinstimmen,
▸ Gläser dürfen nicht über den Füllstrich hinaus gefüllt werden (natürlich auch nicht darunter = Betrug!).

Abweichungen beim Nennvolumen nach oben oder das Eingießen über den Füllstrich hinaus führt zu Verlusten bzw. zu Abweichungen zwischen dem **Soll**bestand und dem **Ist**bestand (siehe im nachfolgenden Abschnitt).

4. Getränkeumlauf- und -bestandskontrollen

Der Warenumlauf vollzieht sich zwischen dem Magazin, dem Buffet und der Bedienung. Hilfsmittel der Kontrolle sind einerseits die Anforderungsscheine und andererseits die Bons. Sie sind täglich an das Kontrollbüro zu übergeben, von dem die übergeordneten und zusammenfassenden Kontrollen durchgeführt werden.

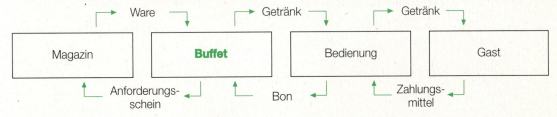

▷ **Warenkartei**

Zur lückenlosen Erfassung des Warenumlaufs am Buffet wird im Kontrollbüro für jedes Getränk eine Karteikarte angelegt. In ihr werden, vom Anfangsbestand ausgehend, alle Zu- und Abgänge registriert:

▸ Grundlage für die Zugänge sind die Anforderungsscheine (die vom Magazin übergeben werden),
▸ Grundlage für die Abgänge sind die Bons (die nach Erledigung vom Buffet kommen).

Buffet und Kaffeeküche

In den Karteikarten kann der jeweilige Bestand der Ware entweder nach jedem Zu- oder Abgang festgestellt und eingetragen oder bei Bedarf ermittelt werden.

> Anfangsbestand
> + Zugänge
> – Abgänge
> **Endbestand Soll**

Soll besagt, wie hoch der Warenbestand laut Kartei sein „sollte".

Beispiel eines Anforderungsscheines

Schulhotel Allgäu

Datum: 16.11.19

Warenanforderung der Abteilung: Buffet

☐ Lebensmittellager ☒ Weinkeller ☐ General Store

N° **7450**

Menge	Stck/Dose/Kilo/Fl.	Waren-Bezeichnung
10	0,75 l Fl.	Deidesheimer Hofstück
7	0,75 l Fl.	Würzburger Stein
4	1 l Fl.	Bechtheimer Pilgerpfad

Ware ausgeliefert: Reimer — Unterschrift

Ware empfangen: Hübner — Unterschrift

Gebucht: Walter — Unterschrift

Beispiel einer Karteikarte

Warenkartei

Stock-Nr.: 212   Ware: Deidesheimer Hofstück
Bestand: 120

Datum	Bemerkungen	Kosten pro Einheit	Abgang	Zugang	Bestand	Betrag
02.11.	0,75 l Fl.	4,83	10	–	84	405,72
03.11.	"	4,83	10	–	74	357,42
07.11.	"	4,83	30	–	44	212,52
09.11.	"	4,83	–	60	104	502,32
13.11.	"	4,83	5	–	99	478,17
16.11.	"	4,83	10	–	89	429,87

Bei modernen **Computersystemen** werden die Karteikarten durch Speicherwerke ersetzt, in die Anfangsbestände sowie Zu- und Abgänge eingegeben werden und aus denen man jederzeit die Sollbestände abrufen kann. Der technische Fortschritt erlaubt es sogar, Getränkeabrechnungen gleich mit der Zapfanlage zu verbinden (genaue Dosierung und gleichzeitige Verbindung Warenabgang, Umsatzerfassung je Getränk, Belastung des Kellners usw.).

▷ **Bestandsaufnahme am Buffet**

Die Bestände am Buffet werden in regelmäßigen Abständen vom Kontrollbüro überprüft, und zwar:

▶ in jedem Falle einmal jährlich für die Jahresbilanz,
▶ für kurzfristigere Kontrollen u.U. halb- bzw. vierteljährlich oder sogar monatlich.

Den Vorgang der Bestandsaufnahme nennt man **Inventur**, bei der sowohl die Anzahl der vollen Flaschen als auch die Restinhalte von angebrochenen Flaschen erfaßt und in einer Inventurliste (Inventar) eingetragen werden.

Die bei der Inventur ermittelten Zahlen und Werte sind **Ist-Bestände**, d. h. sie geben an, was tatsächlich **vorhanden ist**. Soll- und Ist-Bestände müßten theoretisch übereinstimmen. Die vergleichende Kontrolle (Kartei/Inventurliste) dient dazu, die Übereinstimmung bestätigt zu finden bzw. bei Abweichungen der Ursache nachzugehen. Die Inventur ist in jedem Fall für die Jahresbilanz erforderlich, wird jedoch heute zu innerbetrieblichen Kontrollzwecken im allgemeinen monatlich durchgeführt. Dabei sind Abweichungen zwischen dem Soll- und Istbestand in der Karteikarte zu berichten.

Soll-Bestand **niedriger** als Ist-Bestand	→ **Gewinn**, weil **mehr** Ware da „ist" als da sein „soll"te
Soll-Bestand **höher** als Ist-Bestand	→ **Verlust**, weil **weniger** Ware da „ist" als da sein „soll"te

Bestandsaufnahme am 31.01.19.....
Abteilung: *Buffet*   Artikelgruppe: *Weine*

Gegenstand	Kartei-Nr.	Anzahl	Einheit	Inventurwert/DM einzel	gesamt
Weißwein	212	17	0,75 l Fl.	4,83	82,11
"	223	12	0,75 l Fl.	6,99	83,88

Aufgaben (Buffet)

1. Nennen Sie Getränkearten sowie zugehörige Getränke, die am Buffet bereitgehalten werden.

Getränkearten:
2. Nennen Sie unterschiedliche Arten von Getränkearten.
3. Beschreiben Sie Gestaltungselemente, die bei Getränkekarten verkaufsfördernde Wirkung haben:
   a) äußere Gestaltung, b) innere Gestaltung.
4. Wovon ist die Gliederung einer kombinierten Getränkekarte abhängig? Geben Sie Beispiele.
5. Entwerfen Sie eine einfache kombinierte Getränkekarte.

Weinkarte:
6. Welche Bedeutung hat sie im Vergleich zu einer kombinierten Getränkekarte?
7. Nennen Sie Gestaltungselemente, die bei Weinkarten der Verkaufsförderung dienen.
8. Welche Richtlinien gibt es für die Reihenfolge der Weine in der Weinkarte?

Alkoholgehalt bei Getränken:
9. In welcher Maßeinheit wird die Alkoholmenge üblicherweise angegeben?
10. Erläutern Sie die Angabe in Proof-Graden.
11. Ordnen Sie den verschiedenen alkoholhaltigen Getränkegruppen den ungefähren Alkoholgehalt zu.

Nennvolumen für Getränke:
12. Warum muß auf Flaschen und auf Schankgefäßen das Nennvolumen angegeben sein?
13. Welche Nennvolumen gibt es bei Flaschen?
    a) Erfrischungsgetränke, c) Wein,
    b) Bier, d) Schaumwein.
14. Welche Maßeinheiten gibt es für die Angabe des Nennvolumens?
15. Nennen Sie Nennvolumen bei Schankgefäßen:
    a) Gläser für Wein, Schaumwein, Aperitifs, Spirituosen und Bier,
    b) Karaffen.

Serviertemperaturen für Getränke:
16. Erläutern und begründen Sie an Getränkebeispielen die Anwendung der Serviertemperaturen:
    a) von 10 °C abwärts, b) von 10 °C aufwärts.
17. Ordnen Sie den Getränken allgemein übliche Serviertemperaturen zu:
    a) Erfrischungsgetränke und Bier,
    b) Weißwein, Rotwein und Schaumwein,
    c) Liköre und Branntweine.

Ausschenken von Bier:
18. Erklären Sie die Druckbezeichnungen „Gleichgewichtsdruck", „Überdruck" und „Arbeitsdruck".
19. Beschreiben Sie das sachgerechte Zapfen des Bieres.
20. Nennen Sie mögliche Ursachen für Zapfstörungen:
    a) Das Bier läuft nicht,
    b) das Bier läuft trüb,
    c) das Bier schäumt zu schwach oder zu stark.

Buffetkontrolle:
21. Welche Bedeutung haben in diesem Zusammenhang
    a) das Numerieren der Getränke,
    b) das Festlegen von Verkaufseinheiten (erklären Sie dies an einer Spirituose).
22. Beschreiben Sie den Vorgang und die Kontrollbüros:
    a) Führen der Warenkartei
    b) Durchführen von Inventuren am Buffet.
24. Welchem Zweck dient die Inventur am Buffet?
25. Erklären Sie die Bezeichnungen „Soll-Bestand" und „Ist-Bestand".

II. Kaffeeküche

Die Hauptaufgabe der Kaffeeküche besteht darin, Frühstücksgetränke und Frühstücksgerichte bereitzustellen. Insofern steht diese Arbeit in enger Beziehung zum Frühstück.

A. Arten des Frühstücks

Die Art des Frühstücks ergibt sich vor allem aus den Verzehrsgewohnheiten der Gäste. Man muß dabei zwischen den ursprünglichen (traditionellen oder klassischen) und den heutigen Frühstücksgewohnheiten unterscheiden.

1. Klassische Angebotsformen des Frühstücks

Zu den klassischen Formen gehören das kontinentale und das englische Frühstück.

▷ **Kontinentales Frühstück**

Dieses ursprünglich auf dem europäischen Kontinent entwickelte und auch heute noch übliche Frühstück ist sehr bescheiden:

- Brötchen und/oder Brot,
- Butter, Konfitüre und Honig,
- Kaffee, aber auch Tee, Kakao oder Schokolade.

▷ **Englisches Frühstück**

Vom Ursprung des Hotelfrühstücks her gesehen war das englische Frühstück das reichhaltigste.

– Obst- und Gemüsesäfte	– Fisch- und Eierspeisen
– Porridge (Haferflockenbrei)	– Speck, Schinken und Frühstückswürstchen
– Toast (bevorzugtes Gebäck)	– kleine Grillgerichte von Hammel und Kalb
– Marmelade (Orangenmarmelade)	– Obst (im allgemeinen als Kompott)
– Butter	
– Tee (aber auch Kaffee oder Kakao)	

In Verbindung mit Getreideprodukten, den sogenannten Cereals (z. B. Cornflakes, Puffreis und geschrotetes Getreide) hat sich die Bezeichnung *„englisch-amerikanisches Frühstück"* entwickelt. Die Cereals sind Lieblingsspeisen der Amerikaner.

2. Heutige Formen des Frühstücksangebotes

Neben dem einfachen Frühstück, das im Laufe der Zeit einige Ergänzungen erfahren hat, gibt es das zusätzliche Angebot à la carte und das Frühstücksbuffet.

▷ **Einfaches und erweitertes Frühstück**

Das ganz einfache kontinentale Frühstück wird auch heute noch gereicht (z. B. im Hotel garni). Mit dem wachsenden Wohlstand und den höheren Ansprüchen, die sich durch die Ausweitung des internationalen Reiseverkehrs nach dem 2. Weltkrieg ergaben, wurde das einfache Frühstück stufenweise zu einem erweiterten Frühstück ergänzt:

- ein gekochtes Ei,
- in bescheidenen Mengen Käse oder Wurst.

▷ **Frühstücksergänzungen nach der Karte**

Ergänzend zum erweiterten Frühstück wollen manche Gäste ihr Frühstück noch etwas reichhaltiger gestalten. Diesem Bedürfnis wurde und wird mit dem Angebot einer Frühstückskarte entsprochen:

- frisches Obst sowie Obst- und Gemüsesäfte,
- Eierspeisen sowie Wurst oder Schinken,
- Milch, Milcherzeugnisse und Käse.

Die à la carte vom Gast bestellten Speisen werden gesondert in Rechnung gestellt.

3. Nationale Frühstücksbezeichnungen

Es ist verständlich, daß das Hotel- und Gaststättengewerbe den Erzeugnissen des jeweils eigenen Landes eine besondere Aufmerksamkeit schenkt und sie im Angebot für den Gast berücksichtigt. Daraus ergeben sich ganz spezielle Frühstücksbezeichnungen.

Holländisches Frühstück	– neben anderem Gebäck als Besonderheit Zwieback und Kuchen – Eierspeisen und kalter Braten – Milcherzeugnisse
Skandinavisches Frühstück	– verschiedene kalte und warme Fischgerichte – neben anderem Gebäck als Besonderheit Knäckebrot in verschiedenen Sorten
Schweizer Frühstück	– Käse u. a. Milcherzeugnisse – Müsli

Kaffeeküche

4. Frühstücksbuffet und Brunch

▷ **Frühstücksbuffet**

Es handelt sich dabei um ein sehr reichhaltiges und umfangreiches Angebot. Von geringfügigen Abweichungen abgesehen, werden auf dem Buffet alle zum Frühstück üblichen Speisen bereitgestellt. Nach anfänglichen Schwierigkeiten hat sich diese Art des Frühstücksangebotes weitgehend durchgesetzt. Es gibt dafür eine ganze Reihe von Gründen:

▸ Der stark angewachsene Wohlstand sowie die Bedürfnisse, die sich aus dem internationalen Reiseverkehr ergeben,
▸ die sehr unterschiedlichen Verzehrsgewohnheiten der Gäste,
▸ der Mangel an Restaurant- bzw. Bedienungsfachkräften,
▸ das leichtere Erfassen der Kosten sowie die Vereinfachung der Preisgestaltung,
▸ die Verringerung des Arbeitsaufwandes beim Service.

In Verbindung mit dem Frühstücksbuffet hat der Service neben der Bereitstellung warmer Getränke lediglich dafür zu sorgen, daß das Buffet immer wieder aufgefüllt wird und daß der einwandfreie und appetitliche Zustand bzw. Anblick auch noch für den letzten Frühstücksgast erhalten bleibt.

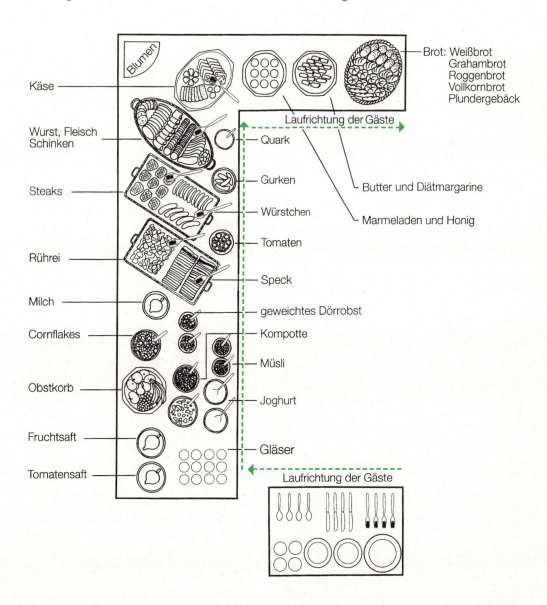

▷ Brunch

Der Brunch ist eine Angebotsform, die sich immer größerer Beliebtheit erfreut. Er nimmt, wie die Wortkombination zeigt, eine Zwischenstellung zwischen dem Frühstück und Mittagessen ein.

- **Br**eakfast = Frühstück
- **L**unch = Mittagessen

Beim Brunch, so könnte man sagen, wird das Frühstücksbuffet mit Suppen, kleineren warmen Gerichten, Salaten und Süßspeisen ergänzt.

B. Bereitstellen von Kaffee

Für das Frühstück wird Kaffee des erhöhten Bedarfs wegen üblicherweise in größeren Mengen auf Vorrat zubereitet. Er sollte jedoch nicht länger als 45 bis 60 Minuten vorrätig gehalten werden, weil sich danach die Farbe und das Aroma nachteilig verändern. Die Warmhaltetemperatur liegt bei etwa 80 °C.

Der Vollständigkeit halber werden in den folgenden Ausführungen alle Arten der Kaffeezubereitung sowie alle Angebotsformen für Kaffee angesprochen.

1. Zubereiten von Kaffee

▷ Voraussetzungen für eine gute Tasse Kaffee

Um einen wohlschmeckenden, vollaromatischen Kaffee zu erhalten, ist einiges zu beachten:

▸ Grundbedingung ist die Verwendung von bewährtem Markenkaffee, dessen Einkaufsmengen dem jeweiligen Bedarf anzupassen sind, damit keine Aromaverluste (durch Überlagerung) entstehen.

▸ Beim Mahlen ist der Feinheitsgrad der Körnung auf die Art des Brühverfahrens abzustimmen, damit das Aroma optimal ausgewertet werden kann.

▸ Wichtig ist außerdem die richtig dosierte Menge des Kaffeepulvers sowie die Frische und die sachgerechte Temperatur des Brühwassers (zwischen 95 und 98 °C).

▸ *Porzellangeschirr*, und zwar gut vorgewärmt, gilt als besonders *aromafreundlich*.

Menge des erforderlichen Kaffeepulvers und die Flüssigkeitsmenge

Produkt-bezeichnung		Kaffee-pulver	Flüssigkeits-menge
Tasse	Kaffee	6– 8 g	1/8 l (0,125)
	Mokka	12– 16 g	1/16 l (0,0625)
Kännchen	Kaffee	12– 16 g	1/4 l (0,25)
	Mokka	15– 20 g	1/8 l
	Mokka double	24– 26 g	1/8 l
Großmenge		80–100 g	2 l (16 Tassen)

▷ Handfiltern von Kaffee

Gegenüber dem ursprünglichen *Überbrühen*, Ziehenlassen und dann Abseihen des Kaffeepulvers war und ist das *Filtern* eine verfeinerte Art der Kaffeezubereitung. Beim Handfiltern, das nach Einführung der Kaffeemaschine nur noch selten angewendet wird, ist zu beachten:

▸ Das Kaffeepulver im Filter mit wenig heißem Wasser anbrühen, damit es aufquillt,

▸ den Rest des Wassers dann stufenweise *in die Mitte* des Filters nachgießen, damit das Wasser den Kaffee zum Filter hin durchfließt.

▷ Maschinelle Kaffeezubereitung

Kaffeemaschinen ermöglichen es, in kurzer Zeit große Mengen Kaffee bereitzustellen. Die beiden grundlegenden Verfahren sind:

– das drucklose *Überbrühverfahren*,
– das *Dampfdruckverfahren*, auch Espressoverfahren genannt.

Die jeweilige Ausstattung der Maschine erlaubt es schließlich, den Kaffee entweder für einzelne Tassen oder Portionen oder in größeren Mengen zuzubereiten und diesen dabei gleichzeitig in einem Behälter vorrätig halten zu können.

2. Grundlegende Angebotsformen für Kaffee

▷ Kaffee mit Sahne und Zucker/Süßstoff

Je nach den Verzehrsgewohnheiten unterscheidet man:

– **Kaffee nature** → schwarz, mit oder ohne Zucker,
– **Kaffee crème** → mit Kaffeesahne (mit oder ohne Zucker).

Unter dem Gesichtspunkt der Menge gibt es:

eine Tasse Kaffee   **ein Kännchen Kaffee**

Bereitstellen für ein Kännchen Kaffee

- Tablett mit Papiermanschette,
- Untertasse mit Deckchen, *vorgewärmter* Tasse und Kaffeelöffel,
- Schälchen mit Zucker/Süßstoff,
- Kännchen mit Sahne,
- Kännchen mit Kaffee.

Kaffeeküche

▷ **Espresso**

Das Zubereiten von Espresso erfolgt mit Hilfe des Dampfdruckverfahrens. Der aromastarke Kaffee wird in kleinen Spezialtassen angerichtet. Streuzucker reicht man à part dazu, auf Wunsch auch Sahne.

▷ **Kaffee mit Milch, auch geschlagene Sahne**

Kaffee mit Milch	– Anstelle von Sahne wird ein Kännchen heiße Milch gereicht (Kaffee verkehrt).
Kaffee Melange	– Den Kaffee mit heißer Milch mischen, – mit geschlagener Sahne garnieren, – Streuzucker à part reichen.

▷ **Kaffee mit einer Spirituose**

Kaffee verträgt sich gut mit Spirituosen. Es gibt Gäste, die diese besondere Geschmacksnote lieben. Geeignete ergänzende Getränke sind z. B.: Cognac, Kirsch, Grand Marnier und Cremelikör.

▶ Die Grundausstattung ist wie bei einer Tasse oder einem Kännchen Kaffee.
▶ Die gewählte Spirituose wird im entsprechenden Glas à part dazugereicht. Das Dosieren des Kaffees überläßt man dem Gast.

3. Spezielle Kaffeezubereitungen

▷ **Cappuccino**

– Eine Tasse ¾ mit starkem Kaffee füllen,
– mit aufgeschäumter Milch ergänzen,
– mit Kakaopulver bestreuen.

▷ **Pharisäer**

– In einer vorgewärmten Tasse je 1 Kaffeelöffel Zucker sowie 4 cl Rum verrühren,
– mit starkem Kaffee auffüllen,
– mit angeschlagener Sahne garnieren.

▷ **Irish coffee**

▶ In ein gut vorgewärmtes Originalglas 1 bis 2 Kaffeelöffel braunen Zucker sowie 4 cl Irish Whiskey geben,
▶ den Zucker durch Rühren auflösen,
▶ mit heißem Kaffee auffüllen,
▶ mit dickflüssig angeschlagener Sahne garnieren.

Die Sahne läßt man vorsichtig über die Wölbung eines Löffels auf die Oberfläche des Kaffees gleiten. Sie darf nicht untersinken.

Wenn auch nicht original irisch, aber effektvoll und verkaufsfördernd ist folgende Variante für Irish coffee. Man verwendet dazu die sogenannte Irish coffee-Garnitur, bestehend aus Rechaud, Glashalter und Glas.

– Zucker und Whiskey in das Glas geben,
– über dem Rechaud drehend erwärmen, damit sich der Zucker auflöst (die Flamme nicht in das Glas überschlagen lassen),
– mit Kaffee auffüllen und wie bei der Originalherstellung vollenden.

▷ **Rüdesheimer Kaffee**

– 3 bis 4 Stück Würfelzucker in der Originaltasse mit 4 cl Asbach übergießen,
– mit einem langen Streichholz entzünden und bei gleichzeitigem Rühren mit einem langstieligen Löffel flambieren (den Zucker leicht karamelisieren lassen),
– mit heißem Kaffee auffüllen,
– mit geschlagener Sahne garnieren und mit Schokoladenraspel bestreuen.

C. Bereitstellen von Tee, Kakao und Schokolade

Neben dem Kaffee als dem bei uns bevorzugten Frühstücksgetränk werden aber auch Tee sowie Kakao oder Schokolade angeboten.

1. Bereitstellen von Tee

▷ **Voraussetzungen für eine gute Tasse Tee**

Das Aroma des Tees ist sehr empfindlich, so daß zu beachten ist:

▶ Teekannen nur mit heißem Wasser, nicht in Verbindung mit Spülmitteln reinigen (der sich entwickelnde braune Belag in der Kanne hat keine negativen Auswirkungen),
▶ wegen des aromaschädlichen Metalls keine Tee-Eier benutzen,
▶ Kannen sowie Tassen oder Gläser gut vorwärmen,
▶ zum Überbrühen frisches, sprudelnd heißes Wasser verwenden.

Erforderliche Teemengen

Flüssigkeitsmenge	Teemenge
eine Tasse oder ein Glas	2 g Tee (das sind ein gestrichener Kaffeelöffel oder 1 Teebeutel)
eine Portion	4 bis 5 g Tee oder 2 Teebeutel

▷ **Zubereiten von Tee**

Aus Gründen des einfachen Gebrauchs hat sich im Gastgewerbe im allgemeinen die Verwendung von Teebeuteln durchgesetzt. Das frische, zum Kochen gebrachte Wasser wird sprudelnd über den Tee gegossen. Diesen läßt man dann 3 bis 5 Minuten ziehen. Dabei ist jedoch der Zusammenhang zwischen der Brühdauer und den physiologischen Auswirkungen des Tees zu beachten:

▶ Bis 3 Minuten wird vorwiegend Koffein ausgelaugt, so daß der Aufguß zu diesem Zeitpunkt vor allem anregend auf den Kreislauf wirkt.
▶ Nach 3 Minuten gehen in zunehmender Menge Gerbstoffe in den Aufguß über, die eine beruhigende Wirkung auf Magen und Darm haben.

Die Brühdauer für Tee ist auf den jeweils beabsichtigten Zweck abzustimmen (belebend oder beruhigend).

▷ **Angebotsformen für Tee**

Die grundlegende Angebotsform ist *mit Zucker*:
– Ein Tablett mit Papiermanschette,
– eine Untertasse mit Tasse oder Glas,
– ein Schälchen mit Zucker,
– ein Schälchen zur Ablage des Teebeutels.

Abwandlungen	Ergänzungen
mit Sahne oder Milch	Milch oder Sahne
mit Zitrone	ein Schälchen mit Zitrone und Zitronenpresse
mit Rum	4 cl Rum in einem Glas oder ein Portionfläschchen

▷ **Spezielle Teezubereitungen**

Eis-Tee	– Teeglas ⅔ mit Eiswürfeln füllen, – mit doppelstarkem Tee auffüllen, – Zucker, Zitrone, Gin oder Cognac à part reichen.
Tee-Grog	– Tee mit Zimt und Nelken aromatisieren, – mit Rum geschmacklich vollenden.

2. Bereitstellen von Kakao und Schokolade

▷ **Zubereiten von Kakao**

Je Tasse rechnet man etwa 10 g und je Liter etwa 60 g Kakaopulver. Das Getränk wird mit Milch bereitet:

– Kakaopulver in einem Teil der Milch anrühren,
– restliche Milch zum Kochen bringen,
– vorbereitete Kakao-Milch-Mischung einrühren,
– das Ganze durchkochen.

▷ **Zubereiten von Schokolade**

Je Tasse rechnet man mit etwa 10 bis 12 g Schokoladenpulver. Da es sich um ein leicht lösliches Instant-Produkt handelt, braucht es lediglich in erwärmte Milch eingerührt und aufgekocht zu werden.

Beigaben zu Kakao und Schokolade
▶ Zu Kakao wird Streuzucker gereicht.
▶ Kakao oder Schokolade in Tassen werden mit geschlagener Sahne garniert.
▶ Zu Kännchen reicht man die Sahne in einem Schälchen à part.

D. Bereitstellen von Frühstücksspeisen

Dabei ist zu unterscheiden zwischen den Standardbestandteilen des einfachen Frühstücks und den Speisen, die auf einer Frühstückskarte angeboten werden.

1. Speisen für das einfache Frühstück

Es handelt sich dabei um tägliche Routinearbeiten:
▶ Das Gebäck (Brötchen, Brot, sonstige Backwaren) wird übersichtlich und dekorativ in Körbchen angeordnet.
▶ Butter, Milch, Konfitüre sowie einfache Wurst- und Käsezubereitungen, die es heute portionsweise abgepackt gibt, werden auf Tellern zusammengestellt.

Aus Gründen des Umweltschutzes werden die genannten Speisen vielfach in „loser Form" bzw. offen angerichtet und angeboten.

2. Zubereiten von speziellen Frühstücksgerichten

▷ **Frühstückseier**

Zu diesem Zweck dürfen nur frische Eier verwendet werden, und bei ihrer Zubereitung sind folgende Richtlinien zu beachten:
▶ Am stumpfen Ende (Luftkammer) einstechen, damit sich der beim Kochen entstehende Innendruck ausgleichen kann und das Platzen der Eier verhindert wird,

Kaffeeküche

- mit Hilfe eines Korbes gleichzeitig in das kochende Wasser geben sowie gleichzeitig wieder entnehmen, damit bei allen Eiern die gleiche Garstufe gewährleistet ist,
- in kaltem Wasser abschrecken, damit das Nachgaren verhindert wird und sich das Ei leicht von der Schale trennt.

Die Garzeit beträgt je nach Gewichtsklasse und gewünschter Festigkeit des Eies 3 bis 5 Minuten.

▷ **Rührei**
- Die Eier zu einer gleichmäßigen Masse verrühren und würzen,
- in der Pfanne bei mäßiger Temperaturzufuhr und gleichzeitigem Rühren zu einer feinflockigen, weichen und saftigen Masse stocken lassen.

Bei zu hoher und langer Einwirkung der Temperatur wird die Masse fest, trocken und gebräunt. Als besondere Zutaten können Champignons, Schinken und Kräuter verwendet werden.

▷ **Spiegeleier**
- Eier aufschlagen, ohne die Dotterhaut zu verletzen,
- vorsichtig in die Pfanne gleiten und bei mäßiger Temperaturzufuhr stocken lassen.

Das Eiweiß darf nicht zu fest und trocken und höchstens an den Rändern leicht gebräunt sein.

▷ **Omelett**
- Die Eier zu einer gleichmäßigen Masse verrühren und würzen,
- in der Pfanne bei mäßiger Temperaturzufuhr und gleichzeitigem Rühren stocken lassen,
- durch Abrollen aus der schräggehaltenen Pfanne zum Omelett formen und auf einen Teller abkippen.

Als Zutaten können Schinken, Speck, Käse, Champignons und Kräuter verwendet werden. Zum Füllen des in Längsrichtung aufgeschnittenen Omeletts eignen sich feine Ragouts von Geflügel und Krustentieren sowie Kalbsnieren und Geflügelleber, Pilze und Spargel.

▷ **Müsli**
- Haferflocken in kaltem Wasser einweichen,
- mit Zitronensaft und Sahne ergänzen,
- grob geraspelte Äpfel und gehackte Nüsse sowie Rosinen untermischen,
- mit einem Teil der Nüsse bestreuen.

Es können zusätzlich oder alternativ zerkleinerte Trockenfrüchte oder auch frische Früchte (z. B. Erdbeeren, Bananen) verwendet werden.

▷ **Porridge**
- Wasser leicht salzen,
- Haferflocken zugeben, aufkochen, quellen lassen und heiß anrichten.

Milch und Zucker werden à part gereicht.

E. Herrichten von Frühstücksplatten

Käse, Wurst und Schinken sind neben anderen Speisen beliebte Ergänzungen zum erweiterten Frühstück. Auf Platten oder auch auf Portionstellern angerichtet, sollen sie dem Gast in ansprechender Form präsentiert werden. Um das zu erreichen, sind wichtige Arbeitsrichtlinien zu beachten, wobei als grundlegende Anweisung gilt, daß Aufschnitt, ganz gleich welcher Art, mit größter Sorgfalt zu schneiden ist.

1. Vorbereiten des Materials

▷ **Aufschneiden von Wurst und Schinken**

Dazu muß das Material in jedem Falle gut gekühlt sein, damit es beim Schneiden nicht schmiert. Für die Art des Schneidens ist darüber hinaus die Art und Beschaffenheit des Materials ausschlaggebend.

Brühwurstsorten werden von der Haut befreit und in gerade, der Wurst entsprechende runde Scheiben geschnitten.

Harte Wurstsorten, wie Salami, schneidet man in dünne Scheiben, und zwar in schräger Richtung, wodurch die Scheiben eine etwas größere, ovale Form erhalten.

Streichwurst, wie Mett- oder Leberwurst, wird per Hand mit einem dünnen schmalen Messer in 0,5 bis 1 cm dicke Stücke geschnitten.

Schinken befreit man durch Parieren zunächst von der zu reichhaltigen Fettschicht und schneidet dann je nach Festigkeit des Schinkens (roher, gekochter, luftgetrockneter Schinken) entsprechend dicke bzw. dünne Scheiben.

▷ **Schneiden von Käse**

Schnittkäse werden, nachdem sie von der Rinde befreit wurden, in Scheiben geschnitten, die bei entsprechender Größe in kleinere Stücke zu teilen sind.

Darüber hinaus sind die Schnittformen für andere Käse von der jeweiligen Form abhängig. Unter diesem Gesichtspunkt werden z. B. geschnitten:

- runde und halbrunde Käse keilförmig,
- keilförmige Käse von der Spitze ausgehend bis etwa ⅔ quer, der Rest in Längsrichtung,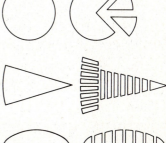
- ovale Käse quer zur Längsrichtung.

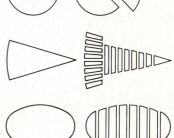

▷ **Bereitstellung des Garniturmaterials**
- Hartgekochte Eier: Scheiben, Sechstel, Achtel
- Gewürzgurken, Cornichons: Scheiben, Fächer
- Radieschen in Form von Röschen
- Champignons: Köpfe oder Scheiben
- Tomaten: Scheiben, Viertel, Achtel
- Küchenkräuter

2. Anrichten der Platten

▷ **Auflegen des Grundmaterials**

Im Vergleich zu sehr aufwendigen Anrichteweisen, bei denen das Material in Taschen, Röllchen, Tüten und Fächer geformt wird, erfolgt das Anrichten auf einfache Weise durch dachziegelartiges Übereinanderlegen des Materials. Dabei ist zu beachten:

▶ Die Scheiben exakt und in gleichen Abständen übereinanderlegen,
▶ für den Abschluß eine besonders schöne Scheibe auswählen (sie ist im Ganzen sichtbar),
▶ die Fettränder von Schinken zum Plattenrand hin legen,
▶ den Plattenrand freilassen,
▶ gemischtes Material farblich kontrastierend anrichten.

▷ **Garnieren der Platten**

Bezüglich des Garniturmaterials ist zu beachten:
▶ In seiner Art passend zum Grundmaterial auswählen,
▶ zum Garnieren und nicht zum Bedecken des Grundmaterials verwenden.

Aufgaben (Kaffeeküche, Frühstücksangebote)

Arten des Frühstücks:
1. Beschreiben Sie das kontinentale und das englische Frühstück.
2. Nennen Sie heutige Formen des Frühstücksangebotes.
3. Erklären Sie die Bezeichnungen „Holländisches Frühstück", „Skandinavisches Frühstück" und „Schweizer Frühstück".

Frühstücksangebote:
4. Beschreiben Sie folgende Angebote:
    a) ein einfaches und ein erweitertes Frühstück,
    b) Ergänzungen nach der Frühstückskarte.
5. Entwerfen Sie eine einfache Frühstückskarte.
6. Beschreiben und begründen Sie das Angebot in Form eines Frühstücksbuffets.
7. Erklären Sie die Bezeichnung Brunch.

Bereitstellen von Kaffee:
8. Beschreiben Sie die Besonderheiten beim Bereitstellen des Frühstückskaffees in bezug auf die Zubereitung und Vorratshaltung.
9. Welches sind die Voraussetzungen für eine wohlschmeckende, vollaromatische Tasse Kaffee?
10. Nennen Sie zu folgenden Produktbezeichnungen die erforderliche Menge des Kaffeepulvers sowie die Flüssigkeitsmenge:
    a) eine Tasse Kaffee, eine Tasse Mokka,
    b) ein Kännchen Kaffee, Mokka und Mokka double.
11. Beschreiben und erläutern Sie den sachgerechten Ablauf beim Handfiltern von Kaffee.
12. Beschreiben Sie die Verfahren und Arten (in bezug auf die Menge) der Kaffeezubereitung.
13. Nennen Sie die grundlegenden Angebotsformen für Kaffee, und beschreiben Sie das sachgerechte Bereitstellen für ein Kännchen Kaffee.
14. Beschreiben Sie folgende Angebotsformen für Kaffee:
    a) Kaffee mit Milch und Kaffee Melange,
    b) Kaffee mit einer Spirituose,
    c) Cappuccino und Pharisäer,
    d) Rüdesheimer Kaffee und Irish Coffee.

Bereitstellen von Tee:
15. Nennen Sie Voraussetzungen für eine gute Tasse Tee.
16. Welche Teemengen (Gramm bzw. Beutel) werden für eine Tasse bzw. ein Glas und für eine Portion benötigt?
17. Beschreiben Sie das sachgerechte Zubereiten von Tee.
18. Welche Beziehung besteht zwischen der Brühdauer des Tees und den physiologischen Auswirkungen im Organismus?
19. Beschreiben Sie bezüglich der Angebotsform bei Tee:
    a) die grundlegende Angebotsform mit Zucker,
    b) die Abwandlungen der Angebotsform aufgrund anderer Zugaben.
20. Welches sind die Besonderheiten von Eis-Tee und Eis-Grog?

Bereitstellen von Kakao und Schokolade:
21. Beschreiben Sie das Zubereiten von Kakao und Schokolade.
22. Welche Beigaben werden zu Kakao und Schokolade gereicht:
    a) beim Anrichten in Tassen,
    b) beim Anrichten in Kännchen.

Bereitstellen der Speisen zum Frühstück:
23. Beschreiben Sie unterschiedliche Arten der Bereitstellung für das einfache Frühstück in bezug auf die Zustandsform der Frühstücksbestandteile.
24. Beschreiben Sie das Zubereiten und Anrichten:
    a) Frühstückseier, Rühreier, Spiegeleier,
    b) Omelett, Porridge und Müsli.

Servierkunde

Neben der *Küche* ist der *Service* im gastgewerblichen Betrieb der zweite große Aufgabenbereich, der sich mit dem *Bewirten* von Gästen befaßt. Ihm fällt die wichtige Aufgabe zu, eine Atmosphäre zu schaffen, in der sich der Gast wohlfühlt und nach Herzenslust das genießen kann, was die Küche an Köstlichkeiten zubereitet.

Die Servierkunde ist deshalb darum bemüht, all das zu vermitteln, was zum Gelingen dieser Aufgabe notwendig ist. Die Lerninhalte reichen von den zum Service erforderlichen Materialien über Vorbereitungsarbeiten und spezielle Arbeitstechniken beim Servieren von Speisen und Getränken bis hin zu berufsspezifischen Umgangsformen und Verhaltensweisen gegenüber dem Gast.

I. Materialkunde des Service

Die im Service benötigten Gegenstände sind vielfältiger Art, angefangen bei den Tischen im Restaurant, über die Tischwäsche und die verschiedenartigsten Tischgeräte bis zu Menagen und ganz speziellen Arbeitsgeräten. In den folgenden Abschnitten geht es darum, alle diese Materialien im einzelnen kennenzulernen und alles über ihre Handhabung und Pflege sowie ihren sachgerechten Einsatz zu erfahren.

A. Einzeltische und Festtafeln

Im Rahmen des Service kommt dem Platz, an dem der Gast seine Mahlzeit einnimmt, eine besondere Bedeutung zu. Hier möchte er es genießen, allein oder in Gesellschaft bedient und verwöhnt zu werden.

1. Einzeltische

Diese Tische, für einzelne Gäste oder kleine Gästegruppen bestimmt, gibt es in verschiedenen Formen und unterschiedlichen Größen.

▷ **Quadratische Tische**

– 70 mal 70 cm
– **80 mal 80 cm**
 (Standardmaß)
– 90 mal 90 cm

▷ **Rechteckige Tische**

– **80 mal 120 cm**
 (Standardmaß)
– 80 mal 160 cm
– 90 mal 180 cm

▷ **Runde Tische**

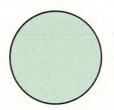
– 70 cm Durchmesser
– 80 cm Durchmesser
– 90 cm Durchmesser
– und mehr

2. Festtafeln

Zu besonderen Anlässen werden rechteckige und quadratische Tische zu unterschiedlichen **Tafelformen** zusammengestellt. Dabei ist für die Größe und Form vor allem die Anzahl der Personen ausschlaggebend. Darüber hinaus sind zu beachten:
▸ Die Größe und Grundfläche des Raumes, in den sich die Tafel harmonisch einordnen soll,
▸ der freie Raum um die Tafel herum, der so bemessen sein muß, daß die Bedienungsabläufe während des Essens störungsfrei ausgeführt werden können.

Tafelformen

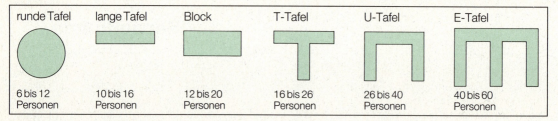

B. Tischwäsche

1. Material und Eigenschaften der Tischwäsche

Von Tischtuchunterlagen abgesehen (siehe nachfolgend), werden zur Herstellung von Tischwäsche neben Mischgeweben vor allem Baumwolle und/oder Flachsgarne verwendet. Die entsprechenden Textilbezeichnungen sind **Baumwolle**, **Reinleinen** und **Halbleinen**. Aufgrund der strapazierfähigen und reißfesten Beschaffenheit sind diese Textilien für Tischwäsche besonders geeignet. (Einzelheiten siehe im Kapitel „Werkstoffkunde – Raum- und Wäschepflege".)

2. Arten der Tischwäsche

Tischwäsche wird nach ihrer Zweckbestimmung unterschieden. Danach gibt es Tischtuchunterlagen, Tisch- und Tafeltücher, Decktücher und Servietten.

▷ Tischtuchunterlagen

Ursprünglich wurden diese Unterlagen aus beidseitig aufgerauhtem Baumwollstoff (Flanell) hergestellt. Wegen der flauschigen und weichen Beschaffenheit des Stoffes haben sie die Bezeichnung **Moltons** (mou, molle = weich). Ihren Halt auf dem Tisch erhalten sie entweder durch die an den Ecken befestigten Bänder, mit deren Hilfe sie an den Tischbeinen festgebunden werden, oder durch eingearbeitete Gummizüge, die sich über die Tischkante spannen. Moltons gibt es jedoch heute auch in anderer Ausstattung, z. B. aus weichem Kunststoff oder aus einseitig aufgerauhtem Baumwollstoff, der auf ein gummiartiges Material geklebt ist.

Moltons erfüllen verschiedene Zwecke:
- Die Oberfläche des Tisches ist gegen die Einwirkung von Hitze und Feuchtigkeit geschützt,
- das aufgelegte Tischtuch kann nicht hin- und herrutschen, und es hat außerdem ein „weicheres" und „satteres" Aussehen,
- das Einsetzen bzw. Auflegen der Tischgeräte während der Mahlzeiten kann geräuscharm ausgeführt werden.

▷ Tisch- und Tafeltücher

Sie bestehen im allgemeinen aus strapazierfähigem Leinen oder Halbleinen und dienen dazu, der Tischoberfläche ein sauberes und gepflegtes Aussehen zu geben. Damit sie diesen Zweck erfüllen, müssen Tisch- und Tafeltücher, insbesondere beim Auflegen und Abnehmen, mit besonderer Sorgfalt gehandhabt werden (siehe in den nachfolgenden Abschnitten).

Neben besonders festlich wirkenden weißen Tüchern werden heute oft auch buntfarbene verwendet.

Die Größe der Tisch- und Tafeltücher muß der jeweiligen Tischoberfläche so angepaßt sein, daß der Überhang über die Tischkante allseitig etwa 25 bis 30 cm beträgt.

▷ Decktücher

Decktücher sind kleine, etwa 80 mal 80 cm große Tücher, die wegen ihrer Größe auch Deckservietten genannt werden und im Französischen die Bezeichnung **napperon** haben (im Vergleich zum Tischtuch = **nappe**). Sie dienen dazu, bereits aufliegende Tischtücher diagonal zu überdecken,
- um diese entweder grundsätzlich zu schonen oder um sie bei geringfügiger Verschmutzung nicht sofort abnehmen und waschen zu müssen,
- um einen dekorativen Effekt zu erzielen, indem man z. B. auf eine weiße Tischdecke eine farbige Deckserviette auflegt.

Decktücher dürfen nicht verwendet werden, um stark verschmutzte Tischtücher zu überdecken (ist unhygienisch), besonders aber auch dann nicht, wenn wegen der Stelle der Verschmutzung ein unsymmetrisches Auflegen erforderlich wäre (ist unästhetisch).

▷ Servietten

Im Rahmen des Service unterscheidet man zwischen Mund- und Handservietten.

Mundservietten

Obwohl sie während des Essens auch zum Schutz der Kleidung verwendet werden, dienen sie vor allem zum Abwischen des Mundes. Das ist insbesondere vor dem Trinken wichtig, damit keine Speisereste an

Materialkunde des Service

den Rand des Glases gelangen. Im anspruchsvollen Service sind die Mundservietten Teil der dekorativen Ausgestaltung von Menügedecken. Es ist selbstverständlich, daß sie zu diesem Zweck in Form von Stoffservietten verwendet werden. Der Einsatz von Mundservietten aus Papier und Zellstoff sollte auf einfache Formen des Service beschränkt bleiben.

Handservietten

Sie gehören zum Handwerkszeug der Bedienung und haben deshalb auch die Bezeichnung **Serviertücher**. Handservietten werden im gepflegten Service hängend über dem linken Unterarm getragen und dienen zu folgenden Zwecken:

> - Schutz der Hand und des Armes beim Tragen von heißen Tellern und Platten,
> - Vermeiden von Fingerabdrücken beim Tragen von Tellern und Bestecken,
> - Auffangen des möglichen Überschaums beim Öffnen von Schaumweinflaschen,
> - Umlegen von Flaschen aus Weinkühlern.

Aus ästhetischen und hygienischen Gründen hat die Handserviette immer in einwandfreiem Zustand zu sein. Sie muß deshalb während des Service immer dann durch eine frische ersetzt werden, wenn sie durch den Gebrauch nicht mehr ganz sauber oder nicht mehr glatt ist.

3. Pflegliches Behandeln der Tischwäsche

Für diese Forderung gibt es Gesichtspunkte, die wechselseitig von Bedeutung sind:

> - Einerseits sind Neuanschaffungen sowie regelmäßiges Waschen mit einem beachtlichen Kostenaufwand verbunden,
> - andererseits ist das regelmäßige Waschen unerläßlich, denn im Service muß die Tischwäsche aus hygienischen und ästhetischen Gründen immer in absolut einwandfreiem Zustand sein.

Hieraus lassen sich folgende Richtlinien zur pfleglichen Behandlung ableiten:

> - Die Wäsche ist nach dem Bügeln bzw. Plätten so zu handhaben und zu lagern, daß sie nicht schon vor der Wiederverwendung verschmutzt und „zerknittert" ist,
> - das Auflegen von Tischtüchern muß sachgerecht und mit angemessener Sorgfalt ausgeführt werden (siehe in den nachfolgenden Abschnitten),
> - die Tücher, die nach dem Gebrauch einen weiteren Einsatz zulassen, sind mit entsprechender Vorsicht exakt in die Bügelfaltung zurückzulegen.

Servietten dürfen aus hygienischen Gründen und wegen der Reinhaltung niemals als Putztücher oder auf andere Weise zweckentfremdet verwendet werden.

4. Auflegen und Abnehmen von Tisch- und Tafeltüchern

Zum besseren Verständnis der damit verbundenen Arbeitsrichtlinien sind das Falten der Tücher beim Plätten sowie die sich daraus ergebenden Brüche hilfreiche Anschauungsmittel. Beim Bügeln werden Tisch- und Tafeltücher wie folgt gefaltet:

> - Alle Tücher in Längsrichtung zweimal,
> - quadratische Tücher in Querrichtung ebenfalls zweimal,
> - rechteckige in Querrichtung je nach Länge zwei- bis dreimal, damit eine schrankgerechte Fläche entsteht.

Beim entfalteten Tischtuch zeigen sich aufgrund der Bügelfaltung in jedem Falle drei durchgehende **Längsbrüche**. Die quadratischen Tücher haben außerdem drei Querbrüche, die rechteckigen Tücher ihrer Länge entsprechend mehr als drei.

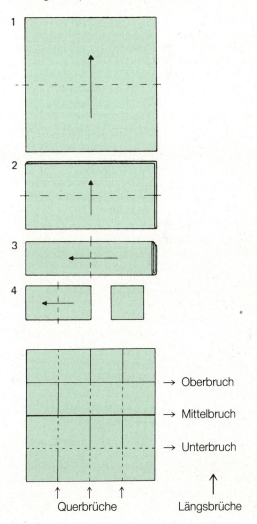

Auflegen von Tisch- und Tafeltüchern

Quadratische und kleinere rechteckige Tücher

Das Auflegen erfolgt in diesem Falle durch eine Person, wobei folgende Arbeitsrichtlinien zu beachten sind:

▶ Beim Auflegen grundsätzlich so vor dem Tisch stehen, daß der Rücken zur Eingangstür gerichtet ist.
▶ Das zusammengefaltete Tischtuch auf dem Tisch so ablegen, daß die offenen Kanten zur auflegenden Person hin ausgerichtet sind. Nach dem Entfalten in seitlicher Richtung liegt der Mittelbruch oben, die offenen Kanten unten.

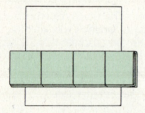

▶ Das Tischtuch mit beiden Händen so fassen, daß der Mittelbruch zwischen den Daumen und den Zeigefingern, die obere Kante zwischen den Zeige- und den Mittelfingern gehalten wird.
▶ Das Tischtuch anheben und nacheinander
  – zuerst die freiliegende untere Kante leicht über die gegenüberliegende Tischkante hinwegschwingen,
  – dann den zwischen Daumen und Zeigefingern gehaltenen Mittelbruch freigeben,
  – schließlich mit den Zeige- und den Mittelfingern ziehend die Decke über den Tisch ausbreiten.

Nach einiger Übung sollte man dabei so viel Geschick entwickelt haben, daß nach dem Hinüberschwingen und Ablegen des Tuches die Brüche nach allen vier Seiten gleich weit von den Tischkanten entfernt liegen bzw. das Tuch über alle Kanten gleich lang herabhängt. Nachträgliche Korrekturen sind nicht nur zeitraubend, sondern verderben auch das vom Bügeln her frische Aussehen des Tuches. Geringfügige Abweichungen können durch leichtes Anheben desselben und gleichzeitigem Unterwedeln von Luft ausgeglichen werden.

Bei runden Tischen ist darauf zu achten, daß die Ekken des Tischtuches genau vor den Tischbeinen herabhängen.

Für die **Ausrichtung der Längsbrüche** sind außerdem folgende Richtlinien von Bedeutung:

▶ Vom Blickpunkt des eintretenden Gastes aus gesehen müssen sie alle in dieselbe Richtung verlaufen, wobei die Oberbrüche alle auf der gleichen Seite der Tischfläche liegen müssen. Im allgemeinen erfolgt von der Mittelachse des Raumes aus gesehen die Anordnung spiegelbildlich.

▶ Wegen der Schattenwirkung liegen die Oberbrüche in bezug auf einfallendes Tageslicht wie folgt auf den Tischen:

> – parallel zum Fenster bzw. quer zum einfallenden Licht,
> – auf der Fensterseite des Raumes auf der zum Fenster gerichteten Seite,
> – auf der anderen Seite des Raumes auf der vom Fenster abgewandten Seite.

Angesichts unterschiedlicher Raumsituationen muß man in der Praxis die beste Lösung ausprobieren.

Größere rechteckige Tafeltücher

Wegen ihrer Größe muß das Auflegen in diesem Falle von zwei Personen und unter Beachtung entsprechender Sorgfalt ausgeführt werden.

▶ Das Tuch, auf der Tafel liegend, vorsichtig in den Querbrüchen entfalten und auseinanderlegen,
▶ mit den Händen die Ecken erfassen, das Tuch vorsichtig auseinanderziehen und nach sorgfältiger Prüfung der Abstände und Ausrichtungen auf der Tafel ablegen.

Bei Festtafeln sind darüber hinaus in bezug auf die Lage der Oberbrüche und der Überlappungen besondere Richtlinien zu beachten.

Bezüglich der Oberbrüche gilt:
Ist zum Überdecken der Tafel eine Tischtuchbreite ausreichend, dann liegen die Oberbrüche

▶ bei der langen Tafel nach der Seite, die unter Beachtung aller Umstände (z. B. Sitzordnung, Tageslicht) am zweckmäßigsten erscheint.

▶ bei den übrigen Tafelformen, abgesehen vom senkrechten Teil der T-Tafel und dem Mittelteil der E-Tafel, nach den Außenseiten.

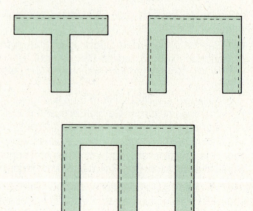

Sind zum Überdecken der Tafel zwei Tuchbreiten erforderlich, können die Oberbrüche

▸ entweder nach beiden Seiten unmittelbar auf den Tischkanten liegen (vorausgesetzt, die Überhänge der Tischtücher reichen höchstens bis auf die Sitzhöhe der Stühle),

▸ oder andernfalls auf den Tischen.

Für die Überlappungen gilt:

▸ In bezug auf Tageslicht liegen sie zum Licht hin, damit keine Schattenwirkung entsteht,

▸ vom herantretenden Gast her gesehen von diesem weg, damit er nicht gegen bzw. unter die Kante schaut.

Tageslicht →   ← Eingangstüre bzw. Blickrichtung Gast

▷ **Abnehmen von Tisch- und Tafeltüchern**

Oftmals sind die Tücher nach dem ersten Gebrauch in einem Zustand, der eine weitere Verwendung zuläßt. Dann müssen sie jedoch so sorgfältig in die Originalbrüche zurückgelegt werden, daß keine „Parallelbrüche" entstehen.

Das Abnehmen von quadratischen Tüchern erfolgt in vier Schritten:

erster Schritt	– Den Mittelbruch am rechten und linken Ende des Tuches zwischen Daumen und Zeigefinger greifen, – die Arme hochheben und die offenen Kanten des Tuches herabfallen lassen, – das Tuch so auf den Tisch legen, daß die beiden verbliebenen, ineinanderliegenden Brüche nach oben zeigen.
zweiter Schritt	– Das Tuch wie vorher in den Brüchen rechts und links greifend aufnehmen, – hochheben und wieder so ablegen, daß die mittleren Querbrüche nach oben zeigen.
dritter Schritt	– Die mittleren Brüche mit den Zeigefingern von beiden Seiten unterfassen und hochheben, – das Tuch so ablegen, daß die verbliebenen Querbrüche wieder nach oben zeigen.
vierter Schritt	– Noch einmal mit den Zeigefingern unterfassen und hochheben.

Durch das jeweilige Hochheben in den Brüchen und das Herabfallenlassen der Seitenteile wird das Tuch exakt in die Bügelfalten zurückgelegt.

Zum Ausheben von Tafeltüchern sind 2 Personen erforderlich.

5. Formen von Mundservietten

Für den gepflegten Service ist es üblich, Servietten in eine mehr oder weniger aufwendige Form zu bringen. Im Hinblick auf die unterschiedlichen Formen sind dabei zwei verschiedene Bügelfaltungen zu beachten.

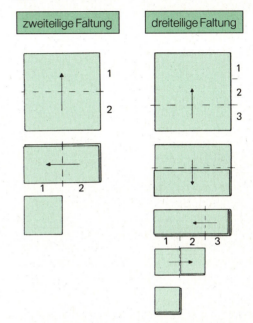

▷ **Serviettenformen bei zweiteiliger Bügelfaltung**

Die zweiteilige Faltung ist für folgende Serviettenformen geeignet:

Tafelspitz

▸ Serviette im Querbruch auffalten (offene Kanten zur Person hin),
▸ obere Ecken diagonal zusammenlegen,
▸ das Dreieck zur Spitze zusammenbiegen.

Bei Verwendung der dreiteiligen Faltung muß das von rechts überliegende Drittel in Doppellage bleiben.

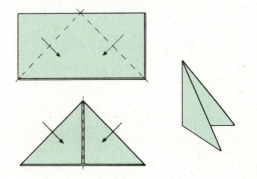

Bischofsmütze

- Serviette mit der geschlossenen Spitze zur Person hin legen,
- nach oben faltend zum Dreieck übereinanderlegen,
- linke und rechte Ecke nach hinten umlegen und in den Falten ineinanderstecken,
- von unten her oval auswölben.

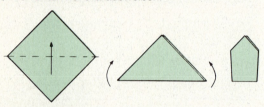

Jakobinermütze

- Serviette mit der offenen Spitze zur Person hin legen,
- ⅔ der unteren Spitze nach oben überschlagen,
- linke und rechte Ecke nach hinten umlegen und die Falten ineinanderstecken,
- den Innenraum von unten her oval auswölben.

Wird die vordere, niedrigere Spitze nach unten umgelegt, erhält man die **Schützenmütze**.

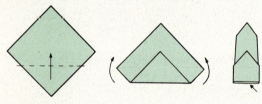

▷ **Serviettenformen bei dreiteiliger Bügelfaltung**

Welle einfach

- Serviette so legen, daß die offenen Kanten nach oben und nach rechts liegen,
- das obenaufliegende Drittel nach links aufklappen,
- das aufgeklappte Drittel in der Mitte falten und nach rechts überlegen,
- die entstandene Doppellage auf das rechte Drittel überlegen.

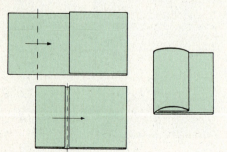

Welle dreifach

- Serviette nach beiden Seiten in den Querbrüchen nach rechts und links aufklappen,
- linkes und rechtes Drittel jeweils in der Mitte faltend nach innen umschlagen,
- das einfachliegende Mittelfeld von unten zu einer Welle hochdrücken und zusammen mit dem rechten Überschlag auf den linken Überschlag auflegen.

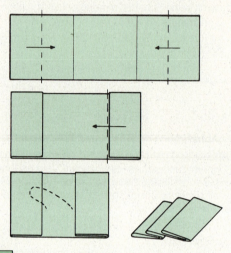

Tüte

- Serviette so legen, daß die offenen Kanten zur Person hin liegen,
- obenaufliegendes Drittel nach links aufklappen,
- rechte obere Ecke diagonal nach innen umlegen (Falte nicht pressen!),
- rechte untere Ecke hochheben und das Dreieck in eine andere Form falten (siehe Skizze),
- das nach links aufgeklappte Drittel nach rechts vorne überlegen (Falte nicht pressen!),
- die nach unten überragende Spitze nach oben klappen und den Innenraum ein wenig auswölben.

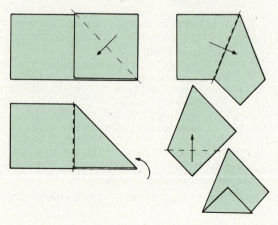

Materialkunde des Service

Krone

- Serviette mit der langen, offenen Kante zur Person hin legen,
- rechte obere und linke untere Ecke diagonal zur Mitte hin umlegen,
- Serviette nach links drehen und Unterseite nach oben wenden,
- obere Lage halbierend nach unten überlegen und linke Ecke unten durchziehen,
- rechte Seite nach vorne, linke nach hinten einlegen,
- unteren Hohlraum ein wenig auswölben.

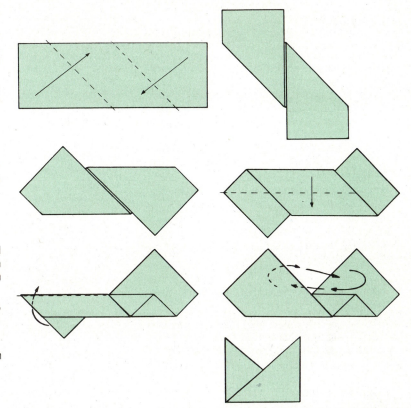

Aufgaben (Tische und Tischwäsche)

Einzeltische im Restaurant:
1. Beschreiben Sie im Zusammenhang mit dem *Bewirten* von Gästen die Bedeutung des Service.
2. Beschreiben Sie die Bedeutung des Tisches aus der Sicht des Gastes sowie die Konsequenzen, die sich daraus für den Service ergeben.
3. Nennen Sie Oberflächenformen u. Maße für Einzeltische.

Festtafeln:
4. Nennen Sie unterschiedliche Tafelformen.
5. Welche Kriterien sind für die Wahl einer bestimmten Tafelform ausschlaggebend?

Tischwäsche:
6. Aus welchen Materialien wird Tischwäsche hergestellt?
7. Erklären Sie die Begriffe Reinleinen und Halbleinen.

Moltons:
8. Erklären Sie die Bezeichnung Molton.
9. Aus welchem Material werden Moltons hergestellt?
10. Welche unterschiedlichen Zwecke erfüllen Moltons?

Tisch- und Tafeltücher:
11. Welches Material wird zu ihrer Herstellung verwendet?
12. Welche Größe ist in bezug auf die Tischoberfläche zu beachten?

Decktücher:
13. Wozu dienen Decktücher und wozu dürfen sie nicht verwendet werden?
14. Nennen und erklären Sie andere Bezeichnungen für diese Tücher.

Servietten:
15. Erläutern Sie die Bedeutung von Mundservietten.
16. Welchen Zwecken dient die Handserviette, und welche Richtlinien sind unter hygienischen und ästhetischen Gesichtspunkten bezüglich des Gebrauchs zu beachten?

Auflegen von Tischtüchern:
17. Nennen und begründen Sie Richtlinien für die Lage der Brüche in bezug auf Regeln allgemeiner Art und in bezug auf Tageslicht.
18. Worauf ist bei runden Tischen besonders zu achten?

Abnehmen von Tischtüchern:
19. Worauf ist zu achten, wenn ein Tischtuch nach dem Gebrauch ein weiteres Mal verwendet werden soll?
20. Beschreiben Sie den sachgerechten Vorgang des Abnehmens.

Auflegen von Tafeltüchern:
21. Beschreiben Sie die Lage der Oberbrüche bei den unterschiedlichen Tafelformen, wenn
    a) eine Tuchbreite zum Überdecken der Tafel ausreicht,
    b) zwei Tuchbreiten erforderlich sind.
22. Welche Richtlinien sind bei Verwendung von mehreren Tüchern bezüglich der Überlappungen zu beachten
    a) in bezug auf einfallendes Tageslicht,
    b) in bezug auf den an die Tafel herantretenden Gast?

Formen von Mundservietten:
23. Welche Bügelfaltungen gibt es bei Mundservietten?
24. Nennen Sie zu den Bügelfaltungen jeweils geeignete Serviettenformen.

C. Bestecke

Bis in das 15. Jahrhundert hinein war es allgemein üblich, die Speisen beim Essen mit den Händen aufzunehmen. Die ersten Eßgeräte in Form von Löffeln, Messern und Gabeln galten als Luxus und wurden nur vereinzelt in wohlhabenden Gesellschaftskreisen verwendet. Erst mit der zunehmenden „Kultivierung der Eßgewohnheiten" setzte sich der Gebrauch von Eßgeräten allmählich durch. In der Folgezeit wurden dann die Bestecke immer differenzierter, und zwar hinsichtlich

- der Vielfalt der Lebensmittelrohstoffe (z. B. Spargel, Austern o. ä.),
- der unterschiedlichen Speisen (z. B. Vorspeisen, Fleisch-/Fischgerichte u. a.), aber auch
- dem Anlaß des Essens (vom Standardfrühstück bis zur Festtafel).

1. Materialbezogene Unterscheidung der Bestecke

Abgesehen von Bestecken mit Holzgriffen, die wegen des häufigen Spülens für gastgewerbliche Zwecke nicht gut geeignet sind, bestehen Bestecke im allgemeinen aus Metall (siehe „Werkstoffkunde").

▷ **Edelstahlbesteck**

Das am häufigsten verwendete Grundmaterial ist Stahl, weil er genügend stabil und hart ist. Um das Rosten zu verhindern, wird der Stahl veredelt (**Edelstahl**).

Darüber hinaus werden Festigkeit und Korrosionsbeständigkeit durch Legieren mit anderen Metallen erhöht.

Chromstahl → Legierung mit Chrom
Chromnickelstahl → Legierung mit Chrom und Nickel

Neben den Kennzeichnungen „rostfrei" oder „stainless" geben die Einprägungen 18/8 oder 18/10 Hinweise auf die Art der Legierung: 18 % Chromanteile sowie 8 bzw. 10 % Nickel.

▷ **Silberbesteck**

Der Glanz des Silbers verleiht dem Besteck einen Hauch von besonderer Festlichkeit. Für Bestecke ist das weiche Silber jedoch nur bei entsprechender Härtung bzw. Legierung geeignet.

▷ **Versilberte Bestecke**

Silberbesteck ist teuer und deshalb selten. Um aber auf den Glanz dieses edlen Metalls nicht zu verzichten, werden Bestecke versilbert. Dabei erhält ein mit Chrom, Nickel oder Messing gehärteter Metallkern eine Silberauflage in unterschiedlicher Dicke, die an stark beanspruchten Stellen häufig zusätzlich verstärkt wird. Bei dreifach verstärkter Auflage spricht man von **Patentsilber**. Die Kennzeichnung 80, 90 oder 100 bedeutet, daß für 24 qdm Besteckoberfläche entsprechende Mengen Silber in Gramm verwendet wurden (je höher die Zahl, desto dicker die Silberschicht).

2. Auswahlkriterien für Hotelbesteck

Wegen der starken Beanspruchung sind für den Hotelbetrieb grundsätzlich nur Bestecke aus hochwertigem Metall geeignet:

▶ Edelstahlbestecke, die matt- oder hochglanzpoliert sein können, sind pflegeleicht und werden deshalb für einfachere Ansprüche bevorzugt.
▶ Silberbestecke und versilberte Bestecke, die wegen des „Anlaufens" einer regelmäßigen intensiven Pflege bedürfen, werden regelmäßig nur bei gehobenen Ansprüchen oder nur zu festlichen Anlässen verwendet.

3. Reinigung und Pflege der Bestecke

An die Bestecke werden von seiten des Gastes hohe Anforderungen gestellt (Ästhetik, Hygiene). Das ist verständlich, denn die meisten Bestecke kommen in irgendeiner Form mit Speisen, die speziellen Eßbestecke außerdem mit dem Mund in Berührung. Daraus ergibt sich für den Service die Verpflichtung, Bestecke nur in tadellosem Zustand an bzw. auf den Tisch zu bringen. Es ist immer peinlich, wenn Gäste vor dem Essen mit Hilfe des Tischtuchs rasch noch einmal ihre Bestecke abwischen.

▷ **Grundlegende Reinigung**

Daß Bestecke nach jedem Gebrauch sorgfältig zu spülen sind, wird als selbstverständlich vorausgesetzt. Hierbei ist jedoch zu verhindern, daß an den Bestecken Korrosionsflecke entstehen. Sie werden durch aggressive Stoffe hervorgerufen, die sich in Speisen, im Wasser und Spülmitteln befinden.

Es ist deshalb wichtig:

▶ Bestecke nach dem Gebrauch bzw. vor dem Spülen nicht zu lange, insbesondere nicht im Wasser herumliegen zu lassen,
▶ Bestecke nach dem Spülen rasch trockenzureiben.

▷ **Polieren und Nachpolieren**

Damit Bestecke nicht nur einwandfrei sauber sind, sondern auch glänzen, werden sie nach dem Spülen und Trocknen sorgfältig poliert. Da bis zum nächsten Einsatz durch Fingerabdrücke und Staub wieder leichte Verunreinigungen möglich sind, ist es üblich, die Bestecke vor dem Gebrauch noch einmal nachzupolieren. Dabei leistet das kurze Eintauchen in warmes Wasser gute Dienste. Das Anhauchen ist aus hygienischen Gründen unzulässig.

Materialkunde des Service

▷ **Besondere Pflege des Silberbestecks**

Silber *„läuft an"*. Durch Schwefelwasserstoffe, die sich in Speisen und in der Luft befinden, bildet sich an der Oberfläche der Silberbestecke ein festhaftender bräunlicher Belag. Dieser kann nur mit Hilfe von geeigneten Reinigungsmaßnahmen auf- und abgelöst werden:

Silberputzpaste	→	Sie wird aufgetragen und nach dem Eintrocknen wieder abgerieben (einfache, zeitaufwendige Methode).
Silberbad	→	Die Reinigung erfolgt mit Hilfe von heißem Wasser und Reinigungssalz.
Silberputzmaschine	→	In einer sich drehenden Trommel befinden sich Stahlkügelchen und ein Spezialmittel zum Reinigen und Polieren.

4. Arten und Einsatz der Bestecke

Ganz allgemein unterscheidet man:
- Grundlegende Bestecke und Spezialbestecke,
- Eßbestecke und Hilfsbestecke.

▷ **Grundlegende Bestecke**

Zu diesen Bestecken gehören Messer, Gabeln und Löffel, die es in drei verschiedenen Größen gibt.

Großes Besteck   Mittelbesteck   Kleines Besteck

Anmerkung:
Im klassischen Service war die Bezeichnung „Kleines Besteck" nicht üblich. Als Folge maßvoller Verzehrsgewohnheiten (z. B. Speisen in Gläsern oder Schalen) sind Kaffeelöffel und Kuchengabel heute eine gebräuchliche Besteckkombination.

Allgemeine Zweckbestimmung für Bestecke

Die Wahl eines Bestecks steht in enger Beziehung zu der jeweiligen Art der Speise:

Löffel für Speisen, die geschöpft werden können,
Messer und Gabel für Speisen, die durch Schneiden zerkleinert werden müssen,
Löffel und Gabel für Speisen, die aufgrund ihrer Beschaffenheit entweder mit dem Löffel oder mit der Gabel zerteilt werden können.

Die *Größe des Bestecks* richtet sich nach dem Volumen der Speise bzw. nach der Größe des Tellers, auf dem die Speise angerichtet ist. In jedem Fall muß aus optischen Gründen die Verhältnismäßigkeit der Größen gewährleistet sein.

Speisenspezifische Verwendungszwecke für Bestecke

Großes Besteck (Tafelbesteck)

Löffel	– für Suppen mit grober Einlage, die in tiefen Tellern angerichtet werden – zum Vorlegen von Speisen, die geschöpft werden können (z. B. Erbsen, Karotten, Reis, Kartoffelpüree und Saucen)
Löffel und Gabel	– für selbständige Gerichte aus Spaghetti – als Vorlegebesteck für Speisen, die mit zwei Bestecken aufgegriffen werden müssen
Messer und Gabel	– für Hauptspeisen jeglicher Art, sofern das Schneiden erforderlich ist (siehe Fischbesteck)

Mittelbesteck (Dessertbesteck)

Messer	– für das einfache Frühstück – auf dem Beiteller für Toast und Butter
Löffel	– für Suppen in zweihenkeligen Suppentassen – für Frühstücksspeisen (Cornflakes, Porridge und Müsli)
Messer und Gabel	– für Vorspeisen und Zwischengerichte – für Frühstücksspeisen (Wurst, Käse, Schinken, Melone) – für Käse als Nachspeise
Löffel und Gabel	– für Teigwarengerichte, wie Ravioli, Canneloni und Lasagne – für Desserts, die auf Tellern angerichtet sind, wie Crêpes, Obstsalat, Parfait mit Früchten

Im klassischen Service werden Desserts als **Entremets** bezeichnet. Die Kombination von Löffel und Gabel heißt deshalb **Entremetsbesteck**.

Kleines Besteck

Löffel	– für exotische Suppen in kleinen Spezialtassen – für cremige Speisen in Gläsern oder Schalen, sofern sie keine festen Bestandteile enthalten – für Quarkspeisen oder Joghurt zum Frühstück
Löffel und Gabel	– für Vorspeisen und Nachspeisen in Gläsern oder Schalen, die in kleingeschnittener Form feste Bestandteile enthalten (z. B. cremige Speisen mit Früchten, Früchte in Gelee, Obstsalat, Krabben- oder Gemüsecocktail)

Anmerkung:
Neuerdings wendet sich der gepflegte Service wieder von der Kombination „**Kuchengabel** – Löffel" ab.

▸ **Entweder** geht man zu folgenden Zwischenlösungen zurück:
Mittelgabel – Kaffeelöffel, z. B. für Geflügelcocktail oder Geflügelsalat, Rohkostcocktail,
Fischgabel – Kaffeelöffel, z. B. für Cocktails oder Salate von Fisch sowie Schal- und Krustentieren;

▸ **oder** man verwendet grundsätzlich wieder die klassische Kombination **Mittellöffel – Mittelgabel**.

Beispiel:
Die Tafelgabel ist
▸ einerseits so groß, daß sie für Hauptgerichte ausreicht und gleichzeitig auch für Vorspeisen und Desserts noch angemessen ist,
▸ andererseits so breit, daß sie auch als Fischgabel eingesetzt werden kann.

Systembesteckauswahl

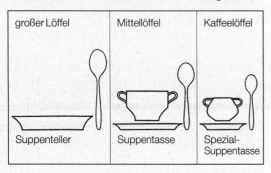

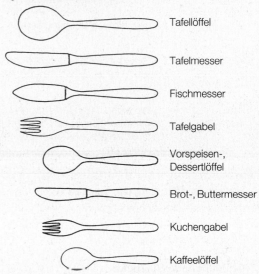

Die Bestecke 4 bis 7 genügen, um Vorspeisen- und Dessertgedecke mit unterschiedlichen Volumen bzw. Größen durch jeweils entsprechende Kombinationen sachgerecht ausstatten zu können.

▷ **Hotel-Systembesteck**

Es handelt sich dabei um ein Bestecksortiment, bei dem Art und Größe der Bestecke so gewählt sind, daß sie in sehr verschiedenen Kombinationen und für verschiedenartige Zwecke verwendet werden können. Aufgrund dieser Vereinfachung reduziert sich die Vielfalt der im Einsatz befindlichen Bestecke.

▷ **Spezialbestecke**

Spezialbestecke sind Eß- oder Hilfsbestecke für Speisen besonderer Art.

Fischbesteck 	Das **Fischbesteck** ist **Eßbesteck** für Speisen von Fisch sowie Schal- und Krustentieren, sofern diese aufgrund ihrer Verarbeitung eine weiche Beschaffenheit haben und nicht geschnitten werden müssen. Zu Speisen aus den genannten Rohstoffen mit fester Beschaffenheit sind Messer und Gabel einzudecken, z. B.: ▸ Marinierter, roher Fisch: Matjeshering, Bismarckhering und Rollmops ▸ Geräucherter Fisch: Lachs, Aal und Forelle ▸ Größere Stücke von Krustentieren: Hummer, Scampi Wegen der zarten Beschaffenheit wird zu geräucherten Forellenfilets häufig das Fischbesteck verwendet.
Hummergabel Hummerzange 	Die **Hummergabel** ist **Hilfsbesteck**, mit dessen Hilfe das Fleisch aus den Scheren und Beingliedern herausgezogen und auf den Teller vorgelegt wird. Voraussetzung ist jedoch, daß diese von seiten der Küche angebrochen bzw. aufgeschlagen sind. Das zugehörige Eßbesteck ist entweder das Fisch- oder das Mittelbesteck. Die **Hummerzange** ist ebenfalls **Hilfsbesteck**, das aber nur dann vom Gast benötigt wird, wenn die Krustentiere rustikal (unzerteilt und unaufgebrochen) angerichtet sind.

Materialkunde des Service

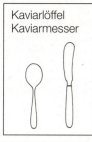

Kaviarlöffel
Kaviarmesser

Beides sind **Hilfsbestecke.** Mit dem Löffel wird der Kaviar auf den Toast vorgelegt und mit dem Messer verteilt. Wegen der geschmacklichen Empfindlichkeit des Kaviars sind die Bestecke meist aus Horn oder Perlmutt.

Schneckenzange
Schneckengabel

Beides sind ebenfalls **Hilfsbestecke.** Die Schneckenzange dient dazu, das Schneckenhaus aufzunehmen und zu halten (linke Hand), die Schneckengabel, um die Schnecke aus dem Haus herauszunehmen und auf einem Löffel vorzulegen (rechte Hand). Die Butter im Schneckenhaus wird dazugegossen. Werden Schnecken in einer Schneckenpfanne serviert, ist lediglich ein Kaffeelöffel oder eine kleine Gabel erforderlich. Die Butter wird in diesem Falle mit Brot aus den Vertiefungen herausgetunkt.

Austerngabel

Die **Austerngabel** ist **Eßbesteck,** mit dem die frischen Austern aus der Schale herausgelöst werden. Nach origineller Art ist es jedoch üblich, die Austern aus der Schale herauszuschlürfen.

Spargelzange

Die **Spargelzange** ist **Eßbesteck.** Mit ihr wird der Spargel am hinteren Ende gegriffen. Zum Hochheben am vorderen Ende benutzt man eine Gabel. Es ist aber auch üblich, den Spargel mit den Fingern aufzunehmen und zum Mund zu führen, u. U. in Verbindung mit einer Gabel.

Weitere Spezialbestecke

Küche	Service
– Orangenschäler, Traubenschere, Nußknacker	– Eiszange für Roheis – Torten- und Käseheber
– Tranchierbesteck	– Tranchierbesteck
– Austernmesser	

5. Pflegliches Behandeln von Bestecken

Bestecke sollen in ästhetisch einwandfreiem Zustand bleiben. Deswegen sind sie pfleglich zu behandeln:
▸ *nicht verbiegen,* weder durch Unachtsamkeit noch aus Übermut,
▸ *vorsichtig handhaben,* damit die Oberfläche nicht verkratzt wird.

Löffel und Gabel sollten stets mit den Wölbungen ineinander und nicht gegeneinander liegen.

6. Handhaben der Bestecke im Service

Nachpolierte Bestecke sind so zu handhaben, daß Fingerabdrücke möglichst vermieden werden. An Stellen, die mit Speisen bzw. mit dem Mund in Berührung kommen, dürfen sie überhaupt nicht entstehen.
▸ Bestecke dürfen niemals in der bloßen Hand getragen werden.
▸ Das Greifen beim Aufnehmen und beim Ablegen am Tisch erfolgt zwischen Daumen und Zeigefinger, und zwar an den schmalen Seitenflächen.
▸ Das Berühren der nach oben gerichteten Sichtflächen ist unbedingt zu vermeiden.

Für die Art des Tragens gelten folgende Regeln:

▸ Beim Mise en place dürfen Bestecke auf einer in der Hand liegenden Serviette getragen werden,
▸ bei Anwesenheit von Gästen ist in jedem Fall entweder ein mit Serviette belegter Teller oder ein Tablett zu verwenden.

D. Gläser

Die Herstellung von Glas und seine Verarbeitung zu Trinkgläsern war in Ägypten bereits 1 500 v. Ch. bekannt. In Syrien wurde um die Zeitenwende die sogenannte *Glaspfeife* erfunden, die das Mundblasen von Gläsern ermöglichte und den beschleunigten Aufschwung des Glasmachergewerbes zur Folge hatte. Die Römer brachten die neue Technik nach Italien, und sie waren es auch, die nördlich der Alpen eine bedeutende Glasindustrie ins Leben riefen (z. B. im Raum Köln).

1. Qualitative Unterscheidung der Gläser

▷ **Materialbezogene Unterschiede**

Glas ist ein Schmelzprodukt aus verschiedenartigen Materialien, das durch Abkühlung erstarrt. Zur Herstellung verwendet man:
▸ als Hauptbestandteil Quarz bzw. Quarzsand, der chemisch aus Kieselsäure besteht,
▸ als Beimischung unterschiedliche Metalloxide, z. B. Natrium (Natron), Kalium (Kali), Magnesium und Blei. (Siehe auch im Kapitel „Werkstoffkunde".)

Die geschmolzenen Massen sind Silikate, wobei die Art der Beimischung einerseits der Glasmasse den Namen gibt und andererseits wesentlich deren Eigenschaften bestimmt (siehe die folgenden Glasbezeichnungen).

Gebrauchsgläser

Glasmasse	Gläser
Es handelt sich um **Natronkalksilikat** mit weniger guten Eigenschaften: – nicht ganz rein, – grobe Beschaffenheit.	Das sog. **Natronglas** ist von geringerer Qualität: – schwacher Glanz, – spröde Struktur und erhöhte Bruchgefahr.

Kristallgläser und Bleikristallgläser

Glasmasse	Gläser
Als Grundmasse dienen **Kalikalksilikat** bzw. **Kalibleisilikat**. Sie zeichnen sich im Vergleich zu Natronglas aus: – durch eine besondere Reinheit, – durch weiche, geschmeidige Beschaffenheit	Entsprechend der Glasmasse haben sie hochwertige Eigenschaften: – durchscheinender klarer und glänzender Glaskörper, – glockenähnlicher Klang (beim Anstoßen), geringere Bruchgefahr.

▷ **Herstellungsbezogene Unterschiede**

Preßgläser

Herstellung	Bewertungsmerkmale
Die meist geringerwertige Glasmasse (Natronglas) wird in Formen gepreßt und in der Form zum Erstarren gebracht. Der grobe Vorgang hat entsprechende Auswirkungen auf die Glasqualität.	– Dickwandig und Unebenheiten auf der Oberfläche, – dicke Abschlußränder, unschöne Preßnähte, – unreiner Glaskörper, manchmal mit Blasen.

Durch das Pressen in vorgegebene Formen ergibt sich in bezug auf Gläserformen eine beachtliche Begrenzung.

Geblasene Gläser

Herstellung	Bewertungsmerkmale
Mit Hilfe der Glaspfeife wird eine jeweils bestimmte, im allgemeinen hochwertige Glasmasse aufgenommen. Durch das Blasen bildet sich der Glashohlkörper, und aus der aufwendigen und sorgfältigen Behandlung gehen Gläser mit hochwertigen Eigenschaften hervor.	– Dünnwandiger Glaskörper mit den unter Kristallgläsern genannten Eigenschaften, – vielfältige und elegante, auf die unterschiedlichen Getränke abgestimmte Formen, – frei von qualitätsmindernden Mängeln (siehe Preßgläser).

2. Auswahlkriterien für Gläser

Preß- bzw. **Gebrauchsgläser** werden im allgemeinen nur für einfache Getränke verwendet, deren Genuß durch die geringere Glasqualität nicht beeinträchtigt wird, z. B.:
– Wasser, Milch und Limonaden,
– Schoppenweine und einfache Schnäpse.

Geblasene bzw. **Kristallgläser** sind unerläßlich für Getränke, deren Genuß wesentlich von den genannten Glaseigenschaften abhängig ist bzw. durch diese Eigenschaften erst richtig zu Geltung kommt, z. B.:
– hochwertige Säfte und hochwertige Spirituosen,
– Qualitätsweine und Qualitätsweine mit Prädikat.

3. Formen und Arten der Gläser

▷ **Grundlegende Gläserformen**

In bezug auf die Grundform unterscheidet man:

Bechergläser, die im allgemeinen für einfache Getränke verwendet werden, z. B. für Wasser, Bier, klare Spirituosen,

Stielgläser, die im Vergleich zu den Bechergläsern eleganter wirken, für hochwertigere Getränke, z. B. für Wein, Schaumwein, Cognac, Liköre, Cocktails.

▷ **Getränkespezifische Formen der Gläser**

Insbesondere hochwertige Getränke haben Eigenschaften, die erst durch eine besondere Form des Glases richtig zur Geltung kommen.

Getränke mit besonderen Duftstoffen

Typisches Getränkebeispiel ist der **Wein**. Der Kelch des Glases ist zum Rand hin verjüngt, so daß die Duftstoffe oberhalb der Glasöffnung zusammengeführt und nicht wie beim geöffneten Kelch zerstreut werden.
Weingläser

Getränke mit stark ausgeprägten Duftstoffen

Burgunderglas

Typische Getränke sind **Rotwein** und **Weinbrand**. Der ebenfalls zum Rand hin verjüngte Kelch ist außerdem im Verhältnis zur eingeschenkten Getränkemenge sehr groß. Für die Entfaltung der Duftstoffe steht auf diese Weise viel freier Raum zur Verfügung.

Bei hochwertigem Rotwein wird das Glas höchstens ⅓ bis ½ gefüllt, bei Weinbrand ist die Füllmenge im Schwenker noch geringer.

Materialkunde des Service

Getränke mit viel Kohlensäure

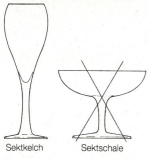

Typische Getränke sind **Schaumwein** und **Bier**. Das Glas hat eine schlanke, hohe Form, so daß die freiwerdende Kohlensäure aufsteigend auf einem langen Weg sichtbar ist.

Die niedrige und breite Sektschale ist unter diesem Gesichtspunkt ungeeignet.

▷ **Getränkespezifische Arten der Gläser**

Weingläser

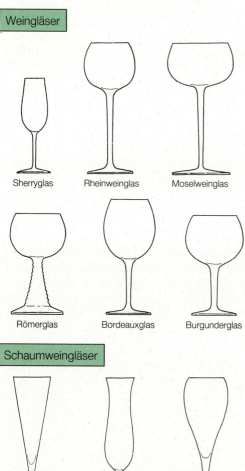

Biergläser

Bargläser

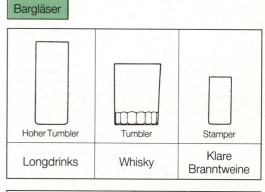

4. Reinigung und Pflege der Gläser

Wenn man bezüglich der Sauberkeit bei Tafelgeräten überhaupt von einer Abstufung sprechen kann, dann sind an die Sauberkeit von Gläsern die höchsten Anforderungen zu stellen. Dafür gibt es wichtige Gründe:

▶ Selbst Spuren von Schmutz (Fett, Staub, Spülmittelreste) sind durch die Einwirkung des Lichtes besonders auffallend,

- sie haben bei hochwertigen und feinen Getränken negative Auswirkungen auf den Geschmack und das Bukett.
- Fettspuren an Biergläsern verhindern beim Zapfen die Ausbildung der Schaumkrone oder sie zerstören diese nachträglich.

Beschädigte Gläser müssen aussortiert und dürfen im Service nicht mehr verwendet werden.

▷ **Grundlegende Reinigung**

Gläser müssen nach jedem Gebrauch sehr sorgfältig gespült werden. Dabei ist es wichtig, daß klebrige Rückstände intensiv aufgelöst, Fettspuren abgelöst und beim Nachspülen auch die letzten Reste von Schmutz und Spülmitteln abgespült werden.

▷ **Polieren und Nachpolieren**

Gläser werden nach dem Spülen mit nichtfasernden Tüchern trockengerieben und gleichzeitig **poliert**. Durch das Polieren erhalten sie ihren strahlenden Glanz, wobei der einwandfreie Zustand durch das Betrachten gegen eine Lichtquelle festgestellt wird. Gläser werden dann vorsichtig mit der Öffnung nach unten in Schränke einsortiert. Bei aller Vorsicht bleibt es jedoch nicht aus, daß Gläser durch Fingerabdrücke, Staub und Dämpfe leicht wieder verunreinigt werden. Deshalb ist es üblich, daß Gläser vor dem nächsten Gebrauch noch einmal **nachpoliert** werden. Dabei ist wie bei den Bestecken das Eintauchen in warmes Wasser oder das Drehen in oder über Wasserdampf hilfreich. Dem Gast darf unter gar keinen Umständen ein trübes oder gar beschmiertes Glas vorgesetzt werden.

5. Handhaben von Gläsern im Service

▷ **Ästhetische und hygienische Gesichtspunkte**

Sowohl beim Mise en place als auch während des Service dürfen Gläser niemals im Trinkbereich angefaßt werden. Es ist insbesondere zu vermeiden, in das Glas hineinzugreifen oder es vom oberen Rand her mit den Fingern zu umfassen (**auch nicht beim Ausheben von geleerten Gläsern**). Stielgläser werden zwischen Daumen sowie Zeige- und Mittelfinger am Stiel oder durch Unterschieben der Finger unter den Kelch erfaßt.

▷ **Technische Gesichtspunkte**

Gläser werden im allgemeinen auf einem Tablett getragen, wobei die Anzahl so zu begrenzen ist, daß sie nicht aneinanderstoßen ("klingeln"). Ein untergelegtes Tuch verhindert das Rutschen. Lediglich Stielgläser dürfen beim Mise en place ausnahmsweise zwischen den Fingern hängend getragen werden, bei Anwesenheit von Gästen aus optischen Gründen jedoch nicht mehr als vier Gläser.

E. Porzellangeschirr

Das Ursprungsland der Porzellanherstellung ist China. Seitdem die Holländer im 13. Jahrhundert chinesisches Porzellan nach Europa einführten, wurden hier viele Versuche der Nachahmung unternommen, z. B. in Holland selbst (Delft), in Italien und schließlich nach 1700 auch in Deutschland (Meißner Porzellan).

1. Eigenschaften des Porzellans

Für den **Porzellankörper** werden die Rohstoffe Kaolin (auch Porzellanerde genannt), Quarz und Feldspat verwendet. Je nach der Zusammensetzung und der Art des Brennens erhält man

– hartes oder weiches Porzellan,
– feuerfestes oder nicht feuerfestes Porzellan.

(Siehe auch im Kapitel „Werkstoffkunde".)

Bezüglich der **Form** gibt es neben gradlinigem, stapelbarem Porzellan auch solches, das sich durch individuell gestaltete, teilweise künstlerisch hochwertige Formen auszeichnet. Neben rein weißem und buntfarbenem wird Porzellan auch mit mehr oder weniger aufwendigem **Dekor** versehen. Man unterscheidet dabei:

- Randdekors in Form von Linien, Streifen und Bildmotiven (Monogramme oder Vignetten),
- Flächendekors in Form von Blumen, Ranken und anderen Motiven,
- Auf- oder Unterglasurdekors, je nachdem, ob diese vor oder nach dem Glasieren aufgebracht wurden.

Die **Glasur** gibt dem Porzellan eine glatte, versiegelnde Oberfläche, die vor Feuchtigkeit schützt und die Reinigung wesentlich vereinfacht. Je nach Material und Art des Brennens gibt es *harte* und *weiche* Glasuren.

2. Auswahlkriterien für Hotelporzellan

Unter dem Gesichtspunkt der starken Inanspruchnahme gibt es Auswahlkriterien, die eindeutig sind:

- Hartes Porzellan, um Beschädigungen und Verluste durch Bruch möglichst niedrig zu halten,
- harte Glasuren sowie Unterglasurdekors, weil sie gegenüber den mechanischen Einwirkungen beim Essen und Spülen unempfindlicher sind,
- feuerfestes Geschirr, das zum Garen und Überbacken (z. B. auch beim Kochen am Tisch) und zum heißen Anrichten von Speisen unerläßlich ist.

In bezug auf Form und Dekor gibt es für die Auswahl unterschiedliche Gesichtspunkte:

- Für den täglichen Gebrauch werden stapelbare und deshalb raumsparende Formen sowie schlichte Dekors bevorzugt.
- Für den anspruchsvollen Service, insbesondere zu festlichen Anlässen, kann auf individuell gestaltete Formen sowie auf besonderes Dekor nicht verzichtet werden.

3. Arten und Einsatz von Porzellangeschirr

▷ **Überblick über das Porzellangeschirr**

Kannen/Ge-tränketassen	– Kaffee, Mokka, Tee, Schokolade
Suppentassen	– zweihenkelige Schwenktassen – einhenkelige Spezialtassen
Teller	– tiefe Teller } in unterschied- – flache Teller } lichen Größen
Sonstiges	– Platten und Schüsseln (rund, oval und viereckig) – Cocotten (rund und oval) – Schalen in unterschiedlichen Größen – Saucieren und Sahnegießer

▷ **Verwendungszwecke für tiefe Teller**

Tiefe Teller werden für Speisen verwendet, bei denen ein etwas höherer Tellerrand erforderlich ist, z. B. für:

▶ Suppen mit groben Einlagen (Gemüse, Hülsenfrüchte, Teigwaren, Reis und Fisch) sowie Eintopfgerichte,
▶ Spaghetti und andere Teigwarengerichte,
▶ Frühstücksgerichte (Cornflakes, Porridge, Müsli).

Tiefe Teller werden außerdem als Ablageteller für nicht verzehrbare Speisenteile verwendet, insbesondere dann, wenn es sich um größere Mengen handelt, z. B. Muschel- oder Austernschalen.

Tiefe Teller mit Speisen werden beim Servieren auf größere flache Teller aufgesetzt (Unterteller).

▷ **Verwendungszwecke für flache Teller**

Sie dienen verschiedenartigen Zwecken und es gibt sie deshalb auch in sehr unterschiedlichen Größen.

Platzteller

Platzteller sind große dekorative Teller, die den Gedeckplatz während des Essens ausfüllen und auf denen jeweils die Teller der Speisenfolge aufgesetzt werden. Sie werden bereits beim Eindecken des Tisches bzw. der Tafel eingesetzt und frühestens nach dem Hauptgang wieder ausgehoben. Damit der dekorative Rand des Tellers sichtbar bleibt, sind Platzteller größer als der größte aufgesetzte Teller. Deckchen schützen die Oberfläche der Platzteller, und andere Gedeckteile können geräuscharm aufgesetzt werden.

Speiseteller

Das sind die Teller, auf denen Speisen entweder von der Küche angerichtet (Tellerservice) oder von der Bedienung am Tisch vorgelegt werden. Ihre Größe (Durchmesser = ⌀) richtet sich nach dem Flächenbedarf für die Speise (siehe Übersicht).

Verwendungszwecke für Speiseteller unterschiedlicher Größe

große Teller mit **27 cm ⌀** und mehr	▶ *Tellergerichte*, bei denen die gesamte Speisenmenge auf einmal angerichtet wird ▶ *Portionsfische* (z. B. Forelle, Schleie, Seezunge, Scholle), für die insbesondere beim Zerlegen eine größere Fläche erforderlich ist ▶ *Stangenspargel*
mittlere Teller mit **24 bis 25 cm ⌀**	▶ *Vorspeisen* und *Nachspeisen* mit kleinerem Flächenbedarf ▶ *Hauptspeisen*, die dem Gast am Tisch in maßvoll dosierter Menge vorgelegt und nachserviert werden
kleine Teller mit **19 bis 21 cm ⌀**	▶ *Frühstück* ▶ *Brot, Gebäck, Salat*

Beiteller

Beiteller stehen links bzw. halblinks vom Gedeck. Ihre Größe richtet sich nach dem Verwendungszweck:

▶ **Beigabenteller** für Toast und Butter, Brot oder Brötchen sowie Salat,
▶ **Ablageteller** für Gräten, Knochen, Krustentierpanzer und andere nicht verzehrbare Speisenteile.

Für größere Mengen (z. B. Muschelschalen) werden tiefe Teller eingesetzt.

Unterteller

Unterteller dienen zum Aufsetzen anderer Gedeckteile, erleichtern bzw. ermöglichen dadurch das Tragen und geben dem Gedeck darüber hinaus ein gefälliges Aussehen. Ein Deckchen oder eine Serviette verhindert das Rutschen und Klappern der aufgesetzten Teile.

Kleinere Teller (15 bis 17 cm ⌀) verwendet man für Marmeladen-, Butter- und Zuckerschalen, für Menagen, Saucieren, Eierbecher und Fingerschalen.
Größere Teller mit jeweils angemessenem Durchmesser dienen zum Aufsetzen spezieller Gedeckteile:

▶ Vorspeisen und Nachspeisen in Schalen oder Gläsern,
▶ Suppen in Schalen (Coupes) oder tiefen Tellern,
▶ Suppengedecke, bestehend aus Suppenuntertasse und Tasse.

4. Reinigung und Pflege des Porzellangeschirrs

Das Geschirr darf dem Gast nur in einwandfrei sauberem Zustand vorgesetzt werden, wobei insbesondere auch auf die Sauberkeit von Deckeln, Henkeln und Bodenunterflächen zu achten ist. Vor dem Gebrauch wird es noch einmal überprüft und nachpoliert. Pflegliches Behandeln, insbesondere die sorgfältige Einordnen in die Spülmaschine, ist sehr wichtig, damit Bruch und Beschädigungen vermieden werden. Selbst geringfügige Beschädigungen machen das Geschirr für den Service unbrauchbar.

F. Sonstige Tisch- und Tafelgeräte

Neben den grundlegenden Geräten, wie Bestecke, Gläser und Porzellan, gibt es solche, die beim Servieren von Speisen und Getränken ganz bestimmte Zwecke erfüllen.

1. Menagen

Zu den Menagen gehört außer Salz und Pfeffer alles, was dem Gast zum ergänzenden Würzen seiner Speisen zur Verfügung gestellt wird (siehe Übersicht in Verbindung mit den Richtlinien zur Pflege).

▷ Tägliche Pflege der Menagen

Nach dem Gebrauch im Laufe eines Tages sind Menagen zwangsläufig nicht mehr in ganz hygienisch und ästhetisch einwandfreiem Zustand.

- An ihnen befinden sich viele Fingerabdrücke von den Gästen, die sie benutzt haben,
- die Gefäße von feuchten bzw. flüssigen Würzmitteln sind beschmiert oder enthalten unschöne Verkrustungen,
- bei Streuern kann durch verstopfte Löcher die Streuwirkung eingeschränkt sein,
- Gefäße, die fast leer sind, machen einen „dürftigen" Eindruck.

Die aufgezeigten Beispiele machen deutlich, daß die Pflege der Menagen ein wichtiger Bestandteil der täglichen Vorbereitungsarbeiten ist. Ungepflegte Menagen sind eine Zumutung für den Gast, und der kritische Betrachter ist geneigt, entsprechende Rückschlüsse auf die Sauberkeit der Küche zu ziehen.

▷ Richtlinien zur Pflege von Menagen

Salz- und Pfefferstreuer	→ Glaskörper feucht abwischen und polieren → verstopfte Löcher „öffnen" → u. U. auffüllen (wegen der besseren Streuwirkung höchstens ¾)
Pfeffermühlen	→ trocken abwischen u. auffüllen
Senftöpfe	→ leeren, reinigen u. wieder füllen → mit etwas Essig beträufeln, um das Austrocknen der Oberfläche zu verhindern
Essig- und Ölflaschen	→ feucht abwischen und trockenreiben
Würzsaucen	→ Flaschenverschluß und Flaschenmund reinigen → verschmierte und verkrustete Reste abwischen → Flaschen feucht abwischen und trockenreiben

Salz- und Pfefferstreuer sowie Essig- und Ölflaschen müssen wegen „Überalterung des Inhalts" in bestimmten zeitlichen Abständen intensiv aufbereitet werden:

- leeren, gründlich auswaschen und gut trocknen,
- Streuer ¾ füllen, bei Salz außerdem Reiskörner dazugeben (sie binden Feuchtigkeit und sorgen auf diese Weise für die Streufähigkeit des Salzes),
- Essig und Öl frisch auffüllen.

2. Tischgeräte für ganz spezielle Zwecke

▷ Spezielle Geräte für den Speisenservice

- Rechauds und Kloschen zum Warmhalten von Speisen
- Tranchierbretter, Tranchierbestecke und Flambierrechauds für das Arbeiten am Tisch
- Fingerschalen bzw. Fingerbowlen zum Abspülen der Finger

Kloschen sind Hauben, die zum Überdecken von Platten und Tellern dienen, damit die Speisen auf dem Weg zum Gast nicht abkühlen.

Fingerbowlen, bestehend aus Unterteller, Serviette, Schale mit erwärmtem Wasser und Zitronenscheibe, werden zu Speisen eingesetzt, die der Gast mit den Fingern anfaßt (z. B. Spargel, Krustentiere).

▷ Spezielle Geräte für den Getränkeservice

- Wein- oder Sektkühler
- Tragekörbe und Dekantierkaraffen für das Servieren von Rotwein mit Depot

Depot ist die Bezeichnung für natürliche Ablagerungen in altem Rotwein. Damit es beim Eingießen am Tisch nicht aufgerüttelt wird und den Wein trüb macht, ist es üblich,

- entweder die Flasche liegend vorsichtig in einem Tragekorb zu transportieren
- oder den Wein vor dem Eingießen in eine sogenannte Dekantierkaraffe umzufüllen und auf diese Weise vom Depot zu trennen.

Materialkunde des Service

G. Tisch- und Tafeldekoration

Für Dekorationszwecke dienen unter anderem Blumen und Kerzen. Ihre Verwendung auf Tischen und Festtafeln schafft Atmosphäre und hat positive Auswirkungen auf die Stimmung der Gäste.

1. Blumen

Blumen haben aufgrund der Vielfalt ihrer Blüten und Farben eine starke Ausstrahlungskraft. Sie vermögen Freude zu wecken. Mit der gleichen Absicht werden sie im Service zum Schmücken von Tischen und Festtafeln verwendet. Ob als Einzelblüte in Form einer Rose auf den Tischen im Abendrestaurant, ob als schlichtes Sträußchen auf dem Frühstückstisch oder als dekoratives Gesteck auf einer Festtafel, stets kommt dabei die besondere Aufmerksamkeit gegenüber dem Gast zum Ausdruck. Bezüglich Auswahl und Pflege der Blumen sind einige Richtlinien von Bedeutung:

▶ Die Größe des Blumenarrangements muß dem Anlaß angemessen sein (Frühstück, Hochzeitstafel), wobei außerdem zu beachten ist, daß die Blumen:

- in Farbe und Größe aufeinander abgestimmt sind,
- die Sicht zum gegenübersitzenden Gast nicht beeinträchtigen,
- nicht über den Teller hängen oder das Glas berühren.

▶ Stark duftende und stark Blütenstaub abgebende Blumen sind ungeeignet.

▶ Zur Erhaltung der Frische ist es wichtig, die Blumen nachts in einem kühlen Raum aufzubewahren und sie am nächsten Morgen mit frischem Wasser zu versorgen. Bei Schnittblumen sind außerdem die Stiele zu kürzen und nicht mehr einwandfreie Blüten auszusortieren.

2. Kerzen

Kerzenlicht ist gedämpftes und warmes Licht und eignet sich deshalb besonders gut dazu, eine gemütliche Atmosphäre zu schaffen. In Verbindung mit mehr oder weniger dekorativen Leuchtern auf Festtafeln wird darüber hinaus die festliche Stimmung auf besondere Weise unterstrichen.

II. Vorbereitungsarbeiten im Service

Der Arbeitsrhythmus des Service ist durch zwei aufeinanderfolgende Arbeitsphasen gekennzeichnet:
▶ Das Bedienen von Gästen während einer Mahlzeit,
▶ die Vorbereitungsarbeiten im Hinblick auf die nächste Mahlzeit.

Obwohl sich das Bedienen der Gäste zweifellos als die interessantere Arbeitsphase darstellt, kommt den Vorbereitungsarbeiten eine mindestens ebenso große Bedeutung zu. Der eigentliche Service kann nur dann rasch, reibungslos und zufriedenstellend ablaufen, wenn die Vorbereitungsarbeiten mit angemessener Sorgfalt ausgeführt werden. Dabei ist außerdem noch wichtig, daß die Arbeiten mit dem Beginn der jeweiligen Mahlzeit abgeschlossen sind, damit sich dann die Aufmerksamkeit vor allem auf den Gast konzentrieren kann.

A. Überblick über die Vorbereitungsarbeiten

Die Vorbereitungsarbeiten werden als **Mise en place** bezeichnet. Der Begriff kommt aus dem Französischen und hat von der Sprache her folgende Bedeutung:

mettre	– setzen, stellen, legen
mis, mise	– gesetzt, gestellt, gelegt
en	– an
la place	– der Platz
mise en place	– „an den Platz gestellt"

Im engeren Sinn bedeutet das wirklich „an den Platz stellen" oder „legen" (z. B. Bestecke, Gläser). Darüber hinaus sind jedoch auch alle anderen vorbereitenden Arbeiten gemeint.

Die Vorbereitungsarbeiten werden in zwei voneinander getrennten Arbeitsbereichen ausgeführt: im Office und im Restaurant.

1. Vorbereitungsarbeiten im Office

Das Office ist der Bereich des Service, in dem die Tisch- und Serviergeräte gereinigt, gepflegt und vorrätig gehalten werden. Eine ganze Reihe dieser Tätigkeiten ist bereits aus dem Abschnitt „Materialkunde des Service" bekannt:

- Spülen, trocknen und polieren von Bestecken, Gläsern und Porzellangeschirr,
- säubern und auffüllen von Menagen.

Ergänzend ist hier auf folgendes hinzuweisen:
- **Rechauds** sind gründlich zu säubern und einsatzbereit zu machen:
  - Bei Kerzenrechauds ist es wichtig, die Kerzen zu kontrollieren und u. U. zu ersetzen,
  - Spiritusrechauds sind aufzufüllen, die Dochte auf einwandfreien Zustand hin zu prüfen, die Metallplatten gründlich zu reinigen,
  - Rechaudbatterien müssen rechtzeitig in Betrieb gesetzt (angeheizt) werden.
- **Servierwagen** sind ebenfalls zu säubern und einsatzbereit zu machen:
  - Bei Flambierwagen müssen die Gasflaschen und die Gasbrenner kontrolliert werden,
  - für das Tranchieren sind die Bretter und Bestecke in einwandfreiem Zustand bereitzustellen.
- Gebrauchte Tischwäsche ist gegen frische einzutauschen.

2. Vorbereitungsarbeiten im Restaurant

Hier sind zunächst die Arbeiten zu nennen, die sich auf den äußeren Rahmen beziehen:

- Lüften, saugen und staubwischen,
- säubern von Tischen und Stühlen,
- austauschen von Tageszeitungen und Tagesspeisekarten,
- versorgen von Blumen und Pflanzen.

In einem zweiten Abschnitt konzentrieren sich die Vorbereitungen auf Arbeiten, die unmittelbar mit den Mahlzeiten und dem Essen in Beziehung stehen:

- Vorbereiten von Servicetischen,
- eindecken von Gasttischen,
- herrichten von Festtafeln.

Alle Arbeiten im Rahmen des Mise en place sind mit größter Sorgfalt auszuführen. Das ist nicht nur im Hinblick auf den reibungslosen Ablauf des Service wichtig, vielmehr wird durch ihn auch der ganze Stil und die Atmosphäre des Hauses geprägt. Dabei sollte man sich immer wieder die beiden wichtigsten Ziele ins Bewußtsein rufen: den Gast zufriedenstellen und den guten Ruf des Hauses mehren.

B. Herrichten von Servicetischen

An dieser Stelle sind nicht die kleinen Tische gemeint, die als *Gueridon* bezeichnet und zu unterschiedlichen Zwecken an den Tisch des Gastes herangestellt werden, z. B.:
- zum Flambieren, Tranchieren und Verlegen oder
- zum Servieren von Wein und Schaumwein in Flaschen.

Hier geht es vielmehr um jene Servicetische, die in ihrer Funktion auf den Service im allgemeinen ausgerichtet sind.

1. Funktion des Servicetisches

Die für den Service benötigten Geräte befinden sich im Office. Um während des Service (der ja rasch und reibungslos ablaufen soll) weite Wege zwischen dem Office und dem Tisch des Gastes sowie das möglicherweise langwierige Heraussuchen eines Tischgerätes im Office auszuschalten, gibt es den Servicetisch bzw. eine Servicestation. Aus dem Vorrat des Office werden die im Hinblick auf die Mahlzeit erforderlichen Geräte ausgewählt und auf dem Servicetisch übersichtlich und griffbereit angeordnet. In größeren Restaurants hat jede Station ihren eigenen Servicetisch. Dadurch bleibt der Gerätevorrat für die einzelne Station überschaubarer und außerdem werden gegenseitige Störungen und Behinderungen vermieden.

Die Bezeichnung Servicestation hat im Vergleich mit den Servicetischen noch eine andere Bedeutung. Es handelt sich dabei um festeingebaute, auf den Service ausgerichtete Möbelstücke (siehe unter D. dieses Abschnitts).

2. Ausstattung des Servicetisches

Es gibt Servicetische bzw. Servicestationen, die auf den gesamten Service ausgerichtet sind und deshalb alle Materialien bzw. Geräte enthalten, die zu den verschiedensten Servicevorgängen erforderlich sind. Ferner gibt es aber auch Servicetische, die aufgrund ihrer jeweiligen Zweckbestimmung unterschiedlich ausgestattet sind. Solche Zwecke sind z. B.:

- Frühstück,
- Hauptmahlzeiten, u. U. getrennt nach Mittags- und Abendtisch,
- Sonderveranstaltungen und Festessen.

3. Einteilung des Servicetisches

Zugunsten der guten Überschaubarkeit und im Hinblick auf einen raschen Service ist der Tisch in drei Bereiche eingeteilt:

- Der hintere Bereich ist für die größeren Tischgeräte bestimmt,
- im mittleren Bereich werden die Bestecke bereitgelegt,
- der vordere Bereich ist, abgesehen von Tabletts, grundsätzlich frei. Er dient zu letzten Handgriffen beim Service, z. B. Aufnehmen von Vorlegebestecken, Anlegen von Eßbestecken an Vorspeisen oder Suppen, Aufsetzen von Suppentassen auf vorbereitete Suppengrundgedecke.

Um störungsfreie Serviceabläufe zu gewährleisten, darf die freie Fläche nicht zum Abstellen von gebrauchtem Geschirr benutzt werden.

Servicetisch

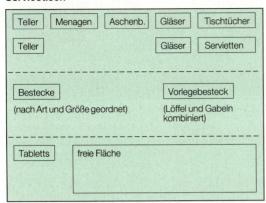

Grundgedecke

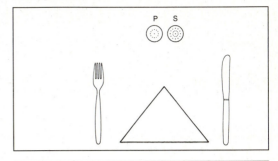

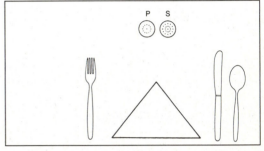

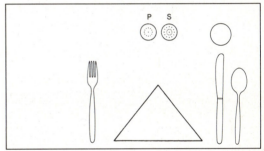

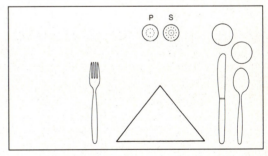

C. Herrichten von Tischen und Tafeln

Im Abschnitt „Materialkunde des Service" wurde bereits auf die Bedeutung des Gasttisches hingewiesen. Das ist der Ort, an dem der Gast bedient und verwöhnt werden möchte, an dem er sich wohlfühlen und entspannen will. Angesichts solcher Erwartungen ist dem Gasttisch und allem, was zu seiner Ausstattung gehört, eine besondere Aufmerksamkeit zu schenken.

Der Tisch darf nicht wackeln, denn das ist eine unzumutbare Störung. Gegebenenfalls ist er mit einer Korkscheibe unter dem entsprechenden Tischbein festzustellen. Bierdeckel und anderes großflächiges Material ist dazu aus ästhetischen Gründen nicht geeignet!

Der Tisch muß einladend wirken:
- ein sauberes, sorgfältig ausgebreitetes Tischtuch,
- eine ansprechend geformte Serviette,
- Gedeck ordnungsgemäß aufgelegt und ausgerichtet.

Der Gast muß eine Vorahnung davon bekommen, was er beim Essen erwarten darf.

1. Arten der Gedecke

▷ **Grundgedecke**

Da nicht bekannt ist, was die zu erwartenden Gäste im à la carte-Service im einzelnen essen und trinken, werden auf den Tischen im Restaurant lediglich Grundgedecke vorbereitet. Erst nach der Bestellung des Gastes entscheidet es sich dann, ob das Grundgedeck bleibt oder ob Gedeckteile ergänzend einzusetzen bzw. bereits vorhandene abzuräumen oder auszutauschen sind. Die Ausstattung der Grundgedecke richtet sich nach den Gepflogenheiten des Hauses bzw. nach den aus Erfahrung bekannten Verzehrsgewohnheiten der Gäste. Die Mindestausstattung umfaßt folgende Teile:

- Serviette, großes Messer und große Gabel,
- Salz- und Pfeffermenage, einen Aschenbecher.

▷ **Menügedecke**

Menügedecke stehen in Beziehung zu bestimmten vorgegebenen Menüs, z. B. dem Menüangebot an Festtagen (Weihnachten, Silvester, Ostern) und zu Festbanketten.

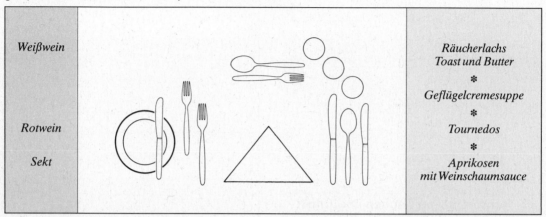

2. Herrichten von Menügedecken

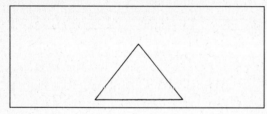

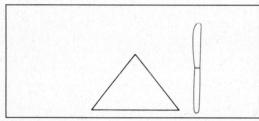

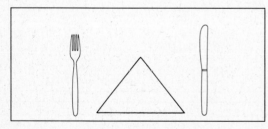

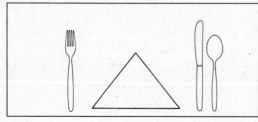

▷ **Ablauf des Eindeckens** (siehe Menü oben)

Zuerst wird mit der Serviette oder dem Platzteller der Gedeckplatz markiert.

Es folgt das **Eindecken der Bestecke**, und zwar in der Reihenfolge:

▸ großes Messer rechts (Schneide nach links gerichtet) und große Gabel links für das Hauptgericht,
▸ dann entsprechend dem Menüaufbau nacheinander Mittellöffel für die Suppe rechts, Mittelmesser rechts und Mittelgabel links für die kalte Vorspeise (die Gabel wird etwas nach oben geschoben),
▸ den Abschluß bildet das Besteck oberhalb des Gedeckplatzes für das Dessert:

- Mittelgabel unmittelbar oberhalb des Gedeckplatzes, den Griff nach links gerichtet,
- Mittellöffel oberhalb der Gabel, den Griff nach rechts gerichtet.

Die Lage der Griffe deutet die Richtung an, in der die Bestecke vor dem Servieren des Desserts auf den Gedeckplatz heruntergenommen werden. Die Gabel liegt unterhalb, damit man beim Erfassen des Löffels nicht mit den Gabelzinken in Berührung kommt (Hygiene und Sicherheit).

Nach dem Besteck folgt das **Einsetzen der Gläser**:

▸ zuerst das Richtglas, das oberhalb des Messers zum Hauptgang plaziert wird,
▸ dann nacheinander das Glas zur kalten Vorspeise vor und das zum Dessert hinter dem Richtglas.

Die Gläser können als *diagonale Reihe* (siehe im Menü oben) oder als *Block* angeordnet werden (siehe im Menü auf der übernächsten Seite).

Vorbereitungsarbeiten im Service

Das **Eindecken des Beitellers** ist der letzte Vorgang. Ein Messer, dessen Schneide nach links gerichtet ist, wird nur aufgelegt, wenn es zum Toast oder Brötchen Butter gibt (siehe im Menü auf der folgenden Seite).

▷ **Richtlinien für das Eindecken**

Arbeitsfolge

Sie geht aus dem vorher geschilderten Ablauf hervor: Serviette, Besteck in der Reihenfolge Hauptgang bis kalte Vorspeise, Dessertbesteck, Gläser und als letztes der Beiteller.

Abstände

▸ Die meisten Serviettenformen sowie die Enden der Bestecke liegen alle (mit Ausnahme der vorgeschobenen zweiten Gabel) 1 cm von der Tischkante entfernt.
▸ Die Bestecke für das Hauptgericht müssen so weit auseinanderliegen, daß der größte einzusetzende Teller dazwischen Platz hat und das Besteck nicht überdeckt.
▸ Die unmittelbar nebeneinanderliegenden Bestecke sollen des optischen Bildes wegen nicht zu dicht beieinander und nicht zu weit auseinanderliegen.

Ausrichtungen

▸ Die Bestecke liegen im rechten Winkel zur Tischkante, exakt parallel zueinander,
▸ die Besteckenden befinden sich mit Ausnahme der zweiten Gabel alle auf einer Linie parallel zur Tischkante.

Anzahl der Bestecke

▸ **Beim Menügedeck werden Bestecke für höchstens 5 Gänge eingedeckt**, d. h.:

- Rechts vom Gedeckplatz 4 Bestecke (Kalte Vorspeise, Suppe, Warme Vorspeise, Hauptgericht),
- links vom Gedeckplatz 3 Bestecke (Kalte Vorspeise, Warme Vorspeise, Hauptgericht),
- oberhalb des Gedeckplatzes 2 Bestecke.

Sollte das Menü mehr als 5 Gänge umfassen, dann sind die im Gedeck fehlenden Bestecke an entsprechender Stelle der Speisenfolge nachzudecken oder nachzureichen.

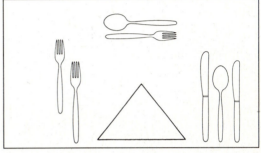
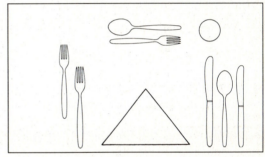
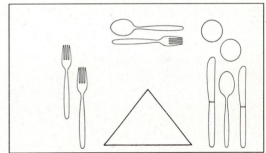
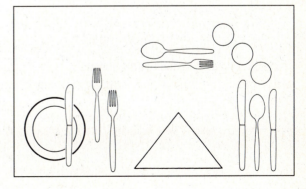

Anmerkungen zum nachfolgenden Menü:
Im Vergleich zum Menü auf der vorangegangenen Seite ist festzustellen:
▶ Der Löffel für die Suppe liegt aufgrund der anderen Speisenfolge außen,
▶ die Besteckkombination oberhalb des Gedecks besteht aus Messer und Gabel (das ist üblich, wenn nach dem Hauptgericht Käse oder frisches Obst gereicht wird). Die Anordnung unterscheidet sich von der Kombination Löffel-Gabel.

– Mittelmesser unmittelbar oberhalb des Gedeckplatzes, die Schneide nach unten, den Griff nach rechts gerichtet,
– Mittelgabel oberhalb des Messers, den Griff nach links gerichtet.

Das Messer liegt unterhalb, damit man beim Erfassen der Gabel nicht mit der Schneide des Messers in Berührung kommt (Hygiene und Sicherheit).

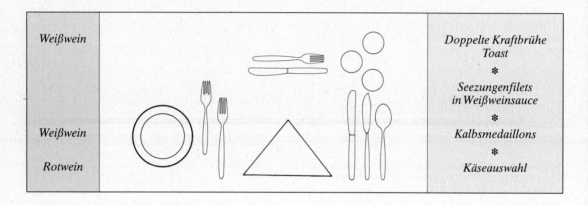

3. Herrichten einer Festtafel

Vieles dazu ist bereits aus vorangegangenen Abschnitten bekannt:
▶ Die Wahl der geeigneten Tafelform,
▶ das Auflegen der Tafeltücher,
▶ das Eindecken von Bestecken und Gläsern.

Ergänzend ist nun nachzutragen:

▷ **Festlegen der Gedeckplätze**

▶ Unter Berücksichtigung von 70 bis 80 cm Gedeckplatzbreite die Stühle an die Tafel heranstellen und exakt (auch zur gegenüberliegenden Tischseite) ausrichten,
▶ Gedeckplätze mit Hilfe der Servietten oder der Platzteller markieren,
▶ Stühle auf dem linken hinteren Bein um 90° von der Tafel abdrehen, damit das Eindecken um die Tafel herum ohne Behinderung geschehen kann.

▷ **Eindecken der Bestecke und Gläser**

Man geht dabei im Uhrzeigersinn und deckt nach den bereits bekannten Regeln ein.

Um das Überladen der Festtafel zu vermeiden, sollen (wie schon an anderer Stelle erwähnt) nicht mehr als 3 Besteckteile links, 4 Besteckteile rechts und 2 Besteckteile oben nebeneinanderliegen sowie nicht mehr als 3 Gläser eingesetzt werden. Zusätzlich benötigte Bestecke oder Gläser sind in Verbindung mit der jeweils zugehörigen Speise oder der Getränkefolge nachzureichen.

Besondere Aufmerksamkeit ist noch bestimmten Ausrichtungen zu schenken, weil sie für das ästhetische Gesamtbild der Festtafel ausschlaggebend sind:
– Abstände von der Tischkante,
– Stellung der Teller und der Richtgläser,
– Ausrichtung der Gläserreihen im Winkel von 45° zur Tischkante.

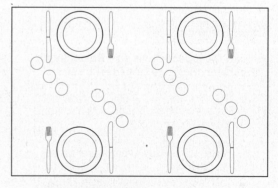

▷ **Abschließende Arbeiten**

▶ Die geformten Servietten zwischen den Bestecken oder auf den Platztellern eindecken,
▶ den Kerzen- und Blumenschmuck einsetzen,
▶ die Stühle an die Festtafel zurückdrehen.

Vorbereitungsarbeiten im Service

Im klassischen Service werden beim Mise en place Menagen und Aschenbecher am Servicetisch bereitgestellt und nur bei Bedarf am Tisch eingesetzt. Angesichts veränderter Gewohnheiten der Gäste (Rauchen vor Beginn und während des Essens sowie das Bedürfnis, Speisen nachzuwürzen) wird heute oftmals von dieser Grundregel abgewichen.

D. Servicestation

Im Gegensatz zu Servicetischen, deren Funktion und Ausstattung auf die jeweilige Mahlzeit ausgerichtet ist, handelt es sich bei der Servicestation um eine stehende Einrichtung im Rahmen des à la carte-Service eines Restaurants.

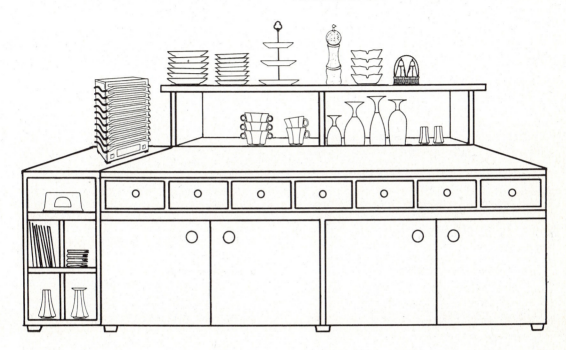

Aufgaben (Tisch- und Tafelgeräte, Vorbereitungsarbeiten im Service)

Bestecke:
1. Welche Metalle werden zur Herstellung von Bestecken hauptsächlich verwendet und warum?
2. Erklären Sie die Eingravierungen 18/8 bzw. 18/10 und 80, 90 bzw. 100.
3. Beschreiben und begründen Sie Maßnahmen und Richtlinien für die Reinigung und Pflege von Bestecken.
4. Begründen und beschreiben Sie die besonderen Reinigungsmaßnahmen für Silberbesteck.
5. Welche Richtlinien sind für das Handhaben von Bestecken im Service zu beachten?

Grundbestecke:
6. Unterscheiden Sie die Bestecke Löffel, Gabeln und Messer nach Größen.
7. Nennen Sie unter Beachtung der jeweiligen Größe Verwendungszwecke:
   a) für den Löffel,
   b) für die Kombination Messer und Gabel,
   c) für die Kombination Löffel und Gabel.
8. Erklären Sie die Bezeichnung Entremetsbesteck.

Spezialbestecke:
9. Beschreiben Sie die Bedeutung und Handhabung folgender Bestecke:
   a) Hummerzange und Hummergabel
   b) Kaviarschaufel und Kaviarmesser,
   c) Schneckenzange und Schneckengabel,
   d) Austerngabel und Spargelzange.
10. Nennen Sie Beispiele für Speisen, zu denen das Fischbesteck eingedeckt wird.
11. Nennen Sie Fischzubereitungen, zu denen Messer und Gabel einzudecken sind. Begründen Sie das.

Gläser:
12. Aus welchen Rohmaterialien werden Gläser hergestellt?
13. Welche unterschiedlichen Eigenschaften haben Gebrauchsgläser sowie Kristall- und Bleikristallgläser?
14. Erklären Sie die Bezeichnungen Preßgläser und geblasene Gläser.
15. Nennen Sie die Gesichtspunkte, nach denen ein bestimmter Betrieb seine Gläser auswählt.

Gläserformen:
16. Welche beiden Grundformen gibt es bei Gläsern?
17. Beschreiben Sie an Beispielen getränkespezifische Glasformen in bezug auf Bukett und Kohlensäure.
18. Beschreiben Sie die ursprüngliche Grundform für:
    a) Rheinwein- und Moselweingläser,
    b) Bordeaux- und Burgundergläser.
19. Nennen Sie Bezeichnungen zu unterschiedlichen Gläserformen für Schaumwein und Bier.

Reinigung, Pflege und Handhabung von Gläsern:
20. Beschreiben Sie Richtlinien für das Spülen, Polieren und Nachpolieren von Gläsern.
21. Nennen Sie Richtlinien für das Handhaben von Gläsern im Service.

Porzellangeschirr:
22. Beschreiben Sie unterschiedliche Eigenschaften des Porzellangeschirrs und nennen Sie Auswahlkriterien für Hotelporzellan.
23. Nennen Sie grundlegende Verwendungszwecke für Tassen sowie für tiefe und flache Teller.
24. Beschreiben Sie die Ausstattung und Verwendung von Platztellern.

Gedeckteller:
25. Nennen Sie unterschiedliche Größen und allgemeine Kriterien für die Wahl der Größe.
26. Ordnen Sie großen, mittleren und kleinen Speisentellern zugehörige Verwendungszwecke zu.

Beiteller und Unterteller:
27. Nennen Sie Verwendungszwecke für Beiteller.
28. Beschreiben Sie die Stellung von Beitellern innerhalb des Gedecks.
29. Wozu dienen Unterteller? Nennen Sie Beispiele.

Menagen:
30. Was versteht man unter Menagen, und was gehört dazu?
31. Weshalb ist regelmäßige und sorgsame Pflege nötig?
32. Beschreiben Sie die Pflegemaßnahmen im einzelnen.

Blumen und Kerzen:
33. Beschreiben Sie die besondere Bedeutung für das Verwenden von Blumen und Kerzen im Service.
34. Welche besonderen Richtlinien sind beim Einsatz von Blumen zu beachten:
    a) Größe, Art und Farbe der Blumen?
    b) Erhaltung der Frische?

Mise en place:
35. Erklären Sie diese Bezeichnung.
36. Beschreiben Sie wichtige Vorbereitungsarbeiten im Office und im Restaurant.

Servicetische:
37. Was ist das, wo befinden sie sich und welche Funktion erfüllen sie?
38. Teilen Sie die Oberfläche eines Servicetisches ein.
39. Wonach richtet sich die Ausstattung eines Servicetisches?

Herrichten von Gasttischen:
40. Wie stellt man wackelnde Tische sachgerecht fest?
41. Unterscheiden Sie Grundgedecke und Menügedecke.
42. Wie ist der Ablauf beim Herrichten von Menügedecken?

Eindecken von Bestecken:
43. In welcher Reihenfolge werden sie eingedeckt?
44. Welche Abstände und Ausrichtungen sind zu beachten?
45. Beschreiben Sie Zweck und Anordnung der Besteckkombinationen oberhalb des Gedeckplatzes:
    a) Mittellöffel und Mittelgabel,
    b) Mittelmesser und Mittelgabel.
46. Welche Richtlinien gibt es für die Anzahl der Bestecke im Menügedeck?

Eindecken von Gläsern:
47. Was versteht man unter dem Richtglas?
48. Auf welche unterschiedliche Art werden dem Richtglas weitere Gläser zugeordnet?
49. Welche Richtlinien gibt es für die Anzahl der Gläser im Menügedeck?

Eindecken einer Festtafel:
50. Beschreiben Sie den Ablauf des Eindeckens:
    a) Festlegen der Plätze,
    b) Eindecken von Bestecken und Gläsern,
    c) abschließende Arbeiten.

III. Regeln und Richtlinien für das Servieren

Während sich die Vorbereitungsarbeiten des Service gleichsam „*im Verborgenen*" abspielen, muß die Bedienung beim Servieren von Speisen und Getränken ihre berufliche Qualifikation „*vor dem Gast*" unter Beweis stellen. Alles, was dabei an Regeln, Richtlinien und Arbeitstechniken von Bedeutung ist, wird in den folgenden Abschnitten beschrieben und erläutert. Zunächst sind jedoch noch einige grundlegende Begriffe und Richtlinien zu klären.

A. Arten und Methoden des Service

Wie in anderen handwerklichen Berufen, haben sich im Laufe der Zeit auch für das Bedienen von Gästen spezifische Arbeitsmethoden und Arbeitstechniken herauskristallisiert.

1. Arten des Service

Unter *Art* ist hier vor allem der äußere Rahmen des Service zu verstehen. Man unterscheidet dabei:

Table d'hôte-Service	à la carte-Service
Bankett-Service	Buffet-Service
à part-Service	Etagen-Service

▷ **Table d'hôte-Service**

Wichtigstes Kennzeichen dieses Service ist es, daß zu einem festgelegten Zeitpunkt für alle Gäste des Hauses das gleiche Menü serviert wird. Das Bedienen der nicht zusammengehörenden Gäste erfolgt im allgemeinen an getrennten Tischen.

▷ **Bankett-Service**

Auch bei diesem Service werden die Gäste zu einem festgelegten Zeitpunkt mit dem gleichen Menü be-

Regeln und Richtlinien für das Servieren

dient. Abweichend vom Table d'hôte-Service handelt es sich jedoch um eine geschlossene Gesellschaft, die das Essen gemeinsam an einer Festtafel einnimmt.

▷ **à part-Service**

Alle Gäste erhalten wie vorher das gleiche Menü. Den genauen Zeitpunkt für das Einnehmen des Essens kann jedoch der einzelne Gast im Rahmen einer festgelegten Zeitspanne selber bestimmen.

▷ **à la carte-Service**

Diese Bezeichnung ergibt sich daraus, daß der Gast das, was er zu essen wünscht, *à la carte* (nach der Speisekarte) auswählt. Er wird nach dem Aufgeben der Bestellung als einzelner individuell bedient.

▷ **Buffet-Service**

Buffets sind Angebotsformen besonderer Art zu unterschiedlichen Anlässen:

Frühstücksbuffet	Salatbuffet
Lunchbuffet	Kuchenbuffet
Kaltes Buffet	Getränkebuffet

Buffets werden an sich zur Selbstbedienung aufgebaut. Je nach den Umständen bzw. den Gepflogenheiten des Hauses stehen aber auch Köche oder Bedienungskräfte zur Betreuung des Gastes bereit:

- Beraten bei der Wahl einer Speise oder eines Getränkes,
- Tranchieren und Vorlegen von Speisen,
- Anbieten und Ausgeben von Getränken.

▷ **Etagenservice**

Bei diesem Service wird der einzelne Gast auf seinem Zimmer bedient (Frühstück, kleine Speisen, Getränke).

2. Methoden des Service

Methode meint die *Art und Weise* des Servierens, und man unterscheidet dabei grundlegend zwischen Teller- und Plattenservice. Eine zusätzliche Besonderheit ist das Servieren vom Wagen.

▷ **Tellerservice** (amerikanischer Service)

Beim Tellerservice werden die Speisen in der Küche angerichtet. Während es sich dabei in erster Linie um Speisen handelt, die auf Tellern angerichtet werden, gehören im weiteren Sinne aber auch solche Speisen dazu, die in unterschiedlichen Gefäßen angerichtet und auf Untertellern aufgesetzt werden:

- Vorspeisen und Desserts in Gläsern oder Schalen,
- Suppen in tiefen Tellern oder in Suppentassen.

▷ **Plattenservice**

Plattenservice bedeutet, daß die Speisen durch die Küche auf Platten bzw. im weiteren Sinne auch in Schüsseln angerichtet sind und erst am Tisch auf die Teller vorgelegt werden. Je nachdem, wer vorlegt bzw. auf welche Weise sich das Vorlegen vollzieht, unterscheidet man folgende Methoden:

- Einsetzen der Platten am Tisch,
- Anbieten von der Platte am Tisch,
- Vorlegen von der Platte am Tisch,
- Vorlegen von der Platte am Beistelltisch.

Bei der 1. und 2. Methode legt sich der Gast die Speisen selber vor, bei der 3. und 4. Methode erfolgt das Vorlegen durch die Bedienung.

▷ **Servieren vom Wagen**

Bei diesem Service werden die auf dem Wagen bereitgestellten Speisen oder Getränke an den Tisch herangefahren und vom Wagen aus serviert, z. B.:

- ein bestimmte Art von Speisen (Vorspeisen, Salate, Desserts oder Kuchen),
- kleine Speisenfolgen in der Reihenfolge Suppe, Hauptgericht und Dessert,
- Kaffee und Kuchen,
- Getränke zur Wahl nach dem Essen.

Die Speisen können dabei bereits auf Tellern bzw. in Gläsern oder Schalen angerichtet sein, so daß sie am Tisch nur noch einzusetzen sind. Es ist aber auch üblich, daß die auf Platten bzw. in Schüsseln angerichteten Speisen erst am Tisch auf mitgeführte Teller vorgelegt bzw. in Gläser oder Schalen gefüllt werden.

B. Grundlegende Richtlinien für den Service

Neben den Regeln und Richtlinien für ganz bestimmte Serviervorgänge gibt es solche von allgemeiner Bedeutung, die aber für den Service als Ganzes nicht weniger wichtig sind:

- Allgemeine Rücksichtnahme gegenüber dem Gast,
- Reihenfolge des Bedienens bei zusammengehörigen Gästen,
- störungsfreie und kräftesparende Wege beim Servieren.

1. Rücksichtnahme gegenüber dem Gast

Der Gast hat das berechtigte Bedürfnis, sein Essen in ungestörter und entspannter Atmosphäre einzunehmen. Deshalb sind von seiten des Service in bezug auf Lärm, Hektik und Belästigungen wichtige Regeln zu beachten:

▷ **Lärm während des Servierens**

Die durch den Service bedingten Geräusche sind stets auf ein Mindestmaß zu begrenzen. Das gilt z. B. für das Sprechen der Bedienung mit dem Gast und den Abgabestellen sowie für das Handhaben der Tischgeräte beim Servieren.

▷ **Hektik**

Bei aller Eile, die während des Service oftmals geboten ist und die sich meistens ganz automatisch einstellt, ist es wichtig, nach außen hin Ruhe zu bewahren, niemals zu rennen und keinesfalls heftig herumzugestikulieren.

▷ **Belästigungen**

Die Bedienung darf den Gast nicht belästigen, z. B.
▸ durch allzu übertriebene Aufmerksamkeit,
▸ durch beharrliches Aussprechen von Empfehlungen,
▸ durch eine schlechte Arbeitshaltung oder durch Nichtbeachten sachgerechter Arbeitstechniken beim Bedienen am Tisch.

2. Reihenfolge des Bedienens von Gästen

Eine solche Reihenfolge wird heute nur noch beachtet, wenn zusammengehörende Gäste in einem kleinen Kreis bedient werden. Dabei ist nebenstehende Rangabstufung zu beachten:

– Ehrengäste
– Damen
– Herren
– Gastgeber

3. Störungsfreie und kräftesparende Wege

Insbesondere in den Hauptgeschäftszeiten müssen die Bedienungen viele Wege zurücklegen. Damit aber die Bedienungsvorgänge bei aller notwendigen Eile und Zügigkeit störungsfrei und reibungslos ablaufen und damit die Bedienung mit ihren Kräften sparsam umgeht, gilt:

▸ Auf den „Verkehrswegen" immer rechts gehen,
▸ bei den Bedienungsabläufen immer vorwärts gehen und nicht plötzlich stehenbleiben,
▸ möglichst keinen Weg im „Leerlauf" zurücklegen, denn zwischen den Abgabestellen, dem Servicetisch und den Tischen der Gäste gibt es immer etwas zu transportieren.

C. Richtlinien und Regeln zum Tellerservice

Hier geht es um das sachgerechte Aufnehmen und Tragen sowie um das Einsetzen und Ausheben von Tellern. Die Hände erfüllen dabei wichtige Funktionen:

Die **rechte Hand** ist die **Arbeitshand**. Sie ist zuständig für das Aufnehmen der Teller, für die Übergabe in die linke Hand sowie für das Einsetzen und Ausheben am Tisch.

Die **linke Hand** ist die **Tragehand**.

Bei Linkshändern sind die Funktionen der Hände umgekehrt.

1. Aufnehmen und Tragen von Tellern

▷ **ein Teller**

Den Teller zwischen dem Zeigefinger und dem Daumen halten und mit den übrigen Fingern unterstützen. Dabei darf der Daumen nicht in den Teller hineinragen, sondern muß angewinkelt auf dem Rand des Tellers liegen.

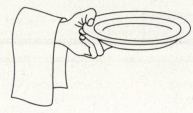

▷ **zwei Teller**

Hier können beim Tragen zwei verschiedene Griffe angewendet werden:

Tragen mit Untergriff

Den zweiten Teller unter dem Handteller bis an den Zeigefinger heranschieben und mit den restlichen, fächerartig gespreizten Fingern unterstützen (*Unterteller*).

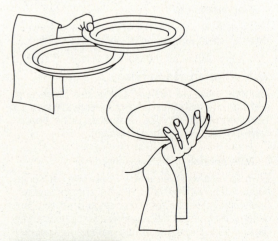

Tragen mit Obergriff

– Den ersten Teller als Handteller aufnehmen und die Hand leicht einwärts drehen,

Regeln und Richtlinien für das Servieren

- den zweiten Teller auf dem Handballen, den Unterarm und die seitlich hochgestellten Finger aufsetzen (*Oberteller*).

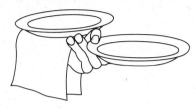

▷ **drei Teller**
- Den ersten Teller als Handteller aufnehmen,
- den zweiten Teller unterschieben (*Unterteller*),
- das Handgelenk nach innen abwinkeln,
- den dritten Teller auf den Rand des Untertellers und den Unterarm aufsetzen (*Oberteller*).

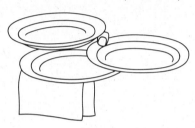

2. Einsetzen von Tellern

▷ **Bewegungsrichtung beim Einsetzen**

Am Tisch wird der jeweilige Teller in die rechte Hand übernommen und **von der rechten Seite des Gastes** eingesetzt. Das entspricht der natürlichen Bewegungsrichtung des angewinkelten Armes, der den Teller im Bogen um den Gast herumführt. Vergleiche dazu die Belästigung des Gastes durch den angewinkelten Arm, wenn das Einsetzen von der linken Seite erfolgen würde.

Ausnahmen:
▶ Linkshänder müssen von der linken Seite des Gastes einsetzen.
▶ Für den Rechtshänder gilt dies beim Einsetzen von Beitellern, die ihren Platz links vom Gedeck haben (z. B. Brot- und Salatteller). Von der rechten Seite würde der Gast zu sehr belästigt.
▶ Ausnahmen gibt es natürlich immer auch dann, wenn die Platzverhältnisse das Einsetzen von rechts nicht zulassen.

▷ **Laufrichtung beim Einsetzen**

Unter Beachtung der Forderung, vorwärts zu gehen, erfolgt das Weitergehen beim Einsetzen im **Uhrzeigersinn**, d. h., **von rechts nach links**. Vergleiche dazu das jeweils umständliche Umdrehen, wenn das Weitergehen gegen den Uhrzeigersinn erfolgt.

Ausnahmen:
Diese gibt es manchmal an einer Festtafel im Bereich der Ehrengäste, wo von der Mitte nach beiden Seiten serviert wird, oder auch dann, wenn bei einem bestimmten Gang ein grundsätzlicher Richtungswechsel vorgesehen ist. Aber das sind wirklich Ausnahmen.

3. Ausheben von Tellern

Wenn man von Linkshändern und den anderen Ausnahmen absieht, gelten für das Ausheben die gleichen Regeln wie für das Einsetzen:
▶ Ausheben von der rechten Seite des Gastes,
▶ Laufrichtung im Uhrzeigersinn von rechts nach links.

Beim Ausheben wird im allgemeinen die Methode „*Zwei Teller mit Obergriff*" angewendet. In Verbindung mit Speiseresten auf den Tellern ist aber auch die Methode „*Drei Teller mit Unter- und Obergriff*" üblich.

Damit es nicht wie ein „protziger Kraftakt" aussieht, werden beim Ausheben im gepflegten Service höchstens 4 Teller aufgenommen.

▷ **zwei Teller mit Obergriff**

Den ersten Teller als Handteller aufnehmen und das Besteck auf ihm ordnen:
▶ Die Gabel so ausrichten, daß sie am Griffende mit dem Daumen gehalten werden kann (durch diesen Haltepunkt wird die gesamte Besteckablage gesichert und das Abrutschen verhindert),
▶ das Messer im rechten Winkel unter die Wölbung der Gabel schieben.

Den zweiten Teller als Oberteller aufnehmen und das Besteck auf dem Handteller ablegen.

Die weiteren Teller auf den Oberteller aufsetzen und das Besteck jeweils der Besteckablage auf dem Handteller zuordnen.

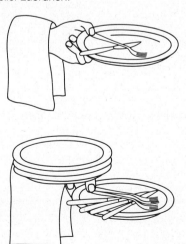

▷ drei Teller mit Unter- und Obergriff

Diese Methode wird angewendet, wenn die Gäste Speisereste auf ihren Tellern zurücklassen. Während es bei geringen Mengen üblich ist, die Reste auf

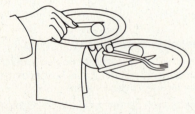

den Handteller neben die Besteckablage abzuschieben, wird bei größeren Mengen die Methode mit 3 Tellern angewendet.

- Der Handteller dient zur Besteckablage,
- auf den Unterteller werden jeweils mit dem Messer die Speisenreste abgeschoben (dazu aus dem Blickfeld des Gastes abwenden),
- der Oberteller dient zum Aufnehmen der weiteren Teller.

Bei sehr großen Mengen von Speisenresten ist es ratsam, die Teller wie beim Einsetzen mit Unter- und Obergriff aufzunehmen und das Sortieren der Bestecke und Speisenreste im Office vorzunehmen.

4. Tragen, Einsetzen und Ausheben von Gedecken

Unter Gedeck versteht man an dieser Stelle die Kombination von Unterteller und aufgesetztem Gedeckteil. Die Vorbereitung solcher Gedecke erfolgt in der Regel bereits beim Mise en place, damit während des Essens keine Verzögerungen eintreten. So werden z. B. vorbereitet und entweder an der Speisenabgabestelle oder auf einem Servicetisch gestapelt:

Gedecke für Suppen in Tassen	→ Unterteller mit Piccolo-Serviette oder Deckchen und Suppenuntertasse
Gedecke für Vorspeisen oder Desserts in Gläsern oder Schalen	→ Unterteller mit Piccolo-Serviette oder Deckchen

▷ Aufnehmen, Tragen und Einsetzen

Die von der Küche kommenden Tassen mit der Suppe und die Gläser oder Schalen mit der Vorspeise bzw. dem Dessert werden auf die vorbereiteten Unterteller aufgesetzt und wie folgt serviert:

- Mit der linken Hand zwei Gedecke (Untergriff), mit der rechten Hand ein drittes Gedeck aufnehmen,
- von der rechten Seite des Gastes einsetzen,
- von rechts nach links fortschreiten (wie beim Tellerservice).

▷ Ausheben von Gedecken

Grundsätzlich ist es möglich und auch üblich, sowohl Suppengedecke als auch Gedecke von Vorspeisen, Salaten oder Desserts wie beim Einsetzen (in diesem Falle mit dem Besteck) abzutragen. Andererseits ist es bei entsprechendem Geschick auch möglich, die Gedecke bereits beim Ausheben zu ordnen.

Suppengedecke

- Das erste Gedeck als Handgedeck aufnehmen,
- das zweite Gedeck unterschieben,
- die Tasse und den Löffel des Handgedecks auf das Untergedeck übernehmen,
- das dritte Gedeck auf das Handgedeck aufsetzen und den Löffel auf dem Untergedeck ablegen.

Vorspeisen- und Dessertgedecke mit Schalen

- Das erste Gedeck als Handgedeck aufnehmen,
- das zweite Gedeck unterschieben und die Dessertschale auf das Handgedeck übernehmen,
- den Löffel des Handgedecks auf den Unterteller ablegen,
- das dritte Gedeck als Obergedeck aufnehmen, die Schale auf das Handgedeck und den Löffel auf den Unterteller übernehmen,
- das vierte Gedeck auf das Obergedeck aufsetzen und den Löffel auf dem Unterteller ablegen.

D. Richtlinien und Regeln zum Plattenservice

Unter Plattenservice im eigentlichen Sinne versteht man das **Vorlegen der Speisen durch die Bedienung** am Tisch. Darüber hinaus gibt es Abwandlungen dieses Service:

Platten zur Selbstbedienung durch den Gast am Tisch einsetzen	**Russischer Service**
Platten zur Selbstbedienung anbieten oder von der Platte vorlegen	**Französischer Service** (Rundservice)
Speisen von Platten am Beistelltisch vorlegen	**Englischer Service**

1. Grundlegende Besonderheiten beim Plattenservice

Im allgemeinen ist der Plattenservice zeitaufwendiger als der Tellerservice. Durch folgerichtige und gezielte Arbeitsabläufe muß deshalb sichergestellt werden, daß keine unnötigen Verzögerungen eintreten und die Speisen nicht abkühlen. Im einzelnen gilt:

▸ Da beim Plattenservice die gesamte Speisenmenge im allgemeinen nicht auf einmal vorgelegt wird, sind zunächst auf dem Tisch oder dem Beistelltisch in angemessener Anzahl **Réchauds** bereitzustellen.
▸ Sodann müssen noch vor dem Auftragen der Platten **vorgewärmte Teller** zum Beistelltisch gebracht oder sofort am Tisch eingesetzt werden. Das Tragen erfolgt bei kleineren Mengen auf der mit einer Serviette bedeckten Hand. Bei größeren Mengen wird der Stapel von oben mit einer Serviette überdeckt und zwischen beiden Händen getragen.
▸ Und ein Letztes: Es darf keine Platte zum Tisch gebracht werden, ohne daß vorher ein **Vorlegebesteck** aufgenommen wurde.

Sind beim Plattenservice die Beilagen getrennt vom Hauptbestandteil einer Speise angerichtet und steht für das Servieren der Beilagen keine zusätzliche Bedienung zur Verfügung, dann gilt: Vor dem Servieren der Hauptplatte sind die Beilagen beim ersten Gast einzusetzen, damit dieser sofort mit dem Selbstbedienen beginnen und die Schüssel dann weiterreichen kann. Andernfalls sitzen die Gäste zu lange wartend vor ihrem Teller, die Speisen werden kalt und der Ablauf des Essens verzögert sich zu sehr.

2. Anbieten von der Platte am Tisch

Richtlinien	Begründungen
Das Anbieten erfolgt **von der linken Seite des Gastes**. (Die Platte liegt auf der linken Hand.) Vor dem Anbieten der Speisen muß die Platte jedoch allen Gästen präsentiert werden.	→ Durch die natürliche Bewegungsrichtung des Armes wird die Platte um den Gast herumgeführt und dieser nicht belästigt. → Das Anbieten von links kommt gleichzeitig der Bewegungsrichtung des Gastes entgegen, die beim Selbstbedienen von der rechten Hand her nach links orientiert ist. → Außerdem stehen auf der rechten Seite die Gläser im Weg. **Vergleiche** dazu die Umständlichkeiten beim Anbieten von der rechten Seite.
Die Platte wird durch Beugen des Oberkörpers auf Tischhöhe gebracht und zum Gast hin leicht geneigt.	→ Der Gast kann die Platte gut überschauen und sich ohne Anstrengung selbst bedienen.
Die Hand unter der Platte darf nicht auf den Tisch aufgelegt werden.	→ Das würde einer korrekten Arbeitshaltung widersprechen.
Der Plattenrand soll den Tellerrand ein wenig überragen.	→ Auf diese Weise wird verhindert, daß Speisenteile beim Vorlegen auf den Tisch fallen.
Das Vorlegebesteck ist mit den Griffenden zum Gast hin auszurichten.	→ Der Gast muß das Besteck leicht erreichen und aufnehmen können.
Das Fortschreiten der Bedienung erfolgt **gegen den Uhrzeigersinn von links nach rechts**.	→ Das entspricht einem natürlichen, störungsfreien Vorwärtsgehen. **Vergleiche** dazu das umständliche Umdrehen bei Laufrichtung von rechts nach links.

3. Vorlegen von der Platte am Tisch

Grundsätzlich gelten beim Vorlegen die gleichen Richtlinien wie beim Anbieten der Platte. Die Notwendigkeit des Bedienens von der linken Seite des Gastes wird beim Vorlegen noch dadurch unterstrichen, daß die vorlegende Hand von der Platte zum Teller nur einen kurzen Weg zurückzulegen hat (vergleiche dazu die Probleme, die sich beim Vorlegen von der rechten Seite ergeben würden). In Verbindung mit dem Vorlegen sind jedoch noch einige Besonderheiten zu beachten:

▷ **Halten des Vorlegebestecks**

Die Bedienung muß dieses Besteck während des gesamten Bedienungsablaufs, also nicht nur beim Vorlegen selber, über der Platte halten. Es dürfen Speisenteile weder auf den Tisch noch auf die Kleidung des Gastes noch auf den Boden fallen.

▷ **Vorlegegriffe**

Beim Vorlegen werden unterschiedliche Griffe angewendet, die in enger Beziehung zur Beschaffenheit der Speise stehen:

allgemein üblicher Griff 	Die Wölbungen von Löffel und Gabel liegen ineinander. **Handhabung:** – den Löffel absenken und unter die Speise schieben, – die Speise zwischen Löffel und Gabel greifen und aufnehmen. Jus, Sauce und kleinere Garniturbestandteile werden hier bei gleichzeitigem Abspreizen der Gabel (siehe gespreizter Griff) mit dem Löffel geschöpft.
Zangengriff 	Die Wölbungen von Löffel und Gabel liegen gegeneinander. **Handhabung:** – Die Hand um 90° nach links drehen, – die Speise seitlich greifen und aufnehmen. **Anwendung:** – Speisen, die leicht abrutschen können (z. B. Tomaten), – Speisen, die wegen der Garnitur seitlich gegriffen werden (z. B. Medaillons, Pastetchen).
gespreizter Griff	Die Wölbungen von Löffel und Gabel sind nach unten gerichtet. **Handhabung:** – Die beiden Bestecke mit dem Daumen auseinanderspreizen, – unter die Speise schieben und diese aufheben. **Anwendung:** – Speisen, die großflächig oder besonders lang sind bzw. leicht zerdrückt werden können (z. B. Spargel, Fisch), – Speisen, mit feinen Garnituren belegt (z. B. Artischockenböden).

▷ **Anrichten der Speisen auf dem Teller**

Dabei wird zuerst der Hauptbestandteil der Speise (z. B. Fisch, Fleisch) auf dem Teller zum Gast hin angerichtet. Dann sind, *auf der rechten Seite des Tellers beginnend*, die Beilagen um den Hauptbestandteil herum so anzuordnen, daß die Gemüsebeilage rechts, die Sättigungsbeilage links placiert ist. Andernfalls müßten die nachfolgenden Beilagen jeweils über die vorherigen hinweggehoben werden. Beim Anordnen ist das Farbenspiel zu beachten (z. B. rotes, weißes und grünes Gemüse).

Regeln für das Anrichten von Jus, Sauce oder Butter:

▸ Jus oder Sauce bei Pfannen- oder Grillgerichten links *neben das Fleisch* angießen,
▸ Sauce zu ausgesprochenen „Saucengerichten" (z. B. Rouladen, Schmorsteaks, Fisch in Weißweinsauce) *über das Fleisch* nappieren.
▸ Buttermischungen *auf das Fleisch* legen.

Der Teller darf beim Vorlegen nicht überladen werden; der Tellerrand muß in jedem Falle frei bleiben, und er sollte nicht beschmiert bzw. bekleckert sein.

4. Vorlegen von der Platte am Beistelltisch

Diese Methode hat ihren Ursprung in der englischen Sitte, daß die Familienmitglieder entweder vom Hauspersonal oder vom Familienoberhaupt bedient werden (Englischer Service). Da es sich um einen besonders gepflegten Service handelt, den die Gäste mitverfolgen sollen, ist er nur bei einer kleineren Personenzahl sinnvoll (etwa bis 6, höchstens 8 Personen). Daß das Vorlegen am Beistelltisch heute auch bei Banketten angewendet wird, hängt oft mit dem Mangel an Bedienungspersonal zusammen. Dabei kann jedoch der einzelne Gast nicht in die besondere Art dieses Service einbezogen werden.

Regeln und Richtlinien für das Servieren

▷ **Bereitstellen des Beistelltisches**

Der **Beistelltisch** (französisch: **Guéridon**) kann grundsätzlich beim Tisch stehen (stationärer Tisch) oder er wird erst bei Bedarf an den Tisch herangestellt (transportabler Beistelltisch).

Die **Stellung des Beistelltisches** in Beziehung zum Tisch ist so zu wählen, daß alle Gäste den Bedienungsvorgang mitverfolgen können.

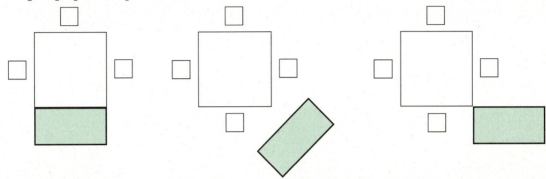

▷ **Mise en place**

Zunächst ist auf dem Beistelltisch ein **kleines Mise en place** auszuführen:

- ▸ ein Rechaud, bei getrennt angerichteten Speisen u. U. zwei Rechauds,
- ▸ Vorlegebestecke,
- ▸ unmittelbar vor dem Auftragen der Platte die vorgewärmten Teller.

▷ **Servieren der Speisen**

Bevor die Platte auf dem Rechaud abgestellt wird, ist sie den Gästen zu präsentieren. Dann schließt sich der eigentliche Bedienungsvorgang an, zu dem folgende Richtlinien zu beachten sind:

- ▸ Zum Vorlegen der Speisen beide Hände benutzen,
- ▸ die Wünsche der Gäste beachten (u. U. erfragen),
- ▸ die Speisen sachgerecht auf dem Teller anrichten und den Teller nicht überladen,
- ▸ Sauce oder Jus noch über der Platte mit der Gabel unter dem Löffel abstreifen, damit beim Vorlegen nichts auf den Tisch oder den Tellerrand tropft,
- ▸ Teller von der rechten Seite des Gastes einsetzen,
- ▸ beim Bedienen die Reihenfolge beachten: Damen, Herren, Gastgeber (Besteller),
- ▸ den Tisch nach dem ersten Vorlegen im Auge behalten und das Nachservieren nicht vergessen.

Für den Nachservice gibt es zwei Möglichkeiten:
- – Werden die Speisen für alle Gäste noch einmal komplett vorgelegt ist es üblich, die benutzten Teller einschließlich Besteck auszuheben, frisches Besteck einzudecken und zum Vorlegen der Speisen (am Beistelltisch) frische, heiße Teller zu verwenden.
- – Wünschen die Gäste nur noch einen Teil des Gerichtes (z. B. Gemüse), so wird dieser am Tisch von der Platte vorgelegt.

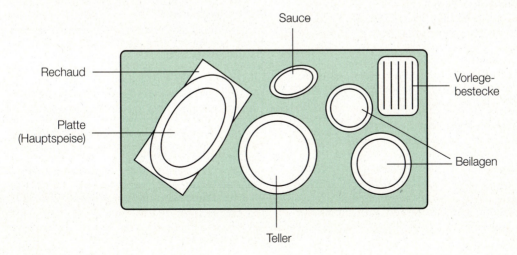

E. Servieren von Getränken

Das Bereitstellen der Getränke erfolgt am Buffet, wobei sich die Art der Bereitstellung aus dem Angebot in der Getränkekarte ergibt:

- in Gläsern oder in Karaffen,
- in Portionsflaschen oder in großen Flaschen.

1. Getränke in Gläsern, Karaffen und Portionsflaschen

Die Getränke in Gläsern und Karaffen (manchmal auch in Krügen) bezeichnet man als *„offene Getränke"*, weil sie bereits am Buffet in die sogenannten Schankgefäße (Gläser, Karaffen oder Krüge) gefüllt und insofern (auf einem Tablett) *„offen"* zum Tisch gebracht werden. Schankgefäße müssen laut Gesetz mit Füllstrich und Inhaltsangabe versehen sein. (Einzelheiten siehe im Kapitel „Buffet und Kaffeeküche".)

Portionsflaschen sind Getränkeabfüllungen, die für eine Person gedacht sind, z. B. Mineralwasser, Fruchtgetränke, Limonaden und Bier.

▷ **Servieren von Getränken in Portionsflaschen**

Beim Servieren sind Glas und Flasche auf einem Tablett zu tragen. Am Tisch gilt:

▸ Das Glas von der rechten Seite des Gastes einsetzen und ⅓ bis ½ füllen,
▸ die Flasche auf einem Untersetzer halbrechts oberhalb des Glases abstellen (das Etikett zum Gast hin ausgerichtet).

▷ **Servieren von „offenen Getränken"**

Sie werden auf einem Tablett zum Tisch gebracht. Beim Einsetzen sind folgende Richtlinien zu beachten:

Anrichteweise in Gläsern

▸ Glas von der rechten Seite des Gastes einsetzen,
▸ aus hygienischen Gründen nicht im Trinkbereich anfassen; aus ästhetischen Gründen gilt dies auch beim Ausheben des geleerten Glases.
▸ Bei Biergläsern ist darauf zu achten, daß Dekor und Beschriftungen zum Gast hin, Henkel nach rechts gerichtet sind.

Anrichteweise in Karaffen und Krügen

▸ Das Glas von der rechten Seite einsetzen und ⅓ bis ½ füllen,
▸ die Karaffe bzw. den Krug halbrechts oberhalb des Glases abstellen (bei Rotwein auf einem Untersetzer).

Zu größeren Karaffen ist eine der Personenzahl entsprechende Anzahl von Gläsern mit zum Tisch zu bringen.

2. Servieren von Weißwein in Flaschen

Es ist insbesondere darauf zu achten, daß der Wein die richtige Serviertemperatur hat (siehe Kapitel „Buffet- und Kaffeeküche"). Im allgemeinen ist die Serviertemperatur durch entsprechend kühles Lagern sichergestellt. Es kommt aber immer wieder einmal vor, daß ein rasches Absenken der Temperatur erforderlich ist. Das geschieht dann in einem Weinkühler, und den Vorgang nennt man **Frappieren**:

▸ Die Flasche ist von etwas Wasser und Eiswürfeln umgeben, die mit Salz überstreut werden.
▸ Das Salz beschleunigt das Schmelzen des Eises.
▸ Beim Schmelzen wird der Umgebung Wärme entzogen, was gleichbedeutend mit Abkühlung ist.

▷ **Mise en place**

Das Präsentieren und Öffnen der Flasche sowie das Probieren und Eingießen des Weines erfolgt am Tisch. Dazu werden auf einem Guéridon bereitgestellt:

- Die Flasche, meistens im Weinkühler,
- die Gläser und das Kellnerbesteck,
- u. U. ein gesondertes Probierglas,
- zwei Papierservietten und eine Handserviette,
- ein kleiner Teller für die Ablage des Korkens.

▷ **Präsentieren der Flasche**

Das Präsentieren geschieht von der rechten Seite des Gastes. Dabei liegt die Flasche mit dem Boden auf der linken Hand, während der Flaschenhals mit den Fingern der rechten Hand gehalten wird (leicht schräg). Der Gast erhält Gelegenheit, das Etikett zu studieren und zu prüfen, ob es seiner Bestellung entspricht.

▷ **Öffnen der Flasche**

Das Öffnen muß unter Beachtung wichtiger Richtlinien mit angemessener Sorgfalt ausgeführt werden (siehe Tabelle auf der folgenden Seite).

▷ **Probieren des Weines**

Damit sich der Besteller von der einwandfreien Beschaffenheit des Weines überzeugen kann, wird ein Probeschluck eingegossen. Beanstandungen könnten sein:

▸ Der Wein ist trüb oder schmeckt nach Kork,
▸ er hat einen artfremden Geruch oder Geschmack,
▸ sein Bukett ist aufgrund von Firne abgebaut.

Eine vom Besteller nicht erwartete Eigenschaft, z. B. bezüglich der Geschmacksnote (trocken, halbtrocken, lieblich) ist kein Ablehnungsgrund. Es gibt jedoch Betriebe, die nach dem Motto „**lieber eine Flasche Wein als einen Gast verlieren**" bei Nichtgefallen ohne Kommentar einen anderen Wein servieren.

Das *Mitprobieren* der Bedienung ist nur üblich, wenn ein fachkundiger **Sommelier** (Weinkellner) oder der Chef des Hauses den Wein serviert.

Regeln und Richtlinien für das Servieren

Richtlinien zum Öffnen der Weinflasche

Arbeitsablauf	Erläuterungen zu den einzelnen Arbeitstechniken
▶ Die Kapsel oberhalb des Wulstes oder mitten auf dem Wulst rundherum durchschneiden und den abgetrennten Teil abnehmen.	→ Das Messer wird um den Flaschenhals herumgeführt, wobei die Flasche selber höchstens ein Viertel um ihre Achse gedreht werden darf.
▶ Den Flaschenmund und die Oberfläche des Korkens mit der ersten Papierserviette abwischen.	→ Unter der Kapsel bilden sich beim Lagern manchmal schmutzige Ablagerungen und Schimmel.
▶ Den Korkenzieher in der Mitte des Korkens eindrehen und den Korken langsam gleitend herausziehen, die letzten Millimeter durch leichtes Hin- und Herbewegen des Korkens	→ Der Korkenzieher sollte den Korken nach keiner Seite hin durchbrechen, weil sich dabei Korkkrümel ablösen, die beim Eingießen des Weines mit in das Glas gelangen. → Ruckartige Erschütterungen sind zu vermeiden, weil sie negative Auswirkungen auf das Bukett haben.
▶ Den Korken auf einwandfreien Geruch hin prüfen, mit den Fingern haltend vom Korkenzieher abdrehen und auf den kleinen Teller legen.	→ Schlechter Korken könnte den Wein verdorben haben. → U. u. interessiert sich der Gast auch für das auf dem Korken angebrachte *Brandzeichen* (Name oder Nr. des Abfüllers), durch das die Originalität des Weines verbürgt ist.
▶ Den Flaschenmund mit der zweiten Papierserviette abwischen.	→ Auch Korkstückchen können im Bereich des Flaschenmundes mit der Serviette entfernt werden.

▷ **Eingießen des Weines**

Nach der Zustimmung des Bestellers werden in kleinem Kreis die Damen zuerst, dann die Herren und zuletzt der Besteller bedient.

Bei einer größeren Personenzahl (z. B. anläßlich eines Banketts) wird, um das aufwendige und störende Hin und Her zu vermeiden, der Reihe nach bedient.

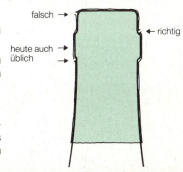

Richtlinien zum Eingießen des Weißweines

Die Verwendung einer Handserviette beim Eingießen ist *nur dann* angebracht, wenn der Wein im Weinkühler serviert wird und die Flasche aus diesem Grunde naß ist. Sie wird in diesem Falle vom Boden zum Hals hin um die Flasche herumgelegt.

Arbeitsablauf	Erläuterungen zu den einzelnen Arbeitstechniken
▶ Die Flasche von der etikettenfreien Seite her mit der rechten Hand fest umfassen und, den Handrücken nach oben gerichtet, langsam über der Glasöffnung absenken.	→ Die Auffassung, daß das Etikett beim Eingießen *vollständig sichtbar* sein müsse, ist aus verschiedenen Gründen nicht vertretbar: Erstens ist es wichtig, die Flasche fest „**im Griff**" zu haben, damit sie nicht abrutschen kann. Zweitens ist die Haltung des Armes beim „*Einschenken über den Handrücken*" zu sehr verkrampft.
▶ Den Wein langsam fließend in das Glas eingießen.	→ Erschütterungen, die durch heftiges Eingießen entstehen, schaden dem Bukett des Weines.
▶ Die Gläser bei leichtem Wein ⅔ bis ¾, bei schwerem Wein ½ bis ⅔ füllen.	→ Der jeweils freie Raum ist erforderlich, damit sich Blume und Bukett voll entfalten können.
▶ Die Flasche rechtzeitig und langsam wieder in die waagrechte Lage bringen und beim endgültigen (vorsichtigen) Aufrichten etwas nach rechts um die eigene Achse drehen.	→ Der in der Flasche verbleibende Wein darf nicht in die Flasche zurückfallen, → die letzten Tropfen am Flaschenmund verteilen sich beim Drehen der Flasche auf dem Rand und fließen in die Flasche zurück (und fallen beim Abheben nicht auf den Tisch).

Beim Eingießen aus einer *Bocksbeutelflasche* liegt diese, das Etikett nach oben gerichtet, flach auf der Hand und wird mit dem Daumen neben dem Etikett gehalten.

3. Servieren von Rotwein in Flaschen

Im Vergleich zum Weißwein sind bei Rotwein besondere Merkmale des Weines zu beachten, nämlich Temperatur und Depot.

▷ **Temperatur**

Im allgemeinen serviert man Rotwein über 14 °C, weil das typische Rotweinbukett erst ab dieser Temperatur voll zur Entfaltung kommt. Rotwein wird deshalb vor dem Servieren rechtzeitig vom Lager in einen temperierten Raum gebracht. Andererseits gibt es Gäste, die manche Rotweine aufgrund ihrer Verzehrsgewohnheiten kühl trinken.

Es kann also passieren, daß Rotwein entweder gekühlt (frappiert) oder erwärmt (chambriert) werden muß. Das *Frappieren* wurde bereits beim Weißwein beschrieben. Zum *Chambrieren* wird die Flasche mit warmen Tüchern umlegt. Die Temperatur kann aber auch reguliert werden, indem man den Wein aus der Flasche in eine gekühlte oder erwärmte Karaffe umfüllt. Da rasche Temperaturregulierungen dem Bukett des Weines schaden, sollten sie durch rechtzeitige Absprachen mit dem Besteller möglichst vermieden werden.

▷ **Depot**

Unter Depot (Bodensatz) versteht man Ablagerungen in altem Rotwein, die durch chemische Umwandlung der Weinbestandteile entstehen. Damit das Depot beim Servieren nicht aufgerüttelt wird und den Wein trüb macht, sollen die Flaschen **bereits im Lager** so gelegt werden, daß die Etiketten nach oben gerichtet sind. Dadurch erübrigt sich das Umdrehen beim Servieren (Präsentieren des Etiketts). Unabhängig davon ist beim Servieren des Weines größte Vorsicht geboten:

▶ Zum Transportieren, Präsentieren und Öffnen liegt die Flasche leicht schräg in einem speziellen Flaschenkorb oder Flaschengestell.
▶ Damit die Flasche nicht gedreht werden muß und auch sonstige Erschütterungen vermieden werden, schneidet man die Kapsel in Längsrichtung auf und nimmt sie ganz ab.
▶ Auch das Herausziehen des Korkens muß behutsam ausgeführt werden.

▷ **Eingießen von Rotwein**

Rotwein kann aus der Originalflasche in die Gläser eingegossen werden. Zu diesem Zweck hebt man das Glas aus, neigt die Flasche ganz vorsichtig und läßt den Wein langsam einfließen. Das Eingießen wird in dem Augenblick abgebrochen, wenn die ersten Teile des Depots sichtbar werden.

Rotwein kann aber vor dem Eingießen auch in eine Karaffe umgefüllt werden (Dekantieren). Dazu sind bereitzustellen:

> – ein Kerzenständer mit Kerze und Streichhölzer,
> – ein Kellnerbesteck und Papierservietten,
> – ein kleiner Teller und ein Probierglas,
> – die Flasche (im Korb liegend) und eine Dekantierkaraffe.

Nach dem Präsentieren und Öffnen der Flasche wird dekantiert:

▶ Die Kerze anzünden,
▶ den Korb mit der Flasche in der rechten, die Karaffe in der linken Hand haltend den Wein vor dem Schein der Kerze langsam umfüllen,
▶ sobald die ersten Teile des Depots im Flaschenhals sichtbar werden, das Dekantieren abbrechen.

Der Wein wird sodann aus der Dekantierkaraffe in das Glas eingegossen.

4. Servieren von Schaumwein

Damit Schaumwein mit angemessen kühler Temperatur in das Glas gelangt, kommt er im Sektkühler an den Tisch. Heftiges Bewegen der Flasche muß unterbleiben, damit die Kohlensäure nicht losgerüttelt wird.

▷ **Öffnen der Schaumweinflasche**

▶ Die Flasche aus dem Kühler nehmen,
▶ mit der rechten Hand die Stanniolhaube abnehmen, den Drahtverschluß lösen und ebenfalls abnehmen, dabei gleichzeitig den Korken mit dem Daumen der linken Hand sichern,
▶ die Serviette locker über den Korken legen, mit der rechten Hand Serviette und Korken umfassen, diesen lockern und bei gleichzeitigem Gegendruck langsam herausgleiten lassen.

Die Flasche ist beim Entkorken schräg zu halten und der Flaschenhals vom Gast abzuwenden (der Korken könnte sich „selbständig machen").

Damit der Korken nicht knallend austritt, läßt man den Überdruck im rechten Augenblick geräuscharm entweichen. Das Schräghalten der Flasche ist wichtig, weil auf diese Weise das Überschäumen verhindert wird.

▷ **Eingießen des Schaumweines**

Die Schaumbildung ist zu Beginn des Eingießens besonders stark. Aus diesem Grunde sollte man zunächst vorsichtig nur eine kleine Menge und, nach eingesetzter Beruhigung, das Glas langsam bis höchstens ¾ füllen. Die Gläser dürfen beim Eingießen ausgehoben werden.

F. Frühstücksservice

Das Frühstück unterscheidet sich in wichtigen Punkten von den anderen Mahlzeiten.

1. Merkmale der Frühstückssituation

Sie ergeben sich vor allem durch die besondere *Situation am Morgen*, was nachfolgend erläutert wird.

▷ **Frühstücksatmosphäre**

Ihr kommt im Hinblick auf den Gast eine besondere Bedeutung zu, denn sie beeinflußt in hohem Maße seine *„Stimmung"* und sein *„Befinden"* für die nachfolgenden Stunden. Der Service muß seinen Beitrag zu einer guten Frühstücksatmosphäre leisten:

- Ein gut gelüfteter Raum,
- ein sauberer und sorgfältig eingedeckter Tisch mit einem kleinen Blumenschmuck,
- eine Bedienung, die ausgeschlafen ist und dem Gast mit Aufmerksamkeit und Freundlichkeit begegnet.

▷ **Erscheinungsbild der Gäste am Morgen**

Gerade am Morgen weicht das Erscheinungsbild der Menschen stark voneinander ab:

▶ Da sind **die Eiligen**, die aufgrund ihres Terminkalenders unter zeitlichem Druck stehen,
▶ es gibt **die Gemütlichen**, die sich z. B. im Urlaub oder in Kur befinden und sich deshalb durch nichts zur Eile bewegen lassen,
▶ und dann sind da noch **die besonders Anspruchsvollen**, die schon am Morgen vielfältige Sonderwünsche an den Service herantragen.

Hier muß die Bedienung vieles ausgleichen und überbrücken, um den verschiedenen Temperamenten und Stimmungen Rechnung zu tragen.

▷ **Spezifische Arbeitsbedingungen**

Am Frühstück nehmen im allgemeinen alle Gäste des Hauses teil. Daraus ergibt sich zumindest zeitweise ein starker Andrang und häufig sind Tische ein zweites Mal herzurichten.

Zum Frühstück wird außerdem Tischgerät in vielfältiger Form und in großen Mengen benötigt. Auf Servicetischen ist deshalb genügend Reservegeschirr, und zwar übersichtlich und griffbereit, anzuordnen.

Die notwendigerweise raschen Bedienungsabläufe machen ein umsichtiges und rationelles Arbeiten erforderlich. So ist z. B. bei jedem Gang zum Office gebrauchtes Geschirr mitzunehmen.

Trotz Eile und vielfältigem Geschirr sollte die Bedienung darauf achten, daß keine Hektik entsteht und die Geräusche abgeschwächt bleiben.

2. Mise en place zum Frühstück

▷ **Servicetisch**

Für das ganz einfache kontinentale Frühstück sind bereitzustellen:

- Mittelteller und Kaffeeuntertassen,
- Mittelmesser und Kaffeelöffel,
- Aschenbecher und Servietten.

Wegen der vielen Portionspackungen zum Frühstück gibt es heute außerdem entsprechende Tischabfallbehälter.

Zum erweiterten Frühstück nach der Karte sind folgende Ergänzungen auf dem Servicetisch notwendig:

Speisen à la carte	Ergänzungen auf dem Servicetisch
Gekochtes Ei	– Unterteller, Eierbecher, Eierlöffel – Pfeffer- und Salzmenage
Wurst gekochter Schinken Käse roher Schinken	– Mittelgabel und Vorlegebesteck Pfeffer- und Salzmenage – zusätzlich Pfeffermühle
Spiegeleier Rühreier	– Mittelgabel und Mittelmesser – Pfeffer- und Salzmenage
Porridge Cornflakes Müsli	– Unterteller und Mittellöffel – Karaffe mit Milch – Zuckerstreuer
Joghurt Quarkspeisen	– Unterteller und Kaffeelöffel
Milch Buttermilch Obstsäfte Gemüsesäfte Tomatensaft	– Unterteller – Milchbecher – Saftglas – ergänzend Rührlöffel – Pfeffermühle
Grapefruit	– Unterteller – Kaffeelöffel oder Grapefruitlöffel – Zuckerstreuer
Melone	– Mittelmesser und Mittelgabel
Tee	– Zitronenpresse – Unterteller und Ablageteller – brauner Zucker od. Kandiszucker

Die Angaben in dieser Tabelle sind z. B. auch wichtig im Hinblick auf das ergänzende „Tisch-Mise en place" während des Frühstücks.

Der Servicetisch müßte beim erweiterten Frühstücksangebot etwa folgendermaßen ausgestattet sein:

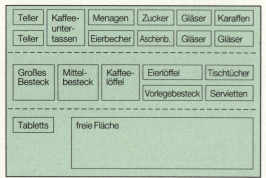

▷ **Frühstücksgedecke**

Je nach dem Umfang des Frühstücks werden einfache oder erweiterte Gedecke vorbereitet. Aus zeitlichen Gründen geschieht das im allgemeinen bereits am **Vorabend**.

Einfaches Frühstücksgedeck

Es handelt sich dabei um das Gedeck für die einfachste Ausstattung des kontinentalen Frühstücks, bestehend aus Getränk sowie Gebäck, Butter und Konfitüre.

▸ Mittelteller mit Serviette
▸ Mittelmesser
▸ Kaffeeuntertasse mit Kaffeelöffel

Die Kaffeetasse befindet sich **zum Vorwärmen** im Réchaud und wird erst zusammen mit dem bestellten Getränk zum Tisch gebracht.

Erweitertes Frühstücksgedeck

Das einfache Frühstück wird manchmal ein wenig mit Wurst oder Käse erweitert. Das Frühstücksgedeck ist dann entsprechend zu ergänzen.

▸ Mittelteller mit Serviette
▸ Mittelmesser und **Mittelgabel**
▸ Kaffeeuntertasse mit Kaffeelöffel
▸ **Salz-** und **Pfeffermenage**

Morgens, noch bevor die ersten Gäste kommen, werden die am Abend vorbereiteten Gedecke bzw. Tische vervollständigt:

▸ Konfitüre und Honig sowie Zucker und Süßstoff auf kleinen Tellern angerichtet,
▸ kleine Vasen mit Blumen.

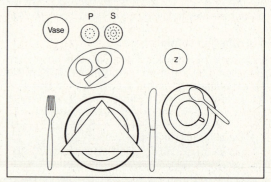

Aufgrund von zusätzlichen Bestellungen nach der Frühstückskarte ergeben sich im Gedeck weitere Veränderungen, die aber erst nach Aufnahme der Bestellung auszuführen sind (siehe „Servieren des Frühstücks" weiter unten).

3. Servieren des Frühstücks

▷ **Einfaches Frühstück**

Nachdem der Gast seinen Getränkewunsch bekanntgegeben hat, kann mit dem Service begonnen werden:

▸ Einsetzen von Gebäck und Butter, u. U. die kleine Wurst- oder Käseplatte (an Vorlegebesteck denken),
▸ Servieren des Getränks, einschließlich der vorgewärmten Tasse, sowie der Sahne oder der Milch.

Bei der Anordnung der Frühstücksbestandteile für einen einzelnen Gast ist von links nach rechts um den Gedeckplatz herum folgende Reihenfolge bzw. Zuordnung üblich:

[Gebäck – Butter – Konfitüre] [Zucker – Milch – Getränke]

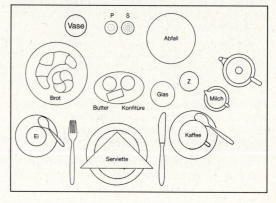

Regeln und Richtlinien für das Servieren

▷ **Erweitertes Frühstück nach der Karte**

Bei solchen Ergänzungen ist zu unterscheiden zwischen denen, die außerhalb des Gedeckplatzes eingesetzt werden, und solchen, für die der Gedeckplatz freigemacht werden muß. Vorerst sind jedoch die von der Kaffeeküche bzw. der Küche bereitgestellten Speisen oder Getränke von der Bedienung am Servicetisch je nachdem mit Unterteller, Besteck, Menagen oder anderem Tischgerät zu vervollständigen bzw. der Gedeckplatz am Tisch umzugestalten.

Außerhalb des Gedeckplatzes werden eingesetzt:
- das gekochte Ei (im Eierbecher, auf Unterteller, mit Eierlöffel),
- Wurst, Schinken und Käse (auf einer Platte, mit Vorlegebesteck),
- Joghurt und Quark (auf Unterteller, mit Kaffeelöffel),
- Milch (auf Unterteller) und Säfte.

Für folgende Speisen ist der Gedeckplatz freizumachen:
- Eierspeisen (Rühreier und Spiegeleier),
- Getreidespeisen (Porridge, Cornflakes und Müsli),
- Obst (Grapefruit und Melone).

Nach der Aufnahme der Bestellung gibt es dabei für den Service folgenden Ablauf:
- Die Bestellung an die Abgabestelle weiterreichen,
- am Tisch den Mittelteller mit dem Messer nach links außerhalb des Gedeckplatzes umstellen,
- das für die bestellte Speise erforderliche Besteck eindecken sowie die Menagen einsetzen,
- die Speise servieren,

und nachdem der Gast die Speise verzehrt hat:
- den Speiseteller mit dem Besteck ausheben,
- den Mittelteller mit dem Messer auf den Gedeckplatz zurückstellen.

Spiegeleier mit Schinken

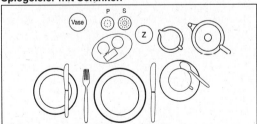

Porridge oder Cornflakes

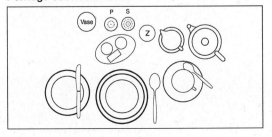

4. Frühstück auf der Etage

Der Service auf der Etage ist sehr aufwendig und bedarf deshalb einer besonders guten Organisation.

▷ **Mise en place**

Für das Etagenfrühstück werden am Vorabend **Einer-** und **Zweierplateaus** vorbereitet.
- Plateautuch,
- Mittelteller mit Serviette,
- Mittelmesser, Untertasse und Kaffeelöffel,
- Schälchen mit Zucker bzw. Süßstoff.

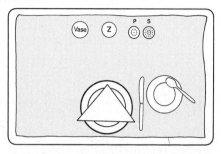

▷ **Frühstücksbestellung durch den Gast**

Das Zimmermädchen stellt dem Gast auf dem Zimmer täglich eine Frühstücksbestelliste für den nächsten Morgen zur Verfügung. Wenn dieser sein Frühstück auf dem Zimmer einnehmen möchte, trägt er seine Wünsche am Abend vorher in die Liste ein und hängt sie dann außen an die Zimmertür.

▷ **Frühstücksdienst auf der Etage**

Als erstes sammelt die Bedienung auf der Etage die Frühstücksbestellisten ein und erstellt daraufhin eine **Kontrolliste** für den Frühstücksservice. Diese enthält

▸ entsprechend der eingegangenen Bestellungen die Zimmernummern und die jeweils zugehörige Zeitangabe für das Servieren des Frühstücks
▸ sowie Spalten für die Vermerke „Frühstück serviert" und „Frühstücksgeschirr abgeräumt".

Ist der Zeitpunkt für das Servieren herangekommen, wird das Plateau vervollständigt: Gebäck, Butter, Konfitüre, die vorgewärmte Tasse und das Getränk (u.U. die möglichen Extras).

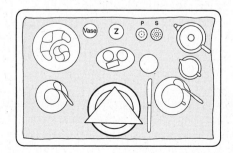

Schulhotel Hamburg

Etagen-Service

Room-Service

BESTELLEN Sie sich das pünktliche Frühstück am Abend vorher.
To have your breakfast in time ORDER it the evening before.

Service gewünscht / zwischen: – Desired Service Time:					
7.00–7.30	7.30–8.00	8.00–8.30	8.30–9.00	9.00–9.30	9.30–10.00

Zimmer Nr. Room No.	Anzahl der Gäste Number of guests	Kellner Waiter	Datum Date

Frühstück komplett DM 18,00 | | **Continental breakfast DM 18,00**

		DM	
☐	Kaffee		Coffee
☐	Tee		Tea
☐	Kakao		Chocolate
☐	Glas Milch, warm oder kalt	2,50	Glass of milk, hot or cold
☐	Orangensaft	5,00	Fresh orange juice
☐	Grapefruchtsaft	5,00	Grapefruit juice
☐	Tomatensaft	5,00	Tomato juice
☐	Frische halbe Grapefrucht	4,00	Fresh half grapefruit
☐	Backpflaumen	4,00	Stewed prunes
☐	Frisches Farm-Ei	2,00	Soft-boiled fresh egg
☐	Zwei in Butter gebratene Spiegeleier oder Rühreier	6,00	Pair of fresh country-eggs cooked to your order
☐	(mit Schinken, Speck oder Würstchen)	7,00	(with ham, bacon or sausages)
☐	Schinken od. Frühstücksspeck knusprig gebraten	6,00	Rasher of bacon, ham or sausages
☐	Zwei pochierte Eier auf Toast	6,00	Two poached eggs on toast
☐	Eine Tasse Haferflockenbrei mit frischer Sahne oder Milch	5,00	One cup hot porridge with fresh cream or milk
☐	Cornflakes mit frischer Sahne oder Milch	5,00	Cornflakes with fresh cream or milk
☐	Joghurt	3,00	Joghurt
☐	Schinken roh oder gekocht (kleine Portion)	8,00	Smoked or boiled ham (half portion)
☐	Gemischter Aufschnitt (kleine Portion)	8,00	Mixed cold cuts (half portion)
☐	Käse in reicher Auswahl	8,00	Assortment of cheeses

Besondere Wünsche | Special Requests

Obige Preise sind Inklusivpreise | Service and tax included

Unterschrift des Gastes (Unterschreiben Sie bitte erst nach Erhalt Ihrer Bestellung.)
Signature of guest (Please only sign after receipt of your order.)

No. 3498

Regeln und Richtlinien für das Servieren 311

Für den Transport wird das Plateau mit beiden Händen aufgenommen, wobei die rechte Hand Hilfestellung leistet, bis auf der linken Hand (Tragehand) das Gleichgewicht hergestellt ist. Die rechte Hand muß frei sein für das Öffnen und Schließen von Türen sowie für das Anklopfen am Zimmer. Dieses darf erst betreten werden, wenn der Gast „herein"-gebeten hat. Für das Verhalten im Zimmer ist zu beachten:

▸ Ein höfliches und freundliches *„Guten Morgen"* ist selbstverständlich,
▸ ausschweifendes Reden von seiten der Bedienung sollte unterbleiben,
▸ Zurückhaltung und Diskretion sind geboten.

Frühstücken im Zimmer zwei oder mehr Personen, ist u. U. ein kleiner Frühstückstisch bereitzustellen und einzudecken.

Aufgaben (Servieren von Speisen, Getränkeservice, Frühstücksservice)

Grundlegende Begriffe und Richtlinien:
1. Erläutern Sie folgende Bezeichnungen:
   a) Table d'hôte-Service, Bankett-Service, à part-Service,
   b) à la carte-Service, Buffet-Service, Etagenservice.
2. Beschreiben Sie kurz die Besonderheiten des Tellerservice und das Servieren vom Wagen.
3. Was versteht man unter Plattenservice, und welch unterschiedliche Methoden werden bei diesem Service angewendet?
4. Beschreiben Sie grundlegende Richtlinien für den Service in bezug auf
   a) Rücksichtnahme gegenüber dem Gast,
   b) störungsfreie und kräftesparende Wege der Bedienung

Tellerservice:
5. Welche Aufgaben haben die beiden Hände beim Tellerservice, und wie werden sie deshalb genannt?
6. Beschreiben Sie das Aufnehmen von ein, zwei und drei Tellern und nennen Sie die Bezeichnungen für die Teller sowie die Art des Greifens.
7. Beschreiben und begründen Sie zum Einsetzen der Teller am Tisch
   a) die Bewegungsrichtung beim Einsetzen,
   b) die Laufrichtung der Bedienung,
   c) Ausnahmen.
8. Beschreiben Sie zum Ausheben von Tellern
   a) die Bewegungsrichtungen,
   b) das Aufnehmen der Teller und das Ordnen der Bestecke,
   c) die Behandlung von Speisenresten auf den Tellern.
9. Auf welche Weise werden Suppen- und Dessertgedecke ausgehoben?

Plattenservice:
10. Nennen Sie grundlegende Besonderheiten bzw. Richtlinien für den Plattenservice in bezug auf Rèchauds, Teller und Vorlegebestecke.
11. Wann und wie werden unterschiedliche Mengen leerer Teller aufgetragen?
12. Erklären Sie die Bezeichnungen „Russischer Service", „Französischer Service" und „Englischer Service".

Anbieten von der Platte am Tisch:
13. Welche Richtlinien gibt es für die Bewegungsrichtung beim Anbieten und für die Laufrichtung der Bedienung?
14. Beschreiben und begründen Sie Richtlinien in bezug auf das Halten und Anbieten der Platte sowie die Lage des Vorlegebestecks.

Vorlegen von Speisen am Tisch:
15. Beschreiben Sie die unterschiedlichen Arten des Greifens mit dem Vorlegebesteck und ordnen Sie Anwendungsbeispiele zu.
16. Beschreiben Sie Richtlinien für das Anrichten der Speisen auf dem Teller, insbesondere auch für Saucen und Butterzubereitungen.

Vorlegen von der Platte am Beistelltisch:
17. Wie heißt die französische Bezeichnung für den Tisch?
18. Unter welcher Voraussetzung ist dieser Service überhaupt nur sinnvoll?
19. Wie muß bzw. kann der Beistelltisch dem Gasttisch zugeordnet sein? Warum?
20. Beschreiben Sie das Mise en place und das Auftragen von Speisen.
21. Beschreiben Sie Richtlinien für das Vorlegen und Einsetzen.

Offene Getränke:
22. Erklären Sie die Bezeichnung „Offene Getränke".
23. Nennen Sie Getränkebeispiele.
24. Welche Richtlinien gibt es für das Servieren
    a) bei Getränken in Gläsern (z. B. Wein, Bier)?
    b) bei Getränken in Karaffen oder Krügen?

Getränke in Portionsflaschen:
25. Nennen Sie Getränkebeispiele.
26. Auf welche Weise werden die Getränke serviert?

Servieren von Weißwein in Flaschen:
27. Was gehört zum kleinen Mise en place?
28. Beschreiben Sie das Präsentieren und fachgerechte Öffnen der Flasche.
29. Welche Richtlinien gibt es in bezug auf die Reihenfolge und den Vorgang des Eingießens?
30. Beschreiben Sie das Eingießen aus der Schlegelflasche und der Bocksbeutelflasche.

Servieren von Rotwein in Flaschen:
31. Warum beträgt die Serviertemperatur bei Rotwein im allgemeinen über 14 °C?
32. Erklären und beschreiben Sie die Vorgänge Frappieren und Chambrieren.
33. Was versteht man bei Rotwein unter Depot?
34. Nennen Sie bezüglich des Depots Richtlinien für das Lagern der Flaschen sowie das Servieren des Weines.
35. Erklären und beschreiben Sie das Dekantieren von Rotwein.

Servieren von Schaumwein:
36. Beschreiben Sie das sachgerechte Öffnen der Flasche.
37. Worauf ist beim Eingießen von Schaumwein zu achten?

Frühstücksservice:
38. Welche Bedeutung hat die Frühstücksatmosphäre für den Gast, und welchen Beitrag muß der Service diesbezüglich leisten? Nennen Sie Beispiele.
39. Beschreiben Sie die besonderen Anforderungen an die Bedienung beim Frühstück in bezug auf
    a) das unterschiedliche Erscheinungsbild der Menschen am Morgen,
    b) die spezifischen Arbeitsbedingungen.
40. Beschreiben Sie das Herrichten von einfachen und erweiterten Frühstücksgedecken:
    a) Vorbereitungen am Vorabend,
    b) Ergänzungen am Morgen.

Servicetisch für das Frühstück:
41. Wie ist der Servicetisch für das einfache Frühstück ausgestattet?

42. Nennen Sie die Angebote einer Frühstückskarte sowie die zugehörigen Ergänzungen auf dem Servicetisch (Tischgeräte, Menagen).

Servieren des Frühstücks:
43. Beschreiben Sie das Servieren des einfachen Frühstücks sowie die Anordnung der Frühstücksteile um den Gedeckplatz herum.
44. Auf welche Weise und unter Beachtung welcher Ergänzungen und Abläufe werden serviert:
    a) ein Ei, Joghurt, Quark, Wurst oder Schinken?
    b) Rühreier oder Spiegeleier?
    c) Porridge, Cornflakes oder Müsli?
    d) Grapefruit oder Melone?

Frühstück auf der Etage:
45. Beschreiben Sie das Mise en place am Vorabend sowie die Bereitstellung am Morgen.
46. Auf welche Weise bestellt der Gast sein Frühstück für die Etage, und welche Kontrollmaßnahmen sind für den Ablauf des Service erforderlich?
47. Welche besonderen Richtlinien sind für den Service auf der Etage zu beachten?

IV. Abrechnen mit dem Gast und mit dem Betrieb

Restaurantfachkräfte sind *selbständige Verkäufer*, die einerseits mit dem Gast und andererseits mit dem Betrieb abrechnen müssen. Um das gesamte Verkaufsgeschehen lückenlos kontrollieren zu können ist es erforderlich, daß für jeden Verkauf ein Beleg (Bon) ausgeschrieben wird. Das geschieht entweder in einem Bonbuch oder in einer Registrierkasse. Der Bon ist ein Gutschein, und jeder, der ihn im betrieblichen Ablauf besitzt, hat Anspruch auf eine Gegenleistung:
▸ die Bedienung gegenüber der Ausgabestelle auf eine Speise oder ein Getränk,
▸ der Betrieb gegenüber der Bedienung auf das vom Gast entgegengenommene Geld.

Ausstattungen	Zwecke
Das Bonbuch und die Bons sind (unabhängig von den fortlaufenden Bon-Nummern) mit einer gleichlautenden Nr. gekennzeichnet.	Die Nummer ist identisch mit der Nummer der Bedienung, so daß bei der Abrechnung Verwechslungen ausgeschlossen sind.
Die Bonbücher einschließlich der jeweils zugehörigen Bons haben unterschiedliche Farben.	Bedienungsreviere, besondere Veranstaltungen sowie Tage mit geradem oder ungeradem Datum können gegeneinander abgegrenzt werden.
Die Bons enthalten zusätzlich zum Grundbon einen Abriß, den sogenannten **Talon**.	Der Abriß wird mit der bestellten Ware zurückgereicht, so daß Verwechslungen ausgeschlossen sind.

A. Arbeiten mit dem Bonbuch

Beim Einsatz von Bonbüchern werden die Bons handschriftlich ausgefertigt.

1. Ausstattung des Bonbuchs
Zur *Grundausstattung* gehört einerseits das Oberblatt mit den perforierten einzelnen Bons und andererseits das Unterblatt für die Durchschriften. Die Bons sind fortlaufend numeriert. Darüber hinaus gibt es *Sonderausstattungen*, die auf ganz bestimmte Zwecke ausgerichtet sind.

2. Richtlinien für das Bonieren
Die von den Bedienungen ausgeschriebenen Bons sind die Grundlage für alle weiteren Abrechnungs- und Kontrollvorgänge. Das Bonieren muß deshalb mit angemessener Sorgfalt und unter Beachtung besonderer Richtlinien durchgeführt werden.

- Beim Dienstantritt sind auf dem ersten Bon das Datum und der Name der Bedienung einzutragen, damit der Beginn des Abrechnungszeitraums fixiert ist.
- Auf den nachfolgenden Bons werden die zur Bestellung erforderlichen Eintragungen gemacht: Menge, Art und Preis der Ware.
- Um Verwechslungen auszuschließen, sind die Aufzeichnungen gut leserlich auszuführen.
- Jeder Bon darf nur mit einer Warenart beschriftet werden, damit das Sortieren, Auszählen und Addieren im Kontrollbüro nicht unnötig erschwert wird.
- Falsche Bonierungen sind durch die Ausfertigung von **Fehlbons** (Rückbons) rückgängig zu machen (Stornierung).

Die **Originalbons** werden der jeweiligen Abgabestelle (Küche, Buffet oder Bar) übergeben und gelten als Aufforderung, die Ware bereitzustellen.

Die **Durchschriften** verbleiben im Bonbuch und sind die Grundlage für das Abrechnen mit dem Gast und mit dem Betrieb.

3. Beurteilung des Einsatzes von Bonbüchern

Die Verwendung hat gegenüber dem Bonieren mit Registrierkassen Nachteile:
- Großer Zeitaufwand beim Bonieren und Abrechnen sowie bei der Auswertung der Bons im Kontrollbüro,
- mögliche Unkorrektheiten von seiten der Bedienung durch Manipulation beim Ausschreiben der Bons,
- vielfältige Fehlerquellen aufgrund ungenauer, unleserlicher oder falscher Eintragungen auf dem Bon.

Die Verwendung ist in besonderen Fällen allerdings zweckmäßig, z. B.:
- wenn eine kostspielige Registrierkasse für den Betrieb unwirtschaftlich ist,
- bei Sonderveranstaltungen wegen der vereinfachten und gesonderten Abrechnung,
- beim Einsatz von Aushilfskräften, die im Umgang mit Kassen unkundig sind.

4. Abrechnen mit dem Gast

Wenn man von der ganz einfachen Art der Abrechnung mit Notiz- oder Rechnungsblock absieht, erhält der Gast eine Rechnung mit folgenden Angaben:
- Menge, Art und Preis der in Anspruch genommenen Leistungen,
- Rechnungssumme und Mehrwertsteuer.

In Verbindung mit dem Bonbuch wird die Rechnung handschriftlich ausgefertigt.

Zahlt der Gast bar, wird ihm die **Originalrechnung** sofort ausgehändigt. Bei Hotelgästen, deren Verzehr in die Endabrechnung des Hotels übernommen werden soll, ist die Rechnung mit der Zimmer-Nr. zu versehen, vom Gast zu unterschreiben und an den Empfang weiterzuleiten. Die **Rechnungsdurchschrift** bleibt bis zur Abrechnung mit dem Betrieb bei der Bedienung.

[1] nach dem jeweils gültigen Prozentsatz.

5. Abrechnen mit dem Betrieb

Dazu dient ein Vordruck, in den folgende Eintragungen gemacht werden:
- Datum sowie Name und Nr. der Bedienung,
- Gesamtumsatz, Fehlbons (Rückbons) und berichtigter Umsatz,
- Restanten und der abzurechnende Geldbetrag.

Restanten sind Rechnungen, die beim Abrechnen mit dem Gast offenbleiben und
▶ entweder einer Firma oder dem Gast zugeschickt und dann erst per Überweisung beglichen werden,
▶ oder (bei Hotelgästen) dem Empfang zugeleitet und dort auf die Hotelrechnung des Gastes übernommen werden.

Grundlagen für die Eintragungen sind:
- das Bonbuch, in dem die Bon-Durchschriften zum Gesamtumsatz aufaddiert werden,
- die nicht bezahlten und vom Gast unterschriebenen Originalrechnungen,
- das kassierte Bargeld sowie die angenommenen Schecks und Kreditkarten-Belastungsbelege.

Darüber hinaus werden zur vergleichenden Kontrolle die Rechnungsdurchschriften an das Kontrollbüro übergeben.

Schulhotel Wiesbaden

Restaurant-Abrechnung

Datum: 23.03.1990 Name: Schmidt Nr.: 8

Umsatz		1.712,40	Restanten/Rechnungen an Hotel		
./. Fehlbons	2	34,15	Rechnungs-Nr.	Zimmer-Nr.	DM
Berichtigter Umsatz		1.678,25	318	128	123,90
./. Restanten		456,50	459	434	332,60
Kasse		1.221,75			

Erhalten: Steinmüller (Kassierer)

geprüft: Krause (Kontrollbüro)

Summe: 456,50

6. Abrechnungs- und Umsatzkontrollen

▷ **Abrechnungskontrolle**

Sie erfolgt gegenüber den Bedienungen, die ihre Einnahmen an den Betrieb abrechnen müssen. Grundlage dafür sind die aufaddierten Durchschriften in den Bonbüchern im Vergleich mit den Originalbons der Abgabestellen.

▷ **Umsatzkontrollen**

Die Abrechnungskontrolle gegenüber den Bedienungen ist gleichzeitig auch eine Umsatzkontrolle (Umsätze der Bedienungen). Durch entsprechendes Umsortieren der Bons kann der Gesamtumsatz noch unter anderen Gesichtspunkten aufgeschlüsselt werden:

▶ Umsätze der verschiedenen Abgabestellen (Abgabekontrolle bzw. Auslastungskontrolle),
▶ Umsätze der verschiedenen Warenarten (Warenverkaufskontrolle, Absatzkontrolle bzw. Verkaufsvolumen),
▶ Umsätze innerhalb bestimmter Zeitabschnitte (z. B. Woche, Monat).

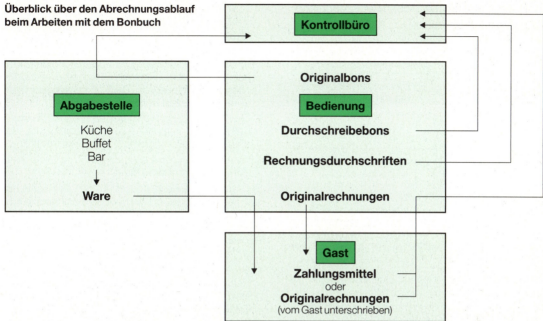

Anmerkung:
Die Summe der Durchschreibebons (um die Fehlbons bereinigt) muß der Summe der eingenommenen Zahlungsmittel (Bargeld, Schecks usw.) zuzüglich der vom Gast unterschriebenen (noch nicht beglichenen) Originalrechnungen entsprechen. Die Gäste haben die erhaltenen Waren entweder in irgendeiner Form bezahlt oder eine Rechnung unterschrieben.

B. Arbeiten mit Registrierkassen

Gegenüber den Bonbüchern haben Registrierkassen große Vorteile:

- Der zeitliche Aufwand beim Bonieren sowie bei den Abrechnungs- und Umsatzkontrollen ist wesentlich geringer,
- Fehler beim Multiplizieren und Addieren sowie beim Sortieren der Bons sind weitgehend ausgeschlossen.

Es gibt zwei grundlegende Arten von Registrierkassen: mechanische und elektronische.

1. Arbeiten mit mechanischen Kassen

▷ **Ausstattung**

Zur Grundausstattung gehören einerseits Addierwerke für die einzelnen Bedienungen und andererseits Addierwerke für die verschiedenen Verkaufsartikel. Bei bestimmten Kassentypen kommt als zusätzliches Ausstattungselement die mechanische Rechnungstellung hinzu.

Die **Addierwerke für die Bedienungen** werden beim Bonieren entweder durch das Einschieben eines persönlichen Schlüssels oder durch das Eingeben eines persönlichen Codes angesprochen. Die nachfolgend eingegebenen Bonbeträge werden dann automatisch im Addierwerk der jeweiligen Bedienung registriert und aufaddiert. Das Addierwerk entspricht den Durchschriften im Bonbuch.

Die **Addierwerke für die verschiedenen Artikel** werden beim Bonieren mit Hilfe sogenannter Spartentasten angesprochen. Die anschließend eingegebenen Bonbeträge werden daraufhin im jeweiligen Spartenaddierwerk registriert und aufaddiert. Beim Arbeiten mit Bonbüchern entspricht das dem Sortieren der Bons im Kontrollbüro.

Spartentasten	zugeordnete Artikel
– Küche	→ alle Speisen
– Aufgußgetränke	→ Kaffee, Tee, Kakao
– Wein	→ Wein, Schaumwein
– Alkoholfreie Getränke	→ Wasser, Säfte, Limonaden
– Spirituosen	→ Branntweine, Liköre, Aperitifs
– Rauchwaren	→ Zigaretten, Zigarren
– Verschiedenes	→ z. B. Postkarten, Knabbergebäck

▷ Bonieren mit mechanischen Registrierkassen

Das Bonieren in Verbindung mit Registrierkassen ist durch folgenden Ablauf gekennzeichnet:

Maßnahmen	Ergebnisse
Einführen des Schlüssels in die Kasse oder Eingeben des persönlichen Codes	→ Das Addierwerk der Bedienung wird angesprochen
Drücken der Spartentaste	→ das Spartenaddierwerk wird angesprochen
Eingeben des Betrages	→ die Kasse gibt einen Bon ab (siehe Bon-Skizze)

Gleichzeitig registriert die Kasse den Betrag sowohl auf dem Addierwerk der Bedienung als auch auf dem Spartenaddierwerk.

Der von der Kasse ausgedruckte Bon enthält folgende Angaben:

- Nr. der Bedienung, Preis und Sparte,
- Kontroll-Nr. (fortlaufende Nr.) und Datum.

Die Angaben auf dem Bon müssen von der Bedienung handschriftlich ergänzt bzw. vervollständigt werden:

- Tisch-Nr. und Artikel,
- bei Fleisch die Garstufe, u. U. die Beilagen.

In Verbindung mit Registrierkassen können sowohl Einzelbons als auch Sammelbons ausgeschrieben werden.
Einzelbons enthalten jeweils nur einen Artikel, **Sammelbons** enthalten verschiedene Artikel. Beim Bonieren mit Bonbüchern dürfen nur Einzelbons ausgestellt werden. In Verbindung mit Registrierkassen ist aus folgenden Gründen auch das Ausstellen von Sammelbons möglich:

▸ Handgeschriebene Bons aus einem Bonbuch müssen im Kontrollbüro zur Feststellung des Umsatzes den verschiedenen Warenarten entsprechend sortiert werden, deshalb jeweils nur eine Warenart auf dem Bon.
▸ Die Kasse dagegen registriert und addiert die Bonbeträge auf getrennte Sparten-Addierwerke, so daß das spätere Sortieren und Addieren entfällt.

▷ Abrechnen mit dem Gast

Bei Kassen ohne Rechnungsstellung ist die Rechnung wie beim Arbeiten mit Bonbüchern handschriftlich auszufertigen. Handelt es sich aber um eine Kasse mit Rechnungsstellung (Guest-Check), dann wird die Rechnung beim Bonieren automatisch mitgeschrieben. Dabei sind folgende Vorgänge von Bedeutung:

▸ Bevor die erste Bestellung eines Gastes in die Kasse eingegeben wird, legt die Bedienung einen Rechnungsvordruck in die Kasse bzw. in das Zusatzgerät ein.
▸ Die Kasse registriert den Bonbetrag dann nicht nur in den Addierwerken und auf dem Bon, sondern gleichzeitig auch auf der Rechnung.
▸ Bei jedem weiteren Bonieren sowie vor dem Abrechnen mit dem Gast ist die Rechnung jeweils erneut in die Kasse einzulegen (die nächste freie Zeile wird automatisch gefunden).

▷ Abrechnen mit dem Betrieb

Während der Umsatz der Bedienung beim Arbeiten mit Bonbüchern handschriftlich aufaddiert werden muß, kann bei Registrierkassen am Ende des Dienstes die Gesamtsumme per Tastendruck abgerufen werden. Die weiteren Abrechnungsvorgänge sind wie beim Abrechnen mit Bonbüchern.

Küchen-Bon

Tisch-Nr.	T 4		4	Bedienungs-Nr.
Artikel	1 Tournedos Rossini (medium)			
Kontroll-Nr. (fortlaufende)	143		34,50	Preis
Datum	30 No		Kü	Sparte
	143		34,50	
Doppelbon	30 No		Kü	

Buffet-Bon

Tisch-Nr.	T 6		4	Bedienungs-Nr.
Artikel	1 Pils			
Kontroll-Nr. (fortlaufende)	136		4,50	Preis
Datum	11 AP		Bi	Sparte Bi = Bier
	136		4,50	
Doppelbon	11 AP		Bi	

andere Spartenangaben

We	= Wein
Wa	= Wasser
Sa	= Saft
Sp	= Spirituose
Ve	= Verschiedenes

2. Arbeiten mit elektronischen Kassen

Elektronische Kassen sind vollprogrammierte Systeme mit unterschiedlich umfangreicher Ausrüstung.

▷ **Bonieren**

Die Artikel sind mit allen Details einprogrammiert, so daß beim Bonieren nur noch die Programmtaste bedient werden muß (z. B. „Bier, Pilsener", „Sherry", „Menü I", „Cordon bleu"). Die ausgegebenen Bons sind mit allen Angaben bedruckt. Die Artikelbezeichnung erfolgt im Klartext, bei Fleischgerichten u. U. einschließlich der Garstufe und der Beilagen.

▷ **Abrechnen mit dem Gast** (Guest-Check)

Die Angaben für die Rechnung werden in einem eigens für den Gast bestimmten Addierwerk registriert und bei Rechnungsstellung *in einem* Arbeitsgang ausgedruckt; in vollendeter Form auch hier bis hin zur Beschriftung im Klartext (siehe unten).

▷ **Abrechnen mit dem Betrieb**

In den voll durchorganisierten Systemen wird auf Abruf für jede Bedienung automatisch ein detaillierter Umsatzbericht ausgefertigt (auch Servicebericht genannt).

```
Restaurant-Kontrolle

4  32  12:24  08/10  2 Kaffee   8.80
```
   Uhrzeit Datum Artikel   Preis
   Kontroll-Nr. (fortlaufend)
Bedienungs-Nr.

```
            Bedienungs-Nr. 5
Brutto-Umsatz        34        1815.40
Storno                2          76.30
Netto-Umsatz         32        1739.10
Kredit                6        1104.80
Kasse                            634.30
Datum  18/10/92
```

Schulhotel Düsseldorf

Rechnung für ....

835	Bedienung	Datum	Tisch
	4	15/01/93	5

1 Sekt 34		26.00	**26.00**
2 Küche		34.50	**69.00**
1 Wein 75		22.00	**22.00**
1 Storno		22.00	**22.00 —**
1 Wein 76		27.00	**27.00**
2 Kaffee 52		4.40	**8.80**

Mehrwertsteuer DM 17.06 enthalten

Kasse   **DM 130.80**

Rechnung anerkannt: Unterschrift ....

Zimmer-Nr. .... Name ....
                                   (Blockschrift)

Wird nur ausgefüllt, wenn der Gast den Rechnungsbetrag nicht an die Bedienung bezahlt.

C. Kontroll- und Abrechnungsmaßnahmen besonderer Art

Neben den umfassenden Abrechnungsverfahren mit Bonbüchern und Registrierkassen gibt es Kontroll- bzw. Abrechnungsmaßnahmen, die lediglich auf bestimmte Teilbereiche ausgerichtet sind.

1. Hilfsmittel für die Abgabekontrolle

▷ **Biermarken**

Sie dienen beim Bierverkauf zur Vereinfachung der Abgabekontrolle am Buffet sowie bei der Abrechnung mit dem Betrieb. Die Bedienung erwirbt für den entsprechenden Geldwert eine bestimmte Anzahl von Biermarken, die sie bei Bestellungen gegen das Bier einlöst.

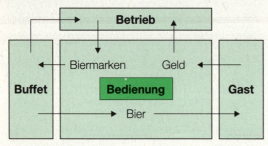

▷ **Abrufbons**

Es handelt sich um mehrteilige Bons, die beim Menüservice eingesetzt werden. Mit Hilfe der Teilabschnitte kann die Bedienung den jeweiligen Gang *abrufen*.

Für diese Bonart gibt es noch andere Bezeichnungen:
- **Marschierbons**, weil das jeweilige Teilstück beim *Marschieren* (Ausgabe) der Speise abgegeben bzw. entwertet wird,
- **Begleitbons**, weil sie den Ablauf des Menüs *begleiten*.

▷ **Gutscheine**

Sie werden z. B. bei Firmenveranstaltungen an die Betriebsangehörigen ausgegeben.

Beispiele:

| 1 Essen | 1 Tasse Kaffee |
| 2 Bier | 1 Stück Kuchen |

Die Gutscheine erfüllen drei Funktionen:
- Sie dienen einerseits als Kontrolle über die abgegebenen Speisen bzw. Getränke,
- sie sind andererseits die Grundlage für das Abrechnen mit dem Auftraggeber,
- sie verhindern, daß nicht zur Gesellschaft gehörende Personen bedient werden.

2. Restaurantkasse

Es handelt sich dabei nicht um die weiter vorne beschriebene Registrierkasse. Sie dient lediglich zur Vereinfachung der Abrechnung, indem alle Gäste beim Verlassen des Restaurants ihre Schuld an dieser Kasse begleichen. Dadurch entfällt das Abrechnen der einzelnen Bedienungen einerseits mit den Gästen und andererseits mit dem Betrieb. Das Abrechnungsverfahren:
- Die Bedienung registriert die Bestellungen des Gastes fortlaufend auf einer Karte.
- Wenn der Gast zahlen möchte, erhält er die Karte und übergibt sie vor dem Verlassen des Restaurants an der Kasse.
- Der Kassierer fertigt die Rechnung aus und kassiert den Rechnungsbetrag.

D. Arten der Bezahlung durch den Gast

Abgesehen von Bargeld und Gutscheinen gibt es folgende Zahlungsmittel: den Euroscheck, den Reisescheck und die Kreditkarte.

1. Bezahlung mit Euroscheck

▷ **Besonderheiten des Euroschecks**

Sie werden zusammen mit einer **Scheckkarte** von Banken und Sparkassen an ihre Kunden ausgegeben.

Die Scheckkarte ist bei dieser Zahlungsart ein wichtiges Instrument der Kontrolle und Sicherheit. Sie muß vom Inhaber unterschrieben sein. Darüber hinaus sind von Bedeutung:
- die Nummer der Scheckkarte,
- die Konto-Nummer des Bankkunden,
- der Name der Bank.

Unabhängig von der Höhe der Eintragung auf dem Scheck **garantiert** die Bank dem Scheckeinlöser grundsätzlich nur einen Betrag bis maximal 400,– DM.

▷ **Entgegennahme von Euroschecks**

Nachdem die Gültigkeit der Scheckkarte (Jahresangabe) festgestellt wurde, muß die Vollständigkeit der Eintragungen auf dem Scheck überprüft werden.

Abrechnen mit dem Gast und mit dem Betrieb

Der Scheck muß enthalten:

auf der Vorderseite	auf der Rückseite
– Betrag in Wort und Zahl – Ort und Datum – Unterschrift des Kontoinhabers	– Nummer der Scheckkarte

Abschließend sind vergleichend folgende Übereinstimmungen zwischen Scheckkarte und Scheck zu prüfen:
– die Konto-Nr. und die Unterschrift des Scheckinhabers,
– die Nr. der Scheckkarte,
– der Name der Bank.

Vorderseite des Schecks **Rückseite des Schecks**

2. Bezahlung mit Reiseschecks

▷ **Besonderheiten der Reiseschecks**

Sie können bei jeder Bank erworben werden und sind jeweils auf eine ganz bestimmte Summe ausgestellt (z. B. DM 50; DM 100; DM 500). Bei der Aushändigung durch die Bank müssen die Schecks vom Empfänger einzeln unterschrieben werden. Der Gesamtbetrag ist bei der Bank einzuzahlen oder aus einem Konto bei der Bank bereitzustellen (zur Sicherheit für diejenigen, welche die Schecks später als Zahlungsmittel annehmen).

▷ **Entgegennahme von Reiseschecks**

Der Scheckinhaber muß den Scheck bei der Übergabe im Beisein des Empfängers ein zweites Mal unterschreiben, wobei für den Scheck-Empfänger der Vergleich mit der Erstunterschrift (bei der Übernahme von der Bank) wichtig ist. In Zweifelsfällen sollte man sich einen Ausweis vorlegen lassen.

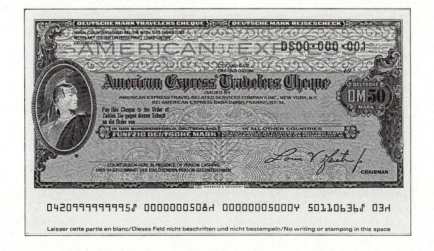

3. Bezahlung mit Kreditkarten

▷ **Besonderheiten der Kreditkarten**

Sie werden von Kreditinstituten (Agenturen) an ihre Kunden ausgehändigt. Bekannte Karten sind:

American Express

ferner: **Diners Club   Eurocard   Visa**
Carte Blanche   Mastercard

Als Zahlungsmittel können Kreditkarten nur bei den Unternehmen (z. B. Banken, Hotels, Reisebüros) verwendet werden, die mit der jeweiligen Agentur zusammenarbeiten.

▷ **Abrechnen mit der Kreditkarte**

Zur eigenen Sicherheit ist dabei zunächst folgendes zu beachten bzw. zu prüfen:

▸ Arbeitet der Betrieb mit dem Kreditinstitut zusammen?
▸ Wie hoch ist das vom Kreditinstitut eingeräumte Kreditlimit?
▸ Ist die Kreditkarte noch gültig oder steht sie möglicherweise auf einer vom Kreditinstitut herausgegebenen Sperrliste?

Erst wenn alle Voraussetzungen erfüllt bzw. geprüft sind, darf die Abrechnung mit der vorgelegten Kreditkarte erfolgen. Zu diesem Zweck wird zunächst die Karten-Nr. sowie Name und Anschrift des Karteninhabers mit Hilfe eines *Imprinters* (ein kleines Gerät) von der Karte auf ein Abrechnungsformular übertragen. Diese Eintragungen sind mit der Rechnungsnummer und dem Datum zu ergänzen. Nach der Unterschrift durch den Gast wird diesem eine der beiden Kopien ausgehändigt. Das Original dient zur Abrechnung mit dem Kreditinstitut.

Aufgaben (Abrechnungs- und Kontrollverfahren)

Arbeiten mit Bonbüchern:
1. Beschreiben Sie die Grundausstattung von Bonbüchern.
2. Nennen Sie andere Bonbucharten für spezielle Zwecke.
3. Erklären Sie folgende Bonbezeichnungen:
   a) Originalbon, Fehlbon, Sammelbon,
   b) Rückbon, Doppelbon, Abrufbon.
4. Was ist ein Talon?
5. Nennen und erläutern Sie Regeln für das Bonieren.
6. Welche Nachteile hat das Bonieren mit Bonbüchern?
7. In welchen Fällen ist der Einsatz von Bonbüchern zweckmäßig?
8. Beschreiben Sie im Zusammenhang mit dem Bonbuch:
   a) das Abrechnen mit dem Gast,
   b) das Abrechnen mit dem Betrieb,
   c) Entwerfen Sie einen Vordruck für das handschriftliche Ausfertigen einer Restaurantrechnung.
9. Beschreiben Sie die Abrechnungs- und Umsatzkontrollen im Kontrollbüro.

Arbeiten mit mechanischen Registrierkassen:
10. Welche Funktionen erfüllen mechanische Registrierkassen?
11. Welche Addierwerke enthalten die Kassen und welche Funktion erfüllen sie?
12. Nennen und erläutern Sie die Abläufe beim Bonieren.
13. Beschreiben Sie den Bon und seine Handhabung.
14. Beschreiben Sie in Verbindung mit mechanischen Kassen:
    a) das Abrechnen mit dem Gast bei Kassen ohne und mit Rechnungsstellung,
    b) das Abrechnen mit dem Betrieb.

Arbeiten mit elektronischen Kassen:
15. Beschreiben Sie das Bonieren und die Ausstattung des Bons.
16. Welches sind die Besonderheiten bei elektronischen Kassen
    a) in bezug auf die Rechnungsstellung für den Gast?
    b) in bezug auf das Abrechnen mit dem Betrieb?

Spezielle Kontroll- und Abrechnungsmaßnahmen:
17. Erklären Sie die Besonderheiten bei der Verwendung
    a) von Biermarken,
    b) von Gutscheinen (z. B. bei einer Firmenveranstaltung),
    c) von Abruf- bzw. Begleit- oder Marschierbons.
18. Welche Funktion erfüllt eine Restaurantkasse, und wie erfolgt in diesem Zusammenhang das Abrechnen mit dem Gast?

Bezahlen mit Euroscheck:
19. Welche Funktion erfüllt im Zusammenhang mit dem Euroscheck die Scheckkarte?
20. Worauf ist beim Entgegennehmen eines Schecks zu achten?
21. Welche Übereinstimmungen zwischen Scheck und Scheckkarte sind zu prüfen?

Bezahlen mit Reisescheck:
22. Beschreiben Sie die Besonderheiten des Reiseschecks in bezug auf den Scheckbetrag und die Übernahme bei der abgebenden Bank.
23. Worauf ist bei der Entgegennahme als Zahlungsmittel zu achten?

Bezahlen mit Kreditkarten:
24. Was versteht man unter Kreditkarten?
25. Nennen Sie Arten der Karten.
26. Worauf ist bei der Annahme aus Sicherheitsgründen zu achten?
27. Beschreiben Sie das Abrechnen mit dem Gast in Verbindung mit Kreditkarten.

Verkaufskunde

Vorbemerkungen

Das Verkaufen unterscheidet sich im Gastgewerbe in wichtigen Punkten vom Verkaufen in anderen Berufs- und Geschäftszweigen.

▶ Die angebotenen Güter sind sehr unterschiedlicher Art,
▶ das Verkaufen vollzieht sich an den verschiedensten Stellen bzw. Orten,
▶ das Verkaufen ist durch einen ständigen Wechsel der Verkaufssituationen gekennzeichnet.

1. Arten der angebotenen Güter

Verbrauchsgüter (Waren)	– Speisen: vom einfachen Imbiß bis zum festlichen Menü – Getränke: vom schlichten Fruchtsaft bis zum anspruchsvollen Cocktail
Verkaufsstellen	– Restaurant und Bar – Bankettabteilung – Biergarten und Kiosk
Verkaufssituationen	– Frühstück und Brunch – Mittag- und Abendessen – Extraessen, Sonderveranstaltungen

Gebrauchsgüter	– vom bescheidenen Einzelzimmer bis zur fürstlich eingerichteten Suite – vom einfachen Aufenthaltsraum bis hin zu Tagungsräumen mit hochmoderner Tagungstechnik – anspruchsvolle Bade-, Erholungs- und Fitneßeinrichtungen
Verkaufsstellen	– Empfang – Verkaufsbüro bzw. Bankettabteilung
Verkaufssituationen	– Verkauf von Zimmern direkt bzw. durch Reservierung – Verkauf von Veranstaltungen

Am Verkauf von Veranstaltungen wird in ganz besonderer Weise deutlich, was Verkaufen im Gastgewerbe alles beinhaltet:

▶ Das Getränk auf dem Tisch im Konferenzzimmer,
▶ der Imbiß in der Frühstückspause am Vormittag,
▶ der Kaffee und das Stück Kuchen in der Nachmittagspause,
▶ die Leinwand, das Mikrofon oder das Tonband im Tagungsraum,
▶ das gemeinsame festliche Abendessen,
▶ die Erholungsangebote für die Freizeit,
▶ die Vermittlung von kulturellen Veranstaltungen und Ausflugsfahrten.

In vielen Fällen handelt es sich um mehr oder weniger umfangreiche Programme, die mit dem Auftraggeber ganz individuell abgestimmt werden:

▶ Nachmittagskaffee anläßlich eines Geburtstags,
▶ Festessen mit einer umfangreichen Speisen- und Getränkefolge, anschließend Tanz,
▶ Jahreshauptversammlung eines Vereins mit Übernachtung, umfangreicher Tagungstechnik, gemeinsames Essen, rustikalem Buffet am Abschlußabend, kleiner Kapelle.

2. Dienstleistungen

Die Angebote des gastgewerblichen Betriebes sind immer mit Dienstleistungen verbunden, die teilweise in unmittelbarem Kontakt zum Gast erbracht werden:

▶ Servieren von Speisen und Getränken,
▶ säubern und pflegen der Gastzimmer sowie der übrigen Räume und Einrichtungen,
▶ organisieren von Extraessen bis hin zu großangelegten Tagungen und Kongressen.

Das Wort „Dienstleistungen" ist eigentlich viel zu nüchtern und seine Aussage viel zu schwach, um das auszudrücken, was der Gast in Wirklichkeit vom gastgewerblichen Betrieb erwartet:

viel **Gastlichkeit** und **Atmosphäre**, viele **Annehmlichkeiten** und **reibungslose Abläufe**.

3. Verkaufen und Kaufen

Verkaufen und Kaufen vollziehen sich auf dem **Markt**, wo Angebot und Nachfrage zusammentreffen. In der hochentwickelten Industriegesellschaft ist das Marktgeschehen sehr kompliziert geworden und in manchen Teilen nur schwer durchschaubar. Ein

Unternehmer, der sich auf bzw. in diesem Markt erfolgreich behaupten will, muß vieles bedenken und sich mit seinen Entscheidungen und seinem Handeln an den sich ständig wandelnden Bedingungen des Marktes orientieren. Die Verkaufskunde will in diese Zusammenhänge einen Einblick geben und an Beispielen aufzeigen, was einerseits verkaufsfördernd ist und wie man andererseits erfolgreich verkauft.

I. Marketing

Dieses zunächst fremd anmutende Wort kommt aus dem Amerikanischen und ist abgeleitet von **„to go into the market"**, d. h. „in den Markt hineingehen".

> Wer verkaufen will, muß in den Markt hineingehen.

Was Marketing aber im einzelnen bedeutet, das soll am Beispiel einer Familie verdeutlicht werden, die den Einstieg in den gastgewerblichen Markt unternommen hat. Die vordergründigen Akteure der Familie Klug waren zunächst der Vater (Roland), sein Sohn Klaus, ein erfahrener *Küchenmeister*, und seine Tochter Renate, die gerade ihre Prüfung als *Restaurantmeisterin* bestanden hatte. Der Vater, ein erfahrener Hotelkaufmann, hatte genügend Kapital gespart und schickte die beiden zu einem 14tägigen Aufenthalt nach Schönau, um an Ort und Stelle alles zu erforschen, was für das beabsichtigte Unternehmen von Bedeutung sein könnte.

A. Erkunden des Marktes (Marketing Teil I)

Zu diesem Zweck waren Klaus und Renate nach Schönau gekommen. Alles, was sie unternommen und erkundet haben, nennt die Fachsprache **Marktanalyse** (Analysieren des Marktes) und **Gästebefragung**.

1. Marktanalyse

Der gastgewerbliche Markt von Schönau (Angebot und Nachfrage) wird durch verschiedene Faktoren beeinflußt.

- ▶ Angebot: Die Stadt selber und ihre Umgebung, die gastgewerblichen Betriebe.
- ▶ Nachfrage: Einheimische sowie Urlaubs- und Feriengäste.

▷ **Schönau, seine Umgebung und seine Menschen**

Es handelt sich um eine Kreisstadt inmitten einer reizvollen Weinlandschaft. Die lange geschichtliche Tradition kommt in vielen kulturhistorischen Sehenswürdigkeiten und jahreszeitlichen Volksfesten zum Ausdruck. Im Zusammenhang mit dem wirtschaftlichen Aufschwung ist in den letzten 20 Jahren in der nahen Umgebung ein umfangreiches Industrie- und Handelszentrum entstanden. Der damit verbundene Bevölkerungszuwachs hat dazu geführt, daß es heute außerhalb des alten Stadtkerns zwei ausgedehnte Neubaugebiete gibt. Eine großzügig angelegte Fußgängerzone (im Stadtzentrum) sorgt für eine gepflegte, lärmgeschützte und wohltuende Atmosphäre.

Die Landeshauptstadt ist nur 15 km entfernt. Schönau liegt außerdem am Rande eines großen Wald- und Naherholungsgebietes. Erwähnenswert ist in diesem Zusammenhang, daß die Stadtverwaltung gerade die Planung für das Anlegen eines Natur- und Freizeitparks abgeschlossen hatte.

▷ **Gastgewerbliche Betriebe in Schönau und ihre Gäste**

Neben der Stadt, der Umgebung und den Menschen interessierten sich Klaus und Renate besonders für die Situation des Gastgewerbes in Schönau. Als Ergebnis ihrer Nachforschungen haben sie folgende Schwerpunkte und Merkmale herausgearbeitet:

> Einfache Kneipen

Diese sind während des ganzen Jahres geöffnet und werden hauptsächlich von den „ursprünglichen" Einheimischen besucht. Sie trinken dort ihren „Schoppen" und verzehren dazu Wurst oder Käse in Form von einfachen kalten Speisen.

> Vier Speisegaststätten, die nur während der Saison im Sommer geöffnet sind

- Hier verkehren hauptsächlich Urlaubs- und Feriengäste, insbesondere auch Tagesausflügler aus der Umgebung.
- Für das Wohl der Gäste sorgt eine „gut bürgerliche Küche".
- Neben anderen üblichen Getränken wird überwiegend Wein angeboten.
- Die Weine gehören vor allem zur Güteklasse der Q.b.A.-Weine.

Marketing

Zwei Speisegaststätten, die ganzjährig geöffnet sind

– Das Speiseangebot ist auf gehobene Ansprüche ausgerichtet.
– Neben Einheimischen verkehren hier auch Gäste aus der Umgebung, insbesondere aus der Landeshauptstadt, sowie Gäste, die in Schönau ihren Urlaub verbringen.

Vom Besuch in einer dieser Gaststätten waren Klaus und Renate sehr enttäuscht. Dazu werden in einem der folgenden Abschnitte noch einige Anmerkungen gemacht.

Ein Ferienhotel im Zentrum der Stadt

In diesem Hotel hatten Klaus und Renate während ihres Aufenthaltes in Schönau gewohnt.
– Das Hotel ist ganzjährig geöffnet.
– Das Speisen- und Getränkeangebot hat ein hohes Niveau, die Zimmer sind komfortabel eingerichtet.
– Das große Hallenbad sowie die großzügig ausgestatteten Sport- und Fitneßeinrichtungen unterstreichen das Bemühen des Hauses, gehobenen Ansprüchen Rechnung zu tragen.
– Viele Gäste sind regelmäßig wiederkehrende Stammkunden.
– In einem separaten Gastraum mit sehr gepflegter Atmosphäre wird auch Gästen aus der näheren Umgebung, insbesondere der Landeshauptstadt, ein ausgezeichneter Abendservice angeboten.
– Für die Durchführung von Banketten besteht zwar Nachfrage, es fehlen aber die räumlichen und personellen Voraussetzungen.

Ein Tagungshotel

Inmitten des ausgedehnten Waldgebietes gelegen, sind kurzgefaßt folgende Besonderheiten zu nennen:
– Ruhige Lage bei gleichzeitig günstigen Verkehrsverbindungen und sehr großzügigen Parkmöglichkeiten,
– höchsten Ansprüchen in bezug auf Speisen, Getränke und Zimmerausstattung genügend,
– Restaurants und sonstige Gemeinschaftsräume mit stilvoller Einrichtung und überaus gepflegter Atmosphäre,
– lückenloses Angebot in bezug auf Tagungstechnik sowie vielfältige Angebote zur Entspannung und Freizeitgestaltung,
– verzweigte und gut angelegte Wege für kürzere Erholungsspaziergänge.

Viele Tagungen werden in Zusammenarbeit mit Behörden und namhaften Wirtschaftsunternehmen durchgeführt. Darüber hinaus gibt es Bankettvereinbarungen mit sehr hohem Niveau und deshalb verständlicherweise zu einem entsprechend hohen Preis.

2. Gästebefragung

Der entscheidendste Faktor auf dem Markt ist der Gast, denn seine Gunst entscheidet letztlich über den wirtschaftlichen Erfolg des Betriebes. Obwohl Klaus und Renate damals noch keine eigenen Gäste befragen konnten, hatten sie jedoch eine Begegnung, die einer vorweggenommenen **Gästebefragung** gleichkam und an der sie sogar selber als „Befragte" bzw. „Aussagende" beteiligt waren. Das ganze ereignete sich im Restaurant ihres Hotels, wo sie eines Abends in gehobener Stimmung die Bekanntschaft von zwei seriösen Herren machten, von denen sich der eine als Chefredakteur der *„Schönauer Nachrichten"*, der andere als *Mitglied des Magistrats* von Schönau entpuppte. Zurückblickend ergeben sich drei Schwerpunkte der „Gästebefragung" bzw. „Meinungsumfrage".

▷ **Enttäuschungen beim Besuch einer Gaststätte**

Darüber berichteten Klaus und Renate im Zusammenhang mit dem weiter oben erwähnten Gaststättenbesuch. Kernpunkte waren:
– Das Äußere des Hauses und einige Details der Innenausstattung machten einen guten Eindruck.
– Trotz der geringen Anzahl von Gästen hatte die Bedienung lange auf sich warten lassen.
– Die Aufmachung, der Inhalt und Zustand der Speisekarte waren mehr als beschämend, eine Getränkekarte konnte erst gar nicht vorgelegt werden.
– Die Bedienung verbreitete bei der Aufnahme der Bestellung einen widerlichen Zigarettenduft, weil sie offenbar unmittelbar vor ihrem „Auftritt" schnell noch eine Zigarette geraucht hatte.
– Aber auch alles, was sich an die Aufnahme der Bestellung anschloß, war nicht zufriedenstellend: Das Essen nicht, selbst der Wein nicht und auch nicht der Service.

Als der gute alte Müller den „Laden" noch führte, da war alles ganz anders. So wußten es der Redakteur und der Politiker.

▷ **Blütezeit eines gastgewerblichen Betriebes**

– Das war ein Betrieb mit höchstem Niveau, seine Gastlichkeit und seine Atmosphäre waren weit über die Stadt hinaus bekannt.
– Der Service war gekennzeichnet von Freundlichkeit, Aufmerksamkeit und unübertroffenem fachlichen Können.
– Was die Küche hervorbrachte, fand selbst bei dem verwöhntesten Gästen Lob, Anerkennung und Bewunderung.
– Der Ruf und das Image des Hauses waren so gut, daß im allgemeinen ein Platz bzw. ein Tisch nur dann zu bekommen war, wenn die Bestellung einige Tage im voraus aufgegeben wurde.

- Ein Service im „Eilverfahren" und im Sinne einer „Abfertigung" gab es nicht.

Aber dann starb der Inhaber ganz überraschend, so daß seine Frau aufgrund unüberwindbarer Schwierigkeiten schließlich einen Pächter mit der Weiterführung des Betriebes beauftragt hatte.

▷ **Niedergang eines gastgewerblichen Betriebes**

Zuerst ging ja alles noch gut, aber der Führungsstil des Pächters, der übrigens selber sein bester Kunde war und sich fürstlich bedienen ließ, hat den Betrieb in sehr kurzer Zeit heruntergewirtschaftet.

- Der langjährige Küchenchef war als erster gegangen, weil er mit dem unsachlichen Befehlston nicht zurechtkam. Und unter seinem Nachfolger sackte das Niveau der Küche rapide ab.
- Angesichts der Kritik von seiten der Gäste wurde auch das Bedienungspersonal zunehmend verunsichert, das persönliche Engagement ließ nach und zerfiel vollends, nachdem die beiden Spitzenkräfte aus dem Betrieb ausgeschieden waren.
- Die Kritik der Gäste an der mangelnden Leistung der Küche sowie an dem unaufmerksamen und schlechten Service nahm immer mehr zu.
- Unzufriedenheit und Ärger wurden schließlich ganz ungehemmt vorgetragen, es gab unschöne Auseinandersetzungen zwischen Küchen- und Servierpersonal, so daß ehemals gute Gäste mehr und mehr wegblieben.
- Der gute Ruf und das Image waren vertan, das Niveau versackt, die Gastlichkeit geschwunden und gegenüber der früheren ruhigen Atmosphäre war es im Restaurant immer „lauter" geworden.

3. Einstieg in eine Marktlücke

Die bisherigen Ausführungen haben gezeigt, wie und wodurch ein Betrieb Anteile am Markt bzw. seinen Platz auf dem Markt ganz verlieren kann. Insbesondere auch aus der Kritik der Gäste geht hervor, daß hier eine Marktlücke entsteht (die Gäste wollen ja bleiben). Zu dieser Erfahrung kamen für Klaus und Renate im konkreten Fall noch zwei interessante Informationen hinzu:

▶ Das Haus ist ein historisch bedeutendes Gebäude und steht seit einigen Jahren unter Denkmalschutz. Die Stadt ist sehr an der Freilegung des überputzten Fachwerks und an anderen Renovierungen (auch innen) interessiert. Es stehen dazu sogar öffentliche Mittel zur Verfügung.

▶ Die jetzige Eigentümerin kann die zu diesem Vorhaben erforderlichen eigenen Finanzierungsmittel nicht aufbringen. Im Zusammenhang mit den anderen, für sie nicht lösbaren Schwierigkeiten trägt sie sich mit dem Gedanken, das Anwesen zu verkaufen.

Und nun ging alles sehr schnell. Der Vater kam, und nach erfolgreich abgeschlossenen Verhandlungen war die Familie Klug neuer Eigentümer vom „*Haus am Markt*". Sie hatte sich auf dem gastgewerblichen Markt von Schönau einen Platz erworben. Jetzt ging es darum, ehemalige, aber verlorengegangene Marktanteile (Gäste) zurück- und u. U. neue hinzuzugewinnen.

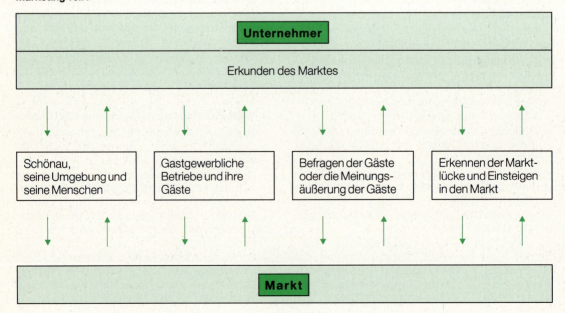

Marketing Teil I

Marketing

▷ **Zusammenfassung zum Marketing Teil I**

Marktanalyse

Abgesehen von Betrieben, deren Marktsituation unangefochten ist (z. B. bei Gaststätten auf dem Lande), muß sich der gastgewerbliche Unternehmer angesichts der Konkurrenz im allgemeinen stets mit der Situation und den sich ändernden Bedingungen des Marktes befassen, ganz gleich, ob es sich um eine Neugründung oder um ein bereits bestehendes Unternehmen handelt. Konkurrenz schließt immer das Bemühen ein, bestehende Marktanteile zu behalten und sogar neue Anteile hinzuzugewinnen.

Gästebefragung

Die letzte Entscheidung über Erfolg oder Mißerfolg eines Unternehmens trifft der Gast. Es ist deshalb ganz wichtig, von ihm zu erfahren:

▸ welche Leistungen ihn zufriedenstellen und welche nicht,
▸ welche Leistungen er hoch oder sogar besonders hoch bewertet,
▸ welche Leistungen seiner Meinung nach fehlen.

Zur Befragung von Gästen gibt es heute bereits Vordrucke mit ganz gezielten Fragestellungen. Dabei darf man jedoch nicht vergessen, daß jede spontan geäußerte positive oder negative Kritik genauso aufschlußreich ist. Besser als durch den Gast selber kann der Betrieb nicht beraten werden, und es ist wichtig, genau hinzuhören und die richtigen Konsequenzen daraus zu ziehen:

▸ Positiv Bewertetes unter allen Umständen beibehalten und im Niveau nicht absinken lassen,
▸ negativ Bewertetes entweder aus dem Programm herausnehmen oder ändern bzw. verbessern,
▸ fehlende Leistungen aufnehmen bzw. vorhandene entsprechend ergänzen oder erweitern.

B. Zurückwirken auf den Markt (Marketing Teil II)

Die Marktanalyse und die Gästebefragung hatten die Klugs in die Lage versetzt, die eigenen Marktchancen bzw. Verkaufschancen zu erkennen. Zur Vorbereitung des „Verkaufens" war es jetzt erforderlich, auf den Markt zurückzuwirken, d. h., die Öffentlichkeit auf das Unternehmen und seine Angebote aufmerksam zu machen. Für die Wahl entsprechender Mittel bzw. für die Art und Weise, entsprechende Maßnahmen durchzuführen, orientierte man sich an der Erfolgsformel AIDA.

1. AIDA-Formel

Nach dieser Formel (siehe nachfolgende Erläuterung) sollen alle auf den Verkaufserfolg ausgerichteten Hilfsmittel und Maßnahmen so gestaltet bzw. durchgeführt werden, daß sie die AIDA-Effekte auslösen. Die entsprechenden Forderungen besagen, daß Fakten und Maßnahmen:

▸ **stets positive** (verkaufsfördernde) Reaktionen auslösen sollen,
▸ **niemals negative** (verkaufshemmende) Reaktionen auslösen dürfen.

AIDA-Effekte

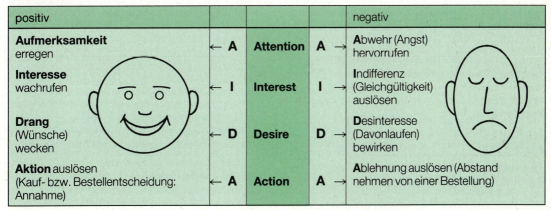

Verkaufsfördernde Fakten und Maßnahmen sind z. B.:

▸ Die Ausstattung, die Atmosphäre und die Gemütlichkeit eines Restaurants,
▸ die Hilfsmittel und Maßnahmen der Werbung (z. B. Werbebrief, Speisekarte, Verkaufsgespräch),
▸ der Umgang mit dem Gast und die Durchführung des Service.

2. Grundlegende Zielsetzungen des Unternehmens

▷ Zukünftige Gäste

In Übereinstimmung mit dem Anspruch gegenüber der eigenen Leistung galt es, an die alte und für gut befundene Tradition „Haus am Markt" anzuknüpfen und die ehemals guten Gäste zurückzugewinnen. Darüber hinaus sollten aber in Verbindung mit dem zu erstellenden Angebot neue Gäste (Bürger der Stadt, Menschen aus der nahen Umgebung, Feriengäste) hinzugewonnen werden.

▷ Leistungsangebote

Man war sich von Anfang an darüber einig, daß sie in allem gehobenen Ansprüchen genügen sollten. Entscheidungshilfen hatten sich nicht zuletzt aus der Marktanalyse ergeben.

Hauptrestaurant

Es war das Ziel, in gemütlicher Atmosphäre einen gepflegten Mittags- und Abendtisch anzubieten. Das Angebotsniveau hatte man so hoch angesetzt, daß sich nur ein ausgewählter Kreis von Gästen angesprochen fühlen sollte.

Weinstube

In Schönau gab es so etwas noch nicht. Grund genug also, eine solche Weinstube mit einer stilvollen Ausstattung einzurichten. Mit dieser Verpflichtung gegenüber der Weintradition der Region, dem Angebot hochwertiger und erlesener Weine sowie dem beabsichtigten sehr gepflegten Weinservice erhoffte man, einen ausreichend großen Kreis von interessierten Gästen ansprechen und anwerben zu können.

Bankette und Buffets außer Haus

Aus Gesprächen (von denen erst im folgenden Abschnitt berichtet wird) wußte man, daß eine solche Nachfrage besteht, und zwar einerseits im Zusammenhang mit Familienfeiern, andererseits aber auch anläßlich betrieblicher Veranstaltungen im Industrie- und Handelszentrum.

Bankette

Dazu hatte die Marktanalyse folgende Erkenntnis gebracht: Einerseits kann das Ferienhotel dieser durchaus bestehenden Nachfrage aus räumlichen und personellen Gründen nicht gerecht werden, andererseits waren die diesbezüglichen Preise im Tagungshotel für die *breite Mittelschicht* in Schönau zu sehr überhöht. Um dieser Marktlücke zu entsprechen, wurden zwei Räume ausgestattet, die außerdem durch raumteilende Wandelemente in ihrer Größe an eine jeweils bestimmte Personenzahl angepaßt werden konnten.

In einer kleinen Spezialkarte wollte man das *besondere Angebot* zur Geltung bringen:

– regionaltypische Gerichte,
– Speisen, bei denen der Wein eine besondere Geschmackskomponente darstellt (z. B. Forellenfilets in Rieslingsauce, Aprikosen in Weinschaumsauce).

3. Präsentation des Unternehmens auf dem Markt

Die Konkurrenz auf dem gastgewerblichen Markt zwingt dazu, kontinuierlich in erfolgversprechender Weise auf das eigene Unternehmen aufmerksam zu machen und um Gäste zu werben. Dazu gibt es viele Möglichkeiten, wobei es interessiert, was die Klugs diesbezüglich unternommen hatten.

▷ Public Relations

Im Zusammenhang mit der Durchführung der Kaufvertragsangelegenheit „Haus am Markt" weilten der Vater und die beiden Geschwister Klug des öfteren in Schönau. Aufgrund der inzwischen enger gewordenen Beziehung zum Chefredakteur der „Schönauer Nachrichten" kam es in dieser Zeit zu einer Begegnung, die für das Unternehmen nicht unbedeutend war. Neben dem bereits bekannten Mitglied des Magistrats von Schönau war an jenem Abend auch der Manager einer Industriegruppe des nahegelegenen Industrie- und Handelszentrums anwesend, zu dessen Aufgaben es gehörte, Geschäftsfreunde aus dem In- und Ausland während ihres Aufenthalts in Schönau zu betreuen.

Es wurde unter anderem viel über das „Haus am Markt" gesprochen: Über den Neubeginn unter der Leitung der Familie Klug, deren Vorstellungen über die Wiederbelebung der gastgewerblichen Tradition, die beabsichtigte Freilegung des Fachwerks mit finanzieller Unterstützung durch die Stadt und das Land usw. usw. Am Ende des für alle Beteiligten interessanten Gedankenaustauschs wurde die Absicht des Chefredakteurs, in seinem Blatt ausführlich über die Geschichte des „Hauses am Markt" und seine Zukunft zu berichten, sehr begrüßt. Klaus (der Küchenmeister) hatte außerdem angeregt, den Bürgern der Stadt in den „Schönauer Nachrichten" regelmäßig ein *Rezept des Monats* zu präsentieren.

Die Fachwissenschaft nennt das, was hier geschehen war, **Public Relations** und meint damit das Bemühen eines Unternehmens, möglichst viele Kontakte zu knüpfen und zu pflegen:

– zur Presse und zum Bürger,
– zu Einrichtungen bzw. Persönlichkeiten der Wirtschaft, der Politik und der Unterhaltungsbranche.

Public Relations heißt in der Übersetzung **Öffentlichkeitsarbeit**.

- Relation = Verbindung, Beziehung
- public = öffentlich

Dem erfahrenen und geschickten Kaufmann Klug war es gelungen, erste Beziehungen solcher Art zu knüpfen, obwohl er sich durchaus darüber im klaren war, daß diese nach der Eröffnung des Betriebes in wünschenswerter Weise vertieft und gefestigt werden mußten.

▷ **Außenwerbung**

Man versteht darunter alle Maßnahmen, mit denen ein Unternehmen „nach außen hin" auf sich aufmerksam macht. Schon lange bevor das „Haus am Markt" eröffnet, d. h., Innenwerbung möglich wurde, war im Sinne der Außenwerbung bereits einiges geschehen. Der ausführliche und sehr aufschlußreiche Bericht in den „Schönauer Nachrichten" war inzwischen schon veröffentlicht worden, hatte in der Öffentlichkeit reges Interesse geweckt und weitverbreitet ein positives Echo ausgelöst. An den weiterführenden Maßnahmen wurden von seiten des Unternehmens nun auch die beiden anderen (kaufmännisch vorgebildeten) Töchter beteiligt. Die ältere hatte Hotelfachschulen im In- und Ausland besucht, während die jüngere eine praktische kaufmännische Lehre durchlaufen und darauf aufbauend ihre Kenntnisse in einschlägigen Kursen vertieft hatte. Von den unternehmerischen Zielsetzungen her waren folgende Werbeinhalte vorgegeben:

▸ Die verschiedenen Formen des Angebots: Mittags- und Abendtisch, Weinstube sowie Bankette und Buffets (im und außer Haus),
▸ das angestrebte hohe Niveau des Speisen- und Getränkeangebots, insbesondere bei der Auswahl der Weine für die Weinstube,
▸ die stilvolle Einrichtung der Galsträume sowie ihre gemütliche und gepflegte Atmosphäre,
▸ das umfassende Bemühen um Gastlichkeit und gepflegten Service.

In die Werbung wurde außerdem die Geschichte des Hauses sowie die inzwischen durchgeführte Restaurierung des Fachwerks mit einbezogen. Man hatte sich viel Mühe gegeben und im Rahmen der Außenwerbung folgende Hilfsmittel eingesetzt:

▸ Eine ausführliche und werbewirksame Information über das Haus als Beilage zum Werbeprospekt der Stadt,
▸ ein mit großer Sorgfalt gestalteter Werbebrief, der an einen ausgewählten Kreis von Empfängern verschickt wurde,
▸ zwei Anzeigen zur Eröffnung des Betriebes in zwei aufeinanderfolgenden Wochenendausgaben der „Schönauer Nachrichten".

Der Höhepunkt der Außenwerbung ergab sich noch vor der Betriebseröffnung anläßlich des „Schönauer Weinfestes", zu dem auch die Klugs in der Fußgängerzone einen Verkaufsstand erhielten, an dem Klaus seine beiden ersten Kreationen anbieten konnte:

▸ **Fasanenterrine in Weingelee**
▸ **Zanderklößchen in Rieslingschaum**

▷ **Innenwerbung**

Darunter versteht man all das, was den Gast bei seinem Besuch positiv anspricht, woran er sich später gerne erinnert und was er deshalb ebensogerne weitererzählt:

▸ Vom Stil und der Atmosphäre, von der Gemütlichkeit und der aufmerksamen Gastlichkeit,
▸ vom guten Essen und Trinken, insbesondere von der großen Auswahl erlesener Weine,
▸ von der Freundlichkeit der Bedienungskräfte sowie dem gepflegten und ordentlichen Service.

Auf all das waren die Klugs bei der Eröffnung des Betriebes vorbereitet. Aufgrund sorgfältiger und kritischer Überlegungen waren wichtige Voraussetzungen geschaffen worden, die der Verkaufsförderung dienten:

▸ Stilvoll eingerichtete Räume, wobei man auf die harmonische Abstimmung der Ausstattung und Beleuchtung sowie der Farben und Dekorationselemente sehr großen Wert gelegt hatte,
▸ Speise- sowie Getränke- und Weinkarten, die sich in Wort und Bild durch verkaufsfördernde und werbewirksame Gestaltungselemente auszeichneten,
▸ eine sehr interessante und informative Sammlung von Menüs und Buffets für unterschiedliche Anlässe und Sonderveranstaltungen.

Dem wichtigsten Faktor der betrieblichen Innenwerbung, den Bedienungskräften, wurde besondere Aufmerksamkeit geschenkt.

▸ Sie wurden nach sorgfältiger Prüfung aus den eingegangenen Bewerbungen ausgewählt.
▸ Zur Vorbereitung auf ihre Tätigkeit im „Haus am Markt" hatte die Serviermeisterin des Hauses (Renate) ein umfangreiches Schulungsprogramm zusammengestellt und mit den zukünftigen Mitarbeitern besprochen.

Hinweis: Wegen der Wichtigkeit eines solchen Programms ist dieses in einem gesonderten Abschnitt ausführlich dargestellt (siehe nachfolgend).

4. Marktposition des Unternehmens nach drei Jahren

Das „Haus am Markt" hatte sich von Anfang an auf dem gastgewerblichen Markt von Schönau behaupten können, vor allem deshalb, weil die vorausgegangene Werbung gut angekommen war und das Haus später hielt, was es in der Werbung versprochen hatte. Kurz zusammengefaßt sind folgende Punkte besonders hervorzuheben:

▸ Die Zufriedenheit der Gäste war die eigentliche Ursache dafür, daß dem Haus durch Mund-zu-Mund-Werbung immer mehr Gäste zugeführt wurden.
▸ Das Speisen- und Getränkeangebot wurde stufenweise endgültig auf die Bedürfnisse der Gäste abgestimmt und entsprechend verbessert.
▸ Die vom Haus durchgeführten Bankette und Sonderveranstaltungen (z. B. auch 3 bis 4 festliche Weinproben im Jahr) erfreuen sich großer Beliebtheit und sind fester Bestandteil im Umsatzvolumen des Betriebes.
▸ Die Beziehungen zur Presse sowie zu Persönlichkeiten in Politik und Wirtschaft konnten erweitert, vertieft und gefestigt werden.
▸ Nicht zuletzt wegen ihrer Liebe zum Beruf und dem unermüdlichen Einsatz haben das Küchen- und Servierpersonal mit dazu beigetragen, den guten Ruf des Hauses und ein Image aufzubauen, das heute weit über die Grenzen von Schönau hinaus bekannt ist.

▷ **Zusammenfassung zu Marketing Teil II**

Unternehmen		
Zurückwirken auf den Markt		

Zielsetzungen	Public Relations Werbung	Verkauf
Image-Pflege		

Markt

II. Verkaufen im Restaurant

Das Restaurant ist einer der Orte des gastgewerblichen Betriebes, an dem Verkauf stattfindet. Es ist gleichzeitig der Ort, an dem die Verkaufssituationen am stärksten wechseln und wo an den Verkaufenden höchste Anforderungen gestellt werden. In diesem Zusammenhang war auch Renate Klug in ihrer beruflichen Laufbahn immer wieder belehrt worden, wie man Restaurantfachkräfte zu erfolgreichen Verkäufern macht:

Schulen	Motivieren	Weiterbilden

Unter diesem Gesichtspunkt hat sie auch für das eigene Unternehmen ein Schulungsprogramm ausgearbeitet, das im folgenden aufgeschrieben ist.

A. Vom Umgang mit den Gästen im à la carte-Service

Der à la carte-Service ist eine Verkaufssituation, die sich z. B. von der in einem Supermarkt in wichtigen Punkten unterscheidet:

▸ Wir wissen zunächst nicht, welche Motive (Beweggründe) den Gast zum Besuch unseres Restaurants veranlaßt haben, obwohl es für uns sehr wichtig ist, sie zu kennen.

▸ Wir müssen uns während seines ganzen Aufenthalts unmittelbar und eingehend mit dem Kunden befassen bzw. sogar „auseinandersetzen" und wissen sehr genau, wie unterschiedlich dabei die verschiedensten Gästetypen und Gästegruppen agieren und reagieren.
▸ Außerdem gibt es keinen vorbereiteten Einkaufszettel, alles ist offen und ergibt sich erst aus der jeweiligen Situation.

Da ist vieles, was zunächst einmal richtig erkannt und eingeschätzt werden muß und dann trotzdem noch mit viel Einfühlungsvermögen anzugehen und auszuführen ist. Andererseits sind dies aber auch die Dinge, die diesen Beruf interessant und abwechslungsreich machen.

1. Einstellen auf den Gast

▷ **Kaufmotive der Gäste**

Es ist wichtig für Sie, die Beweggründe zum Restaurantbesuch herauszufinden, denn diese sind für den Verkaufsvorgang einschließlich möglicher Zukunftsperspektiven von großer Bedeutung. Und Sie sollten dabei genau zwischen verstandesbetonten und gefühlsbetonten Motiven unterscheiden lernen:

▸ **Bei verstandesbetonten Motiven** dürfen Sie den „nüchtern-vernünftigen" Aspekt nicht außer acht lassen, denn durch ihn wird Ihre Verkaufsabsicht mehr oder weniger stark eingeschränkt. Dabei wird Ihnen der Gast auch die kleinste Überrumpelung bzw. Überforderung bezüglich des Preises übelnehmen, und es ist nicht sicher, ob er daraufhin wiederkommt.

Beispiele für verstandesbetonte Motive:

- Ein Geschäftsmann, der den Besuch mit seinen Geschäftspartnern lediglich als eine nicht zu umgehende Verpflichtung betrachtet,
- Menschen, die nur eine Kleinigkeit oder ein preiswertes Tagesgericht einnehmen wollen (z. B. ein Büroangestellter, ein Rentner, ein Student),
- ein Ehepaar, bei dem es der Hausfrau erspart bleiben soll, zuhause selber zu kochen.

▸ **Bei gefühlsbetonten Motiven** ist das Verkaufen aufgrund der „offenen und aufgeschlossenen" Stimmung leichter. Sie müssen dabei lediglich von Fall zu Fall den anlaßbedingten Rahmen abschätzen können. Beachten Sie im folgenden z. B. den Unterschied zwischen den Bedürfnissen „Unterhaltung und Geselligkeit" einerseits und „Erlesene Speisen und Getränke genießen" andererseits.

Beispiele für gefühlsbetonte Motive:

Wieder einmal etwas Schönes erleben:
- Atmosphäre, Gemütlichkeit und Gastlichkeit im Restaurant,
- aufmerksames, freundliches und perfektes Bedientwerden (Erlebnisgastronomie),
- Genießen von erlesenen Speisen und Getränken,
- Zusammensein mit Freunden (Unterhaltung und Geselligkeit).

Sich wieder einmal persönlich darstellen:
- das Geltungsbedürfnis und die Selbstachtung befriedigen,
- die Familie einladen und verwöhnen,
- die uneingeschränkte Großzügigkeit gegenüber Freunden zum Ausdruck bringen.

▸ Es bleibt Ihnen nicht erspart, die jeweiligen Verkaufschancen richtig einzuschätzen und abzuwägen. So kann z. B. das Extraessen einer größeren Personenzahl für den einen Gastgeber eine leidige Pflichterfüllung sein, während sie für einen anderen ein großzügiges Verwöhnen der Geladenen darstellt. Wenn Sie das entsprechende Feingefühl entwickelt haben, dann hören Sie das heraus.

▸ Und zum Abschluß noch dies: Vergessen Sie nicht, daß man Kaufmotive wecken, verändern und beeinflussen kann. Behalten Sie deshalb auch die wichtigsten Werbeaussagen des Hauses im Bewußtsein und geben Sie diese, wenn es im Gespräch mit Gästen angebracht erscheint, auch mündlich weiter:

„Lassen Sie sich immer wieder einmal von uns bedienen und verwöhnen."
„Wir sind bestens darauf eingerichtet, jederzeit für Sie ein festliches Essen zu arrangieren."
„Die von unserem Hause vorbereiteten und durchgeführten Weinproben erfreuen sich immer wieder großer Beliebtheit."

▷ **Unterschiedliche Gästetypen**

Wer kennt nicht aus Erfahrung die verschiedenen Typen mit ihren so unterschiedlichen Eigenschaften und Verhaltensweisen. Während man im privaten Alltag bestimmte Typen umgehen oder sich ihnen einfach entziehen kann, müssen Sie sich als Restaurantfachmann/-fachfrau auf solche Unterschiede einstellen, gegebenenfalls ertragen und mit ihnen fertigwerden. Der Gast wird sich Ihnen zuliebe nicht ändern. Es ist deshalb gut, wenn Sie Ihren eigenen Erfahrungsstand mit folgenden Hinweisen und Richtlinien vervollständigen.

Eilige und nervöse Gäste

Man erkennt sie an der Unruhe, mit der sie sich darstellen. Sie schauen unruhig umher, suchen raschen Kontakt und sprechen hastig.

- Nehmen Sie ihnen ihre Gereiztheit und oftmals ungewollte Unhöflichkeit nicht übel.
- Lassen Sie nicht zu lange auf sich warten und bedienen Sie so rasch wie möglich.
- Empfehlen Sie Gerichte, die servierbereit sind oder in kurzer Zeit zubereitet werden können.

Schüchterne und unentschlossene Gäste

Man erkennt sie an dem scheinbar „ängstlichen" Auftreten und den manchmal „hilfesuchenden Blicken".

- Lassen Sie auch solche Gäste nicht zu lange warten und bieten Sie Ihre Hilfe mit besonderer Freundlichkeit an.
- Man kann diese Gäste leicht zu Stammkunden gewinnen, sollte aber unter gar keinen Umständen ihre Dankbarkeit ausnutzen.

Geizige und sparsame Gäste

Geizige geben ihr Geld grundsätzlich nicht gerne her, Sparsame können sich u. U. große Ausgaben nicht leisten.

- In beiden Fällen ist es wichtig, auf die bescheidenen Wünsche einzugehen.
- Versuchen Sie nicht, teure Angebote zu empfehlen, sondern bedenken Sie, daß auch kleinere Einnahmen den Umsatz des Betriebes erhöhen.

Besserwisser und geltungsbedürftige Gäste

Man erkennt sie an ihrem protzigen Auftreten und dem Bemühen, als „Auchfachmann" im Mittelpunkt zu stehen.

- Reizen Sie nicht zum Widerspruch und vermeiden Sie Fachdiskussionen, in denen Sie fachlich Falsches richtigstellen wollen.
- Hören Sie lieber genau hin und sprechen Sie dann Empfehlungen aus, die dem Geltungsbedürfnis entgegenkommen.

Geruhsame Gäste

Man erkennt sie an der Gelassenheit, mit der sie auftreten und an der Art, wie sie in sich selber ruhen.

- Man sollte sie zu keinem Zeitpunkt ihres Aufenthaltes bedrängen, sondern ihnen für ihre Entscheidungen Zeit lassen. Dabei können Sie selber über angemessene Empfehlungen nachdenken.
- Andererseits nehmen solche Gäste gerne Empfehlungen an, mit denen sie sich dann in aller Ruhe beschäftigen.

Ausgabefreudige Gäste

Das sind aus betrieblicher Sicht die angesehensten Gäste.

- Ihnen gegenüber brauchen Sie sich im allgemeinen mit Empfehlungen nicht zurückhalten.
- Es ist jedoch wichtig, ein Gespür dafür zu entwickeln, bis zu welchem Preisniveau man die Empfehlungen von Fall zu Fall anheben darf.

Redselige und schwatzhafte Gäste

Sie wirken sich in entscheidenden Situationen hemmend und störend auf den Service aus. Während der Redselige in ruhigen Zeiten durchaus noch als angenehm empfunden werden kann, ist beim Schwatzhaften besondere Vorsicht geboten.

- Sofern es der Service zuläßt, gebietet es die Höflichkeit, in angemessenem Umfang zuzuhören.
- Lassen Sie sich jedoch unter gar keinen Umständen zu einer Stellungnahme verleiten, denn nur auf diese Weise können Sie unschöne Diskussionen und Konfrontationen vermeiden.
- U. U. ist es geboten, sich mit einem höflichen „Entschuldigen Sie" zu entziehen.

Betrunkene Gäste

Das sind problematische Gäste und erfordern besondere Aufmerksamkeit.

- Vermeiden Sie möglichst jegliche Diskussion, bleiben Sie bei Beleidigungen ruhig und lassen Sie sich nicht zu unüberlegten Äußerungen und Handlungen provozieren.
- Servieren Sie keine alkoholischen Getränke mehr, und sichern Sie sich gegebenenfalls die Unterstützung durch Ihren Vorgesetzten.
- Sofern es angebracht bzw. möglich ist, versuchen Sie den Gast zu bewegen, nicht das eigene Fahrzeug zu benutzen, und sorgen Sie andererseits für ein gefahrloses Nachhausekommen.

▷ Gäste spezieller Art

Unabhängig von den unterschiedlichen Typen haben Sie es regelmäßig mit Gästen zu tun, die einer bestimmten Gruppe angehören und für deren Behandlung Sie ebenfalls jeweils angemessene Richtlinien beachten sollten.

Kinder

- Es ist wichtig, bei der Begrüßung auch die Kinder mit einzubeziehen und ihnen auch anschließend angemessene Aufmerksamkeit zu schenken. Eltern registrieren das sehr genau.
- Beachten Sie die von seiten des Hauses bereitgestellten Hilfsmittel: Kleinkinderstühle, das Angebot von Kindertellern auf der Speisekarte, die speziellen Kindermenüs auf bebilderten Karten sowie die Kinderbestecke und die Spielkiste.
- Bedenken Sie, daß man mit Kindern ein wenig Geduld haben muß und daß man sie kindgerecht ansprechen sollte.
- Lassen Sie sich durch Wünsche der Kinder nicht gegen die Eltern ausspielen, sondern schließen Sie sich dem Willen der Eltern an.
- Sorgen Sie für rasche Bedienung (wenigstens schon einmal mit einem Getränk), damit die Kinder beschäftigt sind, keine Ungeduld aufkommt und die Ruhe gewahrt bleibt.

Kinder können unsere Gäste von morgen sein. Sie werden sich an uns erinnern, hoffentlich im positiven Sinne.

Ältere Menschen

- Bedenken Sie, daß diese Menschen aufgrund der allgemein negativen Erfahrung in der Öffentlichkeit für einen freundlichen und wohlwollenden Umgangston besonders empfänglich und dankbar sind.
- Helfen Sie beim Ablegen der Garderobe und weisen Sie ihnen einen möglichst ruhigen und ungestörten Tisch zu.
- Nehmen Sie ihre besonderen, vielleicht altersbedingten Verzehrsgewohnheiten mit spürbarer Aufmerksamkeit zur Kenntnis und beraten Sie entsprechend.

Ältere Menschen verdienen unsere Achtung und unseren Respekt. Sie haben sich um und für uns Jüngere gesorgt.

Verkaufen im Restaurant

Behinderte Menschen

- Vergessen Sie nicht, daß diese Menschen in hohem Maß auf Ihre Freundlichkeit, Rücksichtnahme und Hilfe angewiesen sind.
- Lassen Sie nicht das Gefühl aufkommen, daß sie weniger aufmerksam als andere Gäste bedient werden. Vermeiden Sie jedoch andererseits übertriebenes Engagement, das nicht erwünscht ist und deshalb eher peinlich wirkt.
- Überlegen Sie von Fall zu Fall angemessene Verhaltensweisen und Maßnahmen, z. B. einen Blinden führen, einem Sprachgeschädigten geduldig zuhören und ihm nicht ins Wort fallen, dem Gast im Rollstuhl einen leicht zugänglichen Tisch zuweisen, dem Armbehinderten das Fleisch auf dem Teller zerteilen. Befragen Sie u. U. die Begleitperson.

Für den Umgang mit Behinderten muß man ein hohes Maß an Einfühlungsvermögen und Fingerspitzengefühl entwickeln.

Stammgäste

Stammgästen begegnen wir mit betonter Aufmerksamkeit, denn ihre regelmäßigen Besuche garantieren einen berechenbaren Anteil des Umsatzvolumens.

- Sie sollten im Interesse des Hauses stets bemüht sein, vorhandene Stammgäste zu halten und möglichst neue hinzuzugewinnen.
- Sprechen Sie Stammgäste bei der Begrüßung mit ihrem Namen, u. U. mit ihrem Titel an.
- Wenn es die Zeit und der Bekanntheitsgrad erlauben, darf das Gespräch eine angemessene persönliche Note haben (z. B. die Frage nach dem Befinden). Lassen Sie sich jedoch niemals zu einer möglicherweise nicht erwünschten Vertrautheit hinreißen.
- Sie sollten die Verzehrsgewohnheiten der Gäste kennen und durch entsprechende Empfehlungen Ihre besondere Aufmerksamkeit zum Ausdruck bringen.

Einstellen auf die Gäste im à la carte-Service
(zusammengefaßte Gesichtspunkte)

▶ Erkennen, unterscheiden und beim Verkaufsgespräch beachten:

Kaufmotive	Gästetypen

- verstandesbetonte
- gefühlsbetonte

▶ Speziellen Gästen besondere bzw. angemessene Aufmerksamkeit schenken:

Kinder	Ältere Menschen
Stammgäste	Behinderte Menschen

2. Erste Eindrücke des Gastes

Aus eigener Erfahrung ist uns bekannt, daß wir in viele Situationen mit ganz bestimmten Erwartungen hineingehen. Und wir wissen auch, daß sich die ersten Eindrücke, ganz gleich ob sie positiv oder negativ sind, sehr nachhaltig einprägen. Nicht anders verhält es sich bei einem Gast, und wir haben dafür zu sorgen, daß die ersten Eindrücke positiv sind. Denken Sie dabei an die AIDA-Effekte:

positiv:	Aufmerksamkeit erregen (verkaufsfördernd)	**negativ:**	Abwehr hervorrufen (verkaufshemmend)

▷ **Erste Eindrücke vom Betrieb**

Das Haus hat in bezug auf Atmosphäre und Gemütlichkeit viel Mühe auf sich genommen:

- Die Einrichtung ist stilvoll, ästhetisch und bequem,
- die Raumbeleuchtung sowie die Kerzenbeleuchtung auf den einzelnen Tischen sorgen für warmes Licht,
- durch bauliche Maßnahmen sind die Galleräume gegen betrieblichen Lärm sowie die Gerüche aus der Küche abgeschirmt,
- Vorhänge und Bilder sind so gewählt, daß sie die gemütliche Atmosphäre angenehm unterstreichen,
- grüne Pflanzen und täglich frische Blumen auf den Tischen haben eine belebende Ausstrahlung.

Aber auch Sie persönlich müssen Ihren Teil zu diesem Erscheinungsbild beitragen, indem Sie z. B.: darauf achten,

- daß die Räume gut gelüftet sind, daß Sauberkeit herrscht und die Ordnung erhalten bleibt,
- daß die Tische im Rahmen des Mise en place ordentlich eingedeckt werden,
- daß die Blumen stets frisch und die Kerzenständer sowie Speise- und Getränkekarten in einwandfreiem Zustand sind.

All das ist entscheidend für die Stimmung des Gastes und dafür, daß er sich wohlfühlt, es sich bequem macht und auf das freut, was ihm Küche und Keller zu bieten haben.

▷ **Erste Eindrücke vom Bedienungspersonal**

In Ihrer Vermittlerrolle zwischen den Erwartungen des Gastes einerseits und denen des Betriebes andererseits werden Sie von seiten des Gastes so sehr mit dem Betrieb identifiziert, daß Sie durch Ihr Erscheinungsbild die positiven oder negativen Ersteindrücke wesentlich mitbestimmen.

- Achten Sie deshalb auf Ihre persönliche Sauberkeit (Körperpflege, insbesondere saubere und gepflegte Hände und Fingernägel).
- Denken Sie daran, daß Ihr äußeres Erscheinungsbild kritisch betrachtet wird (Kleidung, Schuhe, Frisur) und daß übertriebener Schmuck keinen guten Eindruck macht.

– Ferner ist es wichtig, daß Sie vom ersten Augenblick an durch Freundlichkeit, Höflichkeit und Aufmerksamkeit das Vertrauen des Gastes gewinnen.

> **Erste Eindrücke der Gäste im à la carte-Service**
> (zusammengefaßte Gesichtspunkte)
>
> ▶ Sorge für die Grundlegung und Aufrechterhaltung der Atmosphäre und Gemütlichkeit:
>
> | Einrichtung | Dekorative Ausstattung |
> |---|---|
> | Beleuchtung | Pflanzen und Blumen |
>
> ▶ Sorge für einen guten Eindruck von seiten des Bedienungspersonals:
>
> | Persönliche Sauberkeit | Gepflegtes Erscheinungsbild |
> |---|---|

3. Umgang mit den Gästen

Mit Gästen im à la carte-Service umzugehen, ist mehr als nur einen ersten guten Eindruck zu machen. Man erwartet von Ihnen viele qualifizierte Eigenschaften, die sich aus der Besonderheit Ihres Berufes ergeben und die Sie immer wieder trainieren müssen:

> – Aufmerksamkeit, Zuverlässigkeit und Ausdauer,
> – Flexibilität, Einfühlungsvermögen und Hilfsbereitschaft,
> – Selbständigkeit, Umsicht und Übersicht sowie Organisationstalent.

Es ist außerdem sehr wichtig, daß Sie Ihre Haltung und Ihr Verhalten selber immer wieder kritisch überprüfen:

Geben Sie sich
– locker, aber immer korrekt,
– selbstsicher, aber nicht aggressiv oder angeberisch,
– einfühlend, aber nicht aufdringlich oder vertraulich,
– hilfsbereit, aber nicht unterwürfig.

Beachten Sie in bezug auf Ihre Bewegungen:
– Gehen Sie flott, aber laufen Sie nicht.
– Sparen Sie nicht an angemessener belebender Gestik, aber gestikulieren Sie nicht übertrieben herum.
– Lassen Sie auch in Zeiten höchster Anspannung keine Hektik aufkommen, damit sich der Gast in seiner Ruhe nicht gestört fühlt.

▷ Empfangen des Gastes

Das Empfangen steht in engem Zusammenhang zu den „ersten Eindrücken".
– Beachten Sie deshalb all das, was bereits über Freundlichkeit, Höflichkeit, Aufmerksamkeit und Hilfsbereitschaft gesagt worden ist.
– Versuchen Sie darüber hinaus, den Gästetyp oder auch die augenblickliche Stimmung des Gastes (ärgerlich, lustig, nachdenklich, gereizt) zu erkennen, damit Sie sich mit angepaßtem Umgangston auf ihn einstellen können.
– Seien Sie beim Ablegen der Garderobe behilflich, beachten Sie jedoch, daß Sie einem Herrn, der sich in Begleitung einer Dame befindet, „den Rang nicht ablaufen".

▷ Plazieren des Gastes

– Versuchen Sie möglichst rasch zu erfahren, für wie viele Personen Platz gesucht wird und wo bzw. wie die Gäste gerne sitzen möchten.
– Zu diesem Zweck sollten Sie stets informiert sein, wo im Restaurant noch wie viele Plätze frei sind.
– Führen Sie die Gäste immer nur zu sauberen und bereits eingedeckten Tischen.
– Bitten Sie höflich, vorausgehen zu dürfen, und seien Sie beim Platznehmen behilflich.
– Vermitteln Sie, wenn nicht besondere Wünsche von seiten des Gastes vorliegen:

> → zuerst die Tische an Fenstern,
> → dann die Tische an Wänden (Bedürfnis der meisten Menschen, wegen des Überblicks mit dem Rücken zur Wand zu sitzen),
> → zuletzt die Mitteltische.
>
> Beachten Sie, daß nicht umsonst durch dekorative Abtrennungen reichlich in sich geschlossene Sitzgruppierungen geschaffen wurden.

– Wenn es möglich ist, sollten Sie stets einen freien Tisch anbieten. Bei notwendigen Zuplazierungen müssen Sie folgende Regeln beachten:

> → Bereits am Tisch sitzende Gäste immer um Zustimmung bitten,
> → Einzelgäste immer nur zu Einzelgästen plazieren, und zwar männlich zu männlich und weiblich zu weiblich,
> → zwei Personen nur zu zweien plazieren,
> → Einzelgäste oder Paare niemals zu einer Gruppe plazieren (auch umgekehrt nicht).

▷ Aufnahme der Bestellung

– Reichen Sie in angemessenem zeitlichen Abstand nach dem Platznehmen dem Gast die geöffnete Speisekarte und legen Sie auf dem Tisch gleichzeitig eine Getränkekarte bereit.

> Die Vorlage nicht überstürzen, damit sich der Gast erst einmal kurz einstimmen kann und sich nicht sofort bedrängt fühlt.
> Die Vorlage nicht zu lange verzögern, damit kein Unbehagen entsteht sowie das Gefühl, vergessen worden zu sein.
> Gäste in Eile darf man nicht warten lassen.

- Bleiben Sie nicht am Tisch stehen, sondern treten Sie zurück, lassen Sie den Gast in Ruhe die Karte studieren und seine Auswahl treffen. Er darf sich nicht zu einem eiligen Entschluß gedrängt fühlen.
- Behalten Sie den Tisch im Auge, damit Sie wahrnehmen, wenn der Gast zu bestellen bereit ist.
- Sollten Sie jedoch den Eindruck gewinnen, daß sich der Gast nur schwer entschließen kann oder gerne Ihren Rat haben möchte, dann fragen Sie höflich, ob Sie ihm behilflich sein dürfen.
- Registrieren Sie die bestellten Speisen so, daß Ihnen beim Auftragen das peinliche Fragen erspart bleibt, welcher Gast was bestellt hat. Registrieren Sie im Uhrzeigersinn.

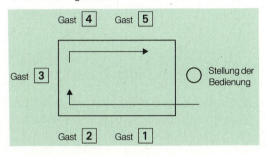

▷ **Verabschieden des Gastes**

Das Kassieren darf nicht der letzte Kontakt zum Gast sein, denn das Verabschieden ist genauso wichtig wie das Begrüßen. Auch die letzten Eindrücke prägen sich ein und sind u. U. ausschlaggebend dafür, ob uns der Gast überhaupt noch einmal oder schon bald wieder besucht.
- Helfen Sie dem Gast beim Aufnehmen der Garderobe.
- Begleiten Sie ihn in Richtung Ausgang.
- Bedanken Sie sich für den Besuch und wünschen Sie u. U. eine guten Heimweg, einen guten Abend oder weiterhin einen guten und zufriedenstellenden Aufenthalt in der Stadt.
Möglicherweise verbringt ein Feriengast aufgrund dieser Aufmerksamkeit seinen letzten Urlaubsabend in unserer Weinstube und vielleicht bringt er sogar Freunde oder Bekannte mit.

Nicht alles wird sich erfüllen. Aber Sie können vieles in Bewegung bringen.

▷ **Verhalten bei Reklamationen**

Wir gehen davon aus, daß Reklamationen bei richtiger Behandlung dazu geeignet sind, den Gast stärker an uns zu binden und u. U. sogar neue Gäste zu gewinnen. Vergessen Sie deshalb diesbezüglich alle Anweisungen aus früheren Arbeitsverhältnissen.
Wir gehen davon aus,
- daß es dem Gast bei Reklamationen vor allem darauf ankommt, verstanden, ernstgenommen und zufriedengestellt zu werden,
- daß es deshalb unerheblich ist, ob die Reklamation berechtigt oder unberechtigt ist,
- daß Gegenreden lediglich Spannung und Aggression erzeugen, ohne das Problem zu lösen,
- daß Ausreden und lange Erklärungen dem Image des Hauses nicht dienen.

Bei Reklamationen ist deshalb wie folgt zu verfahren:
- Bemühen Sie sich, die Angelegenheit so schnell wie möglich aus der Welt zu schaffen und den Gast zufriedenzustellen. Unterdrücken Sie dabei im Interesse des Hauses alle eigenen Gefühle und Emotionen.
- Lassen Sie den Gast ausreden, hören Sie genau hin, was er zu beanstanden hat und lassen Sie ihn spüren, daß Sie seine Aussagen und seine Erregung ernst nehmen.
- Entschuldigen Sie sich im Namen des Hauses und nehmen Sie die Reklamation nicht persönlich, es sei denn, Sie haben den Schaden unmittelbar selber verursacht.
- Entfernen Sie die beanstandete Sache rasch und ohne Kommentar und bieten Sie dem Gast Ersatz an. Ist dieser nicht gewünscht, streichen Sie die ursprüngliche Bestellung.
- Machen Sie von der im Haus üblichen bzw. vorgesehenen freundlichen Geste Gebrauch: Bieten Sie einen Kaffee, einen Cognac oder einen Likör an. In schwerwiegenden Fällen sprechen Sie mit Ihrem Vorgesetzten.

Bedenken Sie stets, daß wir Reklamationen unsererseits sehr ernst nehmen und dem Gast sogar dankbar sind, weil er uns die Möglichkeit gibt, Fehler kritisch zu prüfen und nach Möglichkeit nicht zu wiederholen.

B. Führen von Verkaufsgesprächen

Alles, was wir bisher zum Thema „Verkaufen" gesagt haben, war Rahmen und Vorbereitung, diente der Hinführung und Einstimmung des Gastes. Der Höhepunkt aller verkaufsfördernden Aktivitäten ist jedoch das Verkaufsgespräch. Hier müssen Sie aus der jeweiligen Situation heraus beweisen, was Sie können.

1. Grundlagen für ein gutes Verkaufsgespräch

▷ **Allgemeine warenkundliche Kenntnisse**

Wir setzen in diesem Zusammenhang voraus, daß Sie umfassende allgemeine Kenntnisse zur Speisen-, Getränke- und Menükunde haben.

Speisenkunde
- Arten der Speisen und Speisenbezeichnungen,
- Zubereitungsarten und Zusammensetzung von Speisen,
- Garniturbezeichnungen und ihre Bedeutung,
- schwere und leichte Speisen.

Getränkekunde
- Arten und Sorten der Getränke,
- Herstellung und Herstellungsmerkmale,
- charakteristische Eigenschaften und Angebotsargumente,
- Zuordnung zu Speisen.

Menükunde
- Menüaufbau und Regeln für das Zusammenstellen von Menüs,
- korrespondierende Getränke und Zuordnungskriterien.

▷ **Kenntnis des betrieblichen Angebots**
- Wir legen großen Wert darauf, daß Sie die Speisen unserer Küche genauestens kennen. Darüber hinaus ist es wichtig, daß Sie sich täglich vor Dienstantritt ausführlich über das Angebot der Tageskarte informieren.
- Bedenken Sie auch, daß Sie kein guter Verkäufer sein können, wenn Ihnen die Besonderheiten der vom Haus angebotenen Getränke nicht bekannt sind. Das gilt insbesondere für das mit größter Sorgfalt ausgesuchte Weinsortiment. Warme und kalte Getränke, die wir selber herstellen, sollten Sie einwandfrei zubereiten und anbieten können.
- Sorgen Sie dafür, daß die Speise- und Getränkekarten stets in tadellosem Zustand sind.

▷ **Bemühen um ein gutes Gesprächsklima**

Je besser das Gesprächsklima zwischen Ihnen und dem Gast ist, desto größer sind die Chancen für einen guten Verkauf. Sie können dazu selber eine ganze Menge beitragen:

- Vor allem ist es wichtig, durch Aufmerksamkeit sowie durch freundliches und wohlwollendes Sprechen das Vertrauen des Gastes zu gewinnen. Sprechen Sie nicht mit gesenktem Haupt vor sich hin, sondern sehen Sie den Gesprächspartner an.
- Hören Sie dem Gast aber zunächst in entspannter Haltung aufmerksam zu, und gehen Sie auf seine Wünsche ein. Nutzen Sie diese Zeit dazu, die Verkaufschancen richtig einzuschätzen und sich auf Empfehlungen und Verkaufsargumente einzustellen.
- Informieren und beraten Sie überzeugend. Vermeiden Sie jedoch, daß Ihre Empfehlungen als besserwissende Belehrung aufgefaßt werden. Bei aller Absicht zu verkaufen müssen letztlich die Wünsche bzw. der Geschmack des Gastes ausschlaggebend bleiben.

2. Empfehlungen beim Übergeben der Karte

Empfehlungen bereits zu diesem Zeitpunkt auszusprechen, setzt neben ausreichender Erfahrung im Umgang mit Gästen das Einfühlungsvermögen in die jeweilige Situation voraus. Im Sinne der Vorwärtsstrategie „Ihre Verkaufsabsichten zu Kaufabsichten des Gastes zu machen" sind sie jedoch sehr wichtig:

„Aus unserem Tagesangebot kann ich Ihnen heute besonders .... empfehlen."

„Unser Spargel ist heute ganz frisch hereingekommen."

„Die mild geräucherten Forellenfilets sowie die speziellen warmen Forellengerichte unseres Hauses erfreuen sich immer größer Beliebtheit."

„Darf ich Ihnen als Aperitif einen .... empfehlen?"

3. Empfehlungen im Rahmen des Verkaufsgesprächs

Es ist überaus wichtig, daß Sie den Gast im Rahmen des Verkaufsgesprächs in angemessenem Umfang zu Wort kommen lassen. Es ist aber ebenso wichtig, daß Sie nicht nur antworten, sondern die Führung des Gesprächs übernehmen, damit Sie Empfehlungen aussprechen können, Wünsche wecken und schließlich erfolgreich verkaufen. Dazu einige Anregungen und Hinweise:

▷ **Appetit und Lust ansprechen**

Im Gegensatz zu den im allgemeinen nüchternen Aussagen der Speise- und Getränkekarte haben Sie die Möglichkeit, durch entsprechende Beschreibung den Appetit anzuregen oder lustbetonte Verzehrsabsichten zu wecken.

Verkaufen im Restaurant

Speisen

Aussage der Karte	Beschreibung durch die Bedienung
Geräucherte Forellenfilets	Die Forellenfilets sind **ganz frisch** und **mild** geräuchert.
Truthahngeschnetzeltes mit Krebsen und Austernpilzen	Das **zarte** Geschnetzelte erhält durch die Krebse und Pilze eine **pikante Geschmacksnote**.
Wachtelbrüstchen im Wirsingmantel mit Trüffelsauce	Das Gericht gilt als **besondere Spezialität** des Hauses und ist bei den Gästen **sehr beliebt**.

Wein

Aussage der Karte	Beschreibung durch die Bedienung
Johannisberger Hölle Riesling halbtrocken	– Dieser Rheingauer Rieslingwein **beeindruckt** durch seine **fruchtige Art** und sein **ausgewogenes Bukett**. – Zu Ihrer Bestellung „Kalbsbries auf Blattspinat" wäre dieser Wein eine **überaus harmonische Ergänzung**.
Chateau d'Yquem Sauternes	– Dieser weiße Bordeaux zeichnet sich durch eine **gehaltvolle und harmonische Süße** aus. – Seine **vollmundige Art** und der **angenehme Nußton** vermitteln einen besonderen Genuß.

▷ **Alternativen aufzeigen**

Ihre Verkaufschance nimmt zu, wenn Sie dem Gast *nicht nur einen Vorschlag* unterbreiten, sondern gleichzeitig zwei oder drei alternative Empfehlungen aussprechen. Bei der Wahl der Alternativen sollten Sie jedoch beachten:

– In bezug auf den **Preis** ist es ratsam, vom mittleren Preisniveau auszugehen und für die Alternative je nach Einschätzung des Gastes (Einfühlungsvermögen und Fingerspitzengefühl) einen höheren oder niedrigeren Preis zu wählen.
– Außerdem hat es sich als verkaufsfördernd erwiesen, wenn Sie bei alternativen Empfehlungen in bezug auf **Geschmack** und **Zubereitungsart** auf Abwechslung achten.

das allgemein Bekannte	das speziell Ausgewählte
– Geräuchertes Forellenfilet mit Meerrettichsahne – Parmaschinken mit Melonenschiffchen	– Rehpastete mit Pfifferlingsalat und Preiselbeersauce – Rosa gebratene Entenbrust mit Cumberlandsauce
– Rinderkraftbrühe mit Markklößchen – Hühnerkraftbrühe – Champignoncremesuppe	– Austernrahmsuppe – Kraftbrühe von Jakobsmuscheln mit Kressenocken – Fasanenessenz
– Seezungenfilets in Weißweinsauce – Gegrillter Lachs mit Trüffelbutter – Champignons mit frischen Kräutern	– Jakobsmuscheln im Estragonsud – Austern mit Seeteufel im Champagnerschaum – Kalbsnierchen mit leichter Senfsauce
– Tournedos mit Béarner Sauce – Poulardenbrust mit Curryrahmsauce – Kalbsblankette mit Schnittlauchsauce – Hirschrücken mit Pfifferlingen – Heilbuttschnitte vom Grill mit Kräuterbutter	– Truthahngeschnetzeltes mit Krebsen und Austernpilzen – Lammnüßchen mit Estragonjus – Waller im Wurzelsud – Rehrückenfilet mit Sherrysauce – Kaninchenrückenfilet auf weißer Portwein-Stilton-Sauce
– Obstsalat mit Maraschino – Karamelcreme – Haselnußparfait	– Honig-Zimt-Parfait auf Schokoladensauce – Staudensellerie mit Ziegenkäsecreme – Englischer Plumpudding

Abschließend noch zwei ganz wichtige Hinweise:
– Vermeiden Sie bei Ihren Empfehlungen Übertreibungen und versprechen Sie niemals mehr als Sie beim Servieren einlösen können. Ein zufriedener Gast (auch wenn die Höhe seiner Rechnung nicht Ihren Vorstellungen entspricht) ist für unser Haus besser als ein enttäuschter Gast, der nicht wiederkommt.
– Haben Sie immer wieder Geduld mit sich selber, wenn nicht alles auf einmal gelingt. Meisterschaft braucht seine Zeit.

Aufgaben (Verkaufskunde)

1. Beschreiben Sie die Besonderheiten des Verkaufs im Gastgewerbe im Vergleich zu anderen Geschäftszweigen.
2. Nennen Sie Beispiele für die im Gastgewerbe angebotenen Verbrauchs- und Gebrauchsgüter und ordnen Sie diesen zugehörige Verkaufsstellen innerhalb des Betriebes sowie die verschiedenen Verkaufssituationen zu.
3. Erläutern Sie an Beispielen die besondere Bedeutung der Dienstleistung beim Verkauf im Gastgewerbe.

Marketing:
4. Was versteht man im Wirtschaftsgeschehen unter Markt?
5. Nennen Sie Faktoren, die den gastgewerblichen Markt bestimmen.
6. Erläutern Sie an Beispielen das, was ein gastgewerbliches Unternehmen bei der Marktanalyse interessiert bzw. ermittelt.
7. Welche Bedeutung hat die Gästebefragung für den gastgewerblichen Betrieb, und welche Konsequenzen können sich aus einer solchen Befragung ergeben?
8. Was versteht man im Rahmen der Verkaufsförderung unter der AIDA-Formel? Erläutern Sie die Bedeutung der einzelnen Buchstaben.
9. Erklären Sie an Beispielen die Bezeichnung Public Relations.
10. Nennen Sie Maßnahmen bzw. Faktoren der Außen- und Innenwerbung.
11. Was versteht man unter Image eines Betriebes, und wodurch wird es aufgebaut bzw. erhalten?
12. Erklären Sie die Bezeichnung Marketing.

Umgang mit Gästen im à la carte-Service:
13. Nennen Sie verstandesbetonte und gefühlsbetonte Kaufmotive der Restaurantgäste.
14. Warum ist es wichtig, daß Restaurantfachkräfte die Art des Kaufmotivs erkennen? Geben Sie Beispiele dafür.
15. Auf welche Weise können Kaufmotive geweckt oder verändert werden?
16. Nennen Sie zu folgenden Gästetypen Merkmale des Erscheinungsbildes sowie Richtlinien für den Umgang mit ihnen:
   a) Besserwisser und geltungsbedürftige Gäste,
   b) eilige und nervöse Gäste,
   c) schüchterne und unentschlossene Gäste,
   d) geizige und sparsame Gäste,
   e) geruhsame und ausgabefreudige Gäste,
   f) redselige und schwatzhafte Gäste,
   g) betrunkene Gäste.
17. Beschreiben Sie an Beispielen Richtlinien für die Behandlung und den Umgang mit folgenden Gästen:
   a) Kinder und ältere Menschen,
   b) behinderte Menschen,
   c) Stammgäste.

Erste und letzte Eindrücke des Gastes beim Restaurantbesuch:
18. Warum sind die ersten Eindrücke so bedeutsam?
19. Nennen Sie Beispiele für Eindrücke, die von der Situation im Restaurant ausgehen.
20. Welche Eindrücke gehen vom Bedienungspersonal aus, und worauf muß deshalb besonders geachtet werden?
21. Worauf ist beim Empfang und Verabschieden des Gastes im einzelnen zu achten?
22. Warum ist das richtige Verabschieden genau so wichtig wie das Empfangen?

Berufspezifische Fähigkeiten und Verhaltensweisen:
23. Nennen Sie berufsspezifische Eigenschaften bzw. Fähigkeiten des Bedienungspersonals.
24. Beschreiben Sie positive und negative Beispiele für das Verhalten der Bedienung gegenüber dem Gast.
25. Welche Richtlinien gibt es für Bewegung und Gestik im à la carte-Service?

Plazieren des Gastes:
26. Warum ist es wichtig, ständig über die Belegungssituation im Restaurant informiert zu sein?
27. Beschreiben Sie den fachgerechten Ablauf des Plazierens.
28. Nennen Sie Richtlinien, die beim Zuplazieren von Gästen an Tischen zu beachten sind.

Aufnehmen der Bestellung:
29. Welche zeitlichen Richtlinien gibt es für das Vorlegen der Karte?
30. Beschreiben Sie den Vorgang zwischen dem Vorlegen der Karte und dem Aufnehmen der Bestellung.
31. Beschreiben und begründen Sie das fachlich einwandfreie Registrieren der Bestellung bei mehreren Gästen.

Verhalten bei Reklamationen:
32. Versuchen Sie, die Stimmung und Erwartungen eines Gastes bei Reklamationen zu beschreiben.
33. Welche Reaktionen der Bedienung wirken sich in jedem Fall negativ aus?
34. Es gibt Betriebe, die Wert darauf legen, daß Reklamationen ohne Einrede so schnell wie möglich abgewickelt werden. Beschreiben Sie den für den Gast zufriedenstellenden Ablauf.
35. Beschreiben Sie die Behandlung von Reklamationen im eigenen Betrieb.

Führen von Verkaufsgesprächen:
36. Erläutern Sie die Voraussetzungen für ein gutes, erfolgreiches Verkaufsgespräch in bezug auf allgemeine warenkundliche Kenntnisse und auf die Kenntnis des Angebotes im eigenen Betrieb.
37. Auf welche Weise kann die Bedienung durch Haltung und Verhalten zu einem guten Verkaufsgespräch beitragen?
38. Nennen Sie Richtlinien, die für das Beraten des Gastes von Bedeutung sind.

Empfehlungen im Rahmen des Verkaufsgesprächs:
39. Beschreiben Sie Zweck, Voraussetzungen sowie Beispiele für Empfehlungen, die bereits beim Übergeben der Karte ausgesprochen werden.
40. Warum ist es beim Aussprechen von Empfehlungen wichtig, Appetit und Lust anzusprechen? Erläutern Sie an Beispielen, wie man das macht (Speisenbeispiele und Weinbeispiele).
41. Warum ist es wichtig, beim Aussprechen von Empfehlungen in bezug auf Preis, Geschmack und Zubereitungsart Alternativen aufzuzeigen? Nennen Sie Beispiele.

Organisation

Unter dem Begriff Organisation faßt man alles „planerische Handeln" zusammen. Damit etwas wirklich gelingt, muß man es vorher gut „organisieren", also nicht dem Zufall überlassen. Dazu gehört auch, daß jeder weiß, von wem er Anordnungen erhält, wem gegenüber er also verantwortlich ist, oder wen er in einer bestimmten Situation informieren muß, damit dieser nicht aus Unkenntnis eigene Entscheidungen unterläßt, weil er ja „davon nichts wußte".

Diese Zusammenhänge werden auf nachfolgenden Seiten für einen gastgewerblichen Betrieb dargestellt und erarbeitet.

Organisation im Hotel, was ist das?

▶ Wenn ein Gast anruft, um ein Zimmer zu bestellen, dann wird ein vielfältiger Prozeß mit vielen Einzelvorgängen ausgelöst, z. B.:
   – das Aufnehmen der Bestellung durch den Empfang,
   – das Ausfüllen der Reservierungsunterlagen,
   – das Eingeben der Reservierung in das Reservierungssystem (Tag-, Wochen-, Monatslisten oder EDV-Hotelverwaltungsprogramm).

▶ Wenn ein Gast bei seiner Ankunft die Hotelhalle betritt, dann ist das ebenfalls ein Anfang für viele Vorgänge, z. B.:
   – das Begrüßtwerden durch den Empfang,
   – das Ausfüllen des Meldeformulars,
   – die Übergabe bzw. das Vergeben des Zimmers, und später
   – das Registrieren der vom Gast in Anspruch genommenen Leistungen,
   – das Ausstellen der Rechnung bei der Abreise.

▶ Wenn ein Gast zum Essen das Restaurant betritt,
   – dann haben Küche und Service bereits alle Vorbereitungen getroffen,
   – dann wird der Gast vom Bedienungspersonal nach exakten fachlichen Regeln bedient.

Die verschiedenen Betriebsbereiche und Betriebseinrichtungen, das Gegenwärtigsein der Fachkräfte sowie das reibungslose und zufriedenstellende Funktionieren der Vorgänge und Abläufe, alles das ist ohne vorausgehende intensive **Planung** und **Organisation** nicht denkbar. Ein so vielfältiges Geschehen funktioniert nicht von selbst.

I. Grundbegriffe der Organisation

Wie für andere Sachgebiete, so gibt es auch bezüglich der Organisation viele wissenschaftliche Fachbücher, denn von einer guten Organisation hängt ganz entscheidend der Erfolg eines Unternehmens ab. Hier sollen an einem einfachen Beispiel lediglich grundlegende Begriffe der Organisation geklärt werden. Die Akteure des Geschehens sind Schüler der gastgewerblichen Abteilung einer berufsbildenden Schule, und zwar die drei Klassen des **ersten** Ausbildungsjahres. Sie erhalten am 3. März des laufenden Schuljahres den Auftrag, für das Kollegium der Schule am 15. Mai ein festliches Essen zu arrangieren. In einer großangelegten praktischen Übung sollen sie:

1. ein Menü einschließlich der Getränke zusammenstellen und den dazu erforderlichen Einkauf tätigen,
2. die Veranstaltung unter Beachtung der fachlichen Regeln vorbereiten und durchführen.

Es stehen dazu 600,– DM zur Verfügung.

A. Organisation des Betriebsaufbaus

Nachdem der zuständige Lehrer den versammelten Schülern die Aufgabe bekanntgegeben hat, zieht er sich zurück und überläßt die Versammlung sich selbst. Im Saal ist es daraufhin plötzlich still und es breitet sich eine spürbare Betroffenheit aus. Das ist verständlich, wenn man bedenkt, daß seit Beginn der Ausbildungszeit erst sieben Monate vergangen sind. Und nun dieser Auftrag! Erst nach einer ganzen Weile setzt, zunächst leise und verhalten, dann aber vernehmbarer die Unterhaltung wieder ein. Sie erreicht schließlich ihren Höhepunkt in einem heillosen Durcheinander von Fragen, die in die Überlegungs einmünden, ob man einer solchen Aufgabe überhaupt schon gewachsen sei.

Die folgenden Ausführungen sollen zeigen, auf welche Weise ein solches Durcheinander zu einem geordneten Vorgehen organisiert werden kann.

1. Ein Organigramm entsteht

Für die Vorbereitung und Durchführung der Veranstaltung sind die drei **Grundstufenklassen** angesprochen:

| Köche | Hotelfachleute | Restaurantfachleute |

Abgesehen von den immer heftiger vorgetragenen Fragen erhebt sich von seiten der Schüler sogar Kritik gegenüber den verantwortlichen Lehrern, die doch eigentlich wissen sollten, daß sie noch Anfänger sind. Aber dann meldet sich **Monika,** die Klassensprecherin aus der Klasse der Hotelfachleute zu Wort und versucht den Anwesenden klarzumachen, daß man trotz des eigentlich *unzumutbaren* Auftrags nicht resignieren dürfe. Vielmehr sei es notwendig, in Ruhe nachzudenken und sich etwas einfallen zu lassen. Obwohl es daraufhin noch einige *unfruchtbare* Diskussionsbeiträge gibt, gelingt es Monika schließlich, mit Unterstützung der Mehrheit folgenden Beschluß herbeizuführen:

> Die Sprecher der drei Klassen bilden unter Leitung von Monika ein Team, das als *Unternehmensleitung* fungieren soll und deshalb den Auftrag erhält, erste Überlegungen anzustellen sowie alle weiteren Maßnahmen einzuleiten und zu koordinieren.

Schon wenige Tage danach wartet das Führungsteam mit folgenden Ergebnissen auf:

▶ Die drei Klassen erhalten bezüglich der Durchführung des Auftrags eine ihnen jeweils naheliegende Hauptaufgabe:

| Hotelfachleute Einkauf | Köche Küche | Restaurantfachleute Service |

▶ Darüber hinaus werden sie beauftragt, in getrennten Beratungen für den jeweiligen Arbeitsbereich (also Einkauf, Küche und Service) aus ihrer Mitte zwei Schüler als *leitende Funktionäre* zu benennen bzw. zu wählen.

Obwohl sich in den einberufenen Sitzungen einerseits Bewerber für diese Ämter finden, bleibt andererseits immer noch das unsichere Gefühl, fachlich Anfänger zu sein.

Daraufhin wird in einer Vollversammlung folgender Vorschlag aus der Klasse der Restaurantfachleute diskutiert und angenommen:

▶ Die einzelnen Klassen wählen aus ihrer Mitte je einen Schüler. Diese drei tragen letztlich die Gesamtverantwortung.

▶ Die Gewählten sollen dann zu ihrer Unterstützung und Beratung je einen „Berufskollegen" aus der jeweiligen Fachstufenklasse anwerben.

Die Aktion führt zu einem positiven Ergebnis und wird auch von den Lehrern akzeptiert. Monika wird zur Vorsitzenden der „Unternehmensleitung" gewählt und zum obersten Entscheidungsträger bestimmt. Nach einigen kleinen Absprachen hinüber und herüber ergibt sich schließlich folgende Aufstellung:

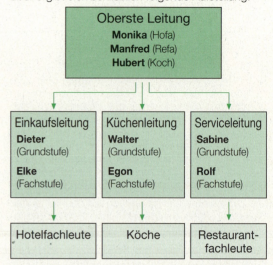

Was hier durch die Initiative von Monika geschehen ist, nennt die Fachsprache **Aufbauorganisation** (Organisation des Aufbaus) und meint damit

▶ einerseits den Vorgang des Organisierens,

▶ andererseits das Ergebnis des Organisierens, das **Organigramm** (also die Übersicht, wie sie oben dargestellt ist).

2. Arbeitsbereiche werden organisiert

Das von Monika und ihren Mitarbeitern aufgestellte Organigramm weist drei Arbeitsbereiche aus:

| Einkauf | Küche | Service |

Damit die Erfüllung der Aufgaben innerhalb der Arbeitsbereiche *geordnet, reibungslos* und *zufriedenstellend* funktioniert, sind bestimmte weitere organisatorische Maßnahmen unerläßlich.

▷ **Stellenbeschreibung**

Wie wichtig das ist, zeigt sich schon bald im Arbeitsbereich „Einkauf", als zwischen **Dieter** (aus der Grundstufe) und **Elke** (aus der Fachstufe) Unstimmigkeiten auftreten. Wie bekannt, wurde Elke wegen ihrer größeren beruflichen Erfahrung (2. Ausbildungsjahr) in die Einkaufsleitung berufen. Unter diesem Gesichtspunkt war anzunehmen, daß ihr auch die Führungsrolle zufallen würde. Dieter, der das in seiner unbeschwerten Art etwas anders sieht, beginnt sofort nach seiner Berufung Teilaufgaben festzulegen und sie an seine Mitschüler in der Grundstufenklasse zu vergeben. Elke ist damit nicht einverstanden, und so kommt es in Verbindung mit der „Unternehmensleitung" zu einer Besprechung, in der folgendes festgelegt wird:

Grundbegriffe der Organisation

- **Elke** erhält die Funktion „Leiterin des Einkaufs" zugesprochen und sie allein ist befugt, die mit dem Einkauf zusammenhängenden Entscheidungen und Maßnahmen herbeizuführen sowie Anweisungen an „Untergebene" (Klasse der Hotelfachleute) weiterzugeben.
- Empfänger von Anweisungen ist Elke lediglich gegenüber der obersten Unternehmensleitung und nur ihr gegenüber ist sie zur Rechenschaft verpflichtet.
- Im einzelnen wird Elke mit folgenden Aufgaben betraut:
  - Erstellen eines Entwurfs über die durchzuführenden Maßnahmen,
  - Festlegen der Einkaufsquellen im Anschluß an die vergleichende Überprüfung von Angeboten,
  - Kontrolle der eingehenden Waren und Überweisung des Rechnungsbetrages.
- **Dieter** ist der Stellvertreter von Elke und darf Anweisungen lediglich bei Abwesenheit von Elke erteilen, und das auch nur in unaufschiebbaren Angelegenheiten und nur im Sinne der bereits festgelegten Rahmenbedingungen.

In einem Gespräch kann Dieter von der Notwendigkeit dieser Maßnahme überzeugt werden. Darüber hinaus wird er gebeten, eventuell Voreingenommenheiten gegenüber Elke abzubauen und sie in ihren Bemühungen aktiv zu unterstützen.

Um weiteren Streit über Zuständigkeiten vorzubeugen, erhalten auch die Bereiche „Küche" und „Service" ihre „Stellenbeschreibungen".

Die Stellenbeschreibung ist in vielfacher Hinsicht von Bedeutung:

- Sie nennt die Bezeichnung der Stelle bzw. die Funktion des Stelleninhabers,
- sie gibt Auskunft über die Stellung des Mitarbeiters im Betriebsaufbau bzw. in bezug auf Über- und Unterstellung,
- sie beschreibt die Aufgaben und den Handlungsspielraum des Stelleninhabers,
- sie ist Grundlage für Unterweisungen und Anweisungen gegenüber den Untergebenen,
- sie bietet Maßstäbe für die Selbstkontrolle sowie für die Arbeitsüberwachung, Leistung und Beurteilung durch den Vorgesetzten,
- sie dient als Orientierungshilfe bei der Stellenbesetzung sowohl für den Bewerber als auch für den Betrieb.

▷ **Arbeitsteilung**
Innerhalb der Arbeitsbereiche (Klassen) werden unter Leitung der bereits gewählten „Führungskräfte" entsprechend der Eignung der Schüler Arbeitsgruppen mit jeweils spezifischen Aufgaben gebildet. Dazu gibt es von der „Unternehmensleitung" folgende Vorgaben:

- Die herzustellenden Menüs werden von der Unternehmensleitung zusammengestellt und vorgegeben.
- Für die Arbeitsbereiche sind die folgenden Anweisungen (Arbeitsrichtlinien) zu beachten.

Arbeitsbereich Einkauf

Verantwortliche Leitung: Elke und Dieter
Arbeitsgruppen:
1. Ermitteln der Einkaufsquellen und Einholen der Angebote,
2. Aufgeben der Bestellung und Beschaffung der Waren,
3. Entwerfen und Gestalten der Menükarten,
4. Bereitstellen des Blumen- und Kerzenschmucks,
2. Mitwirken beim Mise en place und beim Spülen am Tag des Festessens (gemeinsam mit den Restaurantfachleuten).

Arbeitsbereich Küche

Verantwortliche Leitung: Egon und Walter
Arbeitsgruppen:
1. Erarbeiten von Rezepturen für die Speisen, die in den Menüs vorgegeben sind,
2. Zusammenstellen der Rohstoffe und Rohstoffmengen aufgrund der Menüvorgaben und Weitergabe einer Durchschrift an den „Einkauf",
3. Zubereiten der Speisen am Tag des Festessens in getrennten Arbeitsgruppen bzw. Küchenposten (kalte Vorspeisen, Suppen, Hauptspeisen, zugehörige Gemüse- und Sättigungsbeilagen, Desserts),
4. Reinigen des Arbeitsbereichs und der Tafelgeräte.

Arbeitsbereich Service

Verantwortliche Leitung: Rolf und Sabine
Arbeitsgruppen:
1. Vorschlag für die Form der Festtafel sowie Entwerfen eines Tafelorientierungsplanes einschließlich der Serviceeinteilung,
2. Durchführen des Mise en place einschließlich dem Eindecken der Festtafel,
3. Vorbereiten und Ausführen des gesamten Getränkeservice einschließlich Aperitif,
4. Durchführen des Festessens unter Beachtung der vorgegebenen Servicemethoden,
5. Reinigen des Arbeitsbereichs und der Tafelgeräte.

B. Organisation der Betriebsführung

Die betriebswirtschaftliche Fachliteratur unterscheidet verschiedene **Leitungssysteme.** Bei dem von Monika organisierten Unternehmen lassen sich diese Systeme an ganz einfachen Vorgängen verständlich machen.

1. Leitliniensystem

Die Unternehmensleitung (Monika und ihre Mitarbeiter) nimmt die *berufliche Unerfahrenheit ihrer Untergebenen* zum Anlaß, ein zentrales Führungssystem zu organisieren und begründet dies folgendermaßen:
- Es ist wichtig, einheitliche Entscheidungen und Anordnungen zu treffen,
- die Untergebenen sollen wissen, von wem sie Anweisungen entgegenzunehmen und an wen sie sich mit Rückfragen zu wenden haben,
- die Erfüllung der Anweisungen muß unter einer zentralen Kontrolle bleiben.

Bei diesem System sind die Kommunikationswege sowohl von oben nach unten als auch von unten nach oben durch die **Linie** gekennzeichnet.

In der Praxis zeigt es sich aber schon bald, daß dieses System mit Problemen behaftet ist. Vor allem wird den Mitgliedern der „Unternehmensleitung" sehr rasch bewußt, daß sie im Beruf selber noch Anfänger sind. Außerdem kommt es zu Mißverständnissen und Pannen.
- Selbst Monika, die aufgrund ihrer Stellung oberste Entscheidungsinstanz ist, fühlt sich von einem bestimmten Zeitpunkt an überfordert und es geht einiges schief, als sie wegen Krankheit zwei Wochen ausfällt.
- Die „Untergebenen" fühlen sich unterbewertet und bevormundet, schalten ab und lassen die Dinge in Ruhe auf sich zukommen.

Die anfängliche Unsicherheit nimmt wieder zu, und in der Sache geht nichts voran.

2. Stabliniensystem

Der erste Schritt, mit den entstandenen Schwierigkeiten fertigzuwerden, besteht darin, daß Monika ihren Klassenlehrer um Unterstützung bittet. Da sind zunächst die fehlenden Kenntnisse für das Zusammenstellen des Menüs sowie für das zielgerichtete Organisieren der Küche, des Service und, wie sich später noch zeigen wird, der nicht unproblematische Führungsstil der Unternehmensleitung.

Der Lehrer ist bereit und wird, wie die Fachsprache das nennt, zum Inhaber einer **Stabstelle.** Eine zweite Stabstelle (Inhaber ist der Fachlehrer für den fachpraktischen Unterricht) wird der Küche zugeordnet. Solche Stabstellen haben folgende Aufgaben:
- die Unternehmensleitung entsprechend zu beraten und zu informieren,
- unternehmerische Probleme zu untersuchen und Lösungen zu erarbeiten.

Die betriebliche Entscheidungs- und Anordnungsbefugnis bleibt jedoch bei der Unternehmensleitung bzw. der Stelle, der der Stab zugeordnet wurde. Während mit der Einführung dieses Stabliniensystems die Unternehmensleitung einerseits in fachlicher Hinsicht entlastet wird und ihre Entscheidungen sachlich fundierter vorbereitet werden können, bleiben jedoch andererseits die personellen Probleme innerhalb des Liniensystems vorläufig noch ungelöst.

Stabliniensystem

3. Mehrliniensystem

Die Stabstelle (der Lehrer) belehrt die Unternehmensleitung sodann, warum der zentralistische Führungsstil in der Aufbauphase zwar unerläßlich und gut war, im weiteren Verlauf des Unternehmens jedoch negative Auswirkungen haben mußte:
- Bei den Anweisungen in fachlichen Angelegenheiten fühlen sich insbesondere die leitenden Funktionäre der Fachstufe bevormundet und bauen eigene Initiativen ab.
- Der offiziell nicht erwünschte Informationsaustausch zwischen den verschiedenen Fachbereichen Köche, Hotelfachleute und Restaurantfachleute führt zu Mißverständnissen, und außerdem bleiben wertvolle Impulse und Anregungen aus.

Anläßlich einer Vollversammlung, in der heftig, aber offen und wohlmeinend Kritik geübt wird, kommt es dann zu folgendem Beschluß:

Grundbegriffe der Organisation

- Die verantwortliche Gesamtleitung bleibt in den Händen von Monika, Manfred und Hubert.
- Die leitenden Funktionäre der Bereiche Einkauf, Küche und Service erhalten jedoch in bereichsspezifischen Sachfragen eigenverantwortliche Entscheidungsbefugnisse und werden außerdem ausdrücklich aufgefordert, untereinander fachliche Probleme zu besprechen und Lösungen zu erörtern.

Mehrliniensystem

```
            Unternehmensleitung        Stabstelle
                  |
    ┌─────────────┼─────────────┐
Einkaufsleitung  Küchenleitung  Serviceleitung
                          Stabstelle
    ╳╳╳ (Verbindungen) ╳╳╳
Hotelfachleute   Köche    Restaurantfachleute
```

Die Ergebnisse dieser Entscheidung sind verblüffend:
- Die Unternehmensleitung wird noch spürbarer entlastet,
- die leitenden Funktionäre sind stärker motiviert und erledigen viele Dinge ohne großen zeitlichen Aufwand,
- die Gespräche untereinander führen zur fachlichen Bereicherung aller Beteiligten.

Wie die folgenden Beispiele zeigen, kann es in diesem System auch zu Störungen kommen.
- Im „Einkauf" kommt es zu einem Kompetenzstreit (siehe unter dem Stichwort „Stellenbeschreibung").
- Am Tag des Festessens gibt es einen Streit zwischen Einkaufsleitung und Serviceleitung über die zeitliche Vorrangigkeit zweier Aufträge an eine Gruppe von Hotelfachleuten: Die Blumengestecke fertigzustellen oder die noch fehlenden Getränke herbeizuschaffen.

Gegenüber den Vorteilen des Mehrliniensystems sind das jedoch Kleinigkeiten, die durch entsprechende Gespräche und Vereinbarungen auf Dauer ausgeräumt werden können.

C. Organisation von Betriebsabläufen

Trotz der kurzen Zeit ihrer „Betriebszugehörigkeit" hat Monika bereits erfahren, daß die einzelnen Arbeitsverrichtungen oftmals dann zu einem unbefriedigenden Ergebnis führen, wenn sie nicht vorher genügend durchdacht, d. h. ohne Planung durchgeführt werden. Da sie als Verantwortliche für das „Vorweihnachtliche Festessen" kein Risiko eingehen möchte, denkt Monika deshalb über die gesamte Vorbereitung und Durchführung der Veranstaltung erst einmal intensiv nach, sie plant und organisiert. Das führt zu folgenden Ergebnissen:

1. Checkliste

Die erste organisatorische Maßnahme besteht darin, Sorge dafür zu tragen, daß nichts vergessen wird. Obwohl man sich bezüglich der „Betriebsführung" einerseits auf das Mehrliniensystem verständigt hat, möchte sie dennoch den Überblick über den gesamten Ablauf dieser *Sonderveranstaltung* behalten. Sie macht dazu Aufzeichnungen über die wichtigsten Arbeitsverrichtungen:

Unternehmensleitung

- Zusammenstellen der Menüs und Festlegung der einzukaufenden Getränke,
- Wahrnehmung der Aufsicht am Tag des Festessens im Bereich Mise en place und Service.
  Die Aufsicht in der Küche obliegt wegen des Schwierigkeitsgrades dieser Aufgabe dem Fachlehrer für den praktischen Unterricht als Stabstelle.

| Arbeitsbereich Einkauf | Arbeitsbereich Küche | Arbeitsbereich Service |

Die Arbeiten der in diesen Bereichen zusammengefaßten Gruppen sind im Abschnitt „Arbeitsbereiche werden organisiert" bereits aufgeschrieben.

Monika stellt **alle** Arbeiten bzw. Maßnahmen (ausgenommen das Mise en place am Tag des Essens) in einer Liste zusammen und hat so die Möglichkeit, die Erledigung stufenweise zu kontrollieren und schriftlich festzuhalten.

Die Fachsprache nennt eine solche Aufzeichnung **Checkliste,** d. h. eine Liste, in der alle Einzelpositionen nach ihrer Erledigung abgehakt (abgecheckt) werden. Auf diese Weise wird nichts vergessen, was zur Erfüllung einer Gesamtaufgabe wichtig ist. Weitere Beispiele für Checklisten siehe im Abschnitt „Sonderveranstaltungen".

2. Organisationspläne

Organisationspläne gibt es für die unterschiedlichsten Zwecke.

▷ **Arbeitsablaufplan**

Monika hat diesen Plan erstellt, um sicher zu sein, daß alle Arbeiten bis zum Tag der Veranstaltung im zeitlichen Ablauf termingerecht erledigt werden.

Erledigung bis zum	Maßnahmen/ Vorgänge	zuständige Arbeitsgruppen
12.10.	– Zusammenstellen der Menüs – Festlegung der Getränke	→ Unternehmensleitung
26.10.	– Erarbeitung der Rezepturen für die Speisen der Menüs	→ Köche
3.11.	– Zusammenstellung der Rohstoffe und Rohstoffmengen – Ermittlung der Einkaufsquellen	→ Köche → Hotelfachleute
10.11.	– Einholen der Angebote	→ Hotelfachleute
17.11.	– Aufgabe der Bestellungen	→ Hotelfachleute
24.11.	– Entwurf der Menükarten – Festlegung der Form für die Festtafel – Entwurf des Tafelorientierungsplans	→ Hotelfachleute → Restaurantfachleute
1.12.	– Schreiben der Menükarten – Entwurf der Serviceabteilung	→ Hotelfachleute → Restaurantfachleute
Erledigung am:		
10.12.	– Anlieferung der Getränke	→ Hotelfachleute
13.12.	– Anlieferung der Küchenrohstoffe	→ Köche
14.12.	– Anlieferung der Blumen für den Tischschmuck – Kochen der Grundbrühen – Vorbereiten des Fleisches – Spülen der Gläser und Bestecke – Vorbereiten der Menagen	→ Hotelfachleute → Köche → Restaurantfachleute
15.12.	– Tag der Veranstaltung (siehe nachfolgende Aufzeichnungen)	

Uhrzeit	Arbeit	Arbeitsgruppe
8^{00}	– Gläser polieren	→ Gruppe III (Hofa und Refa)
	– Besteck polieren	→ Gruppe II (Hofa)
	– Geschirr polieren	
	– Blumengestecke herrichten	→ Gruppe III (Hofa)
9^{00}	– Tafel stellen und eindecken	→ Gruppe I (Refa) Gruppe II (Refa)
10^{00}	– Getränkebuffet einrichten	→ Gruppe III (Refa)
11^{00}	– Tafel dekorieren (Blumen, Kerzen)	→ Gruppe III (Hofa)
	– Letzte Serviceablaufbesprechung	→ Gruppe I (Refa) → Gruppe II (Refa)
11^{30}	– Schlußkontrolle der Festtafel	→ Gruppe III (Refa)
12^{00}	– Aperitifs herstellen und anbieten	→ Gruppe III (Refa)
12^{15}	– Gäste plazieren	→ Gruppe I (Refa) → Gruppe II (Refa)
12^{30}	– Speisenservice	→ Gruppe I (Refa) → Gruppe II (Refa) → Gruppe III (Refa)
ab 13^{00}	– Geschirrspüle besetzen	→ Gruppe I (Hofa)
	– Gläserspüle besetzen	→ Gruppe II (Hofa)
	– Geschirr und Gläser wegräumen	→ Gruppe III (Hofa) → Gruppe I (Refa)
	– Besteck trocknen	→ Gruppe II (Refa)
später:		
	– Blumen versorgen	→ Gruppe I (Hofa)
	– Tischwäsche sortieren und in Wäscherei bringen	→ Gruppe II (Hofa)

▷ **Personaleinsatzplan**

Während der Personaleinsatz für die Küche am Veranstaltungstag durch den Fachlehrer festgelegt wird, erstellt Monika für das Personal in den Bereichen „Mise en place", „Durchführen des Essens" sowie „Spülen und Aufräumen" einen gesonderten Einsatzplan.

Schlußbemerkungen

▶ Das Betriebsgeschehen der einzelnen Arbeitsbereiche ist durch vielfältige Vorgänge bzw. Arbeitsabläufe gekennzeichnet. Sie alle dienen der Erfüllung bestimmter Zwecke und es ist wichtig, daß die Vorgänge reibungslos sowie fach- und sachgerecht ablaufen. Zu diesem Zweck werden z. B. auch die aufgezeigten Organisationspläne erstellt. Alle diese Maßnahmen bezeichnet die Fachsprache als **Ablauforganisation** (Organisation von Abläufen).

▶ Die vorangegangenen Ausführungen dienten dazu, an Beispielen die Grundbegriffe der Organisation zu erläutern. In den folgenden Abschnitten werden wir diese Grundkenntnisse auf die organisatorischen Maßnahmen des Hotels übertragen.

II. Organisation im Gastgewerbe

Im Vergleich zu den anderen Betriebsarten des Gastgewerbes sind im **Hotel** die gewerbespezifischen Aufgaben am weitestgehenden differenziert. Das Hotel ist deshalb für die umfassende Darstellung einer gastgewerblichen Organisation am besten geeignet.

A. Aufbauorganisation im Hotel

Der organisatorische Aufbau bzw. das Organigramm des Hotels ergibt sich aus den Leistungsangeboten gegenüber dem Gast und den damit verbundenen Aufgaben des Betriebes. Neben den unmittelbaren Leistungen *„Beherbergen"* und *„Bewirten"* kommt den auf Kontrolle ausgerichteten kaufmännischen Aufgaben eine besondere Bedeutung zu.

1. Organisatorischer Aufbau des Managements

Management bedeutet „Leitung eines Unternehmens". Diese besteht aus der obersten Führungsspitze sowie den Bereichs- und den Abteilungsleitern. In der Rangstufe gibt es neben der **Generaldirektion** für die Aufgaben **Direktoren/Direktorinnen** (also Bereichsleiter) und in der nachfolgenden Ebene die **Abteilungsleiter/-leiterinnen** bzw. **Abteilungschefs.**

Organigramm des Hotelmanagements

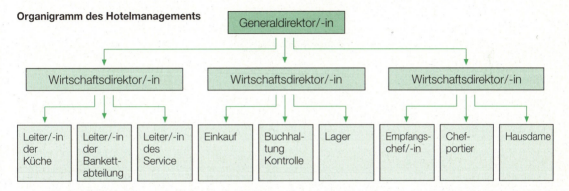

In großen Hotels kommen noch drei wichtige Aufgabenbereiche hinzu:

| Marketing | Public Relations | Handwerkliche Aufgaben |

Zum Marketing siehe die Ausführungen im Kapitel „Verkaufskunde".

2. Organisatorischer Aufbau der Abteilungen

▷ **Empfang**

▷ **Küche**

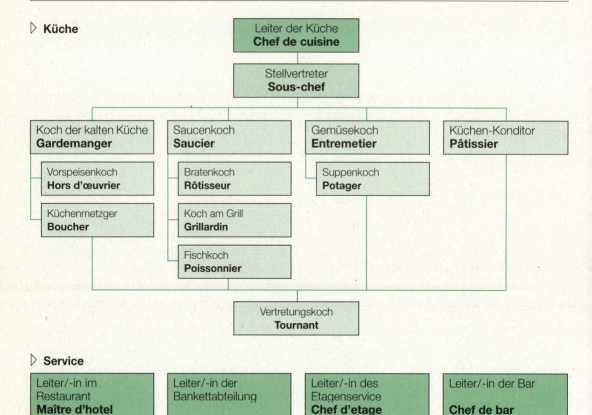

▷ **Service**

3. Stellenbeschreibungen

Die Stellenbeschreibung steht in enger Beziehung zur Aufbauorganisation, denn sie beschreibt in erster Linie die Stelle im Rahmen der betrieblichen „Hierarchie" und gibt in diesem Zusammenhang Auskunft in bezug auf
▸ Überstellung und Unterstellung,
▸ Unterweisungs- und Anweisungsbefugnis.

Einzelheiten siehe im Abschnitt „Grundbegriffe der Organisation".

Anmerkung:
Im Rahmen dieser Fachkunde können nicht alle Stellen eines Hotels beschrieben werden. Außerdem handelt es sich an dieser Stelle nur um eine grundlegende Information, zu deren Verdeutlichung der Servicebereich mit folgenden Stellen herangezogen wird: Chef de rang, Demichef de rang und Commis de rang.

▷ **Chef de rang**
(rang = Servicebereich, Servicestation)

Unterstellung/ Überstellung	Der Chef de rang ist – unterstellt dem Maître d'hotel (Oberkellner), – überstellt den Commis und anderen Mitarbeitern im Service.
Anforderungen	– Fremdsprachenkenntnisse (mindestens Englisch und Französisch), – Beherrschung des Fachs in Theorie und Praxis, – gepflegtes Aussehen und berufsspezifische Umgangsformen.

Organisation im Gastgewerbe

Aufgaben	– Vorbereitung des Service (Mise en place), – Entgegennahme der Bestellung und Weitergabe der Bestellung an Küche bzw. Buffet, – Beratung des Gastes, – Durchführen des Service, insbesondere das Tranchieren, Filetieren und Flambieren am Tisch, – Abrechnen mit den Gästen und dem Betrieb, – Anleiten und Kontrollieren der unterstellten Mitarbeiter.

▷ **Demichef de rang**

Der Demichef (Halbchef) unterscheidet sich vom Chef de rang lediglich dadurch, daß er eine kleinere Station betreut (Übergangsstufe zwischen Commis und Chef).

▷ **Commis de rang**

Unterstellung	– Der Commis untersteht dem Chef oder Demichef, von denen er Weisungen entgegennimmt.
Anforderungen	– Erfolgreicher Abschluß einer dreijährigen Lehre.
Aufgaben	– Mithilfe beim Eindecken der Tische und Tafeln, – Herrichten von Servicetischen, – Auftragen der Speisen und Getränke.

B. Betriebsführung im Hotel

Wie bereits im Abschnitt „Grundbegriffe der Organisation" dargelegt, unterscheidet man im Rahmen der betrieblichen Organisation drei grundlegende Führungssysteme: Liniensystem, Mehrliniensystem und Stabliniensystem. An dieser Stelle ist nun ergänzend die Frage zu stellen, ob und inwieweit die Systeme für den gastgewerblichen Betrieb geeignet sind.

1. Liniensystem

Zur Veranschaulichung werden die Führungssysteme in der Betriebswirtschaftslehre durch einfache Skizzen dargestellt. In ihnen sind die verschiedenen betrieblichen Instanzen mit Linien verbunden, wobei **die Linie** zur Kennzeichnung der Kommunikationswege dient.

> Kommunikation = Austausch von Informationen

Für die Beurteilung der Systeme ist es nun ganz wichtig, welche Instanzen **Entscheidungs- und Anweisungsbefugnisse** besitzen. Beim Liniensystem unterscheidet man diesbezüglich die seltenere „Extremform" (siehe unten) und die gemäßigtere „Normalform" (siehe nächste Seite).

▷ **Extremform des Liniensystems**

Am Thema „Sonderveranstaltungen" wird nun aufgezeigt, wie dieses System funktioniert bzw. wie es durch die Lehre der Betriebswirtschaft interpretiert wird.

> ▶ Die Entscheidungs- und Anweisungsbefugnisse sind in der Führungsinstanz „Direktor" konzentriert zusammengefaßt.
> ▶ Die fünf Abteilungen sind lediglich Informations- und Anweisungsempfänger (ausführende Organe).

Daraus ergeben sich für den Direktor zunächst vielfältige grundlegende Aufgaben:

▶ In einer Werbeaktion die Durchführung von Sonderveranstaltungen anbieten,
▶ mit einem anfragenden Kunden in einem Verkaufsgespräch alle wichtigen Einzelheiten festlegen und aufschreiben, z. B.:

> – An dem geplanten zweitägigen Treffen nehmen 15 Personen teil (eine Übernachtung),
> – für den Abend am Anreisetag ist ein festliches Bankett vorgesehen.

▶ alle Abteilungen über die Veranstaltung als solches (15 Personen) informieren, darüber hinaus im einzelnen abteilungsspezifische Informationen und Anweisungen geben.

Siehe dazu das Beispiel auf der folgenden Seite.

Extremform des Liniensystems

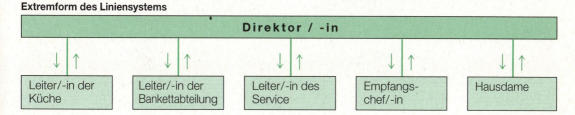

Beispiel für die Weitergabe von abteilungsspezifischen Informationen:

Empfang	– Anreise bzw. Ankunft 9^{30} Uhr – Zimmer rechtzeitig blockieren
Hausdame	– Zimmer bis 9^{00} Uhr bezugsfertig machen – Blumen auf den Zimmern bereitstellen
Küche	– Menüvereinbarung beachten – Speisen für Tellerservice anrichten
Service	– Festtafel in U-Form herrichten – vereinbarte korrespondierende Getränke beachten und bereitstellen

Im Betriebsgeschehen gibt es darüber hinaus immer wieder Fragen, Rückfragen, Unklarheiten und Probleme, z. B.:

Empfang an Etage	– Sind die Zimmer bezugsfertig?
Bankett an Service	– Können für die Veranstaltung drei weitere Bedienungskräfte zur Verfügung gestellt werden? – Bitte die Beilagen für den Hauptgang gesondert anrichten!
Küche an Bankett	– Wo soll das Salatbuffet aufgebaut werden?
Bankett an Direktion	– Der zum Hauptgang vorgesehene Wein ist nicht mehr vorrätig!

Da es zwischen den Abteilungen keine Kommunikationswege gibt (siehe dazu die Linien in der Skizze), müssen alle Anliegen über den Direktor geklärt werden. Dieser muß das Anliegen seinerseits prüfen, entscheiden, was geschehen soll und die entsprechende Information und Anweisung weitergeben.

Und dann gibt es immer wieder situationsbedingte, unvorhergesehene Vorkommnisse, die einer raschen Klärung und Entscheidung bedürfen, z. B.:

- Der vorgesehene Wein ist gar nicht mehr vorrätig,
- die Küche hat in Unkenntnis einer entsprechenden Information den Hauptgang nicht auf Platten sondern auf Tellern angerichtet,
- es gab für Küche und Service keinen Hinweis auf eine Tischrede zwischen Suppe und Hauptgang,
- zum Bankett fallen überraschend zwei Bedienungskräfte wegen Krankheit aus.

Die betriebswirtschaftliche Theorie ordnet das Liniensystem, wie könnte es anders sein, Verwaltungen und solchen Unternehmen zu, deren Arbeitsbereiche in der Sache voneinander unabhängig sind.

Aus gastgewerblicher Sicht könnte dieses System vielleicht auch für einen kleinen überschaubaren Betrieb (Einfamilienbetriebe z. B.) geeignet sein.

In Verbindung mit einem allseitig kundigen und mit entsprechenden Führungsqualitäten ausgestatteten „Direktor/-in" (Manager/-in) hat dieses System dann sogar **Vorteile**:

▸ **Rasche,** fachliche und sachlich fundierte **einheitliche Entscheidungen,**
▸ **straffe** und auf sicheres Funktionieren ausgerichtete **Anordnungen.**

Für ein größeres Hotel ist das Liniensystem völlig ungeeignet. Es mutet fremdartig an und hat in bezug auf das Betriebsgeschehen im Hotel unvorstellbare Konsequenzen bzw. **Nachteile:**

▸ Die Führungsspitze ist total überfordert und überlastet,
▸ die nach- bzw. untergeordneten Mitarbeiter sind kaum in die Gesamtverantwortung mit einbezogen, unzureichend motiviert, und sie fühlen sich unterbewertet und bevormundet,
▸ die Informationswege sind zu lang und zeitraubend, umständlich und kostspielig.
▸ So kann kein Hotelbetrieb arbeiten.

▷ **Normalform des Liniensystems**

Übertragen auf den gastgewerblichen Betrieb könnte es wie folgt aussehen:

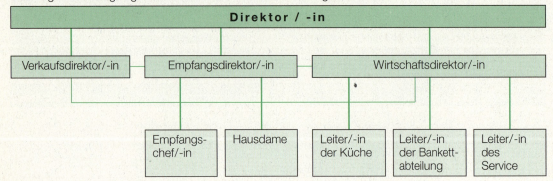

Organisation im Gastgewerbe

Bei genauerem Hinsehen ist festzustellen, daß sich gegenüber der Extremform des Liniensystems Entscheidendes nicht geändert hat. Zur Beurteilung ist zu sagen:

▸ Der Direktor wurde zum Generaldirektor befördert und zwischen den Abteilungen wurden Zwischeninstanzen (Direktorenstellen) eingerichtet, die entsprechend ihrer Aufgaben auch Entscheidungs- und Anweisungsbefugnisse erhalten haben. Dadurch wird die oberste Führungsspitze entlastet.

> Der **Verkaufsdirektor** übernimmt die Sachgebiete Werbung und Verkauf sowie die Information gegenüber den nachgeordneten Abteilungen.
>
> Der **Empfangsdirektor** organisiert das Empfangen und das Unterbringen der Gäste.
>
> Der **Wirtschaftsdirektor** informiert die Küche, das Bankett und den Service und gibt bereichsspezifische Anweisungen.

▸ Zwischen den Arbeitsbereichen gibt es jedoch immer noch keine direkten Kommunikationswege, so daß die weiter oben aufgezeigten Probleme fortbestehen.

Unter diesen Gesichtspunkten ist auch die gemäßigte bzw. die „Normalform" des Liniensystems für den Hotelbetrieb nicht geeignet.

2. Mehrliniensystem

In der Skizze für das Mehrliniensystem erkennt man angesichts der Linien den entscheidenden Durchbruch zu einem Führungssystem, das auch für den gastgewerblichen Betrieb zu gebrauchen ist.

▷ **Beurteilung des Mehrliniensystems**

In ihm werden nun auch die unteren Führungsebenen in den betrieblichen Entscheidungsprozeß mit folgenden Ergebnissen einbezogen:

▸ Die Führungsspitze wird von Aufgaben befreit, die sie zeitlich gar nicht zu leisten vermag und die sie eigentlich auch gar nicht zu erledigen braucht. Sie werden deshalb konsequenterweise in die Zuständigkeit der Spezialisten der unteren Führungsebene übergeben, z. B.:

Reservierung an Empfang	– Anreise der Gruppe übermorgen – Zimmer blockieren
Etage an Empfang	– Zimmer bezugsfertig
Küche an Service	– Vorspeisen werden auf Tellern angerichtet – Fleisch wird auf Platten, Beilagen getrennt angerichtet
Service an Küche	– Beilagen bitte nicht getrennt anrichten – Anzahl der Platten um zwei erhöhen
Verkauf an Service an Küche	– Tafelform „Block" – Ansprache zwischen Suppe und Hauptgang

▸ Die dauernde wechselseitige Kommunikation, d. h. die immer wiederkehrenden fachlich und sachlich wichtigen Anfragen, Informationen und Absprachen zwischen den verschiedenen Arbeitsbereichen, wirken sich sehr positiv auf das Betriebsgeschehen aus:

> – Die regelmäßigen Arbeiten werden routinemäßig und im allgemeinen problemlos und zufriedenstellend ausgeführt.
> – Auf überraschende Fragen, Probleme und Störungen reagieren die jeweils Betroffenen rasch, flexibel und erfolgreich.

Angesichts der vielen sich überschneidenden Wechselbeziehungen nennt man das **Mehrliniensystem** auch **funktionales System**.

Mehrliniensystem

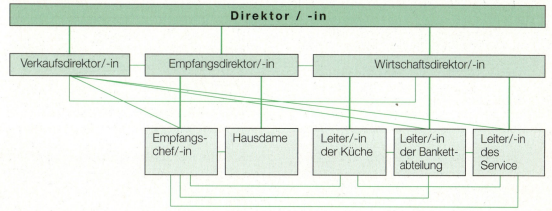

▷ **Problematik des Mehrliniensystems**

Das Delegieren von Verantwortung sowie Entscheidungs- und Anweisungsbefugnissen hat nicht nur Vorteile. Vielmehr ergeben sich aufgrund der aufgelockerten Zuständigkeiten immer wieder einmal Probleme:

▸ Das an sich erforderliche Selbstbewußtsein der Führungskräfte kann zu einer zunehmenden Verselbständigung einzelner Abteilungen und Arbeitsbereiche führen.

▸ Aus den wechselseitigen Zuständigkeiten ergeben sich außerdem oftmals Kompetenzstreitigkeiten und Unstimmigkeiten.

Solchen möglichen Negativerscheinungen muß selbstverständlich entgegengewirkt werden. Neben einer klaren Abgrenzung der Kompetenzen im Rahmen der Stellenbeschreibungen braucht man deshalb vor allem eine starke obere Unternehmensleitung, die in regelmäßigen Besprechungen mit den Abteilungsleitern für kooperative Disziplin und Zusammenarbeit sorgt.

3. Stabliniensystem

▷ **Merkmale des Stabliniensystems**

In seiner Grundstruktur entspricht dieses System dem Liniensystem. Der Unterschied besteht lediglich darin, daß der Führungsspitze bzw. auch den untergeordneten Führungsinstanzen sogenannte **Stäbe** mit folgenden Aufgaben zugeordnet werden:

▸ Beratung der Unternehmensleitung im Hinblick auf wichtige Entscheidungen und Anordnungen,
▸ Erarbeitung und fortlaufende Ergänzung bzw. Neugestaltung von Plänen für die gezielte Lösung der Aufgaben bzw. Probleme,
▸ Untersuchung und Bearbeitung ganz spezieller unternehmerischer Aufgaben bzw. Probleme, z. B. Wirtschaftsanalysen, Steuer- und Finanzangelegenheiten, Marketing, Personalwesen.

▷ **Bedeutung für den gastgewerblichen Betrieb**

Die Stäbe haben zwar keine Entscheidungs- und Anordnungsbefugnisse, ihre Arbeit hat jedoch indirekt positive Auswirkungen auf das Betriebsgeschehen:

▸ Die Führungsinstanzen sind entlastet und können sich ganz den Führungsaufgaben widmen,
▸ die fachlich und sachlich fundierten Entscheidungen, die sich aus der Arbeit der Stäbe ergeben, sind für den wirtschaftlichen Erfolg des Unternehmens von großer Bedeutung.

Beispiele für die Lösung unternehmerischer Probleme:
▸ Umsetzung eines neuen Steuergesetzes in die Organisation der Lohnbuchhaltung,
▸ Maßnahmen in bezug auf das Personalwesen und den Einkauf in Verbindung mit der Öffnung des europäischen Marktes,

▸ Untersuchung der Zukunftsprognosen in bezug auf die Zusammenarbeit mit Reiseunternehmen oder der Umstellung des Unternehmens auf ein Tagungshotel.

Mit der Einrichtung von Stäben im Hotel sind jedoch die oben aufgezeigten Mängel des Liniensystems noch nicht beseitigt.

C. Ablauforganisation

Das Geschehen ist im gastgewerblichen Betrieb durch eine Vielzahl von Vorgängen (Abläufen) gekennzeichnet, die sich wechselseitig bedingen und ergänzen. Sie werden eingeteilt in einfache und komplexe Abläufe.

Einfache Vorgänge (Abläufe):
– Zubereiten einer Vorspeise, einer Suppe usw.,
– Eindecken einer Festtafel, Öffnen und Präsentieren einer Flasche Wein usw.,
– Entgegennehmen einer Reservierung, Empfangen eines Gastes bei der Ankunft usw.,
– Kontrollieren einer eingehenden Ware, Durchführen einer Inventur usw.

Komplexe Vorgänge (Abläufe):
– Vorbereiten eines kalten Buffets,
– Vorbereiten und Durchführen eines Banketts,
– Vorbereiten und Durchführen einer Spezialitätenwoche,
– Durchführen der Jahresinventur und Erstellen der Jahresbilanz,
– Durchführen der monatlichen Lohn- und Gehaltsabrechnung.

1. Organisation der Abläufe

▷ **Notwendigkeit der Ablauforganisation**

Das Betriebsgeschehen ist im Gastgewerbe einerseits darauf ausgerichtet, den Gast mit guten Leistungen zufriedenzustellen, und andererseits darauf, für das Unternehmen den größtmöglichen wirtschaftlichen Erfolg zu erzielen.

Zu diesem Zweck ist es unerläßlich, die Abläufe so gut wie möglich zu organisieren, d. h. zu planen. Ohne Plan würden die Einzeltätigkeiten in vielen Fällen *planlos* und *willkürlich* neben- und nacheinander erledigt, manches würde wahrscheinlich vergessen und vieles nicht in einem optimalen Zu- und Nacheinander koordiniert. Man stelle sich im Rahmen eines festlichen Banketts z. B. vor:

▶ Das Bedienungspersonal beginnt in Ermangelung eines Zeit- und Einsatzplanes mit dem „Mise en place" erst eine Stunde vor dem Eintreffen der Gäste.

▶ Der verantwortliche Serviceleiter stellt erst zu Beginn des Essens fest, daß der zum Hauptgang vorgesehene Rotwein noch nicht an den zur Temperierung vorgesehenen Ort gebracht wurde.

▶ In der Küche werden die zum Kurzbraten bestimmten Medaillons und die für Kartoffelkroketten erforderlichen Kartoffeln (schon bzw. erst) eine Stunde vor Beginn des Essens gebraten bzw. zum Kochen aufgestellt.

▶ Die Bedienungen mit den Hauptplatten zum Hauptgang sind bereits aufmarschiert, obwohl bekannt sein sollte, daß jetzt zunächst eine Tischrede gehalten wird.

Solche Vorgänge zeigen, daß ohne Planung und ohne Plan in entscheidenden Augenblicken innerhalb kurzer Zeit ein totales Chaos entstehen kann. Aus diesem Grunde müssen einzelne Aufgaben in ihre Teilfunktionen zerlegt und ihre Erledigung sowohl zeitlich als auch inhaltlich in Ablaufplänen festgehalten werden. Ergebnisse solcher Vorbereitungen sind Pläne, Planungshilfen und Checklisten der verschiedensten Art. Aus der Vielzahl dieser Organisationsmittel werden in einem der folgenden Abschnitte die wichtigsten dargestellt und erläutert. Zunächst sollen jedoch hier noch einige Anmerkungen zu einem zentralen Thema der Planung gemacht werden.

▷ **Planung des Absatzes**

Im Gegensatz zu anderen wirtschaftlichen Unternehmen (z. B. die Schuh-, Bekleidungs- oder Automobilbranche) können die Leistungen im Hotel nicht auf Vorrat hergestellt und gespeichert werden (z. B. das Zubereiten von Speisen, das Herrichten von Gästezimmern). Der Zeitpunkt der Bereitstellung steht vielmehr stets in enger Beziehung zur jeweiligen Nachfrage, und sie ist deshalb auch ausschlaggebend für die Absatzplanung des Hotels. Daraus ergibt sich die Notwendigkeit, für die Tage der jeweils kommenden Wochen die Zahl der zu erwartenden Gäste so genau wie möglich zu bestimmen. Anhaltspunkte dafür sind:

- eingegangene Buchungen bzw. Reservierungen,
- Erfahrungswerte in bezug auf bestimmte Wochentage, Monate und Ferienzeiten,
- Veranstaltungen und Messen am Ort oder in der Umgebung.

Ausgehend vom Nachfragevolumen sind dann sorgfältige Planungsmaßnahmen erforderlich, damit die vorbereitenden Arbeiten nicht an den Planungszielen „zufriedener Gast" und „größtmöglicher Gewinn" vorbeigehen, z. B.:

▶ wenn die Küche (insbesondere frische) Rohstoffe in zu großen oder zu kleinen Mengen einkaufen würde,

▶ wenn an einem aus Erfahrung ruhigen Abend zu viele oder anläßlich einer größeren Bankettveranstaltung zuwenig Bedienungskräfte anwesend wären,

▶ wenn zu Messezeiten einer größeren Anzahl von Zimmermädchen Urlaub gewährt würde.

2. Erstellen von Organisationsplänen

Organisationspläne sind Hilfsmittel bzw. Informationsmittel im Rahmen der Ablauforganisation. Sie werden, wie schon einleitend zu diesem Abschnitt aufgezeigt, für die verschiedenartigsten Zwecke erstellt und dienen dazu, daß Arbeiten (Abläufe) reibungslos, sachgerecht und beschwerdelos ablaufen.

Beispiele:

Dienstplan
▶ Welcher Mitarbeiter hat wo und wann Dienst?

Reservierungsplan
▶ Wie viele Zimmer sind für einen bestimmten zukünftigen Tag belegt bzw. wie viele Zimmer stehen noch für weitere Reservierungen zur Verfügung?

Veranstaltungsplan
▶ An welchen zukünftigen Tagen und in welchen Räumen werden Veranstaltungen durchgeführt bzw. an welchen Tagen sind welche Veranstaltungsräume noch frei?

Tafelorientierungsplan
▶ In welchem Bereich einer Festtafel ist welche Bedienung zuständig?

▷ **Dienstplan**

Dienstpläne werden als Wochenpläne erstellt, wobei für die personelle Besetzung ausschlaggebend sind:

- die Anzahl der zu erwartenden Gäste,
- die zu erbringenden Leistungen (was ist zu erledigen?),
- die vom Betrieb erarbeiteten Leistungsmaßstäbe für bestimmte Tätigkeiten (z. B. Anzahl der zu reinigenden Zimmer je Arbeitskraft).

Auf den Arbeitsbereich Service übertragen, sind dabei folgende Gesichtspunkte zu beachten:

▶ Wie viele Gäste werden aufgrund der Hotelbelegung bzw. sonstiger Erfahrungswerte zum Frühstück sowie zum Mittag- und Abendessen erwartet?
▶ Wie viele Gäste kann eine Bedienung zu den verschiedenen Mahlzeiten unter Beachtung der vom Betrieb erarbeiteten Leistungsmaßstäbe bedienen? Dabei gibt es quantitative Maßstäbe, die sich lediglich auf die Anzahl der Gäste bzw. auf die Anzahl der zu servierenden Speisen und Getränke beziehen, und qualitative, bei denen die Aufwendigkeit des Bedienungsablaufs berücksichtigt wird (z. B. Teller- oder Plattenservice, Guéridonservice, Tranchieren oder Flambieren am Tisch).
▶ Für welche Schwerpunkte des Personalbedarfs ist das Einstellen von Aushilfskräften sinnvoll und zweckmäßig?

Wochendienstplan für Restaurantfachleute

Tag/Datum	Montag 6.		Dienstag 7.		Mittwoch 8.		Donnerstag 9.		Freitag 10.		Samstag 11.		Sonntag 12.	
	Frühst. Mittag	Abend	Frühst. Mittag	Abend	Frühst. Mittag	Abend	Frühst. Mittag	Abend	Frühst. Mittag	Abend	Frühst. Mittag	Abend	Frühst. Mittag	Abend
Gedecke (Prognose)	140	120	240	60	160	55	240	60	130	45	240	150	320	120
Leistungsmaßstab	80	30	80	30	80	30	80	30	80	30	80	30	80	30
Personalbedarf	2*	4	3	2	2	2*	3	2	2*	2*	3	5	4	4
Personaleinsatz 1	Früh		frei	Früh	frei	Früh	Früh		Früh	Früh	Früh	Früh
2	Früh		Früh			frei	Früh		Früh		Früh		Früh	
3		Spät	Früh			Früh	Früh			Spät	Früh			Spät
4		Spät	Früh		Früh			frei		Spät		Spät		Spät
5		Spät		Spät		Spät		Spät	frei			Spät		Spät
6		Spät		Spät		Spät		Spät	frei			Spät		
Aushilfe 1												A		A
2												A		A
Personal im Dienst	2	4	3	2	2	2	3	2	2	2	3	5	4	4
frei	—		1		2		1		2		—		—	

* mindestens 2 Bedienungen

▷ **Urlaubsplan**

Jeder Arbeitnehmer hat Anspruch auf Urlaub, wobei die Mitarbeiter während des Urlaubs für den Betrieb als Arbeitskräfte ausfallen. Um jedoch einerseits die lückenlose Einsatzbereitschaft des Betriebes sicherzustellen, andererseits aber auch den individuellen Urlaubswünschen des Personals Rechnung zu tragen, müssen diese langfristig geplant, koordiniert und letztendlich in Urlaubsplänen festgehalten werden. Im Zusammenhang mit dem Erstellen von Dienstplänen sind Urlaubspläne eine wichtige Information.

▷ **Vertretungsplan**

Krankheit und vielfältige andere Gründe sind meistens unvorhersehbare und deshalb überraschende Ereignisse, bei denen es zum Ausfall von Arbeitskräften kommt. Zur Aufrechterhaltung der Betriebsbereitschaft müssen in solchen Fällen kurzfristig immer wieder Vertretungspläne erstellt werden. Der erhöhte Arbeitseinsatz der zur Vertretung herangezogenen Arbeitskräfte ist durch das Registrieren von sogenannten *„Guttagen"* festzuhalten und in der Folgezeit wieder auszugleichen.

Organisation im Gastgewerbe

▷ **Zimmerreservierungsplan**

Diesen Plan gibt es je nach Art der betrieblichen Organisation in unterschiedlichen Ausführungen. Bei der folgenden Darstellung handelt es sich um ein Buch, daß auf jeder Seite folgende vorgedruckte Angaben enthält:

- alle Zimmer des Hauses,
- die Monatstage vom 01. bis zum 31.

Der Plan dient dazu, alle für die Zukunft eingehenden Zimmerreservierungen aufzunehmen, damit die Reservierungsabteilung bei allen weiteren Reservierungswünschen rasch feststellen kann, ob für einen bestimmten Termin noch Zimmer frei sind.

Was würde oder was könnte alles geschehen, wenn es den Zimmerreservierungsplan bzw. seine Information nicht gäbe?
▶ Die Kontrolle über den sich ständig ändernden Umfang der reservierten Zimmer wäre nicht möglich.
▶ Es könnte der Fall eintreten, daß mehr Reservierungen angenommen werden als freie Zimmer zur Verfügung stehen. Aus solchen Überbuchungen ergäben sich dann unangenehme Folgen:
 – An den entsprechenden Anreisetagen könnten nicht alle Gäste untergebracht werden.
 – Die Folge wären zeitraubende Überlegungen und unliebsame Auseinandersetzungen, verärgerte Gäste und ein nicht absehbarer Schaden für das Ansehen des Hauses.

Zimmer-Reservierungsplan

Monat:	1	2	3	4	5	6	7	8	9	10	11	12	13	14	15	16	17	18	19	20	21	22	23	24	25	26	27	28	29	30	31
Tage:	Di	Mi	Do	Fr	Sa	So	Mo	Di	Mi	Do	Fr	Sa	So	Mo	Di	Mi	Do	Fr	Sa	So	Mo	Di	Mi	Do	Fr	Sa	So	Mo	Di	Mi	Do
Zimmer Nr.																															
201 E			Danner																			Reichert									
202 E								Hissinger																							
203 D																															
204 D									Senger															Herold							
205 D																															
206 E																															

▷ **Zimmerbelegungsplan**

Auch dieser Plan wird je nach Art der betrieblichen Struktur und Organisation verschieden ausgestattet.

Montag, 20.5.19..

Zimmer Nr.	Name des Gastes	Anzahl der Gäste	Zimmer-Preis	Anreise	Abreise	ange-kommen	Firmen-reservierung
101 E	Alshofer	1	75,-	20.5.	25.5.	x	
102 D	Engel	2	156,-	18.5.	23.5.		
103 D	Reichmann	2	156,-	15.5.	24.5.		
104 D	Heinrich	1	98,-	20.5.	21.5.		Fa. Arendson
105 E							
106 E	Schwarzer	1	75,-	20.5.	21.5.	x	Fa. Arendson
107 D	Fink	2	156,-	14.5.	28.5.		

Anmerkung: Gäste, die am folgenden Tag noch nicht abreisen (Bleibegäste), werden zur Vorinformation mit Rotstift eingetragen.

Im Rahmen der Ablauforganisation erfüllt der Belegungsplan viele Funktionen.

Spalte	Funktionen der Angabe/ Zweckbestimmung
Name des Gastes	– Überblick über die im Haus anwesenden Gäste bzw. die im Laufe des Tages noch ankommenden Gäste
Anzahl der Gäste	– Frühstücksvorbereitung und Frühstücksabrechnung
Anreise des Gastes	– Anlegen der Gastrechnung (Beginn des Abrechnungszeitraums)
Abreise des Gastes	– Herausnehmen aus dem Belegungsplan (bereits am Vortag) – Erstellen der Rechnung für den Abreisetag
angekommen	– Hinweis am Anreisetag, ob der Gast bereits angekommen bzw. noch nicht angekommen ist – Zimmer belegt oder noch nicht belegt
Firmenreservierung	– Hinweis auf die Art der Rechnungsstellung bzw. auf den Adressaten für die Rechnung

An- und Abreise sind außerdem noch Grundlage für die Information der Etage über die Anzahl der Bleibe- und Abreisezimmer im Hinblick auf den Einsatz der Zimmermädchen.

D. Organisation von Sonderveranstaltungen

Es gab Zeiten, da wurde in gastgewerblichen Betrieben neben den eigentlichen täglichen Geschäften „Beherbergen" und „Bewirten" auch *ab und zu einmal* eine Sonderveranstaltung durchgeführt (z. B. Hochzeit, Firmung, Jubiläum). Heute sind solche und andere Veranstaltungen in größeren Häusern ein regelmäßiger, eigenständiger und ganz wichtiger Bestandteil des Umsatzvolumens. Ihre Bedeutung wird ganz besonders durch die Tatsache unterstrichen, daß es bereits ausgesprochene **Veranstaltungshotels** (Tagungshotels) gibt, deren Hauptaufgabe darin besteht, Veranstaltungen zu planen und zu organisieren:

- private Veranstaltungen, wie Verlobung, Hochzeit, Taufe, Geburtstag, Jubiläum usw.,
- Versammlungen und Sitzungen der verschiedensten Organisationen und Vereine zu unterschiedlichen Anlässen bzw. Zwecken,
- Tagungen, Kongresse und Seminare.

1. Werbung und Verkauf

▷ **Veranstaltungsprospekt**

Für den Verkauf von Veranstaltungen ist es wichtig, daß sich das Unternehmen mit seinem Angebot auf dem Markt präsentiert und Werbung betreibt. Faltprospekte sind dabei eine beliebte Form der Darstellung. Sie enthalten z. B.:

▸ Hinweise auf den idealen Standort:
  - abseits vom Alltagslärm im Grünen gelegen,
  - dennoch günstige Anbindung zu den Autobahnen,
  - in der Nähe eines internationalen Flughafens.

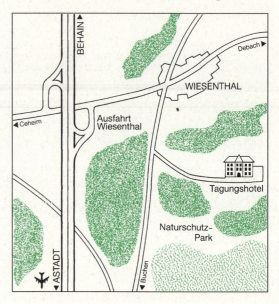

▸ Hinweise auf die Rahmenbedingungen für Veranstaltungen:

  - **Raumplan** mit Räumen, Raumgröße und Nutzungsmöglichkeiten bzw. Sitzordnungen (siehe nachfolgend die „Übersicht über Räumlichkeiten"),
  - **Tagungs-Technik** sowie viele andere Vermittlungen (siehe nachfolgend die „Checkliste für Materialien und Vermittlungen").

▸ Hinweise auf den Beherbergungs- und Bewirtungskomfort:

  - Anzahl, Art und Ausstattung der Zimmer,
  - Möglichkeiten des Speisen- und Getränkeangebots.

Die Hinweise auf die Veranstaltungsrahmenbedingungen sowie auf die Beherbergung und Verpflegung stehen in enger Beziehung zu den nachfolgend dargestellten Verkaufs- und Organisationshilfen.

Organisation im Gastgewerbe

▶ **Verkaufsabteilung**
Voraussetzungen sind:
▸ ein **Verkaufsbüro,** das dem Niveau des Hauses entsprechend repräsentativ und einladend ausgestattet ist,
▸ **kaufmännisch gut geschultes Verkaufspersonal,** das in Kenntnis aller betrieblichen Möglichkeiten sachkundig fundierte und überzeugende Verkaufsgespräche zu führen vermag.

▶ **Veranstaltungsplan**
Dieser Plan, in dem alle vereinbarten Veranstaltungen registriert werden, dient verschiedenen Zwecken:
▸ Er ist in Verbindung mit dem Veranstaltungs-Auftrag die Grundlage für das Erstellen der Veranstaltungsvorschau im Hinblick auf die jeweils kommende Woche. Diese dient zur Information aller Abteilungen des Betriebes und ist für die sorgfältige Vorbereitung und Durchführung der Veranstaltungen außerordentlich wichtig.

▸ Der Plan ist darüber hinaus die Grundlage zur Vorbereitung der Informationstafel (in der Empfangshalle) für die zur Veranstaltung eintreffenden Gäste.
▸ Der Plan informiert außerdem die Verkaufsabteilung jederzeit darüber, welche Räume zu welchen Zeiten noch für weitere Veranstaltungen zur Verfügung stehen.

2. Hilfsmittel des Verkaufs
Bei Sonderveranstaltungen bedarf es zwischen Auftraggeber und Unternehmen im Hinblick auf reibungslose Vorgänge und Abläufe bei der Planung, Vorbereitung und Durchführung einer sorgfältigen Absprache aller mit der Veranstaltung zusammenhängenden Details. Zu diesem Zweck gibt es eine ganze Reihe von Hilfs- und Organisationsmitteln, die dazu dienen, einerseits den Auftraggeber rasch und umfassend über das betriebliche Angebot zu informieren und andererseits die Wünsche des Auftraggebers so lückenlos und detailliert wie möglich zu erfassen.

Veranstaltungsplan

Raum → Datum ↓	Bad Soden	Eschborn	Kronberg	Königstein	Harz
Montag 3.4.19.		19:30 bis 22:00 Lichtbildervortrag Kunstverein		16:00 bis 20:00 Weinprobe Fa. Reinhard	
Dienstag 4.4.19.	10:30 bis 13:00 Empfang der IHK			13:00 bis 20:00 Skatmeisterschaft	10:00 bis 16:00 Symposion Innere Medizin
Mittwoch 5.4.19.		11:30 bis 16:00 Familienfeier Rudolf			9:00 bis 18:00 Jahreshauptvers. d. Kleingärtenv.
Donnerstag 6.4.19.	9:30 bis 15:00 Wohnungsbauges. Herr Franke			10:00 bis 14:00 Jubiläumsempfg. Fa. Helm	
Freitag 7.4.19.			11:00 bis 17:00 Hochzeitsfeier Lehnert		
Samstag 8.4.19.			8:30 bis 18:00 Seminar „Betriebsberatung"		
Sonntag 9.4.19.		12:00 bis 16:00 Konfirmation Fam. Huber			

▶ **Raumplan**
Der Raumplan gibt Auskunft über die vorhandenen Räume sowie die unterschiedlichen Möglichkeiten der Nutzung, und zwar unter Beachtung der Raumgrößen, der Sitzordnung und der Personenzahl. Aus ihm kann jederzeit rasch der für eine Veranstaltung geeignetste Raum ermittelt werden (siehe folgende Seite).

Übersicht über Räumlichkeiten

Raum	m²	Länge in m	Breite in m	Höhe in m	Konferenzen, Tagungen, Seminare					Gesellschaftl. Anlässe		
					Parla- ment	Block	U-Form	T-Form	Theater	Cock- tail	Buffet	Lunch/ Dinner
Bad Soden	27	7,55	3,60	2,55	20	18	18	17	30	30	–	20
Eschborn	27	7,55	3,60	2,55	20	18	18	17	30	30	–	20
Kronberg	27	7,55	3,60	2,55	20	18	18	17	30	30	–	20
Königstein	27	7,55	3,60	2,55	20	18	18	17	30	30	–	20
Harz	72	10,41	7,10	2,54	50	32	30	30	70	100	50	60
Frankfurt	54	7,00	7,70	3,20	28	26	24	20	45	60	35	40
Spessart	54	11,40	4,75	3,20	32	36	28-32	30	80	80	32	50
Main/Taunus	65	11,40	5,75	3,20	32	36	28-32	30	80	80	32	50
Eifel	57	11,40	5,00	3,20	32	36	28-32	30	80	80	32	50
2 Räume	120	11,40	10,00	3,20	70	Carrée 56	42	40	170	160	70	120
Gr. Saal	176	11,40	15,50	3,20	140	Carrée 80	80	52	250	200	140	200

Bestuhlung

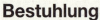

Parlament   Block

Runde Tische

U-Form

T-Form

Theater

Orientierungsplan

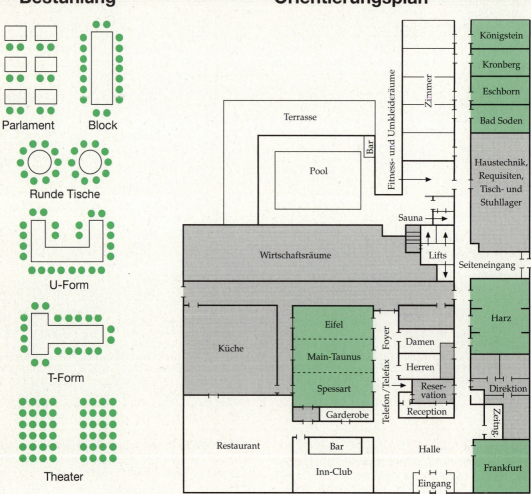

Organisation im Gastgewerbe

▷ Checklisten

Beim Verkaufsgespräch für eine Veranstaltung darf nichts vergessen werden, was
▸ im entscheidenden Augenblick der Vorbereitung und Durchführung nicht rechtzeitig bereitgestellt ist und somit Kopfzerbrechen, Hilflosigkeit oder Panik verursachen könnte,
▸ nachträglich unnötigen Zeitaufwand erforderlich macht,
▸ beim Gast Ärger, Verstimmung und Unzufriedenheit auslösen kann.

Zu diesem Zweck gibt es Checklisten, in denen die entsprechenden Wünsche angekreuzt bzw. eingetragen und für weitere Bearbeitung festgehalten werden.

Checkliste für Materialien und Vermittlungen

1. Stichwort der Veranstaltung:	*M-Seminar*	
2. Zeitraum: Anreise-Tag:	17.11.19.	
Abreise-Tag:	19.11.19.	
3. Teilnehmer:		
Teilnehmerzahl:	28	
4. Unterbringung: Im Holiday Inn	24 E-Zi.	2 D-Zi.
Zusätzl. Hotel	— E-Zi.	— D-Zi.
Anzahl der Nächte	2	
5. Technische Anlagen und Ausstattung		
Zur Verfügung stehen:		
☒ Rednerpult, Tischglocke		
○ Podium		
○ Standmikrofon		
○ Funkmikrofon		
○ Tischmikrofon		
○ Tischpult		
☒ Flip-Chart		
☒ Tafel und Kreide		
☒ Zeigestock		
☒ Projektionswand + Tisch		
○ Drehstromanschluß		
○ Filmprojektor		
○ Diaprojektor		
☒ Overheadprojektor		
○ Spotlight		
○ Tonbandgerät		
☒ Episkop		
○ AV-Gerät		
○ Simultananlage		
○ Diktiergerät		

○ Schreibmaschine	
○ Schreibmaterial	
☒ Vervielfältigungsgerät	
○ Überraschung	
Wir vermitteln:	
○ Fotografen	
☒ Sekretärin	
○ Hostessen	
○ Floristen	
○ Grafiker	
○ Musiker	
○ Ausflüge	
○ Damenprogramme	
○ Pressekontakte	

6. Drucksachen-Checkliste	
Zu Ihrer Verfügung stehen:	benötigte Anzahl
☒ Hotelprospekte	28
☒ Wegweiser	1
○ Informations-Prospekte	
☒ Frankfurt, Stadtplan	28
☒ Frankfurt, Veranstaltungskalender	28
○ Menükarten	
Wir organisieren für Sie zum Selbstkostenpreis den Druck von:	
○ Einladungen jeglicher Art	
○ Antwortkarten	
○ Veranstaltungs-Programmen	
○ Umschlägen	
○ Pressemitteilungen	
☒ Mappen	28
○ Tischkarten	

Checkliste für Speisen und Getränke

1. Tagungen, Konferenzen			
	(Gewünschtes bitte ankreuzen)	Ja	Nein
Zum Empfang der Teilnehmer:	Begrüßungsdrink	X	
Empfangsparty am Vorabend:	als Poolparty		X
	als Cocktailparty	X	
	– mit Hors-d'œuvres		X
	– ohne Hors-d'œuvres		
Zum Frühstück:	großes rustikales Buffet		X
Erfrischungen:	Konferenzgetränke	X	
Kaffeepause vormittags:	mit gemeinsamem Imbiß	X	
	ohne gemeinsamen Imbiß		
Mittagessen:	3-Gang-Menü oder leichter Manager-Lunch	X	
	Arbeitsessen		
Kaffeepause nachmittags:	mit Gebäck	X	
	ohne Gebäck		
	kalte Getränke	X	
Abendessen gemeinsam:	festliches Dinner		X
	Grillparty (bei schönem Wetter)	X	
	Spezialitäten-Buffet		
Abschlußabend mit Selbstbedienung vom Buffet:	**Original Hessenabend,** hessische Spezialitäten, Getränke und Musik		
	Fiesta Siciliana: Italienische Speisen und Getränke mit italienischer Musik	X	
	Pußtanächte: Ungarische Speisen und Getränke mit Musik		
	Soirée Parisienne: Französische Spezialitäten, Käse und Wein mit Original-Musik		
2. Feiern Aus jeglichem Anlaß arrangieren wir für Sie:	Verlangen Sie unsere Vorschläge für:		
Betriebsfeiern:	Weihnachtsfeiern		
	Jubiläen		
Familienfeiern:	Taufe		
	Geburtstag		
	Konfirmation		
	Kommunion		
	Verlobung		
	Hochzeit von Grün bis Diamant		
Vereins- und Clubfeiern:	Kostümbälle		
	Ehrenabende		
	Sommernachtsbälle		
Platz für Ihre Ideen:			

3. Veranstaltungsauftrag

Die Ergebnisse des Verkaufsgesprächs und die in den Checklisten eingetragenen Wünsche des Bestellers werden in einem Veranstaltungs-Auftrag schriftlich festgehalten. Durch die Unterschrift des Auftraggebers erhält dieser vertraglichen Charakter und ist die Grundlage

- für die Vorbereitung und Durchführung der Veranstaltung von seiten des Betriebes,
- für eventuelle Rückfragen und Klarstellungen,
- für das Abrechnen mit dem Auftraggeber.

Organisation im Gastgewerbe

			Veranstaltungs-Auftrag	
			Lfd. Nr. *183*	
Datum: *Mittwoch*	den *28. 5.* 19..		Art der VA: *Konferenz*	
Veranstalter: *Verband Deutscher Makler*				
bestellt durch: *Frau Steinhuber*			Tel.: *0347/56 35 07*	
Rechnungsanschrift: *3146 Immobilienstadt, Neuweg 7*				
Text für Informationstafel: /				
angen. am: *20. 3. 19..*	durch: *Reinhard*	Tel. ☐ Korr. ☐ Pers. ☒ Telex ☐		
Uhrzeit: von *7⁰⁰* bis *8⁰⁰*	Personen: *68 / Frühstück*	Raum: *Frühstück I*	Tischplan: /	
Uhrzeit: von *9⁰⁰* bis *12³⁰*	*45 / Konferenz*	Raum: *Harz*	Tischplan: *Parlament*	
Uhrzeit: von *13³⁰* bis *16⁰⁰*	*68 / Diner*	Raum: *Großer Saal*	Tischplan: *Carrée*	
Uhrzeit: von bis		Raum:	Tischplan:	

Getränke:	**Speisen:** Tischreden:
Abrechnung nach Verbrauch – Berechnung nach Getränkekarte	Uhrzeit: *13³⁰* Personen: *68* Raum: *Großer Saal*
zur Konferenz: Mineralwasser und Säfte ja nein	*Tatar von gebeiztem Lachs*
eingedeckt ☒ ☐	*
Kaffeepausen: vorm.: ⎫ *Kaffee und Tee*	*Tomatenkraftbrühe mit Quarkklößchen*
nachm.: ⎭ *bereithalten*	*
zum Empfang:	*Sorbet von Ananas und Erdbeeren*
zum Essen: *nach Wahl*	*
nach dem Essen: *(kleine Getränkekarte erstellen,*	*Tournedos*
passend zum Menü)	*Sauce béarnaise*
	Feine Gemüseauswahl
	Mandelkroketten
	*
	Crêpes Suzette
Bemerkungen: *Zur Kaffeepause vormittags belegte Brötchen (Schinken und Käse)*	
nachmittags Kuchen und Teegebäck	
Zur Konferenz keine Aschenbecher	

Menükarten: *68*	à *3,–* DM	Mikrofone: *2*	Preis: *20,–* DM	
Blumen: *12 kleine Gestecke* à *10,– DM*		Filmprojektor: *1*	Preis: *50,–* DM	
Tabakwaren:		Diaprojektor:	Preis: DM	
Fotograf:	Zeit:	Overhead:	Preis: DM	
Bereitstellungskosten:		Tonband:		
Garderobe: DM	pauschal ☐ individuell ☐	Flipchart: ×		
Kerzen: *4 dreiarmige Leuchter*		Leinwand: *1*	Preis: *10,–* DM	
Podium:		Laufsteg:	Prüfungs-Verm.:	
Musik:	Tanzfläche:	Telefon:		
GEMA:	Tanzerlaubnis:			
Datum: *20. 3. 19..*		*Steinhuber* Unterschrift des Bestellers/Veranstalters		

4. Herrichten von Blumengestecken

▷ **Allgemeine Richtlinien**

Die Gestecke müssen bezüglich Größe und Form der Tafel angepaßt werden.
- Runde oder quadratische Tafel: runde Form des Gestecks.
- Längliche Tafel: längliche Form des Gestecks (siehe Skizze 3) oder mehrere Gestecke über die Tafel verteilt.

Die Gestecke dürfen nicht zu wuchtig sein, damit sie auf der Tafel nicht überladend wirken.
Die Gestecke dürfen nicht zu hoch sein, damit die Unterhaltung der Gäste nicht beeinträchtigt wird.

▷ **Arbeitsrichtlinien**
▶ Die verwendeten Glas- oder Porzellanschalen müssen einwandfrei sauber sein.
▶ Der mit Wasser vollgesogene Steckschaum darf das Gefäß nicht vollständig ausfüllen (damit Raum für das nachzufüllende Wasser zur Verfügung steht) und er soll zweifingerbreit über den Gefäßrand hinausragen.
▶ Die Stengel von Blättern und Blumen sind mit scharfem Messer schräg anzuschneiden und mit dem Ende etwa 2 bis 4 cm tief in den Steckschaum einzuschieben.
▶ Die einzelnen Blüten sollen abgestuft über- bzw. untereinander angeordnet sein.

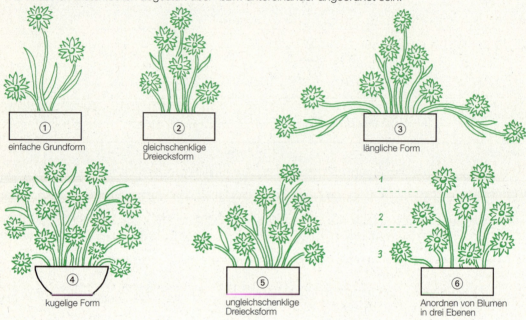

① einfache Grundform
② gleichschenklige Dreiecksform
③ längliche Form
④ kugelige Form
⑤ ungleichschenklige Dreiecksform
⑥ Anordnen von Blumen in drei Ebenen

Aufgaben (Organisation)
1. Erklären Sie an Beispielen den Begriff Organisation.
2. Was versteht man unter Aufbauorganisation, und was ist ein Organigramm?

Stellenbeschreibung:
3. Beschreiben Sie die Zwecke der Stellenbeschreibung.
4. Welche Angaben enthalten die Stellenbeschreibungen für „Chef de rang", „Demichef de rang" und „Commis de rang"?

Aufbauorganisation im Hotel:
5. Beschreiben Sie das Organigramm für das Hotelmanagement.
6. Beschreiben Sie den organisatorischen Aufbau folgender Abteilungen:
a) Küche, b) Service, c) Empfang.

Führungssysteme:
7. Nennen Sie die drei wichtigsten Führungssysteme und beschreiben Sie die grundlegenden Unterscheidungsmerkmale.
8. Beschreiben Sie zum Liniensystem:
a) die Merkmale sowie Vor- und Nachteile,
b) die Anwendbarkeit im Gastgewerbe.
9. Welche Funktion erfüllen beim Stabliniensystem die sogenannten Stäbe bzw. Stabstellen?
10. Beschreiben Sie die Vorteile des Stabliniensystems gegenüber dem Liniensystem.
11. Welche Vor- und Nachteile hat das Mehrliniensystem im Vergleich zum Liniensystem? Erläutern Sie diese am Beispiel eines Hotels.
12. Auf welche Weise können die geringfügigen Nachteile des Mehrliniensystems überwunden werden?

Ablauforganisation im Hotel:
13. Erklären Sie den Begriff Ablauf.
14. Warum ist es wichtig, daß betriebliche Abläufe genau durchdacht, d. h. organisiert werden?
15. Welche Bedeutung haben bei der Organisation von Abläufen die sogenannten Checklisten?

Organisationspläne:
16. Beschreiben Sie Bedeutung und Grundlagen für das Erstellen von Dienst-, Urlaubs- und Vertretungsplänen.
17. Welchen Inhalt haben folgende Organisationspläne und welche Funktionen erfüllen sie:
a) Zimmerreservierungsplan, b) Zimmerbelegungsplan?

Organisation von Sonderveranstaltungen:
18. Beschreiben Sie die Bedeutung eines Veranstaltungsprospektes.
19. Welche Anforderungen sind an die Verkaufsabteilung zu stellen?
20. Beschreiben Sie folgende Hilfsmittel und ihre Funktion im Rahmen der Organisation:
a) Raumplan, b) Veranstaltungsplan.
21. Nennen Sie Angebote, die folgende Veranstaltungs-Checklisten enthalten:
a) Tagungstechnik, b) Drucksachen,
c) Speisen und Getränke.
22. Welche Angaben müssen in einem Veranstaltungs-Auftrag erfaßt werden und welche Bedeutung hat dieser Auftrag?

Getränkekunde (Aufbaukurs)

Zum Thema Getränkekunde gibt es in diesem Buch bereits ein Kapitel, in dem die grundlegenden getränkekundlichen Fragen behandelt wurden. Die nun folgenden Ausführungen enthalten ergänzende und vertiefende Informationen, die speziell für den Ausbildungsberuf **Restaurantfachmann** bestimmt sind.

I. Wein, Schaumwein und Dessertwein

Zur Klarstellung der drei Begriffe sollen diese noch einmal kurz umschrieben werden:
- **Wein** ist ein Erzeugnis, das durch Vergären von Traubenmost oder Traubenmaische gewonnen wird.
- **Schaumwein** wird durch (erstes) Vergären von Most oder (zweites) Vergären von Wein gewonnen.
- **Dessertweine** sind Erzeugnisse, die im Vergleich zu Wein im allgemeinen vor allem durch ihren spezifisch feinen Geruch und Geschmack eine auffallende und ausdrucksstarke Wirkung haben (wie **Desserts** im Vergleich zu anderen Speisen).

A. Wein

Ergänzend zum ausführlichen Abschnitt im Kapitel „Getränkekunde" sind zum **deutschen** Wein noch einige wichtige Gesichtspunkte nachzutragen:

1. Bedeutende Weinorte im deutschen Weinbau

In den folgenden Übersichten sind die **Weinorte** den jeweiligen bestimmten Anbaugebieten (b.A.) zugeordnet. Außerdem sind die für das jeweilige Anbaugebiet typischen **Rebsorten** genannt.

Ahr

Spätburgunder, Portugieser, Riesling

| Altenahr | Mayschoß | Dernau |
| Marienthal | Walporzheim | Ahrweiler |

Mosel-Saar-Ruwer

Riesling, Elbling

Zell	Erden	Traben-Trarbach
Ürzig	Kröv	Wehlen
Graach	Bernkastel	Brauneberg
Piesport	Trittenheim	Wiltingen
Ockfen	Grünhaus	Eitelsbach

Mittelrhein

Riesling, Müller-Thurgau

| Boppard | St. Goar | St. Goarshausen |
| Bacharach | Kaub | Oberwesel |

Rheingau

Riesling, Müller-Thurgau, Spätburgunder

Lorch	Aßmannshausen	Rüdesheim
Johannisberg	Oestrich	Hallgarten
Kiedrich	Rauenthal	Hochheim

Nahe

Müller-Thurgau, Silvaner, Riesling

Bad Kreuznach
Schloßböckelheim

Württemberg

Riesling, Trollinger, Müller-Thurgau, Silvaner

Niedernhall
Weikersheim
Flein
Weinsberg
Bad Cannstatt
Schnait

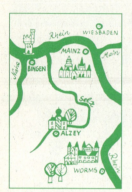

Rheinhessen

Müller-Thurgau, Silvaner, Riesling, Portugieser

Bingen
Ingelheim
Nierstein
Oppenheim
Bechtheim

Rheinpfalz — Müller-Thurgau, Silvaner, Riesling, Portugieser

Kallstadt   Forst   Bad Dürkheim   Wachenheim
Maikammer   Deidesheim   Ruppertsberg

Franken — Silvaner, Müller-Thurgau

Klingenberg   Sommerach   Randersacker
Würzburg   Iphofen   Escherndorf

Hessische Bergstraße

Riesling, Müller-Thurgau, Silvaner

Bensheim
Heppenheim

Saale-Unstrut

Müller-Thurgau, Weißburgunder, Silvaner, Ruländer

Naumburg
Freyburg

Baden

Müller-Thurgau, Spätburgunder, Ruländer, Gutedel

Königshofen
Weinheim
Tiefenbach
Sasbachwalden
Kenzingen
Ihringen
Achkarren
Mülheim
Meersburg

Sachsen

Müller-Thurgau, Weißburgunder

Radebeul
Meißen

Wein, Schaumwein und Dessertwein

2. Etikettierung deutscher Weine

Die Weinetiketten enthalten vorgeschriebene sowie ggf. zulässige Angaben über den Wein. Diese stehen in enger Beziehung zu den Güteklassen.

▷ **Vorgeschriebene Angaben**

Die Etiketten müssen unabhängig von den unterschiedlichen Güteklassen in jedem Fall enthalten:
– das Nennvolumen (Menge des Flascheninhalts),
– den Alkoholgehalt (in % vol),
– den Namen (Firma) des Abfüllers sowie den Gemeindenamen seines Hauptsitzes oder den Namen des tatsächlichen Abfüllortes,
– den Erzeugerstaat bei Versand in andere Länder.

Spezielle vorgeschriebene Angaben sind:

Tafelwein
– Die Bezeichnung **„Tafelwein"**; bei inländischem Wein **„deutscher Tafelwein"**,
– die Angabe **„Roséwein"** oder **„Rotling"**,
– die Angabe **„Weißwein"** oder **„Rotwein"**, wenn keine enger begrenzte Herkunftsangabe als „deutsch" angegeben ist,
– **„Verschnitt von Weinen aus mehreren Ländern der Europäischen Gemeinschaft"** (sofern zutreffend).

Landwein
– Die übergeordnete Bezeichnung **„Tafelwein"**,
– das Landweingebiet (z. B. *„Pfälzer Landwein"*),
– die sonstigen für Tafelwein üblichen Angaben.

Qualitätswein
– Das bestimmte Anbaugebiet, aus dem der Wein stammt (z. B. *„Rheingau"*, *„Franken"*),
– die Bezeichnung **„Qualitätswein"** oder **„Qualitätswein b.A."** oder **„Qualitätswein mit Prädikat"**,
– die Angabe des Prädikats (z. B. *„Kabinett"*, *„Auslese"*),
– die zugeteilte *„Amtliche Prüfnummer"*.

▷ **Zulässige Angaben**
– Eine enger begrenzende geographische Herkunftsangabe, z. B.:

Bereich	→ nur bei Landwein und Qualitätswein
Gemeinde und Lage	→ nur bei Qualitätswein
Weinbaugebiet oder Untergebiet	→ speziell für Tafelwein

– eine oder höchstens zwei Rebsorten und der Jahrgang,
– der Alkoholgehalt sowie die Geschmacksangaben trocken, halbtrocken, lieblich oder süß,
– die Angaben Weingut, Erzeugerabfüllung, Weinhändler, Winzer, Importeur, Burg, Domäne, Kloster,
– Prämierungen und Gütezeichen.

Bei den Angaben „Jahrgang", „Rebsorte", „Weinort" und „Lage" müssen die namengebenden Anteile **85 %** betragen.

Beispiele für die Gestaltung von Weinetiketten unter Berücksichtigung der gesetzlichen Vorschriften (rechts und nächste S.):

Verpflichtende Angaben sind schwarz gedruckt. Zusätzliche, zulässige Angaben sind grün gedruckt. (umgekehrt!)

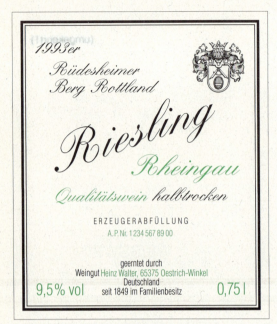

3. Mostgewicht und Anreicherung des Mostes

Der Zuckergehalt der Weintrauben bzw. des Mostes ist ein wichtiges Kriterium im Hinblick auf den herzustellenden Wein. Hoher Zuckergehalt im Traubenmost deutet darauf hin, daß die klimatischen Bedingungen des Jahres gut waren, die Trauben einen hohen Reifegrad erreicht haben und deshalb auch in reichlichen Mengen Duft- und Geschmacksstoffe gespeichert wurden. All das sind Voraussetzungen für einen ausgezeichneten Wein.

▷ **Ermittlung des Zuckergehaltes im Most**

Zur Feststellung dient die von Ferdinand Öchsle erfundene **Mostwaage**. Sie besteht aus einem Zylinder zur Aufnahme des Mostes und eine in den Most hineingetauchte Spindel, die auf einer Skala das **Mostgewicht** anzeigt. Die Null-Marke der Spindel entspricht dem spezifischen Gewicht des Wassers. Mit zunehmendem Zuckergehalt im Most erhöht sich das spezifische Gewicht, die Spindel steigt höher aus dem Most heraus. Die an der Mostoberfläche angezeigten Öchslegrade geben an, um wieviel das spezifische Gewicht höher liegt als beim Wasser.

Beispiele	spezifisches Gewicht	Öchslegrade
Wasser	1,000	–
Most 1	1,050	50
Most 2	1,090	90
Most 3	1,120	120

▷ **Qualitätsweine und Öchslegrade**

Für Weine, die als Qualitätsweine zugelassen werden sollen, sind Mindesthöhen für das Mostgewicht vorgeschrieben:

Qualitätswein b. A.	→ 50 bis 72° Öchsle
Qualitätswein mit Prädikat	
– Kabinett	→ 70 bis 85° Öchsle
– Spätlese	→ 76 bis 95° Öchsle
– Auslese	→ 83 bis 105° Öchsle
– Beerenauslese	→ 110 bis 128° Öchsle
– Trockenbeerenauslese	→ 150 bis 154° Öchsle
– Eiswein	→ 83 bis 105° Öchsle

Wein, Schaumwein und Dessertwein

▷ **Anreichern des Mostes**
Anreichern (Chaptalisation) bedeutet **Zugabe von Zucker zum Most** (vor dem Vorgären). Das ist laut Gesetz (mit Ausnahme bei den Qualitätsweinen mit Prädikat) grundsätzlich erlaubt, wenn die Öchslegrade aufgrund ungünstiger Witterungsbedingungen nicht ausreichen, um einen harmonischen und haltbaren Wein zu gewinnen. Die Höhe der Anreicherung ist gesetzlich geregelt, darf aber, wie schon angedeutet, bei Prädikatsweinen nicht angewendet werden. Bei diesen wird vorausgesetzt, daß sie von Natur aus entsprechende Mengen Zucker enthalten.

4. Besondere Auszeichnungen für deutsche Weine

Sofern sich Qualitätsweine über die Punktbewertung der amtlichen Prüfung hinaus auszeichnen, können für sie besondere Gütezeichen und Prämierungen verliehen werden.

Auszeichnung	Mindestpunktzahl
Amtliche Prüfnummer (siehe „Getränkekunde")	→ 1,5
Gütezeichen	→ 2,5
Prämierungen	→ 3,5

▷ **Gütezeichen**
Das deutsche Weinsiegel ist ein Gütezeichen für deutsche Weine in drei verschiedenen Farben:
▶ **rot** für alle Weine, vorwiegend für liebliche,
▶ **gelb** für trockene und Diabetikerweine,
▶ **grün** für halbtrockene Weine.

Die Gütezeichen des Badischen sowie des Fränkischen Weinbauverbandes sind regionale Auszeichnungen der Anbaugebiete Franken und Baden.

▷ **Prämierungen**
Prämierungen sind ganz besondere Auszeichnungen für Weine, die auf Antrag des Erzeugers einer intensiven Prüfung unterzogen werden.
Neben den Bundesprämierungen der deutschen Landwirtschaftsgesellschaft (siehe unten) gibt es auch Landesprämierungen innerhalb der einzelnen Bundesländer.

5. Probieren und Beurteilen der Weine

Die Beurteilung des Weines durch die amtliche Prüfstelle kann durch den Verbraucher in einer **Weinprobe** (Degustation) nachvollzogen werden. Auch für das Servierpersonal sind solche Proben von Bedeutung, weil sie dazu befähigen, den Gast entsprechend zu beraten. Grundlage für das Beurteilen sind die Wahrnehmungen durch die Sinnesorgane.

```
Sehen          Riechen              Schmecken

Klarheit       Duftstoffe          Geschmacksstoffe
                                          │
Farbe                                Extraktstoffe
                                     Alkohol
Aussehen       Blume      Aroma        Körper
                   │        │
                   └─ Bukett ─┘
```

Beurteilung des Weines

Hinsichtlich	Bezeichnungen	Eigenschaften positiv	negativ
Geruch	Blume	– zart, dezent, feinduftig – duftig, blumig, voll – ausdrucksvoll, ausgeprägt – kräftig, duftend	– ausdruckslos, flach – aufdringlich, parfümiert – fremdartig, unsauber
Geschmack	Aroma	– neutral, zart – feinwürzig, herzhaft, erdig – würzig, aromatisch	
– Zucker		– herb, trocken – dezent, feinherb, halbtrocken – lieblich, süffig, süß	– pappsüß – aufdringlich – unharmonisch
– Säure		– mild, zart, verhalten – frisch, feinrassig – herzhaft, rassig, pikant	– matt, flach – unreif, spitz – hart, grasig
– Frucht		– neutral, zart – feinfruchtig, fruchtig	– fremd – unschön
	Bukett	– mild, zart, fein – rund, harmonisch, voll	– dünn, flach – leer, plump
Extrakt Alkohol	Körper	– leicht – mundig, vollmundig, saftig – schwer, wuchtig, stoffig – feurig (Alkohol)	– dünn, leer – plump – brandig, spritzig (Alkohol)
Alter		– jung, frisch, spritzig – reif, entwickelt, vollreif – edelfirn, firn	– matt, leer – unreif – abgebaut

B. Schaumwein

Schaumwein ist der Oberbegriff für Getränke, die beim Öffnen der Flasche schäumen bzw. **moussieren** (wie der Fachausdruck lautet). Die Kohlensäure entsteht bei der Herstellung des Schaumweins und wird, weil dies in geschlossenen Behältnissen geschieht, im Getränk gebunden. Es gibt zwei grundlegende Herstellungsverfahren:

▶ **Vergären von Most.** Im allgemeinen entsteht dadurch Wein, ein *stiller Wein,* weil die bei der Gärung **(Erste Gärung)** gebildete Kohlensäure ausgeschieden wird. Erfolgt aber das Vergären in einem geschlossenen Gefäß, bleibt die Kohlensäure im Getränk erhalten und es entsteht ein Schaumwein. Ein Schaumwein dieser Art (aus erster Gärung) ist z. B. der **Asti spumante.**

▶ **Vergären von Wein.** Das ist die allgemein übliche Methode, wobei im Wein (der aus erster Gärung stammt) eine **zweite Gärung** eingeleitet wird (siehe grundlegendes Kapitel „Getränkekunde").

1. Gesetzliche Bestimmungen

Die Weinverordnung unterscheidet „**Schaumwein**", „**Qualitätsschaumwein**" und „**Qualitätsschaumwein mit besonderen Angaben**".

▷ **Schaumwein**

Schaumwein ist ein aus Weintrauben oder Wein gewonnenes Erzeugnis, das
– nur durch Gärung gewonnenes Kohlendioxid enthalten darf,
– im geschlossenen Behältnis einen Überdruck von 3 bar aufweisen muß,
– mindestens 9,5 % Alkohol enthält.

▷ **Qualitätsschaumwein**

Dieser unterliegt höheren Anforderungen:
- mindestens 10 % Alkohol,
- Mindestherstellungsdauer (Lagerdauer auf der Hefe)

| 6 Monate bei Gärung im Faß |
| 9 Monate bei Gärung in Flaschen |

- Kohlensäure nur aus zweiter Gärung,
- Mindestkohlensäureüberdruck bei Inhalten von ½-l-Flasche und mehr 3,5 bar, darunter (z. B. 0,2 l) 3 bar,
- eine aufgrund der Prüfung zuerkannte Prüfnummer.

Bei Einhaltung entsprechender Bedingungen darf Qualitätsschaumwein (Sekt) folgende zusätzliche Angaben enthalten:

geographische Herkunft	– z.B. **Sekt b.A./Rheingau** – Trauben müssen zu 100 % aus dem genannten Gebiet stammen
Jahrgang	– z.B. **1986er** (Jahrgangssekt)
Traubensorte	– z.B. **Riesling** (Rieslingsekt)

Bei Angabe des Jahrgangs bzw. der Traubensorte müssen die Trauben bzw. der Wein zu **85 %** den Angaben entsprechen.

2. Champagner

Er unterliegt strengen gesetzlichen Vorschriften:
▶ Gattungsname für das eng begrenzte Gebiet der Champagne,
▶ zur Herstellung sind nur drei Rebsorten zugelassen:
Pinot Noir (Spätburgunder)   – rote Trauben,
Pinot Meunier (Schwarzriesling) – rote Trauben,
Pinot Chardonnay   – weiße Trauben,
▶ außerdem ist die **méthode champenoise** anzuwenden (Flaschengärung).

Besondere Champagnerbezeichnungen

Blanc de blanc	→ nur aus den weißen Chardonnay-Trauben hergestellt
Champagne Crémant	→ Schaumwein mit geringerem Mousseux
Champagne millésimé	→ Jahrgangssekt

3. Abstimmung und Restzuckergehalt

Abstimmung ist die Festlegung des Restzuckergehaltes durch die Dosage (siehe im Kapitel „Getränkekunde", Abschnitt „Schaumwein").

Bezeichnung des Geschmacks	Restzuckergehalt/l
▶ extra herb / extra brut	→ 0 bis 6 g
▶ herb / brut	→ 0 bis 15 g
▶ extra trocken / extra sec	→ 12 bis 20 g
▶ trocken / sec	→ 17 bis 35 g
▶ halbtrocken / demi-sec	→ 33 bis 50 g
▶ mild / doux	→ über 50 g

C. Dessertweine

Zu diesen Getränken wurden bereits am Anfang dieses Kapitels und unter dem Stichwort „Dessertweine" im grundlegenden Kapitel „Getränkekunde" wichtige allgemeine Informationen gegeben. An dieser Stelle sollen einige Ergänzungen zum Dessertwein **„Sherry"** nachgetragen werden.

1. Herkunft und Herstellungsmerkmale

▷ **Herkunft des Sherry**

Er kommt aus Spanien und wird im Anbaugebiet rund um die Stadt **Jerez** hergestellt. Die bekannteste Anbauregion ist **Jerez de la Frontera**. Sherry ist eine gesetzlich geschützte Herkunftsbezeichnung.

▷ **Herstellungsmerkmale des Sherry**

Das besondere **Sherry-Aroma** entwickelt sich vor allem dadurch, daß während der Lagerung viel frische Luft zugeführt wird. Das geschieht:
- durch die Lagerung des Sherry in großen überirdischen Gewölben **(Bodegas)**, durch deren Fensteröffnungen ständig frische Luft hereinkommt,
- durch lange, drei- bis vierfach übereinanderliegende Reihen von Fässern mit etwa 500 l Inhalt, die während der gesamten Lagerzeit nie ganz gefüllt und nie ganz dicht verschlossen sind,
- durch häufiges Umfüllen des Sherry in andere Fässer.

Die auf **Reife und Fülle** ausgerichteten Maßnahmen sind vielfältiger Art und ergänzen sich gegenseitig:
- das Lagern in Eichenholzfässern, die besondere Farb- und Geschmacksstoffe in den Wein abgeben,
- eine Hefeschicht an der Oberfläche des Weines, die sherryspezifische Bukette entwickelt,
- das über **mehrere** Jahre wiederkehrende Verschneiden der verschiedenen Jahrgänge,
- die Zugabe von Weinalkohol zur Anhebung und Harmonisierung von Duft und Geschmack.

2. Geschmacksrichtungen

Sherry gibt es von hell bis dunkel und von trocken bis süß: Je trockener desto heller, je süßer desto dunkler. Man unterscheidet folgende Grundtypen:

Fino	– hell bis hellgold – trocken, wenig Säure	– feines Mandelaroma
Amontillado	– bernsteinfarben – halbtrocken	– mit feinem vollem Aroma
Oloroso	– dunkelgold – trocken bis halbsüß	– mit feinem Nußaroma
Cream	– dunkel und dickflüssig – süß, lieblich und mild	

II. Spirituosen und alkoholische Mischgetränke

Grundlegende Informationen zu Spirituosen können im Kapitel „Getränkekunde" nachgelesen werden. Hier geht es um Ergänzungen für den Restaurantfachmann.

A. Weinbrand und Whisky

1. Weinbrand

Laut EWG-Verordnung ist Weinbrand ein Erzeugnis, das aus Branntwein mit oder ohne Weindestillat durch Reifung in Eichenholzbehältern gewonnen wird.

▸ **Branntwein** ist ein Produkt aus Wein oder Brennwein, dessen Alkoholgehalt zu weniger als 86 % vol konzentriert wurde.

Brennwein ist ein auf 18 bis 24 % vol mit Weindestillat aufgestärkter (vinierter) Wein.

▸ **Weindestillat** ist ein Erzeugnis, das zu weniger als 94,8 % vol destilliert wurde. Der Anteil zur Weinbrandbereitung darf 50 % des Alkoholgehaltes im Fertigerzeugnis nicht übersteigen.

▷ **Deutscher Weinbrand**

Diese Erzeugnisse unterliegen nach deutschem Weinrecht einer amtlichen Prüfung und erhalten eine Prüfnummer, sofern sie
– eine goldgelbe bis goldbraune Farbe haben und
– in bezug auf Aussehen, Geruch und Geschmack ohne Fehler sind.

▷ **Französischer Weinbrand**

Die allgemeine Bezeichnung ist **Eau de vie de vin.** Darüber hinaus gibt es die regionaltypischen Erzeugnisse **Cognac** und **Armagnac**.
Für Cognac erlaubt das französische Recht Altersangaben, wobei die gesetzliche Lagerkontrolle 5 Jahre mit 6 Alterskonten (0 bis 5) umfaßt.

Alters-konto	Lagerzeit des Destillates	Produktkenn-zeichnungen
0	bis 1 Jahr	–
1, 2 und 3	1 bis 3 Jahre	– Cognac – Cognac Authentique – Cognac***
4	mindestens 4 Jahre	– VO (very old) – VSOP (very superior old pale) – Réserve
5	mindestens 5 Jahre	– Extra – Napoléon – Vieille Réserve
–	über 5 Jahre (u. U. sehr alt)	– Hors d'Age – XO (extra old) – Cordon d'Argent – Antique

▷ **Brandy**

Es handelt sich dabei um landestypische Erzeugnisse aus Spanien, Italien und Griechenland.

2. Whisky

Whisky ist ein Erzeugnis aus unterschiedlichen Getreidearten (Einzelheiten dazu siehe im grundlegenden Kapitel „Getränkekunde"). Die allgemein übliche Schreibweise ist **Whisky,** die irische und die amerikanische Schreibweise ist **Whiskey.**

Man unterscheidet im wesentlichen fünf Whiskyarten:

▸ Irish Whiskey und Scotch Whisky
▸ Canadian Whisky
▸ American Whiskey mit den beiden Sortenbezeichnungen Bourbon Whiskey und Rye Whiskey.

▷ **Artenbezeichnungen für Whisky**

Danach gibt es Malt-, Grain- und Blended-Whiskey.
Malt-Whisky wird nur aus Gerste hergestellt,
Grain-Whisky ist ein Erzeugnis, zu dem verschiedene Getreidearten verwendet werden (z. B. Roggen, Weizen, Gerste, Mais und Hafer),
Blended-Whiskys sind Erzeugnisse, zu deren Herstellung verschiedene Malt- und Grain-Whiskys miteinander gemischt (verschnitten) werden.
(to blend = mischen)

▷ **Besonderheiten der Whisky-Sorten**

Irish Whiskey	– von der klassischen Art her reiner Malt-Whisky (heute aber auch Blended-Whiskys) – kräftiges, jedoch mildes Malzaroma
Scotch Whisky	– bukettreiche und geschmacksintensive Malt-Whiskys sowie milde Blends
	– Rauchgeschmack, der durch Darren des Malzes über Torffeuer entsteht
Canadian Whisky	– helle, leichte Grain-Whiskys (idealer Mix-Whisky)
Rye Whiskey	– mindestens 51 % Roggen (Canada und USA)

Bourbon-Whiskey
– eine „Erfindung" der Amerikaner (kraftvolles Aroma),
– Maische, die mindestens zu 51 % aus Mais besteht.

Straight Bourbon	→ ein einziges Bourbon-Destillat
Blended Straight Bourbon	→ verschiedene Bourbon-Destillate
Blended Bourbon	→ 51 % Straight Bourbon

B. Herstellen von alkoholischen Mischgetränken

Das Herstellen dieser Getränke gehört in den Zuständigkeitsbereich der Bar. Es handelt sich dabei um ein sehr umfangreiches, eigenes Sachgebiet, das unter dem Stichwort Barkunde zusammengefaßt ist.

Im Rahmen dieses Fachbuches können deshalb verständlicherweise nur die elementarsten Gesichtspunkte angesprochen werden.

1. Grundlegendes zu den alkoholischen Mischgetränken

Zum Grundwissen, mit dem jeder Restaurantfachmann vertraut sein muß, gehören Kenntnisse in bezug auf Zutaten sowie auf Arbeitsgeräte und Arbeitstechniken.

▷ **Zutaten**

Sie sind von sehr verschiedener Art und in der Regel geschmacklich stark ausgeprägt. Die folgende Tabelle gibt einen Überblick:

alkoholische Grundlage	aromatisierende Zutaten	füllende Zutaten	Garnitur /Pfiff
Aquavit	Ananassirup	Portwein, Sherry	Angostura-Bitter
Cognac	Aprikosenlikör	Sahne, Milch	Campari
Calvados	Eierlikör	Schaumwein	Cocktailkirschen
Gin	Kaffeelikör	Fruchtsäfte	Minzblätter
Weinbrand	Kakaolikör	Tomatensaft	Oliven
Whisky	Maraschino	Vermouth	Orangen-Bitter
Wodka	Pfefferminzlikör	Wein	Orangenscheiben

Zur Kühlung der Mischgetränke wird außerdem Eis in unterschiedlichen Zustandsformen gebraucht:

▶ **Eiswürfel** (größere Stücke)
Man verwendet sie bei der Herstellung von **Cocktails,** wobei sie zusammen mit den Zutaten gerührt oder geschüttelt und dann abgeseiht werden.

▶ **Crasheis** (kleinere Stücke)
In dieser Form verwendet man das Eis bei **Long Drinks.** Dabei wird die gemixte „Basis" über das Eis gegossen und dann mit den füllenden Zutaten aufgefüllt.

▷ **Unterscheidung**

Abgesehen von den sehr differenzierten Sortenbezeichnungen, auf die an anderer Stelle noch eingegangen wird, gibt es zwei grundsätzliche Unterscheidungsmerkmale, nämlich Menge des Getränkes und Zeitpunkt des Angebotes:

Bezeichnungen der Getränke	Kennzeichen/Merkmale
Short Drinks 5–6 cl	– kleine Mengen mit hoher Konzentration des Alkohols und der Geschmacksstoffe – am bekanntesten sind die **Cocktails**
Long Drinks über 6 cl, meistens 10 cl	– größere Mengen, wobei die Alkoholkonzentration durch füllende Zutaten abgeschwächt wird – am bekanntesten sind die **Sours** und **Fizzes**
Before-Dinner Drinks	– trockene Zutaten mit appetitanregender Wirkung
After-Dinner Drinks	– zum harmonischen Ausklang des Essens sind auch aromastärkere und süßere Zutaten geeignet

Mixgetränke sind darüber hinaus zur Erfrischung und als besonderer Genuß auch unabhängig von den Mahlzeiten beliebt, z. B. am Morgen oder am Abend.

Eine spezielle Art alkoholischer Mischgetränke sind **Bowlen,** die im allgemeinen für mehrere Personen zubereitet werden. Die Zutaten sind Wein, Schaumwein, Zucker, Früchte und Liköre. Die grundlegenden Zutaten läßt man in einem Teil des Weines etwa zwei Stunden ziehen und füllt dann mit dem restlichen Wein und dem Schaumwein auf.

2. Arbeitsgeräte und Arbeitstechniken

▷ **Arbeitsgeräte für das Mixen**

Eisbehälter mit Siebeinsatz	→ zum Vorrätighalten von Eiswürfeln (Schmelzwasser kann sich unter dem Sieb sammeln)
Eiszange	→ zum Entnehmen einzelner Eiswürfel
Rührglas (Mixglas)	→ für Mixgetränke, deren Zutaten lediglich durch Rühren gemischt werden
Schüttelbecher (Shaker)	→ für Mixgetränke, deren Zutaten durch Schütteln gemischt werden müssen
Meßbecher	→ zum Abmessen von 20 oder 40 ml einer Flüssigkeit
Meßglas	→ mit unterschiedlichen Mengenangaben
Barlöffel (Barspoon)	→ langstieliger Löffel zum Rühren im hohen Mixglas
Spritzflasche (Dashbottle)	→ zur Abgabe von Spritzern (dashes) einer hochkonzentrierten Flüssigkeit
Barsieb (Strainer)	→ zum Zurückhalten von Eis und anderen festen Bestandteilen

Weitere Utensilien sind:
Saftpresse, Muskatreibe, Korkenzieher, Sektkorkenzange, Flaschenverschlüsse, Trinkhalme, Spießchen, Quirls.

▷ **Arbeitstechniken beim Mixen**

Die grundsätzlichen Herstellungsmethoden für Mixgetränke sind „Rühren", „Schütteln" und „Aufbauen".

Rühren wird bei Zutaten angewendet, die sich leicht mischen lassen (klare Spirituosen und andere trockene, d. h. nicht süße bzw. „dünnflüssige" Zutaten).

> Mit dem Barlöffel 10 bis 20 Sekunden auf Eis vom Gefäßboden nach oben rühren.

Schütteln ist unerläßlich bei Zutaten, die sich nur schwer mit anderen Zutaten mischen lassen bzw. die sehr intensiv vermischt werden müssen (z. B. Liköre, Sirupe, Sahne, Eigelb oder Eiweiß):

> Shaker in Längsrichtung, evtl. mit einer Serviette umlegen, mit beiden Händen umfassen und waagerecht in Schulterhöhe kräftig hin und her bewegen.

Aufbauen bedeutet, entsprechende Spirituosen oder Sahne, also Getränke mit unterschiedlichen Konsistenzen, in einem Glas aufeinandergießen.

> In ein schlankes, sogenanntes Pousse-café-Glas werden Getränke so aufeinandergegossen, daß bunte Schichten im Glas entstehen.

Andere Arbeitsvorgänge sind:

Abspritzen
Ein kleines Stück Schale einer ungespritzten Zitrone oder Orange wird zwischen Daumen und Zeigefinger über dem Mixgetränk zusammengedrückt (es „spritzt").

Abseihen
Dazu wird das Barsieb mit der Spirale nach innen in die Öffnung des Rührglases oder des Shakers eingesetzt.

1 dash (d) / Spritzer	–	1 Gramm
1 Barlöffel (BL)	–	5 Gramm
1 Eßlöffel (EL)	–	15 Gramm
1 Likörglas	–	25 Gramm
1 Whiskyglas	–	40 Gramm
1 Südweinglas	–	50 Gramm
2 cl / 4 cl	–	20 / 40 Gramm

3. Grundlegende Arten der Mischgetränke

▷ **Short Drinks**
Alle **Cocktails** sind Short Drinks. Sie werden mit einer Füllmenge von 5 cl bzw. 6 cl serviert (siehe „Herstellen von Mischgetränken").

▷ **Long Drinks**
Bei vielen Long Drinks wird zunächst die Basis (5 cl bis 6 cl) gemixt und dann mit der ergänzenden Zutat aufgefüllt.

Cobblers werden in einer Sektschale oder einem speziellen Cobblerglas angerichtet:
– auf gut zerkleinerten Eisstückchen die Früchte anrichten (z. B. Kirschen, Ananas usw.),
– mit der Cobbler-Mischung (z. B. Kirschwasser und Kirschsirup) übergießen,
– mit Soda (in anderen Fällen auch mit Sekt oder Südwein) auffüllen,
– Barlöffel und Trinkhalm dazureichen.

Fizzes werden im Shaker intensiv geschüttelt, bis dieser leicht beschlagen ist.
– Zutaten in den Shaker geben und 10 bis 15 Sekunden gut schütteln,
– in einen Tumbler füllen und mit Sodawasser auffüllen,
– Trinkhalm dazureichen.

Sours ähneln den Fizzes, schmecken aber aufgrund des hohen Anteils an Zitronensaft bzw. der geringeren Menge Sodawasser säuerlich.
– Zutaten in den Shaker geben und schütteln,
– in einen Tumbler füllen und mit Sodawasser (weniger als beim Fizz) auffüllen,
– mit Zitronen- oder Orangenstückchen bzw. Cocktailkirsche garnieren.

4. Rezepturen für Mischgetränke

▷ **Short Drinks**

Getränke (Cocktails)	grundlegende Spirituose	aromatisierende Zutaten	Garnitur	Zubereitungshinweis
Martini dry	4,5 cl Gin (¾)	1,5 cl Vermouth dry (¼)	1 Olive	Rührglas
Manhattan	4 cl (⅔) Canadian Whisky	2 cl Vermouth rot (⅓) 1 ds Angostura	1 Cocktailkirsche	Rührglas
White Lady	2 cl Gin (⅓)	2 cl Cointreau (⅓) 2 cl Zitronensaft (⅓)	1 Cocktailkirsche	Shaker
Side Car	2 cl Cognac (⅓)	2 cl Cointreau (⅓) 2 cl Zitronensaft (⅓)	–	Shaker
Alexander	2 cl Cognac (⅓)	2 cl Crème de Cacao (⅓) 2 cl Sahne (⅓)	–	Shaker

Weitere Beispiele:
Apotheke → ½ Fernet Branca, ½ Crème de Menthe, 1 dash Angostura, 1 dash Gin
Grasshopper → ⅓ flüssige Sahne, ⅓ Crème de Cacao (weiß), ⅓ Pfefferminzlikör
Prärie Oyster → Olivenöl, Tomatenketchup, Worcestershire Sauce, 1 Eigelb, Pfeffer, Tabasco

▷ **Long Drinks**

Getränke (Cocktails)	grundlegende Spirituose	aromatisierende Zutaten	Zugabe/ Garnitur	Zubereitungshinweis
Gin Fizz	4 cl Gin (⅔)	2 cl Zitronensaft (⅓) 2 BL Läuterzucker	Sodawasser	– schütteln (mit Eis) – in hohen Tumbler seihen – auffüllen
Whisky Sour	4 cl (⅔) Bourbon Whisky	2 cl Zitronensaft (⅓) 2 BL Läuterzucker	1 Orangenscheibe 2 Cocktailkirschen wenig Soda	– schütteln (mit Eis) – in hohen Tumbler seihen – garnieren, auffüllen
Sektcocktail	1 cl Cognac oder Weinbrand	1 BL Zitronensaft 1 BL Läuterzucker 1 ds Angostura	Champagner oder Sekt	– Zutaten in eine Sektschale geben – mit Sekt auffüllen
Bloody Mary	4 cl Wodka (⅔)	2 cl Zitronensaft (⅓) Worcestershire Sauce Tabasco Salz, Pfeffer	5 cl Tomatensaft	– alle Zutaten verrühren – abschmecken

Weitere Beispiele:
Americano → ½ Campari, ½ Vermouth (rot), Sodawasser, Zitronenschale
Cuba Libre → Saft einer halben Zitrone, 2 cl Rum, Coca Cola, Zitronenscheibe
Planters Punch → 1 BL Grenadinesirup, 1 BL Ananassirup, 1 Schuß Orangensaft, 2 cl Golden Rum, Sodawasser, Orangenscheibe, Ananas, Maraschinokirsche
Screwdriver → 4 cl Wodka, Orangensaft
Tom Collins → 2 BL Zuckersirup, Saft einer halben Zitrone, 2 cl Gin (dry), Sodawasser, Zitronenscheibe, Kirsche

Aufgaben (Getränkekunde)

Wein:
1. Ordnen Sie den bestimmten deutschen Anbaugebieten zu:
   a) die überwiegend angebauten Rebsorten,
   b) die bekanntesten Weinorte.

Etikettierung deutscher Weine:
2. Welche Angaben müssen die Etiketten für deutsche Weine laut Gesetz in jedem Fall enthalten (unabhängig von den Güteklassen der Weine)?
3. Nennen Sie die jeweils speziell vorgeschrieben Angaben:
   a) für Tafelwein,   c) für Qualitätswein b. A.,
   b) für Landwein,   d) für Qualitätswein mit Prädikat.
4. Nennen und erläutern sie die laut Gesetz zulässigen Angaben auf dem Weinetikett.

Mostgewicht:
5. Erklären Sie die Bezeichnung Mostgewicht.
6. Was versteht man in diesem Zusammenhang unter
   a) Öchslegraden?
   b) Mostwaage?
7. Welche Bedeutung hat in der Fachsprache die Bezeichnung „Anreichern des Mostes"?
8. Für welche Weine ist die Anreicherung des Mostes erlaubt und für welche Weine nicht?

Besondere Weinauszeichnungen:
9. Beschreiben Sie unterschiedliche Arten des Weinsiegels und deren Bedeutung.
10. Welche Arten der Prämierungen gibt es für Wein? Nennen Sie Beispiele.

Probieren von Wein:
11. Was versteht man unter der Bezeichnung Degustation?
12. Welche Bedeutung haben bei einer Weinprobe folgende Begriffe:
    a) Blume und Aroma?   b) Bukett und Körper?
13. Nennen Sie positive und negative Beschreibungen (Fachausdrücke) zu folgenden Prüfmerkmalen:
    a) Geruch und Alter,
    b) Geschmack, insbesondere bezüglich Zucker, Säure und Fruchtigkeit,
    c) Extraktstoffe und Alkohol.

Schaumwein:
14. Erklären Sie die Bezeichnung Schaumwein.
15. Beschreiben Sie die grundlegenden Verfahren der Schaumweinherstellung in bezug auf die Kohlensäure.
16. Erklären Sie die Bezeichnungen erste bzw. zweite Gärung.
17. Nennen Sie die gesetzlichen Vorschriften für „Schaumwein" und „Qualitätsschaumwein".
18. Welche Bedeutung hat die Bezeichnung Sekt?
19. Welche besonderen Spezialitäten gibt es bei Sekt bezüglich einer geographischen Herkunft, eines Jahrgangs oder einer bestimmten Traubensorte?

Champagner:
20. Was bedeutet die Bezeichnung Champagner?
21. Welche Anforderungen werden laut Gesetz an den Champagner gestellt?
22. Erklären Sie folgende Champagnerbezeichnungen:
    a) Blanc de Blanc,   b) Crèmant und millésimé.

Geschmacksnoten bei Schaumwein:
23. Was bedeutet bei der Schaumweinherstellung „Abstimmung" bzw. „Dosage"?
24. Welcher Restzuckergehalt ist bei folgenden Geschmacksangaben vorhanden:
    a) extra brut und brut?
    b) extra sec, sec und demi-sec?
    c) doux?

Dessertweine:
25. Wodurch unterscheiden sich die Dessertweine vom Wein im allgemeinen?
26. Nennen Sie zum Ursprung des Sherry das Land, die Stadt und die bekannteste Anbauregion.
27. Beschreiben Sie die Herstellungsmerkmale für Sherry.
28. Nennen Sie Merkmale für folgende Geschmacksrichtungen bei Sherry:
    a) Fino und Amontillado,
    b) Oloroso und Cream.

Weinbrand:
29. Erklären Sie die Bezeichnung Weinbrand und nennen Sie die gesetzlichen Vorschriften.
30. Was ist Cognac und welche gesetzlichen Vorschriften gibt es für dieses Getränk?
31. Ordnen Sie folgenden Lagerzeiten (Alterskonten) für Cognac bekannte Produktbezeichnungen zu:
    a) 1 bis 3 Jahre,   c) 5 Jahre,
    b) 4 Jahre   c) über 5 Jahre.

Whisky:
32. Was ist Whisky?
33. Beschreiben Sie folgende Artenbezeichnungen:
    a) Malt-Whisky,
    b) Grain-Whisky,
    c) Blended Whisky,
    d) Rye Whiskey.
34. Welches sind die jeweiligen Merkmale folgender Whiskysorten:
    a) Irish Whiskey?
    b) Scotch Whisky?
    c) Canadian Whisky?
    d) Bourbon Whiskey?
35. Was bedeuten die Bezeichnungen „Straight Bourbon" und „Blended Bourbon"?

Alkoholische Mischgetränke:
36. Nennen Sie Zutaten zu alkoholischen Mischgetränken und ordnen Sie diese nach ihrer Funktion im Getränk.
37. Erklären Sie die unterschiedlichen Bedeutungen:
    a) „Short Drinks" und „Long Drinks",
    b) „Before-Dinner Drinks" und „After-Dinner Drinks".
38. Nennen und beschreiben Sie Arbeitsgeräte für das Herstellen von alkoholischen Mischgetränken.
39. Erläutern Sie die Arbeitstechniken „Rühren", „Schütteln", „Aufbauen", „Seihen" und „Abspritzen".
40. Nennen Sie Maßangaben bzw. Maßeinheiten für das Abmessen der Zutaten.
41. Nennen Sie Rezepte:
    a) für die bekanntesten Short Drinks,
    b) für die bekanntesten Long Drinks,
    und nennen Sie die Art der Herstellung.

Servierkunde (Aufbaukurs)

Wie zur Getränkekunde gibt es in diesem Buch weiter vorne auch ein grundlegendes und ausführliches Kapitel zur Servierkunde. Die folgenden Ausführungen sind fachspezifische Ergänzungen und Vertiefungen für den Ausbildungsberuf **Restaurantfachmann**.

I. Ausstattung von Gedecken

Im grundlegenden Kapitel „Servierkunde" wurde im Abschnitt „Herrichten von Tischen und Tafeln" bereits Wichtiges über das richtige Ausstatten von Grundgedecken und Menügedecken ausgesagt. In den folgenden Ausführungen soll nun sehr detailliert dargestellt werden:
- Die Zuordnung der jeweils richtigen Bestecke zu den verschiedenartigen Speisen,
- die Ausstattung vollständiger Gedecke für ganz spezielle Speisen.

A. Zuordnung von Bestecken zu Speisen

Die verschiedenen Arten der Bestecke sind uns bereits aus dem Kapitel „Servierkunde" bekannt. An dieser Stelle geht es nun darum, sie bestimmten Speisengruppen sachgerecht zuzuordnen. Für die Wahl der Bestecke ist dabei jeweils die Art der zugehörigen Speise ausschlaggebend.

1. Bestecke zu Fischgerichten

▶ gegarter Fisch	– gedünstet, pochiert, gebraten oder fritiert	→ **Fischmesser** und Fischgabel → Gourmetlöffel (zu Gerichten mit einer besonders vorzüglichen Sauce)
▶ geräucherter Fisch ▶ marinierter Fisch	– Lachs, Aal – Matjesfilets, Rollmops, Bismarckhering	→ **Mittelmesser** und Mittelgabel (der Fisch muß durch „*Schneiden*" zerteilt werden) Nur zu geräucherten Forellenfilets reicht man wegen der zarten Beschaffenheit häufig das Fischbesteck.

2. Bestecke zu Vorspeisen

▶ Cocktails	– aus Fisch und Krustentieren	→ Fischgabel und Kaffeelöffel
	– aus Fleisch, Geflügel, Gemüsen oder Früchten	→ Mittelgabel und Kaffeelöffel
▶ feine Ragouts – in Porzellanschalen oder in Pastetchen	– aus Fleisch oder Gemüse	→ Mittelgabel und Mittelmesser
	– aus Fisch sowie Schal- und Krustentieren	→ Fischgabel und Fischmesser
– in Näpfchen oder Muschelschalen	– aus Fleisch oder Gemüse	→ Mittelgabel und Kaffeelöffel
	– aus Fisch sowie Schal- und Krustentieren	→ Fischgabel und Kaffeelöffel

Zugehörige Gedeckbeispiele siehe im Kapitel „Speisenkunde", Abschnitt „Kalte und warme Vorspeisen".

3. Bestecke zu Eierspeisen und Teigwarengerichten

Eierspeisen	– Rührei und Omelett	→ große Gabel
		→ große Gabel und großes Messer, **wenn** ergänzend bestimmte Zutaten gereicht werden (z. B. Gemüse, Geflügelleber)
	– Spiegeleier	→ Mittelgabel und Mittelmesser
	– Eier im Glas oder gekochtes Frühstücksei	→ ein kleiner Löffel aus Plastik oder Chromnickelstahl Löffel aus Silber werden wegen der Oxidationsempfindlichkeit nicht gereicht.
Teigwarengerichte	– Spaghetti	→ großer Löffel (links) und große Gabel (rechts)
	– Canneloni, Ravioli oder Lasagne	→ Mittelgabel und Mittellöffel → **oder** Mittelgabel und Mittelmesser

4. Bestecke zu Fondues

Käsefondue	→ Käsefonduegabel zum Aufspießen des Brotes, das in die zähflüssige Käsemasse eingetaucht wird
Fleischfondue	→ große Gabel und großes Messer → Fleischfonduegabel, mit der die Fleischstücke aufgespießt, in den Fonduetopf eingelegt und nach dem Garen auf den Teller vorgelegt werden

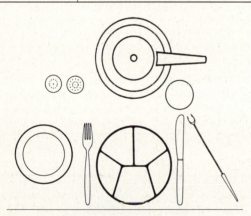

Gedeck für Fleischfondue

B. Ausstattung von Spezialgedecken

Spezialgedecke sind Gedecke für Spezialgerichte. Diese unterscheiden sich durch:
▶ die Art der Zubereitung,
▶ die Art des Anrichtens,
▶ die Art der Beilagen bzw. der Beigaben.

Aufgrund dieser Besonderheiten sind Spezialgedecke nicht nur mit besonderen Bestecken, sondern darüber hinaus mit jeweils speisenspezifischem Tischgerät auszustatten:

Menagen, z. B. Zucker, Pfeffer (Mühle), Senf, Worcestershire Sauce, Chillisauce, Ketchup, Tabasco.
Ablageteller zur Aufnahme von nichtverzehrbaren Teilen der Speise, z. B. Knochen, Gräten, Teile von Krusten- und Schaltieren.
Fingerschalen, auch Fingerbowlen genannt, werden eingesetzt, wenn es üblich ist, die Speisen mit den Fingern anzufassen. Im einfacheren Service verwendet man zum Abwischen der Finger anstelle einer Fingerschale manchmal Feuchtigkeitstüchlein, die leicht parfümiert sind.

Aufbau der Fingerschalen
– Mittelteller mit einer Stoffserviette,
– ein Glas-, Porzellan- oder Silberschälchen,
– gefüllt mit warmem Wasser,
– mit einer Zitronenscheibe versehen (entweder im Wasser schwimmend oder auf den Gefäßrand gesteckt).

Der obere offene Teil der quadratisch gefalteten Serviette wird diagonal nach innen oder außen umgelegt. Durch Anheben des offenen Teiles entsteht ein Hohlraum, in den man die Schale hineinstellt.

1. Artischocke, natur

▷ **Anrichteweise und Beigaben**

Nach dem Kochen wird die ganze Frucht auf einer Platte mit Stoffserviette angerichtet. Die Serviette ist in die sogenannte „*Artischockenform*" gebrochen.
Als Beigaben reicht man:

Vinaigrettesauce, holländische Sauce oder Mousselinesauce.

Ausstattung von Spezialgedecken

▷ **Art des Verzehrs**

Der Gast bricht die Blätter mit den Fingern einzeln von der ganzen Frucht ab, taucht bzw. dippt den dickfleischigen Teil des Blattes in die Sauce und streift diesen beim Essen zwischen den Zähnen aus. Der am Schluß verbleibende Artischockenboden wird mit einer Gabel zerteilt und gegessen.

▷ **Gedeck**

- großer, flacher Gedeckteller (kalt)
- Serviette und Mittelgabel
- Brotteller und Ablageteller
- Fingerschale

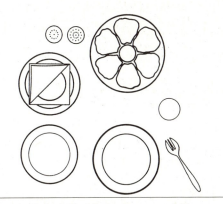

Gedeck für frische Austern auf Eis

2. Austern auf Eis

▷ **Anrichteweise und Beigaben**

Zunächst werden die Austern geöffnet, indem der Schließmuskel an der flachen Schale mit einem Austernmesser durchgeschnitten wird. Dann entfernt man aus der tiefen Schale mit einem befeuchteten Pinsel möglicherweise hineingefallene Schalensplitter. Das Anrichten erfolgt auf Eis, und zwar entweder auf einem großen Austernteller oder auf einer Silberplatte.

Als Beigaben werden gereicht:

- Zitronenecken und in den meisten Fällen Chesterhappen
- Pfeffermühle sowie, je nach Gepflogenheit, Tabasco, Ketchup und Worcestershire Sauce
- (Chablis, ein trockener weißer Burgunder)

Während die Zitrone bisher üblicherweise in Form von Ecken gesondert angerichtet wurde, gibt es heute Austernplatten mit einer Vertiefung, in die eine halbe Zitrone eingelegt wird.

▷ **Art des Verzehrs**

Der Gast nimmt die Austernschalen einzeln mit der linken Hand auf. Die Austerngabel (in der rechten Hand) dient dazu, den Austernbart zu entfernen und die Auster von der Schale abzulösen. Nach dem Würzen schlürft er die Auster aus der Schale heraus oder führt sie mit Hilfe der Austerngabel zum Mund.

▷ **Gedeck**

- großer, flacher, kalter Teller und Serviette
- Austerngabel und Weißweinglas
- Brotteller und Fingerschale
- Salzmenage und Pfeffermühle

Ein Ablageteller ist nicht erforderlich, weil die Schalen auf den Austernteller zurückgelegt werden können.

3. Avocado in der Schale

▷ **Anrichteweise und Beigaben**

Die halbierte und vom Kern befreite Frucht wird ein wenig mit Zitronensaft beträufelt und auf einem Mittelteller mit Serviette angerichtet.

Beigaben sind:

- Toast oder Graubrot, Salz und Pfeffer
- manchmal Mayonnaise, Cocktailsauce oder Ketchup

Die Frucht kann mit Krabben- oder Geflügelsalat gefüllt werden.

▷ **Art des Verzehrs**

Der Gast löst das Fruchtfleisch mit Hilfe eines Löffels schichtweise aus der Schale heraus und führt es mit dem Löffel zum Mund.

▷ **Gedeck**

- Mittelteller (kalt) mit Serviette
- Kaffeelöffel und Brotteller
- Salzmenage und Pfeffermühle

Bei gefüllten Avocados wird der Kaffeelöffel mit einer Mittelgabel (z. B. bei Geflügelsalat) oder einer Fischgabel (z. B. bei Krabben) ergänzt.

4. Bouillabaisse

Bouillabaisse ist eine französische *Fischsuppe*, die wegen der Einlagen manchmal auch als *Fischeintopf* bezeichnet wird.

Einlagen:

- Fleisch von verschiedenen Fischen
- Muscheln mit den Schalen
- Krustentiere im Panzer (mit Hüllen)

▷ **Anrichteweise und Beigaben**

Die Suppe wird im allgemeinen in einer Terrine angerichtet und am Tisch in den Teller vorgelegt (geschöpft). Als Beilagen werden gereicht:

- Baguette und Butter

▷ **Art des Verzehrs**

Die „eigentliche" Suppe ißt man mit dem Löffel, die Fischeinlage mit dem Fischbesteck. Muscheln und Krustentiere werden mit den Fingern aufgebrochen und das Fleisch direkt mit dem Mund herausgenommen.

▷ **Gedeck**

- Serviette
- Fischbesteck und großer Löffel
- Brotteller mit Buttermesser
- Ablageteller und Fingerschale
- Salzmenage und Pfeffermühle

Der tiefe (vorgewärmte) Teller wird auf einen Unterteller aufgesetzt und zusammen mit oder kurz vor dem Auftragen der Terrine am Tisch eingesetzt. Zur Terrine darf die Schöpfkelle nicht vergessen werden.

5. Eintöpfe

▷ **Anrichteweise**

Eintöpfe (z. B. Irish Stew, Pichelsteiner, Hammel-Bohnen-Eintopf) werden entweder direkt im Teller oder in einer Terrine angerichtet. Da im Eintopf bereits alle Zutaten enthalten sind, gibt es als **Beigabe** lediglich ein jeweils spezielles **Brot**.

▷ **Art des Verzehrs**

Der Eintopf wird beim Essen mit dem Löffel geschöpft. Sofern er jedoch größere Fleischeinlagen (Tranchen oder Stücke) bzw. ganze Würstchen enthält, müssen diese vorerst zerkleinert werden.

▷ **Gedeck**

- Serviette
- großer Löffel und (falls erforderlich) großes Messer und große Gabel
- Brotteller sowie Salz-Pfeffer-Menage

Beim Anrichten in einer Terrine ist vor dem Auftragen der Speise ein tiefer vorgewärmter Teller einzusetzen.

6. Grapefruit

▷ **Anrichteweise**

Die Hälfte einer Grapefruit wird wie folgt bearbeitet:

▸ Das Fruchtfleisch mit dem Grapefruitmesser von der Schale lösen,

▸ die Fruchtsegmente durch Einschnitte in Längsrichtung voneinander trennen.

Die so vorbereitete Frucht wird dann in einer Glas- bzw. Porzellanschale oder auf einem Mittelteller angerichtet.

▷ **Art des Verzehrs**

Der Gast schöpft die Fruchtsegmente mit Hilfe eines Grapefruitlöffels oder eines Kaffeelöffels aus der Schale heraus. Je nach Wunsch kann er sie vorher mit Zucker süßen.

▷ **Gedeck**

- Serviette und Grapefruitlöffel
- Zuckerstreuer und Fingerschale

Die in der Schale bzw. auf dem Teller angerichtete Grapefruit wird vor dem Servieren auf einen Unterteller aufgesetzt.

7. Hummer, natur

▷ **Anrichteweise und Beigaben**

Die Küche bereitet den Hummer auf folgende Weise vor:

▸ Die Scheren und Zwischenglieder vom Körper abtrennen,
▸ den Körper über den Rücken in Längsrichtung halbieren,
▸ die Zwischenglieder in Längsrichtung spalten,
▸ die Scheren an den Kanten aufschlagen.

Dann werden die Teile auf einer Silberplatte dekorativ angerichtet.

Als Beigaben werden gereicht:

- Toast oder Melbatoast
- Chantillysauce (= Mayonnaise, mit geschlagener Sahne ergänzt)
- Weißwein oder Champagner

▷ **Gedeck für „Hummer kalt"**

- großer, flacher Teller (kalt) und Serviette
- Mittelmesser, Mittelgabel und Hummergabel
- Brotteller mit Buttermesser sowie Pfeffer-Salz-Menage
- Ablageteller und Fingerschale
- Weißwein- oder Champagnerglas

Obwohl der „klassische Service" dem Hummerservice das Fischbesteck zuordnet, ist das bei dieser Zubereitung nicht sinnvoll, weil es sich beim Hummerschwanz um ein größeres Stück festes Fleisch handelt, das durch Schneiden zerkleinert werden muß.

Für **„Hummer warm"** wird ein großer, flacher (vorgewärmter) Teller vor bzw. zusammen mit der Platte aufgetragen und am Tisch eingesetzt.

Gedeck für kalten Hummer natur

8. Kaviar

▷ **Anrichteweise und Beigaben**

Kaviar kann serviert werden:
▸ in der Originaldose oder im Originalglas, auf Eis angerichtet,
▸ in einem Kristallschälchen, in gestoßenem Eis eingebettet oder auf einem Eissockel angerichtet.

Man reicht dazu:

- Toastbrot und Butter
- manchmal auch Sauerrahm und Buchweizenpfannkuchen (**Plinis** genannt)
- (trockenen Sekt oder Champagner)

▷ **Gedeck**

- flacher Teller (kalt) und Serviette
- Brotteller, Buttermesser und Kaviarmesser
- Sekt- bzw. Champagnerglas

Die Bestecke für den Kaviar (das Messer und der kleine Vorlegelöffel) müssen wegen der Empfindlichkeit des Kaviars gegenüber Oxidationseinwirkung (es entsteht ein unangenehmer Metallgeschmack) aus Chrom-Nickel-Stahl, Horn, Elfenbein oder Perlmutt sein.

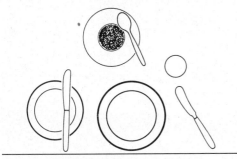

Gedeck für Kaviar auf Eis

9. Krebse im Sud

▷ **Anrichteweise und Beigaben**

Die Krebse werden durch Dünsten gegart und zusammen mit dem Dünstfond in einer Terrine angerichtet.

Beigaben sind:

- Graubrot oder Stangenweißbrot (Baguette) und Butter
- (Weißwein)

▷ **Art des Verzehrs**

Das Essen von Krebsen nimmt einige Zeit in Anspruch, denn man muß schon etwas Mühe aufwenden, um an das von Panzern umgebene Fleisch heranzukommen. Dazu sind folgende Handgriffe auszuführen:

▸ Mit Hilfe eines Vorlegebestecks den einzelnen Krebs aus der Terrine herausnehmen und auf den Teller legen,
▸ den Krebs mit der linken Hand am Rückenpanzer erfassen und mit der rechten Hand die Scheren und den Schwanz vom Körper abdrehen (Feinschmecker schaben dann noch aus dem vorderen Panzerteil das sogenannte *„Krebsmark"* heraus),
▸ die Scherenspitzen in das Loch des Krebsmessers schieben und abbrechen (dadurch wird innerhalb der Schere ein durch das Kochen entstandenes Vakuum aufgehoben, so daß sich das Fleisch anschließend leichter herausnehmen läßt),
▸ mit Hilfe der stabilen Bestecke „Krebsmesser" und „Krebsgabel" die vom Körper abgetrennten Panzerteile aufschneiden und das Fleisch mit den Fingern oder der Hummergabel herausholen.

Um zwischendurch immer wieder ein wenig von dem köstlichen Sud genießen zu können, schöpft man diesen in die zum Gedeck gehörende Sudtasse.

▷ **Gedeck**

- Serviette
- Krebsmesser und Krebsgabel (eventuell Fischbesteck) sowie Hummergabel
- Spezialsuppentasse mit Kaffeelöffel
- Brotteller mit Buttermesser
- Ablageteller und Fingerschale
- Weißweinglas

Der vorgewärmte, auf einem Unterteller aufgesetzte tiefe Teller sowie die vorgewärmte Spezialtasse für den Sud werden vor bzw. zusammen mit der Terrine aufgetragen. Dazu dürfen die Schöpfkelle und das Vorlegebesteck nicht vergessen werden.

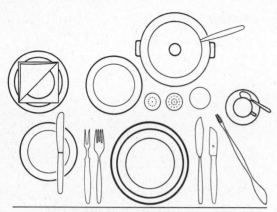

Gedeck für frische Krebse im Würzsud

10. Maiskolben

Die in einem Milch-Salzwasser-Gemisch gegarten Maiskolben werden auch bei uns in zunehmendem Maße zu einer beliebten Speise.

▷ **Anrichteweise und Beigaben**

Damit die Maiskolben bis zum Verzehr heiß bleiben, serviert man sie im heißen Kochsud, entweder in einer tiefen Cocotte (mit einer Stoffserviette überdeckt) oder in einer Terrine. Als Beigaben werden gereicht:

- frische oder zerlassene Butter
- oder holländische Sauce

▷ **Art des Verzehrs**

Man nimmt einen Maiskolben auf den Teller und steckt an den beiden Enden je einen Maiskolbenhalter oder -sticker ein. Dann rollt man den Kolben über die frische Butter oder übergießt ihn mit der zerlassenen Butter bzw. der holländischen Sauce und führt ihn dann zum Mund, um die Körner „abzuknabbern".

▷ **Gedeck**

- Serviette
- zwei Maiskolbenhalter
- Ablageteller und Fingerschale

Der vorgewärmte flache Teller wird vor bzw. zusammen mit der Speise aufgetragen und eingesetzt. Einen Ablageteller setzt man nur dann ein, wenn pro Person mehr als ein Maiskolben serviert wird.

11. Muscheln, gedünstet

Auch die Muscheln (vor allem Pfahlmuscheln) werden als Speise in zunehmendem Maße begehrter.

▷ **Anrichteweise und Beigaben**

Die Muscheln werden im Dünstfond serviert, und zwar entweder unmittelbar in einem tiefen Teller oder in einer Terrine. Als Beigaben reicht man:

- Graubrot, Kümmelbrot, Schwarzbrot, Baguette
- eine Tasse mit zusätzlichem Dünstfond
- Weißwein

▷ **Art des Verzehrs**

Beim Dünsten sterben die Muscheln ab, so daß sich die Schalen öffnen. Das Muschelessen geht folgendermaßen vor sich:

Zuerst wählt man eine schöne Muschel, deren beiden Schalen am Gelenkende noch zusammenhängen, und nimmt das Muschelfleisch heraus. Die Doppelschale benutzt man dann wie eine Zange, mit deren Hilfe das Fleisch aus den weiteren Muscheln herausgelöst und zum Mund geführt wird. Es gibt aber auch Gäste, die das Muschelfleisch auslösen, auf dem Teller ablegen und dann mit dem Besteck essen. Ergänzend dazu ißt man das Brot und genießt den Muschelfond (Dünstfond).

▷ **Gedeck**

- Serviette und Salz-Pfeffer-Menage
- Fischgabel und Mittellöffel (auch wenn der Gast die oben erwähnte Art des Verzehrs wählt)
- Untertasse mit Kaffeelöffel
- Brotteller, Ablageteller und Fingerschale
- Weißweinglas

Beim Anrichten in einer Terrine werden vorher (vorgewärmt) ein tiefer Teller und die Spezialsuppentasse eingesetzt. In diesem Fall schöpft sich der Gast selber den Fond aus der Terrine in die Tasse. Beim Auftragen der Speise dürfen deshalb die Schöpfkelle (Fond) und das Vorlegebesteck (Muscheln) nicht vergessen werden.

Muscheln im Dünstfond

Ausstattung von Spezialgedecken

12. Schnecken

▷ **Anrichteweise und Beigaben**

Das Anrichten der Schnecken erfolgt
- entweder in Schneckenhäusern,
- oder in den Mulden eines Schneckenpfännchens.

Die Schneckenhäuser bzw. die Mulden werden mit feiner Schneckenbutter zugestrichen.

In beiden Fällen werden die Schnecken vor dem Servieren im heißen Rohr oder im Salamander erhitzt. Beigaben sind:

- Weißbrot oder Baguette
- Weißwein oder leichter Rotwein

▷ **Art des Verzehrs**

Beim Anrichten in Schneckenhäusern wird das Haus mit der Schneckenzange (linke Hand) aufgenommen und gehalten, die Schnecke mit Hilfe der Schneckengabel (rechte Hand) aus dem Haus herausgenommen und auf einen Löffel vorgelegt. Bevor man den Löffel zum Mund führt, wird noch die im Schneckenhaus befindliche Butter darübergegossen.

▷ **Gedeck**

- Serviette sowie Salz-Pfeffer-Menage
- Schneckenzange und Schneckengabel
- Brotteller sowie Weißwein- oder Rotweinglas

Der vorgewärmte tiefe Teller (auf einem Unterteller mit Mittellöffel) wird vor bzw. zusammen mit den Schnecken aufgetragen und eingesetzt.

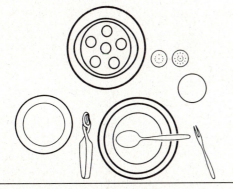

Schnecken im Haus

Beim Anrichten in einer Schneckenpfanne werden die Schnecken mit Hilfe der Schneckengabel aus der Vertiefung herausgenommen und zum Essen auf einem Kaffeelöffel vorgelegt. Die Butter wird mit Brot aus der Vertiefung herausgetunkt.

▷ **Gedeck**

- Serviette und Weinglas
- Schneckengabel und Kaffeelöffel
- Brotteller

Vor dem Servieren wird das Schneckenpfännchen auf einen Unterteller aufgesetzt.

Schnecken im Pfännchen

13. Spargel

Spargel gehört zu den frühen Gemüsen im Jahreskreis und ist eines der begehrtesten Saisongemüse. Während der Erntezeit hat er außerdem einen hohen Beliebtheitsgrad.

▷ **Anrichteweise und Beigaben**

Spargel kann auf unterschiedliche Weise angerichtet werden:

- Auf einem Teller mit gewärmter Stoffserviette,
- oder in etwas Sud auf einer heißen, feuerfesten Keramikplatte (plat russe),
- oder direkt auf einem vorgewärmten Teller.

Zum Spargel reicht man:

- zerlassene Butter
- oder holländische Sauce bzw. deren Ableitungen Mousselinesauce oder Maltasauce

▷ **Art des Verzehrs**

Der Spargel wird zum Mund geführt, indem man das Ende entweder mit den Fingern oder der Spargelzange erfaßt und die Spitze bzw. den Kopf mit einer Gabel unterstützend hochhebt.

▷ **Gedeck**

- Serviette und Salz-Pfeffer-Menage
- Weißweinglas
- Spargelzange und große Gabel
- Brotteller mit Buttermesser und Fingerschale

Der vorgewärmte große und flache Teller wird zusammen mit dem Spargel aufgetragen.

Frischer Stangenspargel natur

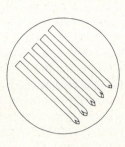

Anmerkungen:
▸ Im allgemeinen werden die Spargelstangen auf dem Teller so angerichtet, daß die Köpfe zum Gast hin mit einer Neigung von 45° nach rechts ausgerichtet sind. Das entspricht dann der oben dargestellten Anordnung des Bestecks. Sollten die Spargelköpfe nach links ausgerichtet sein (was in der Praxis auch anzutreffen ist), dann muß das Besteck selbstverständlich umgekehrt angeordnet werden.

▸ Wird zum Spargel Schinken oder ein kleines Kalbsschnitzel gereicht, dann sind großes Messer und große Gabel einzudecken und die Spargelzange entfällt.

Überblick über die Gedeckbestandteile für Spezialgedecke

Speise	Grundbestecke							Spezialbestecke	Menagen/Sud	Sonstige Teile		
	groß			mittel		sonstige						
	Messer	Gabel	Löffel	Messer	Gabel	Löffel	Buttermesser	Kaffeelöffel			Brotteller	Ablageteller	Fingerschale
Artischocken, natur					×						×	×	×
Austern auf Eis									Austerngabel	Salzmenage, Pfeffermühle	×		×
Avocado (halb, in der Schale)							×			Salzmenage, Pfeffermühle	×		×
Bouillabaisse			×				×		Fischbesteck	Salzmenage, Pfeffermühle	×	×	×
Eintöpfe	(×)	(×)	×							Salz-, Pfeffermenage	×		
Grapefruit									Grapefruitlöffel	Zuckerstreuer			×
Hummer, natur				×	×		×		Hummergabel (Fischbesteck)	Salz-, Pfeffermenage	×	×	×
Kaviar							×		Kaviarmesser Kaviarlöffel		×		
Krebse im Sud							×		Krebsmesser Krebsgabel Hummergabel (Fischbesteck)	Sud in Spezialtasse	×	×	×
Maiskolben									Halter bzw. Stickers			(×)	
Muscheln, natur					×	×			Fischgabel	Salz-, Pfeffermenage, Sud	×	×	×
Schnecken im Haus						×			Schneckenzange Schneckengabel	Salz-, Pfeffermenage	×		
Schnecken im Pfännchen								×	Schneckengabel	Salz-, Pfeffermenage	×		
Spargel		×				×			Spargelzange	Salz-, Pfeffermenage	×		×

Aufgaben (Ausstattung von Gedecken)
1. Welche Bestecke werden zu folgenden Fischgerichten eingedeckt:
   a) zu gegarten Gerichten (pochiert, gedünstet usw.)?
   b) zu geräuchertem oder mariniertem Fisch (z. B. Lachs, Bismarckhering)?
   Welche Alternative gibt es zu geräucherten Forellenfilets? Warum?
2. Ordnen Sie den folgenden Vorspeisen die zugehörigen Bestecke zu:
   a) Cocktails aus dem Fleisch von Fisch oder Krustentieren,
   b) Cocktails aus Fleisch, Geflügel, Gemüse oder Früchten.
3. Welche Bestecke reichen Sie zu feinen Ragouts:
   von Fisch sowie Schal- und Krustentieren
   a) in Porzellanschalen oder Pastetchen?
   b) in Näpfchen oder Muschelschalen?
   von Fleisch oder Gemüse
   a) in Porzellanschalen oder Pastetchen?
   b) in Näpfchen oder Muschelschalen?
4. Ordnen Sie die richtigen Bestecke zu:
   a) Rührei und Omelett,
   b) Spiegeleier,
   c) Eier im Glas und gekochtes Frühstücksei,
   d) Spaghetti,
   e) Canneloni, Ravioli und Lasagne.

Spezialgedecke:
5. Beschreiben Sie in Verbindung mit Spezialgedecken
   a) spezielle Menagen,
   b) die Verwendung von Ablagetellern und Fingerschalen.
6. Wie wird eine Fingerschale hergerichtet?
7. Beschreiben Sie zu den nachfolgenden Spezialgedecken
   a) die Anrichteweise und Beigaben,
   b) die Art des Verzehrs,
   c) das sich daraus ergebende Gedeck (Teller, Bestecke, Gläser, Beiteller, Menagen, Fingerschalen).

Artischocken, natur	Kaviar
Austern auf Eis	Krebse im Sud
Avocado in der Schale	Maiskolben
Bouillabaisse	Muscheln, gedünstet
Eintöpfe	Schnecken
Grapefruit	Spargel
Hummer, natur	

II. Vorbereiten und Durchführen eines Banketts

Bankette sind Sonderveranstaltungen, bei denen ein festliches Essen im Mittelpunkt steht. Die folgenden Ausführungen dienen dazu, an einem Beispiel alle organisatorischen Überlegungen und Maßnahmen aufzuzeigen. Grundlegendes zum Thema „Sonderveranstaltungen" sollte zunächst im Kapitel „Organisation" nachgelesen werden.

A. Vereinbaren und Vorbereiten des Banketts

1. Bankettvereinbarung

Diese schriftliche Aufzeichnung (siehe auf der nächsten Seite), in der alle mit dem Auftraggeber besprochenen Details festgehalten werden, ist die Grundlage:
▶ für die Vorbereitung und Durchführung des Banketts sowie für eventuelle Rückfragen und Klarstellungen,
▶ für das Abrechnen mit dem Auftraggeber.

2. Planungsmaßnahmen

Den vorbereitenden Arbeiten kommt eine besondere Bedeutung zu, denn je sorgfältiger diese erledigt werden, desto wahrscheinlicher ist die reibungslose Durchführung des Banketts. Dabei ist zu unterscheiden zwischen den vorbereitenden Planungsmaßnahmen und den eigentlichen Vorbereitungsarbeiten, dem sogenannten Mise en place.

▷ **Information**

Alle betroffenen Abteilungen erhalten eine Kopie der Bankettvereinbarung. Sie informiert über den Zeitpunkt der Veranstaltung und ist gleichzeitig die Basis, von der die Abteilungen ihre Arbeitsbeiträge ableiten können.

▷ **Tafelorientierungsplan**

Wie aus dem Namen hervorgeht, handelt es sich um einen Plan, der zur Orientierung an der Festtafel dient: einerseits für die Gäste und andererseits für das Servierpersonal. Dazu erhält der Service aus der Bankettvereinbarung (in unserem Beispiel) folgende Hinweise:

▶ Personenzahl: 32
▶ Tafelform: U-Form

Darüber hinaus teilt der Veranstalter mit:

▶ Unter den Gästen befinden sich 8 Ehrengäste.
▶ Eine namentliche Liste der Gäste enthält die Reihenfolge für die Sitzordnung.

Aus diesen Vorgaben leitet sich der Aufbau der Festtafel ab (siehe übernächste Seite).

Schulhotel München — Bankettvereinbarung

Veranstalter: Fa. Müller & Co.
Besteller: Frau Bertram
Rechnungsanschrift: Hofgartenstraße 17-19, 80011 Inndorf
angenommen am: 31. 10. 19.. durch: Reinhold Michel
Wochentag: Mittwoch
Datum: 15. 11. 19..

Personenzahl: 32 Raum: Paris Tafelform: U-Form
Beginn: 13:00 Ende: 15:00

Getränke

Aperitif:
  Sekt, Orangensaft, Sektcocktail

zum Essen:
  Erdener Treppchen, trocken
  Rüdesheimer Bischofsberg, halbtrocken
  Sekt

nach dem Essen:
  Mokka, Cognac, Cremelikör

Menü

Geräuchertes Forellenfilet
Sahnemeerrettich
Toast und Butter
*
Klare Ochsenschwanzsuppe
mit altem Sherry
*
Kalbsmedaillons
Béarner Sauce
Spargel, Erbsen, Karotten
Dauphinekartoffeln
*
Birne Helene

Bemerkungen: Jubiläum des Hauptgeschäftsführers Domes
Tischreden nach der kalten Vorspeise und nach dem Hauptgang

Menükarten: werden vom Haus bereitgestellt
Blumen: Bodenvase, 3 Tischgestecke   Kerzen:
Lautsprecheranlage:
Fotograf: Uhrzeit:
Musik, Tanz: Art der Bezahlung:
Gema, Tanzerlaubnis:
Garderobe:

Kopien an:
Küche ☒
Restaurant ☒
Empfang ☒
Technik ☐

Datum: 31. 10. 19.. Unterschrift: Bertram

Vorbereiten und Durchführen eines Banketts

Aufbau der Festtafel aufgrund der vorgenannten Unterlagen:

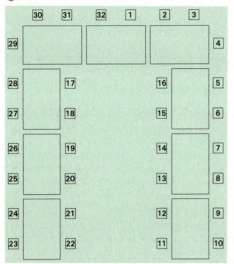

Eine ergänzende Liste informiert die Gäste über ihren Platz an der Festtafel. Diese wird, für die Gäste leicht zu erblicken, an einer Wand im Eingangsbereich aufgehängt. Obwohl man bei kleineren Veranstaltungen im allgemeinen Tischkarten verwendet, soll an dieser Stelle beispielhaft die Gästeliste angedeutet werden.

Tafelorientierungsplan (Gäste)

Gästeliste	
Name des Gastes	Platz-Nr. an der Tafel
Frau Domes	32
Herr Domes	1
Herr Reimann	2
Frau Rosenbach	3
Herr Dahlberg	4
Herr Ahrend	31
Frau Brunner	30
Herr Lehmann	29
Frau Seibert	5
Herr Neumann	6
Herr Rudolf	7
Frau Prange	8
Frau Liberti	9
usw.	
. . . .	

▷ **Servicebereiche**

Für den reibungslosen und optisch einwandfreien Ablauf des Service ist es unbedingt erforderlich, daß jede Bedienung weiß, welche Gäste sie an der Festtafel zu betreuen hat. Dazu gibt es bezüglich der Anzahl der Gäste pro Bedienung folgende allgemeinen Richtwerte:

Speisenservice:	8 Personen
Getränkeservice:	16 Personen

Im Bereich der Ehrengäste wird der einzelnen Bedienung zugunsten eines noch aufmerksameren Service meistens eine geringere Anzahl von Gästen zugeteilt. Die Tatsache, daß das Bankett (unser Beispiel) in einem Schulhotel durchgeführt wird, erlaubt es, die Servicebereiche sehr großzügig zu besetzen. Jedem Bereich sind 3 Bedienungen zugeordnet:

▶ die jeweils 1. und 2. Bedienung für den Speisenservice,
▶ die jeweils 3. Bedienung für den Getränkeservice und zur Mithilfe bei aufwendigeren Serviceabläufen im Speisenservice.

Zuordnung der Bedienungen zu den Servicebereichen

Servicebereich	Bedienungs-Nr.	Name der Bedienungen
I	1 2 3	Anton Berta Cäsar
II	4 5 6	Dora Emil Friedrich
III	7 8 9	Gustav Heinrich Ingrid
IV	10 11 12	Jürgen Konrad Ludwig
V	13 14 15	Martin Nora Otto
VI	16 17 18	Paula Richard Siegfried

Tafelorientierungsplan (Service)

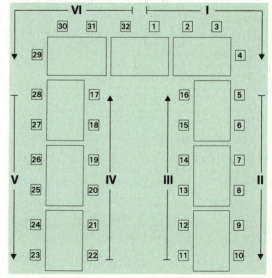

3. Mise en place

▷ **Zeit- und Arbeitsablaufplan**

8⁰⁰	– Vorbereiten der Tisch- und Tafelgeräte – Falten der Servietten
10⁰⁰	– Stellen und Eindecken der Festtafel – Herrichten von zwei Servicetischen für die Servicebereiche I bis III und IV bis VI – Herrichten eines Getränkebuffets
12⁰⁰	– Empfang der Gäste

▷ **Bereitstellen der Tisch- und Tafelgeräte**

Gänge	Tafelgeräte und sonstige Geräte	Fest-tafel	Service-tisch
Vorspeise	– Fischbesteck oder Mittelmesser und Mittelgabel	32	3
	– Brotteller und Mittelmesser	32	3
	– Weingläser	32	3
	– Vorlegebesteck (Toast und Butter)	–	14
Suppe	– Mittellöffel	32	3
	– Suppengedecke	–	35
Hauptgang	– großes Messer und große Gabel	32	3
	– Weingläser	32	3
	– Menagen	6	2
	– Vorlegebesteck → Löffel (Sauce)	8	
	→ Löffel und Gabel (Fleisch, Kartoffeln)		16
Dessert	– Mittellöffel und Mittelgabel	32	3
	– Sektgläser	32	3
außerdem	– Servietten	32	6
	– Menükarten	32	6

Darüber hinaus sind bereitzustellen:

Zweck	Gegenstände
Aperitif	→ 50 Sektgläser
Mokkaservice	→ 36 Kaffeeuntertassen und Kaffeelöffel → 6 mal Sahne und Zucker
Spirituosenservice	→ 20 Schwenker → 20 Likörschalen
Sonstiges	→ 20 Aschenbecher → 8 Serviertabletts

Das sachgerechte Eindecken der Tafel sowie das Herrichten der Servicetische ist im Kapitel „Servierkunde" ausführlich beschrieben.

B. Durchführen des Banketts

Bankette sind festliche Anlässe. Es ist deshalb wichtig, daß das Arbeiten der Bedienungen sowie die Servierabläufe reibungslos und präzise ausgeführt werden. Dazu gibt es entsprechende Anweisungen:

1. Arbeitsrichtlinien

▷ **Gleichzeitigkeit der Bedienungsabläufe**

Bei jedem Serviervorgang (Speisen oder Getränke) begeben sich die in Reihe „aufmarschierenden" Bedienungen jeweils zum ersten Gast innerhalb ihres Servicebereichs. Auf das Zeichen des Serviceleiters hin beginnen alle gleichzeitig mit dem Bedienungsablauf.

▷ **Servieren von Speisen**

▶ Das **Einsetzen** der auf Tellern oder in Schalen angerichteten Speisen erfolgt grundsätzlich **von der rechten Seite** des Gastes (mit Ausnahme der Teile, die links vom Gedeck stehen, z. B. Toast, Salat).

▶ Das **Anbieten** oder **Vorlegen** von der Platte wird **von der linken Seite** des Gastes ausgeführt.

▶ Die grundlegende Bedienungsrichtung (Laufrichtung innerhalb des Servicebereichs) verläuft beim Einsetzen von rechts nach links, beim Anbieten oder Vorlegen von links nach rechts.

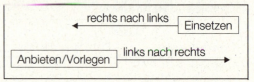

In unserem Beispiel gibt es Abweichungen von dieser Grundregel, z. B.:

– im Bereich der Ehrengäste, bei denen jeweils von der Mitte ausgehend nach beiden Seiten bedient wird (siehe Tafelorientierungsplan, Servicebereiche),
– wenn bei aufeinanderfolgenden Gängen im Rahmen der Speisenfolge ein Richtungswechsel festgelegt wird, damit das Bedienen innerhalb des Servicebereichs nicht immer beim gleichen Gast beginnt (nicht betroffen davon ist der Bereich der Ehrengäste).

▶ Für das Servieren von Speisen, bei denen die Beigaben bzw. Beilagen getrennt vom Hauptbestandteil angerichtet werden, sind verschiedene Gesichtspunkte zu beachten:

– Steht nur eine Bedienung zur Verfügung, dann serviert sie den Hauptbestandteil. Zuvor müssen dann jedoch beim ersten Gast des Servicebereichs die Beigaben eingesetzt werden, damit dieser sofort mit dem Selbstbedienen beginnen und die Speise daraufhin weiterreichen kann. Andernfalls sitzen die Gäste zu lange wartend vor

ihren Tellern, die Speisen werden kalt und der Ablauf des Essens verzögert sich unnötig.
- Stehen für das Servieren der Beigaben/Beilagen weitere Bedienungen zur Verfügung, folgen diese z. B. mit Gemüse, Kartoffeln oder Sauce jeweils der vorausgehenden Bedienung nach. Dabei ist es jedoch notwendig, daß die nachfolgende Bedienung erst dann mit dem Vorlegen beginnt, wenn die vorausgehende beim übernächsten Gast angelangt ist, damit sie sich nicht gegenseitig behindern und außerdem den Gast nicht „*in die Zange*" nehmen (stören).
▷ Beim Hauptgang darf das Nachservieren nicht vergessen werden.

▷ **Ausheben**
▷ Mit Ausnahme der Teile, die links vom Gedeck stehen, erfolgt das **Ausheben von der rechten Seite** des Gastes, die **Laufrichtung** ist immer **von rechts nach links**.
▷ Platzteller, Brotteller und Menagen werden im allgemeinen nach dem Hauptgang ausgehoben. Gibt es nach dem Hauptgang Käse, so bleiben die Brotteller stehen, wobei benutzte auszuwechseln sind.
▷ Richtige Reihenfolge beim Ausheben beachten:

| → Saucieren | → Beilagenplatten (-schüsseln) | → Teller |

▷ Die Bestecke freigebliebener Plätze werden nach dem jeweiligen Gang mit ausgehoben, denn später eintreffende Gäste werden mit dem laufenden Gang bedient. Eine Abweichung gibt es nur dann, wenn der Gastgeber das Nachservieren der vorangegangenen Speisen ausdrücklich wünscht. In diesem Fall sind die entsprechenden Bestecke wieder einzudecken.
▷ Stellt man während des Bedienens fest, daß der Gast ein falsches Besteck benutzt hat, wird dieses unaufgefordert und diskret ersetzt bzw. ergänzt.

▷ **Servieren von Getränken**
▷ Das Getränk ist jeweils vor dem Servieren der zugehörigen Speise einzugießen, weil es ein wenig auf die Speise einstimmen soll. Das **Eingießen** erfolgt **immer von der rechten Seite** des Gastes.
▷ Geleerte Gläser werden erst nach Befragen des Gastes nachgefüllt; vor Ansprachen sind grundsätzlich alle Gläser zu füllen, damit während der Rede unnötige Störungen vermieden werden.
▷ Im Rahmen der Speisenfolge werden die benutzten Gläser sowie die von freigebliebenen Plätzen jeweils **nach** dem Eingießen des nächsten Getränks ausgehoben, damit die Gäste zu keiner Zeit ohne Getränk sind. (Dies ist eine Regelung, die sich in der Praxis durchgesetzt hat. In der Literatur wird z. T. auch die umgekehrte Reihenfolge genannt.) Hat ein Gast das Glas noch nicht leergetrunken, muß er befragt werden, ob es stehenbleiben soll, denn es könnte sein, daß er z. B. einen Wein zu Ende genießen bzw. ihn mit dem nachfolgenden vergleichen möchte.

Eingedeckte Festtafel

2. Ablauf des Banketts

▷ **Zeit- und Ablaufplan**

Dieser Plan dient zur Information der Küche und des Service.

Ankunft der Gäste:	12:00	
Aperitif:	Sekt, Orangensaft, Sektcocktail	
Zeit	**Raum**	**Tischform**
ab 12:15	Mosel	Aperitifbuffet / Block

Bankett:

Zeit	Raum	Tafelform
13:00	Paris	U-Form / Kopf 6 Personen

Getränke	Speisen	Servicehinweise	Tischreden
Erdener Treppchen	Forellenfilets Toast, Butter	Tellerservice à part	Dr. Röder etwa 10 Minuten
Rüdesheimer Bischofsberg	Ochsenschwanzsuppe Kalbsmedaillons mit Gemüse Dauphinekartoffeln Béarner Sauce	6 Platten – 2 à 4 Portionen – 4 à 6 Portionen 6 Schüsseln 6 Saucieren	Dr. Lieber etwa 15 Minuten
Sekt	Birne Helene	Tellerservice	
Mokka Cognac Cremelikör			

Vorbereiten und Durchführen eines Banketts

△ Bedienungsabläufe

Menüablauf	Serviervorgänge	Bedienungen ▶	1 Gäste	2 Gäste	3 Gäste	4 Gäste	5 Gäste	6 Gäste	7 Gäste	8 Gäste	9 Gäste	10 Gäste	11 Gäste	12 Gäste	13 Gäste	14 Gäste	15 Gäste	16 Gäste	17 Gäste	18 Gäste
Vorspeise	Wein zur Vorspeise eingießen		1-4		1-4			5-10			11-16			17-22			23-28			32-29
	Toast vorlegen			1-4		5-10			11-16			17-22			23-28			32-29		
	Butter vorlegen		1-2	3-4		5-7	8-10		11-13	14-16		17-19	20-22		23-25	26-28		32-31	30-29	
	Vorspeise einsetzen		1-4			5-7	8-10		11-13	14-16		17-19	20-22		23-25	26-28		32-29	30-29	
	Teller und Besteck ausheben		1-2	3-4		5-7	8-10		11-13	14-16		17-19	20-22		23-25	26-28		32-31	30-29	
Suppe	Suppe einsetzen		1-2	3-4		5-7	8-10		11-13	14-16		17-19	20-22		23-25	26-28		32-31	30-29	
	Suppengedecke ausheben		1-2	3-4		5-7	8-10		11-13	14-16		17-19	20-22		23-25	26-28		32-31	30-29	
Hauptgang	Wein zum Hauptgang eingießen				1-4			5-10			11-16			17-22			23-28			32-29
	Gläser zur Vorspeise ausheben				1-4			5-10			11-16			17-22			23-28			32-29
	Teller einsetzen		1-4			5-10			11-16			17-22			23-28			32-29		
	Fleisch und Gemüse vorlegen			1-4			5-10			11-16			17-22			23-28			32-29	
	Kartoffeln vorlegen		1-4				5-10			11-16			17-22			23-28			32-29	
	Sauce servieren			1-4																
	Teller mit Besteck ausheben				1-16															
	Brotteller ausheben							17-32												
	Menagen ausheben																			
Dessert	Sekt eingießen			1-4			5-10			11-13			17-19	20-22		23-25	23-28		32-29	
	Gläser zum Hauptgang ausheben			1-4			5-10			11-16			17-22			23-28			32-29	
	Dessertbesteck herunterziehen			1-4			5-10			11-16			17-22			23-28			32-29	
	Dessert einsetzen		1-3	4		5-7	8-10		11-13	14-16		17-19	20-22		23-25	26-28		32-30	29	
	Teller und Besteck ausheben		1-4			5-7	8-10		11-13	14-16		17-19	20-22		23-25	26-28		32-29		
Mokka/ Spirituosen	Sektgläser ausheben		1-3	4		5-7	8-10		11-13	14-16		17-19	20-22		23-25	26-28		32-30	29	
	Mokkagedecke einsetzen				1-4			5-10			11-16			17-22			23-28			32-29
	Kaffee eingießen			1-4			5-10			11-16			17-22			23-28				
	Sahne und Zucker reichen		1-4		1-4	5-10			11-16			17-22			23-28			32-29		
	Spirituosen anbieten					5-10			11-16											

Aufgaben (Bankett)

1. Beschreiben Sie den Inhalt und den Zweck einer Bankettvereinbarung.

Vorbereiten eines Banketts:

2. Warum erhalten die betroffenen Abteilungen eine Kopie der Bankettvereinbarung?
3. Skizzieren Sie eine Festtafel, numerieren Sie die Plätze und erläutern Sie anhand der Skizze
   a) die Bedeutung als Tafelorientierungsplan für die Gäste,
   b) die Einteilung der Tafel in Servicebereiche.
4. Entwerfen Sie einen möglichen Zeit- und Arbeitsablaufplan für das Mise en place.

Servieren von Speisen:

5. Warum ist die Gleichzeitigkeit der Bedienungsabläufe der einzelnen Bedienungen an der Festtafel wichtig und auf welche Weise wird dies sichergestellt?
6. Erläutern und begründen Sie Richtlinien für die Bedienungsabläufe, wenn bei getrennt angerichteten Speisen (Hauptbestandteil und Beilagen)
   a) nur eine Bedienung für den Servicebereich zur Verfügung steht,
   b) wenn dem Bereich mehrere Bedienungen zugeordnet werden.
7. Beschreiben Sie die grundlegenden Richtlinien sowie die Abweichungen für das Servieren von Speisen in bezug auf die Bedienungs- und Laufrichtung.

Ausheben:

8. Nennen Sie die allgemeinen Richtlinien in bezug auf Bedienungsrichtung und Laufrichtung.
9. Zu welchem Zeitpunkt werden Brotteller und Menagen ausgehoben?
10. In welcher Reihenfolge werden nach einem Gang ausgehoben: Teller, Saucieren und Beilagenplatten?
11. Welche Richtlinien gibt es für das Ausheben von Bestecken auf freigebliebenen Plätzen?

Servieren von Getränken:

12. Wann wird das Getränk zu einer zugehörigen Speise eingegossen? Warum?
13. Beschreiben Sie die Bedienungs- und Laufrichtung für das Eingießen.
14. Wann werden Gläser im allgemeinen aufgefüllt und wann sind sie in jedem Fall insgesamt aufzufüllen?
15. Welche Richtlinien gibt es für das Ausheben von benutzten Gläsern vor dem nächsten Gang sowie von Gläsern auf freigebliebenen Plätzen?

Bankettaufgabe:

Aus der Bankettvereinbarung sind folgende Vorgaben zu ersehen:
Am Essen nehmen 28 Personen teil,
für die Speisen- und Getränkefolge wurde vereinbart:

Getränkefolge	Speisenfolge	Anrichteweise
Aperitif: Sherry		
Weißwein 1	Gefüllte Eier auf feinem Gemüsesalat – Toast und Butter	– auf Tellern
	Tomatierte Kraftbrühe mit Basilikumklößchen	– in Tassen
Weißwein 2	Seezungenfilets, in Weißwein gedünstet – Weißweinsauce – Reis	– auf 4 Platten – in 4 Saucieren – in 4 Schüsseln
Rotwein	Tournedos, mit Gemüsen garniert – Béarner Sauce – Strohkartoffeln	– auf 4 Platten – in 4 Saucieren – auf 4 Platten
Schaumwein	Obstsalat mit Maraschino	– in Glasschalen

1. Wählen Sie eine geeignete Tafelform, teilen Sie diese in Servicebereiche ein und bestimmen Sie eine angemessene Anzahl von Bedienungen.
2. Erstellen Sie Bedarfspläne über die Menge und Art der erforderlichen Tafelgeräte wie Bestecke, Porzellan (kalt und gewärmt), Gläser.
3. Benennen Sie die Getränke. Bestimmen Sie die ungefähren Mengen und die Ausschanktemperaturen.
4. Notieren Sie die Dekorationen für die Tafel.
5. Bestimmen Sie den Einsatz von Platztellern und die Serviettenform.
6. Fertigen Sie einen Tafelorientierungsplan für die Gäste und das Servierpersonal.
7. Wo bringen Sie die Tafelorientierungspläne an?
8. Richten Sie her: a) die Festtafel,
   b) einen Servicetisch,
   c) ein Getränkebuffet.
9. Erstellen Sie einen Bedienungsablaufplan einschließlich der Zuordnung des Servierpersonals.

III. Buffet-Service

Das klassische kalte Buffet ist als Ursprung des Buffet-Service anzusehen. Neben der dekorativen Präsentation der Speisen geht es bei dieser Art des Service vor allem darum, bei geringem Personaleinsatz möglichst viele Gäste zur gleichen Zeit zu bedienen. Die wachsende Nachfrage der modernen Wohlstandsgesellschaft hat bei gleichzeitigem Mangel an Bedienungskräften zu einer starken Ausweitung des Buffet-Service geführt. Unter diesem Gesichtspunkt haben sich, unabhängig vom klassischen kalten Buffet, sehr verschiedene andere Arten des Buffets entwickelt:

- Frühstücks- und Lunchbuffet (kalt und warm),
- Salat-, Käse-, Süßspeisen- und Kuchenbuffet,
- das Buffet mit warmen Speisen,
- das kombinierte kalt-warme Buffet.

Während sich die erstgenannten Buffet-Arten in vielen Betrieben inzwischen zu festen Einrichtungen entwickelt haben, sind kalte und warme Buffets sowie die Kombination „kalt-warm" nach wie vor als Angebotsformen zu betrachten, die von Fall zu Fall ganz individuell vereinbart werden.

A. Grundlegendes zum Buffet-Service

Mittelpunkt des Buffet-Service ist die Buffet-Tafel, die es in verschiedenen Formen gibt. Die Wahl der Form sowie der Größe und der Stellung der Tafel sind von verschiedenen Faktoren abhängig:

- Größe und Zuschnitt des Raumes,
- Anzahl der Gäste,
- Voraussetzungen für störungsfreie Abläufe während des Essens.

1. Formen der Buffet-Tafel

▷ **Lange Tafel**

Sie kann sowohl an der Wand als auch frei im Raum stehend aufgebaut werden.

▷ **Hufeisen**   ▷ **Quadrat**

Es handelt sich dabei um Tafelformen, die frei im Raum stehen, wobei die Bedienungsfachkräfte das Buffet von innen her betreuen, während die Gäste von außen an das Buffet herantreten.

2. Störungsfreie Abläufe während des Essens

Der Buffet-Service ist auf die Selbstbedienung durch den Gast ausgerichtet, und da es sich im allgemeinen um eine größere Anzahl von Gästen handelt, müssen Voraussetzungen erfüllt sein, die während des Essens störungsfreie Abläufe gewährleisten. Dabei ist vor allem auf die Tiefe der Tafel sowie auf ausreichende Buffetflächen zu achten.

▷ **Tiefe der Buffet-Tafel**

Die Fläche der Tafel darf nicht zu tief bzw. zu breit sein, damit einerseits die Gäste die angerichteten Speisen bequem erreichen und andererseits die Servicekräfte mühelos über die Tafel hinweg bedienen können.

▷ **Fläche der Buffet-Tafel**

Sie muß auf die Anzahl der Gäste abgestimmt sein, damit sich diese am Buffet nicht bedrängen bzw. behindern. Bei der Planung sind deshalb in bestimmten Fällen auch Überlegungen anzustellen, wie die Tafelfläche angesichts der Anzahl der Gäste angemessen erweitert werden kann. Es gibt dafür verschiedene Möglichkeiten:

in Verbindung mit der langen Tafel

- Es können zwei Tafeln, und zwar an gegenüberliegenden Wänden aufgestellt werden.

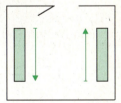

- Das Buffet kann in der Raummitte in doppelter Breite aufgebaut werden.

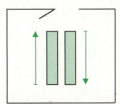

In beiden Fällen gibt es zwei sogenannte „Gästeläufe", wobei selbstverständlich jeder Lauf mit den gleichen Speisen ausgestattet sein muß.

in Verbindung mit dem Hufeisen und dem Quadrat

▶ Beide Tafelformen sind, in der Mitte des Raumes stehend, grundsätzlich schon auf eine größere Anzahl von Gästen ausgerichtet.

▶ Ferner kann durch die Einrichtung von zwei „Gästeläufen" eine zusätzliche Auflockerung erreicht werden. Dabei ist der Beginn des jeweiligen „Gästelaufs" durch das Plazieren von Tellerstapeln anzuzeigen.

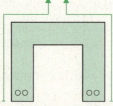

Eine Besonderheit bezüglich der Auflockerung des Buffets sind sogenannte „Buffet-Inseln". Aufgrund dieser Dezentralisierung können sich zwar einerseits in einem raschen Ablauf viele Gäste gleichzeitig mit Speisen versorgen, andererseits gehen jedoch der attraktive Charakter des Buffets sowie die festliche Stimmung des Buffet-Service verloren.

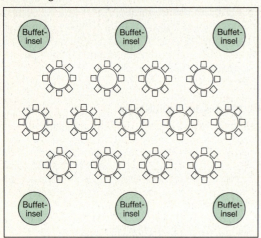

▶ Eine geschickte Falttechnik (auf die an dieser Stelle nicht näher eingegangen werden kann) ist u. U. schon ausreichend.
▶ Darüber hinaus gibt es jedoch spezielle Hilfsmittel, z. B. Stecknadeln sowie Klebe- oder Klettbänder.
▶ Eine ganz besondere und gleichzeitig sehr dekorative Form seitlicher Verkleidung sind die nach individuellen Angaben fabrikmäßig angefertigten „Snapdrape-Skirtings". Angaben für die Fertigung sind:

– Länge und Höhe,
– Material und Farbe,
– Faltung.

Kräuselfalte

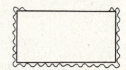

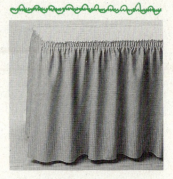

Ziehharmonikafalte

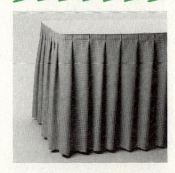

B. Vorbereiten des Buffets und Durchführen des Buffet-Service

Das Vorbereiten des Buffets nimmt viel Zeit in Anspruch und ist im Hinblick auf die Besonderheit dieser Mahlzeit mit angemessener Sorgfalt auszuführen.

1. Vorbereiten des Buffets

▷ **Herrichten der Buffet-Tafel**

Auf die mit Moltons überdeckte Tafel werden entsprechend große Tafeltücher so aufgelegt, daß sie bis fast auf den Boden herabhängen. Bei Tafeln, die an der Wand stehen, ist dies jedoch nur auf den vom Raum her einsehbaren Seiten erforderlich. Damit die Übergänge an den Ecken sowie die Überlappungen der Decken ordentlich aussehen, bedient man sich unterschiedlicher Hilfsmittel:

Kellerfalte

Plazieren der Speisen auf dem Buffet

Die Speisen können entweder auf der ebenen Fläche der Tafel oder in Verbindung mit Aufbauten stufenweise auf verschiedenen Ebenen angeordnet werden. Durch diese Auflockerung wird das Buffet überschaubarer und optisch wirkungsvoller.

- Die Anordnung (Reihenfolge) der Speisen auf dem Buffet entspricht im allgemeinen der klassischen Speisenfolge. Danach befinden sich z. B. Cocktails, Pasteten, Galantinen und Terrinen am Anfang des Buffets, während Süßspeisen, Käse und Obst auf dem Buffet den Abschluß bilden.
- Dekorative Platten, z. B. Langusten, Geflügel, Mastkalbs- oder Rehrücken, sind attraktive Schaustücke, mit deren Hilfe auf dem Buffet dekorative Schwerpunkte geschaffen werden. Wenn es die Speisen zulassen, unterlegt man solche Platten außerdem mit Holzklötzchen oder Tellern. Durch die Schrägstellung wird die Draufsicht verbessert. Die Schauplatten haben ihren Platz in der vorderen Reihe (bei stufenförmigen Aufbauten auf der vorderen, unteren Ebene), während Nebenplatten, Schüsseln und Saucieren dahinter bzw. auf den zurückliegenden Stufen angeordnet werden.
- Saucen, in Saucieren angerichtet und auf Untertellern aufgesetzt, sind den zugehörigen Platten bzw. Speisen zuzuordnen.
- Beilagen und Salate, in Schüsseln angerichtet, sind so zu plazieren, daß sie zu den danebenstehenden Hauptplatten (Speisen) passen.
- Brot bzw. Partybrötchen haben ihren Platz bei den Tellern am Anfang des Buffets oder werden auf den Gasttischen eingesetzt.

Vorlegebestecke dürfen nicht vergessen und müssen bei Platten und Schüsseln so angelegt werden, daß sie der Gast leicht erreichen kann.

Dekorieren des Buffets

In erster Linie muß die dekorative Wirkung von den Schauplatten sowie von der bunten Vielfalt der übrigen Platten und Schüsseln ausgehen. Darüber hinaus können aber noch andere Dekorationsmittel eingesetzt werden:

- Blumen in Form von Gestecken oder in wertvollen Vasen,
- Obstkörbe oder Obstschalen,
- Leuchter mit dem angenehmen Licht von brennenden Kerzen,
- Skulpturen aus Fett, Eis oder Zucker.

Bei den genannten Dekorationsmitteln ist unbedingt darauf zu achten, daß sie auf dem Buffet lediglich eine belebende Ergänzung darstellen und insofern die optische Wirkung der Speisen nicht überdecken dürfen.

Bereitstellen von Tellern und Bestecken

Teller werden im allgemeinen entweder auf gesonderten Tischen oder am Beginn des Buffets bereitgestellt. Ferner ist es üblich, sie im Bereich von Süßspeisen und Käse in den Buffetaufbau mit einzubeziehen (dann aber nicht in zu hohen Stapeln). Werden Suppen und warme Speisen angeboten, sind selbstverständlich auch in ausreichender Zahl vorgewärmte Teller und Suppentassen bereitzustellen.

Bestecke sollten vor allem bereits auf den Gästetischen eingedeckt sein. Folgende Gedeckausstattung hat sich dabei als zweckmäßig erwiesen: Zwei Gabeln und zwei Messer sowie ein Brotmesser auf dem Brotteller. Werden auf dem Buffet auch Desserts angeboten, kann man das Gedeck auf den Tischen zusätzlich mit einem Dessertbesteck ausstatten. Darüber hinaus ist jedoch auf jeden Fall in Buffetnähe ausreichendes Reservebesteck bereitzustellen.

Gedeck zum Buffet-Service

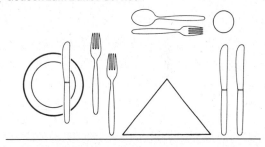

Bereitstellen von Getränken

Unter Beachtung der Selbstbedienung durch den Gast gibt es im Rahmen des Buffet-Service bezüglich der Getränke zwei grundlegende Angebotsformen:

- Eine Möglichkeit ist, gefüllte Gläser auf Nebentischen zur Selbstbedienung bereitzustellen.
- Die Getränke können andererseits aber auch in das Buffet integriert werden, z. B. Wein und Bier in Fässern, Spirituosen in Weinkühlern oder in Eis. In diesen Fällen müssen die Gläser unmittelbar zugeordnet werden.

2. Durchführen des Buffet-Service

Der Buffet-Service erfordert vom Bedienungspersonal in hohem Maße Aufmerksamkeit und Sorgfalt.

Speisenservice

Dieser ist in erster Linie auf die Selbstbedienung durch den Gast ausgerichtet. Deshalb ist es wichtig, daß die Bedienungsfachkräfte dem Gast gegenüber zurückhaltend sind und nicht aufdringlich wirken. Andererseits müssen sie jedoch stets ihre Bereitschaft erkennen lassen, den Gast bezüglich der angebotenen Speisen zu beraten und ihm bei der Auswahl und beim Vorlegen auf den Teller behilflich zu sein.

Das von den Gästen benutzte Tischgerät muß fortwährend abgeräumt werden, damit es sich nicht in unschöner Weise ansammelt. Der Gast darf sich niemals durch solches Geschirr behindert oder eingeengt fühlen.

▷ **Getränkeservice**

Sind die Getränke nicht zur Selbstbedienung in das Buffet einbezogen, gehört es zur Aufgabe des Servicepersonals, die vorgesehenen Getränke anzubieten, Bestellungen entgegenzunehmen und auszuführen.

▷ **Betreuung des Buffets**

Mit dem Fortschreiten des Essens werden die Platten und Schüsseln auf dem Buffet leerer, so daß sich das optische Bild laufend verändert. Die Betreuer des Buffets müssen jedoch dafür sorgen, daß das Buffet zu keinem Zeitpunkt einen *„ausgeraubten"* oder *„verwilderten"* Eindruck macht. Das läßt sich durch folgende Maßnahmen verhindern:

▸ Leergewordene Platten rechtzeitig durch neue ersetzen,
▸ angebrochene Platten zu gegebener Zeit neu zusammenstellen und ordnen sowie leere entfernen,
▸ auf dem leerer werdenden Buffet mit etwas Geschick immer wieder neue und ausgleichende Blickpunkte schaffen (z. B. durch verändertes Zuordnen von Platten und Schüsseln, durch das dekorative Einbeziehen von kleinen Tellerstapeln).

Skizze eines Buffets

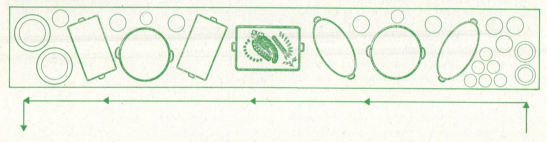

IV. Arbeiten am Tisch

Man versteht darunter einige ganz spezielle Arbeiten, die am Tisch des Gastes durchgeführt und manchmal unter dem Stichwort *Erlebnisgastronomie* zusammengefaßt werden:

— Tranchieren und Filetieren,
— Flambieren und Zubereiten von Speisen.

Es handelt sich bei diesen Arbeiten um qualifizierte berufliche Fertigkeiten, die einerseits ein Mindestmaß an handwerklichem Geschick voraussetzen, andererseits aber nur durch ergänzende Studien sowie durch intensives Üben zu einem vollendeten fachlichen Können hinführen. Im Vergleich zu speziellen und umfassenden Kursen bzw. Seminaren können die folgenden Ausführungen lediglich als eine grundlegende Information und Anregung verstanden werden.

A. Tranchieren am Tisch

Tranchieren ist das Zerteilen von Fleischstücken mit Hilfe eines Messers. Um diese Arbeit sach- und fachgerecht ausführen zu können, sind einerseits technologische und andererseits rohstoffkundliche Kenntnisse unerläßlich (siehe die nachfolgenden Ausführungen).

1. Arbeitsgeräte und Arbeitsrichtlinien

▷ **Arbeitsgeräte**

— Wärmewagen, Platten mit Kloschen,
— saubere und appetitlich aussehende Tranchierbretter,
— Tischrechauds zum Warmhalten der Platten,
— handliche, gut geschliffene Tranchierwerkzeuge in unterschiedlichen Größen und Arten,
— entsprechende Vorlegebestecke in ausreichender Anzahl.

▷ **Arbeitsrichtlinien**

Das Tranchieren wird bei ganz leichtem Schneidedruck mit ziehendem Schnitt durchgeführt. Eine wichtige Voraussetzung dafür sind scharfe Messer, ohne die es zu folgenden Mängeln kommen kann:

▸ Ungleich große Tranchen,
▸ rauhe Schnittflächen und ausgefranste Ränder,
▸ vom Fleisch losgerissene Haut (bei Geflügel).

Ein sichtbares Zeichen für einwandfreies Tranchierwerkzeug und sachgerechtes Arbeiten ist es, wenn

Arbeiten am Tisch

die Tranchen exakt und optisch wohlgeformt zur ursprünglichen Form des unzerteilten Stückes zusammengesetzt werden können. Im einzelnen gibt es eine ganze Reihe wichtiger Arbeitsrichtlinien:

- Bevor mit dem Tranchieren begonnen wird, ist dem Gast das unzerteilte Stück zu präsentieren.
- Die Schnittführung beim Tranchieren erfolgt im allgemeinen quer zur Fleischfaser, weil andernfalls Stücke mit zu langen Fasern entstehen, die den Verzehr des Fleisches erschweren.
- Beim Tranchieren ist schnelles und sicheres Arbeiten erforderlich, damit die zerlegten Stücke rasch wieder auf die warme Platte zurückkommen, d. h. nicht zu sehr abkühlen.
- Insbesondere bei blutig oder rosa gebratenem Fleisch sollte das Anstechen mit der Gabel nach Möglichkeit vermieden werden, damit der Fleischsaft nicht ausfließt und das Fleisch dadurch trocken wird.

2. Tranchieren von Steaks

▷ **Chateaubriand/Entrecôte double**

Bei diesen Stücken ist folgende Arbeitstechnik üblich: Das Fleisch wird mit dem Gabelrücken von oben festgehalten, während gleichzeitig mit dem Messer die Tranchen geschnitten werden (Schnittführung in schräger Richtung zur Gabel hin und unter der Gabel hindurch).

Dabei ergeben sich beim *Chateaubriand:*

- zuerst ein kleines Endstück,
- dann **4** Tranchen mit einer Dicke von etwa 1,5 cm,
- übrig bleibt ein zweites kleines Endstück.

Zum Zurücklegen auf die Platte schiebt man das Messer mit Breitseite unter die Tranchen und hält diese gleichzeitig von oben mit der Gabel fest.

Beim *Entrecôte double,* das im Vergleich zum Chateaubriand aufgrund der ovalen Form etwas länger ist, ergeben sich **6** mittlere Tranchen (die Endstücke außer acht gelassen).

Beide Steakarten serviert man in der Regel für zwei Personen. Dabei ist es üblich, zuerst die mittleren (schönen) Tranchen vorzulegen, während man die kleineren Tranchen sowie die Endstücke zum Nachservice anbietet.

Beim Tranchieren von Steaks verwendet man heute anstelle des Servierbrettes häufig einen heißen Porzellanteller, weil sich der angesammelte Bratensaft von einem Teller leichter über das tranchierte Fleisch gießen läßt.

▷ **Rinderkotelett/Porterhousesteak**

In beiden Fällen sind vor dem Tranchieren die Fleischstücke von den Knochen abzulösen.

Beim Rinderkotelett wird zu diesem Zweck der Knochen an der fleischfreien Seite (in Verbindung mit einer Stoffserviette) erfaßt, das Kotelett hochgestellt und dann das Fleisch am Knochen entlang vorsichtig abgelöst.

Beim Porterhousesteak gibt es für das Vorbereiten zum Tranchieren zwei Möglichkeiten:

- Das Steak kann in flacher Lage bearbeitet werden. Dabei legt man zuerst den *Rippenbogen* (die Spitze der Rippe) frei. Dann werden die beiden Fleischstücke vom Knochen abgetrennt.

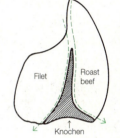

- Bei der zweiten Methode richtet man das Steak nach dem Freilegen des Rippenbogens auf und löst in dieser Stellung das Fleisch an den Knochen entlang ab. Dazu sind Vorsicht und etwas Geschick erforderlich, damit die Fleischstücke beim Abtrennen nicht *abstürzen.*

Das anschließende Tranchieren wird wie bei einem Chateaubriand und Entrecôte double durchgeführt.

3. Tranchieren von Keulen

Für das Tranchieren von Keulen (z. B. Hammel-, Frischlings- oder Rehkeule) verwendet man häufig ein Tranchierbrett mit besonderer Ausstattung. Dieses besteht entweder aus einem speziellen Metallgestell oder aus Metalldornen. Beides dient dazu, der Keule einen guten Halt zu geben und das Ablösen des Fleisches zu erleichtern. Für das Tranchieren gibt es zwei Methoden.

Methode 1

Bei diesem Verfahren löst man die Fleischteile zu beiden Seiten des Knochens als ganze Stücke, wobei Könner diese Arbeit nicht mit einem Messer, sondern mit einem Löffel ausführen. Anschließend werden die Fleischstücke auf dem Tranchierbrett liegend in gleichmäßige Tranchen geschnitten. Auf diese Weise bearbeitet man insbesondere die Kalbshaxe und das Eisbein.

> Methode II

Die Keule wird mit einer Serviette am Haxenknochen erfaßt und senkrecht aufgerichtet. Sodann wird tranchiert:

- Von der Haxe ausgehend am Knochen entlang so weit herunter einschneiden, daß in Querrichtung zunächst 3 bis 4 Scheiben abgeschnitten werden können, dann vom anschließenden dickeren Fleischteil in horizontaler, leicht schräger Richtung auf den Knochen hin gleichmäßig dicke Scheiben schneiden und diese abschließend am Knochen entlang ablösen.

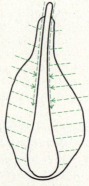

4. Tranchieren von Rücken

Der auf der Platte angerichtete Rücken oder das Teilstück eines Rückens muß den Gästen vor dem Abstellen auf dem Guéridon präsentiert werden. Dann erst wird es mit Hilfe des Vorlegebestecks so auf das Tranchierbrett gelegt, daß der Teil des Rückens aus der Sicht des Trancheurs nach links gerichtet ist.

▷ **Tranchieren eines Lammrückens**

Die Fleischteile werden folgendermaßen von den Knochen abgelöst:

- Um den Rücken beim Ablösen des Fleisches in stabiler Lage halten zu können, wird neben dem Rückgrat eine Gabel hineingestochen.
- Dann schneidet man, am dickeren Ende des Rückens beginnend, mit einem starken, scharfen Tranchiermesser am Grat entlang (1), dann etwas tiefer über die Wirbelsäule hinweg bis auf die Rippen (2).
- Schließlich wird das Fleischstück vom flachen Ende des Rückens her durch einen über die Rippen geführten Schnitt abgelöst (3).

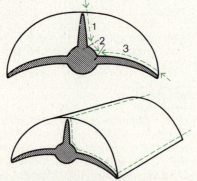

Nach dem Umdrehen des Rückens löst man auf gleiche Weise das Fleisch der anderen Seite ab und legt die Knochen auf die Platte zurück.

Und nun beginnt das eigentliche Tranchieren. Dazu werden die sogenannten *Rückenfilets* in 1 bis 1,5 cm dicke Tranchen geschnitten und dann, zwischen Tranchiermesser (Auflage) und Tranchiergabel (Halt von oben), auf dem Rückenknochen in die ursprüngliche Form zurückgelegt.

Beim *„Tranchieren nach dem englischen Schnitt"* erfolgt das Schneiden der Tranchen in Längsrichtung, d. h. parallel zur Fleischfaser. Bei uns wird diese Art des Tranchierens nur selten angewendet, weil das tranchierte Fleisch bei dieser Schnittführung sehr rasch austrocknet.

▷ **Reh- und Hasenrücken**

Rehe und Hasen haben im Bereich der Wirbelsäule sehr starke Sehnen. Damit man diese beim Auslösen der Rückenfilets nicht zusammen mit dem Fleisch abschneidet, wird bei der Bearbeitung dieser Rücken eine spezielle Technik angewendet:

Beim Rehrücken löst man das Fleisch am Gratknochen entlang nur so tief hinein ab, daß die starken Sehnen mit dem Messer nicht erreicht werden. Das weitere Ablösen der Rückenfilets erfolgt dann mit der Wölbung eines Löffels. Und nun werden vom dickeren Ende her in schräger Schnittführung 1,5 bis 2 cm dicke Tranchen geschnitten.

Bei Hasenrücken ist es üblich, die Rückenfilets bereits vor dem Braten in der Küche durch leichtes Einschneiden am Gratknochen entlang zu lösen, so daß bei der Weiterbearbeitung am Tisch eigentlich kein Messer, sondern nur noch ein Löffel benötigt wird. Die Rückenfilets sind im Vergleich zum Reh kleiner und werden deshalb in Tranchen von nur 1 cm Dicke geschnitten.

Bei Reh- und Hasenrücken gibt es eine weitere Besonderheit. Sind die unter den Rippen liegenden kleinen Filets nicht schon vor dem Braten entfernt worden, löst man sie am Tisch ebenfalls mit dem Löffel heraus und schneidet sie bei schräger Schnittführung in 3 bis 4 Stücke.

5. Tranchieren von Geflügel

Auch hierbei wird den Gästen zunächst die Platte mit dem unzerteilten Geflügel präsentiert. Dann erst beginnt man mit dem Tranchieren.

▷ **Hähnchen/Poularde**

Zuerst wird das Tranchiermesser in den Bauchraum gesteckt und mit seiner Hilfe das Tier aufgerichtet, damit der im Tierkörper angesammelte Bratensaft ausfließen kann. Nachdem das Hähnchen auf dem Tranchierbrett abgelegt wurde (auf dem Rücken, das Rumpfende zum Trancheur hin ausgerichtet),

– dreht bzw. wendet man das Tier so, daß die Brustpartie zum Gast hin liegt,

Arbeiten am Tisch

- sticht die Gabel wegen eines guten Haltes unterhalb des Schenkelgelenkes ein,
- schneidet die Geflügelhaut dicht am Körper rund um den Schenkel herum durch
- und dreht die Keule mit Hilfe der Gabel vom Geflügelkörper ab.

Eventuell muß dabei noch ein wenig mit dem Messer nachgeholfen werden. Auf gleiche Weise ist die Keule der anderen Seite abzutrennen. Beide Keulen werden dann im Gelenk durchgeschnitten und die vier Teilstücke sofort auf die warme Platte gelegt.

Man dreht nun das Hähnchen auf den Rücken und
- sticht die Gabel an der Stelle ein, an der sich die Keule befand (erreicht damit für das weitere Tranchieren einen festen Halt),
- macht dann oberhalb des Flügels in Richtung Brustknochen einen waagerechten Schnitt und führt diesen beim Verspüren eines Widerstandes bei einer gleichzeitigen Richtungsänderung um 90° nach unten zu Ende.

Die beidseitig abgetrennten Flügelstücke legt man ebenfalls auf der Platte ab.

Zum Abschluß werden
- die beiden Brusthälften mit der Messerspitze am Brustbein entlang sowie von der Karkasse abgetrennt und jeweils in **zwei** Tranchen geschnitten,
- die in den Rückenblättern eingebetteten Filets mit Hilfe eines Löffels herausgelöst
- und alle Teile auf der Platte angerichtet.

Poularden werden beim Tranchieren wie Hähnchen behandelt. Wegen der Größe schneidet man jedoch aus den beiden Brusthälften **drei bis vier** gleichmäßig starke Tranchen.

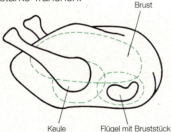

▷ **Ente**

Enten werden üblicherweise leicht rosa gebraten. Die verschiedenen Fleischteile brauchen bis zu dieser Garstufe jedoch unterschiedliche Garzeiten. Daraus ergibt sich, daß z. B. das Brustfleisch zu einem bestimmten Zeitpunkt bereits die richtige Garstufe erreicht hat, die fleischigeren und außerdem dicht am Rumpf anliegenden Keulen aber noch blutig, in den Gelenken sogar noch halb roh sind. Die abgetrennten Keulen müssen deshalb in der Küche oder auf einem Flambierrechaud nachgebraten werden.

In der Zwischenzeit wird dann zunächst einmal das Brustfleisch tranchiert und serviert. Dafür gibt es zwei unterschiedliche Methoden.

Methode I

Im Gegensatz zu Hähnchen und Poularden werden hier nach dem Abtrennen des Flügelstücks parallel zur Fleischfaser von der Brust unmittelbar am Körper 1 cm dicke Tranchen heruntergeschnitten.

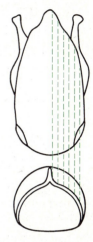

Methode II

Dabei werden die in Längsrichtung geschnittenen Tranchen am Kopfende

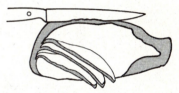

nicht einzeln abgetrennt, so daß sie zusammenhängend fächerartig an der Seite herunterfallen und auch später zusammenhängend vom Rumpf abgeschnitten werden können. Das Anrichten geht schnell und die als Fächer vorgegebene Arbeitsweise wirkt sehr dekorativ und ansprechend. Diese Methode gilt deshalb auch als besonders elegant und kunstvoll.

▷ **Fasan**

Die Technik des Tranchierens ist hier grundsätzlich wie bei einem Hähnchen. Abweichend gibt es jedoch eine Besonderheit: Die Unterschenkel sind mit sehr starken Sehnen durchzogen. Wenn die Schenkel beim Essen mit vorgelegt werden sollen, dann ist es erforderlich, die Sehnen in der Küche vor dem Braten zu entfernen.

6. Tranchieren von Räucherlachs oder Graved Lachs

Es handelt sich dabei um filetierte Lachsseiten. Als Tranchiermesser dient ein langes, schmales und sehr scharfes Messer.

▷ **Übliche Methode des Tranchierens**

Das Kopfende des Filets ist in diesem Fall auf dem Tranchierbrett bzw. dem speziellen Lachsbrett nach links gerichtet. Für das Tranchieren sind folgende Arbeitsrichtlinien zu beachten:

Mit dem Tranchieren wird ungefähr handbreit vom Schwanzende her begonnen. Wobei die Schnittführung zum Schwanzende hin erfolgt.

Mit Hilfe des flach bzw. leicht schräg geführten Messers schneidet man möglichst dünne Scheiben, die entweder sofort auf einem Teller angerichtet oder zunächst fächerartig auf dem Tranchierbrett aneinandergereiht werden.

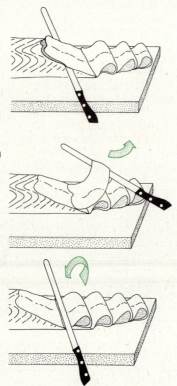

Beim Tranchieren ist darauf zu achten, daß die Silberhaut nicht mit angeschnitten wird.

Bei ganz frisch geräuchertem Lachs, der eine noch sehr weiche Struktur hat, sollte das Tranchiermesser nach jeder Schnittführung durch eine gut angefeuchtete Stoffserviette gezogen werden, andernfalls bleibt in zunehmendem Maße Lachsfleisch am Messerblatt haften, so daß die erforderliche glatte Schnittführung nicht mehr möglich ist.

▷ **Abweichende Methode beim Tranchieren**

Mit dem Kopfende nach rechts gerichtet, ist bei Lachs das Tranchieren in umgekehrter Richtung möglich. Dadurch ist zwar einerseits die Ausbeute an Tranchen insbesondere am Kopfteil größer, andererseits ergibt sich der Nachteil, daß das qualitativ wertvollere Fleisch des Schwanzteils stärker austrocknet, weil es erst zu einem späteren Zeitpunkt serviert wird.

7. Tranchieren des Hummers

Nach dem Präsentieren des noch unzerteilten Hummers wird dieser auf dem Guéridon abgestellt. Von der Platte legt man ihn dann auf das Tranchierbrett, und zwar so, daß der Schwanz nach rechts gerichtet ist. Das Bearbeiten des Hummers ist sehr aufwendig:

Zuerst erfaßt man mit der linken Hand den Rückenpanzer (u. U. mit einer darübergelegten Stoffserviette) und dreht mit der rechten Hand oder trennt mit dem Messer die Scheren einschließlich der Armteile sowie die Beine ab und legt diese auf die Platte zurück.

Dann wird der Hummerkörper halbiert. Zu diesem Zweck
- setzt man die Spitze eines stabilen Schlagmessers auf der Trennungslinie zwischen Rücken- und Schwanzpanzer an,
- sticht das Messer bis auf das Tranchierbrett durch
- und bewegt das Messer (unterstützt durch den Druck der linken Hand) zum Schwanzende hin abwärts, wobei der Schwanzpanzer halbiert wird.

Nun dreht man den Hummer um und halbiert auf gleiche Weise den Rückenpanzer. Die Reihenfolge des Halbierens (zuerst Schwanz-, dann Rückenpanzer) ist aus folgenden Gründen unbedingt einzuhalten: Im Rückenteil befinden sich das Hummermark (corail) sowie der Magen mit Inhalt. Beim Tranchieren dieses Teilstücks kleben Teile von den weichen Substanzen am Messer fest, so daß bei umgekehrter Reihenfolge das im Schwanzteil befindliche weiße Fleisch auf unschöne Weise beschmiert würde.

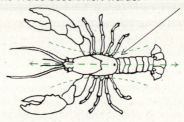

Nach dem Halbieren werden die beiden Seiten des Hummers auseinandergelegt und der Verdauungskanal entfernt:
- wenn nur das Schwanzstück serviert wird, dann nur aus diesem Teil,
- wenn aber auch das Rückenstück vorgelegt werden soll, weil der Gast das Hummermark mitverzehren möchte, dann natürlich auch aus diesem Teil des Hummers.

Bei fangfrischen Tieren ist der sackförmige Magen (unmittelbar hinter dem Kopf) in gelblich-grüner Farbe, der Darmkanal bis hin zum Schwanzende als dunkler, fast schwarzer Streifen zu sehen. Bei geleertem Magen-Darm-Kanal ist das Erkennen und Entfernen deshalb etwas schwierig, weil er dann fast weiß und sehr dünn ist und leicht in kleinere Stücke zerreißt. Aber auch in diesen Fällen ist darauf zu achten, daß alle Teile des Kanals sorgfältig und vollständig entfernt werden.

Mit einem frischen und sauberen Vorlegebesteck löst und drückt man nun das Schwanzfleisch aus den Panzern heraus und richtet es auf einem Teller an. Darüber hinaus gibt es dann noch einiges zu tun:
- Von den Scheren Mittel- und Oberarme abdrehen:
- durch Hin- und Herbewegen des beweglichen Scherenteiles das Kochwasser aus den Scheren herauspumpen,
- den beweglichen Scherenteil so abtrennen, daß aus dem großen Teil der Schere auch der schildplattähnliche Knorpel mit entfernt wird,

Arbeiten am Tisch

- den großen Scherenteil mit der Hummerzange aufbrechen und das Fleisch mit der Hummergabel herauslösen (erfahrene Trancheure bewirken das Aufbrechen nicht mit der Hummerzange, sondern mit einem von einer Stoffserviette bedeckten und außerdem leicht verkantetem stabilen Messer, mit dem die Schere aufgedrückt wird),
- die Armteile mit einem Messer in Längsrichtung aufschneiden und mit Hilfe der Hummerzange so weit aufbrechen, daß das Fleisch mühelos herausgelöst werden kann.

Auch alle diese ausgelösten Teile werden dem Gast auf seinem Teller vorgelegt.

Durch eine besondere Technik kann auch das Fleisch aus den Beinteilen herausgeholt werden. Zu diesem Zweck zerlegt man die Beine in die einzelnen Glieder und ritzt diese in der Mitte des Röhrchens mit einem Officemesser rundherum ein. Beim Abwinkeln oder Auseinanderziehen durch den Gast bleibt das Fleisch dann an einem der beiden Teilstücke hängen und kann von diesem abgegessen werden.

B. Filetieren am Tisch

Das Filetieren wird bei Fischen angewendet. Es handelt sich um eine Technik, bei der man zum Ablösen von Stücken oder Teilstücken anstelle von Tranchiermessern das Fischbesteck oder auch andere nicht schneidende Werkzeuge verwendet.

1. Arbeitsgeräte und Arbeitsrichtlinien

▷ Arbeitsgeräte für das Filetieren

Wichtigstes Gerät ist das **Fischbesteck,** mit dem Haut abgezogen oder abgelöst wird, Filets von den Gräten oder Gräten von den Filets abgetrennt sowie auf größeren Fischen Portionsstücke markiert und abgehoben werden. Außer dem Fischbesteck gibt es folgende Arbeitsgeräte:

▸ Fischheber oder L-Paletten zum Abheben der Filets von großen Fischen, die wegen ihrer Größe und zarten Beschaffenheit leicht zerfallen würden,
▸ Löffel für das Abheben der Filets von kleineren Plattfischen.

▷ Allgemeine Arbeitsrichtlinien für das Filetieren

Im allgemeinen wird Fisch auf der Platte filetiert, auf der er von der Küche angerichtet wurde. Befinden sich jedoch auf einer Platte mehrere Fische, so werden sie einzeln auf einen vorgewärmten Teller vorgelegt und auf ihm zerteilt.

Eine spezielle Methode ergibt sich beim Anrichten von blaugekochten Fischen im Fischkessel, der gleichzeitig als Anrichtegeschirr und beim Filetieren als Arbeitsunterlage dient. Der Lochbodeneinsatz des ovalen Kessels kann an seinen Griffen herausgehoben und am Kesselrand eingehängt werden. Auf diese Weise liegt der Fisch nicht mehr im Sud, kühlt jedoch aufgrund des aufsteigenden Wasserdampfes nicht ab und kann außerdem beim Filetieren gut bearbeitet werden.

Wichtig für die Arbeitstechnik beim Filetieren ist auch die Körperform der Fische (Rund- und Plattfische, siehe „Nahrungsmittellehre"), wodurch sich bezüglich der Form, Größe und Anzahl der Filets sowie der Lage und dem Richtungsverlauf der Gräten beachtliche Unterschiede ergeben.

2. Filetieren von Rundfischen

▷ Forelle blau

Zum Filetieren liegt die Forelle mit der Bauchöffnung zum Trancheur hin, der Kopf ist nach links gerichtet.

Zunächst werden mit dem Fischmesser die Rücken- und Bauchflossen herausgelöst bzw. herausgezogen.

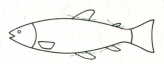

Dann führt man das Fischmesser am Rücken entlang, wobei bereits ein leichter Druck ausreicht, um die Haut auf dieser Linie zu durchbrechen. Sie läßt sich dann leicht zum Bauch hin ablösen.

Nun wird das Filet durch leichtes Eindrücken der Fischmesserspitze hinter dem Kopf abgetrennt und anschließend mit dem Fischmesser vom Kopfende zum Schwanz hin von der Gräte abgehoben und auf den Teller vorgelegt.

In der Praxis ist es aber auch üblich, das Oberfilet (1) und das Unterfilet (2) getrennt voneinander abzuheben. Zu diesem Zweck wird das Filet auf der über die Mitte verlaufenden sichtbaren Trennungslinie (3) markiert und die beiden Teilstücke in getrennten Arbeitsgängen (von der Mitte ausgehend nach oben bzw. nach unten) von der Gräte gelöst und abgehoben.

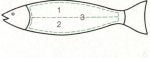

Um an das Filet (die Filetteile) der anderen Fischseite heranzukommen, wird die Gräte abgehoben. Dabei fährt man zu ihrer Lockerung zunächst mit der Gabel an den Grätenenden entlang. Dann wird die Gräte am Schwanzende zwischen den Gabelzinken eingeklemmt und das ganze Gerüst einschließlich Kopf mit einer leichten kreisförmigen Bewegung abgehoben.

Um festzustellen, ob das freigelegte Filet grätenfrei ist, streicht man (ohne allzufest aufzudrücken) mit der Gabelspitze über das Filet hinweg. Beim Vorlegen ist es erforderlich, das Filet mit der Unterseite nach oben zu drehen und die Haut abzuziehen.

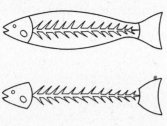

Abschließend ist noch auf die *Forellenbäckchen* hinzuweisen, weil Kenner und Feinschmecker großen Wert darauf legen, daß man sie ihnen serviert. Die sehr kleinen Fischstückchen werden vorsichtig aus den Wangen herausgenommen und auf besondere Weise angerichtet bzw. präsentiert, z. B. auf einer nach oben gerichteten Kuppe einer Tomate oder auf den kleinen Scheiben von Kirschtomaten.

▷ **Forelle nach Müllerinart**

Im Gegensatz zur Forelle blau wird hier die Haut nicht entfernt, denn durch das Braten ist eine gebräunte und sehr gut schmeckende Kruste entstanden.

Beim Filetieren ritzt man die Haut rundherum ein, entfernt die Flossen, löst das obere Filet in einem Stück von der Gräte ab und legt es zunächst neben der Forelle ab.

Nach dem Abheben des Grätengerüstes wird das untere Filet auf möglicherweise noch vorhandene Gräten hin überprüft und dann das obere Filet auf das untere zurückgelegt. Die beiden aufeinanderliegenden Filets richtet man auf dem Teller an. Auch bei dieser Anrichteweise dürfen die Bäckchen nicht vergessen werden, obwohl das Herauslösen aufgrund des gebratenen Zustandes der Forelle etwas schwieriger ist.

▷ **Andere Rundfische**

Alle kleinen Portionsfische dieser Art werden wie die Forelle filetiert. Die größeren Filets von großen Fischen (z. B. Lachsforelle, Zander oder Lachs) zerteilt man in kleine Stücke, indem man auf dem Filet mit der Spitze des Fischmessers in Längs- und Querrichtung Einschnitte markiert. Die dadurch erkennbaren Stücke werden dann (am Rücken beginnend) mit Hilfe der Fischgabel und einer Fischschaufel oder unter Verwendung einer L-Palette abgehoben.

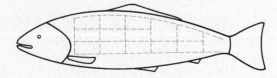

3. Filetieren von Plattfischen

▷ **Seezunge, Rotzunge, Scholle**

Zum Filetieren dieser kleineren Plattfische dienen Löffel, Fischgabel und Fischmesser.

Zunächst werden mit dem Löffel die Randflossen (Flossensaum) gelockert. Dann fährt man mit dem Fischmesser an der Mittelgräte entlang, immer tiefer gehend, bis das Filet vollständig abgelöst ist. Das gleiche geschieht mit dem Filet auf der anderen Seite der Mittelgräte. Beide Filets werden abgehoben und vorgelegt.

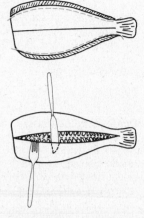

Jetzt wird der nur noch lose anhaftende Flossensaum vollständig abgetrennt, die Gräte vom Schwanz zum Kopf hin mit Fischmesser und -gabel gelöst und abgehoben. Die auf diese Weise freigelegten unteren Filets können nun ebenfalls vorgelegt werden.

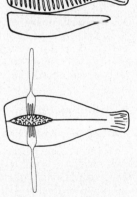

Eine Variante in der Filetiertechnik ermöglicht noch rascheres Arbeiten: Nach dem Entfernen des Flossensaums wird die Haut auf beiden Seiten der Mittelgräte eingeritzt. Zwei Gabeln werden nun so tief senkrecht durch die Gräten gestochen, daß man das Ober- und Unterfilet gleichzeitig von der Gräte lösen und abziehen kann. Diese Arbeitstechnik erfolgt vom Kopf zum Schwanzende.

▷ **Steinbutt, Heilbutt**

Es handelt sich dabei um die größeren Plattfische, bei denen im Vergleich zu den kleinen Fischen eine andere Arbeitstechnik erforderlich ist.

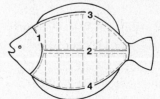

Schnitte:
1 = rund um den Kopf
2 = entlang der Mittelgräte
3 = entlang der oberen Seitengräten
4 = entlang der unteren Seitengräten

Arbeiten am Tisch

Tranchierbesteck ist das Fischbesteck. Bei pochierten Fischen ist es vor dem Portionieren üblich, die Haut abzuziehen. Im übrigen werden die Portionsstücke in der bereits weiter oben aufgezeigten Weise markiert und abgehoben.

C. Flambieren am Tisch

Das Flambieren am Tisch ist im gehobenen Service nach wie vor eine so selbstverständliche Arbeit, daß sie wenigstens in ihren Grundzügen von jedem Restaurantfachmann beherrscht werden sollte. Im Rahmen dieses Buches ist aber auch in diesem Zusammenhang eine Beschränkung auf das Wesentliche unumgänglich, die fachspezifische Vertiefung muß der Ausbildung zum Serviermeister überlassen bleiben. Die folgenden Ausführungen konzentrieren sich deshalb schwerpunktmäßig nur auf das Flambieren von Desserts.

1. Arbeitsgeräte und Arbeitsrichtlinien

▷ **Arbeitsgegenstände und -geräte**

Die wichtigste Ausstattung für das Flambieren am Tisch ist entweder ein Beistelltisch mit Flambier- und Tischrechaud oder ein Flambierwagen.

Darüber hinaus benötigt man:

- Vorlege- und Arbeitsbestecke (Löffel und Gabel),
- eine Gießkelle zum Dosieren der Spirituosen,
- eine Gabel, auf die eine halbierte Zitrone gesteckt ist und die zum Rühren der Saucen gebraucht wird.

Die für die jeweiligen Zwecke erforderlichen Spirituosen (Edelbranntweine und Liköre) müssen bereitstehen, wobei die Flaschen jeweils mit einem Ausgießer versehen sein sollten.

Flambieren am Tisch setzt ein sehr sorgfältiges und vollständiges Mise en place voraus, denn der Flambiervorgang darf unter gar keinen Umständen unterbrochen werden. Alles was gebraucht wird, muß griffbereit zur Verfügung stehen, es darf nichts fehlen.

▷ **Arbeitsrichtlinien**

Das Wesen des Flambierens besteht darin, daß über Fleisch, Süßspeisen oder Früchten die jeweils harmonisierenden Spirituosen abgebrannt werden. Die dabei entstehenden bzw. sich konzentrierenden aromatischen Stoffe werden auf die Speise übertragen und geben dieser eine besondere geschmackliche Note. Es ist jedoch wichtig, die Spirituosenmenge so zu dosieren, daß der Eigengeschmack der Speise nicht überdeckt wird.

Beim Flambieren handelt es sich um *„offenes Feuer"*, so daß aus Sicherheitsgründen größte Vorsicht und aufmerksames Arbeiten geboten sind. Im einzelnen ist zu beachten:

▸ Der Sicherheitsabstand zum Tisch des Gastes sollte etwa 50 cm betragen.
▸ Die Pfanne darf beim Eingießen der Spirituose nicht zu heiß sein.
▸ Das Entzünden der Flamme kann auf unterschiedliche Weise erfolgen:
  – *entweder* die Pfanne beiseiteziehen, die angemessene Spirituosenmenge zugießen, die Pfanne dann schräg über die Flamme des Rechauds halten, damit diese in die Pfanne überspringen kann,
  – *oder* die Spirituose in die Gießkelle (Louche) füllen, erwärmen und nach dem Entflammen über die Speise gießen.
▸ Die Höhe der Flamme darf wegen der Brandgefahr nicht vom Showbedürfnis her bestimmt werden. Sie sollte höchstens die Breite einer Hand betragen.

2. Flambieren von Sauerkirschen

▷ **Zutaten für 2 Personen**

20 g	Zucker
20 g	Butter
30 g	Johannisbeergelee oder Kirschkonfitüre
200 g	Sauerkirschen, entsteint
4 cl	Kirschwasser
2–4	Kugeln Vanilleeis

▷ **Zubereitung**

- Den Zucker in der Pfanne schmelzen lassen, bis zu goldgelber Farbe erhitzen,
- zusammen mit der Butter schaumigrühren,
- das Gelee bzw. die Konfitüre unterrühren,
- etwas Kirschsaft angießen und reduzieren,
- die Kirschen zugeben und heiß werden lassen,
- Kirschwasser zugeben und flambieren,
- den Fond bis zur richtigen Konsistenz einkochen lassen und über das angerichtete Eis geben,
- sofort servieren.

D. Speisen am Tisch fertigstellen

Wie beim Tranchieren und Flambieren sind auch beim Fertigstellen von Speisen am Tisch neben der berufsspezifischen Routine ein Mindestmaß an handwerklichem Geschick sowie sorgfältiges und sauberes Arbeiten unerläßlich. Die Gäste sollen beim Mitverfolgen der Arbeiten Freude haben.

1. Zubereiten von Salaten

Dem Zubereiten von Salaten am Tisch kommt eine ganz besondere Bedeutung zu, denn unmittelbar vor dem Verzehr hergerichtete Speisen sind im Vergleich zu *abgestandenen* Produkten dieser Art frischer und pikanter, haben ein angenehmeres Aussehen und vermitteln einen höheren Genuß. Dabei ist jedoch andererseits anzumerken, daß diese Art der Zubereitung sehr aufwendig ist und deshalb nur in begrenztem Umfang angewendet werden kann.

▷ **Geeignete Salate**

Zunächst ist festzustellen, daß Salate, die einige Zeit in der Marinade ziehen müssen, für das Zubereiten am Tisch ungeeignet sind. Geeignet sind dagegen alle zarten Salate (Gemüse), welche die Salatsauce bzw. die Marinade rasch annehmen (aufnehmen) und angemessen zur Geltung bringen.

geeignet	ungeeignet
– alle Blattsalate – rohe Gemüse, wie Tomaten, Gurken, Karotten, Sellerie	– rohe Gemüse, wie Rot- und Weißkohl – gegarte Gemüse, wie Bohnen, Blumenkohl, – Sellerie, Spargel

▷ **Bereiten von Salatsaucen**

Wenn sich ein Restaurant dazu entschließt, Salatsaucen am Tisch frisch zuzubereiten, dann darf das nur mit entsprechendem Niveau geschehen, wobei unbedingt folgende Voraussetzungen erfüllt sein sollten:

▶ Erstklassige Zutaten müssen in angemessener Auswahl und Menge zur Verfügung stehen,
▶ die Bedienungsfachkräfte müssen so geschult sein, daß sie in der Lage sind, die Zutaten richtig zu dosieren und zusammenzustellen sowie den Salaten die geeigneten Saucen zuzuordnen.

Angesichts der Neu- bzw. Umorientierung im Bereich der Zutaten kommt diesen Überlegungen heute eine ganz besondere Bedeutung zu.

Das Zubereiten von Salatsaucen am Tisch sollte einschließen, daß man dem Gast in angemessener Weise ein Mitspracherecht gewährt. Dabei könnte man ihn z. B. nach seinen ganz persönlichen Wünschen bzw. Verzehrsgewohnheiten bezüglich bestimmter Gewürze und Kräuter befragen und diese dann auch in die Salatsauce mit hineinnehmen.

Zusammenstellen der Zutaten für Salatsaucen

- Tafelöl (Traubenkernöl, Olivenöl, Walnußöl, Distelöl, Sonnenblumenöl usw.)
- Essig (Himbeeressig, Kräuteressig, Balsamico, Sherryessig)
- Zitronen, zur Säuerung des Salates anstelle von Essig
- Salz, Kräutersalz, Meersalz und Pfeffer, den möglichst frisch gemahlen mit der Mühle
- Paprika, Senf, Zucker zur Abrundung
- Süßer und saurer Rahm, Crème fraîche sowie Joghurt oder Dickmilch
- Frischkäse, Roquefort, Gorgonzola
- Mayonnaise oder Salatmayonnaise
- Worcestershire Sauce, Chillisauce oder Tomatenketchup
- Petersilie, Schnittlauch, Kerbel, Estragon, Zitronenmelisse, Schalotten, Knoblauch, Kresse
- Hartgekochte Eier, rohes Eigelb

▷ **Fertigmachen der Salate**

Beim Marinieren von Salaten dürfen die Zutaten zur Salatsauce bzw. Marinade niemals direkt auf den Salat gegeben werden, weil es auf diese Weise keine ausreichende und angemessene Kontrolle bezüglich der richtigen Zutatenmenge sowie des harmonisch abgerundeten Geschmacks geben kann. Deshalb ist es wichtig, die Salatsauce getrennt herzurichten und erst dann mit dem Salat in Berührung zu bringen. Es gibt dafür zwei Möglichkeiten:

▶ Entweder die Salatsauce in einer angemessenen Porzellan- oder Glasschüssel vorbereiten, den Salat zur gegebenen Zeit hinzufügen und mit der Sauce vermischen,
▶ oder die Salatsauce in einem tiefen Teller zubereiten und diese dann über den in einer angemessenen großen Schüssel vorbereiteten Salat geben und untermischen.

Für das Dosieren der Zutaten ist zu beachten, daß diese *„nicht maßlos zugegeben"*, sondern mit einem Kaffee- oder Tafellöffel *„rezeptgetreu abgemessen"* werden.

die grundlegenden Zutaten sind:	es können ersetzt werden:
– Salz und Pfeffer – Essig und Öl (allgemein üblich im Verhältnis 1 zu 3)	– der Essig durch Zitronensaft – das Öl durch Rahm oder Joghurt

2. Zubereiten von Tatar

Laut Gesetz handelt es sich dabei um zerkleinertes, sehnenfreies Rindfleisch (Schabefleisch), das höchstens 6 % Fett enthalten darf und das mit würzenden Zutaten geschmacklich verfeinert wird.

Bei anderen Früchten wird das Flambieren ähnlich oder sogar auf gleiche Weise durchgeführt. Es unterscheiden sich lediglich die Zutaten.

3. Flambieren von Bananen

▷ **Zutaten für 2 Personen**

2	Bananen
40 g	Zucker
30 g	Butter
4 cl	Orangensaft, frisch gepreßt
4 cl	Weinbrand oder Curaçao (Triple sec)

Als Garnitur verwendet man einige Eßlöffel Erdbeermark sowie Schokoladensauce oder Vanilleeis.

▷ **Zubereitung**

– Den Zucker in der Pfanne schmelzen,
– die Butter zugeben und schaumigrühren,
– den Orangensaft zugießen und gut durchkochen,
– die Bananenhälften in dem Fond erhitzen,
– mit dem Cognac bzw. Curaçao flambieren,
– Bananen herausnehmen und anrichten,
– den Fond bis zur angemessenen Konsistenz einkochen und über die Bananen gießen,
– garnieren.

Eine feine Geschmacksvariante ergibt sich bei dieser Süßspeise durch die Zugabe von Kokosnußlikör oder Kokosnußsirup bzw. auch durch Zugaben von ähnlichen Produkten aus Mango oder Maracuja.

Übersicht über Zutaten beim Flambieren von Früchten

Frucht	geeignete Spirituosen	sonstige Zutaten
Bananen	Grand Marnier, Cointreau, Curaçao (hell) oder Cognac	– Orangensaft, Erdbeermark, Kokossirup – Maracujasirup, Schokoladensauce
Birnen	Williamsbirnengeist, Himbeergeist oder Rum	– heiße Schokoladensauce – gehobelte, geröstete Mandeln
Pfirsiche	Aprikosengeist, Kirschwasser oder Persiko (Pfirsichlikör)	– Persipanmus, Erdbeerpüree oder Himbeerpüree – Zitronen- und Orangensaft

4. Flambieren von Crêpes Suzette

▷ **Zutaten für 2 Personen**

6	Crêpes	1	Zitrone (Saft)
40 g	Zucker	5 cl	Grand Marnier
50 g	Butter	3 cl	Cognac
2	Orangen (Saft)		

▷ **Zubereitung**

– Den Zucker in der Pfanne schmelzen und bis zu goldgelber Farbe karamelisieren lassen; dabei gleichzeitig mit der Gabel gesteckten halben Zitrone rühren (glatte Schnittfläche zum Pfannenboden gerichtet),
– die Butter hinzufügen und zusammen mit dem Zucker aufschäumen lassen,
– die Flamme kleiner stellen, die entstandene Masse in die eine Hälfte der Pfanne schieben und den Orangensaft in die freigewordene Hälfte gießen (käme der kalte Saft unmittelbar mit der Masse in Berührung, würde der in ihr befindliche Zucker durch das rasche Abkühlen anziehen oder sogar fest bzw. hart werden),
– den Saft und die Zuckermasse mit Hilfe der aufgesteckten Zitrone vermischen und so lange rühren, bis sich der Zucker ganz aufgelöst hat,
– den Zitronensaft dazugeben, das Ganze aufkochen lassen und durch Einkochen reduzieren,
– den Grand Marnier dazugeben,
– die Crêpes nacheinander in die Pfanne nehmen, entfalten, durch die Sauce ziehen, zu einem Dreieck zusammenlegen und dann beiseite schieben.

Abschließend werden alle Crêpes zusammen wahlweise nach einer der weiter oben bereits beschriebenen Methoden („Arbeitsrichtlinien") mit Cognac flambiert.

Es gibt für Crêpes Suzette eine *zweite Art der Zubereitung.* Man verwendet dazu die Schale von ungespritzten Orangen, Würfelzucker und schaumiggeschlagene Butter und verfährt folgendermaßen:

– Die aromatische Oberfläche der Orangenschale mit dem Würfelzucker abreiben (dabei gehen Aroma und ätherische Öle auf den Zucker über),
– den Würfelzucker (zusammen mit dem Orangensaft) in der Pfanne schmelzen lassen,
– die Butter hinzufügen und das Ganze durchkochen,
– die Crêpes in der Sauce wenden und mit einer Gabel zu Dreiecken falten oder einrollen.

▷ **Zutaten**

- Sardellenfilets oder Sardellenpaste, Kapern
- Eigelb
- mittelscharfer Paprika und Salz
- frisch gemahlener Pfeffer aus der Mühle
- Rotweinessig und Öl
- feingeschnittene Zwiebeln und Essiggurken
- Worcestershire Sauce, eventuell Ketchup

▷ **Herrichten und Anrichten des Tatarbeefsteaks**

Das Herrichten bzw. Anmachen der Tatarmasse erfolgt in einem tiefen Teller. Dieser steht aus Geräusch- und Sicherheitsgründen auf einem entsprechend großen Unterteller mit einer dazwischengelegten Stoffserviette.

Für das Herrichten von Tatar gibt es zwei Methoden:

Methode I

Man nennt diese Zubereitung auch *„Tatar-Mayonnaise"*.

- Das Sardellenfilet in den Teller geben, mit der Gabel festhalten und mit dem Löffel zu feinem Püree zerreiben,
- die Kapern mit der Gabel zerdrücken und zusammen mit dem Sardellenpüree in die Tellermitte schieben,
- das Eigelb so daraufsetzen, daß es nach Möglichkeit nicht auseinanderfließt, und dann nacheinander Paprika, Senf, Pfeffer und Worcestershire Sauce zugeben,
- das Eigelb und alle Zutaten gut miteinander vermengen,
- das Fleisch zugeben und mit der Gabel in die Eigelbmasse hinein flachdrücken und einmischen,
- etwas Essig sowie die Gurkenwürfelchen über das Fleisch verteilen und das Ganze mit zwei Gabeln gründlich durcharbeiten,
- eine Hälfte des Tellers freischieben, auf die freie Tellerfläche die Zwiebelwürfelchen geben und diese mit etwas Öl beträufeln,
- nun das Fleisch mit den Zwiebeln gut vermischen und dem Gast auf einem kleinen Teller eine Kostprobe reichen,
- nach dessen Zustimmung die Masse steakähnlich rund formen und auf einem mit etwas Garnitur vorbereiteten Teller anrichten.

Methode II

- Das Fleisch auf dem Zubereitungsteller ausbreiten,
- das unverletzte Eigelb auf die Mitte des Fleisches legen,
- mit Sardellenpaste, Salz, Pfeffer, Senf und Worcestershire Sauce würzen,
- die Zwiebel- und Essiggurkenwürfelchen darüberstreuen und das Ganze gut vermengen,

> Auf Wunsch des Gastes kann die Masse noch mit Essig und Öl sowie Senf, eventuell Ketchup und Worcestershire Sauce geschmacklich ergänzt werden.

- nach einer evtl. auch vom Gast getesteten Probe endgültig abschmecken,
- die Masse zu einem Beefsteak formen, auf einem bereitgestellten Teller anrichten und mit Sardellenfilet, gehacktem Ei, Tomatensechstel oder Cornichonfächer garnieren.

Aufgaben (Buffet-Service und Arbeiten am Tisch)

Buffet-Service:
1. Nennen Sie Beispiele für Buffets.
2. Welche Formen gibt es für die Buffet-Tafel?
3. Nennen Sie Faktoren, die für das Wählen der Form und Größe sowie für die Stellung der Buffet-Tafel im Raum ausschlaggebend sind.
4. Beschreiben Sie Richtlinien bzw. Maßnahmen, die auf störungsfreie Abläufe beim Buffet-Service ausgerichtet sind:
   a) in bezug auf die Tiefe bzw. Breite der Buffet-Tafel,
   b) in bezug auf ausreichende Buffet-Flächen.

Vorbereiten des Buffets:
5. Beschreiben Sie Richtlinien und Arbeitsabläufe für das Eindecken der Tafel.
6. Was sind „snap-drape-Skirtings", und welche Faltungen gibt es in diesem Zusammenhang?
7. Beschreiben Sie Möglichkeiten für das grundlegende Plazieren der Speisen auf dem Buffet.
8. Welche Richtlinien gibt es für die Anordnung der Speisen auf dem Buffet:
   a) bezüglich der Reihenfolge der Speisen?
   b) bezüglich der dekorativen Schauplatten?
   c) bezüglich der Saucen, Beilagen und Salate?
9. Nennen Sie besondere Dekorationsmittel für ein Buffet und beschreiben Sie Richtlinien für ihre Verwendung.
10. Auf welche Weise werden bei einem Buffet bereitgestellt:
    a) Bestecke? b) Teller? c) Getränke?
11. Beschreiben Sie die Ausstattung eines Gedecks zum Buffet-Service.

Durchführen des Buffets:
12. Beschreiben Sie die Aufgaben der Bedienungsfachkraft am Buffet in bezug auf
    a) den Speisen- und Getränkeservice,
    b) die Betreuung des Buffets im Verlauf des Essens.

Tranchieren am Tisch:
13. Nennen Sie die Arbeitsgeräte für das Tranchieren.
14. Beschreiben Sie die grundlegenden Arbeitsrichtlinien für das Tranchieren am Tisch.
15. Beschreiben Sie den Ablauf sowie wichtige Arbeitsrichtlinien für das Tranchieren folgender Speisen:
    a) Chateaubriand und Entrecôte double,
    b) Rinderkotelett und Porterhousesteak,
    c) Lammrücken sowie Reh- und Hasenrücken,
    d) Keulen unter Beachtung der beiden möglichen Methoden,
    e) Hähnchen und Poularde sowie Enten und Fasan,
    f) Räucherlachs und Hummer.

Arbeiten am Tisch

Filetieren am Tisch:
16. Beschreiben Sie die Besonderheiten des Filetierens im Vergleich zum Tranchieren.
17. Welche unterschiedlichen Arbeitsgeräte werden beim Filetieren gebraucht und auf welche Weise werden sie eingesetzt?
18. Beschreiben Sie das Filetieren folgender Fische:
    a) Forelle blau und Forelle nach Müllerinart,
    b) größere Rundfische,
    c) Seezunge und Rotzungen,
    d) Steinbutt und Heilbutt.

Flambieren am Tisch:
19. Nennen Sie Arbeitsgegenstände und Arbeitsgeräte für das Flambieren.
20. Erläutern Sie wichtige Arbeitsrichtlinen, die beim Flambieren zu beachten sind.
21. Beschreiben Sie das Flambieren folgender Speisen:
    a) Sauerkirschen und Bananen,
    b) Crêpes Suzette, unter Beachtung der beiden möglichen Methoden.
22. Nennen Sie Früchte, die sich zum Flambieren eignen, und ordnen Sie diesen passende Spirituosen und sonstige Zutaten zu.

Zubereiten von Salaten am Tisch:
23. Nennen Sie Salate, die sich für das Zubereiten am Tisch eignen, und begründen Sie die Eignung.
24. Welche Bedeutung kommt dem Zubereiten von Salaten am Tisch zu, und welche Voraussetzungen sollten aus diesem Grunde erfüllt sein?
25. Stellen Sie Zutaten für die Herstellung von Salatsaucen zusammen.
26. Beschreiben Sie das Zubereiten von Salaten am Tisch.

Zubereiten von Tatar am Tisch:
27. Welche Zutaten sind für das Zubereiten von Tatar am Tisch bereitzustellen?
28. Beschreiben Sie die beiden möglichen Methoden für das Herrichten eines Tatarbeefsteaks.

Alphabetisches Sachregister

A

Ablageteller 287, 372
Ablauforganisation 342, 348 ff.
Abmagerungskost 92
abrechnen mit dem Betrieb 314, 316
–, mit dem Gast 313, 316
Abreisezimmer 63
Abrufbon 318
Absatzplanung 349
Abstechen 222
Adrenalin 85 f.
After-Dinner Drinks 367
Aggregatzustand 14
Ahr 359
AIDA-Effekte 325
à la carte-Service 297, 328 f.
Albumin 77
Ale 214
Alexander 369
alkalisch 27 f.
Alkaloide 203
Alkohol 210, 223, 235
– -gehalt 226, 259
– -konzentration 233
alkoholfreie Mischgetränke 262
alkoholische Gärung 209 f.
– Getränke 209 ff., 360 ff.
Allasch 236
Alpaka 49
Alt 213 f.
Aluminium 49
Amaretto 236
Ameisensäure 31, 96
Amer Picon 246
Americano 369
amerikanische Art 185
amerikanischer Serivce 297
Aminosäuren 76, 85, 88
Ampere 17
amtliche Prüfnummer 225, 363
– Prüfung 225
Amuse-bouche 189
Amuse gueule 189
Amylase 85
Amylose 72, 85
Analyse 9
Analysenprüfung 225
Angostura-Bitter 367
Anionen 200
Anis 235
– -Aperitifs 246
Anisette 236
Annakartoffeln 160
Anrichten, Cremes 195
–, Eierspeisen 165, 166
–, Fisch 167, 168
–, Frühstücksplatten 272
–, Gemüse 156
–, Kartoffeln 162
–, Reis 163
–, Salate 158
–, Saucen 149
–, Schlachtfleischgerichte 181 f.
–, Schlachtgeflügelgerichte 185

Anrichten, Suppen 148
–, Süßspeisen 196 f.
–, auf Tellern 302
–, Vorspeisen 190, 193
Anstichkörper 217
à part-Service 297
Aperitifs 246
Apfel-brand 235
– -sauce 152
– -wein 231
Apotheke 369
Appetit 90
Aquavit 235, 367
Arbeiten am Tisch 390 ff.
Arbeits-ablaufplan 341 f., 382
– -hygiene 34 f.
– -richtlinien 300 ff., 390 ff.
– –, Filetieren 395
– –, Flambieren 397
– –, Mixen 308 f.
– –, Service 300 ff.
– –, Tranchieren 390 f.
Armagnac 227 f., 235
aromatisierter Tee 207
Artischockengedeck 372 f.
Assam 206
Assimilation 20
Asti spumante 364
Atlasbindung 55
Atem-kontrolle 42
– -spende 42
– -stillstand 42
Äthylalkohol s. Ethyl...
Atom 7 f.
...ator 214
au four 175
Aufbaukost 92
Aufbauorganisation 337 ff., 343 f.
aufgeschlagene Sauce 149, 151
Aufgußgetränke 204 ff.
Aufläufe 196
Aufschnittmaschine 134
Auftauen 95
Ausbildung 2 ff.
Ausbildungs-ordnung 2 f.
– -rahmenpläne 3
ausländische Weine 227 f.
Auslese 222, 225
Außenwerbung 327
Austern 116
– -gabel 283
– -gedeck 373
– -gerichte 170
Avocadogedeck 373
a_W-Wert 27, 73

B

Backen im Fettbad 136, 140 f.
– im Ofen 136, 140
Backwaren 103 f.
Baden 360
Baden-Baden 188
Badisch-Rotgold 224
Bäckerinkartoffeln 160
Bakterien 24

Ballaststoffe 71, 87
Bananenmilch 262
Bankett 296 f., 379 ff.
– -ablauf 384 f.
– -arbeitsplan 381
– -Service 296 f., 382 ff.
– -vereinbarung 380
Bardieren 186
Bar-gläser 285
– -kunde 367 ff.
Bärenfang 236
Basen 9
Bauchspeicheldrüse 85
Baumwolle 53 f., 56, 65
Baustoffe 71 f.
Baustoffwechsel 84, 86
Bayrische Creme 194
Bazillen 25
Beaujolais 228
Béarner Sauce 151
Béchamelsauce 149 f.
Bedarfsgegenstände 31 f.
Bedienungsabläufe 298 ff., 382 f., 385
–, Bankett 382 f., 385
–, Plattenservice 300 ff.
–, Rotweinservice 306
–, Schaumweinservice 306
–, Tellerservice 298 ff.
–, Weißweinservice 304 ff.
Beerenauslese 222, 225
Before-Dinner Drinks 367
Begleitbon 318
Beherbergungsbetriebe 2
Beistelltisch 303
Beiteller 287
Benediktbeurer 236
Benzoesäure 32, 96
Bereiche 219
Bereitstellen 260 ff., 382, 389
–, Frühstücksspeisen 270 ff.
–, Getränke 260, 389
–, Kaffee 268 f.
–, Kakao 270
–, Schokolade 270
–, Suppen 148
–, Tischgerät 382, 389
Beriberi 83
Berliner Art 180
– Weiße 213 f.
Bernykartoffeln 161
Berufsanforderungen 5 f.
Berufsgenossenschaft 40
Bestandsaufnahme 264 f.
Besteck 281 ff.
– -arten 281 ff.
–, Edelstahl- 280
–, großes 281
–, Handhabung 283
–, kleines 281
–, Mittel- 281
– -pflege 280 f.
–, Silber- 280 f.
– -system 282
–, Spezial- 282, 372 ff.
– – zu Eierspeisen 372
– – zu Eintöpfen 374

Besteck, Spezial- zu Fischgerichten 371
– – zu Fondues 372
– – zu Teigwarengerichten 372
– – zu Vorspeisen 371
Bestellungsaufnahme 332
bestimmte Anbaugebiete 219 f., 359 f.
Bestuhlung 354
Bettwäsche 65
Bewirtungsbetriebe 1
Bewußtlosigkeit 42
Bier 211 f.
– -arten 213
– -ausschank 261 f.
– -gattungen 212 ff.
– -gläser 285
– -hefen 211 f.
– -herstellung 211 ff.
– -lagerung 215
– -leitungen 217
– -marken 318
– -pflege 215 f.
– -rohstoffe 211
– -schankanlage 215 f.
– -sorten 213 f.
– -würze 212
Bigarade 185
Bindegewebe 78, 119
biologische Grundkenntnisse 18 ff.
– Wertigkeit 88
Birne Helene 195
Birnenbrand 235
Bischofsmütze 278
Bisque 147
Bitter-Aperitifs 246
– Grapefruit 203
– Lemon 203
– -liköre 236
– -limonaden 209
– Orange 203
Bittere 236
Bitzler 223
Blanc de blanc 365
Blanchieren 136 f.
Blankett 76, 178, 184
Blattsalate 156 f.
Blatt-Tee 206
Blaukochen 169
Bleibezimmer 64
Bleikristallgläser 284
blend 232
Bloody Mary 369
Blumengestecke 357
Blutungen 44
Blutzuckerspiegel 86, 88
Bockbier 213 f.
Bodega 365
Bodenbakterien 29
Bombagen 26
Bon-buch 312 f.
– -kontrolle 315
Bonieren mit Bonbuch 312 f.
– mit Registrierkassen 316 f.
Bordeaux 228
Bordeauxer Art 173

Sachregister 403

Bordeauxer Sauce 150
Bordelaise 150
Borschtsch 144, 147
Botulinus 29
Bouillabaisse 144, 147
– -gedeck 373 f.
Bouillon 144 f.
– -kartoffeln 160
Bouquet garni 143
Bourbon 235
Bowlen 232
Brände 235
Brandy 235 f.
Branntwein 235
Braten 136, 138 f.
Bratenjus 151
Bratkartoffeln 162
Braumalz 211
Brausen 201, 203
Brennstoffe 71
Broken tea 206
Bröselbutter 152
Broteinheit 91
Brunch 268
Brunoise 135, 145
brut 230, 365
Budweiser 214
Buffet 257 ff., 387 ff.
– -arten 387
– -betreuung 390
– -bon 316
– -dekoration 389
– -formen 387
– -inseln 388
– -kontrollen 262 ff.
– -service 297, 387 ff.
– -tafeln 387 f.
– -vorbereitung 388 f.
Bügeln 69
Bukett 223
Bundesseuchengesetz 33
Bündner Fleisch 121, 189
Burgund 228
Burgundersauce 150
Butter 107
– -kartoffeln 159
– -milch 107, 203
– -zubereitungen 152 f.

C

Calvados 235, 367
Campari 246, 367
Canapés 189
Canneloni 163, 372
Cappuccino 269
Carbonate 200
Carlsberg 214
Cassis 236
Célestine 145
Cellulose 54, 72
Celsius 15
Ceylon 206
Chablis 228
Chambrieren 306
Champagne 227 f., 365
Champagner 230, 365
– -sauce 150
Chantillysauce 151
Charlotte 195
Chartreuse 236

Chateaubriand 173, 391
Chateauneuf-du-Pape 228
Checkliste 341, 355 f.
Chemiefasern 53 f.
chemische Formeln 7 ff.
Chinin 203
Chipolata 185
Chloride 200
Chlorophyll 19
Cholesterin 74, 88
Choronsauce 151
Chrom-Nickel-Stahl 48, 280
Cinzano 232, 246
Cidre 235
Clam Chowder 144, 147
Clostridien 25
Cobblers 368
Cocktails 189 f., 246, 367 ff.
Cocktailsauce 157
Coffein 203, 205
Cognac 227 f., 235, 366
Cointreau 236
Colalimonaden 203
Colbert 168
– -butter 152
Consommé 144 f.
Convenience Foods 128
Coq au vin 184
Cordial 235
Cordon bleu 175
Côte de bœuf 173
Coup Danmark 195
Crème Caramel 194
Cremespeisen 194 f.
Cuba Libre 369
Cumberlandsauce 152
Curaçao 236
Curry 176, 178
– -sauce 150
Cynar 246

D

Dämpfen 136 f.
Dampfkartoffeln 159
Darjeeling 206
Darrmalz 211
Dashbottle 368
Dauerausscheider 29
Dauphinekartoffeln 161
Dekantieren 306
Dekoration 289, 389
Demiglace 149 f.
Depot 288
– -fett 88
Desinfektionsmittel 37
Desinfizieren 37
Dessert-besteck 281
– -weine 229, 359
Destillate 233
Destillation 233 f.
Deutsche Sauce 150
Deutscher Tafelwein 224
Diabetes 88, 91
Diabetikerwein 363
Diätbier 213
Dicklegen 78, 107
Dienstplan 349
–, Restaurant 350
Digestifs 248
Dillsauce 150, 157

Dissimilation 20
Doornkaat 235
Doppelbock 214
Doppelte Kraftbrühe 144 f.
Doria 188
Drambuie 236
Dressing 156 f., 399
Druck 12 f.
– -messer 217
– -minderungsventil 217
– -regulierung 261
Dschungel Drink 262
Dubonnet 246
dunkle Sauce 149 f.
Dünsten 136, 138
Duroplaste 52
Dust 206

E

Eau de vie 235
Eclairs 195
Edel-fäule 221
– -pilzkäse 109
– -stahl 48
– -zwicker 227
Ehrengäste 382
Eier 110 f.
–, Aufbau 110
–, Bestandteile 111
–, Bewertung 110
–, Gewichtsklassen 111
–, Güteklassen 111
–, Hilfsmittel 111
– -likör 236, 367
– -sauce 111
– -speisen 112, 164 ff., 372
–, Vorratshaltung 111
einfaches Frühstück 266, 308
– Menü 239 f.
Einfachzucker 71 f., 213
Eintopfgedeck 374
Einzelbon 310
Eis-bomben 195
– -kaffee 195
– -speisen 195
– -tee 270
– -wein 222, 225, 362
– -zange 368
Eisen 47 f.
Eitererreger 28 f.
Eiweißstoffe 76 ff.
Eiweißstoffwechsel 88
Elastomere 52
elektrischer Strom 39
Elektrizitätslehre 16 ff.
Elektronen 16
Elemente 7
Elsaß 227 f.
Emincé 145
Emulgator 76
Emulgieren 37, 76 f., 87, 111 f.
Emulsion 8, 76
Energiestoffwechsel 84, 86
englische Art 154
englischer Service 300
englisches Frühstück 266
Ente 124
– tranchieren 393
Entrecôte 173, 391
Entziehungsdiät 91

Enzian 236
Enzyme 20, 83 ff., 94, 211
Erdleiter 17
Ernährungs-gewohnheiten 90
– -lehre 71 ff.
– -stoffwechsel 86 ff.
Ernteverfahren 221
Erste Hilfe 41 ff.
Espresso 269
– -verfahren 268
essentielle Aminosäuren 88
– Fettsäuren 88
Essenzen 144 f.
Essig-Öl-Sauce 157
Essige 399
Esterhazy 174
Etagen-frühstück 309 ff.
– -service 297, 310
– -wagen 64
Ethylalkohol 223, 233 ff.
Etikett 226, 361 f.
Ettaler 236
Eubakterien 24
Euroscheck 318 f.
exotische Früchte 97 f.
– Suppen 144, 147

F

Fachgehilfe, -gehilfin 2, 6
Fannings 206
Fasan 126
– tranchieren 393
Fasanenkraftbrühe 144 f.
Fäulniserreger 28 f.
Fayence 51
Federweißer 223
Federwild 126
Fehlbon 313
Fein-brand 234
– -destillat 234
Fermentieren 206
Festtafel 273, 294, 381, 383
Fett 73 ff.
– -arten 74
– -begleitstoffe 74
– -bildung 74
–, Festigkeit 74
–, Härten 75 f.
–, Rauchpunkt 75
– -säuren 73, 88
–, Schmelzbereich 75
– -stoffwechsel 88
–, Verderblichkeit 75
Filet-gulasch 172 f.
– -steak 173
– Wellington 173
Filetieren am Tisch 395 ff.
–, Plattfische 396 f.
–, Rundfische 395 f.
Filz 55
Finger-bowlen 288, 372 ff.
– -schalen 288, 372 ff.
Fisch 112 ff., 166 ff.
– anrichten 167 f.
– -arten 113
– -besteck 282, 371
–, Bewertung 112
– -eier 114
– -farcen 169
– filetieren 395 ff.

Fisch garmachen 167 ff.
– -gedecke 171
– -gerichte 166 ff.
– herrichten 167
– -suppen 170
–, Vorratshaltung 114
– -waren 114
–, Zubereitung 166 ff.
Fizzes 367 ff.
Flachsfaser 53, 54
Flambieren am Tisch 397 ff.
–, Bananen 398
–, Crêpes Suzette 398
–, Sauerkirschen 397 f.
Flambierwagen 397
Flaschen-gärung 230
– -etikett 226
– -formen 226
– -zug 11
Fleckentfernungsmittel 67
Fleisch-beschau 93
– -brühe 144 f.
– -fondue 372
– -waren 120 ff.
Fleurons 168
Florentiner Art 185
Försterinart 188
Folien-garen 141
– -kartoffeln 162
Fonds 149
Fonduegedeck 372
Foyotsauce 151
Franken 360
französische Weine 227 f.
französischer Service 300
Frappieren 304, 306
French-Dressing 157
Frikassee 176, 184
Frischkäse 109
Fritieren 140 f.
Fritier-fett 140
– -geräte 140
fritierte Eier 166
Frosten 95
Frotteewäsche 65
Früchtedesserts 195
Fructose 72
Frucht-brandys 236
– -liköre 236
– -nektare 201 f.
– -saftgetränke 201 f.
– -zucker 72, 85
Frühstück 266 ff.
–, englisches 266
–, klassisches 266
–, kontinentales 266
Frühstücks-arten 266
– -buffet 267
– -eier 270
– -gedecke 308
– -karte 267
– -platten 271 ff.
– -service 307 ff.
Führungssysteme 340
Füllstrich 260

G

Galactose 72
Galantinen 121 f.
Garmachungsarten 135 ff.

Garnelen 116
garniertes Sauerkraut 177
Garnituren 187 f.
Garstufen 138
Garziehen 136
Gänse 124
Gärtnerinart 188
Gärung 209, 212, 223, 230, 364
Gas 12, 39
Gäste 329 ff.
– -befragung 323, 325
– -liste 381
–, spezielle 330
– -typen 329 f.
– -zimmer versorgen 63 f.
Gastfreundschaft 1
Gastgewerbe 1 ff.
Gazpacho 144, 147
geblasene Gläser 284
Gebrauchsgläser 284
gebundene Suppen 144 ff.
Gedecke, Dessert 197
–, Fischgerichte 171
–, Grund- 291
–, Kalte Vorspeisen 191
–, Menü- 292
–, Suppen- 148
–, Warme Vorspeisen 193
Geflügel 123 ff., 184 f.
– -gerichte 184 f.
– -kraftbrühe 144 f.
–, Schlacht- 123 ff., 184 f.
– tranchieren 392 f.
–, Wild- 126, 186
Gefrieren 95
Gefrierpunkt 15
gekochte Eier 165
Gel 78
Gelatine 78
Gemeinde 219
gemischte Kost 91
Gemüse 99 ff., 153 ff.
– anrichten 99
– -arten 155
– -beilagen 154
–, Bewertung 99
– garmachen 153 f.
– -gerichte 154
–, Saisonkalender 155
– -salate 156 f.
– -suppen 144, 146
–, Vorratshaltung 99
–, Zubereitung 153 ff.
Generator 16
Genever 235
Genußmittel 31
Gerinnen 77 f., 87
gerührte Sauce 149, 151
gesättigte Fettsäuren 74
geschlagene Butter 152
Geschmacksnoten, Schaumwein 230, 365
–, Wein 224
Geschnetzeltes 175
Getränke 199 ff.
– -arten 199
–, alkoholfreie 199 ff.
–, alkoholische 209 ff.
–, Aufguß- 204 ff.

Getränke bereitstellen 260 ff.
–, Erfrischungs- 199 ff.
– -folge 247
– -karten 237 ff.
– -service 304 ff., 385, 390
Getreide 102 f.
– -brand 235
– -erzeugnisse 103
– -korn 102
Gewebe, organisches 19
–, Textilien 55 f.
Gewichtsklassen (Eier) 111
Gewürzliköre 236
Gibson 232
Gin 235, 367 f.
– Fizzes 367 ff.
Ginger Ale 203
Glas 50 f.
Gläser 283 ff.
–, Arten 283
– -formen 284 f.
–, Handhabung 286
–, Pflege 285 f.
Glasieren 141
Gliadin 78
Globulin 77 f.
Glucose 72
Glühwein 231
Gluten 77 f.
Glutenin 78
Glycerin 74
Glykogen 72, 84, 88, 91
Goldwasser 236
Gourmetlöffel 371
Grand Marnier 236
Grapefruitgedeck 374
Grappa 235
Grasshopper 369
Gratinieren 141
Grauburgunder 224
Graupen 103
Grieß 103
– -flammerie 196
–, Süßspeisen 195 f.
Grillen 140
Grüner Tee 206
Grünmalz 211
Grütze 103
Grund-brühen 143
– -gedecke 291
– -umsatz 89
Guéridon 303
Guest-Check 317
Gumpoldskirchen 229
Güte-klassen 93
–, deutsche Weine 224 f., 361 f.
–, Eier 111
–, französische Weine 228
–, italienische Weine 229
– -zeichen 363

H

Haarwild 125
Hack-braten 181
– -steak 181
Haifischflossensuppe 144, 147
Härtegrade 66
Härten (Fett) 75 f.

Halbleinen 56
halbtrocken 224, 365
Haltbarmachen 95 f.
Hammel 118
– -bohnenfleisch 178
– -fleisch 178
– -gerichte 178 f.
Hämoglobin 77
Handelsklassen 93
Handservietten 275
Hanf 54
Hasenrücken 392
– tranchieren 392
Hauptlese 221
Hebel 11
Hefe 25
– -gärung 209, 212, 223, 230
– -weizen 213
Heilwässer 200
Heinecken 214
Helder 173
helle Saucen 149 f.
Herzgerichte 180
Herzoginkartoffeln 161
Hessische Bergstraße 360
Himbeergeist 235
Hirngerichte 180
Hollandaise 149, 151
Holländische Sauce 149, 151
Holsteiner Art 175
Holz 50
Homogenisieren 74
Hopfen 211
– -extrakt 211
Hormone 71, 85 f.
Hotel 2, 4
– -besteck 280
– -personal 4 f.
– -wäsche 65
Hufeisentafel 273, 387 f.
Hühner 124
Hummer 116
–, amerikanische Art 169
– -gabel 282
– -gedecke 374 f.
– -gerichte 169
– -ragout 169
– -sauce 150
– tranchieren 394 f.
– -zange 282
Hunger 90
Hydrieren (Fett) 76
Hygiene 23 ff.
Hypophyse 85 f.

I

Image 328
Innenwerbung 327
Insekten 23
Instant-Produkte 128
Insulin 85 f.
Inventur 264
Ionen 8
Irish coffee 269
– Stew 179
Isolierung 17
Ist-Bestand 264 f.
italienische Weine 229

Sachregister 405

J
Jäger-art 188
– -sauce 150
Jägermeister 235
Jahreszeitenkalender 127
Jahrgangssekt 231
Jakobinermütze 278
Jakobsmuschel 117
Jerez 365
Joghurt 107
– -sauce 157
Joule 15, 89
Julienne 135, 145
Jute 54

K
Kabinett 225, 362
Kaffee 204 f.
–, Angebotsformen 268 f.
– -erzeugnisse 205
– -kirsche 204
– -küche 266 ff.
– -zubereitung 268
Kaisergranat 116
Kakao 207 f., 270
Kalb 118
– -fleisch 174 f.
Kalbs-bries 180
– -geschnetzeltes 175
– -lunge 180
– -nierenbraten 175
– -röllchen 175
– -schnitzel 175
– -vögerl 175
Kaliglas 51
Kalmare 118
Kalte Ente 232
– Suppen 144, 147
– Vorspeisen 189 ff.
Kaltschalen 144, 147
kandierte Früchte 73
Känguruhschwanzsuppe 144, 147
Karamel 73
Kardinalsauce 150
Karteikarte 264
Kartoffel-chips 160
– -dressing 157
– klößo 161
– -knödel 161 f.
– -kroketten 161
– -nudeln 161 f.
– -püree 161
– -schnee 161
– -zubereitungen 159 ff.
Kartoffeln 100 f., 159 f.
Käse 107 ff.
– -arten 108 f.
– -desserts 194
–, Fettgehalt 109
– -fondue 372
– -herstellung 107
– -sorten 108 f.
– -spätzle 163
–, Vorratshaltung 109
–, Wassergehalt 109
Kaseinogen 77 f.
Kationen 200
Kaufmotive 328 f.

Kaviar 114 f.
– -gedeck 375
– -löffel 283
– -messer 283
Kefir 107
Keg 216
Keimzahl 24
Kellerfalte 388
Kelvin 15
Kennzeichnungsverordnung 31
Keramik 51
Kilojoule 89
Kir Royal 231
Kirschwasser 235
klare Suppen 144 f.
Klären 77 f., 111
klassisches Menü 237 ff.
Kleber 78
Kleingebäck 195
Kloschen 288
Klöße 104, 161
Knierolle 43
Knochen 136 f.
– -brüche 43
Kohlendioxid 19, 200, 210, 223
Kohlenhydrate 71 ff.
Kohlenhydratstoffwechsel 85, 88
Kohlensäure 200
– -flasche 217
Kokosfaser 54
Kollagen 77 f.
Kolonnenverfahren 233
Kölsch 213 f.
Kondensation 79
Kondensieren 15
Konservierungsstoffe 31, 96
kontinentales Frühstück 266
Konvektion 14
Köperbindung 55
Korinthenbrand 235
Kork 50
Korn 235
korrespondierende Getränke 246 f.
Kostformen 91 f.
Krabben 116
Kraft 10
– -aufwand 10 ff.
– -brühe 144 f.
– -sauce 149
– -wandler 10 ff.
Krapfen 196
Kräuselfalte 388
Kräuter-butter 152
– -liköre 236
– -sauce 150, 157
Krebse 116
Krebsgedeck 375 f.
Kreditkarten 320
Kremser 229
Kremsuppen 144, 146
Kriechtiere 23
Kristall-glas 51
– -gläser 284
– -weizen 213
Krone 279
Kronenbourg 214

Krustentiere 115 f.
–, Gerichte 169
Küchenbon 316
Küchenpersonal 5, 344
Kühlen 80, 95
Kullerpfirsich 232
Kulminator 214
Kümmel 235
Kunststoffe 51 f.
Kupfer 49
Kurzbraten 138
Kurzschluß 17 f.
Kutter 134

L
Lab 78
Lachs 113
– -Kaviar 115
– tranchieren 393
Lackmuspapier 27
Lactose 72, 85
Lage 219
Lageranforderung 263
Lagerbier 214
Längsbrüche 275 f.
Languste 116
Lamm 118
– -fleisch 178
– -gerichte 178 f.
– -rücken tranchieren 392
Landwein 224, 361
Langzeitbraten 139
Lärm 36
Lasagne 163, 372
Lebensmittel 31
–, Bewertung 92 ff.
– -gesetz 31 f.
– -hygiene 34 f.
– -reifung 94
– -schädigungen 28 f.
– -verderb 94
–, Werterhaltung 94 ff.
– -zusatzstoffe 31
Lebergerichte 180
Lecithin 74
Leder 50
Legieren 77, 145
Leichtbier 213
Leinen 53, 56, 65
Leinwandbindung 55
Leistung 10
Leistungsumsatz 89
Leseprüfung 225
Liaison 145
lieblich 224
Liköre 236
Likörwein 229
Limonaden 201, 203
Liniensystem 340, 345 ff.
Linolsäure 73
Lipasen 85
Lipide 73, 85
Lipoide 73 f.
Lockern 77, 111
Longdrinks 245, 367 ff.
Lorettekartoffeln 161
Lösen 72, 79, 89
Lothringer Käsekuchen 193
Lyoner Kartoffeln 162

M
Macairekartoffeln 162
Madeira 229
– -sauce 150
Mailänder Art 175
Maische 222
– -gärung 223
Maiskolbengedeck 376
Maître d'Hôtel 188
Majolika 51
Mako-Baumwolle 53
Malaga 229
Maltaise 151
Maltasauce 151
Maltase 85, 210
Maltose 72, 85
Malz 211
– -bier 213 f.
– -zucker 72, 85
Mälzen 211
Mandel-bällchen 161
– -rahmdressing 157
Manhattan 232, 369
Manometer 13
Maraschino 236, 367
Marc 235
Marillenbrand 235
Marinade 156 f., 399
Marketing 322, 324 f., 328
Markt 321, 324, 328
– -analyse 322, 325
Marmor 50
Marsala 229
Marschierbon 318
Martini 232, 246
– -cocktail 369
Märzenbier 214
Maßeinheiten 259 f., 368
–, Bar 368
–, Buffet 259 f.
Maultaschen 163
Mayonnaise 149, 151
Mechanik 10 ff.
Médoc 228
Meerrettich-sahne 152
– -sauce 150
Mehl-type 103
– -schwitze 149
Mehrliniensystem 340 f., 347 f.
Melonen-Bowle 262
Menagen 288, 372
Mengenelemente 81 f.
Menü 237
– -gedecke 292 f.
– -karte 249 f.
– -kunde 237 ff.
– -regeln 242 f.
–, Zusammenstellung 243 ff.
Meß-becher 368
– -glas 368
Messer 40, 133
Messing 49
Metalle 7, 47 ff.
Miesmuschel 116
Mikrokokken 24
Mikroorganismen 24 ff.
–, Lebensbedingungen 25 ff.
–, Lebensmittelschädigungen 28 f.
Mikrowelle 141

Milch 106f.
–, Angebotsformen 203
– -erzeugnisse 107
– -getränke 203
Milchzucker 72, 85
Milieu 27
Millibar 12
Mineral-stoffe 71, 81f., 199f.
– -wässer 200
Mineralische Wässer 199f.
Minestrone 144, 147
Minuspol 16
Minzsauce 152
Mirabeau 173
Mirepoix 143
Misch-getränke 231f., 367f.
– -gewebe 65
Mischungen 8
Mise en place 289f., 303f., 309, 382
Mittellauf 234
Mittelrhein 359
Mixer 134
Mix-getränke 246, 367f.
– -techniken 368
Mock Turtle Soup 144, 147
Modal 54
modernes Menü 239f.
Moltons 274
Mornaysauce 150
Mosel 359
Most 222, 362, 364
– -gärung 222f.
– -gewicht 362
Mousselinesauce 151
moussieren 364
Müll 35ff.
Müller-Thurgau 218
Müllerin-art 168
– -butter 152
Mundbeatmung 42
– -servietten 274
Muscheln 116
–, Gedeck 376
–, Gerichte 170
Müsli 271
Mutton chops 178
Myoglobin 77
Myzel 25

N
Nachspeisen 194ff.
Nager 23
Nahe 360
Nährstoffe 71ff.
Nahrungs-mittel 31
– -lehre 97ff.
Napperon 274
Nasi Goreng 163
Nationalsuppen 144, 147
Natronglas 51
Naturfasern 53f.
natürliche Mineralwässer 200
Navarin 179
Nennvolumen 260
Neusilber 49
neutral 27f.
Nichtmetalle 7, 48ff.
Niedertemperaturgaren 141
Nierengerichte 180

Noilly Prat 232, 246
Nordseekrabben 116
Normalkost 91
Nulleiter 17
Nuß-butter 152
– -kartoffeln 157

O
Oberbruch 275
obergärige Biere 213f.
– Hefen 212
Obst 97f.
– -arten 97f.
–, Bewertung 97
– -brand 234f.
– -geist 235
– -liköre 234
–, Vorratshaltung 98
– -wasser 235
Obstler 235
Öchsle 225, 362
– -grade 225, 362
offene Getränke 304
Office 289
Olivenkartoffeln 160
Ölsäure 73
Omeletts 166, 196, 271
Oolong-Tee 206
Orangen-Bitter 367
Organe 19
Organigramm 338, 343
Organisationspläne 341ff.
Organismus 18ff.
Originalbon 313
Örly 168
Ossobuco 175
Ouzo 235
Oxidation 9

P
Paella 163
Paketkokken 24
Pancharán 235
Pariser Kartoffeln 159
Parmaschinken 121
Pascal 39
Pasta asciuta 163
Pasteten 121f.
Pasteurisieren 95
Pastis 246
Patentsilber 49, 280
Pellkartoffeln 162
Peptide 76f.
Peristaltik 71, 87
Perl-hühner 124
– -wein 222, 224
Pernod 246
Personal 4f., 343f.
–, Beherbergung 4
–, Empfang 4, 343
–, Küche 5, 344
–, Management 343
–, Service 5, 344
Petersilienkartoffeln 159
Pfahlmuscheln 116
Pfannengerichte 173ff.
–, Hammel 178
–, Kalb 175
–, Lamm 178

Pfannengerichte, Rind 173
–, Schwein 177
Pfannkuchen 196
Pfeffersauce 151
Pfirsich Melba 195
pflanzliche Fasern 53f.
– Fette 74
Pflegemittel 61
Pflümliwasser 235
Pharisäer 269
pH-Wert 28
PHB-Ester 31, 96
Phosphate 200
Photosynthese 20
physikalische Grundkenntnisse 10ff.
Pils 214
Pilsener Urquell 214
Pilze 99
Planung 337ff., 341f., 349ff.
–, Absatz 349
–, Bankett 379ff.
Planters Punch 369
Plaste 51
Plattenservice 297, 300ff.
Platzteller 287
Plazieren, Gäste 332
–, Speisen auf Buffet 389
Pluspol 16
Pochieren 136
pochierte Eier 165
Pökelwaren 120f.
polnische Art 154
– Butter 152
Polprüfer 17
Pommes frites 160
Porter 214
Porterhousesteak 173, 391
Portugieser 218
portugiesische Art 185
Portwein 229
Porzellan 51
– -geschirr 286ff.
–, Hotel- 286
Prädikate 221f., 225, 361f.
Prärie Oyster 369
Preßgläser 284
Prinzessinart 188
Probeentnahmen 33
Profiteroles 145, 195
Proof 259
Proteasen 85
Proteide 77
Proteine 76f., 85
Public Relations 326f.
Puddinge 196
Punsch 262
Püreesuppen 144, 146

Q
Qualitäts-normen 93
– -schaumwein 231, 364
– -wein 219, 224f., 361f.
Quark 109
– -sauce 157
Quellen 73, 78ff., 87
Quellwässer 200f.
Quetsch 235
Quiche Lorraine 193

R
Rachitis 83
Ragoût fin 176, 193
Rahm-kartoffeln 162
– -sauce 150
– -schnitzel 175
– -suppen 144, 146
Rappen 222
Ratatouille 178
Rauch-bier 214
– -punkt 75
Räucherwaren 121
Rauhbrand 234
Raum-pflege 60ff.
– -plan 352ff.
Rauscher 223
Ravioli 163, 372
Rebsorten 218, 359f.
Rechauds 288, 290
Rechnung 313, 317
Reduktion 9
Regionalsuppen 144, 146
Registrierkassen 315ff.
Reglerstoffe 71, 81ff.
Rehrücken tranchieren 392
Reife-prüfung 225
– -stufen 221
Reinigung, Bierleitungen 217
–, Bierschankanlage 217
–, Fußböden 62
–, Möbel 62
–, Wände 63
–, Wäsche 66
–, Zimmer 63f.
Reinigungsmittel 37, 60f.
Reinzuchthefen 25
Reis 105, 162f.
– anrichten 163
– garmachen 162
– -gerichte 163
– Trauttmansdorff 195
Reisechecks 319
Reklamationen 333
Rektifikation 233
Remouladensauce 151
Reservierungsplan 349
Resorption 87
Restant 313
Restaurant 1
– -abrechnung 314
– -fachfrau 2f., 6
– -fachmann 2f., 6
– -kasse 318
Restzuckergehalt 224, 365
Rettungs-dienst 42
– -kette 41
Rheingau 359
Rheinhessen 360
Rheinpfalz 360
Rhône 228
Ricard 246
richtige Ernährung 90
Riesling 218
– -sekt 231
Rind 118
– -fleisch 172
–, Gerichte 172ff.
Rinder-kotelett 173, 391
– -kraftbrühe 144f.
Risipisi 163

Sachregister

Risotto 163
Rissoléekartoffeln 162
Roastbeef 172
Robert 188
– -sauce 150
Rogen 114
Rohrzucker 72, 85
Rolle 11
Roquefortsauce 157
Roséwein 222 f., 361
Rossini 173
rostfrei 48
Rösti 162
Röstkaffee 204 f.
Rotling 222, 224, 361
Rotwein 222 f.
– -service 306
– -temperatur 306
Roux 145
Royal 145
Rübenzucker 72, 85
Rüdesheimer Kaffee 269
Rühreier 165, 271
Ruländer 218
Rum 235
Rumpsteak 173
russischer Service 300
Ruster 229
Ruwer 359

S

Saale 219 f., 360
Saar 359
Saccharase 85
Saccharide 71 ff.
Saccharose 72, 85
Sachsen 219 f., 360
Sahne 107
– -püree 161
Salat 156 f., 399
–, Anrichten 158
–, Blatt- 156
– -saucen 156 ff., 399
Salmonellen 29, 33
Salmonellose 33
Salmoniden 113
Salvator 214
Salzburger Nockerl 196
Salze 9
Salzkartoffeln 159
Sammelbon 316
Samos 229
Samtsuppen 144, 146
Saucen 149 ff.
– anrichten 149
–, aufgeschlagene 149, 151
–, dunkle 149 f.
–, gerührte 149, 151
–, Grund- 149, 151
–, helle 149 f.
–, Salat- 156 f., 399
–, spezielle 152
sauer 27 f.
Säuerling 200
Sauer-milch 203
– -käse 109
Sauerstoff 26
Säuren 9
Sauternes 228
Savarin 195

Scampi 116
Schädlingsbekämpfung 24
Schalentiere 115, 117
Schalentiergerichte 169 f.
Schank-anlage 215 f.
– -bier 213 f.
– -gefäße 260
Schaumsauce 151
Schaumwein 230 ff., 364 f.
– -gläser 285
– -herstellung 230 f., 364
– -service 306
Schiefe Ebene 11
Schilddrüse 85
Schillerwein 224
Schimmelpilze 25, 29
Schlachtfleisch 118 ff., 172 ff.
–, Arten 118
–, Bewertung 120
–, Eigenschaften 119
–, Gerichte 172 ff.
–, Vorratshaltung 120
Schlachtgeflügel 123 ff., 184 f.
–, Angebotsformen 125
–, Arten 124
–, Bewertung 123
–, Gerichte 185
–, Handelsklassen 125
–, Vorratshaltung 125
Schlachtschüssel 177
Schlachttierbeschau 93
Schlachttiere 118
Schleimzucker 72, 85
Schloßkartoffeln 160
Schmelz-käse 109
– -kartoffeln 160
Schmoren 139
Schmutz 37
Schnecken 118
– -butter 152
– -gabel 283
– -gedecke 377
– -zange 283
Schneidewerkzeuge 39 f.
Schnittformen 135
Schock 43
– -frosten 95
Schokolade 270
Schokoladenpulver 208
Schon-kaffee 205
– -kost 91 f.
Schönen 222
Schorle 232
Schurwolle 53, 56
Schüsselcreme 195
Schüttelbecher 368
Schutz-kontakte 18
– -leiter 17 f.
Schwalbennestersuppe 144, 147
Schwarzwild 125
Schwein 118
Schweine-fleisch 176
– -mett 181
– -pfeffer 177
Screwdriver 369
Seide 53, 56
Seitenlage 43
Sekt 231, 364 f.
– -cocktail 369

Senfsauce 150
Serbisches Reisfleisch 163
Service-arten 296 f.
– -bereiche 381
– -methoden 297
– -station 295
– -tisch 290 f., 307 f.
Servier-kunde 273 ff.
– -personal 5, 344
– -regeln 297 ff.
– -temperatur 260 f.
– -wagen 290
Servieren 296 ff.
–, Frühstück 308 f.
–, Getränke 304 ff., 383, 390
–, Menü 385
–, Rotwein 306
–, Schaumwein 306
–, Speisen 298 ff., 382 f., 389 f.
–, Weißwein 304 ff.
Servietten 274 f.
– -formen 277 f.
Shaker 368
Sherry 229, 365
Sicherheits-glas 51
– -zeichen 40 f.
Sicherungen 17 f.
Side Car 369
Siedepunkt 15
Silber 49
– -besteck 280 f.
Silvaner 218
Sinnenprüfung 225
Sisal 54
Skol 214
Skorbut 83
Sliwovitz 235
Sodawasser 201
Soll-Bestand 263 f.
Sommelier 246, 304
Sonderveranstaltungen 352
Sorbinsäure 31, 96
Sours 367 f.
Spaghetti 163
Spaltpilze 24
Spannung 16 f.
Spargel 155
– -gedeck 377 f.
– -zange 283, 377
Spät-burgunder 218, 224
– -lese 221, 225, 362
Specksauce 157
Speisekarte 251 ff.
– aufsetzen 252 f.
–, gesetzliche Vorschriften 255
–, Rechtschreibung 255
Speisen-folge 237, 243
– -kunde 143 ff.
– -plazierung (Buffet) 389
– -service 298 ff., 382, 389 f.
– -teller 287
– -zubereitung 129 ff.
Spezial-gedecke 372 ff.
– –, Artischocken 373, 378
– –, Austern 373, 378
– –, Avocado 373, 378
– –, Bouillabaisse 374 f., 378
– –, Eintöpfe 374, 378
– –, Fleischfondue 372
– –, Grapefruit 374, 378

Spezial-gedeckte, Hummer 374 f., 378
– –, Kaviar 375, 378
– –, Krebse 375 f., 378
– –, Maiskolben 376, 378
– –, Muscheln 376, 378
– –, Schnecken im Haus 377 f.
– –, Schnecken im Pfännchen 377 f.
– –, Spargel 377 f.
– -karte 252
– -suppen 144, 147 f.
Spicken 186
Spiegeleier 165, 271
Spirituosen 232 ff., 366 f.
Sporen 25
Sprit 233
Sprudel 200
Spurenelemente 81 f.
Stabliniensystem 340, 348
Stahl 48
stainless 48
Stammwürze 212 f.
Staphylokokken 24, 28
Starkbier 213 f.
Stärke 20, 72 f., 84, 87
Stearinsäure 73
Steinhäger 235
Stellenbeschreibung 338 f., 344
Sterilisieren 95
Stonsdorfer 236
Stout 214
Strainer 368
Streichholzkartoffeln 160
Streptokokken 24, 28
Strindberg 188
Strohkartoffeln 160
Strom 16 ff., 39
– -kreis 16
– -leiter 16
– -stärke 17
Strukturformel 9, 19
Stürzcreme 195
Südweine 229
Sulfate 200
Summenformel 9
Suppen 144 ff.
– anrichten 148
– -einlagen 145
Suppenhühner 185
süß 224
Süßmilchkäse 107 f.
Süßspeisen 194 f., 198
Synthese 9
synthetische Fasern 54
Systembesteck 282
Szegediner Gulasch 177

T

Table d'hôte-Service 296
Tafel-besteck 281
– -dekoration 289
– -formen 273, 387, 388
– -orientierungsplan 349, 379, 381
– -spitz 174, 277
– -tücher 274
– – abnehmen 277
– – auflegen 276

Tafel-wässer 200f.
– -wein 224, 361
Tageskarte 252
Tagungs-hotel 323, 352
– -Technik 352
Tarragona 229
Tatarbeefsteak 181, 399f.
Tatarensauce 151
T-bone-Steak 173
Tee 205f., 269f.
–, Angebotsformen 270
– bereitstellen 269
– -blätter 205
– -erzeugnisse 207
– -filter 206
– -Grog 270
–, Handelsbezeichnungen 206
– -mischungen 206
– -netz 206
– zubereiten 270
Teigwaren 104f., 163f.
– anrichten 163
– garmachen 163
– -gerichte 163f.
– -spezialitäten 164
Teller 287f.
– aufnehmen 298
– ausheben 299f.
– einsetzen 299
– -service 297ff.
– tragen 298f.
Temperatur 14f., 26, 80
Tendrons 175
Terrakotta 51
Terrinen 121f.
Textilien 55ff.
–, Ausrüstung 56f.
–, Kennzeichnungsgesetz 56
–, Pflegekennzeichen 68
–, Stoffbezeichnungen 58
Thermometer 15
Thermoplaste 52
Thousand-Island 157
Thyrosin 85
Tiefgefrieren 95
tierische Fasern 53
– Fette 74
– Schädlinge 23, 33
Tintenfische 118
–, Gerichte 170
Tiroler Art 188
Tisch-dekoration 289
– -tücher 274
– – abnehmen 277
– – auflegen 276
– -tuchunterlagen 274
– -wäsche 65, 274ff.
Tische 273
– herrichten 291f.
Tokajer 229
Tom Collins 369
Tomatensauce 151
Tournedos 173
Traminer 218
Tranchieren am Tisch 390ff.
–, Geflügel 392f.

Tranchieren, Hummer 394f.
–, Keulen 391f.
–, Räucherlachs 393f.
–, Rücken 392
–, Steaks 391
Transvasierverfahren 230
Traubenzucker 19, 72, 84f.
Trepangsuppe 144, 147
Trester 235
Trinkwasser 33, 79
trocken 224, 365
Trockenbeerenauslese 222, 225, 362
Trollinger 218
Truthühner 124
Tuborg 214
Tüte 278

Ü

Überglänzen 141
Überreife 221
Ultrahocherhitzen 95
Umestern 76
Umwelt-belastung 35f.
– -schutz 33, 35f.
Unfall-schutz 39ff.
– -ursachen 39f.
– -verhütung 40
ungesättigte Fettsäuren 74
Unstrut 219f., 360
untergärige Biere 213f.
– Hefen 212
Unterteller 287
Urlaubsplan 350

V

VDE 39
Veloutés 149
Veranstaltungs-auftrag 356
– -hotel 352
– -plan 353
– -prospekt 352
Verätzungen 44
Verbandkasten 45
Verbotzeichen 41
Verbrennung 39, 44
Verbrühung 39, 44
Verbundglas 51
Verdauung 87
Vergären 72
Vergiftung 44
Verkaufs-abteilung 353
– -büro 353
– -gespräch 334f.
Verkaufskunde 321ff.
Verkehrsunfall 44f.
Verkleistern 73
Vermouth 232, 367, 369
Vertretungsplan 350
Vichisoise 144, 147
Vielfachzucker 72
Vinaigrettesauce 152
Vitamine 71, 82f.
Vlies 55f.
Voll-bier 213f.
– -reife 221

vollwertige Nahrungsmittel 90
Vollwertkost 92
Volt 17
Vorlege-besteck 301f.
– -griffe 302
Vorlegen am Beistelltisch 302f.
– am Tisch 301f.
Vorspeisen 189ff.
–, kalte 189ff.
–, warme 192f.

W

Wacholder, 234f.
– -rahmsauce 151
Waffelkartoffeln 160
Walewska 188
Waren-kartei 263f.
– -umlauf 264
Wärme-lehre 13ff.
– -leiter 14
Warnzeichen 40
Wäsche 65, 69
– bügeln 69
– lagern 70
– -pflege 65ff.
– tauschen 70
– waschen 69
– zählen 69
Waschen 69
Waschmittel 66f.
Wasser 27, 33, 76, 79, 199
– -aktivität 27
– -bedarf 90
– entspannen 37
–, Ernährung 78f., 89f.
–, Reinigungsmittel 37, 66
–, Technologie 79f.
Wässer 235
Weichtiere 118
–, Gerichte 170
Wein 218ff.
– -ähnliche Getränke 231
– -aperitif 234, 246
– -arten, ausländische 227ff.
– –, deutsche 222ff.
– -baugebiete 219, 359f.
– -beurteilung 364
– -brand 234f., 366f.
– -bukett 223, 364
– -kontrolle 64
–, deutscher 218ff.
– -ernte 221f.
– -etikett 226, 361f.
– -französischer 227f.
– -gläser 285
– -haltige Getränke 231
– -herstellung 222f.
– -italienischer 229
– -karte 258f.
– -lagerung 226
– -orte 359f.
–, österreichischer 229
– -probe 364
– -prüfung 225
– -reifung 226
– -service 304ff.

Weinsiegel 363
Weißherbst 223
Weißwein 222f.
– -sauce 150
– -service 304f.
Weiterbildung 6
Weizen-bier 213
– -bock 213f.
– -korn 235
Werkstoffkunde 47f.
Westmoreland 188
Whisky 235, 366
– Sour 369
White Lady 369
Wiener Schnitzel 175
Wild 125f., 186
–, Angebotsformen 126
–, Bewertung 126
–, Feder- 126
– -geflügel 126, 186
– -gerichte 186
–, Haar- 125
– -kraftbrühe 144f.
– -pfeffer 186
– -sauce 149, 151
–, Vorratshaltung 126
Williams 235
Windbeutel 195
Winzerinart 188
Wirkstoffe 81ff.
Wodka 235, 367
Wolf 134
Wolle 53, 56
Wunden 43f.
Würfelkartoffeln 160
Wurstwaren 120f.
Württemberg 360
Würzbutter 152
Würzmittel 142

Z

Zapfen 261f.
Zapfstörungen 262
Zelle 18
Zerkleinern 132ff.
zerlassene Butter 152
Ziehharmonikafalte 388
Zigeunersauce 150
Zimmer-belegungsplan 351
– -kontrolle 64
– -mädchenwagen 64
– -reinigung 63f.
– -reservierungsplan 351
Zinn 49
Zubereitungsverfahren 130
Zucker-couleur 73
– -krankheit 7, 88
– -stoffe 71ff.
Zusatzstoff(e) 31
– -zulassungsverordnung 31f.
Zweifachzucker 71ff.
zweite Gärung 230
Zwetschgenwasser 235
Zwicker 227
Zwiebelbutter 153